期货市场技术分析

——期(现)货市场、股票市场、外汇市场、利率(债券)市场之道

[美]约翰·墨菲　著

丁圣元　译

地震出版社
Seismological Press

图书在版编目(CIP)数据

期货市场技术分析：期（现）货市场、股票市场、外汇市场、利率（债券）市场之道/(美）墨菲著；丁圣元译. —北京：地震出版社，1994. 5（2023. 1 重印）
ISBN 978-7-5028-0915-7

Ⅰ. ①期…　Ⅱ. ①墨… ②丁…　Ⅲ. ①期货交易-研究　Ⅳ. ①F830. 9

中国版本图书馆 CIP 数据核字（2007）第 043693 号

著作权合同登记　图字：01-2016-0304

地震版　XM5466/F · 47(1308)

期货市场技术分析
——期（现）货市场、股票市场、外汇市场、利率（债券）市场之道
［美］约翰·墨菲　著
丁圣元　译

责任编辑：张崇山　李　玲
责任校对：王花芝

出版发行：地震出版社
北京市海淀区民族大学南路 9 号　　邮编：100081
发行部：68423031　68467991　　传真：68467991
总编室：68462709　68423029　　传真：68455221
证券图书事业部：68426052
http：//seismologicalpress. com
E-mail：zqbj68426052@ 163. com
经销：全国各地新华书店
印刷：河北盛世彩捷印刷有限公司

版（印）次：1994 年 5 月第 1 版　　2023 年 1 月第 81 次印刷
开本：787×1092　1/16
字数：852 千字
印张：34. 75
书号：ISBN 978-7-5028-0915-7
定价：80. 00 元
（图书出现印装问题，本社负责调换）

前　言

本书是讲商品期货技术分析的，为什么要写它呢？话题要回到几年前我在纽约金融学院开的这门课去。

那是1981年春，学院邀请我讲授技术分析。当时我已经担任期货市场分析师10多年了，也曾经主讲过几次类似内容的讲座-可是要主持一个15星期长的课程，却是大姑娘坐花轿，头一回。起初，我担心题材不够，充实不了这么多课时。随着课程构思的深入，我才终于意识到，要说清楚这样复杂的对象，这点时间其实还不足够。一下子，我豁然开朗。

技术分析的内涵远比用心拼凑的一组专业资料丰富。是不同的研究途径和专业领域的美妙结合才造就了技术分析。为了讲清楚它的来龙去脉，至少要把10多种研究领域有机地组织起来，形成一个完整的理论体系。

就这样，我选定了主要内容，接着便要找一本合适的教材。我浏览了已出版的所有有关书籍，结果很失望，没有一本是现成的。书都不错，只是介绍的主要是股市分析知识。我不打算用关于股市的书来做商品期货的教材。

现有的期货研究书籍差不多统统假定其读者已经掌握了图表分析

的基本概念，一上来就讲述一些高深的理论或者作者本人的独创。这对初学者没有太大的帮助。有些呢，往往潜心探讨技术分析的某个专门领域，比如线图或点数图、艾略特波浪理论或周期理论，面显得过窄。还有的呢，则研究计算机应用，讲如何设计复杂的信号和高级交易系统。当然，它们各有千秋，但要作技术分析教材却太专业太复杂。

我觉得这本教材应该入情入理、循序渐进地从入门知识讲到复杂应用，逐步引导读者学会把技术分析的各种技能应用到期货市场上去。这样的书可惜还不存在。这恰恰便是现有参考书阵容明显的美中不足之处。稍知技术分析的人都知道，这个漏洞非填补不可，如今又摊上我需要这种书，只好自己动手了。

本书名为《期货市场技术分析》，但不是要对技术分析作无所不包的最后说明。不论现在还是将来，没人写得出这样的书。技术分析的学问实在太博大精深、微妙绝伦，要想写一本最权威的大全只能吹吹牛罢了，注定不会成功。虽然如此，在本书中我仍竭尽所学，力图涉猎该课题的每个方面。

也不能把本书当成入门书。在前面部分，我花了相当的篇幅讲述图表理论的基本知识。因为一方面我强烈地感觉到，绝大多数成功的技术分析归根结底是因为基础知识应用得法；另一方面，目前大部分复杂的信号系统只是这些基本概念的升华。接下来，水到渠成了，本书便进入到更高级的领域。如此安排无非是想让不太熟悉有关内容的朋友也跟得上趟儿。同时我也认为书中许多东西对有几年经验的中等分析人员大有裨益，高级分析师也不妨使用本书作一个很好的全面回顾。

最后这句话可不是随便说的。在技术分析这门学问面前，我们不都是学生吗？W·D·江恩是一位著名的分析家，他曾指出：“在过去四十年里我年年研究和改进我的理论。我还在不断学习，但愿自己在未来有更大的发现。”（摘自《怎样从期货交易中获利》，1976 年兰伯特·江恩出版社出版，第 2 页）。

不断学习、不断检讨的重要性怎样强调都不过分。因为要讲授技术分析理论，我需要经常重温许多过去学过的参考书，这使我获益匪浅。每次复习我都领悟出不少新见识，掘开许多过去忽略了的精妙之处。我觉得，即便是最有经验的交易老手也能从复习中得益。每当一个操此行当一年半年的新手声称自己已经掌握了基本知识，可以升级去研究“更深的技术”的时候，我总忍不住感叹，“满瓶不动半瓶摇啊！”或许这其实是我嫉妒吧。我干了 15 年，现在还在尽力掌握呢。

第一章介绍技术分析的理论出发点，给出了其定义和前提。我始终觉得大部分围绕技术分析的争论，原因在于不理解究竟什么是技术分析以及什么是它赖以成立的基本原理或哲学基础。本章也介绍了技术分析与基础分析孰优孰劣的比较，谈了谈图表分析的几个长处。时常听到有人争辩技术分析在股市与在期货市场应用的种种异同，我也讲了讲自己的看法。还简要介绍了反对技术分析的主要的两大观点：随机行走理论和预言自我应验理论。

第二章讲述经典的道氏理论。这是绝大部分图表分析理论的源头。不少期货分析者看起来并不清楚他们的吃饭本钱在多大程度上可以追溯到本世纪初查尔斯·道的文章里。

第三章解释了最常见的日线图的画法，以及交易量和持仓兴趣两个概念。也提到了周线图和月线图，作为对日线图的补充。

第四章开始讲解基本概念——趋势，这是图表分析的基石。然后是诸如趋势、支撑和阻挡、趋势线和管道线、回撤百分比、价格跳空和关键反转日等等概念。

第五、六两章以上述概念为基础研究价格形态。主要的反转形态，如头肩形和双重顶(底)在第五章中处理。力求图文并茂，还一并介绍了测算技术同交易量，主要是后者在价格形态形成或瓦解中所担角色的问题。

第七章更深入地探讨交易量和持仓兴趣。说明如何用它们证实价格变化或者发现流行趋势将要转折的警讯。也没忽略其它采用交易量作信号的方法，比如 OBV 法。

第八章提起了周线图和月线图。它们虽然重要却常常为人遗漏。这种长时间尺度的图表是帮我们鸟瞰市场的好手段，而单单靠日线图这是做不到的。也强调了跟踪一般商品指数的价值，比如商品研究局期货价格指数和其它各种一揽子商品的指数。

第九章讨论移动平均线。这个工具最流行，也是大多数计算机追随趋势系统的主要依据。

本章还介绍了另一种趋势追随方法，周价格管道，又称四周规则。

第十章讲解摆动指数以及怎样用它辨认市场超买或超卖的状态。比较了不同类型的摆动指数。怎样发现相互背离现象也是我们的重要课题之一。相反意见方法是侦查市场转折点的另一种选择，当然也要介绍。

第十一章暂且放下线图，另表点数图技术。尽管它不如线图出名，却具有更高的精确度，用来补充线图常常颇有价值。

第十二章说到在得不到每日价格变化的细节资料的情况下，怎样从点数图中获得一些助益。接着一并讨论三点反转方法和优化点数图。目前计算机的应用日益普及，更复杂的价格报告系统也不断推出，因而点数图看来在期货领域正东山再起。

第十三章讨论艾略特波浪理论和菲波纳奇数字。这个理论本来是应用在股市平均价上的，目前在期货市场正日益受人青睐。要是使用得当，艾略特理论能用一种独特的方法纵览整个市场的动向，使分析者视界大开，更有信心预测市场的转折点。

第十四章通过研究周期理论，为市场预测的难题引入时间维。对以年为周期的和季节性的形态也有所涉猎。除此之外，本章还讨论了经过与当前市场周期同步处理之后的移动平均线和摆动指数等技术分析工具。

第十五章对计算机在技术分析和实际交易中的日益活跃大唱赞歌，还讨论了使用计算机自动交易系统的利弊。我们也要看一看一些通过 Compu Trac 软件做出的技术分析的例子。不过值得强调，计算机只是工具，绝不能替代优秀、稳健的技术分析师。如果用户不理解从第一章到第十四章所介绍的技术工具，计算机就派不上太大用场。计算机可以帮一个好分析师更出色，却不能替一个差劲的分析员换副肚肠，有时甚至弄得更糟。

第十六章讨论资金管理。无独有偶，这是另一个被大大遗忘的角落，而在成功的期货交易中却不可或缺。本章告诉您什么是资金管理，以及为什么要想在期货市场中“苦海余生”资金管理就非常重要。许多交易商都同意，这方面是期货交易最重要的一环。交易的三个步骤——预测、选择出入市时机以及资金管理——应协调进行。预测，帮助交易者决定入市时站在哪一边，买还是卖。出、入市时机的选择，确定具体的出入市点——何时行动、怎样行动。资金管理，决定买入或卖出的金额。接下来介绍了各种交易指令，也就是否应在交易策略中采纳保护性止损措施谈了我的看法。这个题目争议颇多。

最后是全书大汇串，把上面的所有内容串成一个丝丝入扣的理论体系，就好像一场大型的七巧板游戏，各部分拼在一起。这儿既强调了我们有必要熟悉所有各种技术分析手段，也讲解了怎样使它们各得其所相辅助成。不少分析者囿于技术分析的某一领域，总自以为他这一块才是成功的关键。我不敢苟同。没有哪个单独的领域包含全部答案，而是各自拥有一部分解答。换句话说，每种技术手段只是解出大谜团的一条线索，交易者把握的线索越多，解开谜团的胜算当然便越大。为了帮助读者在这个方面得到些启发，我开列了一份清单。

虽然本书主要研究的是技术分析在商品期货市场的应用，其实它在差价交易和期权交易中也大有用武之地。这两个市场也不容忽视，所以在附录一和附录二中我们也有简要介绍。另外，写任何技术分析书，如果不说说 W · D · 江恩的传奇就不能算完。尽管本书篇幅所限，不能深入讨论江恩的技术，但在附录三中也概括了他的简化的交易工具。有些人对之推崇备至。

作者真诚地期望本书的确如愿以偿，填补本前言开头所指出的缺憾。也但愿本书已经囊括了技术分析的各方面知识，以便朋友们更好地理解和欣赏它。技术分析不是人人都有缘分的。实际上要是所有人都奉之为圭臬，也许它会失去许多魅力。所以我不奢望这本书人见人爱。这门学问有时是深奥艰涩的，令人望而生畏。平心而论，我写这本书不过想以一个技术分析者的身份同那些有心进一步了解该理论的同好分享自己的一点理解罢了。

有的人因为所知有限，就说技术分析是“算命打卦”，这当然是偏见。然而技术分析也不是令您一夜暴发的聚宝盆。它是基于历史资料、心理学和概率统计规律之上的、预测市场的一种途径，肯定不会“放之四海而皆准”。但这门技术成功明显地多过失误，经受住了交易实践的历史检验，因此值得任何有志于市场行为研究的朋友努力学习。

在写书的过程中，我的着眼点始终是简洁。有人总是不厌其烦地把简单概念折腾得深奥复杂。只要可能，我倒宁愿更简单些。我曾经尝试过从非常简单到非常复杂的大多数技术分析工具，结论是，在绝大部分情况下，更简单的往往是更有效的。所以贯穿全书，我始终忠告朋友们：“力求简明”。

约翰·墨菲

译者的话
——我看技术分析

如果我们向从事股票、外汇、债券或商品买卖的朋友请教他们是依据什么来做交易的，那么常常会听到“我靠的是灵感”，或者“我凭感觉”等类似的回答。

就我个人的经验来看，这是实情。可是，接下来，许多朋友又补充说：“我不靠技术分析”，这就值得推敲了。

面对市场，我们有，且只有两条道路——基础分析和技术分析。

一、基础分析的尴尬

基础分析是一种科学的市场研究途径，它把一定市场某一定时期所有有关的信息综合起来，通过供求规律的应用，最终推算出该时期该市场的“内在价值”。在实际操作中，只要把市场的当前价格同其内在价值相比较，就能得出看涨或看跌的结论：如果前者高于后者，则看跌；如果前者低于后者，则看涨。

基础分析的最大长处在于其科学性，它的因果关系明确，结论也是确定的(至少从理论上应该如此)。但是，它也有两方面的严重欠缺。

一是供求规律在具体应用时，要求操作者具有极高的专业理论修养。严格说来，这是经济学家的工作，而普通的市场参与者显然不具备如此素质。

二是基础分析要求拥有完备的即时资料。任何有关于对象市场的信息，包括任何内幕消息(这方面的困难首先是难于获得)、市场参与者的情绪变化乃至他们的错觉(这方面的困难首先是难以量化)等都不能被遗漏。而且，由于各种因素的消长变化，我们甚至也不能忽略任何不起眼的“微量”。另一方面，这些信息又必须很好地对应于我们所研究的时间范围，不允许用过时的信息来替代当时的情况，而经济统计资料通常都是一段时间之前的。因此，这对于普通市场参与者来说也是不可能的。

所以，至少对于一般的交易者来说，基础分析没有操作性可言。

人们常常把市场同水联系起来，把市场的变化比做波、浪等等(参见道氏理论、艾略特波浪理论)。水善变。湖泊、溪流、瀑布、江河、大海，都是水，却各有各的不同。但是另一方面，所有这一切都是重力规律作用的结果。“水往低处流”，这是共同的。而市场的最大特点也正是“善变”，并且一切变化的背后也统统是供求规律的作用，因此，把市场比做水，再恰当不过了(这正是我把 Price Channel 译为“价格管道”的考虑)。供求规律就像重力规律，而水的周围环境，如地形、地质结构、地质成分等各方面因素对应于市场信息。从理论上说，我们的确可以通过重力规律和上述因素来计算出水的流向、流速、含沙量等等结果，但是从实践上说，至少对于普通人，这却是不可能的。实际上，这也就是基础分析所遭遇的尴尬处境。

事实上，没人确知内在价值是多少，经济学家之间的市场分析结论也常常大相径庭。另一方面，我们也很难从市场变化中感觉到内在价值的存在。市场有时处于“牛皮”状态，有时处于方向明确的涨跌状态。这两种市场状态之间并无主次之分，而是“文武之道，一张一弛”的体现，两者相互作用，互为因果。虽然牛皮状态的确表明供求双方的力量在一段时期内处于相对平衡，但这并不能看做内在价值之所在，稍有市场经验的朋友都知道，它往往只是暴风雨来临前的暂时平静。

看起来，经济学家这一头是靠不住的，那么我们怎么办呢？靠经验。

二、技术分析就是经验总结

毫无疑问，“感觉”来自于切身的经验，而技术分析(包括图表分析和技术信号分析两部分)正是成千上万的市场参与者数百年心与血的结晶。说技术分析是经验的，有三点原因。

第一，在它的各种理论体系中，从定义到规则，都带有明显的经验总结色彩，不具备严格的科学特征(比如本书中趋势的定义)。有时候，它们甚至难以经受仔细的推敲(比如江恩理论中的45°线，请设想一下，如果我们不成比例地改变时间和价格轴的单位，则同样一条直线便有不同的角度)；

第二，它的理论花样繁多，几乎每位技术分析者都有自己独有的一套。并且，在各种技术理论之间，联系较弱，难以贯穿成一整套丝丝相扣首尾呼应的理论体系(比如相互验证原则在道氏理论同艾略特理论中的不同，又比如江恩理论对价格水平的奇特算法，它把历史最高价除以 2 就得到一个重要水平)；

第三，技术分析的理论不仅限于对市场的单向分析，而且还有如何适应市场进行实际操作的内容。比如，典型的技术分析名言“让利润充分增长，把亏损限于小额”已经不局限于分析的范围，同时，还包括了资金管理、交易策略等等如何适应市场的内容。

另一方面，技术分析又是切实可行、卓有成效的。在技术分析的结论中，不仅有对市场走势的判断，还有对价格目标的推测；不仅有对时间规模的判别，还有对应对措施的建议。它的实用性和有效性已经经历了上百年的交易实践检验和证明。

但是，因为技术分析具有明显的经验性，具有浓烈的主观色彩，所以实际上这是一门艺术。如果要掌握好它，单单靠按部就班地学习是远远不够的，非得有切实的市场经验不可。而学习和提高的过程，也就是要把自己的经验“去粗取精、去伪存真”，也就是要把前人的成功经验借鉴、吸收为自己的切身经验。

我们不妨还用水来打比方，市场是水，那么交易商就是游泳的人(有的时候，是掉进水里的)，而技术分析就是水性。游泳高手们在水中轻松自如，这当然是因为他们熟知水性的缘故了。“水性”是什么？是对水的经验总结。没有哪位游泳者在水中用重力规律来计算下一步的动作。然而，在他的那份经验中，已经包含了人类对水的科学的直观把握和理解。而且在他下水之前或者在水里的时候，显然也不会拒绝知道每一处水域的具体情况，比如水草、淤泥等。上述比喻对我们有什么启示呢？

1. 在水中，惟一实用的工具是水性，氧气面罩是不常见的。而在市场上，“氧气面罩”甚至是不存在的，因此，技术分析很可能是我们的惟一选择。同时，只要下过水，就多少会有点水性，因此，对你我来说，在市场技术分析方面，只有懂多懂少、用多用少的问题；

2. 只有在水中才能学会游泳，因此，我们的亲身经历是学习技术分析的最重要的原始素材，是起点；

3. 水性是经验总结，不是科学，至少目前还不能把水性变成一门科学。但这并不能否认水性是人类在水中生存的最重要、最实用、最本能的依托，它是切实可行、卓有成效的。这也就是技术分析的特点；

4. 水性再好的人也会呛水，因此要有呛水的准备。当然，水性就包括对呛水的处置。这也对应了技术分析的情况；

5. 不应当拒绝了解水情。这其实既是水性本身的一部内容，也是水性的要求。那么，我们在应用技术分析的时候，虽然已经包括进了一部分基础性信息，但是我们不应当拒绝更多的基础性信息。技术分析与基础性信息是相容的，并且后者也正是技术分析所要求的一部分信息（比如在应用相互验证原则的时候）。

三、关于本书翻译的一点说明

总的原则是力求准确、简明、通俗。限于篇幅，这里只举两个例子。

1. 把“Position”译成“头寸”。不少朋友把它译成“部位”，很不妥。其实头寸这个词在我国金融业有很长的使用历史，今天也十分常用，最重要的是它与英文 Position 对应得非常完美。而“部位”则显得不伦不类。头寸（Position）有两方面含义，一是库存状况，一是与库存状况相应的资金配置。那么，增加一个头寸，既意味着库存的一份变化，又意味着一份资金的投入。头寸既可以用来描述商品，也可以用来描述股票（“库存”的是股票，对股价敏感），还可以描述资金（“库存”的是资金，对利率敏感，这正是我国传统的意义）。这个词也可以意译成“仓”或者音译成“盘”。

2. 把“Open Interest”译为“持仓兴趣”。“Interest”的通常含义就是“兴趣”，这没问题。“Open”指未平仓的合约，在我国股票、期货行业里常常说成“持仓”，很简洁、贴切。这个词在英文中本来就有强调持仓意向(即交易兴趣)大小的意义(参见原书 45 页)。因此，“持仓兴趣”是不错的译法，其简略说法不妨说成“持仓量”。有人把它译成空盘量，稍有不妥。空盘的本意是空头头寸。

丁圣元

1994.3.10

致　谢

感谢道琼斯·德励财经资讯有限公司（Dow Jones Telerate）。德励公司致力于财经信息服务，及时准确地覆盖了全球的外汇、利率、期货、股票等市场的行情，以及政治、经济等方面的新闻和评论。其图表系统（Teletrac）是第一套综合、全面的实时技术分析软件，而它的前身，就是本书作者倍加推崇的Compu Trac系统。80年代初期，德励公司全面收购了Compu Trac，并加以改进。由于Teletrac系统的设计者均为富有实战经验的内行人士，它实际上已经成为这方面软件的标准〔顺便提一句，在Teletrac系统的操作手册中，贯穿关于技术分析工具的部分（F部分），本书都蒙其推荐为首选参考书〕。

但是，该公司最打动我的地方并不是上述各方面的骄人优势。它始终把自己的生意与普及市场分析知识完美地统一起来。每年该公司都在各地举办高水平的讲座，许多市场老手、市场分析大家（比如去年来的就有为本书数度引用的考夫曼先生）都是研讨会讲台上的常客。正是借助这些珍贵的机会，我国一大批交易和分析人才才得以迅速、全面地成长。而这一分拳拳诚意才真正是我国刚刚起步的投资业所迫切需要的。谢谢德励公司！

感谢汪朗先生。老汪是《经济日报》社国际部主任。他以一名优秀报人的敏锐眼光，早早看出我国广大行业对国际汇市实用信息的迫切需求，多亏他的大力支持，才诞生了 1993 年以来我在《经济日报》上的“外汇走势参考”专栏。一年多来，通过这块小小的园地，我们为朋友们做了一点有益的事情，同时，也培养和提高了我各方面的能力，如此才有机会把这本书尽早地奉献到您的面前。谢谢老汪！

感谢张崇山先生。崇山是本书的责任编辑，他为本书付出了极大的心血。我猜测，他对这本书的热情主要还不是我们之间的情谊。他和我一样，也是个农民的儿子。有一次他对我说，“要是我们的农民朋友们都能看看这本书就好了。那样的话，他们可能就不会像现在这样任凭市场摆布了。至少，从这里他们能够学点儿‘水性’”。

照流行的说法，市场就是“海”。我想，这本书也的确是讲“水性”的。但愿它能够为“海里”的朋友（或准备“下海”的朋友）提供一点帮助。

感谢德励公司的伍尚同先生、黄菊小姐，感谢路透社的李淑芬小姐、于力小姐、Josephine Auyeong 女士；感谢王坚先生、王海岐先生、王建平老师、马群利先生、王世杰先生、章建宏先生、宋春胜先生。他们为本书的顺利出版给予了极大的关心和帮助。

丁圣元

1994. 3. 8

目　　录

第一章　技术分析的理论基础

引　　言

这一章我们先来做四件事情。第一,给技术分析下个定义;其二,讨论一下技术分析赖以成立的哲学前提或者说基本原理;接下来把技术分析同基础分析分出个子丑寅卯来,最后谈谈几种常见的反对技术分析的意见。

我坚信,只有先弄清楚了技术分析的所作所为,特别是它的理论基础之后,才谈得上全面理解和掌握它。

首先,我们下定义。技术分析是以预测市场价格变化的未来趋势为目的,以图表为主要手段对市场行为进行的研究。“市场行为”有三方面的含义——价格、交易量和持仓兴趣,它们是分析者通常能够获得的信息来源。另一个概念“价格变化”虽然也常用,但好像太狭窄了,因为大多数分析者也把交易量和持仓兴趣用作分析资料的一部分。在以后的讨论中,“价格变化”和“市场行为”就按这两种意义区别使用。

理论基础

技术分析有三个基本假定或者说前提条件：

1.市场行为包容消化一切。

2.价格以趋势方式演变。

3.历史会重演。

市场行为包容消化一切

“市场行为包容消化一切”构成了技术分析的基础。除非您已经完全理解和接收这个前提条件，否则以下的讨论毫无意义。技术分析者认为，能够影响某种商品期货价格的任何因素——基础的、政治的、心理的或任何其他方面的——实际上都反映在其价格之中。由此推论，研究价格变化就是我们必须做的事情。这个断语乍听也许过于武断，但是花功夫推敲推敲，就确实没话可说。

这个前提的实质含义其实就是价格变化必定反映供求关系，如果需求大于供给，价格必然上涨；如果供给过于需求，价格必然下跌。这个供求规律是所有经济的、基础的预测方法的出发点。把它倒过来，那么，只要价格上涨，不论是因为什么具体的原因，需求一定超过供给，从经济基础上说必定看好；如果价格下跌，从经济基础上说必定看淡。您瞧，这段话基础分析的味道多么浓，不过大可不必为它出现在我们这篇纯粹关于技术分析的文章中而惊讶。归根结底，技术分析者不过是通过价格间接地研究经济基础。大多数技术派人士也会同意，正是根本的供求关系，即某种商品的经济基础决定了该商品的市场看涨或者看跌。图表本身并不能导致市场的升跌，只是简明地显示了市场上流行的乐观或悲观的心态。

图表派通常不理会价格涨落的原因，而且在价格趋势形成的早期或者市场正处在关键转折点的时候，往往没人确切了解市场为什么如此这般古怪地动作。恰恰是在这种至关紧要的时刻，技术分析者常常独辟蹊径，一语中的。所以随着您市场经验日益丰富，遇上这种情况越多，“市场行为包容消化一切”这一点就越发显出不可抗拒的魅力。

顺理成章，既然影响市场价格的所有因素最终必定要通过市场价格反映出来，那么研究价格就足够了。实际上，图表分析师只不过是通过研究价格图表及大量的辅助技术指标，让市场自己揭示它最可能的走势，而并不是分析师凭他的精明“征服”了市场。今后讨论的所有技术工具只不过是市场分析的辅助手段。技术派当然知道市场涨落肯定有缘故，但他们认为这些原因对于分析预测无关痛痒。

价格以趋势方式演变

“趋势”概念是技术分析的核心。还是那句话，除非您也接受这第二个前提，否则就不必再读下去。研究价格图表的全部意义，就是要在一个趋势发生发展的早期，及时准确地把它揭示出来，从而达到顺着趋势交易的目的。事实上，本书绝大部分理论在本质上就是顺应趋势，即以判定和追随既成趋势为目的(图 1.1)。

从“价格以趋势方式演变”可以自然而然地推断，对于一个既成的趋势来说，下一步常常是沿着现存趋势方向继续演变，而掉头反向的可能性要小得多。这当然也是牛顿惯性定律的应用。还可以换个说法：当前趋势将一直持续到掉头反向为止。虽然这几句差不多是车轱辘话，但反复强调的无非只有一个意思：坚定不移地顺应一个既成趋势，直至有反向的征兆为止。这就是趋势顺应理论的源头。

历史会重演

技术分析和市场行为学与人类心理学有着千丝万缕的联系。比如价格形态，它们通过一些特定的价格图表形状表现出来，而这些图形表示了人们对某市场看好或看淡的心理。其实这些图形在过去的一百多年里早已广为人知、并被分门别类了。既然它们在过去很管用，就不妨认为它们在未来同样有效，因为它们是以人类心理为根据的，而人类心理从来就是“江山易改本性难移”。“历史会重演”说得具体点就是，打开未来之门的钥匙隐藏在历史里，或者说将来是过去的翻版。

技术分析与基础分析之辨

技术分析主要研究市场行为，基础分析则集中考察导致价格涨、落或持平的供求关系。基础分析者为了确定某商品的内在价值，需要考虑影响价格的所有相关因素。所谓内在价值就是根据供求规律确定的某商品的实际价值，它是基础分析派的基本概念。如果某商品内在价值小于市场价格，称为价格偏高，就应该卖出这种商品；如果市价小于内在价值，叫做价格偏低，就应买入。

图 1.1　上升趋势的示例。技术分析是基于以下前提之上的：市场以趋势方式演变，并且其趋势倾向于持续发展（Chart courtesy of Commodity Research Bureau, a Knight-Ridder Business Information Service.）。

两派都试图解决同样的问题，即预测价格变化的方向，只不过着眼点不同。基础派追究市场运动的前因，而技术派则是研究其后果。技术派理所当然地认为"后果"就是所需的全部资料，而理由、原因等无关紧要。基础派则非得刨根究底不可。

大多期货商要么说自己是技术派，要么说自己是基础派。实际上不少人两手兼备。绝大部分基础分析师对图表分析的基本立场有实用的了解，同时，绝大部分技术分析师对经济基础也至少有个走马观花的印象（不过也有的技术分析者不遗余力地拒绝知道任何经济信息，人称"技术癖"）。成问题的是，在很多场合，图表的预测和基础的分析南辕北辙。当一场重要的市场运动初露端倪的时候，市场常常表现得颇为奇特，从基础方面找不出理由。恰恰是在这种趋势萌生的关键时刻，两条道路分歧最大。等趋势发展过一段之后，两者对市场的理解又协调起来，可这个时候往往来得太迟，交易者已经无法下手了。

两种方法貌合神离,而市场价格的变化总要超前于哪怕是最新获得的经济情报。换言之,市场价格是经济基础的超前指标,也可以说是大众常识的超前指标。经济基础的新发展在被统计报告等资料揭示之前,早已在市场上实际发生作用,已经被市场消化吸收了。因此,当前的价格实际上是当前尚来不及为人所知的经济基础因素作用的结果。历史上一些最为剧烈的牛市或熊市在开始的时候,几乎找不到表明经济基础已改变了的资料,等到好消息或坏消息纷纷出笼的时候,新趋势早已滚滚向前了。

而技术派往往非常自信,当大众常识同市场变化牛头不对马嘴的时候,也能够"众人皆醉而我独醒",应付自如。他们乐于领先一步,当少数派,因为他们明白,个中原因迟早会大白于天下,不过那肯定是事后诸葛亮,他们既不愿意也没必要坐等,丧失良机。

有了上面的分析,您就不难理解何以技术派总觉得他们的一套比基础派的强。要是一个交易商非得从二者之中挑一个不可,那么,合乎逻辑的抉择必然是技术分析。因为从定义上说,技术分析已经容纳了基础性因素。如果经济基础已经反映在价格之中,那么再研究有关的基础性资料就多余了。图表分析抄了基础分析的近道,反过来却不然。基础分析里不包括价格的变化。如果说单纯利用技术分析从事商品期货交易还可以的话,要是某人毫不理会市场的技术特点,试图单单利用基础分析来做交易,那就大为可疑了。

技术分析与出、入市时机选择

为把上面最后一句话讲得更清楚,我们把决策过程分为前后两个阶段:先分析市场,而后选择出入市时机。期货市场的杠杆作用注定了时机是交易成败的关键。请注意,即使您在把握大趋势上没有出问题,仍然很可能赔钱。因为期货交易所要求的保证金实在太少(通常少于交易额的10%),价格朝不利的方向哪怕变化得并不大,交易商也可能被扫地出门,损失大部分乃至全部保证金。在股票市场上,情况不一样,如果股价跌了,则不妨先拿着股票等等看,但愿总有涨回来的一天。不少股票交易商就这么着,从投机转变成投资。

期货交易商可占不到这个便宜。"买了走着瞧"这一套行不通。在市场预测阶段,技术分析或基础分析都可采用,但到了选择具体出入市时机的时候,就只能仰仗技术分析了。这就是说,只要做交易,就得按部就班地完成这两个步骤;哪怕您在第一个阶段用的只是基础分析,在第二阶段也还是非用技术分析不可。

技术分析的灵活性和适应性

技术分析有一个了不起的长处，它适用于任何交易媒介和任何时间尺度。不管是做股票交易，还是做商品交易，没有用不上的地方。

做商品期货，图表派可以随心所欲地同时跟踪许多种类，而基础派往往顾此失彼。经济基础方面的资料太繁杂了，大多数基础分析师只好从一而终，专门研究某种或某类商品，比如谷物或者金属类。我们绝不可忽视这个差别。

就说这一桩吧，市场有时平平淡淡，有时候高潮迭起；既有趋势明朗的情况，也有杂乱无章的阶段。技术派就不妨集中精力和资源，专门对付趋势良好的市场，暂且不理会其他趋势不明者。这样，在市场上各种商品轮流坐庄，交替活跃，技术派跟着把注意力和资金转移到最行时的对象上去。不同的时候总有不同的商品最火爆，趋势漂漂亮亮，而且往往此起彼伏。技术分析师大得其宜，随机应变地轮换新宠。而基础派多是“专家”，常常享受不到这份灵活性。即使他们要东施效颦，也非得付出许多额外的时间去把握新对象不可，缺了图表派那份潇洒。

技术派的另一个优势是“既见树木又见森林。”他们能同时跟踪所有市场，对商品市场在总体上有很好的把握，避免了从一而终所致的管窥蠡测、坐井观天的毛病。而且许多期货之间存在着内在的联系，对类似的经济因素也会作出相互关联的反映，因此它们之间在价格变化上可以互为线索、相互参照。

技术分析适用于各种交易媒介

图表分析原则既适用于期货，也适用于股市。它实际上起源于股市分析，后来才移植到期货市场，如今股票指数期货已经上市，两个市场之间的界限正飞快地消失。正如图 1.2 所示，各国股票市场也引入了图表及其分析原理。

10 年来，金融期货，包括利率和汇率期货大行其道，图表分析理论在这些市场上如鱼得水。

技术分析原则在套头交易（差价交易）和期权交易中也有用武之地。另外，商业保值也需要考虑价格未来走向，因而技术分析同样能发挥所长。

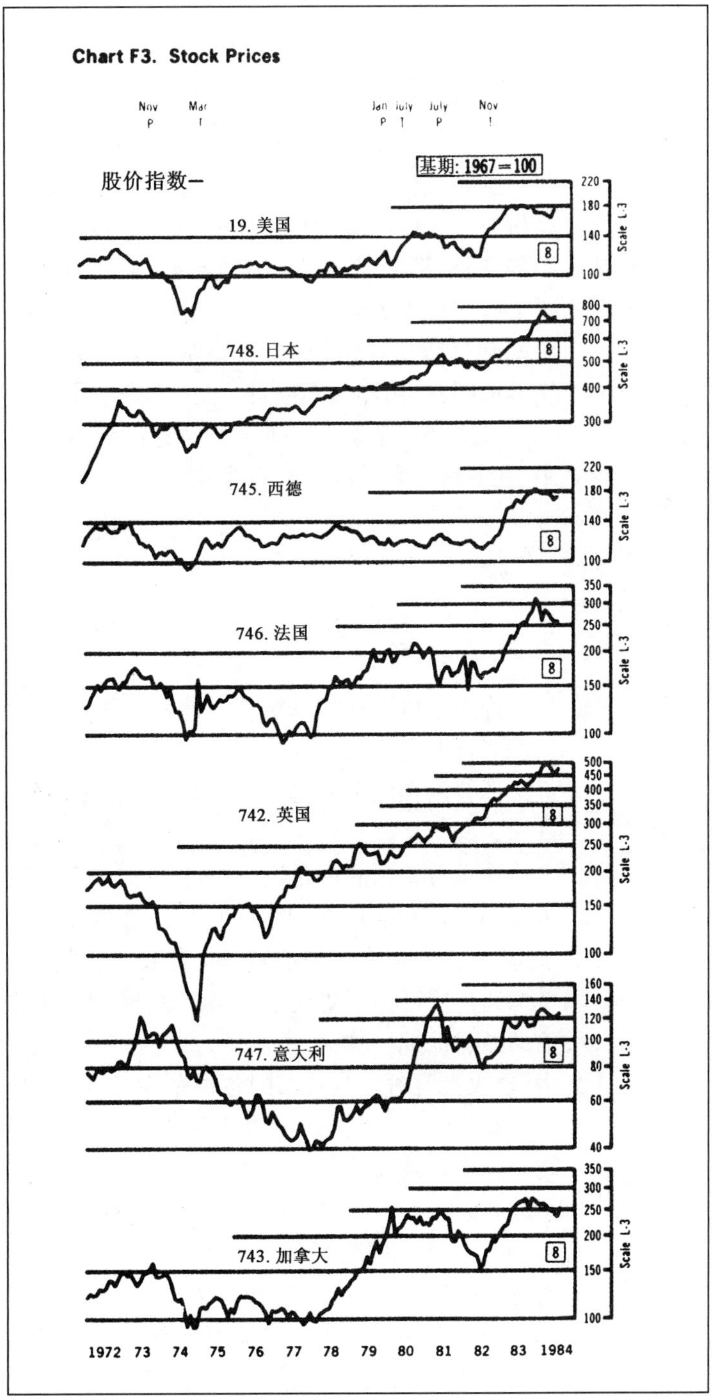

图 1.2　各国股市。参见《商情文摘》,1984 年 8 月,第 59 页（Source:Business Conditions Digest, U.S. Department of Commerce.)。

技术分析适用于各种时间尺度

图表分析的另一个优点是它能应用在不同的时间尺度之下。无论是研究一天以内的价格变化做当日交易，还是顺应趋势做中等期限的跟势交易，都可以采用相同的原理。目前较长期技术预测还往往被忽视。有人说图表分析只适合短时间域，这是无稽之谈。也有人和稀泥，说基础分析适合做长期预测，而技术分析用于短线的时机选择更好。实践证明，使用周线图或月线图解决长期预报问题也毫不逊色。

只要您完全领会了本书所讨论的技术原理，就能在各种交易工具中、在各种时间尺度上左右逢源。

经 济 预 测

许多人以为技术分析相对冷僻狭隘，或者把它理解成专门对付股票、期货的高度专业化的工具。实际上它的基本理论完全能够应用到经济形势的预测上来，只不过迄今为止这方面的前景还没有被充分地认识。

技术分析预测的是金融市场的未来轨迹。这些预测对预测经济有价值吗？请看几年前华尔街日报刊登的这篇文章：《近来债券价格快步上涨，而它历来是经济转折的优良先行指标》（1982 年 9 月 28 日）。文章通过广泛的历史记录有力地表明，债券价格是经济滑坡或回升之前的显著征兆。作者写道："它作为征兆明显优于股票价格，就事论事，也大大胜过官方公布的各种先行指标。"

我们注意到引文中也提起了股票价格。标准普尔氏 500 种股票平均价格指数是商业部随时关注的 12 种经济先行指标之一。文章引用了马萨诸塞州国立经济研究院的一份研究报告，证明该股票指数在这 12 种先行指标中表现最佳。我想强调的是，现在我们既有债券期货，也有标准普尔氏 500 种指数的期货，而技术分析在研究这两种期货时都能游刃有余，那么，不论您意识到与否，当我们对它们进行技术分析时，也同时成功地分析了经济。有个最生动的例证。1982 年夏季，股票指数和债券市场同时爆发了一轮剧烈的牛市，及时地宣告一场自二次大战以来为时最长、痛苦最深的大衰退就此终结——然而经济学界对如此重大的转折当时差不多毫无觉察。

纽约咖啡、糖和可可交易所（CSCE）已经申请开设四种经济指标的期货合约，其中包括住房开工率和工薪消费者物价指数(CPI—W)，估计商品研究局期货价格指数（CRB 指数）也即将上市。而 CRB 指数早就被看成是显示通货膨胀压力的晴雨表。但这个指数的用途远不止于此。1984 年商品年鉴（商品研究公司，新泽西城）中有篇文章，对照研究了自 1970 年以来 CRB 指数同各种经济指标的相互关系(图 1.3)。

该研究表明，CRB 指数同工业产出指标有很强的相关性，而且商品价格指数一般领先于后者的变化。有原文为证："CRB 指数同工业产出指标有很高的相关性，表明 CRB 是一个非常可靠的一般经济指标。"(斯蒂芬·W·麦克，《作为一般经济指标的 CRB 指数——有 27 个品种的一篮子商品，一种新期货》，第 46 页)，不妨加一句，我们用图表分析 CRB 指数有年头了，干得相当漂亮。

综合上述可以清楚地看出，技术分析这一预测工具价值不菲，研究譬如黄金或大豆价格走向等等问题只是牛刀小试而已。当然，也要清楚，技术分析在预测一般经济趋势上前景虽然广阔，但还有待开发利用。CSCE 最近推出的消费者物价指数(CPI—W)期货可谓这方面的好榜样。

技术分析师？图表分析师？

对从事技术分析者有好几种称呼，比如技术分析师、技术师、图表分析师、市场分析家等等。这些说法以前其实是一个意思，如今技术分析的专业分工越来越细，就有必要讲究讲究，仔细地区分。十年前，所有的技术分析都是围绕图表开展的，技术分析、图表分析是一码事。现在不行。

随着技术分析领域的不断拓展，采用传统图表分析方法的人仍自成一派，新形成一派，即所谓技术分析派，则往往借助统计科学和计算机工具。当然这种区分有许多重叠之处，而且大多数人在一定程度上两边都沾得上，但正如技术派同基础派的分别一样，他们毕竟有所不同。

传统的图表分析师无论是否利用计算机辅助工作，图表依然占首要地位，其余统统是参考。而研究图表必定具有一定的主观色彩，在绝大多数场合，分析成功与否取决于分析者自身的素质。所以研读图表确实需要技艺，图表分析师又常被称为"图表艺术家"倒也并非"浪得虚名"。

反过来，技术分析应用了统计科学，以计算机为工具，力求客观地定量测试和改进其自动交易系统。他们把这种系统或者交易模式编成软件,由计算机计算出“买”、“卖”信号。其中有的简单,有的极为复杂,不过总的一条,就是要尽量减少甚至完全排除人的主观影响,把交易变成科学实践。图表在这些统计学家那里可有可无。但是只要他们的工作不超出研究市场变化这个大范围,就仍算是技术分析师。

另外,使用计算机的分析者也可以划分成两类。一类人倾心研制自动交易系统,又称“黑箱技术”;另一种人则致力于利用计算机开发新的技术信号,对这些技术指标的解释及其实际应用他们自己了然于心。

所有的图表分析师都是技术分析者,可是并非所有的技术分析师都是图表分析师。这也是区分两者的一个办法。本书不打算刻意区别使用这两种说法,不过应该清楚,图表分析只是广阔的技术分析领域中的一部分。职业技术分析人员宁愿人称“技术分析师”而不喜欢“图表分析师”这个头衔,就好比一个是“千里马”,一个是“驽马”,前者听起来俨然更加造诣不凡。

图 1.3　从图中可以明显看出,在 CRB 期货价格指数(实线)与工业产出指数(虚线)之间存在着强烈的相关性(Source: Commodity Year Book 1984, Commodity Research Bureau, Inc., Jersey City, N.J.)。

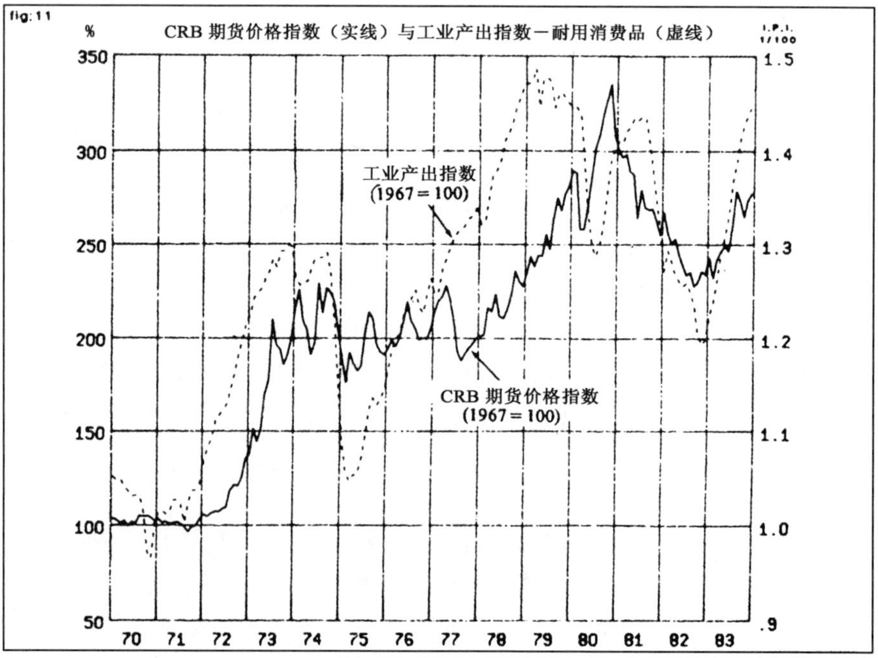

技术分析在股市和
期货市场应用上的简要比较

常常有人问技术分析在股市和期货市场上的用法是不是一样,答案为既是也不是。

基本原理是共同的,使用的基本工具也一样,比如线图、点数图、价格形态、交易量、趋势线、移动平均线和摆动指数等等。只要在一个市场上学会运用这些基本知识,就能轻车熟路地适应另外一个市场。当然股票市场和期货市场毕竟有本质区别,要说技术分析在它们那里的差别,也就是由两个市场本身的先天特征造成的一般意义上的不同,工具本身是没有什么分别的。

标价方式

商品的标价方法比股票复杂得多。每种商品都按特定的单位标价并制定价格增减的最基本幅度。举例来说,谷物市场上的报价方式是每蒲式耳若干美分,金银是每盎司若干美元,利率是基本点数等等。交易商必须明了每个市场的具体情况:在哪间交易所上市,合约如何标价,最大和最少的价格变化单位是多少,每张合约每基本单位价格变化相当于多少钱的出入等等。

具有一定的有效期限

商品期货合约都有失效日期,股票则不然。比如美国长期国库券 1985 年 3 月份合约在 1985 年 3 月到期。期货一般在到期前有大约一年半的交易时间,所以在任何时候同一商品在市场上至少同时流通着 6 种到期月份不同的合约。交易商事先必须清楚哪一种值得买卖,哪种则应避开(以后解释这一点)。有效期特点给长期价格预测增加了难度。每当旧合约期满新合约上市,总不得不相应地从头开始画图,而且过期合约的旧图表用处不大,新图表连同各项新的技术参数都得重砌炉灶。市场上推陈出新不要紧,但要想维持一个长期图表就实在棘手。即使有计算机帮忙,也必须从零开始,花费可观的人力物力来刷新资料。

较低的保证金水平

恐怕要数这个区别最要紧了。所有的期货都以保证金方式交易，大多数期货所要求的保证金少于交易量的 10%。较低的保证金水平导致了很高的杠杆效应。价格不管朝哪个方向只变化一点点，就会影响总的交易成绩。正因如此，在期货市场上可能在很短的时间内赚或者赔一大笔钱。既然交易者只拿出 10%的押金，却做了 100%的交易，那么 10%的价格变化就能或者让他本金翻倍，或者让他血本无归。时间也不一定长，吃早饭开头寸，也许不到午饭时分，整个过程就结束了。期货市场的杠杆效应放大了市场动作，使之看起来比实际上更反复无常。要是有人扬言自己在期货市场上被“洗劫一空”，您请记着他起先是拿 10%搏 100%的。

从技术分析的角度看，杠杆效应使选择出入市时机这一步骤在期货市场比在股票市场大为重要。正确地选择入市和出市的时机一方面是交易成败的关键，另一方面也是市场分析面对的一大课题。正是这样，以技术分析为中心的交易策略才成为期货交易成败攸关、不可或缺的关键。

时间域大为缩小

在杠杆效应作用下，期货商必须密切关注市场的一举一动，因此所关心的时间域必然也细致入微。与此不同，股市分析者喜欢更长时间的图表，研究更长时间的问题。他们也许要预测的是 3 个月或半年后的市场。期货商想知道的则是下周、明天乃至下半天的形势如何，所以所提炼出的一些具有即时效用的工具，股市分析师或许闻所未闻。移动平均线便是一例。在股市分析中用得最广泛的是 30 周或者 200 天的平均线，而在期货市场，绝大多数在 40 天以下，其中流行的移动平均线组合是 4 天、9 天和 18 天。

时机更为紧要

在期货交易中，时机决定一切。正确判别市场方向仅仅是问题答案的一小部分。入市时间相差一天，有时甚至仅几分钟，结果可能就是成与败，截然不同。弄错了市场趋势而赔了钱固然糟糕，然而大方向没错却依然损兵折将才是期货交易最令人沮丧、畏缩的地方。基础性因素很少一天一变，所以毋庸置疑，时机抉择问题实质上纯粹是技术性的。

广泛商品价格平均指数用得较少

股票平均价格指数的变化是极为引人注目的，比如道·琼斯工业股票指数或者标准普尔氏 500 种股票指数。实际上这是所有股市分析的起点。期货市场一般并非如此。尽管也有一些代表商品市场总体价格方向的指数，比如商品研究局期货价格指数（CRB）也广受注意，但它们没有股票指数那样显要。

广泛性技术信号在期货市场用得较少

股市分析中广泛性技术信号很重要，例如涨跌线、新高新低指数、空头动向比等，但它们在期货市场不流行。这倒不是因为它们的理论和实践压根不适合期货，也许有一天期货种类大为增加，就有必要借助这些广泛性指标来判断市场总体运动了，只是迄今为止还用不着它们。

具体的技术工具

大多数起源于股市分析的技术工具也能适用在商品市场，不过用法不完全一样。

举个例子，期货的图表形态往往不像在股市里那样走得那么完整，移动平均线的天数也少得多，传统的点数图也用得不广泛。这是因为很难获得每天的价格数据的细节，所以主要是场内交易商使用点数图。本书后面还将进一步讨论上述分别以及其余用法上的差别。

最后我们谈谈股市同期货之间另一个重要区别。在进行股市技术分析时，非常看重情绪指数和资金动向。情绪指数用来跟踪显示散户、共同基金、场内交易商等各个群体的表现。根据“真理往往在少数人一边”的原则，情绪指数是判断市场在总体上看好或看淡的极为重要的依据。资金动向用来考察不同群体的现金头寸情况，比如共同基金或大机构交易商的账户。它的基本理论是现金头寸越大，就越有购买股票的潜力。就技术分析本身而言，两者都属于辅助性质，但股市分析者对它们的重视程度比对传统的市场分析要大些。

在我个人看来，期货市场中的技术分析是更为纯粹的价格研究。

虽然相反意见理论在一定范围内不无长处，但基本趋势分析和传统技术指标的应用更为关键。

技术分析的一些反面意见

在讨论技术分析时，常常出现一些大同小异的疑问。所谓“预言自我应验”就听得不少。还有“到底能否用过去的价格资料来预测下一步价格方向?”等等。反对者总是强调“图表记录了市场价格的来龙，却说不出它的去脉”。很显然，如果您不会读图，当然从图表上看不出门道来。这一点姑且不论。随机行走理论认为价格毫无趋势可言，言下之意是什么样的预测技术也不比简简单单地“买了拿在手里等着”这一招高明。这就值得理论理论。

“一语成谶”论

“一语成谶”论也可以说成“预言自我应验”。是不是真管用?这个问题问得太多了，说明很多人心存疑惑。这种说法肯定不是无中生有，不过大可不必如此耿耿于怀。下面我们引用一段话，也是讨论期货交易的，从几个方面批评了图表形态，这也许是表述上述问题的最好方法。

> a.近年来绝大部分图表形态流传广泛。许多交易商把它们牢记于心，常常根据图形不约而同地行动。于是乎每当图形发出“看涨”或“看跌”的信号时，买者或卖者一拥而上，结果产生了“预言自我应验”的现象……
>
> b.图表形态的辨认几乎纯粹出自主观判断。迄今没有任何图形可以用数学方法科学地定量研究。要说它们是读图者心中的臆想，一点也不夸张……(理查德·J·塔韦尔斯，查尔斯·V·哈洛，赫伯特·L·斯通，《商品期货游戏》，p.176，麦格劳—希尔出版社，1971年)。

上面两段批评自相矛盾，后语抹杀了前言。既然图表形态“出自主观判断”，是“读图者心中的臆想”，那么许多人在同时看出同样的信号这事就实在不可思议了，而这恰恰是“自我应验”论的基础。看来批评家们只好割爱，不可以一边说图表形态是板上钉钉，既客观又容易判定，每个人都能同时看出同样的图形，采取同样的行动，使图表形态自动应验；一边又批评图表分析过分地主观、人见人殊。

事实上图表形态很客观，而研读图表是门艺术(或者说是“技巧”

更恰当)。图表形态几乎从来没有清楚得能让有经验的分析师们意见一致的时候。疑虑重重、困惑不解或者仁者见仁智者见智才是家常便饭。正如本书将要说明的那样,技术分析有许多种选择,各种选择相互之间经常合不上榫。有条条大路,但不全通罗马。

即便大多数分析者预测一致,所见略同,他们也不一定在同时以同样的方式入市。有些也许预计到图表信号将会出现便"先下手为强"。还有人也许等到图形或指标突破后在市场回撤时才下手。有些交易商大胆积极,有些人谨慎保守。有些人在入市时同时发出止损指令,有些则留下预定水平指令或限价交易指令做交易。因此所有人在同一时刻以同一方式入市的可能性甚微。

即使"预言自我应验"果有其事,那么它天生也会"自我修正"。换句话说,在交易商们不谋而合的行为扭曲市场之前,大家都仰仗图表,而一旦"自我应验"发生之后,他们要么把图表扔到一边,要么更改交易策略。比如他们可能力图在众人之前或者等到市场进一步证实时才作反应。就这样,即使短时间内预言自动应验现象惹出问题,这种机制本身也将自动地修正自己。

请记住,惟有供求规律才能决定牛市或熊市的发生、发展。技术分析师势单力薄,绝不能平白无故地靠他们自己的买进或者卖出引发市场的重要变化。要是他们能做到这一点,早就该发大财了。

一些规模庞大的交易商越来越多地借助计算机化的自动交易系统,它们带来的问题其实比图表分析师招惹的麻烦重大得多。设计这些系统都是为了辨识和顺应大趋势,本质上属于"因势利导"。十多年来在期货行业中,置于职业化管理之下的资金急剧膨胀,公共和私人基金动辄上亿美元地买卖。它们又大多采用此类技术性系统,结果是庞大的资金高度集中,在为数不多的几个趋势性市场"追势逐利"。因为期货市场总的容量尚有限,这些系统短期内对价格产生破坏性影响的危险性与日俱增。然而哪怕万一出现了这种偏差,也注定为时短暂,不会引起重要的运动。①

我们再次强调,甚至由于高度集中的巨额资金采用技术性系统引致的问题也会自我修正。如果所有的系统同时做同样的操作,交易商就会调整系统,使之更迟钝或更灵敏。

我们一般把预言自我应验论看成是对图表分析的反对意见,其实

---

① 原著者注:附带说一句,多年来每当市场发生出人意料的动作,不容易找到基础方面的原因的时候,新闻界往往用"图表招致的抢购(或抛售)"等等说法搪塞一番。最近,什么"图表加计算机招致的抢购(或抛售)"的说法也时有耳闻了。不管什么场合,只要金融新闻界技穷,找不出市场变化的缘由,他们就拿技术分析师垫背,除此之外,他们还能指望什么?可恶。

说它是赞誉或许更为恰当。要是有哪种预测技术如此广受欢迎,以至于能够影响市场,那它非得出类拔萃不行。您不妨琢磨琢磨,为什么提起基础分析时,很少有人会顾虑它也出现自我应验的问题呢?

过去能否预测未来?

用过去的价格资料能否有效地预测未来,这是另一个引起争议的问题。很奇怪为什么反对技术分析的人总是拿出这个法宝来,大家都明白,每一种预测方法,从气象预报到基础分析,都是建筑在对历史资料的研究之上的。除此之外,还有什么资料可供选择呢?

统计学理论划分成描述统计学和推导统计学两部分。描述统计学指用图表达资料数据,比如用一张标准的线图来展示价格历史。推导统计学则指从资料推导出概括的、预测的或推延性的结论。所以价格图表属于前者的范畴,而针对价格图表进行的技术分析则属于推导统计学的范畴。

正如一本统计学教科书所说:"商业或经济预测的第一个步骤就是搜集历史观测资料"(约翰·E·弗罗因德和弗兰克·J·威廉斯,《现代商用统计学》,p.383,普伦蒂斯-霍尔出版社,1969年)。图表分析只是时间序列分析的一种形式,正如所有的时间序列分析一样,也是以历史为依据的。无论谁,惟一能获得的资料或者数据,只是过去的记录。只有把过去的经历投影到未来,我们才能估计未来。再从这本书中引用一段:

> 人口预测、工业预测等等,在很大程度上是基于对过去发生的事物的研究。正如在日常生活中一样,在商业和科学上,我们也都是依靠过去的经验展望难以捉摸的未来的(《现代商用统计学》,p.383)。

综合起来,技术分析以过去的价格数据预测未来,有充分的统计学根据。要有人执意怀疑技术分析在这个方面的立足点,那么他只好把所有以过去研究未来的学问一古脑儿推翻,当然其中免不了所有的经济分析、基础分析。

随机行走理论

随机行走理论原本在高知识阶层发端并流行。它认为价格变化在顺序上互相独立,因而价格历史并不是未来价格方向的可靠线索。简而言之,价格变化是随机而不可预测的。这个理论借着《股票市场的随机行走特点》一书到处“行走”，名噪一时。该书编者是保罗·H·库特纳，由麻省理工学院出版社1964年出版。从此赞成和反对两派纷纷著书立说，论战不休。该理论根据有效市场假定，认为价格在内在价值上下随机波动。同时还推论，最好的市场策略就是简简单单地“买了等着”，反对“战胜市场”的企图。

所有的市场确实都具备一定的随机性，或者说“噪音”，但以为所有价格变化都是随机而来却并非实情。断这个官司恐怕凭经验和实践更靠得住，而复杂高深的统计学方法要么似乎能证明研究者预先设想的一切，要么什么也否定不了。满目随机其实只是无力辨识系统性价格变化形态的代名词，您不妨把这话记在心里。许多学者没有能力揭示价格形态，可这并不能证明价格形态不存在（图1.4）。

当市场趋势明朗时，趋势对一般的市场分析人员或实际交易人员到底有无价值呢？学院派争论不休。要是您对这一点也有疑惑，随便翻翻哪本图表书（随机地挑出来），就可以很直观地看到趋势确实客观存在。如果价格变化前后无关，也就等于昨天或者上星期的事儿在今天或明天全无痕迹，那么试问随机行走派诸君，如何解释触目可见的趋势呢？不少顺应趋势系统在现实交易中战果辉煌，利润丰厚，又该作何解释呢？在期货市场选择时机是个关键，“买了等着”如何行得通呢？应该在熊市中拿着这些头寸坐等吗？要是前后价格相互无关，价格变化既没有趋势也无从预测，交易商如何能知道牛市和熊市的分别呢？事实上“买了等着”就等于是个上升趋势，那么熊市如何能存在呢？

统计学证据能否最终肯定或彻底推翻随机行走理论，天晓得，不过随机理论在技术分析界毫无市场。如果市场果真随机，那么没有什么预测技术靠得住。有效市场假定恰恰同技术分析的前提之一“市场包容消化一切”异曲同工，而不是否定了技术分析的可靠性。学院派也发觉市场很快地消化一切信息，想靠消息灵通来发财没门儿。在这里他们总算摸着技术分析理论基础的一点边，即重要的市场信息在其广为人知之前，早已为市场价格所包容消化。学院派弄巧成拙，反而清清楚楚地证明了密切关注价格变化的重要性，试图利用基础性情报渔利至少对短时期而言是缘木求鱼。

最后我们必须承认，要是不理解具体的过程进行规则，任何过程都会显得杂乱无章。比方说一张心电图，在外行看来，活像一长串杂乱无章的噪音，可在一个训练有素的医生眼中，其中每个小波折都充满了意义，肯定不是随机而来。对没有花功夫研究期货市场行为规律的人来说，市场动作也可能是随机的。随着读图技能的提高，随机的错觉逐渐消失。相信读者在逐步深入学习本书各章节的过程中，会亲身体验这种现象。

如果有兴趣进一步了解随机行走理论，这儿有一份自从70年代早

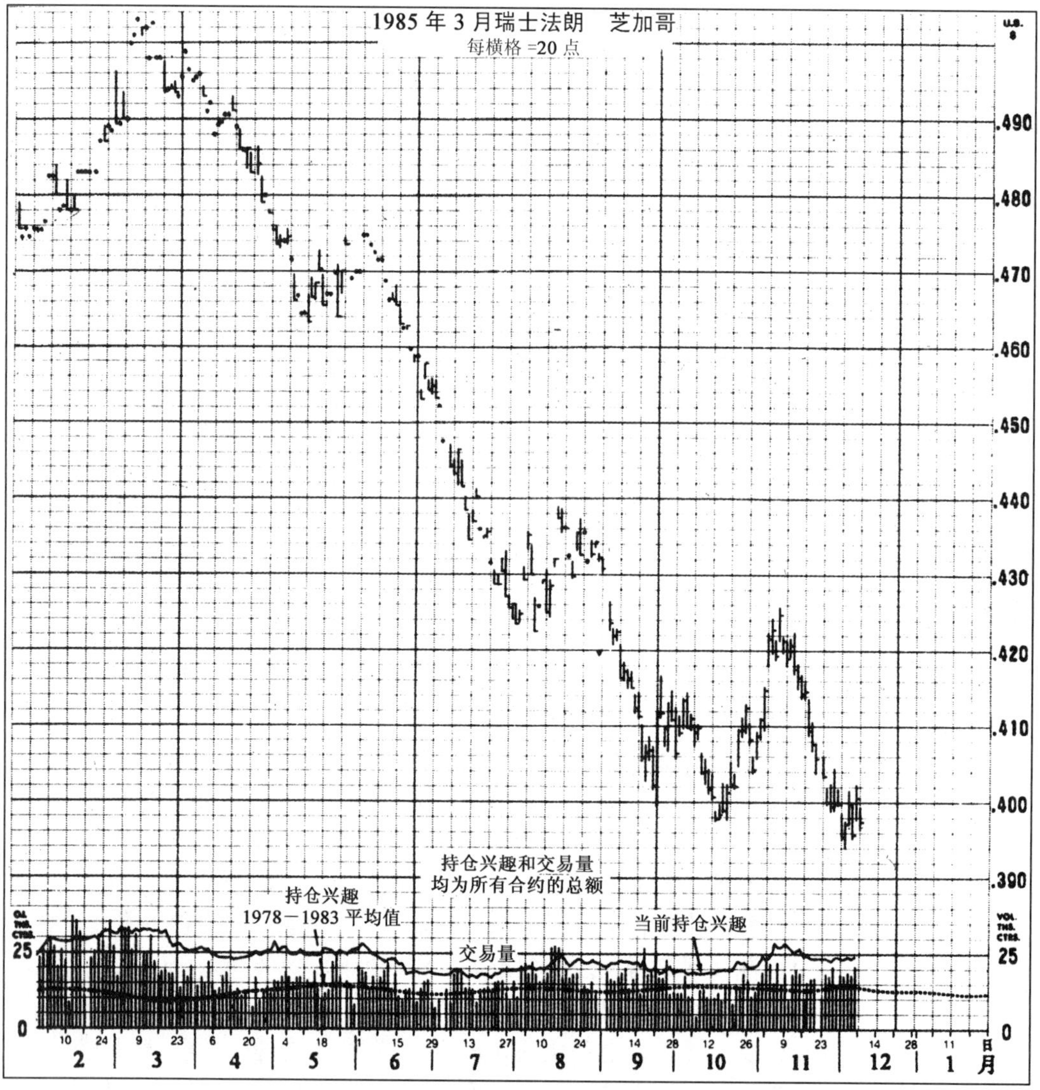

图1.4　请看这张瑞士法郎的图表，如果“随机行走论”者在这张图面前愣想兜售“市场上根本无趋势可言”的论调的话，恐怕免不了要碰一鼻子灰（Chart courtesy of Commodity Research Bureau, a Knight-Ridder Business Information Service.）。

期以来商品期货市场研究的摘要，名为《期货市场问题—— 一份调查报告》，作者阿夫拉哈姆·卡玛拉，刊载在《期货市场学报》1982年卷，第275—278页，约翰·威利父子公司与哥伦比亚大学期货研究中心联合出版。卡玛拉摘录了几份认为期货价格具有连续性、反对随机理论的文章，也选入了另一派的意见，使学院派的这场争论有来有去。这些出版物学究气很浓。其他讨论随机理论的文章偶尔可见。另一本书叫

《在华尔街上随机走走》,作者是伯顿·G·马尔基尔,纽约 W·W·诺顿公司 1973 年版。

下面,我想引用市场技术分析师协会会员大会上的“主席致辞”,来结束对随机行走理论的讨论。这次会议是应学院派研究者为增进同各行业技术分析业者的交流的要求而召开的。

> 我注意到学院派研究者有一个重要的转变。他们现在终于意识到,尽管近年来学院派出版物上各种批评不绝于耳,分析家和投资者们依然非常成功(弗雷德·迪克森,协会主席,市场技术分析师协会通讯,1984 年 2 月)。

结　论

现在我们已经为技术分析打好了理论基础,也澄清了一些有关技术分析的常见疑问,可以言归正传了。我们选择源远流长的最著名的技术分析理论——道氏理论作起点。

第二章　道氏理论

引　　言

1984 年 7 月 3 日,华尔街日报发表了题为《卓越的查尔斯 · 道指数百年诞辰》的文章。同一星期,在华尔街日报的姐妹出版物——巴伦氏周刊上,也登载了《百年来道氏理论为投资者立下汗马功劳》。查尔斯 · H · 道于 1884 年 7 月 3 日首创股票市场平均价格指数,上述文章便是为纪念他这一创举一百周年而撰写的。该指数诞生时只包含十一种股票,其中有九家是铁路公司。直到 1897 年,原始的股票指数才衍生为二,一个是工业股票价格指数,由 12 种股票组成;另一个是铁路股票价格指数,包含 20 种成分。到 1928 年,工业股指的股票覆盖面扩大到 30 种,1929 年又添加了公用事业股票价格指数。虽说新的指数日益增加,但道氏 1884 年的首创却是它们共同的鼻祖。

逢此盛时,市场技术分析师协会(MTA)也向道 · 琼斯公司颁赠了高汉默银碗奖,以表纪念之忱。该公司是道氏与爱德华 · 琼斯在

1882年共同创办的。MTA在致辞中这样写道:“特以本奖授予查尔斯·道,表彰他对投资研究领域做出的名彪青史的贡献。在其逝世80多年后的今天,他所创立的指数仍然是市场技术分析者不可或缺的有力工具。同时,他的创造也为各种现有的指数奠定了基础。这些指数是股票市场活动的晴雨表,受到了广泛的重视。”

道氏从未为其理论著书立说,这是我们的一大损失。上世纪末,他在华尔街日报上发表了一系列社论,表达了他对股票市场行为的研究心得。直到1903年,也就是他逝世一年后,这些文章才被收编在S·A·纳尔逊所著的《股市投机常识》一书中,得以集中出版(1978年弗雷泽出版公司重印此书)。正是这本著作首次使用了“道氏理论”。在理查德·罗素为该书撰写的序言中,把道氏对股票市场理论的贡献同弗洛伊德对精神病学的影响相媲美。

为什么我们要不厌其烦地介绍上述背景?为什么道氏理论如此引人注目?答案是现成的。迄今大多数广为使用的技术分析理论都起源于道氏理论,都是其各种形式的发扬光大。道氏是技术分析的开山祖师爷。虽然现在已经是计算机的天下,大量崭新的、而且据说更有效的技术指标层出不穷,但道氏理论仍然拥有一席之地。很多技术分析师也许不清楚他们这些“现代化”工具在多大程度上继承了道氏发现的基本原则。所以,我以为很有必要先简要地介绍一下道氏理论,然后才开始研究技术分析。

如上所述,道氏的理念起先包含在一系列评论文章中。后来,由道氏在华尔街日报的助手和传人威廉·彼得·汉密尔顿归纳整理了道氏的理论,发表在1922年出版的《股票市场晴雨表》(纽约哈普兄弟公司出版)中。罗伯特·雷又把道氏理论进一步加以提炼,在1932年出版了《道氏理论》一书(巴伦氏出版公司,纽约)。

道氏的研究是针对他发明的股市平均价格,即工业股指和铁路股指所进行的,但是其绝大部分理论在商品期货市场也游刃有余。本章将介绍道氏理论的基本原则,同时着手表明这些基本原理同本书后面各章内容的联系。这里要讲到六条基本原则,其中大部分内容对期货技术分析师来说都不会耳生。当然,更深入的探讨要留待后面各章节分别进行。

基本原则

1.平均价格包容消化一切因素　挺耳熟吧?这正是第一章所介绍的技术分析理论的基本前提之一,只是这里用平均价格代替了个别对象的价格。这个原则表明，所有可能影响供求关系的因素都必得由平均市场价格来表现，就连“天灾”，比方说地震或者其他自然灾难也不例外。当然这些灾祸事先谁都难以料到，但是一旦发生，就会很快被市场通过价格变化消化吸收掉。

2.市场具有三种趋势　道氏的趋势定义是，只要相继的上冲价格波峰和波谷都对应地高过前一个波峰、波谷，那么市场就处在上升趋势之中。换言之，上升趋势必须体现在依次上升的峰和谷上。相反，下降趋势则以依次下降的峰和谷为特征。正如第四章所讲的，这仍是趋势的基本定义，仍是所有趋势分析的起点。

道氏把趋势分成三类——主要趋势、次要趋势和短暂趋势。其最关心者为主要趋势（或称大趋势），通常持续一年以上，有时甚至好几年。他坚信，大部分股市投资者钟情于市场的主要方向。道氏用大海来比喻这三种趋势，把它们分别对应于潮汐、浪涛和波纹。

主要趋势如同海潮，次要趋势（或称中趋势）是潮汐中的浪涛，而短暂趋势则是浪涛上泛着的波纹。从堤岸标尺上，我们可以读出每次浪涛卷及的最高位置，然后通过挨次地比较这些最高位置的相对高低就能测定海潮到底是涨还是落。如果读数依次递增，那么潮水依然在向陆地推进。只有当浪涛峰值逐步递减的时候，观测者才能确知潮水已经开始退却。

次要趋势（或中趋势）代表主要趋势中的调整，通常持续三个星期到三个月。这类中等规模的调整通常可回撤到介于先前趋势整个进程的三分之一到三分之二之间的位置。常见的回撤约为一半，即百分之五十。

短暂趋势（或小趋势）通常持续不到三个星期，系中趋势中较短线的波动。我们在第四章讨论趋势概念时，将采用与这里几乎一致的术语，以及差不多的回撤比例。

3.大趋势可分为三个阶段　大趋势通常包括三个阶段。第一阶段又称积累阶段。以熊市末尾牛市开端为例，此时所有经济方面的所谓坏消息已经最终地为市场所包容消化，于是那些最机敏的投资商开始精明地逐步买进。第二阶段，商业新闻趋暖还阳，绝大多数技术性地顺应趋势的投资人开始跟进买入，从而价格快步上扬。第三阶段，即最后一个阶段，报纸上好消息连篇累牍，经济新闻捷报频传，大众投资者积极入市，活跃地买卖，投机性交易量日益增长。正是在这个最后阶段，从市面上看起来谁也不想卖出，但是那些当初在熊市的底部别人谁也不愿买进的时候乘机“积累”、步步吃进的精明人，开始“派发”，逐步抛出平仓。

熟悉艾略特波浪理论的读者肯定不会对上述关于大趋势的三部曲式、各具特色的划分感到陌生。在30年代出版的雷氏的《道氏理论》的基础上,艾略特构造了他自己的波浪理论。艾略特也认识到牛市有三个主要上涨阶段。在本书的“艾略特波浪理论”一章中,我们将表明,道氏的牛市三部曲同波浪理论的分浪特色惊人地相似。艾略特理论和道氏理论的主要分歧在于相互验证原则,下面我们就要讲到。

4.*各种平均价格必须相互验证* 具体而言,道氏是指工业股指同铁路股指应相互验证,意思是除非两个平均价格都同样发出看涨或看跌的信号,否则就不可能发生大规模的牛市或熊市。换句话说,为了标志牛市的发生,两种平均价格都必须涨过各自的前一轮浪涛(中趋势)的峰值。如果只有一个平均价格突破了前一个高峰,那还不是牛市。两个市场倒也不必同时发出上涨信号,不过在时间上越近越好。如果两个平均价格的表现相互背离,那么我们就认为原先的趋势依然有效(参见图2.1)。艾略特波浪理论在这一点上与道氏理论不同,只要求单个平均价格给出信号就足够了。关于相互验证和相互背离原则我们以后还要详细解说(图2.2)。

5.*交易量必须验证趋势* 道氏认为交易量分析是第二位的,但作为验证价格图表信号的旁证具有重要价值。简而言之,当价格在顺着大趋势发展的时候,交易量也应该相应递增。如果大趋势向上,那么在价格上涨的同时,交易量应该日益增加,而当价格下跌时,交易量应该日益减少。在一个下降趋势中,情况正好相反,当价格下跌时,交易量扩张,而当价格上涨时交易量则萎缩。当然,我们必须强调,交易量是第二位的参照指标,道氏理论实际使用的买卖信号完全是以收市价格为依据的。在第七章我们将更深入地讨论交易量问题。不过届时您会发现其基本原则与此处如出一辙。即使是某些更复杂的交易量信号,其目的也主要是确认交易量增减的方向,然后同价格变化加以参照。

6.*惟有发生了确凿无疑的反转信号之后,我们才能判断一个既定的趋势已经终结* 在第一章我们也曾涉及这条基本原则,它是目前广泛使用的顺应趋势方法的主要基础。这句话其实也就是说,一个既成趋势具有惯性,通常要继续发展。话说回头,要判别反转信号说起来容易,行起来困难。研究诸如支撑和阻挡价格水平、价格形态、趋势线和移动平均线等等倒也是几个实用的办法,我们或许从中能获得关于现行趋势发生变故的信号。摆动指数甚至能够更及时地发出现行趋势动力衰竭的警讯。不过,通常总是选择“趋势还将继续”这一边,把握更大些。掌握这个小小秘诀,就能令您成多败少,大有胜算(图2.3a和b)。

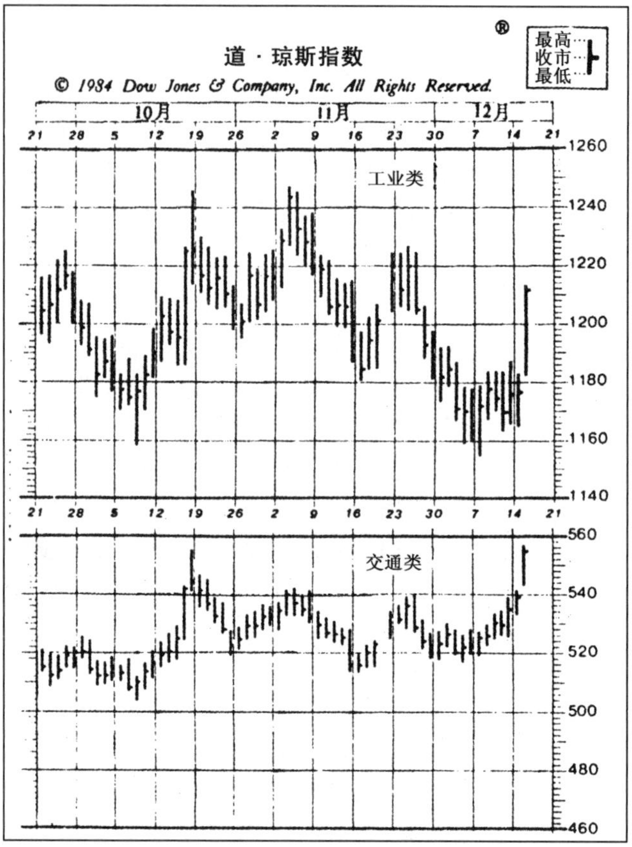

图 2.1　请注意,当工业类平均股票指数跌破了 11 月份的最低点的时候,在交通类股票指数中,并未出现类似情形,因而两者之间没有相互验证。这是个警讯,表明当时工业类指数上的"卖出"信号是可疑的。就目前来看,工业类指数也必须冲破阻挡,以验证交通类指数的向上突破信号(Source: Wall Street Journal, December 19,1984)。

对信奉道氏理论者或者"因势导利"者来说,最困难之处就在于要有能力把大趋势中常见的次要调整,同掉头反转的新趋势的第一轮冲锋区分清楚。关于什么样的情形才是真正的反转信号,这一点在顺应趋势派中还有争议,图 2.3a 和 2.3b 均为衰竭形态,显示了两幅格局。在图 2.3a 中,我们注意到 C 点的上涨未能达到相邻的前一个高峰 A 点的高度,此后价格又回过头跌破了前一个低谷 B 点的水平。在这种情况下,就存在着两个依次下降的峰和两个依次下降的谷,表明当前一个低点 B 被跌破时,S 点是一个清晰的卖出信号。这种反转形态常常被称为"一蹶不振"。

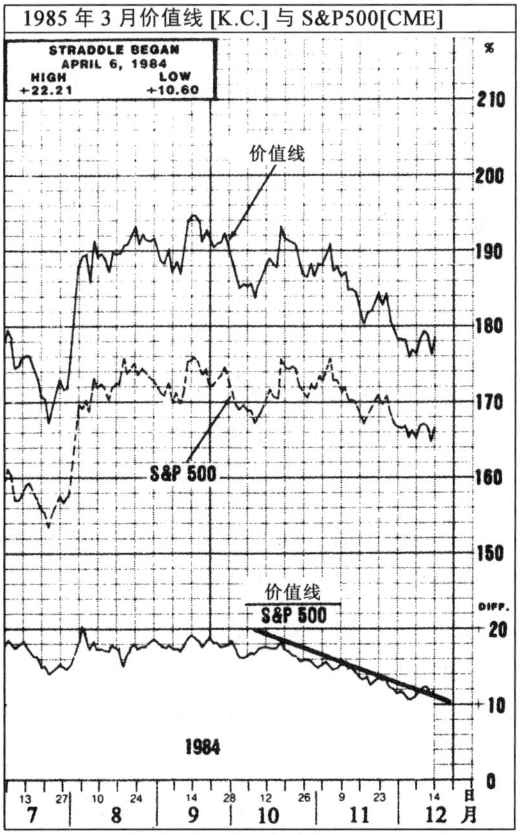

图 2.2　我们可以把相互验证的原则应用于任何两个市场或指数之间。本图表示价值线与 S&P500 期货指数之间的差价关系(两者价格之差)。请注意,S&P500 刚刚跌破其 10 月份的低点,勉强验证了早些时候价值线图上的突破信号。图中下部为差价图,表明价值线的疲弱程度更甚。通常,这是市场疲软的信号。但是,请注意,差价已出现止跌回升的迹象(向上突破了趋势线),意味着市场可能向上转折。换言之,价值线指数已开始比 S&P 指数更有起色。通常,这是市场坚挺的信号(Chart courtesy of Commodity Research Bureau, a Knight-Ridder Business Information Service.)。

在图 2.3b 中,我们注意到这一轮上冲所达的高点已经打破了前一个峰值 A 点,然后价格才滑破前一个低点 B。尽管在 S1 点,B 点价位的支撑显然已经崩溃,有些道氏主义者并不认为这是一个良好的卖出信号,理由是这里只有依次降低的低点,却没有依次降低的高点。他们宁可看到价格再次回到 E 点而无力达到 C 点的高度,然后再加上随之而来的下跌又低于 D 点之后,才认为这时的 S2 点是真正的卖出信号。因为此处既有依次下降的峰又有依次下降的谷。图 2.3b 所示的反转

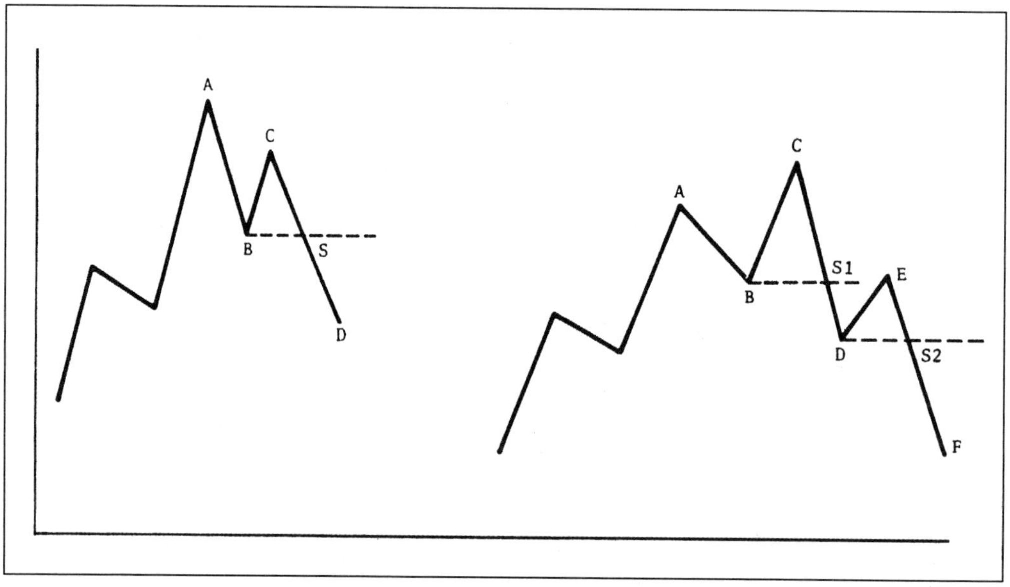

图 2.3a “一蹶不振”。先是高点 C 无力克服高点 A,然后,市场向下跌破了低点 B,从而构成了 S 点的卖出信号。

图 2.3b “物极而反”。请注意,这里点 C 超过了点 A,但之后却跌破了 B 点。有道氏主义者认为S1点是“卖出”信号,而些另一些人则等市场走出了另一个较低的高点 E 后,在 S2 点方采取看跌的态度。

形态称为“物极而反”。图 2.3a 所示的“一蹶不振”的形态要比“物极而反”的形态疲软得多。图 2.4a 和 2.4b 显示了市场在底部时对应于上面两种形态的镜像情形(图 2.4a 和 2.4b)。

收市价格的使用和辅助直线的引入

道氏在股市平均价格图表中纯粹依赖收市价格,其信号是以收市价格对前一个高峰或低谷的穿越为标志的。除了收市价格之外,其余日内价格变化即使穿越了上述高、低点也是无效的。他在平均价格图上所使用的辅助直线,就是在某一段时间内界定价格上下变化范围的水平直线。其描述的横向延伸的波动常常出现在调整状态中,也可以在顶部或底部的反转过程中见到,在现代术语中,这种形态称为矩形。

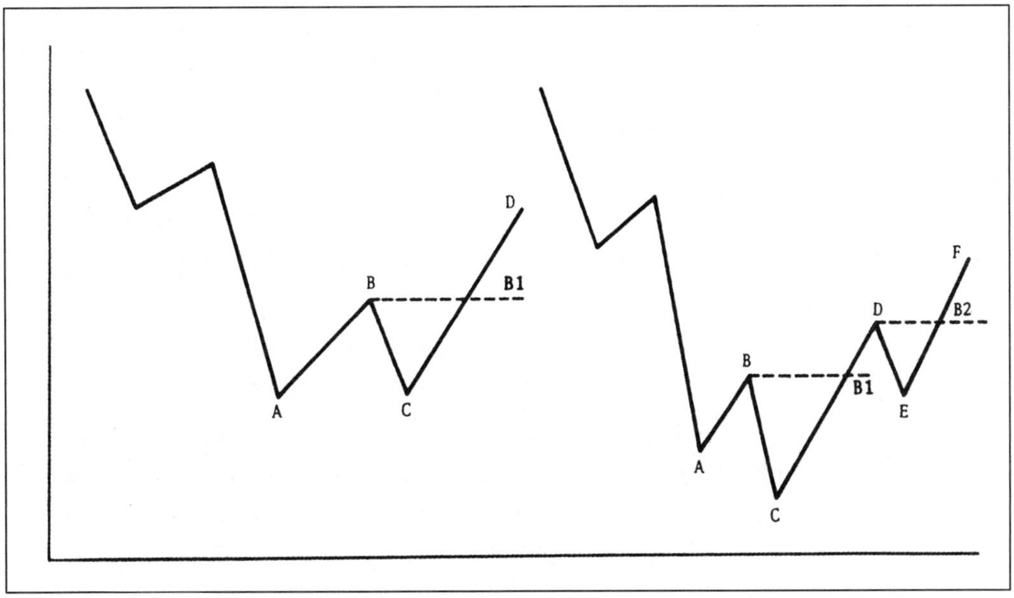

图 2.4a 底部的“一蹶不振”。当 B 点被向上突破后(B1 点),构成“买入”信号。

图 2.4b 底部的“物极而反”形态。点 B1 或点 B2 处为“买入”信号。

对道氏理论的某些批评

实事求是地说,多年来道氏理论在辨别主要牛市和熊市上是成功的。不过即使如此,它也难逃求全之苛。最常见的批评可能是嫌信号来得太迟。通常道氏理论的买入信号发生在上升趋势的第二阶段,即当市场向上穿越了从底部弹起的第一个峰值的时候。一般来说,在信号发生之前,我们大约错过了新趋势全部价格变化的 20%—25%。顺便说一句,绝大部分顺应趋势的技术系统也是在此时确认和投入新趋势的。

奉行“因势导利”者对这种批评恐怕很熟悉。请切记,道氏理论从来不是企图抢在趋势前头,而是力求及时揭示大牛市或大熊市的降临。根据现有的记录,它在这方面的表现应当说是相当优良的。本章引言中提到的巴伦氏周刊上的那篇文章曾引用了一些统计材料,表明从 1920 年到 1975 年,道氏理论成功地揭示了工业股指和运输股指的所有大幅运动中的 68%、标准普尔氏 500 种股指大动作的 67%。

正如绝大多数顺应趋势系统的设计精神一样,道氏理论的目的是捕获市场重要运动中幅度最大的中间阶段。就这种意义上说,上述批评是不能成立的。另一方面,这种责难本身也表明批评者对顺应趋势理论缺乏了解。实质上没有哪个顺应趋势系统试图抓住底或顶。想抄底或压顶的人很少如愿以偿。

还有一种指责由来已久,说没人能真正买卖平均价格指数,而道氏理论并未说明何种股票当买或何种股票当卖。不过现在股票指数期货已顺利上市,交易商确实可以毫不关心个别股票而一心一意地"买卖指数"了。随着股票指数的日益盛行,也许道氏理论将来能为期货技术分析充当更为有力的工具。

道氏理论肯定也不会绝无谬误。它也有错误信号频频发生的糟糕日子。不过任何优良的信号系统也都有缺点和不足。要知道,道氏甚至不曾打算用他的理论去预测股市方向。他觉得,其真正价值在于利用股市方向来作为一般商业活动的晴雨表。道氏的洞察力令人惊叹不已,他不但为我们今天处处运用的预测方法奠定了基础,而且竟然在那时就已经认识到,股价指数是很好的经济先行指标。

总　结

本章相当简要地概括了道氏理论中较重要的各个方面。随着对本书的深入学习,您将充分认识到,理解和接受道氏理论可以为学习技术分析打下坚实的基础。同时您也会越来越清楚,今后各章中所讲解的内容代表着道氏理论的各种发展。诸如趋势概念的标准定义、趋势三类型和趋势三阶段的划分、相互验证原则和相互背离原则、交易量的诠释、以及百分比回撤的用法等等,都是从道氏理论中衍生出来的。

结　语

在结束对道氏理论的讨论之前,我们还必须指出,虽说道氏理论的绝大部分内容在期货市场均有一定的应用,但也存在着某些重要区别。举例来说,道氏认为大多数投资人只做大趋势,而中等的调整被用作入市时机的选择,短暂趋势则置而不理。很显然,在期货市场情况并非如此。

绝大多数期货商追逐的是中等趋势而不是大趋势。小幅度价格波动对选择时机意义极为重大。这就是说,在一个预计持续数月的中等上升趋势中,顺应趋势者会利用短暂的价格下跌买进。而在一个中等下降趋势中,短暂的价格上弹是卖出的好机会。这样,短暂趋势在期货交易中就显得极为重要。许多短线交易商在非常短的时间内开仓和平仓,他们更致力于把握日内的价格变化。

除了本章有关介绍以外,《股市趋势的技术分析》一书对道氏理论的基本原则也有很精彩的概括。该书作者是罗伯特·D·爱得华兹和约翰·马吉,由约翰·马吉公司1966年出版。

第三章　图表简介

引　　言

本章主要是为不熟悉图表的朋友准备的。我们先讲解现有图表的各种不同类型,然后再集中研究其中使用得最广泛的日线图。我们也将介绍怎样理解价格数据,进而交代如何作图。此外还要讲述交易量和持仓兴趣两个概念。接下来再说说线图的其余种类,比如属于长期性质的周线图和月线图,还有以小于一天为时间单位的日内线图。有了上述预备知识后,在随后的几章将讨论分析线图的几种工具。熟悉图表的读者或许觉得本章过于基础,不妨直接跳到下一章。

现有图表的类型

众所周知,日线图在期货交易中使用最广。不过技术分析师也使用其余类型的图表,这里要说两种,点数图和单线图。图 3.1 是一张标准的日线图。以“线图”为名是指这类图表以竖直的线段表示每一天的价格变化。从日线图的每一根竖直线段上,通常可以看出当天的最高价格、最低价格和收市价格。每根竖直线段上向右伸出的小横线标志着当日收市价位。一部分技术分析师也开始采纳开盘价,把它标在线段的左侧,如本图所示。

图 3.2 以单线图的形式重画了上面的日线图。在单线图上,我们只要逐日做出各个收市价格所在的点,然后简单地连线即可。因为收市价格是每个交易日最重要的价格,所以不少图表师觉得这种单线图能更有效地展示价格变化。根据分析者的不同需要,某些分析手段用在单线图上比用在相应的线图上更简明。

图 3.1　黄金合约的日线图。其中每根竖直线段都表示一天的价格变化。最常用的价格资料是当日的最高价、最低价、收市价。线段上向右侧伸出的小横线标志着收市价的水平。有些图表师在线段的左侧,用另一个小横线标出当日开市价。

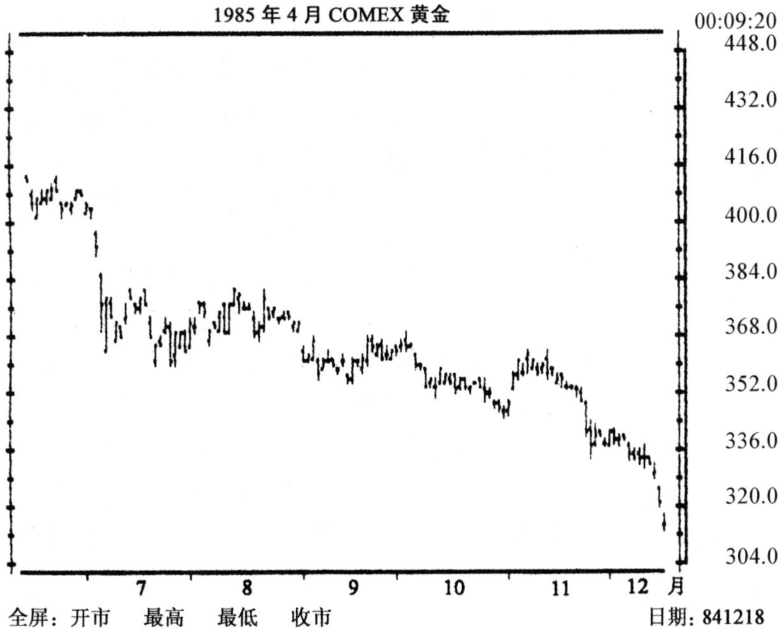

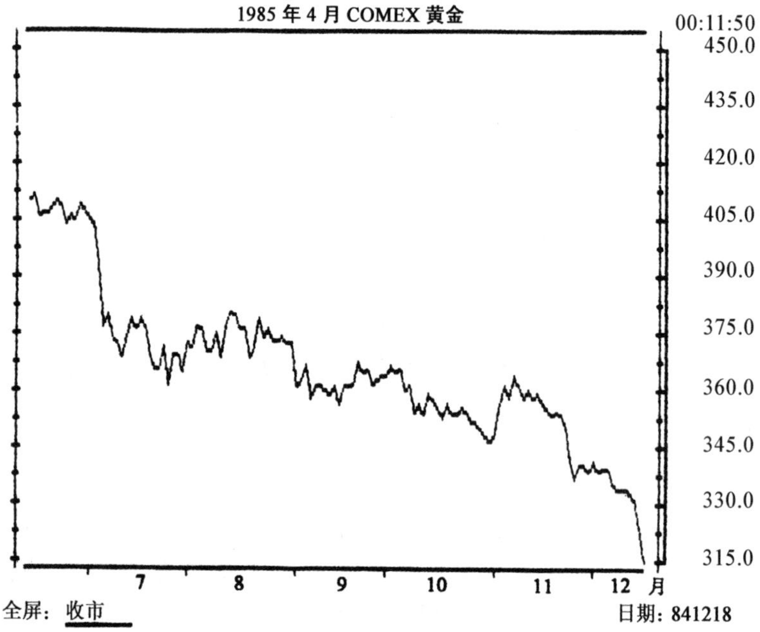

图 3.2　本图是图 3.1 的单线形式。其中只把每天的收市价格连起来,形成了一条单的实线。

点数图是第三个类别,如图 3.3 所示。本书后面有两章专门深入讨论这种图表的分析方法。请注意,这张点数图显示的也是上面两图的价格内容,但是其形式更为简洁紧凑。图中"X"和"O"符号逐列交替出现。"X"组成的列表示价格上升,"O"组成的列代表价格下降。点数图能够比线图更清楚、准确地显示买、卖信号,同时也具有很大的灵活性。绘制图 3.3 只需要用到每日最高价、最低价的资料,而这些我们从报纸上就很容易取得。

上面介绍了三种图表,主要通过当日最高价、最低价和收市价格来构图,偶尔也用到开市价格。但是每天在交易所场内,还有大量交易活动的细节资料,没法在这几种图表上显示出来。有机会使用高级图表系统,比如 ADP 康川公司的可回馈视觉系统的交易商,可以通过以日内时间单位为基础绘制的线图、单线图和点数图,来获悉每日的市场活动细节。拿线图来说,这些时间单位可以是 5 分钟、15 分钟以及 1 小时等,在做短线交易时,这些短线图表妙用无穷。在以后的各章中,还要介绍这类短线图表,当然也不会忽略单线图和点数图。不过此处,我们的讨论只限于日线图(图 3.4 和 3.5a 和 b)。

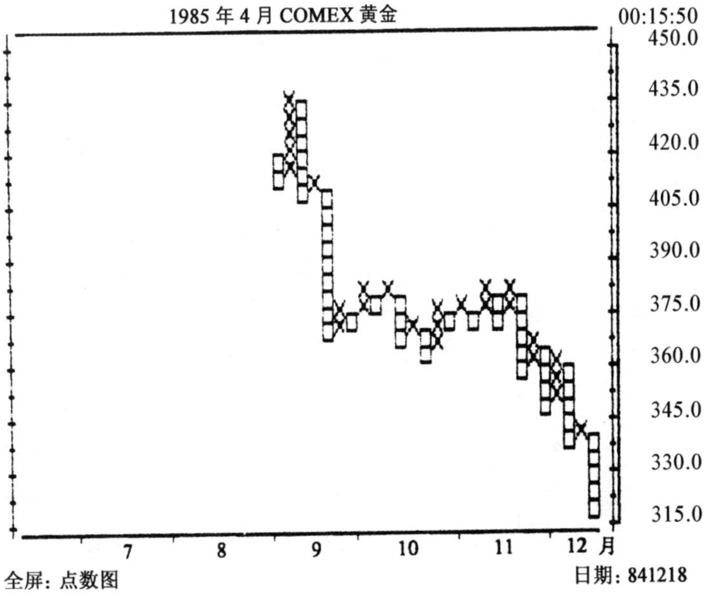

图 3.3 本图与图 3.1、图 3.2 的价格资料是相同的，但属于点数图的格式。请注意，其中“X”列和“O”列交替出现。X 列表示价格上升，O 列代表价格下降。在这类图上，买卖信号较为精确。还请注意，在这里，价格资料被大大压缩了。

图 3.4 长期国债合约的日内线图。其中每根竖直线段代表每 5 分钟内的最高价、最低价、最后价。本图中总共只有一天的价格变化内容（Chart courtesy of Automatic Data Processing, Inc., Comtrend Division, Stamford, CT.）。

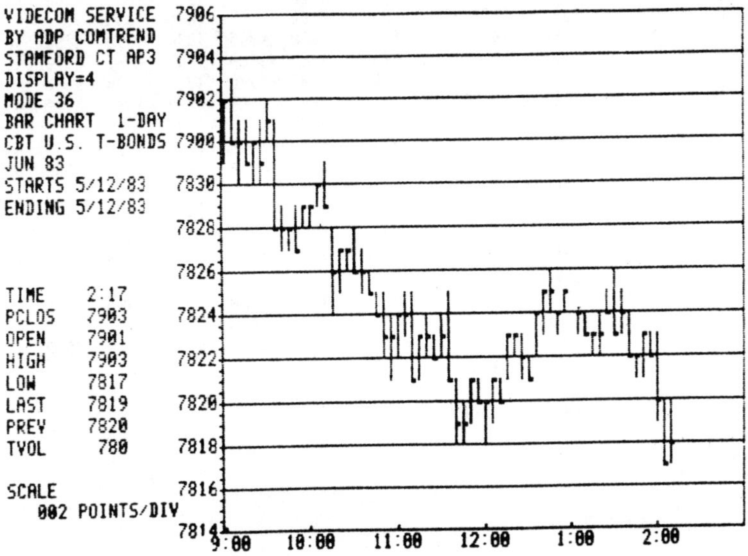

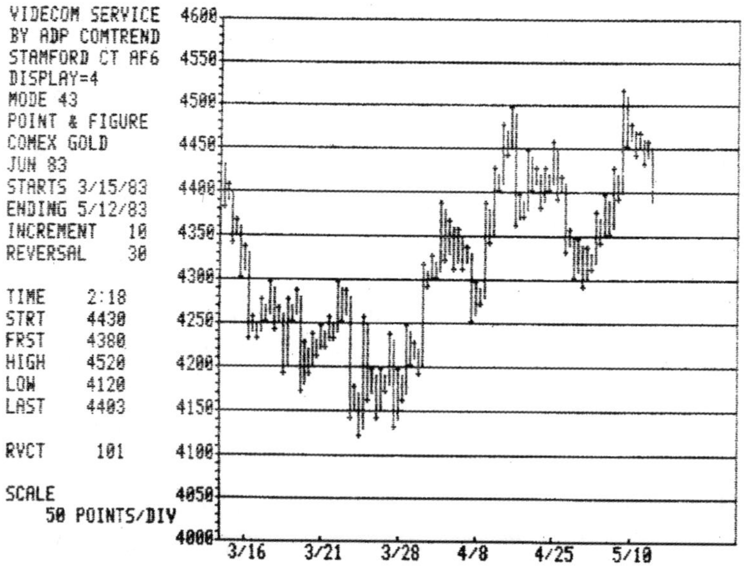

图 3.5a 这是一张黄金合约的日内点数图。在这样的图表上，可以获得大量的价格资料，发现隐含的支撑和阻挡水平（Chart courtesy of Automatic Data Processing, Inc., Comtrend Division, Stamford, CT.）。

图 3.5b 这是一张价格数据表，为瑞士法郎从 1983 年 4 月 29 日到 1983 年 5 月 12 日的实际日内价格数据。要画出日内图表，必须取得日内价格资料（Data courtesy of Automatic Data Processing, Inc., Comtrend Division, Stamford, CT.）。

VIDECOM SERVICE	4/29	4875	4880	4860	4865	4850	4860	4855	
BY ADP COMTREND	5/2	4870	4860	4865	4855	4860	4855	4860	4855
STAMFORD CT AF5		4860	4855	4865	4855				
DISPLAY=4	5/3	4870	4865	4870	4860	4865	4860	4870	4865
MODE 45	5/4	4885	4880	4890	4885	4890	4875		
POINT & FIGURE	5/5	4905	4900	4905	4900	4905			
CME SWISS FRANCS	5/6	4885	4900	4890	4930	4920	4930	4925	4930
JUN 83		4925							
STARTS 4/29/83	5/9	4950	4925	4930	4925	4930	4925	4935	4925
ENDING 5/12/83		4930	4925	4935	4930	4940	4935		
INCREMENT 5	5/10	4940	4915	4920	4905	4925	4920	4930	4925
REVERSAL 5		4935	4930	4940	4935	4940			
	5/11	4935	4950	4945	4950	4935	4940	4935	4945
TIME 2:16		4940	4965	4960	4965	4955	4960	4955	4965
STRT 4875		4960	4970						
FRST 4875	5/12	4940	4960	4955	4960	4950	4970	4965	4970
HIGH 4975		4965	4975	4970	4975	4965	4970	4960	4965
LOW 4850		4955	4965	4960	4970	4960	4965		
LAST 4963									
RVCT 114									

算术刻度和对数刻度

在期货行业中,所有商业化图表的价格轴都是以算术刻度表示的,不过,在进行某些形式的分析,特别是在研究非常长期的趋势时,使用对数刻度图表可能更为便利(图 3.6 和 3.7)。图 3.6 分别是算术刻度和对数刻度的两个示例。在算术刻度上,每单位的价格变化都用相等的竖直距离表示。例如,从 5 单位到 10 单位的价格变化与从 50 单位到 55 单位的价格变化在图上所标出的竖直距离是相等的,虽然在前一种情况下价格翻了一番,后者只是上涨 10%。而在对数刻度上,相等的距离表示相等的百分比例的价格变化,比如说从 10 单位到 20 单位(上涨 100%)的价格变化,与从 20 单位到 40 单位或者从 40 单位到 80 单位的价格变化在图表上的竖直距离都是相等的。请注意,在算术刻度尺上,刻度是均匀分布的。而在对数刻度上,随着价格读数的增大,由于每单位价格增量占其价格基数的百分比值递减,于是,从刻度 1 到 2 的距离与从刻度 5 到 10 的距离相等,因为它们同样表示价格翻了一番。尽管对数图表在长期趋势分析中也许有益,我们手头上却都没有此类图表,而且大部分读者除了传统的算术图表外别无选择,所以,本书今后仅使用此类图表。

图 3.6 算术刻度与对数刻度的对照图。请注意,在左侧的刻度上,刻度线是均匀分布的。而右侧的对数刻度,则表示百分比的变化。

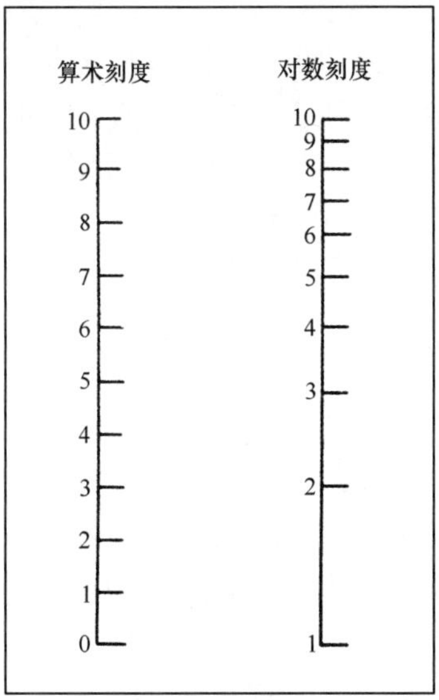

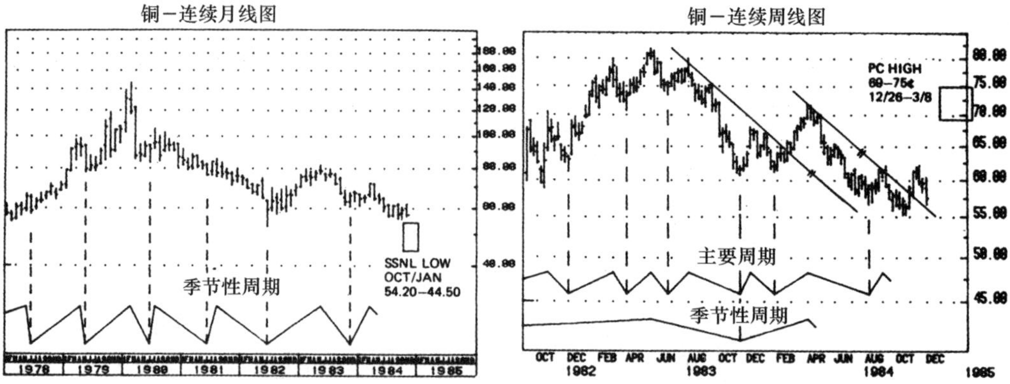

图 3.7　上面两图分别为铜的连续周线图和连续月线图，其中价格轴采取对数刻度。请注意，当价格降低时，刻度放大；而价格升高时，刻度收密。在对数刻度的图表上，特别是在长期图表上，趋势线和管道的作法很受影响（Charts courtesy of HAL Market Cycles，Tucson，AZ.）。

日线图作法：价格、交易量以及持仓兴趣

日线图的作法非常简易。在线图上既有价格因素，也有时间因素。竖直轴（Y 轴）代表合约的价格，水平轴（X 轴）记录对应的时间项，日期标在图表的底部。我们只要在水平轴上的相应的日期位置，按照价格轴刻度点出当日最高价和最低价，然后用线段连接起来，就可得到一根竖直线段（称为区间），然后，在这根竖直线段上，从当日收市价格的位置向右引出一小截线头，日线图就画成了（图 3.8）。

收市价之所以标在线段右侧，是因为要留出左侧表示开市价格。传统上，我们只保存高、低和收市三种价格的资料，不过目前在短线操作者中，对开市价的记录和利用日益普遍。画好一天的价格后，次日的价格画在其右边邻近的对应日期上。大多数图表服务系统按每周五个工作日来标定时间轴，略去周六和周日。在每周的五个工作日里，不论哪一天市场休息，当天的位置上就留出空白。

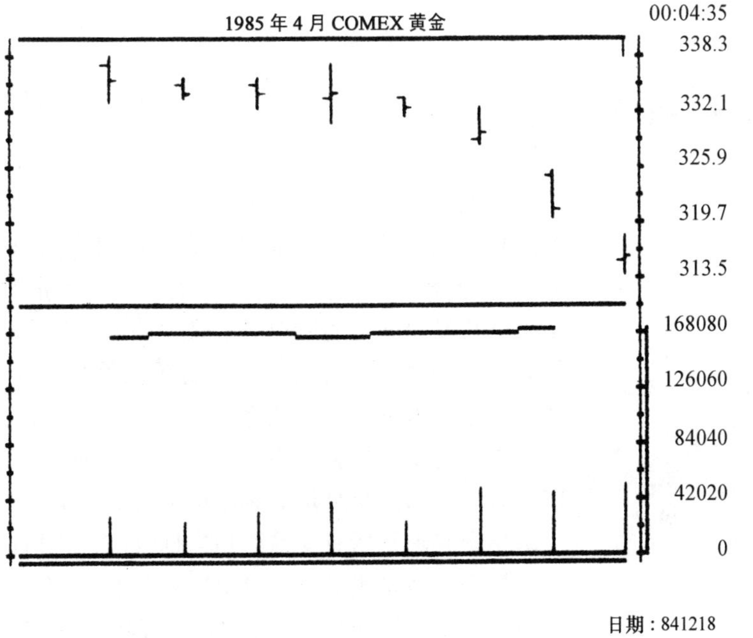

1985 年 4 月 COMEX 黄金

日期	开市	最高	最低	收市	交易量	持仓量
841207	337.5	338.3	333.0	335.5	28823	163480
841210	335.0	336.0	333.5	334.1	23318	164270
841211	335.0	336.1	332.5	334.0	31287	166100
841212	333.7	337.5	331.0	334.1	37666	164140
841213	333.7	333.7	331.7	332.4	22242	165050
841214	328.8	332.5	328.5	329.8	48486	166040
841217	324.8	325.2	320.0	321.1	46688	168080
841218	315.0	318.0	313.5	315.4	51000 (估计)	—

图 3.8　上半图表示了 8 天的价格变化。在各个竖直线段上，右侧小横线为收市价，左侧小横线为开市价。下半图显示了总的交易量（以刷形图表示）以及总的持仓兴趣（以实线表示）。数据表格中包括了相应的各项数据。最后一天的交易量为估计值。这里也没有最后一天的持仓兴趣，因为迟一天才会公布。

交易量和持仓兴趣

线图上还包含另外两项重要信息——交易量和持仓兴趣。交易量为当日在某商品市场发生的交易总额,也就是该商品市场到期月份不同的各种合约,在这一天内参与买卖的总的张数。这个概念相当于股市上某日易手的普通股票总股数。在日线图的底部,对应于每一个交易日,有一根竖直线段,居于当日价格线段之下,代表当日的交易量。要是这根线段向上伸展得较高,就意味着当日交易量较重,相应地,短线就表示交易量较轻。为了便于描绘交易量的数据,图表下部也沿着竖直方向标出了交易量的刻度单位(图 3.9)。

持仓兴趣是所有交易商到当日收市为止累计的未平仓合约的总数目。持仓兴趣是买盘或卖盘单边的总数,而不是双方之和。请记住,我们讨论的是合约交易,有买则必定有卖,每一个买盘(多头头寸)都必定有一个卖盘(空头头寸)与之相对共存。这样,我们只要知道一边的情况就行了。我们沿着图表下部用一条实线表示持仓兴趣,它通常在交易量稍上方波动,但低于价格。此外,不少图表服务系统还添上了一条虚线,表示持仓兴趣的 5 年平均线,意在显示其季节性倾向。

交易量和持仓兴趣
在全部合约下的总额和在单个合约下的小计

在大多数商业图表系统中,只采用某商品全体合约下的交易量和持仓兴趣的总额。大部分技术分析师也是这样选择的。但同一商品具有到期月份不同的数种交易合约,我们也能分别获得它们个别的交易量和持仓兴趣的资料。不过在预测市场的时候,一般实际使用的是同一商品的各个个别值的总和。下面谈谈这样做的原因。

在合约刚刚上市的时候,它的交易量和持仓兴趣一般相当小。随着其逐渐成熟,这两个数字也相应壮大。最后在临近到期的前几个月,交易量和持仓兴趣又逐步萎缩。显然,这是因为交易商在合约到期之前,必须把敞口头寸对冲掉。因此,具体合约在刚上市的时候交易量和持仓兴趣的增长,以及在临近到期的时候两者的减少,均与市场方向无关,而仅仅是商品期货合约的有效期限特点所导致的丛生现象。为了保证交易量和持仓兴趣两者的连续性,也为了使之具备预测性意义,我们普遍采用上述总和。当然,“普遍”不等于“全部”。有些分析师认为,在合约

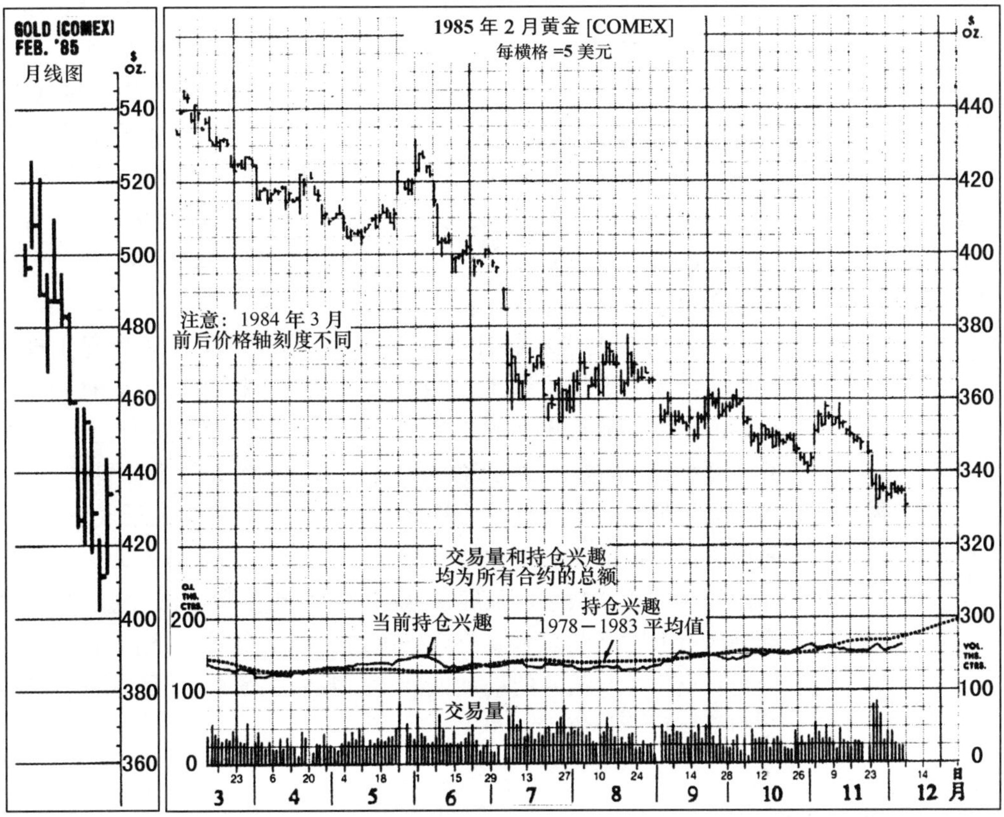

图 3.9　一张标准的日线图。图表右侧的竖直轴为价格轴，底部为时间轴。交易量总额以图表底部的刷形图表示。持仓兴趣总额以实线表示，出现在交易量的上方。交易量和持仓兴趣的刻度分别标在图表下方的右侧和左侧。下方的虚线表示持仓兴趣的5年平均值，用来显示持仓兴趣的季节性形态（Chart courtesy of Commodit Research Bureau, a Knight-Ridder Business Information Service.）。

有效期的中间阶段，相应的个别交易量和持仓兴趣数据也确实有预测性价值。

当日的交易量和持仓兴趣次日公布

交易所是在第二日公布前一日的交易量和持仓兴趣的，所以图表师手中的资料比实际落后一天。这两类数字通常在次日的交易时间内发布，因此次日的金融报纸来不及登载。于是，每天早晨的报纸，只能刊登前一天交易量和持仓兴趣的估计数字。这种估计数虽然不尽如人意,但尚能为分析者就前一日交易的活跃程度,提供一点参考。从读者角度来看,每天早晨可以读到昨天的市场价格,和昨天的交易量、持仓兴趣的估计数字,以及前天的交易量和持仓兴趣的交易所方正式报告。举例来说,在星期三早晨的报纸上,有星期二的价格和估计的交易量、持仓兴趣,还有星期一的交易量和持仓兴趣的交易所方正式报告。对重视市场逐日变化者而言,一天的耽搁会造成一些不便利,不过程度还不太严重(图 3.10)。

图 3.10 摘自华尔街日报的期货版。从中我们可以发现作日线图所需要的所有数据。请注意,在每种商品的小标题下面,各种到期月份合约的资料是按行排列的。到期月份排在每行的最左列,上一个交易日的开市价、最高价、最低价、结算价(收市价)从左往右顺序排开,最右列展示的是各个合约的个别持仓兴趣。每栏商品的最底下一行,先是昨天该商品的交易量和持仓兴趣的估计值,然后是前天交易所方公布的两者的正式数字。最底下这一行的交易量和持仓兴趣当然都是该商品所有合约下的总和。持仓兴趣前面的正负号,分别代表在相应的交易日里未平仓头寸的增加或减少。我们在第七章还要讲到,其增减方向具有预测价值。

个别交易量和持仓兴趣的意义

在研究市场方向时,个别交易量和持仓兴趣意义不太大,但它的信息还是很有价值的。在我们从同一商品的各种合约中选择具体的交易媒介时,它们能表明何者流动性最佳。一般来说,交易活动只宜限于那些持仓兴趣最高的合约,而那些持仓兴趣低的合约则应避开。名符其实,持仓兴趣越高,则表明围绕着该种到期月份合约的交易意向越浓厚。某些交易商更愿意用个别交易量来衡量各种具体市场的活跃程度,我相信持仓兴趣更可靠。具体合约的交易量数据每天发表在《商贸报》上。

怎样描绘谷物市场的交易量和持仓兴趣

在描绘谷物和大豆的交易量及持仓兴趣的图表时,有一点必须明确。某些报纸上的报告是以合约张数为单位的,但是图表服务系统则

FUTURES PRICES

	Open	High	Low	Settle	Change	Lifetime High	Lifetime Low	Open Interest
Mar	21.85	21.90	21.90	21.90	− .03	21.98	21.82	176

Est vol 547; vol Mon 157; open int 8,537, +80.

COTTON (CTN)—50,000 lbs.; cents per lb.

	Open	High	Low	Settle	Change	Lifetime High	Lifetime Low	Open Interest
May	75.70	76.09	75.30	75.99	+ .56	79.80	57.47	22,973
July	76.30	76.55	75.90	76.38	+ .34	80.15	58.30	14,173
Oct	73.50	73.60	73.15	73.40	+ .20	76.65	59.81	2,573
Dec	71.10	71.20	70.76	70.92	....	74.00	59.48	14,041
Mr95	71.80	71.80	71.65	71.70	....	74.50	64.00	652
May	72.55	72.55	72.30	72.35	− .05	74.05	64.00	222

Est vol 8,000; vol Mon 10,130; open int 54,877, +1,062.

ORANGE JUICE (CTN)—15,000 lbs.; cents per lb.

	Open	High	Low	Settle	Change	Lifetime High	Lifetime Low	Open Interest
May	111.10	111.20	110.25	110.80	+ .20	134.50	89.00	8,146
July	113.70	113.85	113.10	113.45	+ .05	135.00	106.00	5,618
Sept	115.50	116.50	115.25	115.25	− .35	133.65	107.50	2,130
Nov	114.50	114.50	113.50	114.25	+ .35	134.00	108.00	1,209
Ja95	114.75	114.75	114.10	114.75	+ .25	132.00	103.50	1,706
Mar	116.05	116.05	115.75	116.25	+ .25	124.25	106.00	195

Est vol 600; vol Mon 1,599; open int 19,044, −325.

METALS AND PETROLEUM

COPPER-HIGH (CMX)—25,000 lbs.; cents per lb.

	Open	High	Low	Settle	Change	Lifetime High	Lifetime Low	Open Interest
Mar	91.85	91.85	91.10	91.25	+ .25	107.50	73.00	2,355
Apr	91.40	91.40	91.10	91.10	+ .25	93.25	74.50	1,090
May	82.15	91.70	90.90	90.95	+ .25	102.20	73.60	42,638
June	91.10	91.10	91.10	90.70	+ .25	91.70	74.10	924
July	83.60	91.05	90.50	90.55	+ .35	102.95	74.20	12,464
Aug		....	....	90.50	+ .40	91.35	75.30	488
Sept	90.65	90.80	90.40	90.40	+ .35	103.30	74.90	3,971
Oct		....	....	90.35	+ .30	89.60	75.20	179
Nov		....	....	90.30	+ .25	88.30	77.75	172
Dec	90.70	90.70	90.20	90.25	+ .20	101.90	75.75	3,759
Ja95		....	....	90.40	+ .25	89.70	76.90	106
Mar	90.40	90.40	90.40	90.75	+ .50	91.00	76.30	1,569
May	90.50	90.50	90.50	90.85	+ .50	91.70	76.85	482
July	91.00	91.00	90.70	90.95	+ .50	91.00	78.00	480
Sept		....	....	91.10	+ .50	91.25	79.10	284
Dec		....	....	91.70	+ .50	91.95	88.30	179

Est vol 11,500; vol Mon 12,903; open int 71,165, −104.

GOLD (CMX)—100 troy oz.; $ per troy oz.

	Open	High	Low	Settle	Change	Lifetime High	Lifetime Low	Open Interest
Mar		....	....	389.20	+ 3.40	398.30	375.60	0
Apr	387.60	390.50	386.40	389.70	+ 3.40	418.50	335.20	56,778
June	390.00	393.30	388.70	392.10	+ 3.50	417.20	339.40	42,370
Aug	392.70	395.00	391.50	394.60	+ 3.50	415.00	341.50	7,708
Oct	395.00	397.30	395.00	397.20	+ 3.50	417.00	344.00	4,364
Dec	397.80	401.50	397.00	399.90	+ 3.50	426.50	343.00	13,262
Fb95		....	....	402.90	+ 3.50	411.00	363.50	3,091
Apr	407.00	407.00	407.00	406.00	+ 3.60	425.00	385.50	3,643
June		....	....	409.10	+ 3.60	430.00	351.00	3,747
Aug		....	....	412.30	+ 3.60	412.50	380.50	634
Oct		....	....	415.70	+ 3.70	413.30	410.20	506
Dec	418.70	418.70	416.50	419.10	+ 3.70	439.50	358.00	3,601
Ju96		....	....	430.00	+ 3.70	447.00	370.90	1,320
Dec		....	....	441.90	+ 3.90	443.00	379.60	1,950
Ju97		....	....	454.30	+ 3.90	441.00	436.00	101
Dec		....	....	467.30	+ 3.90	477.00	402.00	1,334
Dc98	494.00	494.00	494.00	496.80	+ 4.20	494.00	468.00	802

Est vol 50,000; vol Mon 18,900; open int 145,211, +739

PLATINUM (NYM)—50 troy oz.; $ per troy oz.

	Open	High	Low	Settle	Change	Lifetime High	Lifetime Low	Open Interest
Apr	405.50	408.00	404.20	405.90	+ 2.90	428.50	335.00	9,115
July	na	409.00	404.50	406.70	+ 3.00	428.00	357.00	10,085
Oct	407.00	409.50	407.00	407.20	+ 3.00	412.00	368.00	1,217
Ja95	409.50	409.50	407.70	407.70	+ 3.10	412.00	374.80	574
Apr	409.00	409.10	409.00	409.10	+ 3.40	414.00	390.00	707

Est vol 3,472; vol Mon 2,477; open int 21,698, +313.

PALLADIUM (NYM) 100 troy oz.; $ per troy oz.

	Open	High	Low	Settle	Change	Lifetime High	Lifetime Low	Open Interest
Mar		....	....	135.90	+ 1.55	139.50	99.00	14
June	134.75	136.00	134.75	135.65	+ 1.55	138.75	111.75	3,910
Sept	135.25	135.35	135.25	135.35	+ 1.55	137.75	113.00	398
Dec		....	....	134.85	+ 1.55	136.75	122.50	183

Est vol 240; vol Mon 52; open int 4,505, −17.

SILVER (CMX)—5,000 troy oz.; cents per troy oz.

	Open	High	Low	Settle	Change	Lifetime High	Lifetime Low	Open Interest
Mar	545.5	562.0	545.5	559.3	+ 17.3	562.0	366.0	863
May	546.0	563.0	545.0	561.5	+ 17.3	563.0	371.0	68,805
July	549.5	568.0	549.5	565.5	+ 17.4	568.0	372.5	17,957
Sept	559.0	572.5	559.0	569.8	+ 17.5	572.5	376.5	5,025
Dec	560.0	577.0	560.0	576.2	+ 17.6	577.0	380.0	9,747
Mr95	570.0	583.0	570.0	583.3	+ 17.8	583.0	416.5	5,022
May	573.0	576.0	573.0	588.3	+ 18.0	584.0	418.0	1,943
July		....	....	593.7	+ 18.2	595.0	403.0	270
Dec		....	....	607.4	+ 18.6	600.0	434.0	1,108
Dc96		....	....	644.9	+ 18.6	624.0	454.0	1,077
Jl97		....	....	665.5	+ 18.6	595.0	588.0	101
Dec		....	....	584.2	+ 18.6	652.0	502.0	176

Est vol 31,000; vol Mon 7,256; open int 112,240, +1,217.

SILVER (CBT)—1,000 troy oz.; cents per troy oz.

	Open	High	Low	Settle	Change	Lifetime High	Lifetime Low	Open Interest
Mar	550.0	554.0	550.0	554.0	+ 14.0	554.0	488.0	7
Apr	543.0	557.5	543.0	557.2	+ 17.2	557.5	372.0	479
June	546.0	563.0	545.0	562.5	+ 18.5	563.0	375.0	2,399
Dec	561.0	577.0	561.0	576.5	+ 17.5	577.0	414.0	2,592

Est vol 500; vol Mon 95; open int 5,623, −23.

	Open	High	Low	Settle	Change	Lifetime High	Lifetime Low	Open Interest
Aug	2.210	2.210	2.210	2.235	+ .027	2.234	2.068	1,180
Sept		....	....	2.262	+ .027	2.267	2.170	349

Est vol 28,918; vol Mon 16,243; open int 121,528, +82.

BRENT CRUDE (IPE) 1,000 net bbls.; $ per bbl.

	Open	High	Low	Settle	Change	Lifetime High	Lifetime Low	Open Interest
May	13.96	14.10	13.87	13.92	− .06	18.01	13.05	61,002
June	13.86	13.97	13.77	13.87	− .01	18.10	13.15	25,783
July	13.86	14.07	13.86	13.95	− .04	18.05	13.29	16,177
Augy	13.95	14.12	13.95	14.03	+ .01	18.12	13.43	9,678
Sept	14.03	14.20	14.03	14.20	− .07	17.79	13.60	4,138
Oct	14.18	14.25	14.18	14.26	− .07	17.20	13.75	2,093
Nov		....	....	14.35	− .07	15.61	13.88	2,661
Dec	14.49	14.52	14.49	14.48	− .07	14.75	14.07	2,041
Ja95		....	....	14.59	− .07	14.60	14.60	584

Est vol 42,739; vol Mon 32,821; open int 124,157, +4,905.

GAS OIL (IPE) 100 metric tons; $ per ton

	Open	High	Low	Settle	Change	Lifetime High	Lifetime Low	Open Interest
Apr	140.00	143.25	139.50	143.00	+ 4.25	176.50	134.75	28,366
May	139.25	142.25	139.00	142.25	+ 4.00	172.25	134.25	16,339
June	139.50	141.75	139.50	141.75	+ 3.25	174.50	134.50	19,460
July	140.50	142.25	140.25	1435.0	+ 2.75	169.50	136.25	12,466
Aug	142.00	144.00	142.00	144.50	+ 2.50	167.00	138.50	5,580
Sept	144.00	145.75	144.00	145.75	+ 2.00	178.25	141.00	3,272
Oct	148.25	148.75	148.00	149.00	+ 1.75	167.00	144.00	4,637
Nov		....	....	150.75	+ 2.00	159.75	146.00	3,354
Dec	150.50	153.00	150.50	153.00	+ 2.00	173.00	147.75	11,638
Ja95		....	....	153.75	+ 2.00	158.00	149.50	2,381
Feb		....	....	154.00	+ 2.00	155.25	150.25	561
Mar		....	....	152.75	+ 2.00	172.00	150.00	1,149

Est vol 17,883; vol Mon 10,844; open int 109,203, +103.

INTEREST RATE

TREASURY BONDS (CBT)—$100,000; pts. 32nds of 100%

	Open	High	Low	Settle	Change	Lifetime High	Lifetime Low	Open Interest
Mar	109-06	109-23	109-00	109-11	+ 3	120-31	94-26	17,695
June	108-09	109-16	106-03	109-15	+ 35	119-29	94-26	364,736
Sept	107-16	108-19	107-09	108-19	+ 34	118-26	90-12	40,899
Dec	107-00	108-01	106-26	108-01	+ 34	118-08	91-19	29,273
Mr95	106-18	107-11	106-13	107-11	+ 34	116-20	106-02	1,252

Est vol 450,000; vol Mon 309,462; op int 453,999, −10.992.

TREASURY BONDS (MCE)—$50,000; pts. 32nds of 100%

	Open	High	Low	Settle	Change	Lifetime High	Lifetime Low	Open Interest
Mar	109-15	109-21	109-05	109-11	− 6	120-30	107-26	50
June	108-11	109-18	108-05	109-12	+ 33	118-31	103-16	12,275

Est vol 5,500; vol Mon 7,292; open int 12,336, −992.

TREASURY NOTES (CBT)—$100,000; pts. 32nds of 100%

	Open	High	Low	Settle	Change	Lifetime High	Lifetime Low	Open Interest
Mar	108-30	109-17	108-30	109-01	....	116-09	108-00	20,168
June	107-26	108-24	107-23	108-23	+ 27	115-21	107-20	200,603
Sept	107-00	107-26	106-31	107-26	+ 27	115-01	106-25	2,715

Est vol 104,104; vol Mon 83,771; open int 303,567, +4,091.

5 YR TREAS NOTES (CBT)—$100,000; pts. 32nds of 100%

	Open	High	Low	Settle	Change	Lifetime High	Lifetime Low	Open Interest
Mar	108-00	108-12	07-305	107-31	− 1.5	13055	10729	18,623
June	07-075	107-25	07-055	107-24	+ 15.5	11205	07045	178,878
Sept	....	....	....	106-31	+ 15.5	10195	10629	435

Est vol 52,300; vol Mon 37,329; open int 197,936, −3,734.

2 YR TREAS NOTES (CBT)—$200,000, pts. 32nds of 100%

	Open	High	Low	Settle	Change	Lifetime High	Lifetime Low	Open Interest
Mar	05-015	105-07	105-01	105-07	+ 5	06215	05005	2,223
June	04-092	04-145	104-08	04-145	+ 5	10600	10408	35,893

Est vol 2,000; vol Mon 3,955; open int 38,119, +175.

30-DAY FEDERAL FUNDS (CBT)-$5 million; pts. of 100%

	Open	High	Low	Settle	Change	Lifetime High	Lifetime Low	Open Interest
Mar	96.66	96.68	96.65	96.67	+ .01	96.91	96.34	3,902
Apr	96.36	96.42	96.34	96.41	+ .04	96.87	96.34	4,058
May	96.21	96.27	96.20	96.26	+ .04	96.80	96.20	2,455
June	96.07	96.12	96.07	96.11	+ .03	96.72	96.07	3,171
July	95.95	95.99	95.94	95.99	+ .03	96.65	95.94	505
Aug	95.88	95.88	95.88	95.88	+ .04	96.58	95.88	319
Sept	95.72	95.78	95.72	95.76	+ .05	96.44	95.71	737

Est vol 2,500; vol Mon 2,152; open int 15,147, +758.

TREASURY BILLS (CME)—$1 mil.; pts. of 100%

	Open	High	Low	Settle	Chg	Discount Settle	Discount Chg	Open Interest
June	96.00	96.09	95.99	96.08	+ .07	3.92	− .07	37,996
Sept	95.66	95.78	95.66	95.76	+ .10	4.24	− .10	4,447
Dec	95.32	95.44	95.32	95.42	+ .10	4.58	− .10	2,839

Est vol 5,699; vol Mon 8,802; open int 47,503, +3,809.

LIBOR-1 MO. (CME)—$3,000,000; points of 100%

	Open	High	Low	Settle	Chg	Discount Settle	Discount Chg	Open Interest
Apr	96.13	96.22	96.10	96.22	+ .09	3.78	− .09	19,618
May	95.96	96.05	95.94	96.05	+ .08	3.95	− .08	12,851
June	95.81	95.90	95.81	95.90	+ .08	4.10	− .08	4,211
July	95.63	95.73	95.63	95.72	+ .07	4.28	− .07	1,019
Aug	95.49	95.56	95.48	95.58	+ .10	4.42	− .10	724
Sept	....	....	....	95.48	+ .10	4.52	− .10	704
Dec	....	....	....	94.72	+ .12	5.28	− .12	422

Est vol 12,780; vol Mon 7,854; open int 39,999, +2,244.

MUNI BOND INDEX (CBT)-$1,000; times Bond Buyer MBI

	Open	High	Low	Settle	Chg	High	Low	Open Interest
Mar	95-31	96-16	95-31	96-10	+ 13	105-22	95-09	6,878
June	94-30	95-24	94-30	95-22	+ 26	104-07	94-09	26,227

Est vol 7,000; vol Mon 4,993; open int 33,154, −495.

The index: Close 96-10; Yield 6.43.

EURODOLLAR (CME)—$1 million; pts of 100%

图 3.10　期货价格(Source: Wall Street Journal)。

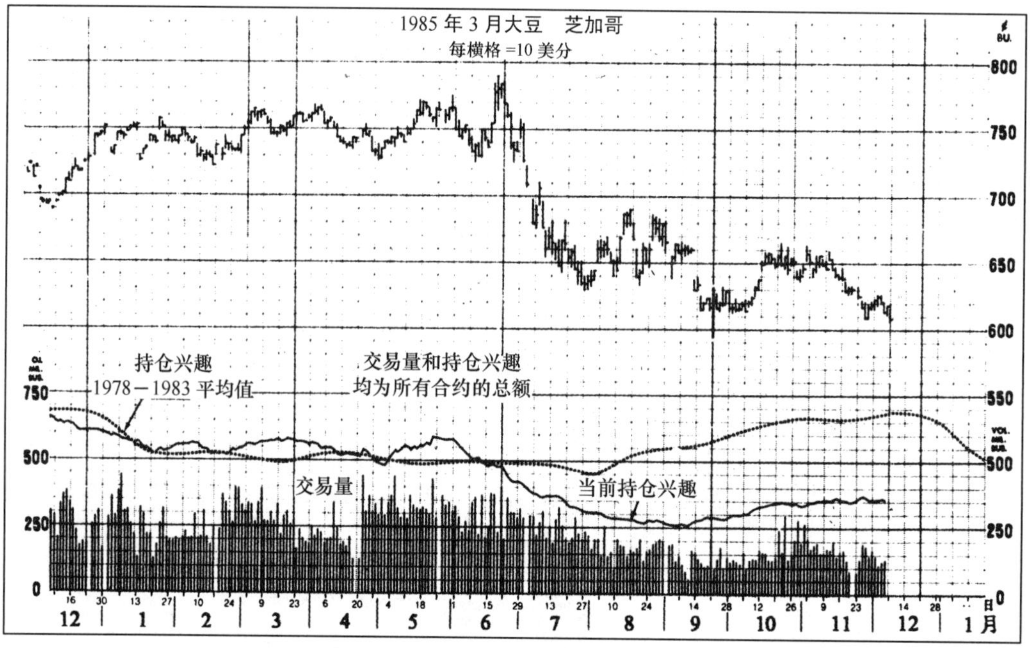

图 3.11　大豆的日线图。注意，图表下方左侧和右侧的竖直刻度以百万蒲式耳为单位。当我们以《华尔街日报》和《纽约时报》上的交易量和持仓兴趣的数字作图时，必须把它们分别乘以 5，使其单位从合约张数转换成蒲式耳（Chart courtesy of Commodity Research Bureau, a Knight-Ridder Business Information Service.）。

使用千或百万蒲式耳为单位。每张合约相当于 5000 蒲式耳。所以，我们在由报纸资料绘图时，应当把相应的数字乘以 5，折算出同常用图表相对应的数值（图 3.11）。

自己绘图和利用图表系统

我们还不打算在此详细讨论交易量和持仓兴趣，那是第七章的任务。这里的全部目的，是要讲清楚数据资料从何而来，以及如何把这些数据用图表表示出来。我不怂恿您自己绘画图表，那样做，费时费力，不如走捷径，订阅某种商业化的图表服务，其费用低廉，且大为便利准确。每周，您都可以收到用最新数据刷新过的新图表。其中还附有很多极具价值的技术性信息，对分析工作大有裨益。此外，在大多数图表服务中，还包括一些图表分析的内容，至少从及时的角度上说，肯定也是有帮助的。关键是，我们应当把时间花在研究图表上，而不是逐日刷

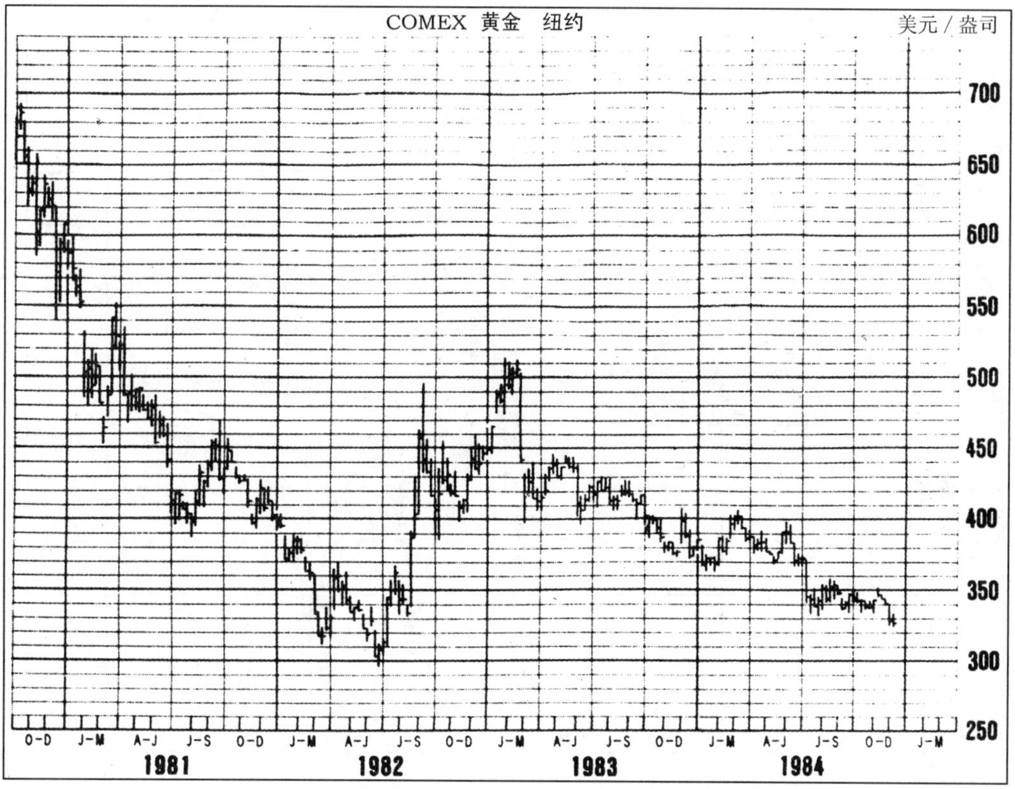

图 3.12　黄金的连续周线图的一例。其中每根竖直线段均代表最近到期合约的一周价格变化。从这张图上,可以看到 5 年的价格信息(Chart courtesy of Commodity Research Bureau, a Knight-Ridder Business information service.)。

新图表上。当然,只要朋友们掌握了每个商品市场的价格结构,并在刷新图表上训练有素,那么,每天只要花上不到半小时,就可以把前一天的整个投资组合中的各种期货资料,统统补充到相应图表上去。

周线图与月线图

到这里,我们已经对日线图进行了集中的讨论。不过要清楚,我们其实可以以任何时间单位为基础来构造线图。前面已经提到一些所谓日内线图,如小时线图。此外,我们甚至还可以以 5 分钟为时间单位,选择每 5 分钟内的最高价、最低价和最后价格来作图,称为 5 分钟线图。另一方面,日线图上一般可以展示 6 个月到 9 个月的价格变化,然

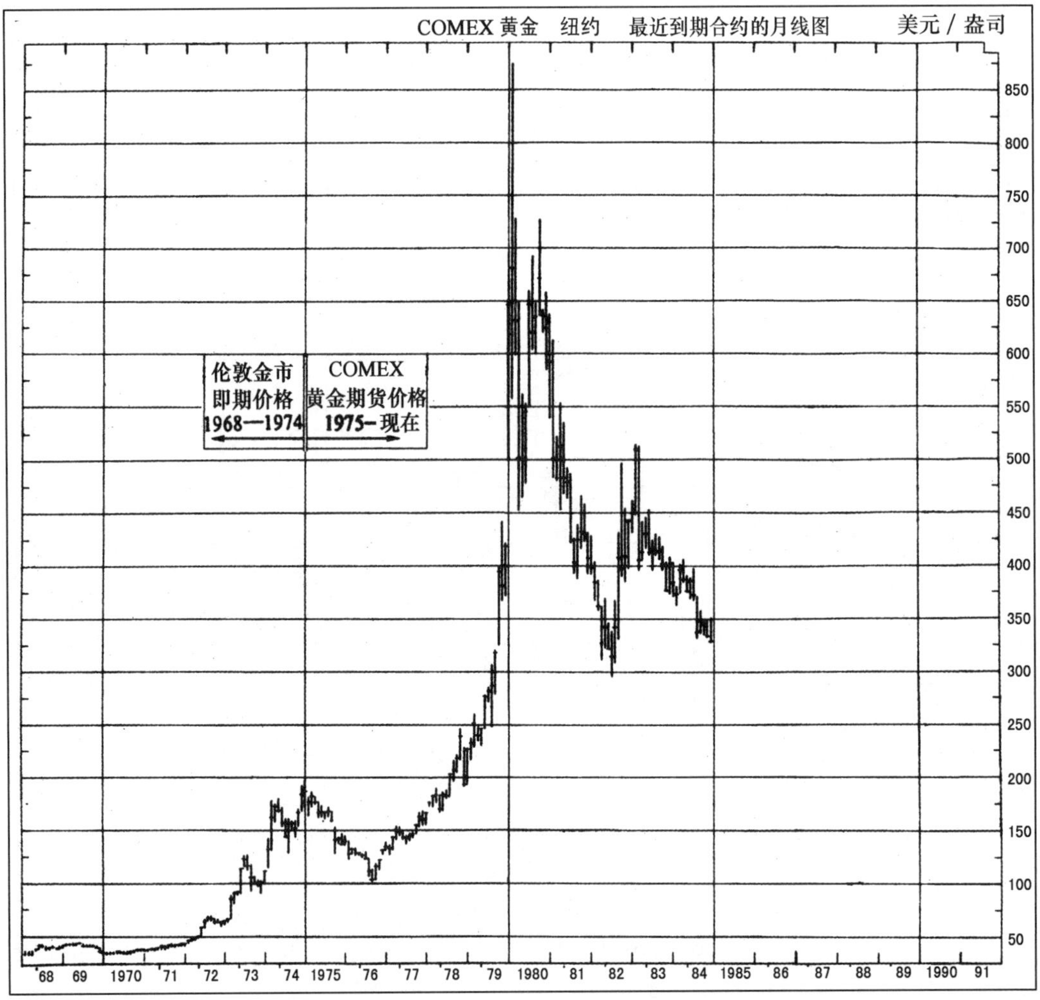

图 3.13　黄金连续月线图的一例。其中每根竖直线段都表示一个月的价格资料。从这张图上,可以研究 20 年的价格历史(Chart courtesy of Commodity Research Bureau, a Knight-Ridder Business Information Service.)。

而如果要做更长期的趋势分析,就必须使用周线图和月线图了。第八章将解说使用这种长线图表的益处。周线图和月线图的绘制方法与日线图一致(图 3.12 和图 3.13)。

在周线图上,每根竖直线段代表对应一星期的全部价格活动。在月线图上,每根竖直线段表示对应一个月内的全部价格变化。显然,为了展示更长期的趋势,周线图和月线图把价格资料大加浓缩了。通过连续周线图,我们可以一直追溯到 5 年以前的市场情况,而连续月线图可以覆盖 20 年以上。这里所谓的连续图表,得来并不复杂,只要简单地上溯历史资料,挨次地把最近到期合约的价格图表中的相应片断接续在一起

FUTURES TRADING FACTS

COMMODITY	NAME OF EXCHANGE	TRADING HOURS N.Y. Time Mon. thru Fri.	CONTRACT	MINIMUM FLUCTUATION Per Lb., etc.	MINIMUM FLUCTUATION Per Contract	DAILY TRADING LIMITS* (From Previous Close)
ALUMINUM	Commodity Exch., Inc., N.Y.	9:30 A.M. - 2:15 P.M.	40,000 Lbs.	5/100¢	$20.00	5¢
CATTLE (Feeder)	Chicago Mercantile Exchange	10:05 A.M. - 2:00 P.M.	44,000 Lbs.	2½/100¢	$11.00	1½¢
CATTLE (Live Beef)	Chicago Mercantile Exchange	10:05 A.M. - 2:00 P.M.	40,000 Lbs.	2½/100¢	$10.00	1½¢
COCOA	Coffee, Sugar & Cocoa Ex.	9:30 A.M. - 3:00 P.M.	10 Tonnes	$1.00 Tonne	$10.00	$88.00
COFFEE "C"	Coffee, Sugar & Cocoa Ex.	9:45 A.M. - 2:28 P.M.	37,500 Lbs.	1/100¢	$3.75	No Limit Spot Others 4¢
COPPER	Commodity Exch., Inc., N.Y.	9:50 A.M. - 2:00 P.M.	25,000 Lbs.	5/100¢	$12.50	5¢
COTTON #2	New York Cotton Exchange	10:30 A.M. - 3:00 P.M.	50,000 Lbs.	1/100¢	$5.00	2¢
Currencies BRITISH POUND CANADIAN DOLLAR DEUTSCHE MARK JAPANESE YEN MEXICAN PESO SWISS FRANC	International Monetary Market of the Chicago Mercantile Exchange	8:30 A.M. - 2:24 P.M. 8:30 A.M. - 2:26 P.M. 8:30 A.M. - 2:20 P.M. 8:30 A.M. - 2:22 P.M. 8:30 A.M. - 2:18 P.M. 8:30 A.M. - 2:16 P.M.	25,000 BP 100,000 CD 125,000 DM 12.5 Mil. JY 1,000,000 MP 125,000 SF	$.0005 $.0001 $.0001 $.000001 $.00001 $.0001	$12.50 $10.00 $12.50 $12.50 $10.00 $12.50	$.0500 $.0075 $.0100 $.0001 $.00150 $.0150
CDs (Domestic Bank)	IMM—Chicago Merc. Ex.	8:30 A.M. - 3:00 P.M.	$1,000,000	.01	$25.00	.80
CRUDE OIL	N.Y. Mercantile Exchange Chicago Board of Trade	9:45 A.M. - 3:10 P.M. 9:30 A.M. - 3:30 P.M.	1,000 Barrels 1,000 Barrels	1¢/barrel 1¢/barrel	$10.00 $10.00	$1.00 $1.00
EURODOLLAR	IMM—Chicago Merc. Ex.	8:30 A.M. - 3:00 P.M.	$1,000,000	01	$25.00	1.00
GASOLINE (Leaded)	N.Y. Mercantile Exchange	9:55 A.M. - 3:00 P.M.	42,000 Gals.	1/100¢ Gal.	$4.20	2¢
GNMA MTGES (CDR)	Chicago Board of Trade	9:00 A.M. - 3:00 P.M.	$100,000@8%	1/32 pt.	$31.25	64/32
GOLD	IMM—Chicago Merc. Ex. Chicago Board of Trade Commodity Exch. Inc., N.Y. MidAmerica Com. Ex., Chi. Winnipeg Commodity Exch.	9:00 A.M. - 2:30 P.M. 9:00 A.M. - 2:40 P.M. 9:00 A.M. - 2:30 P.M. 9:00 A.M. - 2:40 P.M. 9:25 A.M. - 2:30 P.M.	100 Troy Oz. 32.15 Troy Oz. 100 Troy Oz. 33.2 Troy Oz. 20 Troy Oz.	$.10 Oz. 10¢/Troy Oz. $.10/Oz. $.025/Oz. $.10/Oz.	$10.00 $3.22 $10.00 $ 0.83 $ 2.00	$50.00 $50/Troy Oz. $25.00 $50.00 $25.00 (U.S.)
Grains — Chicago WHEAT SOYBEANS, CORN, OATS	Chicago Board of Trade MidAmerica Com. Ex., Chi.	10:30 A.M. - 2:15 P.M. 10:30 A.M. - 2:30 P.M.	5,000 Bus. 1,000 Bus.	1/4¢ 1/8¢	$12.50 $ 1.25	Wheat 20¢ Soybeans 30¢ Corn 10¢, Oats 10¢
Grains — Minneapolis WHEAT	Minneapolis Grain Exchange	10:30 A.M. - 2:15 P.M.	5,000 Bus.	1/8¢	$ 6.25	20¢
Grains — Kansas City WHEAT	Kansas City Board of Trade	10:30 A.M. - 2:15 P.M.	5,000 Bus.	1/4¢	$12.50	25¢
Grains — Winnipeg BARLEY, OATS, RYE, RAPESEED, FLAXSEED	Winnipeg Commodity Ex.	10:30 A.M. - 2:15 P.M.	20 Tonnes	10¢/Tonne	$ 2.00	Barley, Oats, Rye $5.00/Tonne (Cdn.) Rapeseed & Flaxseed $10.00/Tonne (Cdn.)
HOGS (Live)	Chicago Mercantile Exchange	10:10 A.M. - 2:00 P.M.	30,000 Lbs.	2½/100¢	$ 7.50	1½¢
LUMBER (Random Lengths)	IOM—Chicago Merc. Ex.	10:00 A.M. - 2:05 P.M.	130,000 Bd. Ft.	10¢/1000 Board Ft.	$13.00	$5.00
OIL HEATING #2 N.Y.	N.Y. Mercantile Exchange	9:50 A.M. - 3:05 P.M.	42,000 Gals.	1/100¢/Gal.	$ 4.20	2¢
ORANGE JUICE (FCOJ)	New York Cotton Exchange	10:15 A.M. - 2:45 P.M.	15,000 Lbs.	5/100¢	$ 7.50	5¢
PALLADIUM	N.Y. Mercantile Exchange	8:50 A.M. - 2:20 P.M.	100 Troy Oz.	$.05/Oz.	$ 5.00	$6.00
PLATINUM	N.Y. Mercantile Exchange	9:00 A.M. - 2:30 P.M.	50 Troy Oz.	$.10/Oz.	$ 5.00	$25.00
PORK BELLIES	Chicago Mercantile Exchange	10:10 A.M. - 2:00 P.M.	38,000 Lbs.	2½/100¢	$ 9.50	2¢
POTATOES	N.Y. Mercantile Exchange	9:45 A.M. - 2:00 P.M.	50,000 Lbs.	1¢/50 Lbs.	$10.00	40¢
SILVER	Commodity Exch., Inc., N.Y. Chicago Board of Trade Winnipeg Commodity Exch.	9:05 A.M. - 2:25 P.M. 9:05 A.M. - 2:25 P.M. 9:30 A.M. - 2:35 P.M.	5,000 Troy Oz. 1,000 Troy Oz. 200 Troy Oz.	10/100¢ 10/100¢ 1¢	$ 5.00 $ 1.00 $ 2.00	50¢ 50¢ 50¢ (U.S.)
SOYBEAN MEAL	Chicago Board of Trade	10:30 A.M. - 2:15 P.M.	100 Tons	10¢/Ton	$10.00	$10.00
SOYBEAN OIL	Chicago Board of Trade	10:30 A.M. - 2:15 P.M.	60,000 Lbs.	1/100¢	$ 6.00	1¢
Stock Index Futures N.Y.S.E. COMP. INDEX S & P 500 INDEX VALUE LINE INDEX	N.Y. Futures Exchange IOM—Chicago Merc. Ex. Kansas City Board of Trade	10:00 A.M. - 4:15 P.M. 10:00 A.M. - 4:15 P.M. 10:00 A.M. - 4:15 P.M.	$500 x Idex $500 x Index $500 x Index	.05 .05 .05	$25.00 $25.00 $25.00	No Limit No Limit No Limit
SUGAR world #11 domestic #12	Coffee, Sugar & Cocoa Ex.	10:00 A.M. - 1:43 P.M.	112,000 Lbs.	1/100¢	$11.20	No Limit 1st 2 Contracts Others ½¢
T-BILLS (13 weeks)	IMM—Chicago Merc. Exch.	9:00 A.M. - 3:00 P.M.	$1,000,000	.01	$25.00	.60
T-BONDS (Long Term)	Chicago Board of Trade	9:00 A.M. - 3:00 P.M.	$100,000@8%	1/32 Pt.	$31.25	64/32
T-NOTES (10 year)	Chicago Board of Trade	9:00 A.M. - 3:00 P.M.	$100,000@8%	1/32 Pt.	$31.25	64/32

*Expanded limits go into effect under certain conditions except for C.M.E. Livestock and Lumber and K.C. Wheat.

Commissions and Margins: CONTACT YOUR BROKER FOR ALL INFORMATION.

All statements made herein, while not guaranteed, are based on information we consider reliable and accurate as of 11/1/84.

Commodity Research Bureau　　75 Montgomery Street, Jersey City, N.J. 07302

图 3.14　期货交易要目(Courtesy of Commodity Research Bureau, a Knight-Ridder Business Information Service.)。

就可以了。这是个简易的技巧,但能够帮助技术分析师纵览较长时期的市场情况——这类长期透视在期货市场经常欠缺,因而弥足珍贵。

结　语

现在我们已经学会了绘制日线图,也了解了三种基本的信息来源——价格、交易量和持仓兴趣,那么下一步就该介绍如何解释这些资料了。请记住,图表仅仅是数据资料的记载和展示,其自身并无特别的价值。它们就像画笔和画布,工具本身并不能决定一幅画的艺术水准,只不过在一个天才的画家的手中,就能物尽其用,创造出美好的形象。用手术刀做比喻或许更恰当。造诣不凡的外科医生能够使用手术刀来挽救生命,可它如果落在我们常人手里,不惟用处不大,甚至可能带来危险。在您掌握了图表分析的规则之后,在您施展这门预测艺术(或者说技巧)的时候,图表就极具价值。那么我们就开始吧,下一章,就来讲述趋势的一些基本概念。我认为这是图表分析的建筑基石。

本章最后,附录了一张"期货交易要目",以备不熟悉各种期货合约详情的读者查阅(图 3.14)。其中,各种市场如何标价、最小和最大价格变化单位及其相应的以美元计算的出入、有关交易所、交易时间等,都是必备知识。本指南仅是个参考,以帮助读者熟悉不同的期货市场。必须声明,有关的具体情况会定期调整,朋友们在查阅各种指南时,请务必以最新出版者为准。

第四章　趋势的基本概念

趋势的定义

在技术分析这种市场研究方法中，趋势的概念绝对是核心内容。图表分析师所使用的全部工具，诸如支撑和阻挡水平、价格形态、移动平均线、趋势线等等，其惟一的目的就是辅助我们估量市场趋势，从而顺应着趋势的方向做交易。在市场上，"永远顺着趋势交易"、"决不可逆趋势而动"、或者"趋势即良友"等等，实在已经是老生常谈了。因此我们要花些功夫，给趋势加以定义和分类。

从一般意义上说，趋势就是市场何去何从的方向。不过，为了便于实际应用，我们需要更具体的定义。在通常情况下，市场不会朝任何方向直来直去，市场运动的特征就是曲折蜿蜒，它的轨迹酷似一系列前赴后继的波浪，具有相当明显的峰和谷。所谓市场趋势，正是由这些波峰和波谷依次上升或下降的方向所构成的。无论这些峰和谷是依次递升，还是依次递降，或者横向延伸，其方向就构成了市场的趋势。所以，我们把上升趋势定义为一系列依次上升的峰和谷；把下降趋势定义为一系列依次下降的峰和谷;把横向延伸趋势定义为一系列依次横向伸展的峰和谷(图 4.1a 到 d)。

趋势具有三种方向

我们所说的上升、下降、横向延伸三种趋势都是有充分依据的。许多人习惯上认为市场只有两种趋势方向,要么上升,要么下降。但是事实上,市场具有三个运动方向——上升,下降,以及横向延伸。仅就保守的估计来看,至少有三分之一的时间,价格处在水平延伸的形态中,属于所谓交易区间,所以,弄清楚这个区别颇为重要。这种水平伸展的状况表明,市场在一段时间内处于均衡状态,也就是说,在上述价格区间中,供求双方的力量达到了相对的平衡(我们曾经交代,道氏理论用水平直线来描述此类价格形态)。不过,虽然我们把这种持平的市场定义成横向延伸趋势,但是更通用的说法还是"没有趋势"。

大多数技术工具和系统在本质上都是顺应趋势的,其主要设计意图在于追随上升或下降的市场。当市场进入这种持平的或者说"没有趋势"的阶段时,它们通常表现拙劣,甚至根本不起作用。恰恰是在这种市场横向延伸的时期,技术型交易商最易受挫折,而采用交易系统的人也蒙受着最大的损失。顾名思义,对顺应趋势系统来说,首先必须有趋势可循,然后才能施展功用。所以,失败的根源不在系统本身,而是在于交易商,是交易商操作错误,把设计要求在趋势市场条件下工作的系统, 运用到没有趋势的市场环境之中了。

期货交易商有三种选择——先买后卖(做多头)、先卖后买(做空头)、或者拱手静观。当市场上升的时候,先买后卖当然是上策。而在市场下跌的时候,第二种选择则是首选。顺理成章,逢到市场横向延伸的时候,第三个办法——拱手静观——通常是最明智的。

趋势具有三种类型(规模)

趋势不但具有三个方向,而且通常还可以划分为三种类型,这在前一章我们已有介绍。这三种类型就是主要趋势、次要趋势和短暂趋势。实际上在市场上,从覆盖几分钟或数小时的非常短暂的趋势开始,到延续 50 年乃至 100 年的极长期趋势为止,随时都有无数个大大小小的趋势同时并存、共同作用。然而,大多数技术分析人员对趋势的分类仅限于上述三种,那么在不同的分析者之间,对各类趋势的定义当然不免就

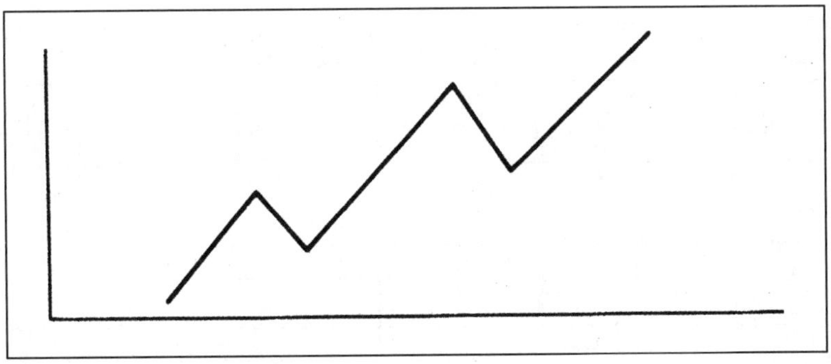

图 4.1a 上升趋势的例子,其中峰和谷均依次递升。

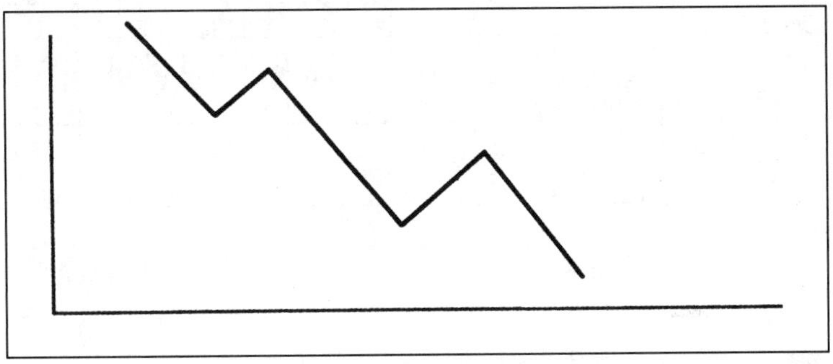

图 4.1b 下降趋势的例子,其中峰和谷均依次递降。

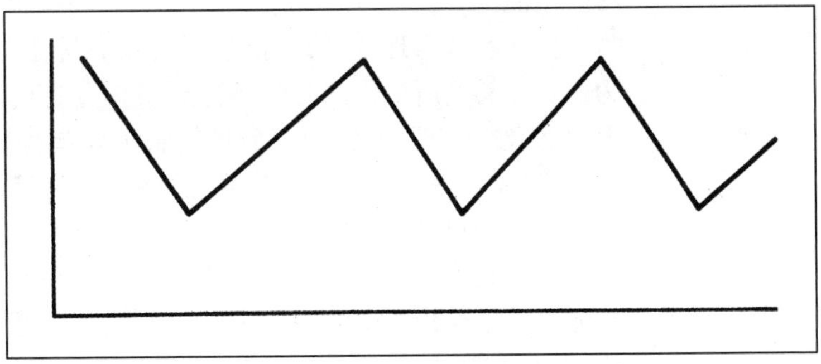

图 4.1c 横向延伸趋势的例子,其中峰和谷均水平伸展。这类市场常常被称为"无趋势"市场。

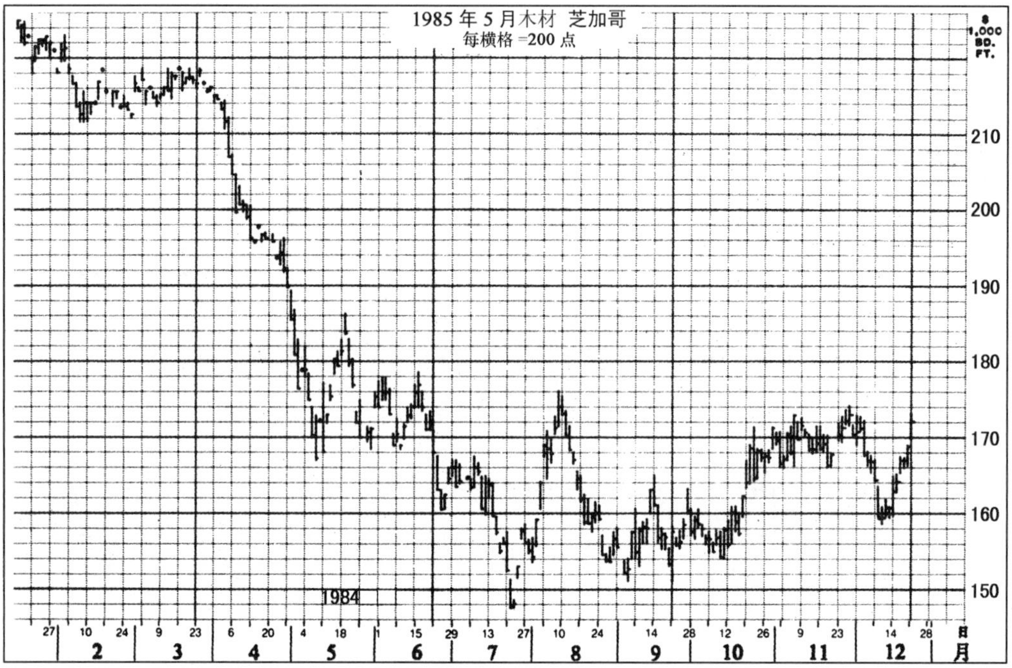

图 4.1d　图中左边为下降趋势,当前为横向延伸趋势。如果市场决定性地向上突破了 8 月/11 月的高点,则将开始新一轮上升趋势。如果市场收市于 7 月/9 月的低点之下,则下降趋势恢复(Chart courtesy of Commodity Research Bureau, a Knight-Ridder Business Information Service.)。

有一定混乱了。

例如在道氏理论中,主要趋势实际上是针对长于一年者而言。因为期货交易商所操作的时间域比股票投资者要短些,所以在期货市场上,我们倾向于认为长于六个月便是主要趋势。道氏把次要趋势(或中趋势)定义为延续三个星期到数月者,这在期货市场上也大抵合适。至于短暂趋势,通常被定义成短于 2 到 3 个星期者。

每个趋势都是其上一级更长期趋势的一个组成部分。比如说,中趋势便是主要趋势中的一段调整。在长期的上升趋势中,市场暂缓涨势,先调整数月,然后再恢复上升,就是一个很好的例子。而这个中趋势本身往往也由一些较短期的波浪构成,呈现出一系列短暂的上升和下降。我们反复强调,每个趋势都是其更长期一级趋势的组成部分,同时它自身也是由更短期的趋势所构成(图 4.2a 和 b)。

在图 4.2a 中,如点 1、2、3、4 所示,相邻的峰和谷依次上升,从而主要趋势为上升趋势。点 2—3 之间的调整阶段表示了一个调整性次要

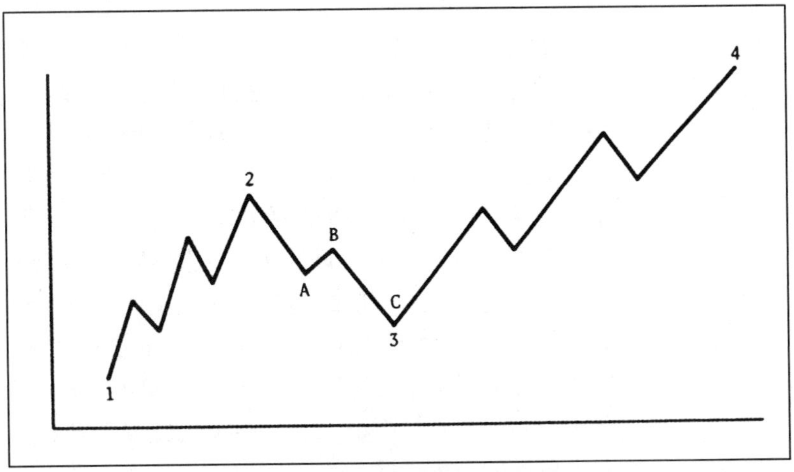

图 4.2a　本图例示了趋势的三种规模:主要趋势、次要趋势和短暂趋势。点 1、2、3、4 表示了主要上升趋势。2—3 浪代表主要上升趋势中的次要性调整。同时,每一个次要的浪也可划分成短暂趋势。例如,次要浪 2—3 可以分成短暂浪 A—B—C。

图 4.2b　本图为棉花合约日线图。如果有人问及其中的趋势,那么,主要趋势向下,中等趋势(过去 6 周内)为横向伸展,短暂趋势(过去 2 周内)向上。在言及趋势的方向前,我们首先必须明确其规模(Chart courtesy of Commodity Research Bureau, a Knight-Ridder Business Information Service.)。

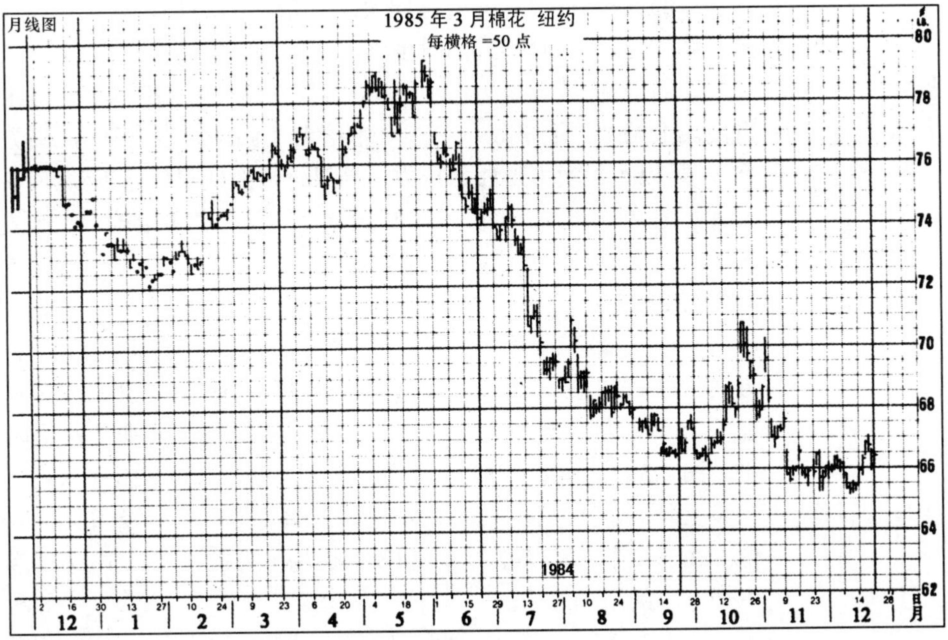

趋势,它是上升主要趋势的一部分。但请注意,点 2—3 之间的变化同时也由 A、B、C 三个较小波折构成。在点 C,分析者或许会判断主要趋势依然为升势,但次要趋势和短暂趋势却是跌势。在点 4,三个较小趋势均呈升势。趋势具有各种时间规模,理解它们在时间尺度上的分别是极为重要的。如果有人问您某市场趋势怎样,那么除非您了解此人是针对何种时期而言,否则要回答他,即使不是不可能,也是非常困难的。或许您不得不照上面划分三种趋势类型的办法,来个对号入座。

不同交易商所理解的趋势往往也不同,所以有相当多误解。对长线交易商来说,为时几天乃至几个星期的价格变化也许无关紧要。而在当日交易者眼中,持续二三天的上升便构成一个主要的上升趋势了。所以,当我们讨论市场时,特别要紧的是弄清楚趋势的时间规模,确认双方所指的是否是同一个概念。

一般说来,在期货市场上,大多数顺应趋势方法的焦点实际上是中趋势,即可能延续数月者。短暂趋势主要用来选择出入市的时机。在中等的上升趋势中,短暂的回落可以用来建立多头头寸。而在中等的下降趋势中,短暂的上弹可以用来开立空头头寸。

支撑和阻挡

在前面关于趋势的讨论中,我们说价格运动是由一系列波峰和波谷构成的,它们依次升降的方向决定了市场的趋势。现在我们就来给这些峰和谷适当地命名,同时也引入支撑和阻挡两个概念。

我们把谷,或者说“向上反弹低点”,称为支撑,用某个价格水平或者图表上某个区域来表示。这个术语名实归一。在其下方,买方兴趣强大,足以撑拒卖方形成的压力。结果价格在这里停止下跌,回头向上反弹。通常,当前一个向上反弹的低点形成后,就可以确定一个支撑水平了。在图 4.3a 中,点 2 和 4 分别代表上升趋势中的两个支撑水平(图 4.3a 和 b)。

阻挡,也以某个价格水平或图表区域来表示。与支撑相反,在其上方,卖方压力挡住了买方的推进,于是价格由升转跌。阻挡水平通常以前一个峰值为标志。在图 4.3a 和 b 中,点 1 和 3 分别是两个阻挡水平。图 4.3a 所示为上升趋势。在上升趋势中,支撑和阻挡水平呈现出逐步上升的态势。图 4.3b 展示的是下降趋势,其中峰和谷都依次降低。在这个下降趋势中,点 1 和 3 为市场下方的支撑水平,点 2 和 4 为市场上方的阻挡水平。

在上升趋势中,阻挡水平意味着上升势头将在此处稍息,但此后它

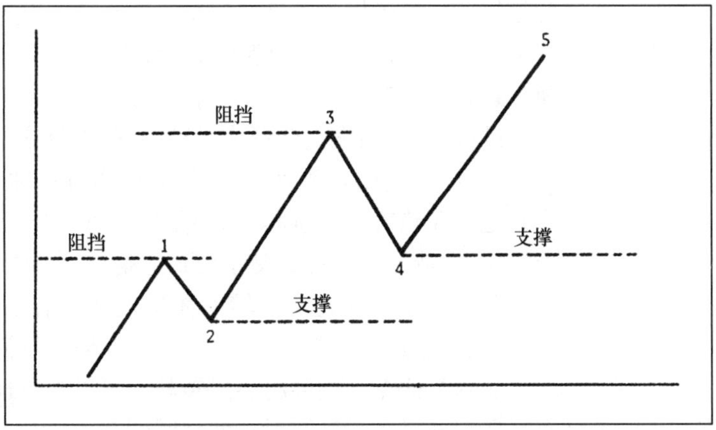

图 4.3a　本例表示上升趋势中依次上升的支撑和阻挡水平。点 2 和 4 为支撑水平，通常由过去的向上反弹低点形成。点 1 和 3 为阻挡水平，通常以过去的峰为标志。

图 4.3b　本图表示下降趋势中的支撑和阻挡水平。

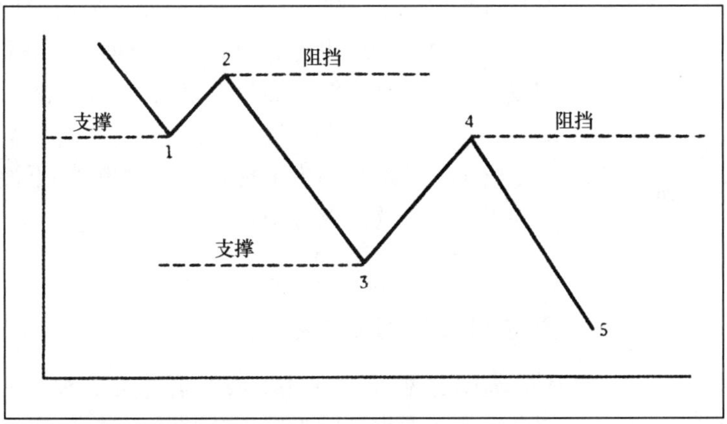

迟早会被向上穿越。而在下降趋势中，支撑水平也不足以长久地撑拒市场的下滑，不过至少能使之暂时受挫。

为了完整地理解趋势理论，我们必须切实领会支撑和阻挡这两个概念。如果上升趋势要持续下去，每个相继的低点（支撑水平）就必须高过前一个低点。每个相继的上冲高点（阻挡水平）也非得高过前一个高点不可。在上升趋势中，如果新的一轮调整一直下降到前一个低点的水平，这或许就是该上升趋势即将终结、或者至少即将蜕化成横向延伸趋势的先期警讯。如果这个支撑水平被击穿，可能就意味着趋势即将由上升反转为下降。

在上升趋势中，每当市场向上试探前一个峰值阻挡的时候，这个上升趋势总是处于极为关键的时刻。一旦在上升趋势中市场不能越过前一个高点,或者在下降趋势中市场无力跌破前一个低谷支撑,便发出了现行趋势即将有变的第一个警告信号。在市场试探这些支撑和阻挡水平的过程中,在图表上会形成各种图案,这就是所谓价格形态。在第五章和第六章,我们就要表明,市场如何通过各种价格形态,来暗示自己到底是处在趋势反转过程中,还是仅仅处在既存趋势的休整之中。无论如何,构造这些形态的基本砖石还是支撑和阻挡水平。

图4.4a到c是趋势反转的典型范例。请注意,在图4.4a中,价格在点5,先是无力冲越前一高点(点3),然后就掉头向下,跌破了点4所示的前一个低点。这种趋势反转其实可以简单地通过观察支撑和阻挡水平来判别。这类反转形态就是所谓双重顶。

支撑水平和
阻挡水平可以互换角色

到此为止,我们把"支撑"定义为前一个低点,"阻挡"定义为前一个高点。实际上,情况并不始终如此。下面我们就来谈谈支撑和阻挡的另一个更有意思也更鲜为人知的方面——它们的角色互换。只要支撑或阻挡水平被足够大的价格变化切实地击破了,它们就互换角色,演变成自身原先的反面。换言之,阻挡水平就变成了支撑水平,而支撑水平变成了阻挡水平。为了理解其中的奥妙,下面我们先讲一讲形成支撑和阻挡水平的一点心理根由。

支撑和阻挡的心理学

简明起见,我们把市场参与者分为三种——多头者,空头者,和观望者。多头者为已经买进了合约的交易商,空头者指已经卖出了合约的交易商;观望者则或者是已经平仓出市者,或者是尚在买与卖之间犹豫不决者。

我们假定市场在某个支撑区域波动了一段时间之后开始向上移动。多头者(在接近支撑区域买进的人)很高兴,但心犹不足的是当初没有买得更多些。如果市场再掉回支撑区域附近,再增加些多头头寸,那该多妙啊!空头者现在终于认识到(或者非常怀疑)自己站错了队(市场从该支撑区上升的距离对这种判断当然极有影响力,我们留待稍后讨论)。空头者但愿(而且祷告老天)价格再跌回他们卖出的区域,这样,他们就能在入市的水平(即"盈亏平衡点")脱身。

观望者有两种——有的从未持有过头寸,有的因为这样那样的原

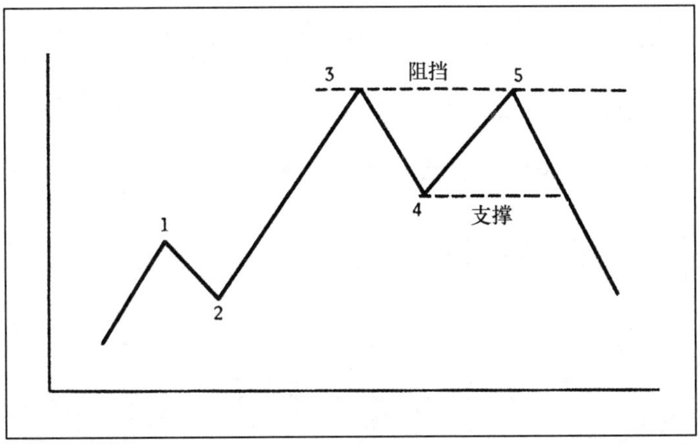

图 4.4a　趋势反转的例子。在点 5,价格无力向上超越过去的峰点 3,然后又向下跌破了先前的低点 4,这就构成了向下的趋势反转。此类形态称为“双重顶”。

图 4.4b　底部反转形态的示例。通常,形成底部形态的第一个征兆是价格在点 5 能够维持在先前的低点 3 之上,而当价格向上穿越了先前的峰点 4,这个底部形态就得到了验证。

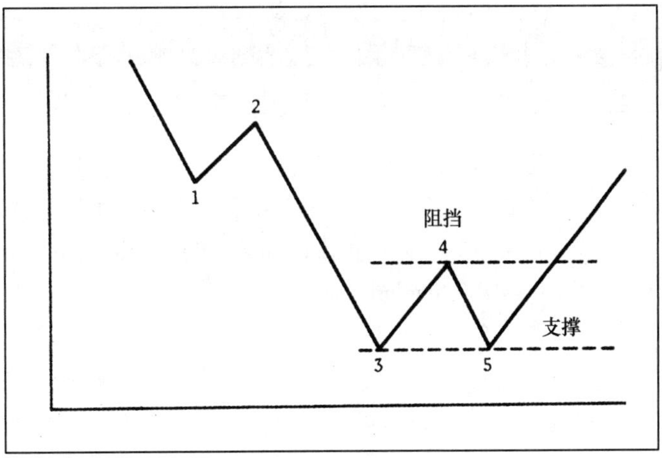

因已经在支撑区把手上的多头头寸卖出平仓了。后一种人过早地平掉了多头头寸,当然追悔莫及,于是他们指望再有机会在接近他们卖出的地方把那些多头头寸补回来。

最后说到那些犹豫不决的人了。他们现在终于认识到价格将进一步上涨,下决心在下一个买入的好时机进入市场,站到多头一边。所有的四种人现在都决意在下一轮下跌中买进,那么市场下方的这个支撑区域就关系到大家的“既得利益”。如果价格下降到该支撑附近,上述四个群体新的买进自然会把价格推上去。

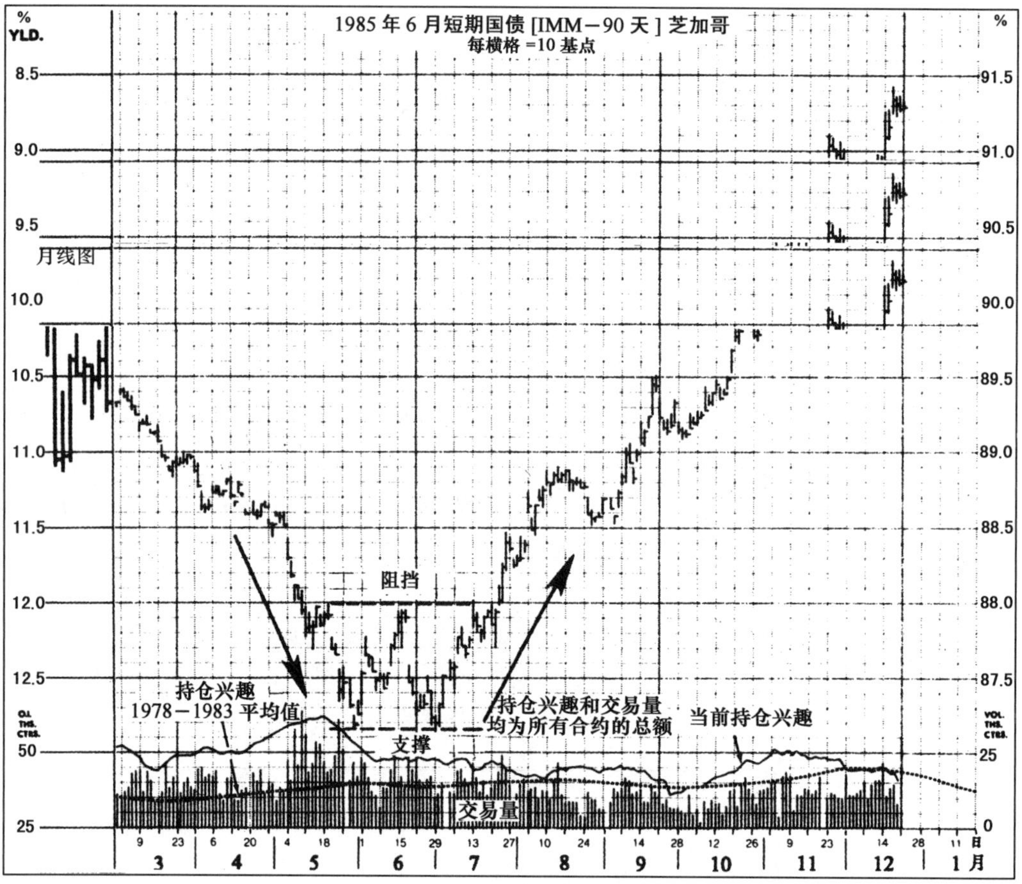

图 4.4c　底部反转形态的一个典型范例。请注意，6 月的低点维持在 5 月的低点之上。当 6 月中旬的峰被向上穿越后，趋势转而向上（Chart courtesy of Commodity Research Bureau, a Knight-Ridder Business Information Service.）。

在该支撑区域发生的交易越频繁，就意味着越多的市场参与者在此处拥有“既得利益”，因而该支撑区就越发重要。支撑或阻挡区的重要程度可以由以下三个方面决定：市场在该处所经历的时间、交易量、以及交易活动的发生时间距当前的远近。

价格在某个支撑或阻挡区逗留的时间越长，该区域就越重要。比方说，如果价格在上升之前，在一个“乱麻区域”徘徊了三个月，那么这个支撑区就比市场仅逗留了三天的一个支撑水平重要。

交易量是衡量支撑和阻挡区重要程度的另一依据。如果支撑区域在形成过程中伴随着高额的交易量，就意味着此处有大量合约易手，相应的水平就比交易平淡之处的水平重要。点数图能够展示每日内的交易活动细节,把它用来辨识那些交易发生得最多、因而可能最有效的支撑和阻挡的时候,特别有用。

第三个办法是根据交易发生的时间距当前的远近程度,来判断相应的支撑或阻挡区的重要性。因为交易商是针对市场变化、针对现有头寸或未及开立的头寸采取行动的,所以,交易活动发生的时间越近,有关水平发生影响的潜力越大。

现在我们反过来,设想市场不是上升,而是下降。正如上面的例子所展示,在上升趋势中因为价格有所上升,市场参与者对每次下降的综合反应是更多地买进(因而产生了新的支撑)。然而,如果价格开始下跌,且跌破了前一个支撑区域,情况便恰然相反。所有在支撑区买进的人现在都认识到他们弄错了。更糟糕的是他们的经纪人开始发疯地催促他们追加保证金。因为期货交易具有高杠杆率,交易商难以对亏损的头寸坐视得太久。他们要么得补足保证金,要么得忍痛割爱,平掉多头头寸。

原本造就支撑区域的,是在其下方占压倒多数的买进指令,而现在所有买进指令全部转化成位于其上方的卖出指令。这一来,支撑就转变为阻挡。原先的支撑区越重要——就是说,那里的交易越活跃、距目前越接近——那么,现在的阻挡潜力便越强大。上述三种人——多头者,空头者,和观望者——当初造就支撑的所有动因,现在恰好反过来,为以后的价格上冲或者弹升压上了一个盖子。

图表分析师所使用的价格形态、以及诸如支撑和阻挡等概念确实能够说明问题,我们不妨对其原因推敲推敲,作一点反思。事实上,绝不是图表或我们在图表上画出的辅助线条具备什么魔力。这些工具之所以发生作用,是因为它们如实描画了市场参与者的所作所为,使我们得以清晰地把握市场参与者对各类市场事件的反应。图表分析其实是对人类心理学,即交易商对不断发展的市场情况所作反应的研究。遗憾的是,由于商品期货市场的世界变化很快,人们往往过分依赖图表分析的术语及其简称,而把从根本上造就图表形态的真正力量丢在了脑后。我们何以能够从价格图表上辨识支撑和阻挡水平,何以能够用它们来辅助预测市场运动,从心理学上都可以找到切实的依据。

支撑转化为阻挡,反之亦然:穿越程度

支撑水平被市场穿越到一定程度之后,就转化为阻挡水平。反之亦然。图 4.5a 到 c 与图 4.3a 和 b 类似,但稍有改动之处。请注意,在图 4.5a 中随着价格的上升,向上反弹低点 4 出现在高点 1 的价位上或者其上方。点 1 所示的前一个高点曾经是一个阻挡水平,但是一旦这

个阻挡峰值被3浪所示的动作决定性地向上穿越之后,就转化为支撑水平。所有先前在1浪所达高点附近卖出的人(这是导致这一阻挡水平的原因)现在都摇身一变,成了买方。图4.5b展示了价格下跌时对应的情况,点1(曾经是支撑水平)目前演化为点4所示的阻挡水平,给市场封了顶。

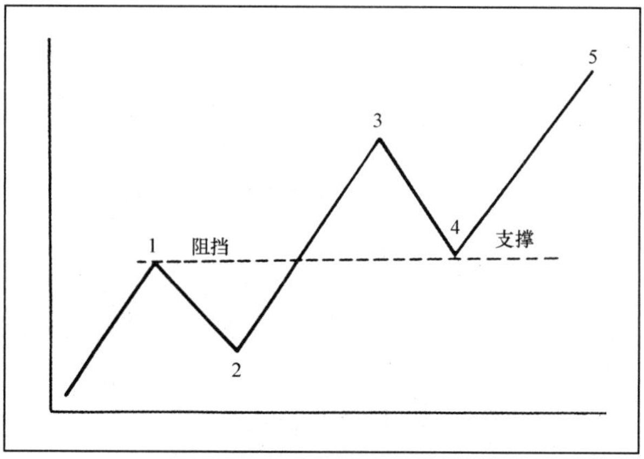

图4.5a 在上升趋势中,当阻挡水平被市场以足够大的幅度向上穿越后,就演变为支撑水平。注意,一旦点1处的阻挡被击破,它就在点4处构成了支撑。先前的峰值在以后的市场调整中将起到支撑作用。

图4.5b 在下降趋势中,如果支撑水平被跌破,则演化为阻挡水平。请注意,点1过去是支撑,现在变成了点4处的阻挡。

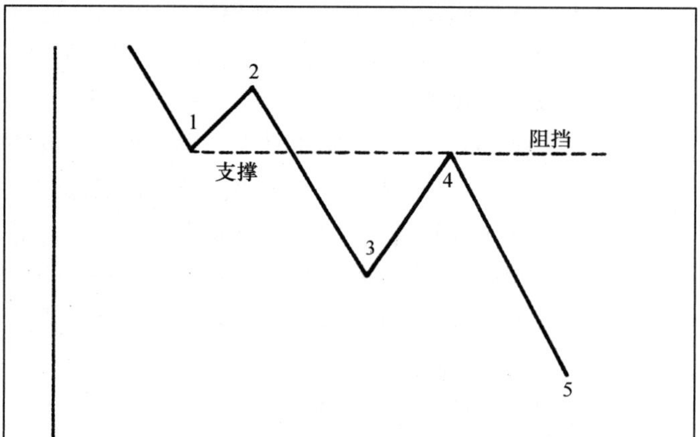

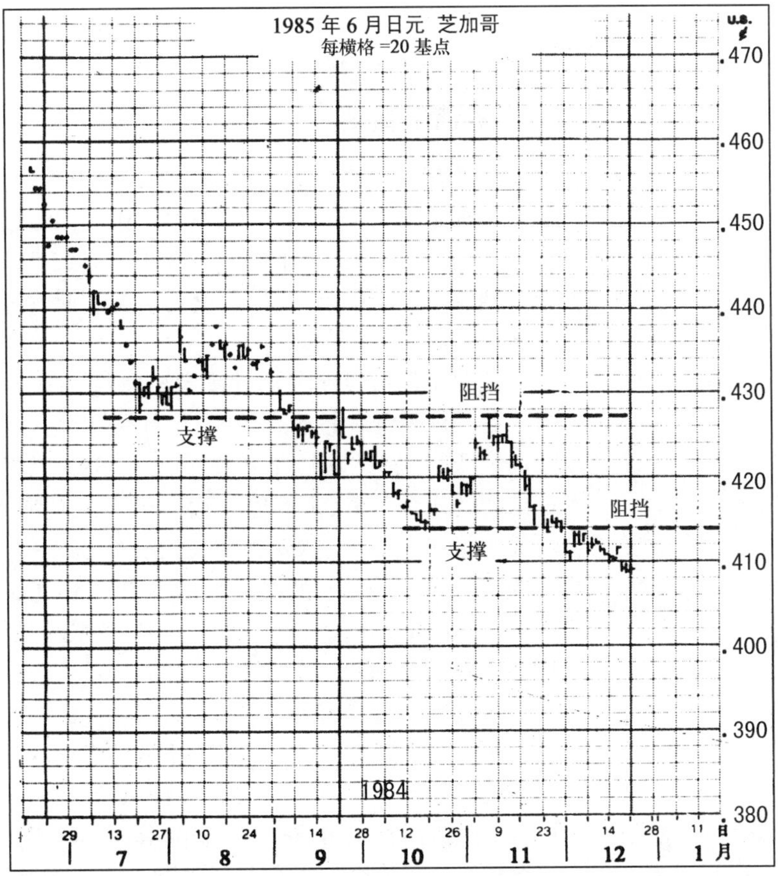

图 4.5c 请注意,图中7月的先前的支撑性低点,在11月演变成了阻挡障碍。支撑变成了阻挡。10月的低点也演化成12月的阻挡(Chart courtesy of Commodity Bureau, a Knight-Ridder Business Information Service.)。

前面曾提到过,价格从支撑或阻挡水平弹开的距离越大,则该支撑或阻挡的重要程度也就越强。当支撑和阻挡被穿越从而角色变换时,这种距离特点尤为突出。试看例证。有个说法,仅当价格穿越支撑和阻挡水平达到足够程度的情况下,两者才互换角色。但是怎样才算足够呢?在判断这个问题时有相当多的主观色彩。有些图表分析师以穿越幅度达10%作标准,尤其是碰到重要的支撑和阻挡水平的时候。短线的支撑和阻挡区域可能只需要非常小的穿越幅度比例,比如3%到5%便可以肯定。实际上,每个分析师都有自己独立的有效穿越标准。不过请切记,仅当市场从支撑或阻挡水平穿越得足够远、致使市场参与者确信自己判断错误的情况下,两者才能互换角色。市场穿越得越远,人们便越信服自己的新认识。

在判别支撑和阻挡时，习惯数值很重要

市场倾向于在习惯数上停止上升或下跌。交易商总喜欢以一些重要的习惯数，比如10,20,25,50,75,100(以及100的整数倍)作为价格目标，并相应地采取措施。因而这些习惯数常常成为“心理上的”支撑或阻挡水平。根据这个常识，交易者可以在市场接近某个重要习惯数时平仓了结，实现利润。

黄金市场可以作为这种现象的绝好例证。1982年熊市的最低点恰好是300美元。接着在1983年首季，市场大举回升到稍高于500美元的位置，然后又跌退至400美元。1983年底，价格跌破400美元。在之后的六个月里，市场曾三次徒劳无功地向上试探400美元(此时已成为阻挡水平了)。就在我们写作本书的时候，金价又跌回300美元的支撑区域。450和350美元两个水平也都是重要的支撑和阻挡区。在300美元以下，下一个长期的支撑区在250美元附近。另外，1974年牛市的最高点曾经接近200美元，而1976年熊市的最低点在100美元。

这一惯例还有个应用，就是说不要将交易指令的水平正好设置在这些明显的习惯数上。比方说，如果交易商试图在上升趋势中趁市场短暂下跌的时机买进，那么把限价指令的水平设置在稍高于某个重要习惯数上就很充分。因为其他人都企图在习惯数上买进，市场或许就跌不到那里。如果交易商试图在下降趋势中利用市场向上反弹的机会卖出，就应该把卖出指令的水平安排在稍低于习惯数的位置上。如果我们要对已有的敞口头寸设置保护性止损指令，那么其做法同开立新头寸的时候正好相反。一般说来，我们应该避免把保护性止损指令的水平设置在明显的习惯数上。举例来说，站在卖出一方的交易商，不应该把止损指令放置在4.00美元，而应放在4.01美元。或者反过来，多头头寸的保护指令应当安排在3.49美元而不是3.50美元。

换言之，买盘(多头)的保护指令应低于习惯数，而卖盘(空头)的保护指令应高于习惯数。市场遵循习惯数，特别是这些较重要习惯数的倾向，是其特征之一，这一特征对期货交易颇有助益，因此技术型交易商应该把它熟记于心。

趋 势 线

现在朋友们已经理解了支撑和阻挡，那么我们的技术库中就可以

添上另一付基本工具——趋势线了(图 4.6a 到 c)。趋势线是图表分析师所使用的最简便同时也是最有价值的基本技术工具之一。如图 4.6a 中的直线所示,上升趋势线是沿着相继的向上反弹低点联结而成的一条直线,位于相应的价格图线的下侧。下降趋势线是沿着相继的上冲高点联结而成的,位于价格上侧,如图 4.6b 所示。

趋势线作法

正如图表分析的其他方面一样,正确地作出趋势线也是一门技艺。通常,为了发现恰当的趋势线,我们有必要尝试好几条直线。有时候,一条趋势线起初貌似正确,最终却不得不擦去重来。当然,也有一些颇具价值的要领,有助于我们探索出合适的趋势线。

首先,必须确有根据说明趋势存在。换句话说,为了画出一条上升趋势线,我们至少需要两个有效的向上反弹低点,并且后者要高于前者。不用说,两点决定了一条直线。例如在图 4.6a 中,仅当价格从点 3 开始向上推进后,图表分析者才能够合理地判定新一轮向上反弹的低点已经形成,然后才可以通过点 1 和 3 画出一条尝试性的上升趋势线。

某些图表分析师要求市场从点 3 起向上穿越点 2 所示的峰,从而使上升趋势得到证实之后,才作出这条趋势线。而另外一些人只要求

图 4.6a 上升趋势线的图例。上升趋势线是由依次上升的向上反弹低点连接而成的。首先在两个相继的依次上升的低点(点 1 和 3)之下作出尝试性趋势线,然后还需要第三个点(点 5)来确认该趋势线的有效性。

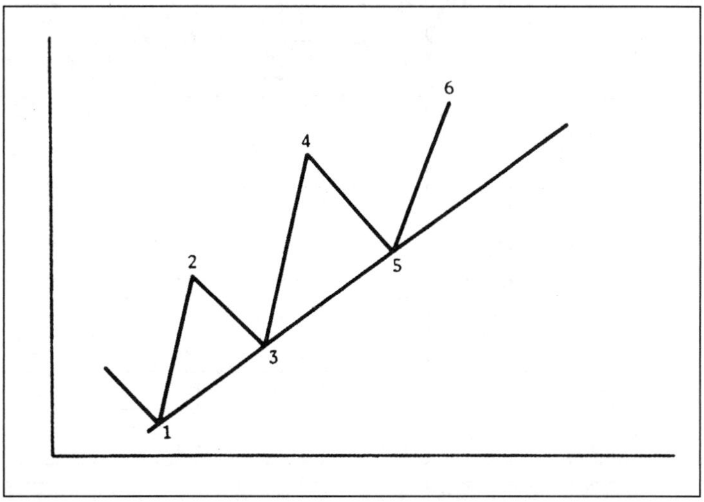

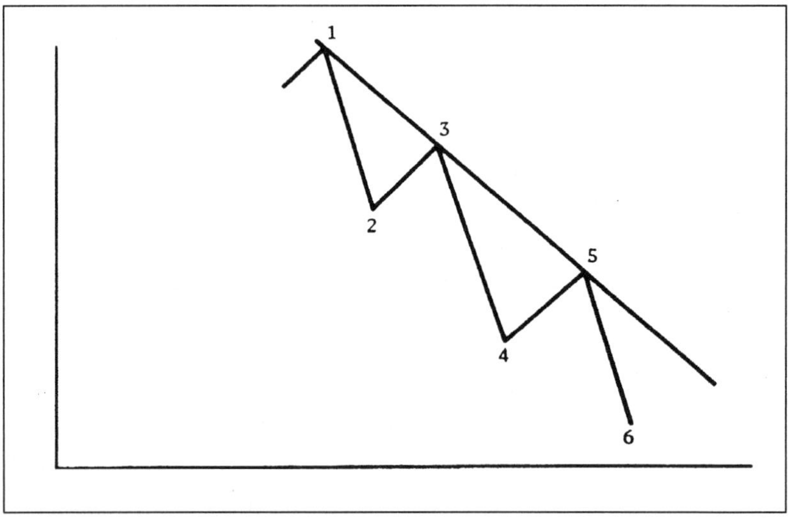

图 4.6b　下降趋势线是通过连接依次下降的上冲高点作出的。先由两点(点 1 和 3)作出尝试性下降趋势线,然后通过第三点(点 5)验证其有效性。

图 4.6c　下降趋势线的例子。12 月的上冲高点验证了由 10 月/11 月的高点作出的趋势线(Chart courtesy of Commodity Research Bureau, a Knight-Ridder Business Information Service)。

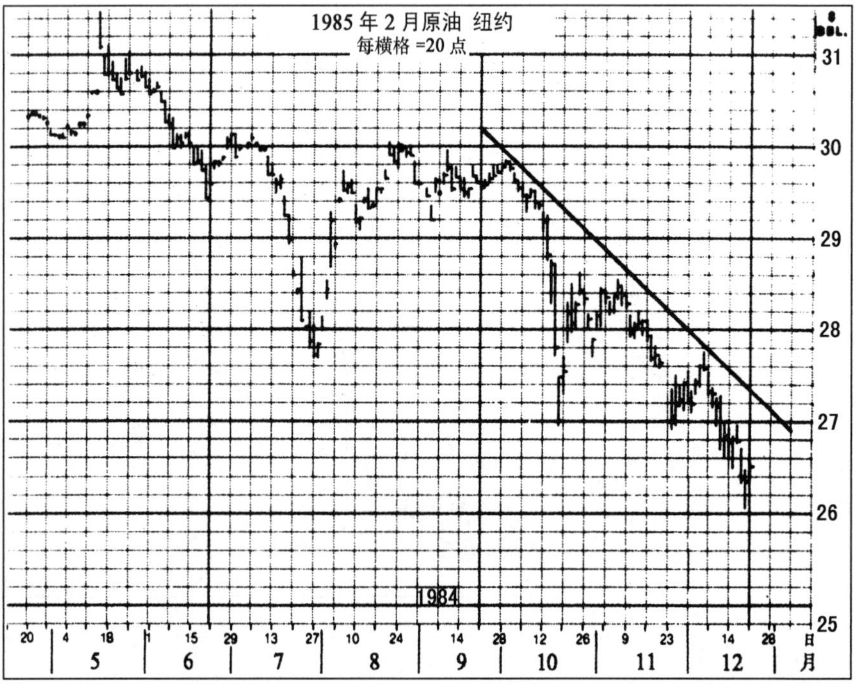

市场从点 3 起把点 2 到 3 之间的价格变化回撤 50%，或者上升到接近点 2。应该记住的要点是，无论标准是否一致，图表分析者都必须首先合理地确认一个反弹低点已经形成，然后才谈得上判定它的有效性。一旦确认出了两个依次上升的有效低点，把它们连接起来便得到一条趋势线。它位于价格的下侧，向右上方伸展。

试验趋势线与有效趋势线

以上所得到的还只是“试验性”的趋势线。为了验证其有效性，必须看到价格第三次触及该线，并从它上面再次反弹出去。如图 4.6a 所示，价格在点 5 对上升趋势线试探成功，于是该趋势线的有效性得到了验证。图 4.6b 展示的是下降趋势的情况，不过道理是一致的，在点 5 处也出现了对趋势线的成功试探。归纳起来，我们首先必须有两点方可作出趋势线；然后用第三个点来验证其有效性。

怎样使用趋势线

只要第三点应验了，并且趋势仍照既定的方向继续发展，那么上述趋势线就在好几方面大有用武之地。趋势概念的基本观点是，既成趋势的下一步常常是顺势发展。由此推论，一旦某个趋势如其趋势线所标志，具备了一定的坡度或演进速率之后，通常将继续保持同样的坡度。因此趋势线不仅可以确定在市场调整阶段价格的极限位置，更重要的是，可以显示出在何种情况下原趋势正在发生变故。

举例来讲，在上升趋势中，调整性的下跌是不可避免的，但它经常只是触及或非常接近相应的上升趋势线。因为期货商的目的就是在上升趋势中乘跌买进，所以趋势线在市场下方所提供的支撑边界，正好可以用作买进区域。而下降趋势线则可以用作阻挡区，达成卖出目的（图 4.7a 和 b）。

只要趋势线未被突破，我们就可以用它来确定买入或卖出区域。然而如图 4.7a 和 4.7b 在点 9 所示，万一趋势线被突破了，也就发出了趋势生变的信号，要求我们平仓了结当初顺着原有趋势方向建立的所有头寸。趋势线的突破常常是趋势生变的最佳预警信号。

如何确定趋势线的重要程度

下面我们把对趋势线的讨论深入一步。首先，到底由什么因素来决定一条趋势线的重要程度？答案包含两个方面——它未被触及的时间越长，所经过试探的次数越多，则越重要。比如说，有条趋势线成功地经

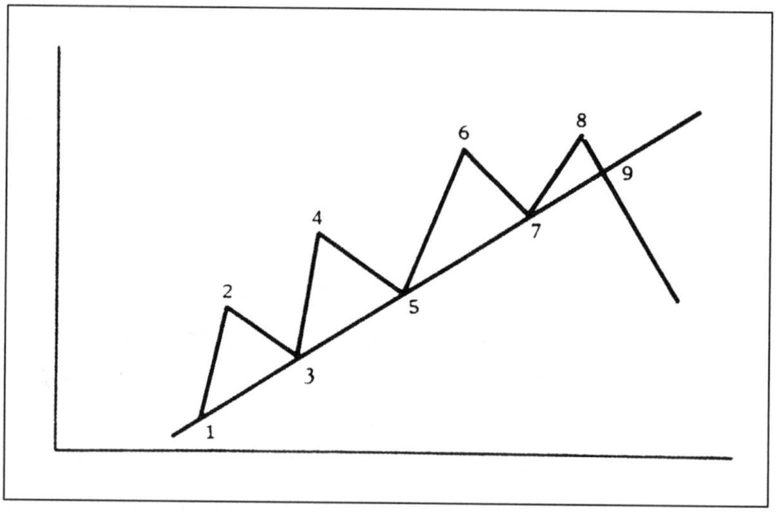

图 4.7a 一旦上升趋势线确立以后，就可以利用随后市场跌近该趋势线的机会买进。图中点 5 和 7 就是开立新多头或增开多头头寸的好机会。当市场在点 9 处跌破趋势线后，就意味着趋势要向下反转，要求我们平仓了结所有的多头头寸。

图 4.7b 图中点 5 和 7 可以用作卖出区。当市场在点 9 处突破该趋势线后，就构成了向上的趋势反转信号。

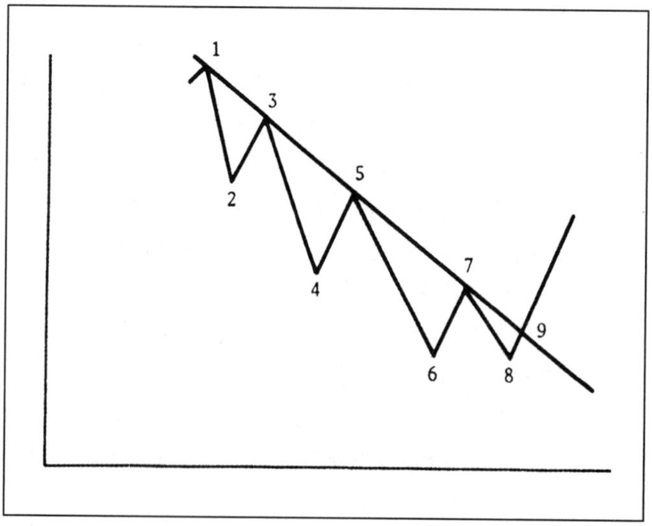

受了 8 次试探，从而连续 8 次地显示了自身的有效性，那么它显然比另一条只经受了 3 次试探的趋势线重要。另一方面，一条持续有效达 9 个月之久的趋势线，当然比另一条只有 9 个星期乃至 9 天有效历史的趋势线更重要。趋势线的重要性越强，由其引发的信心就越大，那么它的突破

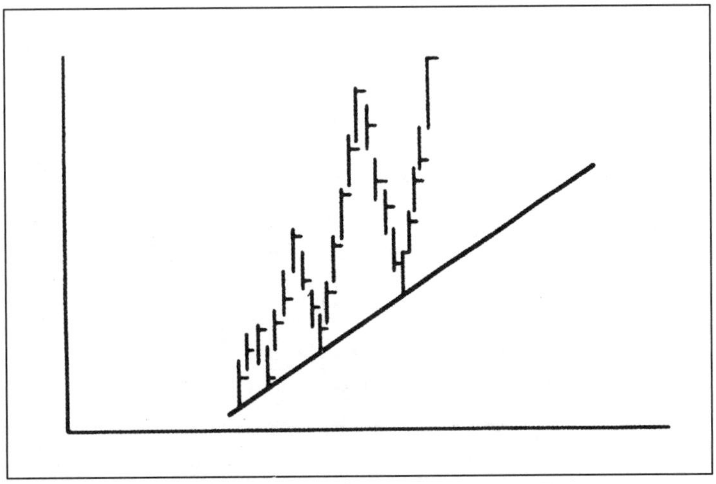

图 4.8 画趋势线的正确方法是,把每天的全部价格区间都包括进来。

也就越具重要影响。

趋势线应描述全部价格变化

在线图上作趋势线时,应当把它描画在全部价格范围之下或之上。有些图表分析师更喜欢通过收市价格来作趋势线,这种做法并不标准。虽然收市价格在全天的所有价格中确实可能是最重要的,但它依然只能代表全日价格活动的一个片断。而当日全部价格范围包含了当日的所有价格变化,理应更有意义(图 4.8)。

如何对待对趋势线的细小穿越

有时候某一日内的价格变化可能一度穿越趋势线,但当天的收市价格依然符合原趋势的要求。在这种情况下,该趋势线是否可以视为被突破?对此,分析者就会有所困惑(图 4.9)。如果结果表明这个小小的穿越只是暂时性的,那么为了把新的价格资料包括进来,我们是否有必要重新画一条趋势线呢?图 4.9 展示了这种情形。当天价格曾一度滑过原趋势线,而后收市价格又回到该趋势线之上。我们有必要重作趋势线吗?

棘手的是在这种情况下没有一成不变的规则可循。有时候,尤其是在随后的市场行为证明原趋势线依然有效的情况下,我们最好忽略这种"毛刺"。有些时候则必须折衷一下,如图 4.9 中虚线所示,补充一条新的试验性的趋势线。那么图表分析者在考察未来价格时,就既有原趋势线

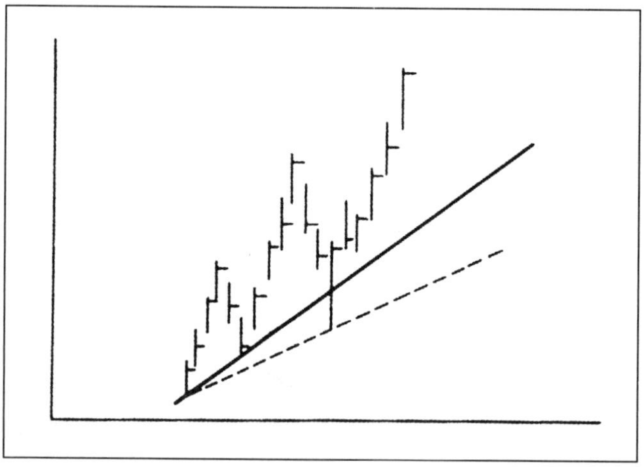

图 4.9　有时候,日内价格变化可能一度穿越趋势线。那么,在这种情况下,过去的趋势线是否还有效,或者是否应该重新作趋势线呢?折衷的办法是,既保留旧的趋势线(实线),也作出新的趋势线(虚线),这样更便于甄别真正的趋势线。

(实线)、又有新趋势线(虚线)以资参照了。这里有条普遍经验:如果突破原趋势线的动作的规模相对较小,只是当天内的一时之举,并且收市价又回到原趋势线之上,那么上策可能是忽略这个“毛刺”,仍旧使用原趋势线。正如其他许多市场分析领域一样,碰上这种模棱两可的情形时,分析者只有靠自己的经验和主观判断来定夺。

什么是对趋势线的有效突破

解答这个问题也要牵涉到不少主观性的成分。一般地说,收市价格越过趋势线要比仅仅只有日内价格穿越趋势线更有分量。再进一步,有时甚至只有一个收市价的穿越也还不足以说明问题。为了辨识有效的趋势线穿越,排除坏信号(所谓“拉锯现象”),技术分析者设计了不少时间和价格“过滤器”。所谓“3%穿越原则”便是价格过滤器的一例。这种价格过滤器主要用于鉴别长期趋势线的突破,它要求收市价格穿越趋势线的幅度至少达到3%,才能判定为有效突破(3%原则不适用于一些金融期货,例如利率期货市场)。

举例来说,如果在黄金价格图表上,有一条重要上升趋势线当前正处在400美元的水平,那么为了证明该线已被突破,当日收市价格必须在其97%以下的水平(此时收市价格将在趋势线以下12美元开外,即388美元)。显然,对短线交易商来说,要求他们坐视价格走过12美元是不恰当的,1%原则或许更合适。3%原则仅仅是价格过滤器的一种类型。

有些图表分析者针对不同市场,选用了各种“最小价格波动容许值”。也有人根本不采用价格过滤器。不论选用何种价格过滤器,都有个一半对一半的机会问题。如果过滤器设置得太小,那么减少“拉锯”影响的效果则不佳。如果选得太大,那么在有效信号出现之前,就错过了一大截初始动作时机。所以此处也不例外,交易商必须结合考虑所追随市场的趋势发育程度,灵活选择最适合的过滤器,具体市场具体分析。

价格过滤器的趋势线有效穿越标准,要求收市价格的变化达到预定的价格幅度或百分比。此外我们还有另一种选择——时间过滤器。其中最常见的为“两天原则”。换句话说,为了对趋势线构成有效突破,市场必须连续两天收市在该直线的另一侧。于是,要突破上升趋势线,价格就必须连续两天收市在该直线的下方。只持续一天的话,突破是不成立的。最后我们还必须补充一点,3%原则和 2 天原则不仅适用于考察重要趋势线的突破,也同样可以应用于鉴别市场对重要支撑和阻挡水平的突破。

趋势线如何互换角色

前面讲过,一旦支撑和阻挡水平被击破,其角色就互相对换。这个规律也用于趋势线(图 4.10a 到 c)。换言之,上升趋势线(支撑线)一旦被决定性地向下突破后,就演化成阻挡线;下降趋势线(阻挡线)一旦被决定性地向上突破后,就演变为支撑线。正因为这一点,我们在趋势线被突破后依然把它们尽可能地向右延长。这种做法颇有玄机。旧的趋势线演化成自身的反面,在未来再度形成支撑线或阻挡线的现象实在屡见不鲜,令人惊叹叫绝。

趋势线的测算意义

趋势线有助于测算价格目标。在后面关于价格形态的两章中,我们还要详细讨论价格目标的问题。实际上,那里要讲的由价格形态计算价格目标的内容,同此处趋势线的有关应用很有渊源。简要地说,一旦趋势线被突破了,那么价格离开趋势线的目标距离,通常同趋势反转以前价格在趋势线另一边曾经达到的竖直距离相等。

举例来说,如果在原先的趋势中,价格在上升趋势线的上方曾达到 50 美元(竖直地测量),那么在该趋势线被突破后,我们就可以预计价格将跌到低于趋势线 50 美元之处。在下一章,我们将看到这种测算技术。与众所周知的头肩形反转形态的测算技术相似,在那里,从“头”到“颈线”的距离,就是预测颈线被突破后的价格目标的依据。

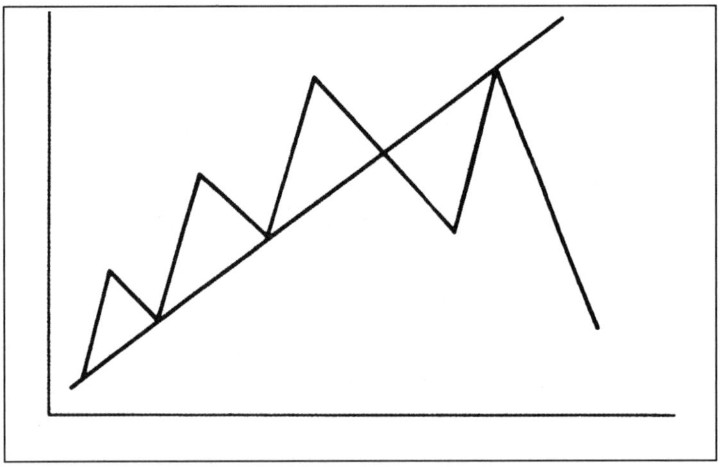

图 4.10a　本图表示上升的支撑线演化成了阻挡线。通常,支撑线被跌破后,在之后的上冲中将起到阻挡作用。

图 4.10b　下降趋势线一旦被向上突破后,极经常地演化成支撑线。

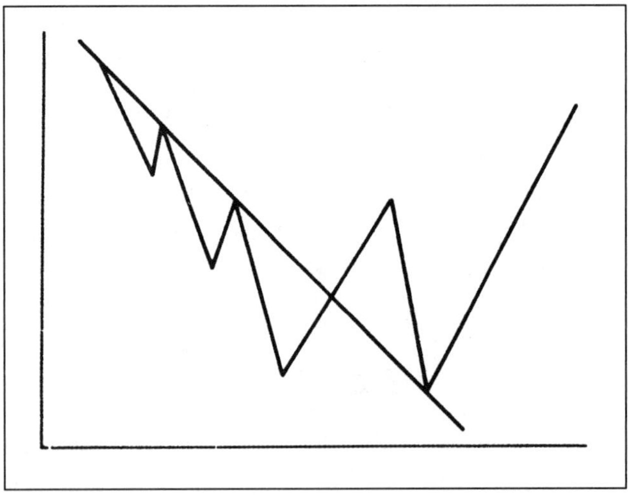

扇形原理

下面讲扇形原理。这是趋势线另一种颇有意思的用法(图 4.11a 到 c)。有时候,当上升趋势线被突破后,价格先是有所下跌,然后再度上弹,回到原上升趋势线的下边(该线此时已成为阻挡线了)。请注意,在图 4.11a 中,价格跌破 1 线后,再度弹升到 1 线下边,但是未能向

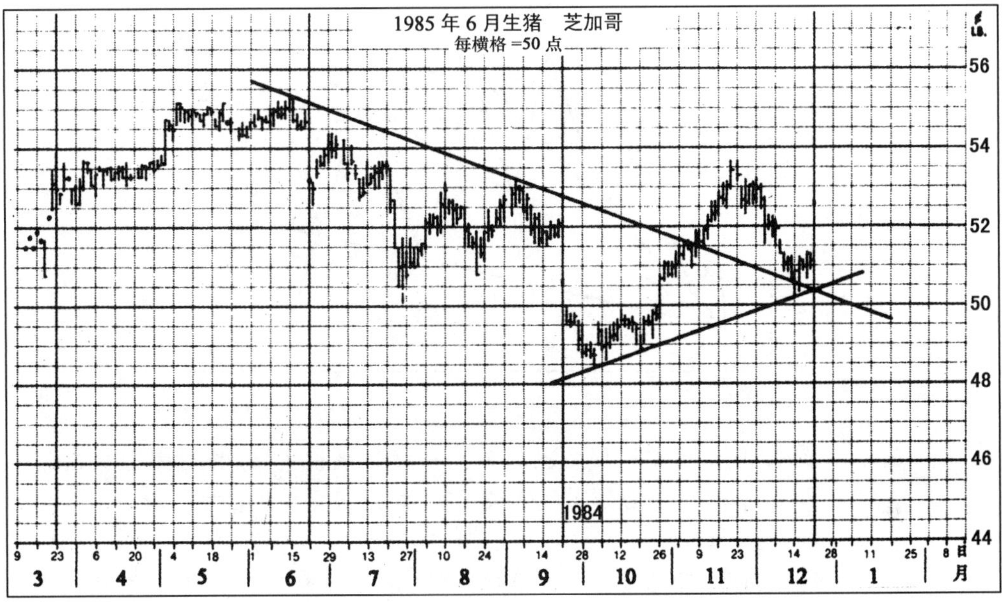

图 4.10c 请注意,图中沿着6月/9月的高点作出的下降趋势线,一旦被向上突破后,在12月就成了支撑线。同时也请注意,沿着10月低点作出的上升趋势线,很漂亮地遏止了12月的价格下跌(Chart courtesy of Commodity Research Bureau, a Knight-Ridder Business Informartion Service.)。

上穿越1线。此时我们可以作出新的一条趋势线(2线)。随后2线也被向下突破了,然后价格又一次弹回,向上试探2线未果,于是我们得到第三条趋势线(3线)。第三条趋势线若再次被突破,通常就意味着价格将下跌了。在图4.11b中,第三条下降趋势线(3线)的突破构成了新一轮上升趋势出台的信号。由上述两例来看,原先的支撑线被突破后均变成了阻挡线,原先的阻挡线被突破后均变成了支撑线,请朋友们注意其转化过程。图中依次变得平缓的三条直线形如扇子,扇形原理由此得名。请切记,第三条趋势线被突破是趋势反转的有效信号。

数字"3"的重要性

在扇形原理中有三条直线互相作用。有趣的是,"3"这个数字在各种技术分析的理论和应用中都出现得很频繁,而且各有各的门道。说起来,不仅扇形原理用到三条线,而且重要牛市和熊市通常分成三个阶段(见道氏理论和艾略特波浪理论);有三种价格跳空(稍后便要讲

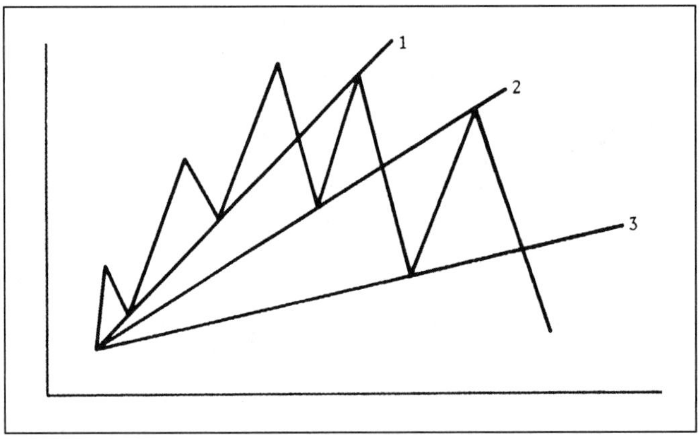

图 4.11a 扇形原理示例。第三条趋势线被突破,构成趋势反转信号。请注意,趋势线 1 和 2 被突破后,经常变成阻挡线。

图 4.11b 底部过程中的扇形原理。第三条趋势线被突破,构成向上的趋势反转信号。先前被突破的趋势线(线 1 和 2)常常成为支撑线。

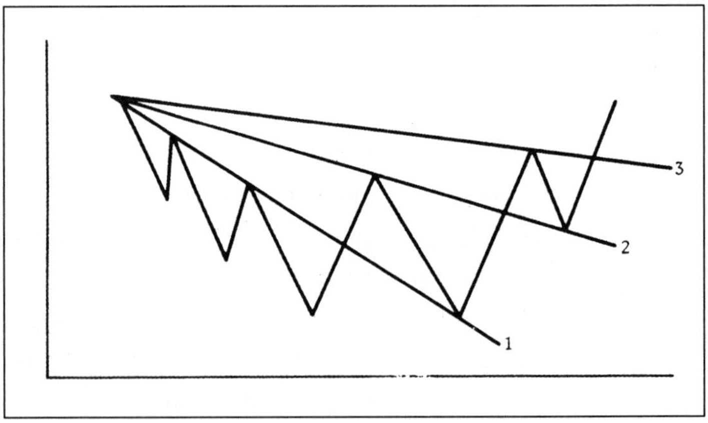

到);某些较为典型的反转形态,诸如三重顶、头肩形等,均有三个显著的峰;趋势有三种不同类型(主要趋势、次要趋势和短暂趋势),以及三种不同方向(上升,下降和横向延伸);在众所周知的持续性形态中,有三类三角形——对称三角形、上升三角形和下降三角形;我们的信息主要来自三个渠道——价格、交易量以及持仓兴趣。不管到底是什么缘故,反正 3 这个数字贯穿了技术分析的整个领域,担负着很重要的角色。

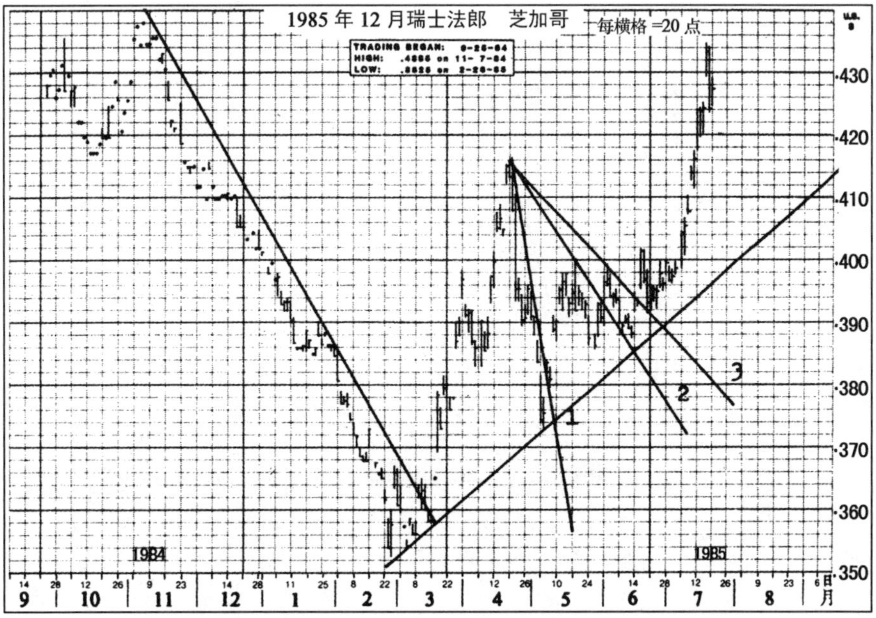

图 4.11c　扇形原理的实例。在 4 月的峰值之后中等的向下调整中，形成了三条相继的扇形线。3 线被向上突破后，表明上升趋势恢复。请注意这三条线在被向上突破后是如何演化成支撑线的。同时也请注意，自 11 月的峰点出发的下降趋势线如何漂亮地容纳了图表左侧的下降趋势。另外，自 2 月/3 月的底部引出的上升趋势线，也很好地描述了新的上升趋势（Chart courtesy of Commodity Research Bureau, a Knight-Ridder Business Information Service.）。

趋势线的相对陡峭程度（斜率）

趋势线的相对陡峭程度也很重要。一般来说，倾斜角度约为 45°的趋势线最有意义。某些图表分析家甚至简单地从图上某个显著高点或低点引出一条 45°倾角的直线，作为主要趋势线。W·D·江恩对所谓 45°线技术就特别垂青。这样的直线反映出的价格随着时间上升或下降的速率，恰好从价格、时间两个方面处于完美的平衡之中（江恩非常注重几何角度，而 45°线又是其中最重要的。附录 3 对江恩的几何角度有进一步的介绍）。

如果趋势线过于陡峭（如图 4.12 中 1 线所示），那么通常表明价格上升得太快，因而难以持久。如果这样的趋势线被跌破了，可能只是意味着上升趋势的坡度将调整回 45°线上下（如 2 线所示），而不是趋势的逆转。如果趋势线过于平缓（如 3 线所示），则说明这个上升趋势过

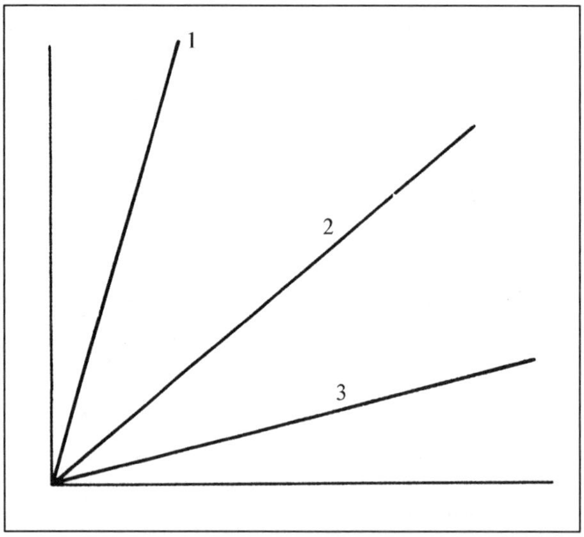

图 4.12　大多数有效的趋势线与水平方向大约成 45°角(线 2)。如果趋势线过于陡峭(线 1),则通常意味着这种上升速度难以持久。而如果趋势线过于平缓(线 3),则说明相应的上升趋势过于衰弱,可能是靠不住的。不少技术分析者将从先前的顶点或底点引出的 45°直线作为主要的趋势线。

于衰弱,因而不太可靠。除了关于江恩理论的部分外,我们在讨论三点反转和优化点数图时,也要谈到 45°线。

怎样调整趋势线

在有些场合,有必要对趋势线加以调整,以适应趋势放缓或加速的要求(图 4.13 和图 4.14a 和 b)。正如前面的图例所示,在陡峭趋势线被突破后,我们可能有必要作出新的较平缓的趋势线。如果原先的趋势线过于平缓,或许也有必要画出新的更陡峭的趋势线来。如图 4.13 所示,在陡峭趋势线(1 线)被突破后,必须作出较平坦的新直线(2 线)。在图 4.14 中,原先的趋势线(线 1)过于平缓,所以有必要作出更陡峭的新直线(2 线),因为此时上升趋势已经加速了,必须用较陡峭的直线方可描述新的市场情形。要是趋势线距离当前价格变化过远的话,则它对追踪当前趋势的变化帮助不大。

在趋势加速的情况下,有时我们需要按角度依次增加的顺序作出好几条趋势线。某些图表分析师提倡利用弯曲的趋势线刻画这种情形。依据我个人的经验,在这种情况下,最好采用另一种工具——移动平均线,它与弯曲的趋势线异曲同工。同时掌握数种技术工具的好处,

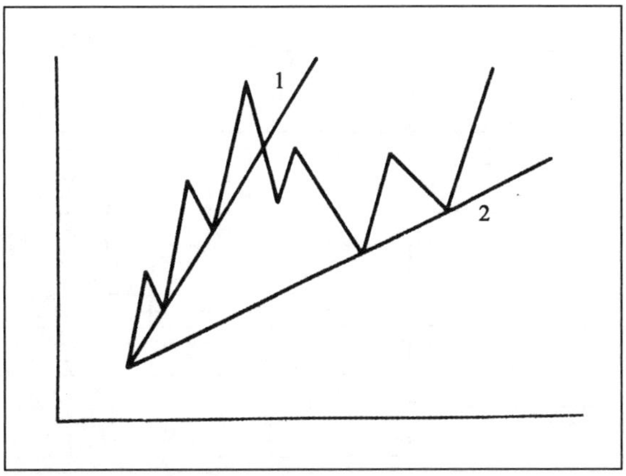

图 4.13　趋势线(线 1)过于陡峭的例子。事实证明,原来的上升趋势线过于陡峭。经常地,当陡峭的趋势线被突破后,仅仅意味着市场将调整到一个较慢的、更持久的上升趋势线(线 2)上。

图 4.14a　上升趋势线(线 1)过于平缓的例子。当上升趋势加速后,线 1 显然过于平缓,在这种情况下,我们应当作出另一条更陡峭的趋势线来(线 2),以更紧凑地跟踪该上升趋势。

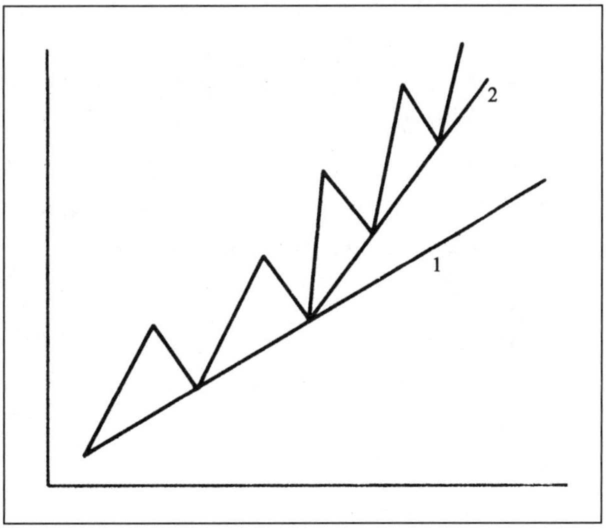

就在于可以得心应手地根据不同场合选择最合适的工具。本书所介绍的所有技术都不例外,在某些特定环境下表现良好的,在有些条件下可能就很差。如果技术分析师能掌握充分的后备手段,就能扬长避短,在各种特定环境下,分别选择最适合的工具。在加速的趋势中,如果用移动平均线来代替一系列越来越陡峭的趋势线,就更为有效、可靠。这是

图 4.14b　本例说明，当上升趋势加速后，我们有必要作出更陡峭的上升趋势线。但是，即使在这样的场合，如果我们把过去的趋势线相应地延长，也仍然不失为明智之举。将来，或许它们迟早会派上用场（Chart courtesy of commodity Research Bureau, a Knight-Ridder Business Information Service.）。

个很好的例证。

事实上在任何时刻，市场上总有好几种不同时间规模的趋势并存，因而我们有必要相应地采用不同的趋势线来分别描述各个等级的趋势。比如，主要上升趋势线系由主要上升趋势的低点连接而成的。同时也可以用较短的也较灵敏的直线描述中等的价格摆动。另外，还可以用更短的直线来描述短暂的运动（图 4.15）。

管　道　线

管道线，有时又被称为返回线，是趋势线技术的另一方面应用，也

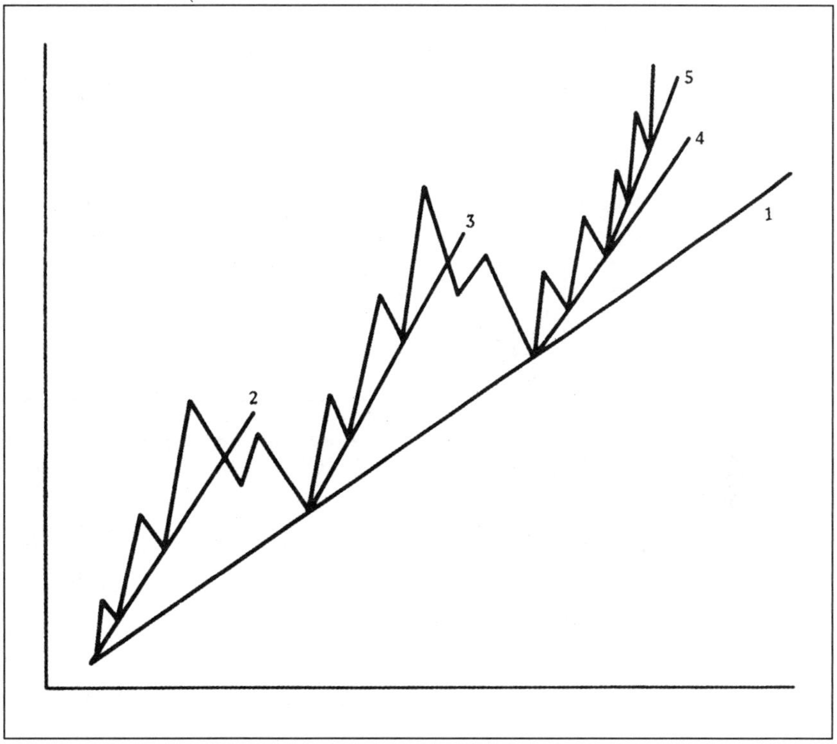

图 4.15　我们采用各种不同的趋势线来描述不同等级的趋势。在本例中,线 1 是主要上升趋势线,定义了主要上升趋势。线 2、3 和 4 定义了中等的上升趋势。线 5 定义了处于最后一轮中等上升趋势之中的短暂的上升趋势。在一张图上,技术分析者往往同时采用许多种趋势线。

颇有价值。在有些情况下,价格趋势整个地局限于两条平行线之间——其中一条为基本的趋势线,另一条便是管道线。当这种情形出现后,如果分析者判断及时,就有利可图。

管道线的作法相对简单些。如图 4.16a 所示,在上升趋势中,我们首先沿着低点画出基本的趋势线,然后从第一个显著波峰(点 2)出发,用虚线引出其平行线。两条直线均向右上方伸展,共同构成一条管道。如果下一轮上涨抵达管道线后折返下来(如点 4 处所示),那么该管道就成立了一半。如果这次折返一直跌回原先的趋势线上(如点 5 处所示),那么该管道就基本上得到了肯定。在下降趋势中,情况与上升趋势类似,但方向相反(图 4.16b)。

读者应该马上看出如此局面的有利可图之处。基本的上升趋势线是开立新的多头头寸的依据,而管道线则可用作短线的平仓获利的参

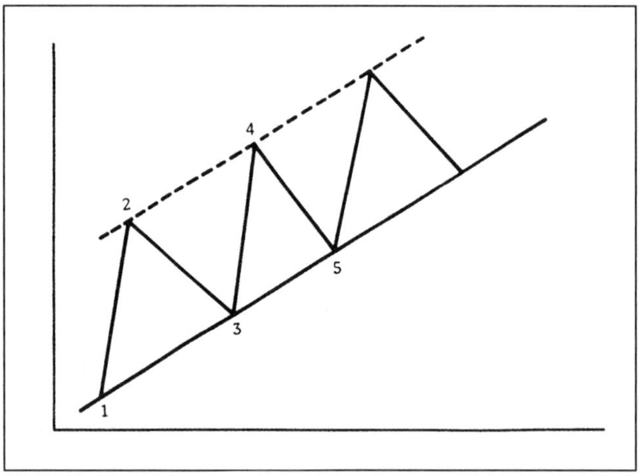

图 4.16a 趋势管道的例子。一旦作出了基本的上升趋势线(通过点 1、3 者),我们就可以通过点 2 处的第一个峰引出其平行线(用虚线表示),这就是管道线。

图 4.16b 在下降趋势中的趋势管道。其管道线从点 2 处的第一个低点出发,平行于基本的下降趋势线(通过峰 1 和 3 者)。价格经常维持在这样的趋势管道中。

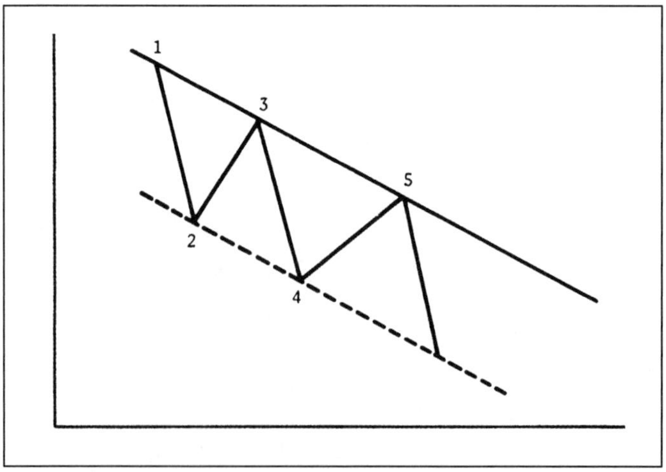

考。更积极的交易商甚至有可能利用管道线来建立与趋势方向相反的空头头寸(虽然这种逆着流行趋势方向做交易的策略可能招致危险,且常常要付出高昂的代价)。正如趋势线的情况一样,管道线未被触及的时间越长,试探成功的次数越多,那么它就越重要,越可靠。

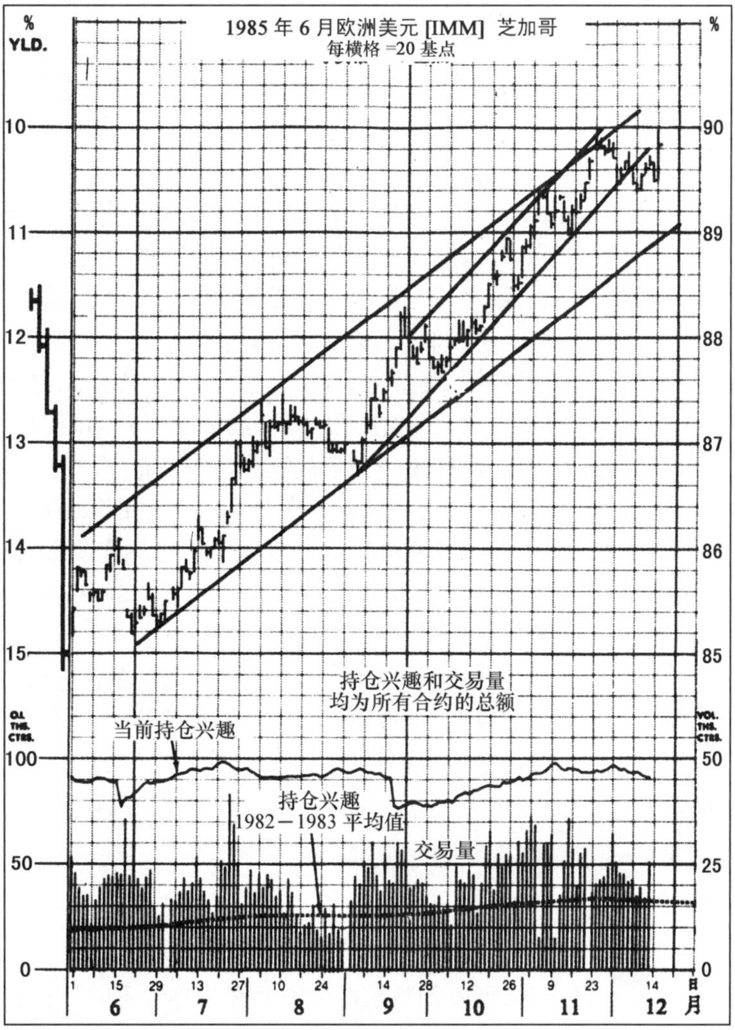

图 4.16c　请注意，图中两条相互平行的上升趋势线包容了整个上升趋势。同时，在这个较大的管道中，还有一个次要的趋势管道。基本的上升趋势线（较低的直线）总是最重要的，不过，在上升趋势中，管道线也有助于标定上方的阻挡区（Chart courtesy of Commodity Research Bureau, a Knight-Ridder Business Information Service.）。

重要趋势线被突破后，表明现行趋势发生了重大变故。但是上升管道线的突破恰好具有相反的意义，它表示流行趋势开始加速。有些交易商把上升趋势的管道线的突破视为增加多头头寸的依据。

此外，我们通常还可以利用管道技术来辨别趋势减弱的信号，这就是价格无力抵达管道线的情况。在图 4.17 中，价格无力达到管道的顶部(点5处),这也许就是趋势即将有变的警讯,显示另一条线(基本的上升趋势线)被突破的可能性有所增加。一般地,如果在既有管道中,价格无力达到某一边,则通常意味着趋势即将发生变化(加速或转折),也就是说管道的另外一边被突破的可能性增大了。

我们也可以利用管道线来对基本趋势线进行调整(图4.18和4.19)。如果价格显著地越过了上升趋势的管道线,则通常表明趋势增强。因此,某些图表分析家根据新的管道线,从最后一个向上反弹低点出发,平行地作出一条更陡峭的直线,作为新的基本上升趋势线(如图4.18所示)。新的更为陡峭的支撑线经常比原先的较为平缓的趋势线更奏效。类似地,在上升趋势中,当价格无力抵达管道的上边线时,我们可以根据连接最后两个波峰所得到的阻挡线,从最后的向上反弹低点出发,作出一条平行线,作为新的支撑线;如图4.19所示。

管道线还具有测算意义。一旦在价格管道的两条边线上发生了突破,价格通常将顺着突破方向达到与管道宽度相等的距离。因此我们可以根据管道的宽度,从管道边线上的突破点起,简单地顺着突破方向投影出去,得出价格目标。

然而朋友们应切记,在组成管道的两条线中,基本的趋势线远比管道线重要,也更为可靠。在趋势线技术中,管道线是第二位的。不过管道线确实也很有用,值得揽入我们的工具囊中。

百分比回撤

朋友们从前面关于上升趋势和下降趋势的所有图例中,肯定已经注意到,在每场重大的市场运动之后,价格总要回撤其中的一部分,然后再按照既有趋势方向继续发展。这类与趋势方向相反的价格变化,往往恰好占先前动作的一定的百分比。50%回撤便是一个众所周知的例子。举例来说,假定市场处于上升趋势,已经从100的水平上涨到200的水平,那么,接下来的调整常常是回撤到这场运动的一半处,即大约150的水平,然后市场才恢复原来的上升势头。这是一种十分常见的市场倾向,在期货市场上频繁地重现。同时,这种百分比回撤的概念也适用于任何规模的趋势——主要趋势、次要趋势和短暂趋势。

确切地说,在很大的程度上,50%回撤是市场的一种倾向性,而不是一条精确、严格的规则。此外,所谓最大和最小百分比回撤——三分之一回撤和三分之二回撤——也是广为人知的。换言之,价格趋势可以分成三等份。通常最小的回撤大约是33%,最大的回撤约为66%。这就是说,在一个强劲趋势的调整过程中,市场通常至少回撤到前一个

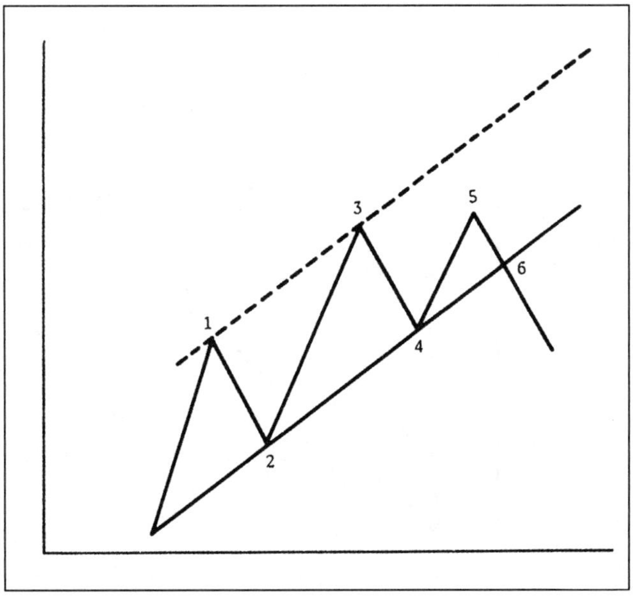

图4.17　如果市场无力抵达上侧的管道线，则经常构成警示信号，说明下侧的直线将被跌破。请注意，在点5处，价格无力达到上侧管道线，随后，在点6，跌破了基本的上升趋势线。

图4.18　当上方的管道线被突破后（如浪5所示），许多图表师将按照平行于新的上方管道线的方向，重作基本的上升趋势线。换言之，线4—6是平行于线3—5作出的。因为上升趋势正在加速，所以顺理成章，基本的上升趋势线也应做相应的调整。

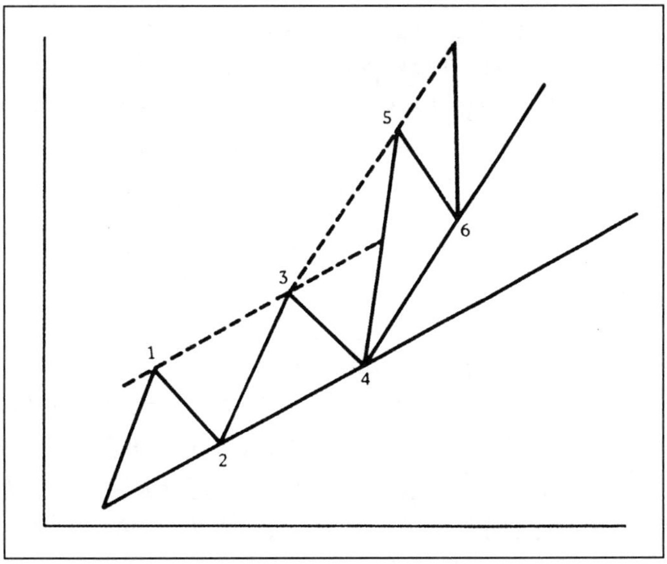

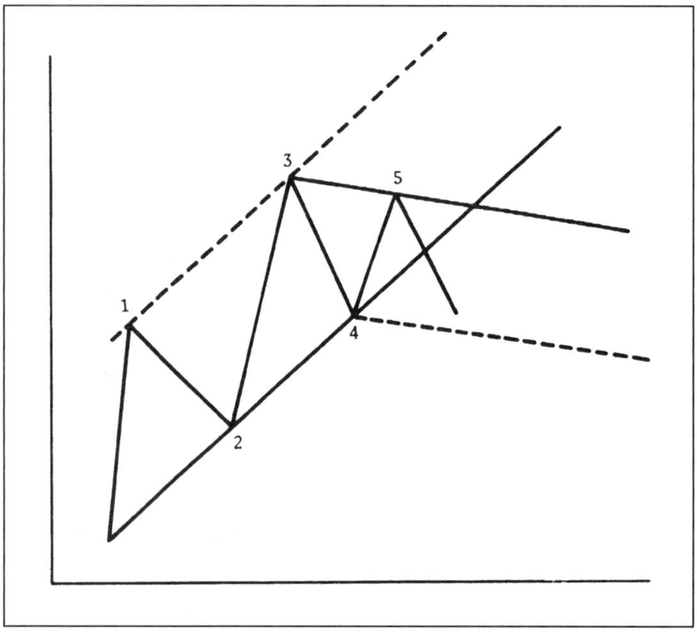

图 4.19　当价格无力抵达上侧管道线后,我们可以从两个相继降低的峰点作出下降趋势线(线 3—5),然后,通过点 4,平行于线 3—5,就可以作出尝试性的管道线。下侧这条管道线有时指明了可能出现初始的支撑的位置。

运动的三分之一的位置。有几方面的原因使这一常识极有意义。如果交易商试图在市场下方计划一个值得买入的价格,那么他可以在图表上算出 33%—50%回撤的区域,以此为参考,来选择大致的买进机会(图 4.20a 和 b)。

最大回撤百分数为 66%,这里对应着一个特别关键的区域。如果先前的趋势能够持续下去的话,那么调整必须在三分之二处打住。于是,在这种关键区域,无论是在上升趋势中买进,还是在下降趋势中卖出,相对来说风险都比较小。如果在调整中价格越过了三分之二点,那么趋势反转的可能性就会大于单纯的调整了。下一步,价格通常将返回原先趋势的起点,也就是要 100%地回撤了。

有心的朋友或许已经发现,上述三种回撤百分比——50%,33%和 66%——都是从道氏理论原原本本地移植来的。当我们学到艾略特理论和菲波纳奇比数的时候,就会发现,它们也都步道氏理论的后尘,引入了 38%和 62%两种回撤百分比。我宁愿把两组数字结合起来,把最小回撤区域设为 33%到 38%,把最大回撤区设为从 62%到 66%。有些技术分析者进一步地折衷,得出了 40%和 60%两种回撤区域。熟悉 W·D·江恩理论的人都知道,他把趋势结构划分成八等份——1/8,

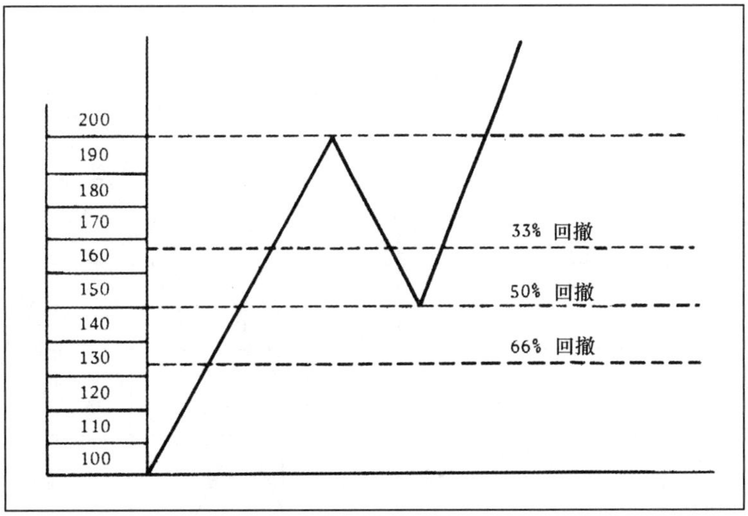

图 4.20a 价格在恢复原来的方向之前,常常要回撤先前的趋势进程的一半。这是50%回撤的情况。最小回撤为三分之一,最大回撤为三分之二。

2/8,…,8/8。不过,即便如此,江恩对 3/8(38%),4/8(50%)和(5/8)(62%)的回撤比例也另眼相看,并且也觉得趋势三等分法——1/3(33%)和 2/3(66%)——很重要。

速度阻挡线

谈到三分法,我们不妨再看看另一种将趋势线和百分比回撤融为一体的新技巧——速度线。它是埃德森·古尔德开创的,实质上也属于趋势三分法的具体应用。它与百分比回撤概念的最大的差别在于,速度阻挡线(或称速度线)测绘的是趋势上升或下降的速率(或者说是趋势的速度)。

在作牛市速度线的时候,首先要找到当前上升趋势的最高点(图 4.21)。在图表上,从这个最高点开始,向下作一条垂直线,直达趋势起点所在的水平位置。然后把所得的竖直线段三等分。通过趋势起点以及上述两个三等分点,我们可以作出两条趋势线,它们分别代表三分之二速度线和三分之一速度线。在下降趋势中,只要把上述程序相应地调整一下即可。也是先作出从下降趋势的最低点到趋势起点的水平位置的垂直线段,然后从趋势起点起,通过该线段的三等分点分别作出两条直线(图 4.21b 和 c)。

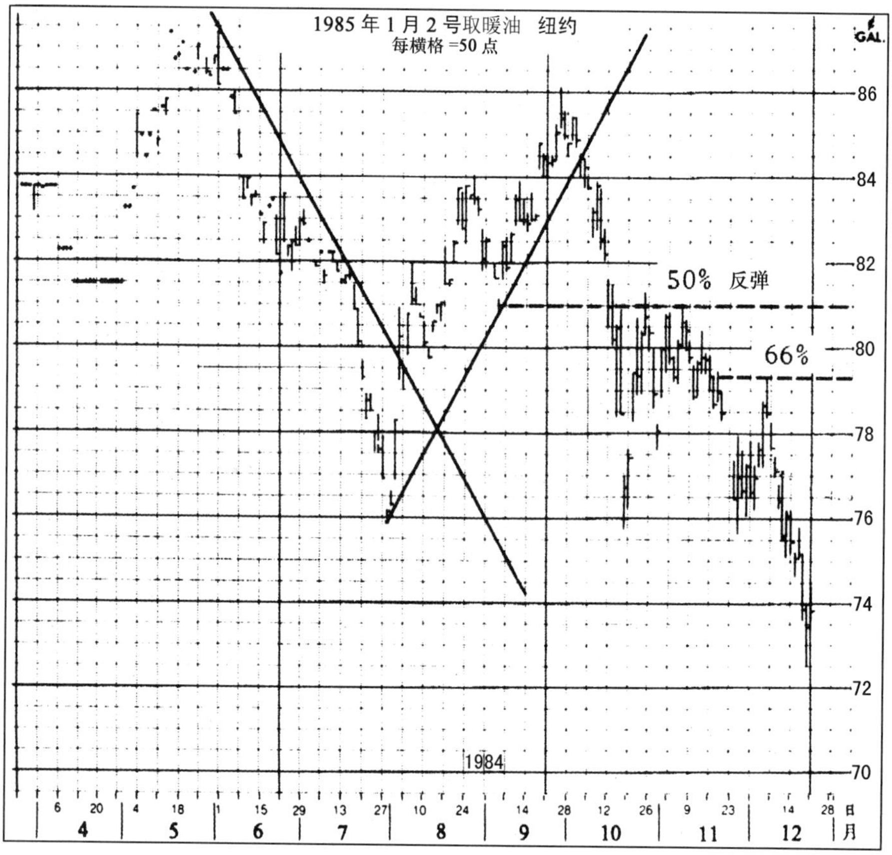

图 4.20b 请注意,10月份的价格反弹,回撤到了当月的从86美分到76美分的跌幅的一半(价格恢复了5个美分,回到81美分)。12月早期的反弹几乎正好回撤了从11月高点开始的下跌的三分之二。还请注意,9月份前期的接近81美分的低点,在10月/11月演变成了阻挡。看,趋势线何其有效地标志了其中一些市场转折点。它们并不总能这样灵验,但有些时候,它们是市场反转的最佳警示(Chart courtesy of Commodity Research Bureau, a Knight-Ridder Business Information Service.)。

每当上升趋势出现新的最高点,或下降趋势出现新的最低点之后,我们都必须重新作出上述一系列直线(因为趋势已经有了新的高点或低点)。因为速度线是自趋势起点出发通过那两个三分点作出的,所以,这样的趋势线或许会从某些价格线段中穿过。这种趋势线没有画在低点或高点上,而是从价格变化中间穿过,是趋势线的一种特例。

速度线方法的理论依据同前面的33%和66%回撤的类似。如果上升趋势正处于调整之中,那么它向下折返的余地通常是到上方的速

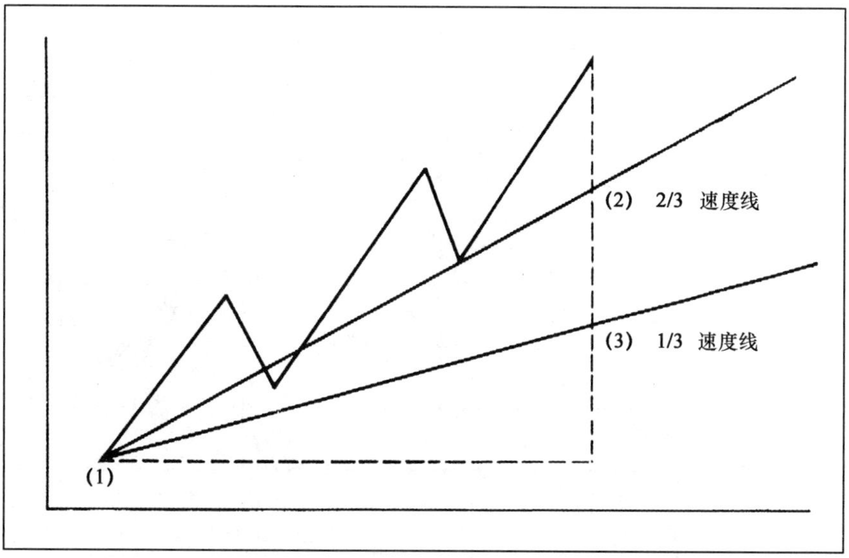

图 4.21a 上升趋势中的速度阻挡线的例子。从顶峰到趋势起点的垂直距离被分成三等分。从点 1 出发,通过点 2 和 3 作出了两条趋势线。上方的直线为 2/3 速度线,下方的直线为 1/3 速度线。在市场的调整过程中,这两条线应起到支撑作用。当它们被突破后,就变成了阻挡线。有时,这些速度线从价格变化的区间中穿过。

图 4.21b 下降趋势中的速度线。

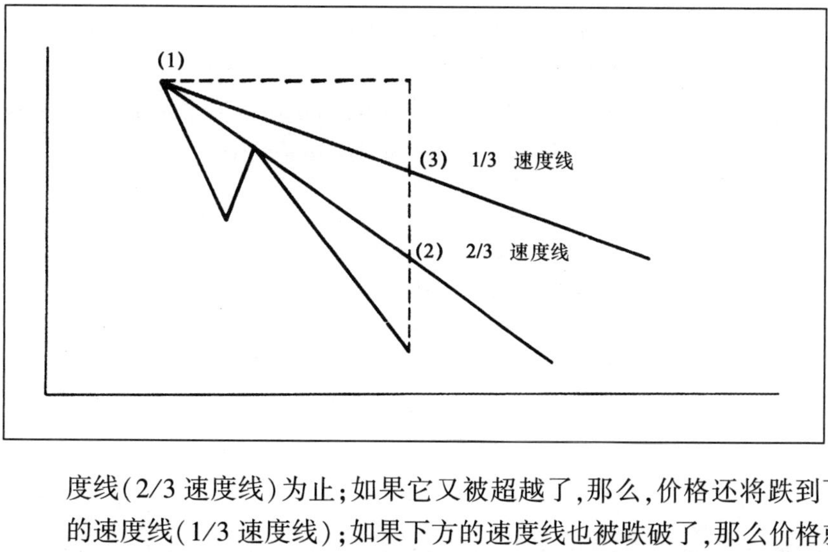

度线(2/3 速度线)为止;如果它又被超越了,那么,价格还将跌到下方的速度线(1/3 速度线);如果下方的速度线也被跌破了,那么价格就可能一路而下,直至原趋势的起点的水平。在下降趋势中,下方的速度线如果被突破,那么价格很可能上冲到上方速度线处。要是后者也失守,那就意味着价格将会涨到原趋势的起点的水平。

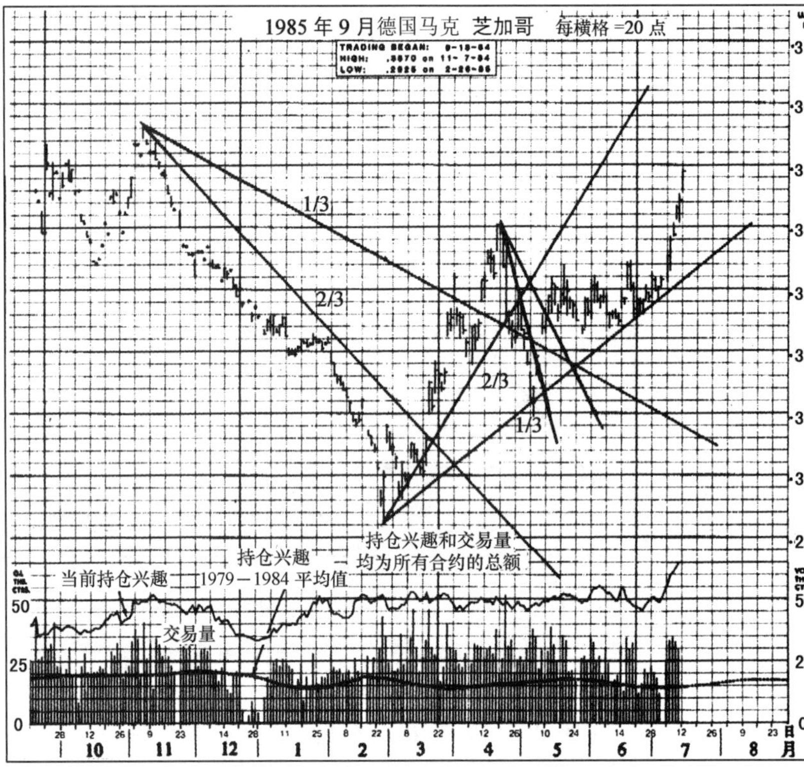

图 4.21c 速度线在上升趋势和下降趋势中的实例。3 月份熊市的终结,是以自 11 月的峰而来的 2/3 速度线的向上突破为标志的。而 1/3 速度线被向上突破后,就验证了新的上升趋势。自 4 月的峰而来的中等的调整过程,在自 2 月/3 月的底部引出的上升的 1/3 速度线处打住。从春天的高点开始的下降运动,在自 4 月的高点引出的两条下降的速度线被向上突破时完成(Chart courtesy of Commodity Research Bureau, a Knight-Ridder Business Information Service.)。

正如所有的趋势线一样,速度线一旦被突破,角色也会反串。这样,在上升趋势的调整过程中,如果上面的线(2/3 线)被突破,价格则跌到 1/3 线,再从后者上面反弹。这时候,上面的线已演变成阻挡障碍了。仅当上面这条线被重新穿回,那么价格才可能向原高点挑战。同样的道理在下降趋势中也成立。

反 转 日

在趋势的概念中,还有一方重要的基石——反转日。这是一种特别的图形,有许多名目——如“顶部反转日”,“底部反转日”,“抢购或抛售高潮”,以及“关键反转日”等。这类形态就其本身而言,并不具有重要意义,但是一旦把它与其余技术资料综合起来考虑,就显得极不寻常。下面我们先给它下个定义。

反转日发生在市场顶部或者底部。顶部反转日有个通行的定义:在上升趋势中,某日价格达到了新的高位,但当天收市价格却低于前一日收市价。换句话说,在一个上升运动中,某日市场曾一度创下新的高点纪录(通常在开市时或在开市后不久),但当天价格便逐渐跌落,结果其收市价格反而比前一日的收市价还要低。底部反转日指在下降趋势中,某天市场曾跌出新的最低点,但当日收市价格却高于前一日收市价。反转日的价格变化的范围越大,交易量越重,那么作为近期趋势可能反转的信号,它的分量就越重。图 4.22a 到 c 例示了两种反转日在线图上的形状。请注意,其中反转日对应着较重的交易量。同时也请注意,在这两例中,当日的高点和低点均超过了前一天,形成了所谓的“扩张日”。反转日倒也不一定非是扩张日不可,但是如果它同时也是扩张日,那么其分量就更重了。

有时我们也把底部反转日称为“抛售高潮”。这种情况确实是发生在熊市底部的一种剧烈的“大翻身”。在这里,所有已经备受挫折的多头终于忍受不住,不得不斩仓卖出,从而使交易量大增。随后,市场上反倒缺乏卖出压力,形成了所谓卖压真空,于是价格快速上窜,以填补这个空档。抛售高潮是较为剧烈的反转日,不过它并不一定标志着熊市终于已经见底,而是通常意味着一个重要低点业已完成。

关键反转日

对关键反转日概念存在着很普遍的误解。虽然所有的当日反转都是关键反转日的苗头,但实际上只有极少的部分真正演变成关键反转日。许多当日反转仅仅代表了既有趋势的暂时休整,之后趋势仍将继续前进。而真正的关键反转日则标志着一个重要的转折点,不过这一点在当时并不能判断出来,而是要一直等到事实既成之后——即在价格已经沿着原先趋势的相反方向运动出相当大的距离之后。

双日反转

有时候一次反转需要两天的时间才能完成,所以被称为“双日反转”。在上升趋势中,前一天价格走出新高点,并且以接近于高点的水平收市;次日,价格开市于前一天收市价附近,但无力持续上升,于是收市价格跌近前一天的低点。在市场底部发生的双日反转与上述情况恰

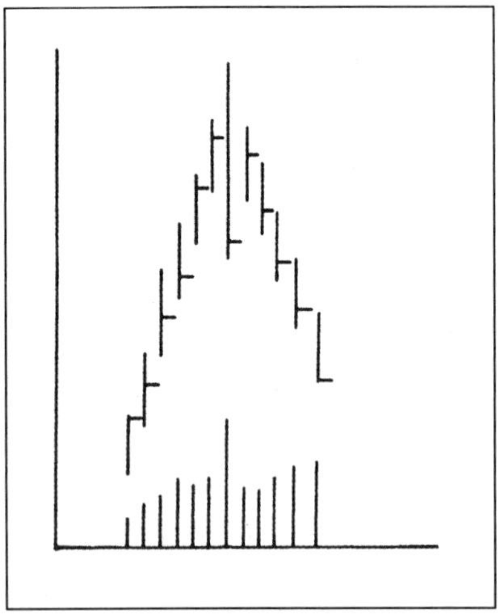

图 4.22a　顶部反转日的一例。反转日的交易量越重、价格范围越大，则越重要。

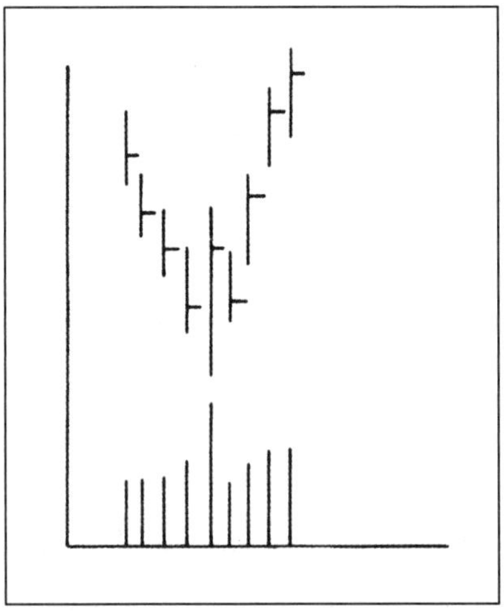

图 4.22b　底部反转日的一例。如果当日的交易量特别重大，则该底部反转日常被称为“抛售高潮”。

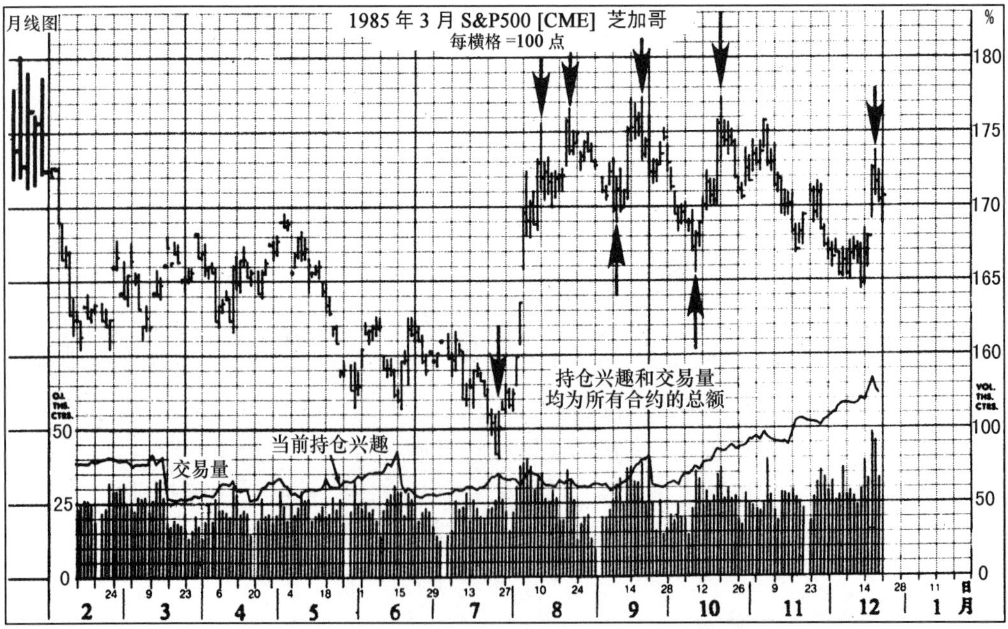

图 4.22c　请注意，在这张 S&P500 合约图表中，几乎每一个显著的市场转折点都发生在“反转日”(Chart courtesy of Commodity Research Bureau, a Knight-Ridder Business Information Service.)。

好相反。同样,如果这两天的价格波动范围越大、交易量越重则该反转也越有影响力(图 4.23a 和 b)。

前面已经说过,反转日本身并不是一个重要的形态,但因时而异,它也可能演化成重要的转折点。要知道,我们必须从全面的技术角度去考察市场。如果价格持续暴涨,始终不调整,并打破了所有的技术性目标,一直达到一个历史上的重要阻挡区域,同时市场表现出严重超买的状态,那么就值得非常警惕了,这个局面很有向下反转的危险。在期货市场,大多数重要转折点的出现总是伴随着各种形式的反转日而来的,这些反转日通常只是更大规模的、更具分量的图表形态的一个组成部分。在头肩形顶部反转形态中,其头部或许就是一个反转日。当然,这并不是说反转日本身便会导致整个趋势的逆转。

关键是要能够确定反转日在何种情况下重要,在何种情况下无关痛痒。而这只有当我们考察了其余各种技术性因素之后,才能做出判断。虽然我们可以把反转日本身视为相对次要的信号,但最好是能在它出现的时候及时地把它识别出来,并对市场趋势反转的危险有所提防。

周反转和月反转

这种反转形态在各类线图上均可能出现,而当它出现在周线图和月线图上时,意义尤其深远。在周线图上,每根竖直线段代表相应一个星期的全部价格范围,并以它右侧的线头表示周五的收市价。这样,向上的周反转的情况就是,市场在该星期内向下试探,并且跌出了新的低点,但是周五的收市价却又回到上周五的收市价之上。(米尔顿·吉勒先生年逾古稀,是商品研究局创始人之一。他告诉我,从前把向上的周反转称为"凶神恶煞"。后来我问他向下的周反转该怎么讲,他答道:"咦,当然是'反凶神恶煞'了。"一笑。)

很显然,周反转比日反转重要得多,因此图表分析师对之倍加警惕,力求捕捉重要转折点。依此类推,月线图上的月反转就更要紧了。下面我们即将介绍最后一种反转形式——岛形反转形态,但为了说明得充分些,我们需要先对价格跳空作一个详细的介绍。

价格跳空

价格跳空是指在线图上没有发生交易的区域。比如说,在上升趋势中,某日最低价高于前一日的最高价,从而在线图上留下一段当日价格不能覆盖的缺口(或曰空白)。

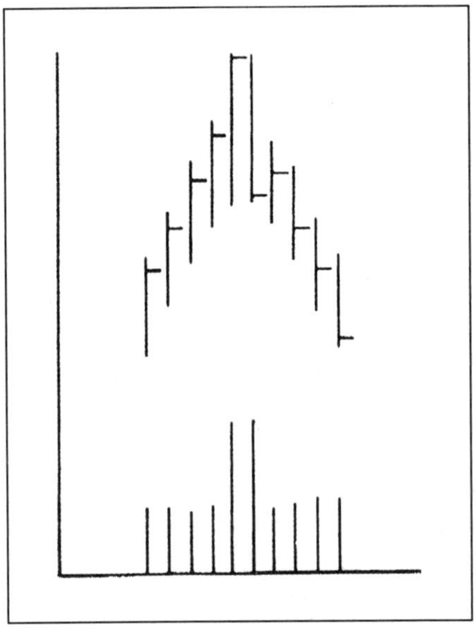

图 4.23a 重大交易量下的双日顶部反转的例子。

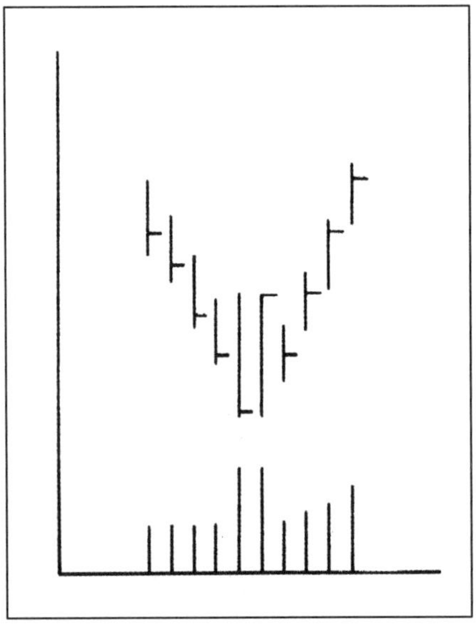

图 4.23b 重大交易量下的底部双日反转的例子。

在下降趋势中，对应情况是当日的最高价格低于前一日的最低价。向上跳空表明市场坚挺，而向下跳空则通常是市场疲软的标志。跳空现象在长期性质的周线图和月线图上也可能出现，而且一旦发生了，就非同小可。不过它在日线图上更常见。

关于跳空的解释流传着一些陈词滥调。其中有句常常听到的俗套："跳空总会被填回"，这是不正确的。我们且先花点篇幅，澄清一下概念。我们将看到，有些跳空确具意义，但有些则很平常；有些会被填回，有些则不会。同时我们也会发现，价格跳空因其所属的类型及出现的场合不同，具有不同的预测性意义。

跳空具有四种类型

跳空一般可分为四种类型——普通跳空，突破跳空，中继跳空（或测量跳空），以及衰竭跳空。

普通跳空：普通跳空在四种类型中预测性价值最低，通常发生在交易量极小的市场情况下，或者是在横向延伸的交易区间的中间阶段。其主要原因是市场参与者了无兴趣，市场清淡，相对较小的交易指令便足以导致价格跳空。大多数图表分析师把普通跳空忽略不计。

突破跳空:突破跳空通常发生在重要的价格运动完成之后,或者新的重要运动发生之初。在市场完成了主要的底部反转形态,比如头肩形底之后,对颈线的突破经常就是以突破跳空的形式进行的。在市场的顶部或底部所发生的重要突破,正是滋生此类跳空的温床。另外,因为重要趋势线被突破时意味着趋势反转,所以也可能引发突破跳空。

突破跳空通常是在高额交易量中形成的。突破跳空更经常地是不被填回。价格或许会回到跳空的上边缘(在向上突破的情况下),或者甚至部分地填回到跳空中,但通常其中总有一部分保留如初,不能被填满。一般来说,在这种跳空出现后,交易量越大,那么它被填回的可能性就越小。事实上,如果该跳空被完全填回,价格重新回到了跳空的下方的话,那么这其实倒可能是个信号,说明原先的突破并不成立。向上跳空在之后的市场调整中通常起着支撑作用,而向下跳空在之后的市场反弹中将成为阻挡区域(图 4.24a 到 c)。

中继跳空(或测量跳空):当新的市场运动发生、发展过一段之后,大约在整个运动的中间阶段,价格将再度跳跃前进,形成一个跳空或一系列跳空,称为中继跳空。此类跳空反映出市场正以中等的交易量顺利地发展。在上升趋势中,它的出现表明市场坚挺;而在下降趋势中,则显示市场疲软。正如突破跳空的情况一样,在上升趋势中,中继跳空在此后的市场调整中将构成支撑区,它们通常也不会被填回,而一旦价格重新回到中继跳空之下,那就是对上升趋势的不利信号。

此类跳空又称测量跳空。因为它通常出现在整个趋势的中点,所以我们可以从本趋势的信号发出之处或突破处,顺着趋势方向翻出一番,从而估计出该趋势今后的发展余地。

衰竭跳空:最后这一类跳空出现在接近市场运动的尾声处。在价格已经抵达了所有目标,并且上面介绍的两种跳空(突破跳空和中继跳空)均已清晰可辨之后,分析者便开始预期衰竭跳空的降临。在上升趋势的最后阶段,价格在奄奄一息中回光返照,跳上一截。然而,最后的挣扎好景不长,在随后的几天乃至一个星期里价格马上开始下滑。当收市价格低于这种最后的跳空后,表明衰竭跳空已经形成。上述情况非常典型,说明在上升趋势中,如果跳空被填回,则通常具有疲弱的意味。

岛形反转

这样我们又回到了价格跳空之前的话题——岛形反转形态。有时候,在向上衰竭跳空出现后,价格在其上方小范围地盘桓数日乃至一个星期,然后再度跳空而下。在这种情况下,那几天的价格变化在图表上

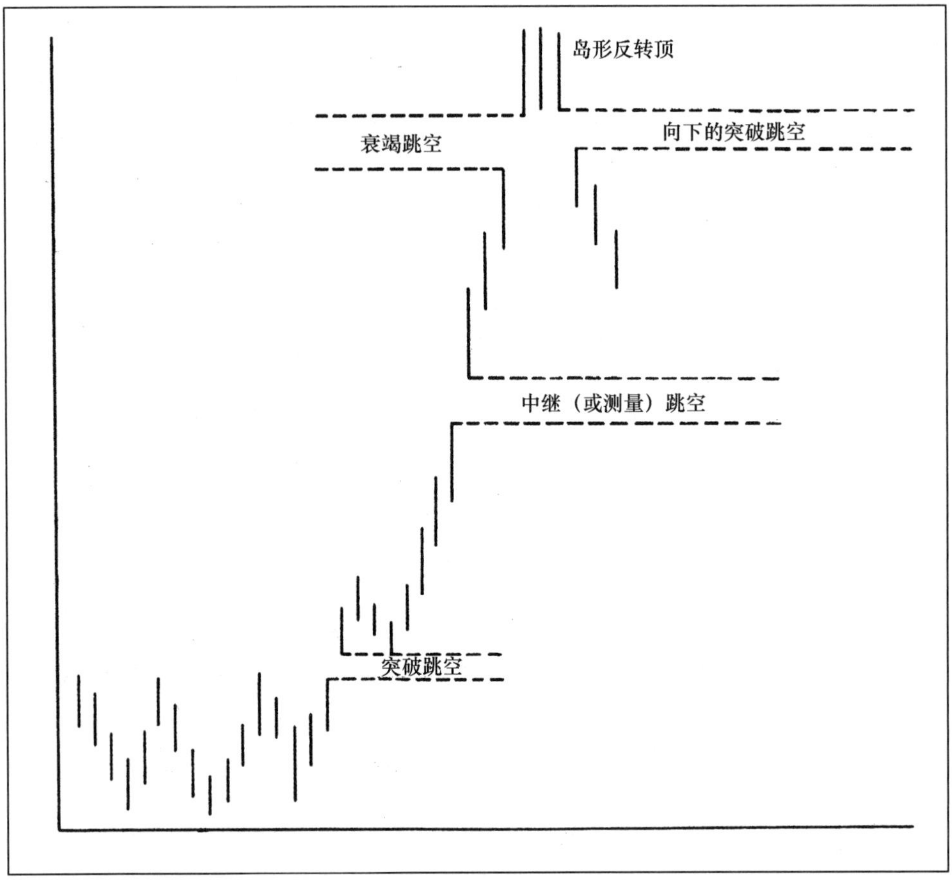

图 4.24a 三类价格跳空。突破跳空标志着底部形态的完成。中继跳空发生在趋势的中途(因此,它也被称为测量跳空)。先有向上的衰竭跳空,然后在一周以后再有向下的突破跳空,两者一起形成了岛形反转顶。请注意,在上涨过程中,突破跳空和中继跳空并未被填回,而这正是通常的情况。

就像一个孤岛,四周为空白("海水")所包围。向上的衰竭跳空同向下的突破跳空结合在一起,就完成了一个反转形态,它通常意味着市场将发生一定幅度的折返。当然,这场反转的规模也要取决于它本身在趋势的总体结构中所处的地位。

日内价格跳空

在结束对跳空的讨论前,我们还要有所补充。上面所述主要集中于日间跳空,即出现在日线图上的价格跳空。还有许多种跳空发生在日内价格变化中,出现在以日内时间单位为基础的线图上,而在日线图

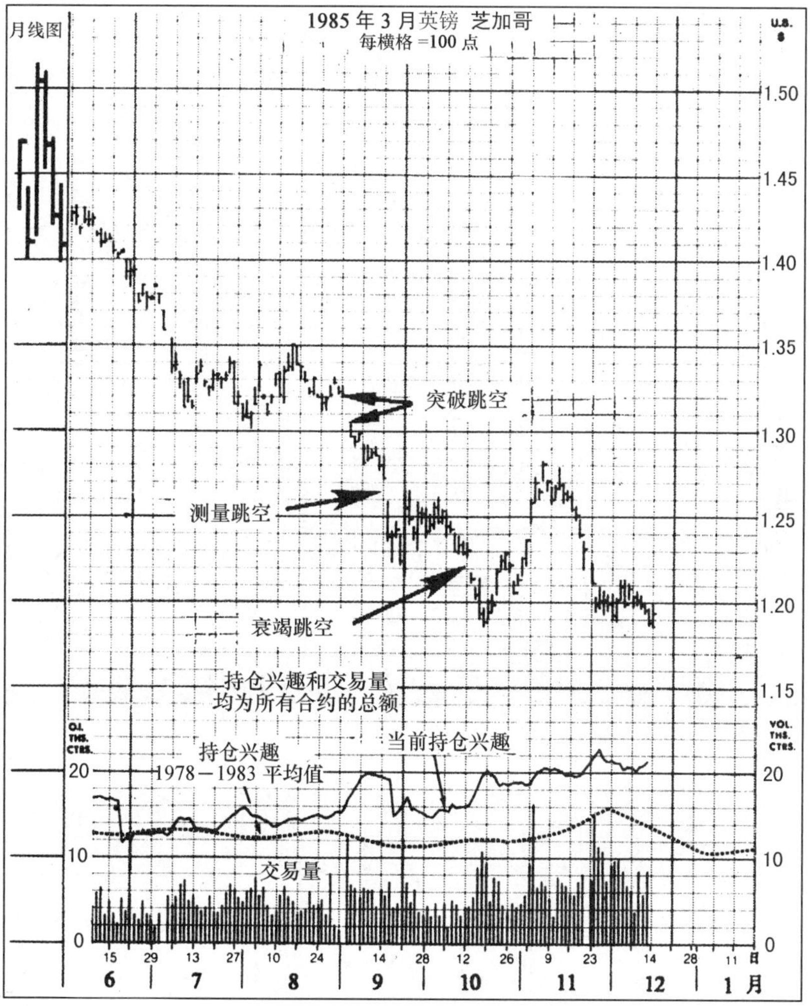

图 4.24b 在 8 月/10 月的下跌中，可以见到三个向下的跳空。突破跳空引发了这段下跌，测量跳空居于这轮下跌的中途，衰竭跳空出现在底部过程开始后一周内。请注意，前两种向下的跳空均未被填回，而衰竭跳空被完全填上。衰竭跳空被填回通常表示市场即将出现一定幅度的反转(Chart courtesy of Commodity Research Bureau, a Knight-Ridder Business Information Service.)。

上并没有反映。比如说 5 分钟线图可以展示许多日内的价格跳空。此类跳空潜藏在日线图中，其运作机理同日间跳空并没有什么两样。有机会获得日内资料的读者如果看到了这些跳空，不妨如法操作，善加利用。

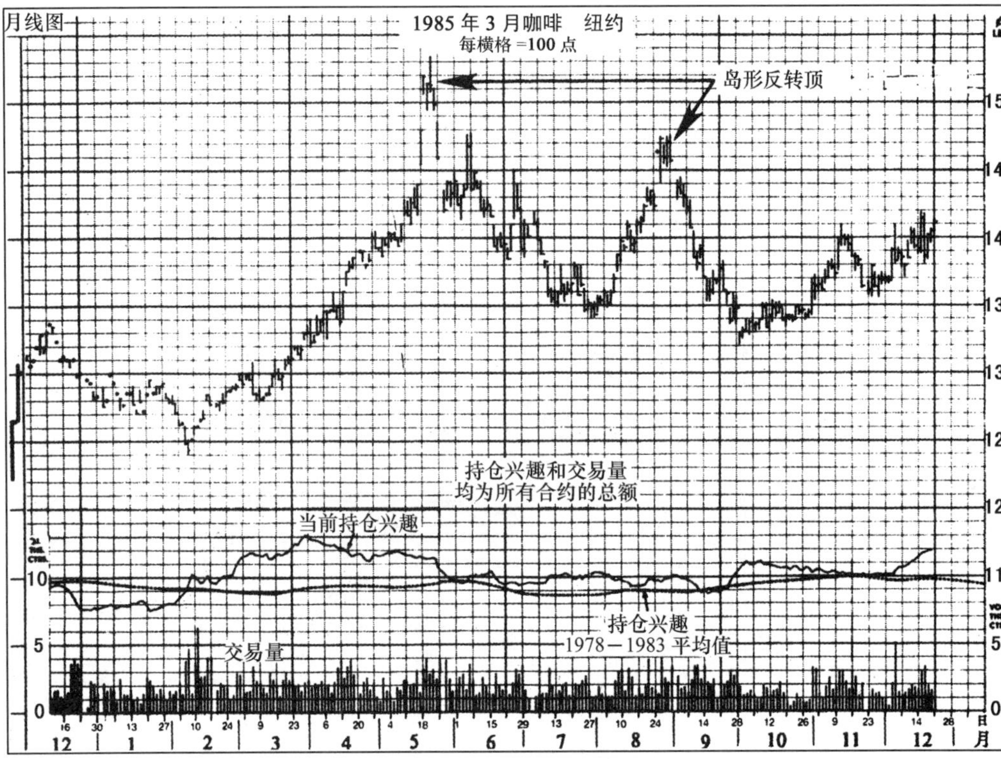

图 4.24c　咖啡市场在 5 月和 8 月的两个顶部明显地是以岛形反转形态出现的。注意,在两种情况下,均有一星期的价格变化孤立在外,在它两边各有一个跳空(Chart courtesy of Commodity Research Bureau, a Knight-Ridder Business Information Service.)。

总　　结

本章介绍了一些基本的技术工具——支撑和阻挡,趋势线和管道,百分比回撤,速度阻挡线,反转日,以及跳空。在我看来,它们是图表分析的重要基础。本书以下各章介绍的所有技术手段,统统是对上述基本概念和工具的各种形式的运用。掌握了这些基本知识后,下面我们就可以着手研究价格形态了。

第五章　主要反转形态

引　言

到这里，我们已经涉猎了道氏理论，这是目前实际应用的绝大多数趋势顺应机制的理论起点；也探讨了趋势的基本概念，诸如支撑、阻挡和趋势线等；对交易量和持仓兴趣也作了介绍。那么下一步，就该学习图表形态了。很快我们就会发现，这些形态就是建立在上述概念的基础之上的。

上一章，我们把趋势定义为一系列依次上升或下降的峰和谷。只要它们相对变化的方向向上，则趋势向上；如果其相对变化的方向向下，那么趋势就向下。我们还强调指出，在相当部分时间内，市场处于横向伸展的态势之中。而正是这种横向延伸的市场运动，构成了接下来两章的主要课题。

千万不要以为绝大部分趋势的变化突如其来，事实上，趋势在发生重要变异之前，通常需要一段酝酿的时间。问题就在于，这种酝酿时期并不总意味着趋势将要逆转，有时候，这只是既存趋势的休整，随后原有的趋势仍将继续。

价 格 形 态

研究这种酝酿时期及其预测性意义就是价格形态所要解决的问题。那么，什么是价格形态呢？价格形态是股票或期货价格图上的特定图案或花样，它们具有预测性价值，我们可以把它们分门别类。

形态具有两个类别：反转型和持续型

价格形态有两种最主要的分类——反转型形态和持续型形态。反转形态名符其实，意味着趋势正在发生重要反转；相反地，持续形态显示市场很可能仅仅是暂时作一段时间的休整，把近期的超买或超卖状况调整一番，过后，现存趋势仍将继续发展。关键是，必须在形态形成的过程中尽早判别出其所属类型。

本章将讨论五种最常用的主要反转形态：头肩形、三重顶（底）、双重顶（底）、V字顶（底）、以及圆形（盆形）顶（底）等形态。我们将考察价格本身的变化过程，及其变化在图表上的显示，还有判别它们的方法。然后，我们还要研究另外两方面重要因素——伴生的交易量的形态，以及价格形态的测算意义。

交易量在所有价格形态中，都起到重要的验证作用。在形势不明时（许多情况下都是这样的），研究一下与价格数据伴生的交易量形态，是判断当前价格形态是否可靠的决定性办法。

绝大多数价格形态各有其具体的测算技术，可以确定出最小价格目标。虽然这些目标仅仅是对下一步市场运动的大致估算，但仍有助于交易商确定其报偿—风险比。

下一章，我们将讨论形态的另一个大类——持续型形态，内容包括三角形、旗形和三角旗形、楔形、以及矩形。这类形态通常反映出现行趋势正处于休整状态，而不是趋势的反转，因此，通常被归纳为中等的或次要的形态，算不上主要形态。

反转形态所共有的基本要领

在单独地剖析各个主要反转形态之前，我们先交待所有反转形态所共有的几个基本要领。

1.在市场上事先确有趋势存在，是所有反转形态存在的前提。

2.现行趋势即将反转的第一个信号，经常是重要的趋势线被突破。

3.形态的规模越大，则随之而来的市场动作越大。

4.顶部形态所经历的时间通常短于底部形态，但其波动性较强。

5.底部形态的价格范围通常较小，但其酝酿时间较长。

6.交易量在验证向上突破信号的可靠性方面，更具参考价值。

事先存在趋势的必要性 市场上确有趋势存在是所有反转形态存在的先决条件。市场必需先有明确的目标，然后才谈得上反转。在图表上，偶尔会出现一些与反转形态相像的图形，但是如果事前并无趋势存在，那么它便无物可反，因而意义有限。在我们辨识形态的过程中，正确把握趋势的总体结构，有的放矢地对最可能出现一定形态的阶段提高警惕，是成功的关键。

正因为反转形态事先必须有趋势可反，所以它才具备了测算意义。前面曾强调，绝大多数测算技术仅仅给出最小价格目标，那么，最大目标就是事前趋势的起点。如果市场发生过一轮主要的牛市，并且主要反转形态已经完成，就预示着价格向下运动的最大余地便是100%地回撤整个牛市，从它的终点回到它的起点。

重要趋势线的突破 即将降临的反转过程，经常以突破重要的趋势线为其前兆。不过朋友们请记住，主要趋势线被突破，并不一定意味着趋势的反转。这个信号本身的意义是，原趋势正有所改变。主要向上趋势线被突破后，或许表示横向延伸的价格形态开始出场，以后，随着事态的进一步发展，我们才能够把该形态确认为反转型或连续型。在有些情况下，主要趋势线被突破同价格形态的完成恰好同步实现。

形态的规模越大，则随之而来的市场动作越大 这里所谓规模大小，是就价格形态的高度和宽度而言的。高度标志着形态的波动性的强弱，而宽度则代表着该形态从发展到完成所花费的时间的多寡。形态的规模越大——即价格在形态内摆动的范围（高度）越大、经历的时

间(宽度)越长——那么该形态就越重要,随之而来的价格运动的余地就越大。

实际上,这两章所介绍的所有的测算技术,均是以形态高度为基础的。这种方法主要适用于线图,这就是所谓垂直测算原则。而测量价格形态横向宽度的方法,通常应用在点数图分析中。在后面要讲的这种图表分析法中,采用了"横向数算"的技术,它认为顶或底部形态的宽度,同随之而来的价格运动的目标之间,存在着一一对应的关系。

顶和底的差别　顶部形态与底部形态相比,它的持续时间短但波动性更强。在顶部形态中,价格波动不但幅度更大,而且更剧烈,它的形成时间也较短。底部形态通常具有较小的价格波动幅度,但耗费的时间较长。正因如此,辨别和捕捉市场底部比捕捉其顶部,通常来得容易些,损失也相应少些。不过对喜欢"压顶"的朋友来说,尚有一点可资安慰,即价格通常倾向于跌快而升慢,因而顶部形态尽管难于对付,却也自有其引人之处。通常,交易商在捕捉住熊市的卖出机会的时候比抓住牛市的买入机会的时候,盈利快得多。事实上,一切都是风险与回报之间的平衡。较高的风险从较高的回报中获得补偿,反之亦然。顶部形态虽然更难捕捉,却也更具盈利的潜力。

交易量在验证向上突破信号时更具重要性　交易量一般应该顺着市场趋势的方向相应地增长,这是验证所有价格形态完成与否的重要线索。任何形态在完成时,均应伴随着交易量的显著增加。但是,在趋势的顶部反转过程的早期,交易量并不如此重要。一旦熊市潜入,市场惯于"因自重而下降"。图表分析者当然希望看到,在价格下跌的同时,交易活动也更为活跃,不过,在顶部反转过程中,这不是关键。然而,在底部反转过程中,交易量的相应扩张,却是绝对必需的。如果当价格向上突破的时候,交易量形态并未呈现出显著增长的态势,那么,整个价格形态的可靠性,就值得怀疑了。在第七章中,我们将更深入地研究交易量。

头肩形反转形态

我们现在来细细地探讨一下头肩形反转形态。这种反转形态可能是最著名、最可靠的。我们将花费较多的篇幅来研究这类形态,因为一方面它本身颇为重要,另一方面,我们也需要通过它来讲解各种新概念。其他绝大多数反转形态仅仅是头肩形的变体,因此,等以后讲到它们的时候,我们就可以省却许多笔墨了。

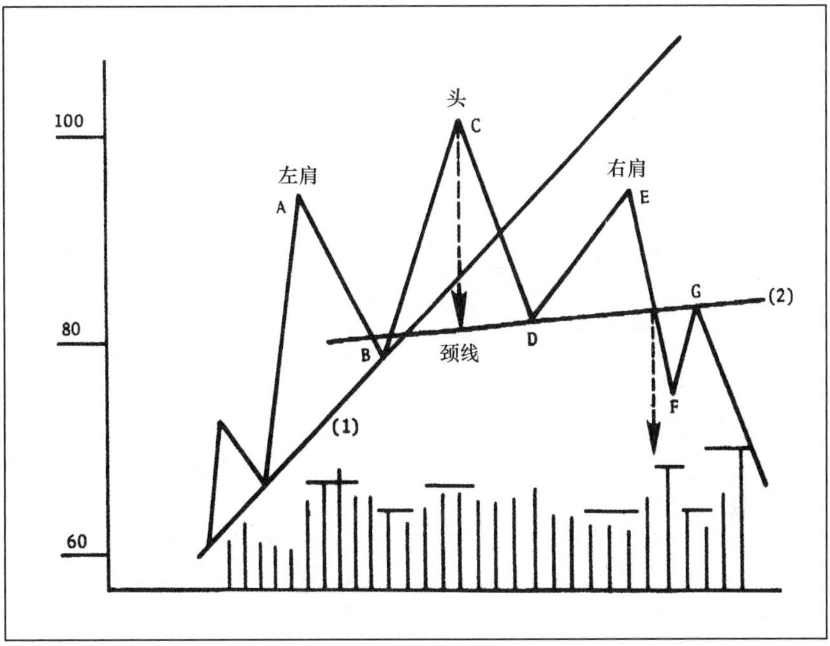

图 5.1a　头肩形顶的例子。左肩和右肩(A 和 E)的高度差不多相同,头(C)比两肩高。请注意在每个峰处逐渐减轻的交易量。当收市价居于颈线(2 线)之下时,形态完成。其最近目标的求法是,自颈线上的突破点起,向下投射从头部到颈线的竖直距离。突破颈线后,常常出现回向颈线的反扑现象,但它不应再返回颈线的另一边。

就如其余所有的反转形态一样,头肩形主要反转形态其实也是前一章中的趋势概念的进一步提炼。举例来说,在上升趋势中,一系列依次上升的波峰和波谷首先把上涨势头逐渐放缓,然后上升趋势开始停顿。此时,供求双方的力量对比处于相对平衡之中。一旦这个"派发阶段"完成,那么,上述调整的横向交易区间底边处的支撑就被打破了,从而,市场确立了新的下降趋势,反转形态大功告成。新的下降趋势具备依次降低的波峰和波谷。

我们来看看在头肩形顶中上述情况的具体表现(图 5.1a 和 b)。在点 A,上升趋势一如既往,毫无反转的迹向。交易量在价格上升到新高度的同时,也相应地扩张,表现正常。在 B 点的调整性下降中,交易量见轻,也符合要求。然而到了点 C,警觉的图表分析者或许注意到,当这一轮上涨向上突破点 A 时,其交易量同前一轮上涨时的交易量相比,已经有所减少。虽然这个变化本身并不具有重大意义,但是这时候,分析者应该在脑海里亮起一盏黄色警告灯了。

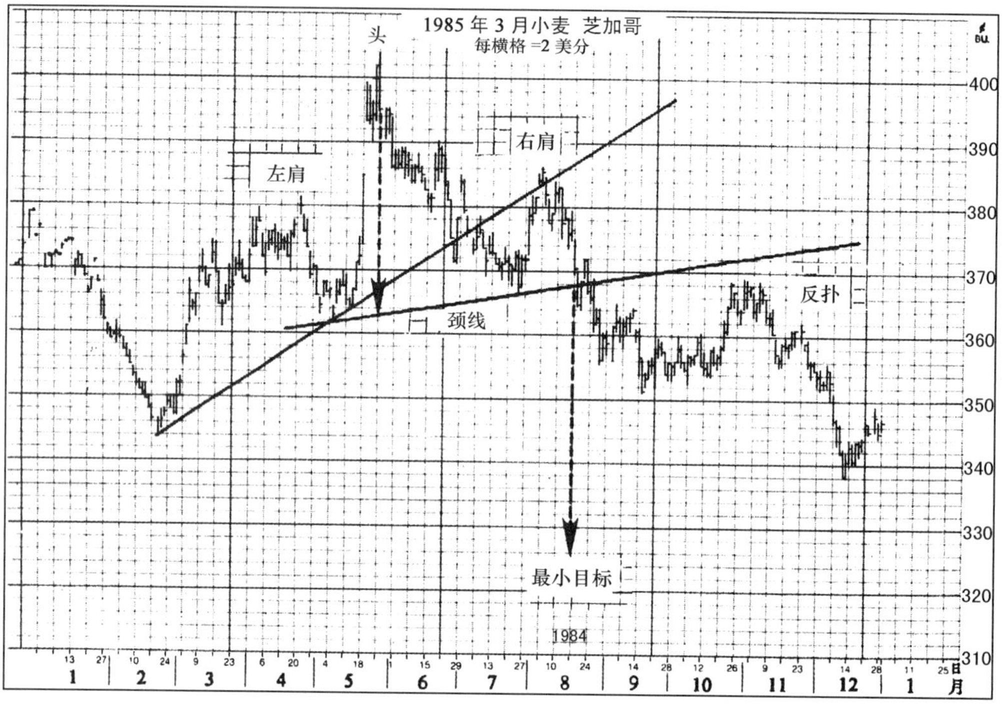

图 5.1b 头肩形顶。其中有三个峰，头部高于两肩。注意观察在右肩形成前，主要上升趋势线是如何被突破的。也请注意向下突破颈线后的返回颈线的反扑现象。从颈线上的突破点起，向下投射头部到颈线的竖直距离，就得到最小价格目标(Chart courtesy of Commodity Research Bureau, a Knight-Ridder Business Information Service)。

后来，价格跌回到点 D，出现了一些更令人困惑的问题。这一轮下跌的低点低于从前的高点 A。请记住，在上升趋势中，以前的高点一旦被向上穿越后就在随后的市场调整中起到支撑作用。而这次下跌明显地低于 A 点，几乎达到前一个向上反弹的低点 B 的水平，这就是个警讯，说明该上升趋势可能出了问题。

然后，市场再次上冲到点 E，这一次，交易量更轻，甚至不能达到冲击高点 C 时的水平(点 E 这轮最后的冲击，经常回撤到从点 C 到点 D 之间下降幅度的一半到三分之二之间)。我们知道，如果上升趋势要持续发展，则每一轮新高点都必须超过前一轮上冲的高点。点 E 处的上升无力达到前一轮高点 C，满足了新的下降趋势所要求的一半条件——即依次下降的波峰。

到了这个时候，在点 D，主要上升趋势线(线 1)通常已经被跌破，从而构成了另一个危险信号。但是，尽管发生了上述许多警告讯号，此时我们惟一可以肯定的一点是：趋势已经从上升转化成横向延伸了。这也许是了结多头头寸的充分根据,但还不足以构成卖出做空头的理由。

突破颈线,完成形态

至此,通过最后两个向上反弹的低点(点 B 和点 D),我们可以作出一条较为平缓的趋势线,称为颈线(如线 2 所示)。在顶部,颈线一般轻微上斜(尽管有时也可能水平,或者在更少数情况下略倾斜向下)。头肩顶成立的决定性因素是,收市价格明确地突破到颈线之下。在这种情况下,市场终于突破了由底点 B 和 D 构成的趋势线,并跌破 D 点的支撑,从而完全满足了新趋势产生的前提条件——依次下降的峰和谷。于是,从依次下降的峰点和谷点 C、D、E、F 上,我们可以确定新的一轮下降趋势。顺便说明一下,在顶部形态完成后的初始阶段,当市场向下突破时交易量是否急剧扩张并不是至关重要的。

反　　扑

接下来,通常市场会出现反扑现象,即价格重新弹回颈线或者前一个向上反弹的低点 D(如点 G 所示)。此时,这两者均已在市场上方构成了阻挡。反扑现象并不一定总能发生,有时或者只能形成一段极小的反弹。交易量也许有助于我们推测这种反弹的幅度大小。如果在突破颈线的初始阶段交易量极重,那么反扑的余地便大为减小,因为上述突然增加的交易活动反映出市场上较重的向下压力。反过来,如果初始突破时的交易量较轻,那么反扑的可能性便大为增加。无论如何,这种反弹应当以较少的交易量进行,并且随后,当新的下降趋势恢复下跌的时候,应该伴随着显著加重的交易活动。

小　　结

我们来归纳一下形成头肩顶的各个要素。

1.事先的上升趋势。

2.左肩(点 A)伴随着较重的交易量,且之后市场向下调整到点 B。

3.以较轻的交易量上冲到新高点(点 C)。

4.随后的下跌低于前一个峰(A 点处),且接近前一个向上反弹低点(点 D)。

5.第三轮上冲(点 E)具有显著减轻的交易量,且无力达到头顶的高度

（点 C 处）。

6.收市价低于颈线。

7.反扑回颈线（点 G），然后下跌至新低点。

这里有三个显著的波峰，它们的界定颇为明确。中间的峰（头）稍高于双肩（点 A 和 E）。然而，只有当市场以收市价格的形式，决定性地突破颈线之后，该形态才得以最后完成。同样地，我们也可以采用 3%穿越原则（或在前一章所介绍的其余价格过滤器）、或者双日原则（即市场连续两天收市于颈线之下），作为进一步的验证手段。另外，除非确实发生了向下突破，不然始终存在以下这种可能性：整个图形并不是真正的头肩顶，在未来某一时刻，上升趋势也许仍将恢复。

交易量的重要性

与价格变化相对应的交易量形态，在头肩顶形态的发展过程中担负着重要的角色。在其他的价格形态中，交易量的作用也都如此。一般来说，第二高峰（头）的伴随交易量比左肩为轻。这一点倒不是必要条件，而是市场在这种情况下通常具有的一种强烈的倾向性，也是说明市场上买进压力减轻的早期警讯。最重要的交易量信号，发生在第三高峰（右肩），此处的交易量应比前两个高峰处显著地减轻。在突破趋势线的时候，交易量应扩张；在价格反扑时，交易量应减少。然后，一旦反扑完结，交易量便再度扩张。

我们曾经交代，在市场顶部的形成过程中，交易量的关键性比底部过程要逊色些。但是在某些场合，如果新生的下降趋势能够持续的话，交易量依然应当开始增加。而在市场的底部过程中，交易量则担负着更为关键的角色，很快我们将讨论这个问题。现在我们先讨论一下头肩形的测算意义。

发现价格目标

形态高度是测算价格目标的基础。具体做法是，先测出从头（点 C）到颈线的垂直距离，然后从颈线上被突破的点出发，向下投射相同的距离。举个例子。假定头顶位于 100，相应的颈线位置在 80，那么其垂直距离便是两者的差为 20。如果颈线如图 5.1a 所示，那么我们就应该从颈线上的突破点开始,向下量出 20 点。突破点位于 82,那么,向下突破的目标就被投射到 62 的水平(82-20=62)。

还有一种较简便的方法:先简单地量出下降运动中第一浪(从点 C 到 D)的长度,然后往下翻出一番。这两种情况的道理都是一样的,形态高度越大(即波动性越大),那么其"前程"便越远大。第四章中所介绍的关于趋势线被穿越的测算技巧,同此处的头肩形测算方法类似。现在朋友们不妨比较比较。大略地说,价格在突破趋势线后所走出的距离,同它在趋势线之上曾经经历的距离相当。贯穿我们关于价格形态的讨论,你都将看到,线图上的绝大多数价格目标是建立在各种形态的高度(或者说,波动性)之上的。从突破点开始顺势投射与形态高度一致的距离,这是个老话题,我们将会一再地提起。

重要的是,上述价格目标仅仅是最近的目标,而实际上,价格运动经常明显越过上述目标。不过,如果我们对最近目标心中有数,那么对判断市场运动是否还有足够余地来开立头寸无疑是大有帮助的。即便市场越过了这个价格目标,那么剩下的也只是蛋糕上的那层奶油。当然,最大目标是原先趋势的整个范围。比如说,原先的牛市从 30 涨到了 100,那么从顶反转形态得出的最大下跌目标便为 30,从哪里来,还回撤到哪里去。从反转形态上,我们仅能预期市场对原先趋势的反转或回撤。

价格目标的调整

在我们预计价格目标的时候,还应当考虑到其余许多因素。价格形态本身的测算技巧(如上面介绍的关于头肩形顶的相应情况),只是第一个步骤。其余技术性因素也应予以考虑。举例来说,由原先牛市中的向上反弹低点所形成的重要支撑水平在何处?熊市经常会在这些水平上被遏止住。百分比回撤的位置怎样?最大回撤目标是原先牛市的 100%回撤。但 50%和 66%回撤的水平又在哪里?它们同样常常成为市场下方的重要支撑。价格跳空的情况怎样?它们同样常常演变成支撑区域。另外,市场下方有无长期趋势线存在?

在从价格形态确定价格目标时,技术分析者必须考虑其余技术资料。比如说,如果向下的价格测算目标是 30,而 32 是一个重要支撑水平,那么,明智的做法是,把向下测算目标放在 32,而不是 30。一般地,当测算目标同清晰的支撑或阻挡水平只有微小差别的时候,我们通常把价格目标调整到这些支撑或阻挡水平上,以求可靠。这种综合考虑其余技术信息来调整价格形态测算目标的做法,常常是很有必要的。我们都知道,有许多不同的工具可供分析者选择,那么,最巧妙的技术分析者正是那些懂得如何恰如其分地综合使用各种工具的人。

倒头肩形

头肩形底有时也被称为倒头肩形,它恰好与头肩形顶互为镜像。正如图5.2a所示,它具有三个清楚的底谷,其中头(中间的谷)稍低于两肩。收市价格决定性地向上突破颈线,也是该形态得以完成的必要条件,而且它的测算技术也与头肩形顶的一样。稍有差别的一点是,在底部,当颈线被向上突破后,市场更惯于反扑。

头肩顶和头肩底最重要的区别在与之配合的交易量序列上。在判别头肩底形态及其突破的时候,交易量起到更为关键的验证作用。前面我们讲过,市场具有"因自重而下跌"的倾向性,因此在底部,当市场力图发动一轮牛市的时候,必得具有较多的交易量才行,也就是说,必须具有显著增强的买进推力。这一点对所有底部形态都成立。

图5.2a 倒头肩形的例子。这种形态的底部形式是顶部形式的镜像。其中最重要的区别是在形态后半部分的交易量形态上。在底部过程中,自头部弹起的上冲,应当具有较重的交易量,而当颈线被突破时,交易活动应更是具有迸发性的扩张。回向颈线的反扑在底部过程中也更多见。

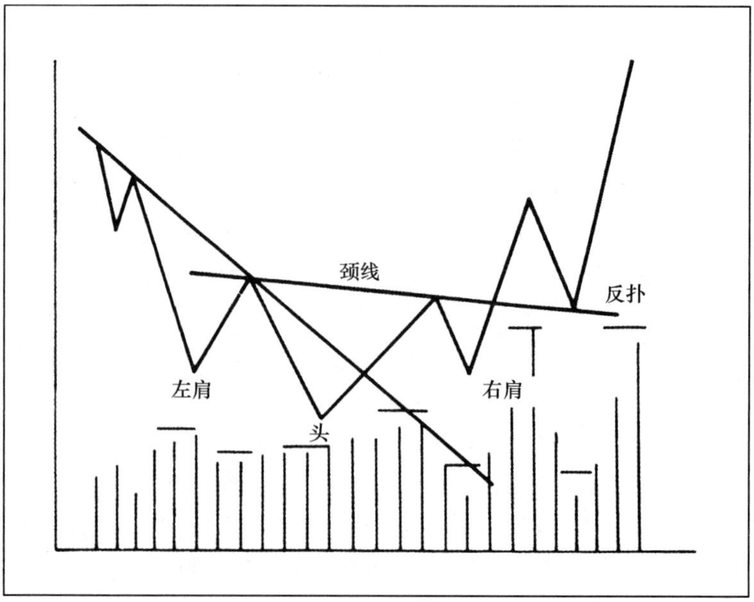

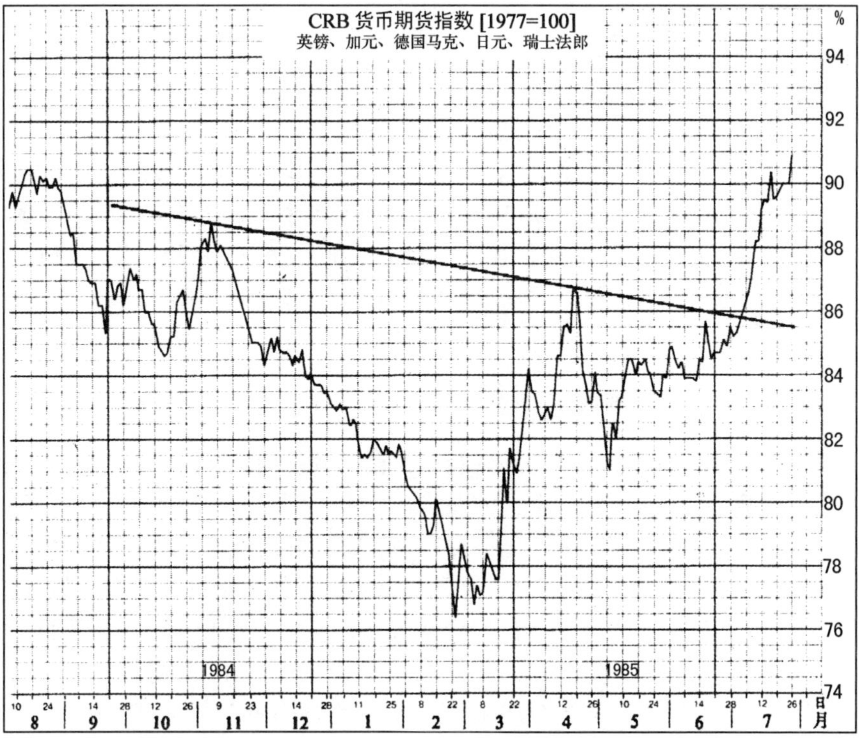

图 5.2b　倒头肩形底的实例。左肩形成于 10 月，右肩形成于 5 月。头部形成于 2 月和 3 月，其外形与 V 形反转底相似。7 月，本图的 CRB 外汇期货指数收市于为期 8 个月的颈线之上，从而构成了外汇市场的主要看涨信号（Chart courtesy of Commodity Research Bureau, a Knight-Ridder Business Information Service）。

我们不妨把这种市场特点同重力规律对照一下。我们都知道，当物体从手中释放后，无需我们再作努力，便很快地跌向地面。举起某物则是另一回事，我们必须付出劳动。要是朋友们对体育运动较有体验的话，请设想一下山路赛跑的情况。在下山时，我们一直会跑得很轻快。然而上山的赛程才是考验耐力的关键之处。“波士顿马拉松赛”的场地末端是块上坡地，人称“伤心坡”，要是它是下坡的话，可能就会以“快活坡”这样的名字而著称了。

我们用更带技术性的方式来理解这个区别。市场常常会仅仅因为惯性而下降，但市场却不因为惯性而上升。需求不足、或者交易商缺乏买进兴趣等原因，经常就足以把市场压低。但只有在需求超过供给，并且买方比卖方更积极时，价格才能上涨。

在本形态前半部分，交易量形态同头肩顶很相似。就是说，头部的交易量是比左肩的稍有减少。然而，在头部的上冲阶段，不但应该显示出交易活动有所增加，而且其交易量水平经常要超过左肩的上冲对应的交易量水平。右肩下跌部分的交易量应该非常轻弱。关键时刻是市场突破颈线而上冲的时候。这个突破信号如果成立，那么所伴随的交易量非得急剧膨胀不可。

这一点是头肩底同头肩顶最大的分别。在底部，强劲的交易量绝对是完成形态的关键组成部分。反扑在底部比在顶部更经常发生，不过，其交易量应该轻弱。随后，新的上升趋势应该在较重的交易量下恢复。头肩形底的测算方法与头肩顶相同。

颈线的倾斜程度

顶部的颈线通常稍稍倾斜向上，不过也有时是水平的。这两种情况并没有太大差异。然而，偶尔顶部的颈线会向下倾斜。这种坡度是市场疲弱的一种表现，通常，随之而来的右肩也很软弱。不过，这并不全是好消息，而是利弊参半。如果分析者要等颈线突破再开立头寸的话，就不得不等待较长时间，因为该信号在向下倾斜的颈线上出现得很晚，而且届时大部分的下降运动已经发生了。对底部形态而言，绝大多数颈线稍倾向下。而向上倾斜的颈线意味着市场的坚挺，不过此处同样也有信号过迟的缺陷。

复杂头肩形形态

在我们的图表上，有时会出现一些头肩形的变体，称为复杂头肩形。这种形态可能呈现出双头或两个左肩和两个右肩的情况。它们不如其原型常见，但具有同样的测算意义。对付这种情况有个窍门，那就是利用头肩形形态所具有的强烈的对称倾向。单个的左肩通常对应着单个的右肩，双重左肩则使出现双重右肩的可能性增加了不少。

对　　策

在所有的期货交易中，交易策略问题均是举足轻重的，我们在以后章节中还将更深入地探讨。并非所有的技术型交易商都愿意等到颈线突破后，才开立新头寸。如图 5.3 所示，较为大胆积极的交易者在相信自己已经正确地判明头肩底之后，在右肩形成过程中就开始尝试着买进，或者在右肩下跌完结的第一个信号出现时就买进了。

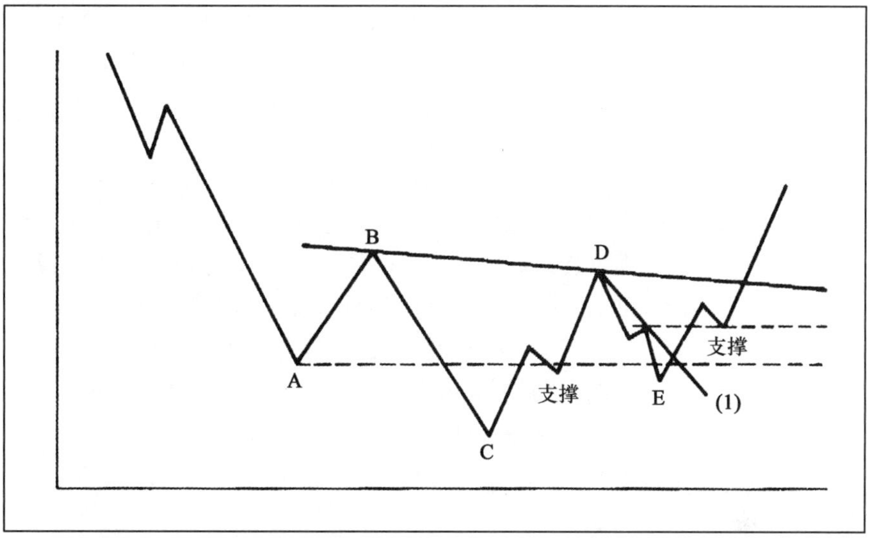

图 5.3　头肩形底中的交易策略。右肩(E)尚处在形成过程中的时候,很多技术型交易商就开始建立多头头寸了。在从点 C 到 D 的上冲的一半到三分之二的回撤位置上,或者当价格跌向近期的支撑水平或支撑性跳空的时候,或者在价格跌到与左肩点 A 的水平差不多的时候,或者当短暂的下降趋势线(线 1)被向上突破时,统统是早期的入市机会。当颈线果然被突破后,或者事后发生回向颈线的反扑时,可以追加更多的头寸。

有些人先测出从头部的底点上冲的距离(点 C 到 D),然后在其 50%或 66%回撤位置买进。还有些人会看看市场下方有无跳空存在,以利用之作为买进点。也有些人或许沿着点 D 和 E 画出一条短期的下降趋势线,该趋势线一被突破便买进。有些人考虑到这种形态具有相当的对称性,从而当右肩的发展接近了左肩的低点的水平时买进。这里要说明的是,在右肩形成过程中,会发生许多预期性的买进行为。如果上述尝试性头寸果真有利可图,那么,在颈线被实际穿越时或者在颈线突破后市场反扑时,交易商就会追加更多的买进头寸。

流产的头肩形形态

一旦价格越过颈线,头肩形形态就完成了,市场也就不应再返回颈线的另一边。在顶部,一旦颈线被向下突破了,那么只要随后有任何一个收市价格返回到颈线上方,都是严重的警讯,表明此次突破可能是无效信号。显而易见,这就是流产头肩形的由来。此类形态起初貌似典型的头肩形反转,但在其演化过程中的一定时刻(无论是在颈线突破前还是其稍后),价格将恢复原先的趋势。

由此,我们可以得出两条教训。其一,没有哪个图表形态百发百中。它们在大多数时间是成功的,但并不是永远如此。其二,技术型交易商必须永远警惕自己分析中的错误信号。在期货市场,致胜的关键之一,就是要尽快摆脱亏损的交易头寸(这将在第十六章关于资金管理及其策略的讨论中介绍),确保交易损失限于小额。这里,我们或许可以为图表分析这门工具添加一条最实用的长处:它能够警告交易商认清现实、纠正错误。在期货行业,迅速地发现并承认自己的交易决策错误,及时采取断然的保护性措施,这样的能力和意志力是难能可贵的,我们绝不可以等闲视之。

头肩形作为调整形态

在接着讲述下一种价格形态之前,关于头肩形尚有最后一点需要补充。本章开头曾把它列举为最广为人知且最可靠的主要反转形态。但是朋友们必须明白,本图形偶尔也会充当调整性形态而不是反转形态。不过,后面这种情况与其说是惯例,不如说是例外。在第六章讨论持续型形态时我们将有详细讲解。

三重顶和三重底

我们在讨论头肩形形态时所引入的大部分要领,也适用于其他种类的反转形态(图 5.4a 到 c)。三重顶(或底),比头肩形少见得多,其实是前者的小小变体。其主要区别是,三重顶或底的三个峰或谷位于大致相同的水平上(图 5.4a)。在判断某个反转形态到底应属于头肩形还是三重顶的问题上,图表分析者经常有争议。因为两种形态其实是一回事,所以这种论争是迂腐的。

在三重顶中,交易量往往随着相继的峰而递减,而在向下突破时则应增加。三重顶只有在沿着两个中间低点的支撑水平被向下突破后,才得以完成。在三重底中,情况正相反,形态完成的必要条件是,收市价格向上越过两个中间峰值的水平(我们还有另一种对策,那就是把价格突破最邻近的峰或谷选作反转信号)。底部形态完成时,向上突破的交易量是否强劲有力,也是同样关键的。

它们的测算意义与头肩形相似,以形态的高度为基础。通常,价格

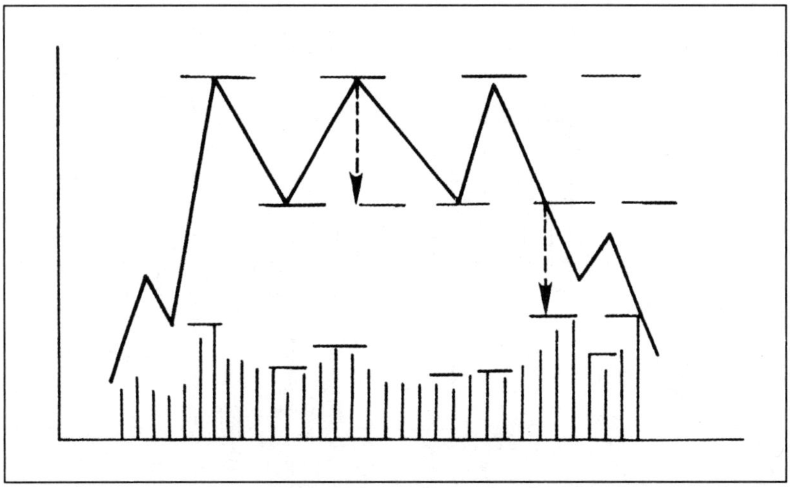

图 5.4a 三重顶。它与头肩形类似,只是其中三个峰都处在同一水平。每个上冲峰的交易量均应见轻。当其中两个谷被市场以较重的交易量向下跌破后,本形态完结。其测算技术是,自突破点起,向下投射出与形态的高度相等的距离。在突破发生后,回向下方直线的反扑现象也不少见。

图 5.4b 三重底。它与头肩形底类似,只是其中每个低点均处于同一个水平上。它是三重顶的镜像,不过对于向上突破来说,交易量因素更重要。

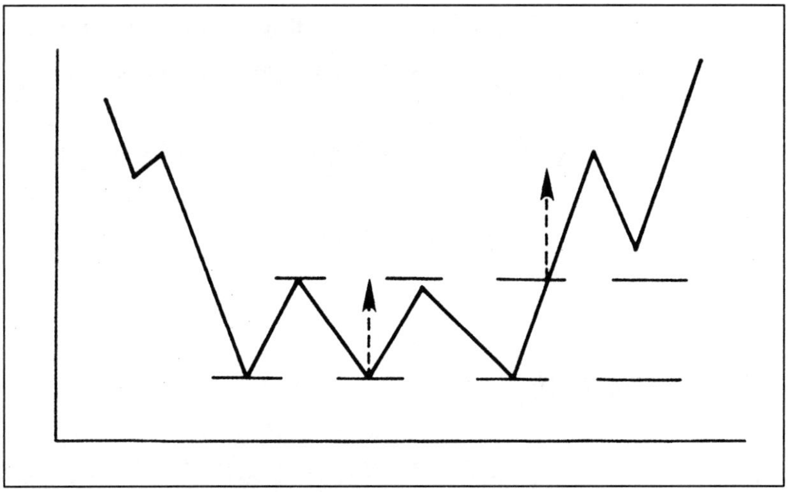

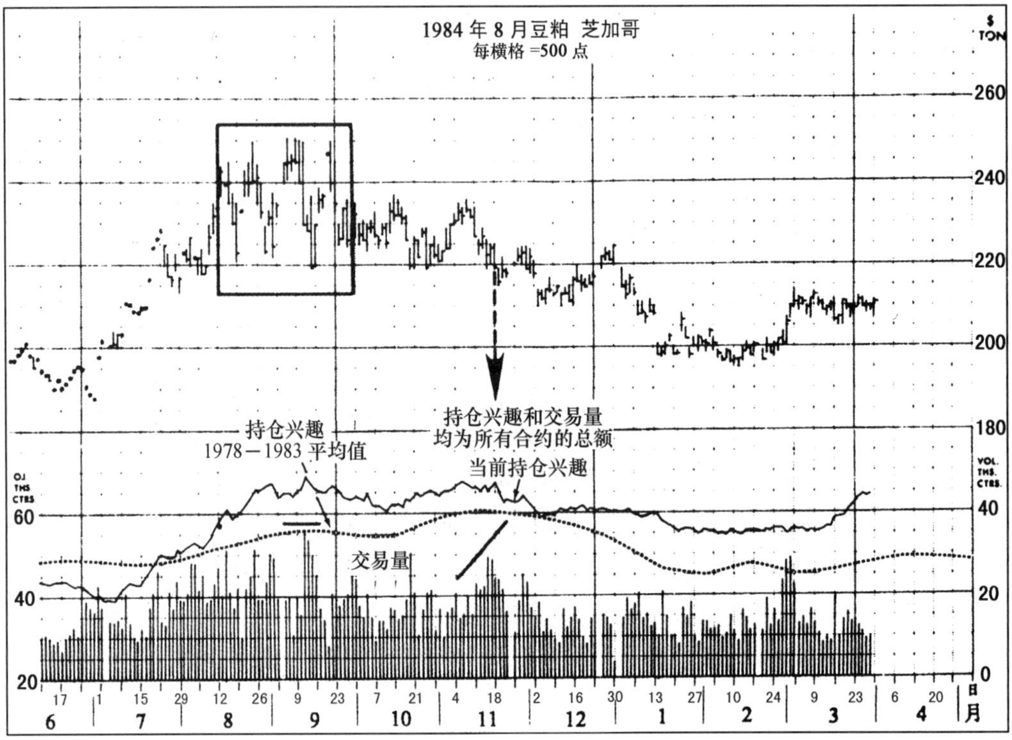

图 5.4c　三重顶反转。请注意，其中8月到9月所形成的三个峰均处于250的水平。220附近一直是支撑区，一旦被向下跌破，则演化成阻挡区。同时，还要注意，后来价格何其接近其下方的目标。如果朋友们仔细观察，那么将看出，在这个顶部形态中，当价格下跌时，交易量更胜一筹。当11月发生向下的突破时，交易量更是显著地扩张(Chart courtesy of Commodity Research Bureau, a Knight-Ridder Business Information Service.)。

在突破颈线后，由突破点起算，至少将要走出等于形态高度的距离。一旦突破，随后回向突破水平的反扑现象也很常见。考虑到三重顶(或底)只是头肩形形态的稍许变化，我们这里就不再赘述了。

双重顶和双重底

双重顶(或底)反转形态比三重顶(或底)常见得多，这种形态仅次于头肩形，出现得也很频繁，且易于辨识(图5.5a到e)。图5.5a和5.5b各展示了双重顶和双重底的两个例子。出于显而易见的原因，这类顶经常被称为"M顶"，这类底被称为"W底"。从一般特点上讲，双重顶与头肩形顶、三重顶类似，只是此处只有两个峰，而不是三个。交易量形态与测算法则也均类似。

在上升趋势中（如图5.5a所示），市场在点A确立了新的高点，通常其交易量亦有所增加。然后，在减少的交易量背景之下，市场跌至B点。到此为止，一切均符合上升趋势的正常要求，趋势进展良好。然而，下一轮上冲抵达了C点后，收市价格却无力穿越前一个高点A点。接着，价格就开始跌回。此时，一个潜在的双重顶便跃然纸上。我们之所以讲“潜在”，是因为这才是所有的反转形态成立的必要条件，而只有在收市价格突破前一个低点B的支撑之后，这个反转才能成立。除非发生突破，否则价格可能仅仅是处于横向延伸的调整阶段中，为原先趋势的恢复作准备。

理想的双重顶具有两个显著的峰，且其价格水平大致相同。交易量倾向于在第一个峰时较重，而在第二峰时较轻。在较重交易量下，当价格决定性地收市于中间谷点B点之下时，顶部形态就完成了，标志着趋势向下方的反转。以后，在下降趋势恢复之前，市场往往先要反扑回突破点的水平。

双重顶的测算技术

双重顶的测算方法是，自向下突破点（中间谷点B即被突破的价位）开始，往下投射与形态高度相等的距离。另一种方法是，先测出双重顶中第一条下降轨迹（点A到B）的幅度，然后从位于B点的中间谷点开始，向下投射相同的长度。双重底的测算方法一样，只是方向相反。

理想形态的变体

各种市场分析的领域都一样，现实情况通常都是理想模型的某种变体。比如说，有时双重顶的两个峰并不处于严格相同的水平上。有时第二峰相当疲弱，达不到第一峰的高度，这并不太成问题。而当第二峰实际上约略超过第一峰时，就出了些岔子。起初它貌似有效的向上突破，显示上升趋势已经恢复。然而好景不长，不久，它竟演化成顶部过程的一个部分。为了解决这个两难问题，前面曾经提到过的那些过滤法则或许会派上用场。

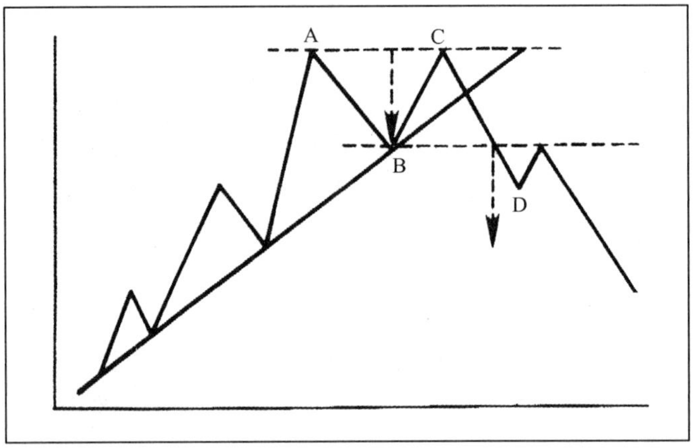

图 5.5a　双重顶的例子。本形态有两个峰(A 和 C),处在大致相同的水平。当其中的中谷(点 B)被收市价跌破后,本形态完结。通常,在第二个峰(点 C)交易量较轻,而在向下突破时(点 D),交易量有所增加。回向下方直线的反扑现象也不罕见。最小测算目标是,从突破点起,向下投射出与形态高度相等的距离。

图 5.5b　双重底的例子。它是双重顶的镜像。对这里的向上突破来说,交易量因素更有分量。在底部形态中,回向突破点的反扑现象较多见。

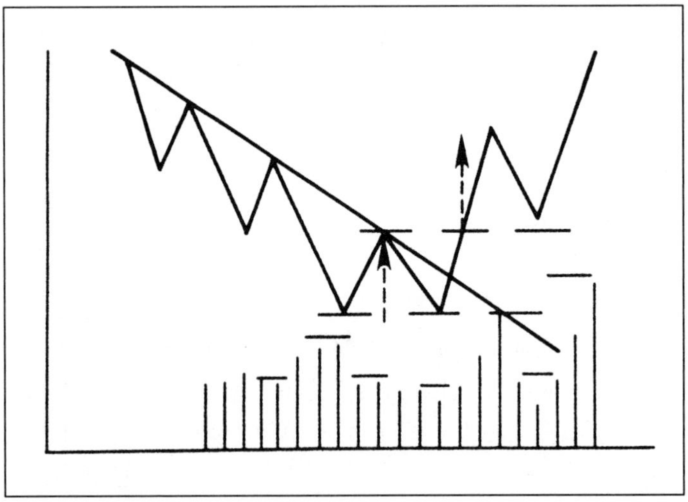

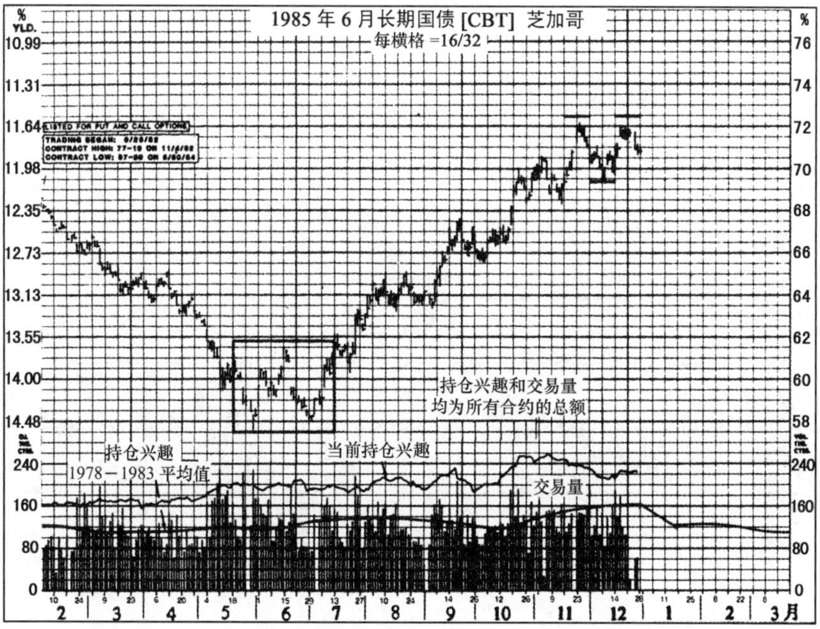

图 5.5c 双重底的实例。请注意在 5 月到 6 月期间，在 5800 附近形成了两个清晰的底。当价格收市于 6116 以上时，底部形态完成，趋势转而向上。注意，在图中右上角，价格已经从前一峰值(72)处挡下。在上升趋势中，这种情况并不少见。但无论如何，价格必须收市于 6916 的低点之下，方可完成这个双重顶(Chart courtesy of Commodity Research Bureau, a Knight-Ridder Business Information Service.)。

过 滤 器

在判别突破成立与否的时候，大多数图表分析者都要求收市价格越过前一个阻挡峰值，而不仅仅是日内的穿越。其次，我们还可以采用某种价格过滤器。其中的一例便是百分比穿越原则(例如 1%或 3%过滤器)。第三，也可以选用双日穿越原则，这是时间过滤器的一例。换言之，为了证明向上穿越的有效性，价格必须接连两天收市于第一峰之上。

上述过滤器肯定不会是绝对可靠的，不过，它们的确有助于减少经常发生的错误信号(所谓"拉锯"现象)。这些过滤器有时有效用，有时也没用。分析者必须清楚，他面对的是百分比概率和可能性，错误信号的出现是免不了的，这是交易现实的客观规律。

在牛市中，双重顶的最后一程或最后一波在建立新高点之后，掉头

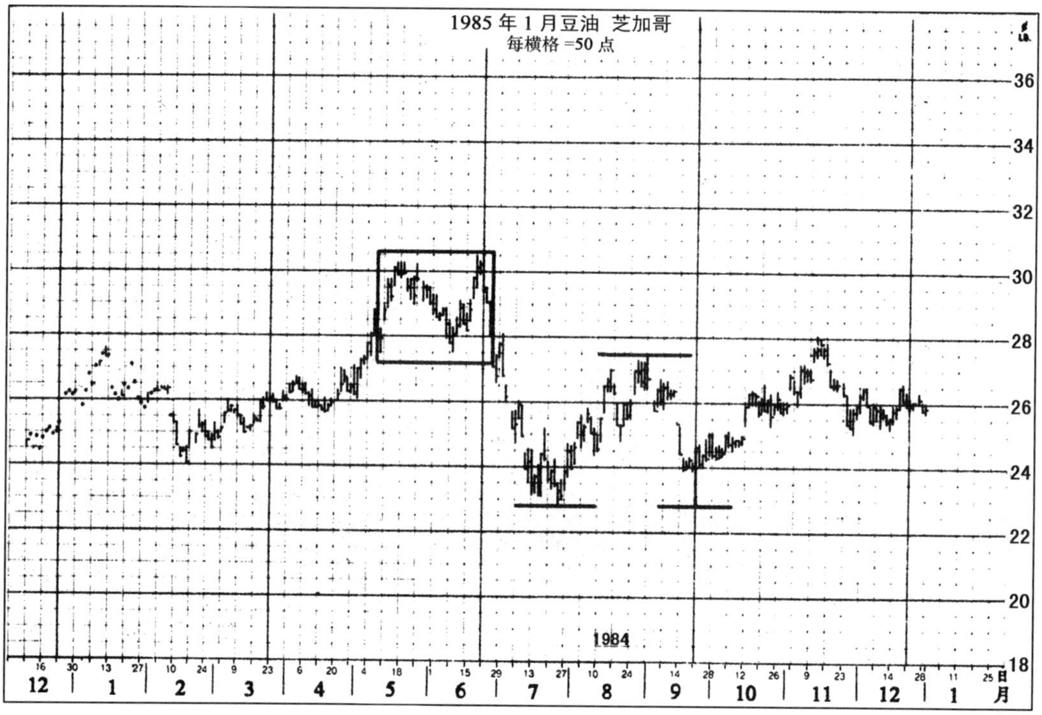

图 5.5d　双重顶和底的实例。注意在 5 月到 6 月间稍高于 30 的经典的双重顶。在 7 月到 9 月间的两个底部也有可能形成一个双重底(Chart courtesy of Commodity Research Bureau, a Knight-Ridder Business Information Service.)。

转而向下的现象并不稀奇。在这种情况下,最后的一轮向上突破就形成了"牛市陷阱"(图 5.6a 和 b)。但是足资安慰的是,绝大多数趋势信号还是能贯彻始终的,否则,整个趋势顺应理论就要丧失一大半价值和一大半可靠性了。

"双重顶"术语被大大滥用了

"双重顶"术语在期货市场上被大大地滥用了,大多数潜在的双重顶(或底)最终演化得面目全非。归根结底,价格本具有从前一峰值挡下,或者从前一低点弹起的强烈倾向,这种价格变化正是市场在阻挡或支撑水平上的自然反应,其本身并不足以构成反转形态。请记着,在顶部,价格必须真正跌破前一个向上反弹的低点,才能表明双重顶成立。

注意,在图 5.7a 中,在点 C,价格被前一个高点 A 挡下。这一变化

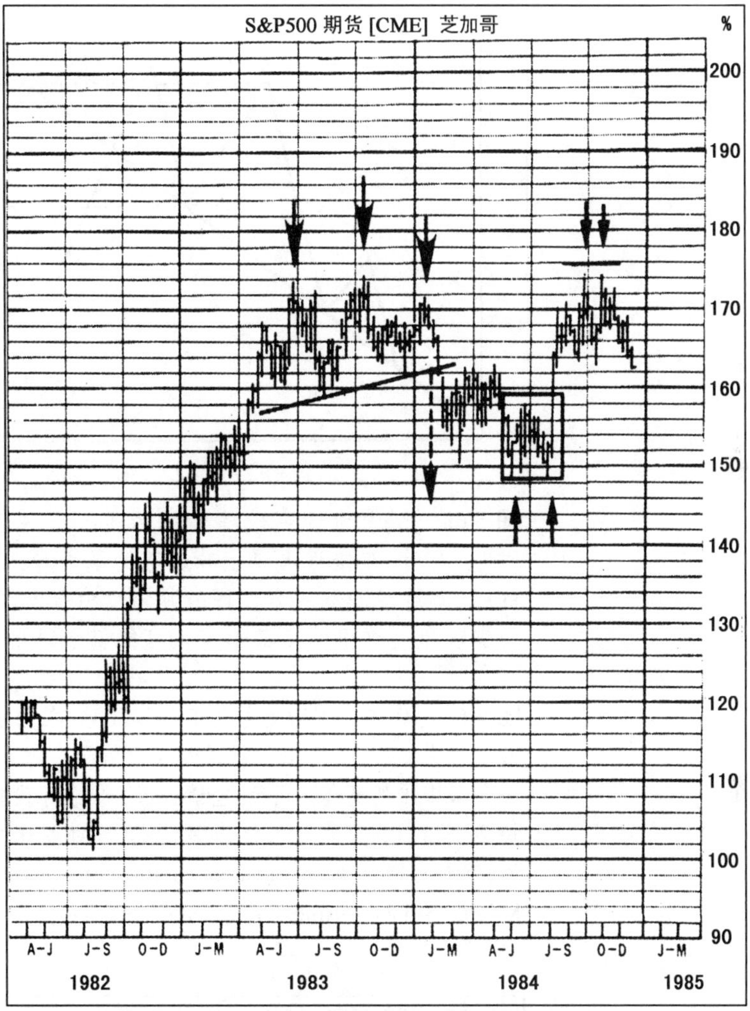

图 5.5e 在连续周线图上,反转形态出现得相当频繁。注意 1983 年下半年形成的头肩形顶。其中向下的价格目标效用不凡。也请注意接近 150 处的小些的双重底, 以及 174 附近的潜在的双重顶。从这张图上,我们也许可以得出如下看法:1984 年年底的高点可能是一个主要的双重顶的第二个峰。当然,市场必须收市于 148 之下,才能确认这种看跌的解释。价格从重要的阻挡水平上弹下的现象并不稀奇(Chart courtesy of Commodity Research Bureau, a Knight-Ridder Business Information Service.)。

在上升趋势中完全正常。然而,许多期货交易商在价格第一次试探前一个高点失败之后,马上就判断这个图形为双重顶。图 5.7b 显示了在下降趋势中的对应的情况。对图表分析师来说,要判定价格从前一个

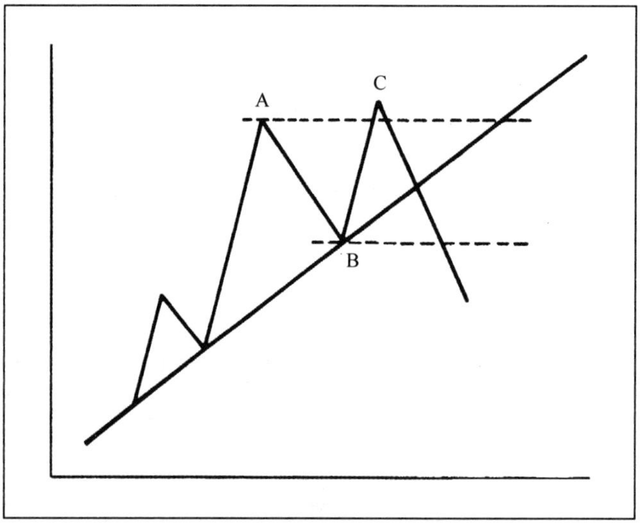

图 5.6a 图中为伪突破信号的例子。这种情况常常称为“牛市陷阱”。有时,在接近主要上升趋势的尾声时,价格先是向上超越先前的峰,而后却溃不成军。图表师借助时间和价格过滤器来避开此类拉锯现象。这里的顶部形态很可能属于双重顶的类型。

图 5.6b 伪向上突破信号的实例。注意,在图表上方,价格起先向上突破了过去的高点,发出了错误的看涨信号。然后,它却掉转方向,完成了一个双重顶的变体。不过也请注意,价格并没能够在先前峰值上方维持 2 个相继的交易日。在这种情况下,如果采用了双日时间过滤器的话,就有可能避免亏损(Chart courtesy of Commodity Research Bureau, a Knight-Ridder Business Information Service.)。

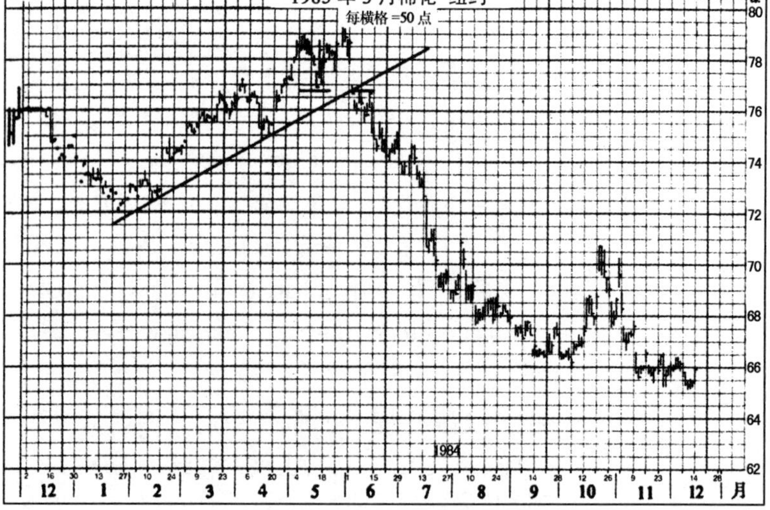

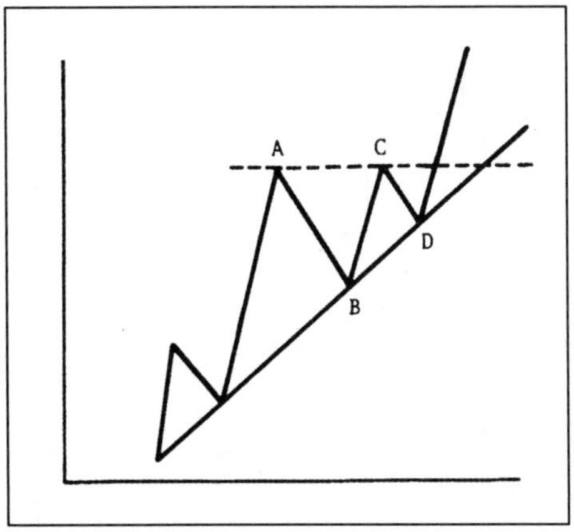

图 5.7a 在上升趋势中，在价格恢复上升之前，先从过去的峰值正常挡下的例子。这属于正常的市场行为，切不可与双重顶混为一谈。仅当点 B 的支撑被跌破后，双重顶才能成立。

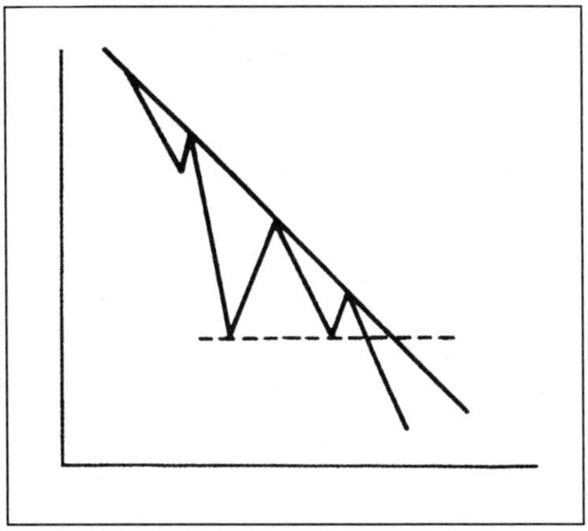

图 5.7b 市场从先前的低点正常上弹的例子。这也属于正常的市场行为，切不可与双重底混淆。在正常情况下，价格在达到先前的低点时，至少总要上弹一次。这种正常现象可能诱使一些朋友犯了过早预期双重底的错误。

高点的下撤，到底是双重顶反转形态的开端，还是仅仅是既存趋势的暂时挫折（或者反过来，要判定从前一个低点的上弹是不是双重底反转形态的发轫），是极为困难的。在通常情况下，从技术角度看，趋势继续发展的可能性更大，所以明智的做法是，一定要等到形态完成之后，才采取相应的动作。

两峰或两谷之间的持续时间很重要

最后，形态的规模始终是很重要的一个方面。双峰之间持续的时间越长、形态的高度越大，则即将来临的反转的潜力越大。这一点对所有的图表形态而言，都是成立的。一般地，在最有效力的双重顶或底形态中，市场至少应该在双峰或双谷之间持续一个月，有时甚至可能达到两、三个月之久（在更大范围的月线图和周线图上，这类形态可能跨越数年）。这里所列举的大部分例子，是市场的顶部形态。现在朋友们应该清楚了，底部形态只是顶部形态的镜像，而两者之间的几点一般性的差别，在本章的开头部分我们已有交代。

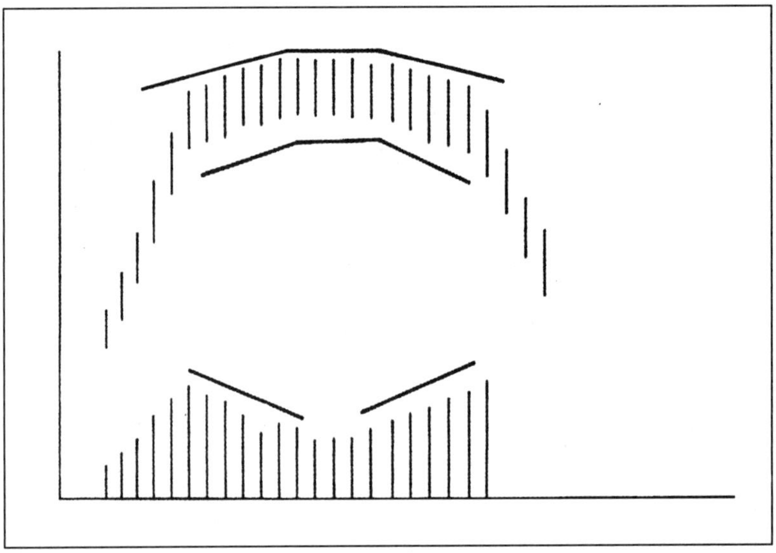

图 5.8a　圆顶的例子。上升趋势逐步丧失上升的动力，慢慢地转化为新的下降趋势。注意，与之相应，交易量往往也形成了自己的圆形形态。这种顶部形态又称“倒扣碗形”。

圆顶和圆底

下面要讲的反转形态比前面几种都少见得多。它有好几个名字——圆顶或圆底、圆形、盆形或者碗形(如果系顶部形态，则不妨加上“倒扣”二字)。本形态代表着趋势很平缓地、逐渐地从下降转为横向，再从横向转为上升。图 5.8a 和 b 展示了这种图表形态。

请注意，图中价格从上升到下降、或者从下降到上升的变化过程，极为平缓。同时也请注意，图表下方的交易量也倾向于形成相应的盆状形态。在顶部和底部，交易量均随着市场的逐步转向而收缩，最后，当新的价格方向占据主动时，又都相应地逐步增加。

有时在圆底中点的稍后的位置上(如图 5.8b 所示)，价格在异乎寻常的重大交易量的背景之下突破，向上冲刺，然后又回落到缓慢的圆形形态过程中。在底部的末端，有时会出现一个“盆把”(或者说“平台”)，随后新的上升趋势将恢复。请注意，在交易量图上的圆底上，过了中点之后，交易量突然开始上升，随着价格进一步上涨，交易活动相应逐步增加；平台出现时，交易量下降；接下来，当价格向上方突破时，交易量又进一步扩张。

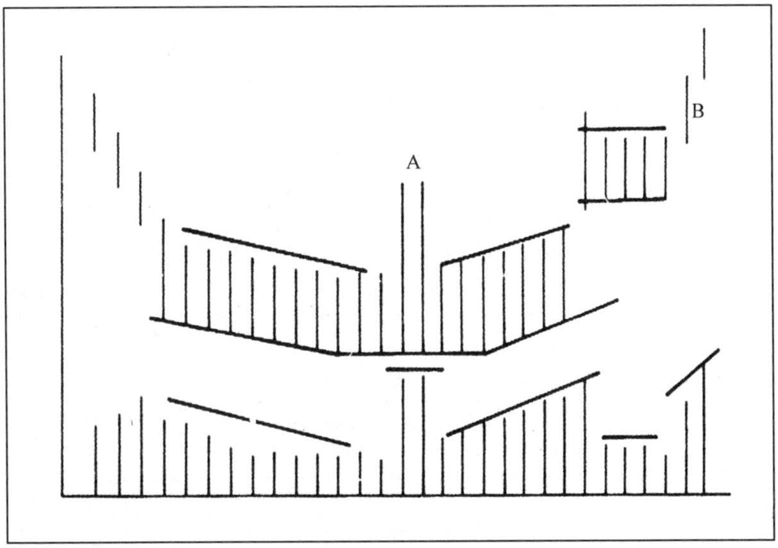

图 5.8b 圆底的例子。注意交易量的圆形形态。有时候，在底部形态的中点稍后，交易活动会突然增加。在右侧，常常形成平台，此类形态在底部比在顶部更多见。底部形态的完结既可以以 A 点的峰被向上突破为标志，也可以以点 B 处向上突破平台为标志。

我们很难确切地说圆形形态何时完成。如果在中点 A 处价格上冲，那么此后，当这个高点被向上穿越时，可能就是牛市信号。还有一个变通的办法，即把从平台向上的突破，作为底部完成的信号。

圆底不具备精确的测算规则。不过技术分析师还是拥有其他各种技术工具，可以测算出新趋势的潜力。比如说，原有趋势的规模就是个重要的参考，能够提供价格回撤的一些大致范围。同时，圆形形态本身持续的时间也是很有价值的信息，其持续时间越长，则未来运动的潜力越大。另外，技术分析者还需要考虑其他要素——诸如原先的支撑和阻挡水平、百分比回撤、跳空、或长期趋势线等等。

如前面所述，相对来说盆形或者圆形形态，出现得较不频繁。此处之所以要着重讲述圆形底形态，是因为根据我个人的经验，一旦这种罕见形态果真出现了，通常便是市场的底部。我怀疑，在过去十年，此类形态罕见的原因之一，在于我们所经历的特定市场条件。70 年代以剧烈牛市为特点，而 80 年代则以熊市为代表，都不具备滋生圆底的环境条件。今后，在期货市场再度稳定以后，在各种主要底部形态中，我们很可能将看到圆底卷土重来。

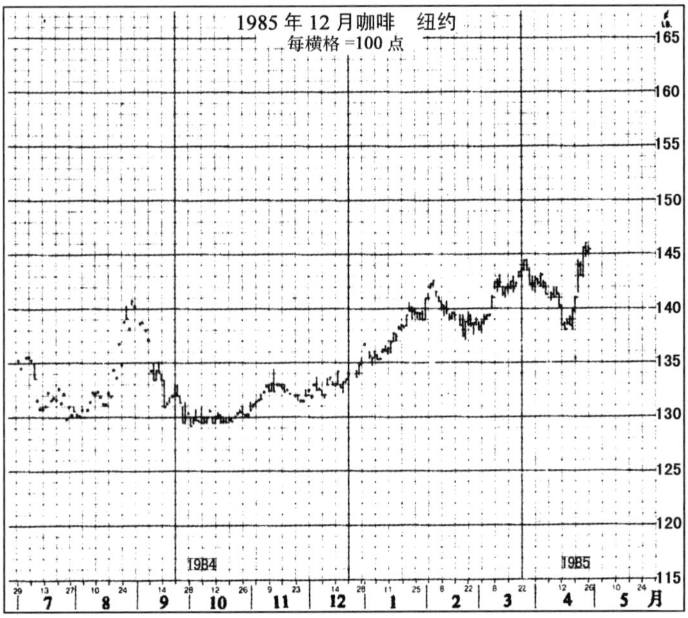

图 5.8c 这张咖啡图展示了圆形底的一个实例。注意在 9 月到 11 月的趋势的逐渐变化过程。这一类市场底部通常是缓慢乏味的(Chart courtesy of Commodity Research Bureau, a Knight-Ridder Business Information Service.)。

V 形形态,或称长钉形

最后要讲的这种反转形态可谓神出鬼没,在其出现时最难于判别,但它并不罕见。实际上,因为 V 形顶或底(或称长钉形)其实不是形态,所以我们极难判定。前面讨论的所有的反转形态均代表着趋势的逐渐变化。现存趋势先逐渐放缓,进而供求双方的力量对比达到相对平衡,最终,买卖双方通过“拔河比赛”,决定原有趋势到底是反转还是恢复。

在前面的各种形态中,价格有一段横向延伸的时间,分析者能够利用这个机会研究市场行为,仔仔细细地探求其去向的线索。这种阶段称为转换阶段。这是绝大部分反转形态的特点。

然而,V 形形态代表着剧烈的市场反转,同市场逐步改变方向的惯常方式大相径庭。当它发生时,在几乎毫无先兆的情况下,趋势出人意料地突然转向,随即向相反的方向剧烈地运动。因为其身后并无形态可寻,所以其本质是非形态的。这类变化极为经常地孕育在关键反转日或岛状反转(见第四章有关内容)之中。交易商如何预期这类形态的

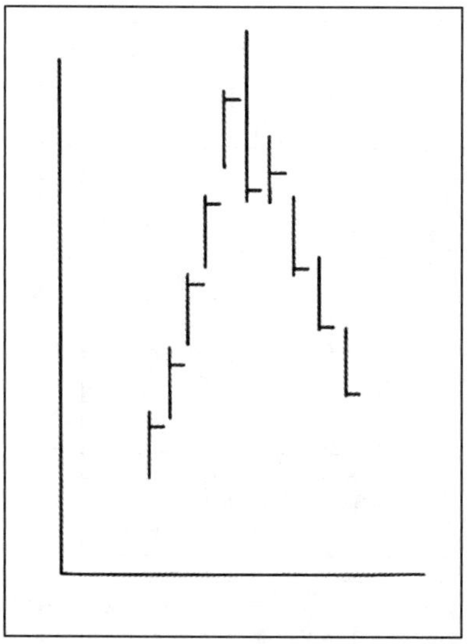

图 5.9a V 形顶(或称长钉形顶)的例子。此类形态通常出现在失控的牛市环境中,事前市场向上伸展得太过分了。转折点通常以关键反转日或者岛形反转的形式发生。届时市场陡然反转,突然掉头。

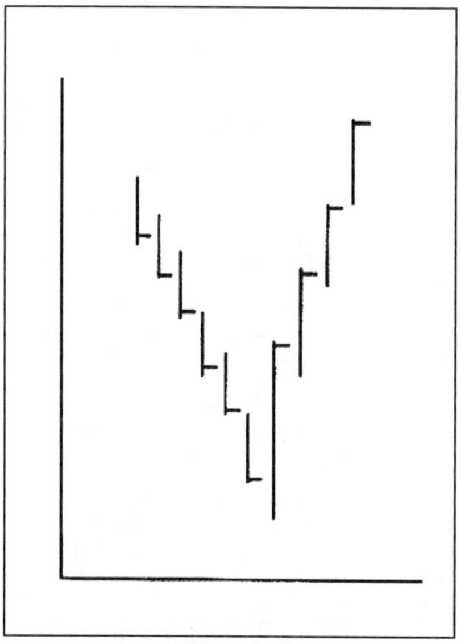

图 5.9b V 形底(或称长钉形底)的例子。下降趋势极快地反转为上升趋势,事先毫无征兆,中间也没有转换阶段。这可能是最难以识别和交易的价格形态。

降临,从而在其实际发生时,及时地把它判别(或至少猜测)出来并采取适当的措施呢?为了解答这些问题,我们要进一步深入研究 V 形顶形态(图 5.9a 到 c)。

首先,事先必须有趋势存在。趋势以 V 形反转的现象,极经常地出现在市场持续上涨,一路很少调整或只有微小调整的情况下。通常,事前已经发生过数次价格跳空。当前的局面显得失去了控制,市场似乎已远远超出了绝大多数正常预期。目前,大部分职业交易商对这种情况已经提高警惕了。

我们可以想见,交易商当然梦想着自己能够在这种脱缰了似的市场中赶上潮流。但是从某个时刻开始,即便是最富经验的交易商也开始因为上涨的持续而不安。这种情况实在好像"骑虎难下"一样,抓住老虎,安全地爬上虎背只是开头,如何不出危险又不失体面地从虎背上下来才是棘手的难题。

这种困扰事出有因。市场有个极难对付的坏习惯,一旦它脱缰之后,起初总要朝一个方向走得过远,然后,又常常会向相反的方向突然反噬回来,就像一根橡皮带被拉得太长,突然"唰"地反弹回来。这类突然回弹的特点是,事先通常无迹可寻,事后市场向相反方向的剧烈运

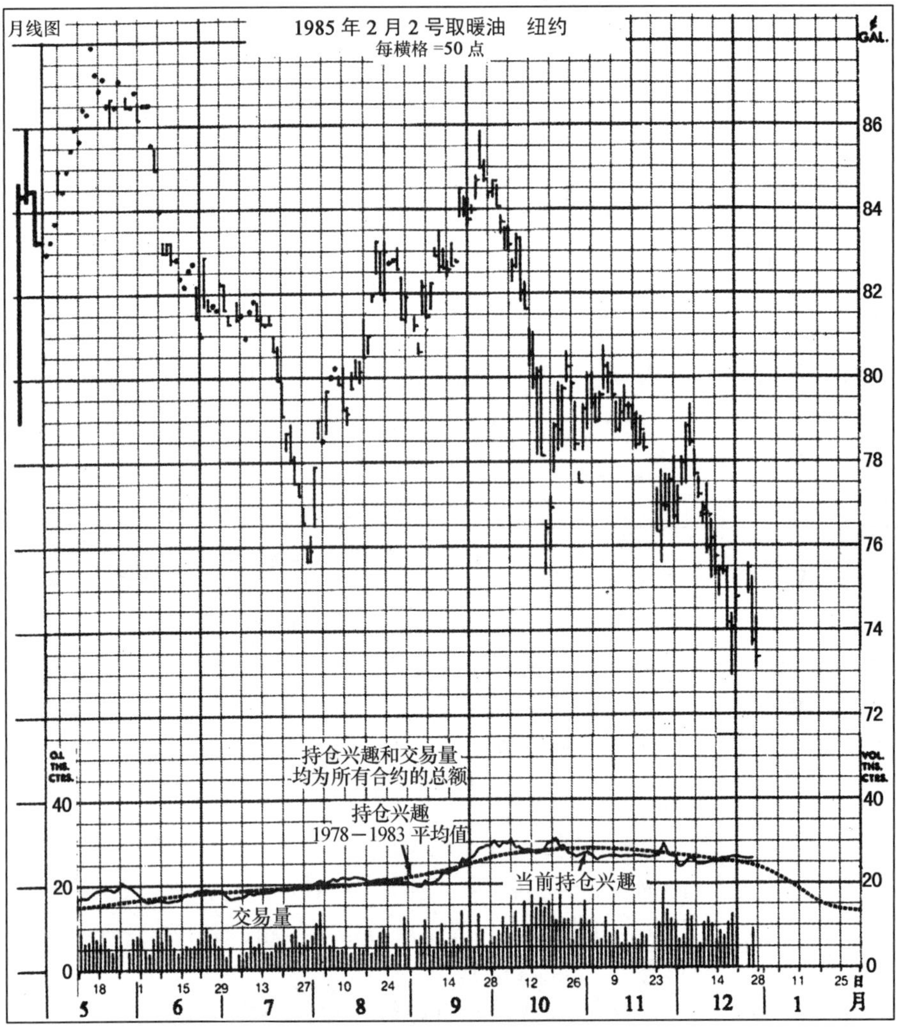

图 5.9c V 形反转的实例。在取暖油市场的图表上,像 V 字或长钉一样的突然反转屡屡发生。由于其中缺乏转换阶段,市场变得难以驾驭。请注意图中的许多关键反转日和岛形反转(Chart courtesy of Commodity Research Bureau, a Knight－Ridder Business Information Service.)。

动,往往引发一系列交易所涨(或跌)限价。

V 形反转的形成条件

形成 V 形反转的主要条件是陡峭的或脱缰的趋势。其转折点以关键反转日或岛状反转形态为标志,同时伴随着重大的交易量。有些时候，这种反转的惟一有效信号是，市场对其非常陡峭的趋势线的突破。移动平均线在这种情形下帮助不大，因为它的天性使它滞后于失控的价格变化。

随之而来的下跌，通常在极短的时间内回撤到原先趋势的某个显要的比例（多达 1/3 或 50%）位置。发生这种反向剧烈运动的原因之一是，在原先趋势中缺乏支撑和阻挡水平，它一路上的许多价格跳空也留下了“真空”。

事情发生后，在市场顶部被套牢的人急于抛售，以摆脱亏损头寸，这就反过来进一步加剧了下跌的速度。所以，另外一个危险的信号是，事前市场上高得非同寻常的持仓兴趣，尤其是在持仓兴趣的增长主要发生在原先趋势的后面部分的情况下（我们将在第七章中更多地讨论持仓兴趣）。

交易商面临着两难选择，一方面，市场趋势强劲，大大地有利可图；另一方面，他不得不选择恰当的时机，及时平仓出市，以免被套住。他总可以利用逐步尾随的保护性止损指令“让利润充分增长”，这是既能防止趋势突然反向，又能充分积累利润的常用的方法。问题是，在市场失控之后，V 形反转突如其来，即使我们已经预先设置好止损指令，但是由于市场在相反的方向经常发生限价的情况，平仓出市变得出奇地困难。而如果交易商试图猜想此类顶部即将降临，预先平仓获利，那么结果通常是过早地出市，丧失了更多的潜在利润。当然，话说回来，没有人敢说发财是件如履平地的容易事。

这里，我们主要讲述了市场的顶部，底部介绍得较少。虽然本形态在两种情况下均有发生，但最剧烈的实例还是出现在顶部。

扩展 V 形反转形态

V 形形态有一种变体，称为扩展 V 形形态。在这种形态中，当市场反向后，很快形成一个小平台，除此之外，它与 V 形形态基本一致。如图 5.10a 所示，平台通常形成在图形的右侧。它与旗形形态（在第六章中讲解）颇为相似，也朝新趋势的相反方向稍稍倾斜。

在顶部，平台向上倾斜；而在底部，则往往向下倾斜。当平台出现时，交易量亦会有所下降，然后在趋势恢复之后，交易量再度增长。在平台突破后，我们就认为该形态已经完成了。扩展 V 形反转形态比真正的 V 形形态要少见些，但它能够为图表分析者提供更多的反应机会。在平台阶段，我们要么可以平仓了结旧头寸，要么可以顺着新趋势的方向开立新头寸。

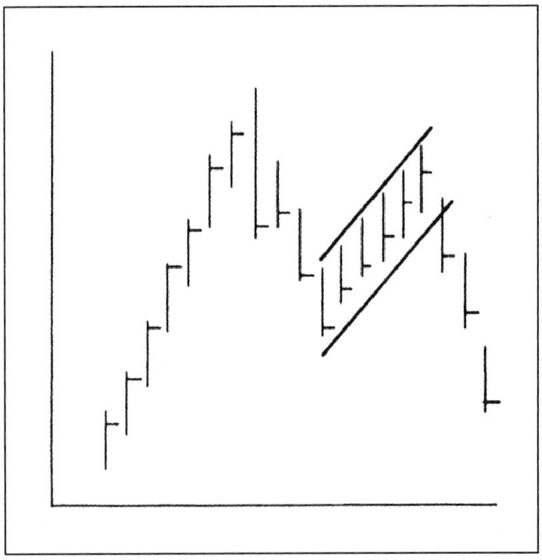

图 5.10a 扩展 V 形顶的例子。在市场转折后,马上形成了一个小平台。通常,它稍稍地斜向新趋势的相反方向。当平台被突破时,趋势反转的过程也就完成了。底部扩展 V 形反转的形态与此类似,但上下正好倒过来。

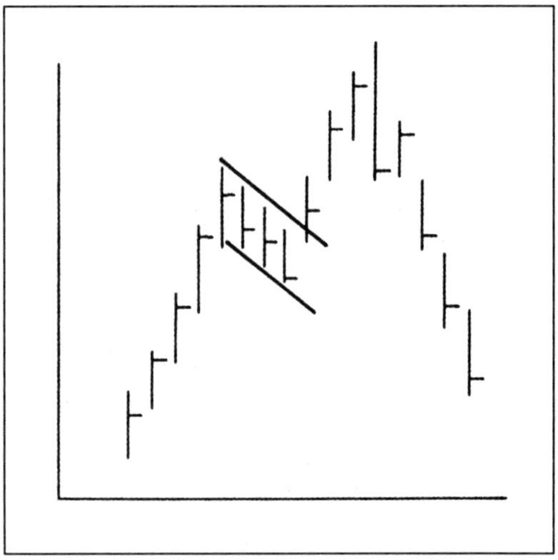

图 5.10b 左侧扩展 V 形顶的例子。这类形态相当少见。它与正常的扩展 V 形一样,只是其平台超前于市场的转折点。

左侧扩展 V 形形态

本形态比扩展 V 形形态更为少见,其中平台出现在形态的左侧,先于市场的反转(图 5.10b)。尽管这种形态在市场反向后对交易商无甚价值,但它也能提供一点参考。它原先在图上形成的向上反弹低点一旦被向下突破,则顶部形态便完成了。这个向上反弹低点也许暂时从市场下方提供了一定的支撑,从而减缓了下跌的速度,使交易商有更多的应对时间。

结　　语

本章我们讨论了五种最常用的主要反转形态——头肩形、双重顶和底、三重顶和底、圆形以及 V 形。其中最普遍的是头肩形,双重顶和底,以及 V 形反转。这些形态通常意味着趋势正在发生重要的转折,因而被划分到主要反转形态这一类中。还有另一类形态,它们在本质上较为短期,且通常表示趋势的休整而不是反转,所以恰如其分地,我们把它们归结为持续形态。下一章我们将对后面这类形态展开研究。

第六章　持续形态

引　言

本章探讨的图表形态属于持续型形态。这类形态通常表示，图表上的横向价格伸展仅仅是当前趋势的暂时休止，下一步的市场运动将与事前趋势的原方向一致。前一章的那些形态通常表明趋势的反转正在形成，因此与这里介绍的对象截然不同。

反转形态与持续形态的另一个差别是它们的持续时间不同。反转形态的发展过程通常花费更长的时间，并且它也构成了主要的趋势变化。相反，持续形态通常为时较短暂，在更多的情况下，明显属于短暂形态或中等形态的类别。

请注意，我们连续使用了“通常”这个限定语。在所有的图表形态中，我们都不得不面对着一定的普遍倾向性，而没有严格的规则可循。总有例外，甚至有时我们对价格形态所作的分类也是模棱两可的。三角形通常属于持续形态，但有时也会作为反转形态出现；虽然三角形通常被看成中等形态,它们偶尔也可能出现在长线图表上,具有主要趋势的意义。三角形的一种变体——反转三角形——通常标志着市场的主要顶部。甚至连头肩形这种最著名的主要反转形态,偶尔也会以调整形态的面目出现。

即使图表形态因为存在一定程度的含混以及偶尔的例外而打了折扣,一般也仍然可以把它们归结为上述两种类型。并且,只要图表分析者解释得当,就可以由其确定它们之后的大部分时间内可能出现的市场行为。

三 角 形

我们首先研究三角形。三角形可分为三类——对称三角形、上升三角形和下降三角形(有些图表分析者还把所谓扩展三角形或者喇叭形归结为三角形的第四种类型,我们以后将单独处理这种形态)。每种三角形均具备稍有差别的形状,具有不同的预测意义。

图 6.1a 到 c 是各种三角形的图例。对称三角形(图 6.1a)具有两条逐渐聚拢的趋势线,上面的直线下倾,下面的直线上升。左侧的垂直虚线,表示了形态的高度,称为底边,两条直线在右侧相交,交点称为顶点。对称三角形也被称为“绕线筒”,显然这是针对其外形而称的。

上升三角形的下边线上倾,上边线水平(图 6.1b)。下降三角形(图 6.1c)与之相反,上边线下降,下边线水平。以下我们就来分别地进行研究。

对称三角形

对称三角形(绕线筒)通常属于持续型形态。它表示既有趋势暂时处于休整状态,随后将恢复发展。在图 6.1a 所示的例子中,原先趋势向上,因而最终可能性较大的是,以价格向上突破来了结这场三角形调整。如果原先趋势向下,那么对称三角形具有看跌的意义。

在三角形中,我们要求其中至少有四个转折点。请记住,至少需要两个点才能作出一条趋势线,因此,为了得到两条聚拢的趋势线,市场在每根线上必须至少发生两次转折。在图 6.1a 中,三角形实际上从点 1 开始,这也就是上升趋势的调整的开端。接着,价格撤回点 2,然后上冲到点 3,点 3 低于点 1。仅当价格从点 3 再度回落之后,我们方能作出上边趋势线。

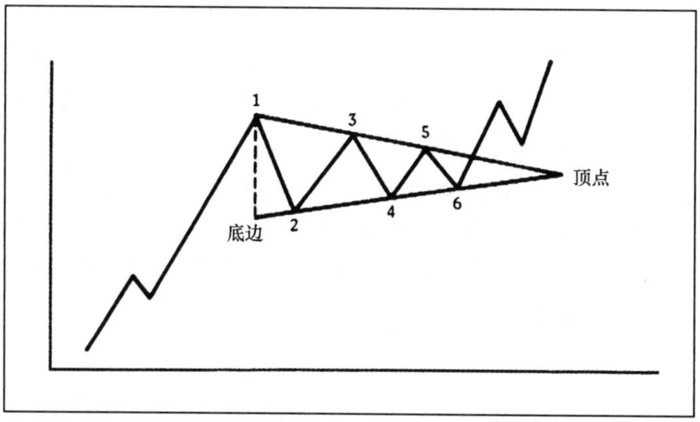

图 6.1a 看涨对称三角形的例子。注意，其中两根趋势线是相互聚拢的。无论收市价格超出哪一根趋势线，形态均告完成。左侧的竖直线段是它的底边，右侧的两线交点为顶点。

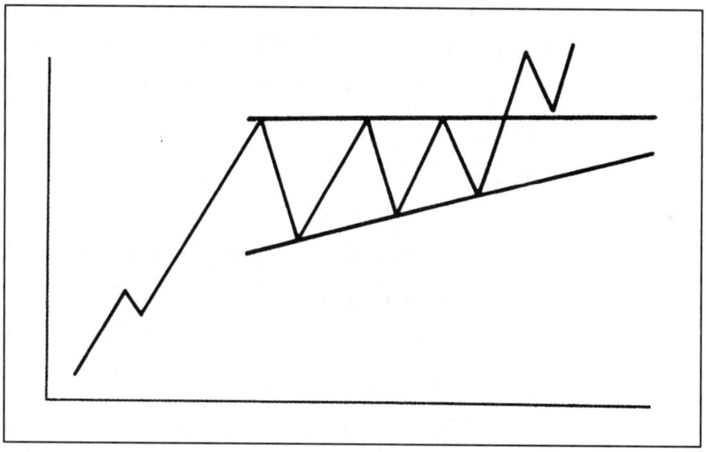

图 6.1b 上升三角形的例子。注意，其中上侧直线水平，而下侧直线上斜。一般来说，它属于看涨形态。

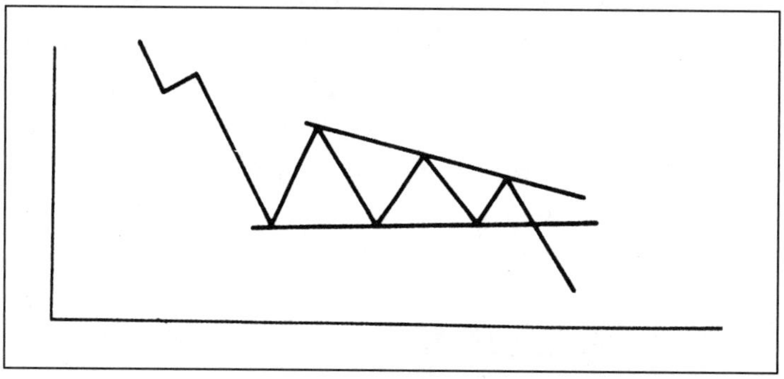

图 6.1c 下降三角形的例子。注意，其中下边线水平，上边线下斜。它一般属于看跌形态。

注意,点 4 高过点 2。仅当价格从点 4 向上反弹之后,我们才能作出上倾的下边线。正是在这一刻,分析者开始揣测,手头这个形态可能属于对称三角形。现在,我们得到了四个转折点(1,2,3,4),以及两条聚拢的趋势线。

虽然三角形的最低要求是四个转折点,但是实际上,大部分三角形通常具有 6 个转折点,如图 6.1a 所示。这就是说在三角形内,其实包含了三个峰和三个谷,总共形成 5 个波浪(在我们讲到艾略特波浪理论时,还要进一步讨论三角形的五浪倾向)。

三角形完结的时间极限

三角形形态的完结,具有时间极限,这就是两边线的交点——顶点。一般地,价格应该在三角形横向宽度的一半到四分之三之间的某个位置上,顺着原趋势方向突围而出。该宽度就是从左侧竖直的底边到右侧顶点的距离。因为两条聚拢的边线必定相交,所以,只要画出了两条边线,我们就可以测得上述距离。向上突破的信号是市场对上边趋势线的穿越。如果价格始终局限于三角形内,并超出了上述四分之三的范围,那么,这个三角形就开始丧失其潜力,这通常意味着价格将持久地漂泊下去,直到顶点以外。

于是,三角形构成了价格与时间的一种有趣的结合。一方面,聚拢的趋势线界定了形态的价格边界,我们可以根据价格对上边趋势线的穿越(在上升趋势情况下),判断何时该形态完成、原趋势恢复。另一方面,两条趋势线通过其形态宽度,也提供了时间目标。举例来说,如果其宽度为 20 个星期,那么突破就应发生在第 10 周到第 15 周之间的某个时刻。

实际的趋势性信号,是以收市价格穿越某条趋势线为标志的。有时候,价格突破后也会向这条趋势线反扑一下。在上升趋势中,上边的趋势线被突破后演化为支撑线。而在下降趋势中,下边线被突破后变成阻挡线。在突破后,顶点也构成重要的支撑或阻挡水平。类似于前两章的有关内容,我们也可以应用各种穿越原则来鉴别此处的突破。最低穿越原则是市场以收市价越过两条趋势线之一,而不能仅仅是一个日内穿越。

偶然的伪信号

出于某些奇怪的原因,有时在看涨三角形中,恰恰在上升趋势恢复之前,会闪现出看跌信号。这种信号通常发生在三角形的第五个阶段(即最后阶段)。它们经常在三角形内接近顶点的地方出现,表明其中的横向趋势向右侧延伸得过远了。其特点是,在两三日内,价格先以重大交易量向下突破,随后又同样急剧地向上回弹,并恢复上升趋势。

交易量的重要性

在三角形内,价格的摆动幅度越来越小,交易量也应相应地日趋萎缩。这种交易量的收缩倾向,在所有的调整性形态中都普遍存在。但当趋势线被穿越从而形态完成时,交易量应该明显地增加。在随后的反扑中,交易量轻弱。然后,当趋势恢复时,交易活动更为活跃。

关于交易量,我们还需要说明两点。同反转形态的情况一样,交易量在向上突破时比向下突破时更具重要意义。在所有调整形态中,当上升趋势恢复时,交易量的相应增加都是至关紧要的。而在向下突破时,交易量虽然也重要,但在头几天内并不如此关键。事实上,当价格向下突破时,如果交易量大大地跳升,特别是在接近三角形顶点的情况下,反而是可能出现虚假看跌信号的警兆,前面曾谈到过这个现象。

关于交易量要说明的第二点是,虽然交易活动在形态形成过程中逐渐减弱,但如果我们仔细地考察交易量的变化,通常仍可获得较重的交易量到底是发生在上升运动中还是下降运动中的线索。举例来说,上升趋势应当有个微弱的倾向,当价格上弹时交易量较重,而在价格下跌时交易量较轻。

测算技术

对三角形,我们也有测算技术。在对称三角形的情况下,一般可以采用几种方法。最简单的是,先测出三角形最宽的部分(底边)的竖直线段的高度,然后从突破点或顶点起,顺势测出相等的距离。图 6.2a 展示了从突破点向相应方向投射等距离的情形,我偏向于这种方法。

第二种方法是,从底边的端点(点 A 处)出发,作出平行于下边趋势线的平行线。这条管道线就是上升趋势上方的价格目标。因为市场还有一种倾向,新的上升过程同以前的上升过程(三角形形成前),具有大体上差不多的坡度或倾角,所以,价格触及上方管道线的地方既是价格目标,也是大致的时间目标。

上升三角形

上升三角形和下降三角形都是对称三角形的变体,但是它们分别

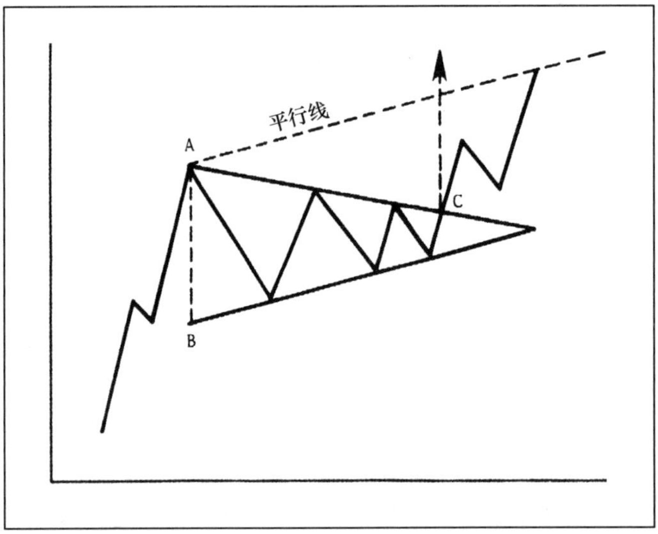

图 6.2a 对称三角形的价格目标有两种测算法。其一，先量出底边(AB)的高度，然后从突破点 C 起或从顶点起，投射出与这个高度相等的垂直距离。其二，从底边的上端点(A)引出一条平行于三角形下边线的平行线。

具有不同的预测意义。图 6.3a 和 b 是上升三角形的例子。请注意，其中上边趋势线持平，而下边线则上升。本形态显示，买方比卖方更为积极主动。它属于看涨形态，通常以向上的突破作为完结的标志。

上升三角形和下降三角形均与对称三角形有着很重要的区别。上升三角形或下降三角形无论出现在趋势结构中的哪个部分，都具有明确的预测意义。上升三角形看涨，下降三角形看跌。另一方面，对称三角形在本质上属于中性形态。不过，这并不是说对称三角形不具备预测价值，相反，因为对称三角形是持续形态，所以，分析者只要找出原有趋势的方向，然后假设该既有趋势即将恢复就够了。

有些人宣称，因为对称三角形没有先天性的偏向，所以，其本身不具预测价值。这种说法是错误的，因为本类三角形的结果通常是原先趋势的继续。很清楚，对称三角形确实具有预测价值。

现在我们回到上升三角形上。如前所述，上升三角形经常是看涨的。其看涨的突破，以收市价格决定性地超出上边水平趋势线为标志。正如所有各种有效向上突破那样，此时交易量应当显著地增加。随后市场对被突破趋势线(水平的上边线)的反扑也不罕见，但它应在较轻的交易量下发生。

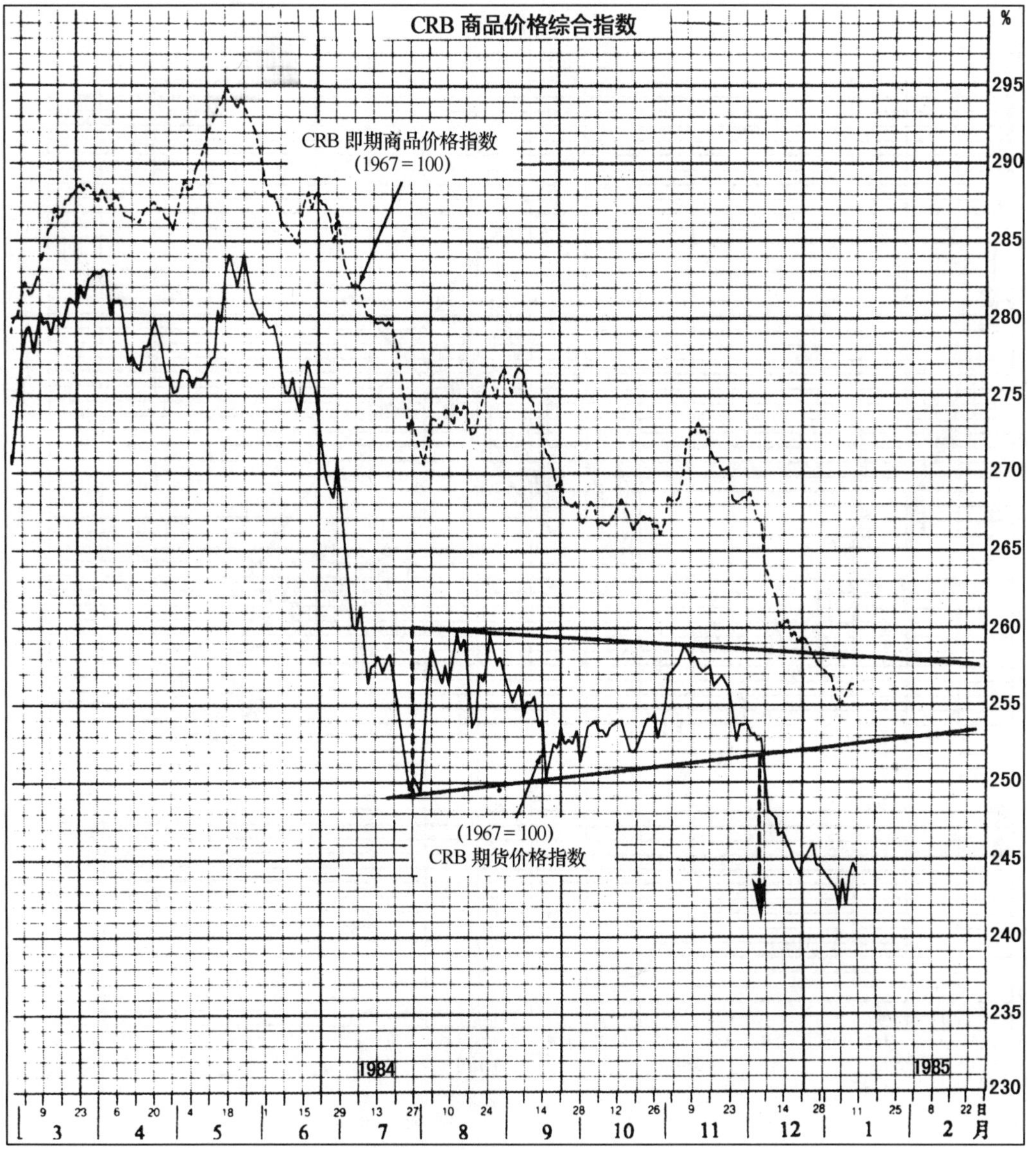

图 6.2b 在 CRB 期货价格指数(下方的曲线)上,从 7 月底到 11 月底,形成了一个看跌的对称三角形。如果我们测出其底边的高度,从突破点起把它投射下去,那么向下的目标为 242。目前这个目标已经实现了(Chart courtesy of Commodity Research Bureau, a Knight-Ridder Business Information Service)。

图 6.2c 对称三角形充当反转形态的一例。1983 年 10 月其下边线被突破,构成主要看跌信号。注意,在最右侧介于 7.00 和 8.00 之间,另有一个小的对称三角形,它属于看跌的持续形态(Chart courtesy of Commodity Research Bureau, a Knight－Ridder Business Information Service)。

测算技术

上升三角形的测算技术相对简单。先量出该形态最宽处的高度,然后从突破点起,简单地向上投射出相等距离就行了。这也是利用价格形态的波动性来确定其价格目标的一例。

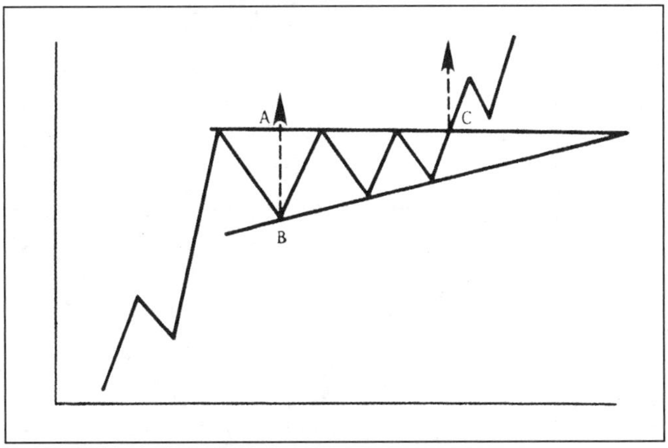

图 6.3a 上升三角形。当收市价格决定性地超出上边线后，本形态就完结了。突破发生时，交易量应有急剧的增加。突破后，这条上边线（阻挡线）将在之后的下跌中起到支撑作用。其最小价格目标的算法是，先测出三角形的高度（AB），然后从突破点 C 起，向上投射出相等的竖直距离。

图 6.3b 在 8 月里，横向延伸的巩固阶段是以上升三角形的形式出现的。注意，其上边线水平，下边线上斜。还要注意在 7 月里的向下倾斜的旗形。在 2 月到 5 月的下降趋势中，请注意其中有很多上倾的旗形（Chart courtesy of Commodity Research Bureau, a Knight-Ridder Business Information Service）。

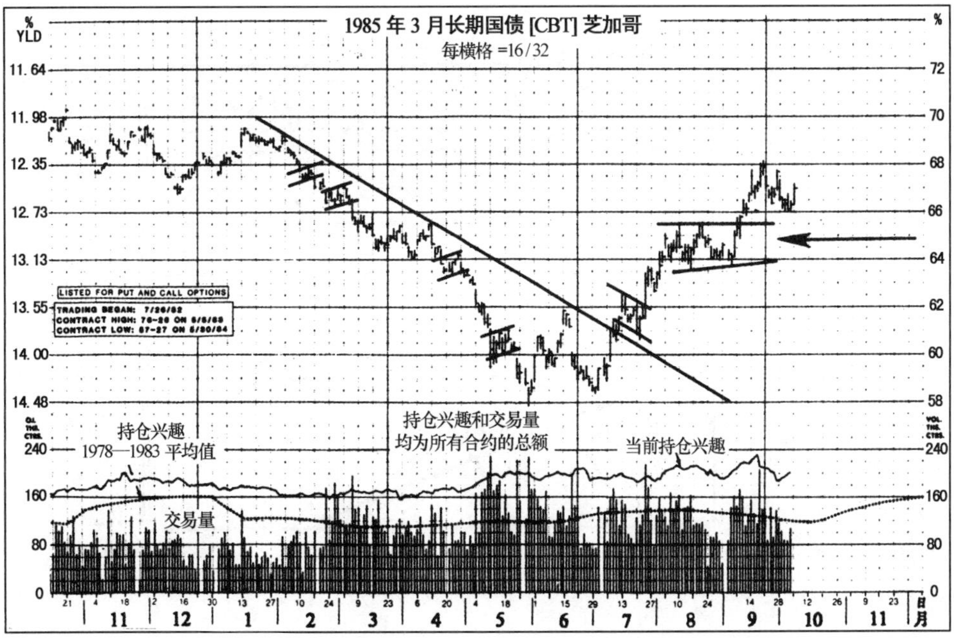

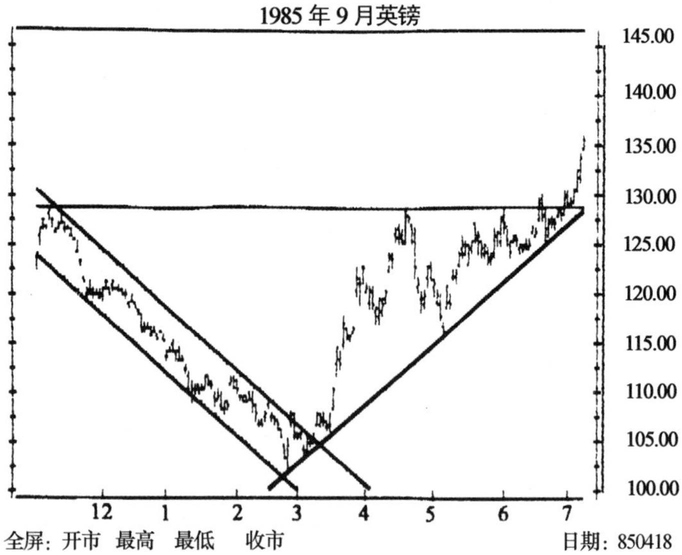

图 6.3c 在本图中，英镑市场在 4 月到 6 月的巩固阶段是个上升三角形的精彩实例。这种形态通常属于看涨形态。注意，在本例中，下侧的上升边线同时也是自底部引出的主要上升趋势线。而上侧的水平边线则是一个主要头肩形的颈线。还请注意，图中自 11 月到次年 2 月的管道界定分明。

图 6.3d 本图是上例中英镑日线图的局部放大。注意，其中有三个向上的跳空。也请注意低点处的关键反转日，它属于“抛售高潮”和 V 形反转底的类型。注意图中左侧的趋势线如何在突破后成了支撑线。在 4 月，上升趋势无力抵达上方的管道线，发出了向下调整的警讯。

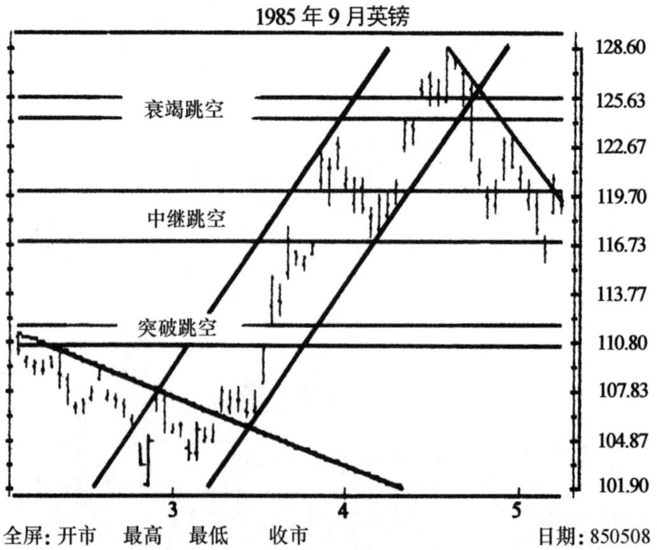

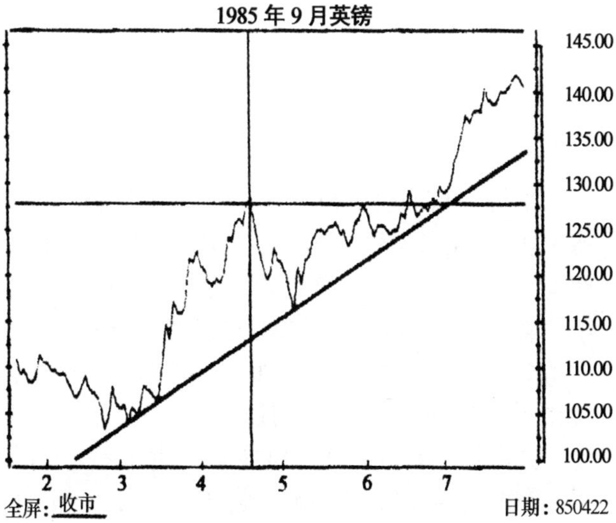


```
                    % Retracement for CLOSE - <esc> to Exit
                                 Base:   .01

Base Start:           103.50
Base End   :          128.05
Retrace to:           116.40
% Retrace  :      47.454

33-1/3%    :          119.87
40%        :          118.23
50%        :          115.78
60%        :          113.32
66-2/3%    :          111.68

<rtn> to Continue:
```

图 6.3e　本图继续研究前二例中的英镑合约,在这里,上升三角形更容易辨认。上方的目标测算已经完成,它就是从向上突破点起向上投射三角形的高度得来的 。图下的数字列举了各种回撤的参数。按收市价计算,4 月的向下调整,回撤到了先前上涨的 47.4%的位置。而从日内价格来看,几乎恰好为 50%。本图和前面两个例子说明,在同一个分析中,我们可以糅合各种技术形态和技术工具。

充当底部形态的上升三角形

上升三角形最经常地出现在上升趋势中,属于持续性形态。不过,它有时也会以底部形态的面目出现。在下降趋势处于强弩之末的阶段时,出现上升三角形也是不足为怪的。但即使是在这种情况下,该形态的含义也仍然是看涨的。上边线的突破标志着底部形态的完成,构成了看涨信号。上升三角形和下降三角形有时均被称为直角三角形。

下降三角形

下降三角形仅仅是上升三角形的镜像,一般认为,它属于看跌形态。注意,在图 6.4a 和 b 中,上边线下降,下边线水平。这种形态说明,卖方比买方更为积极主动。它通常是以向下突破而告完结的。向下的突破信号以收市价格决定性地低于下边趋势线为标志,并且在通常情况下,交易量应有所增加。有时市场随后也会发生反扑现象,不过在下边趋势线下应遭到阻挡。

其测算技术与上升三角形完全相同——分析者先在左侧底边测得形态的高度,然后从突破点起,向下投射出相同的距离。

充当顶部形态的下降三角形

尽管下降三角形属于持续形态,通常发生在下降趋势中,但偶尔也能在市场顶部发现其踪迹。当这种形态确然发生在顶部过程时,要辨别它并不困难。在这种情况下,如果收市价低于水平的下边线,可能就标志着向下的主要趋势反转。

交易量形态

在上升三角形和下降三角形中,它们的交易量形态很相似。随着形态的逐步发展,交易量也相应地萎缩,然后在突破时又大为增加。同对称三角形的情况一样,在其形成过程中,图表分析者可以细究交易量形态配合价格摆动所呈现出的蛛丝马迹。这就是说,在上升形态中交易量倾向于在价格上弹时稍重,而在价格下落时稍轻。在下降形态中,交易量应该在价格向下时较重而在向上反弹时较轻。

三角形的时间因素

关于三角形,我们最后要考虑的是它们的时间尺度。一般认为,三角形属于中等形态,即它的形成过程通常花费 1 个月以上的时间,但一般少于 3 个月。持续时间短于 1 个月的三角形可能属于另外的形态类别,例如三角旗形,后面我们很快就讲到了。早些时候我们曾说过,三角形有时也会出现在长期的价格图表上,但是就其自然本性来说,它还是日线图的专利。

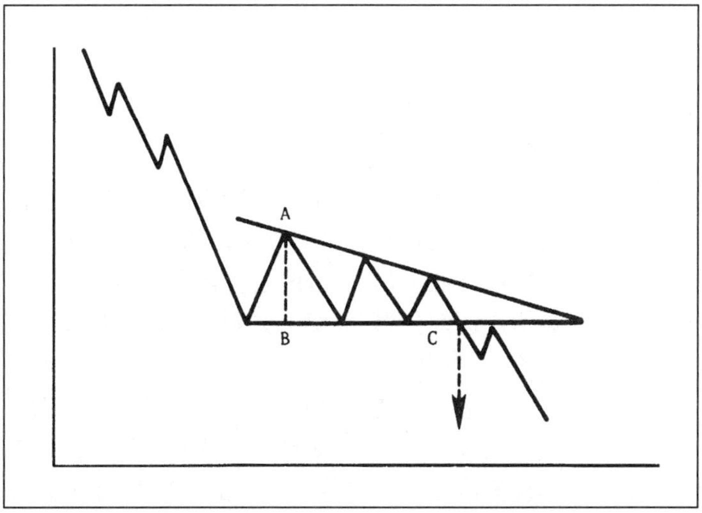

图6.4a 下降三角形。当收市价格决定性地跌过下侧水平线后,本看跌形态完成。其测算技术是,自点C起向下投射三角形高度(AB)。

图6.4b 看跌下降三角形的实例。请注意,在这里,虽然三角形内的最后一个峰向上突破了上边线,但是无力超越9月里的高点所形成的阻挡。向下的价格目标已经实现了。在$6.00附近,存在着某种“心理上的”支撑。注意,自11月以来的下降趋势线何其漂亮地阻扼了各次上弹(Chart courtesy of Commodity Research Bureau, a Knight-Ridder Business Information Service)。

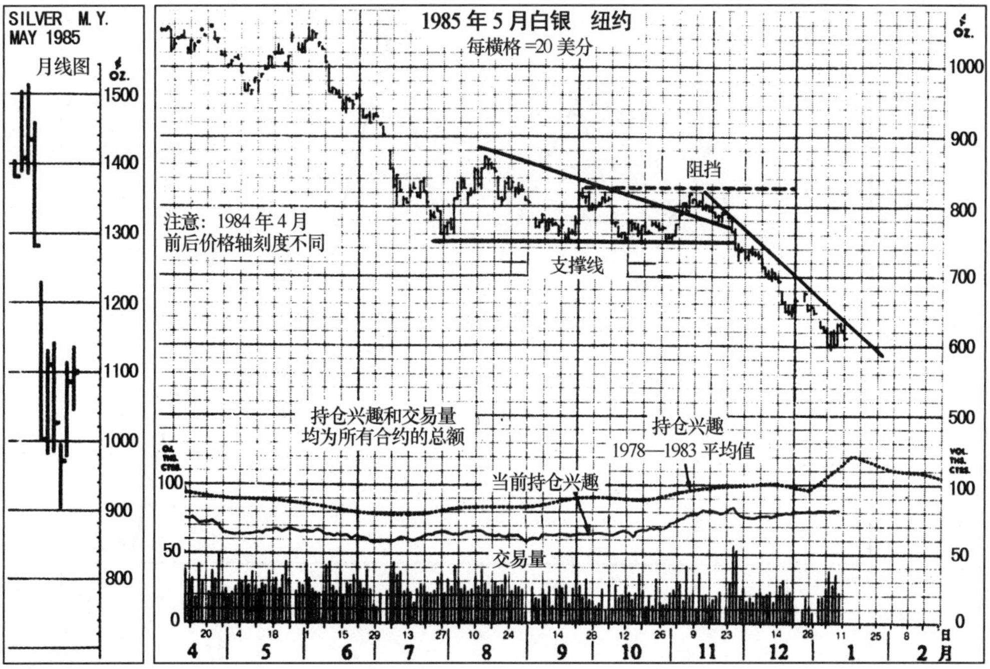

扩大形态(喇叭形)

下面这种形态,是三角形的不同寻常的变体,相对较少见。它其实是反向的三角形。以前所探讨的三角形的两条边线都是相互聚拢的。喇叭形与此正相反,可谓名符其实。如图6.5a所示, 在扩大形态中,两条边线逐渐分离,呈现出扩大三角形的轮廓。因此,这种形态也被称为喇叭筒顶部形态。

本形态的交易量形态也与众不同。在其余三角形中,随着价格的摆动幅度逐步缩小,交易量也倾向于相应地收缩。但是在扩大形态中,情况恰恰相反。交易量随着价格摆幅的日益放大,而相应地扩张。这种情况显示市场已失去控制,变得极为情绪化。因为本形态代表了公众参与交易活动非常积极的情形(这是不同寻常的),所以最常发生在市场的主要顶部过程中。因此,喇叭形通常是看跌形态。

图6.5a 扩大形顶。这类扩大形形态通常发生在主要顶部过程中。其中显示出三个依次上升的峰,以及两个依次降低的谷。当第二个谷被向下穿越后,形态完结。在这种形态中,通常难于交易,不过,相对来说它们还是较少见的。

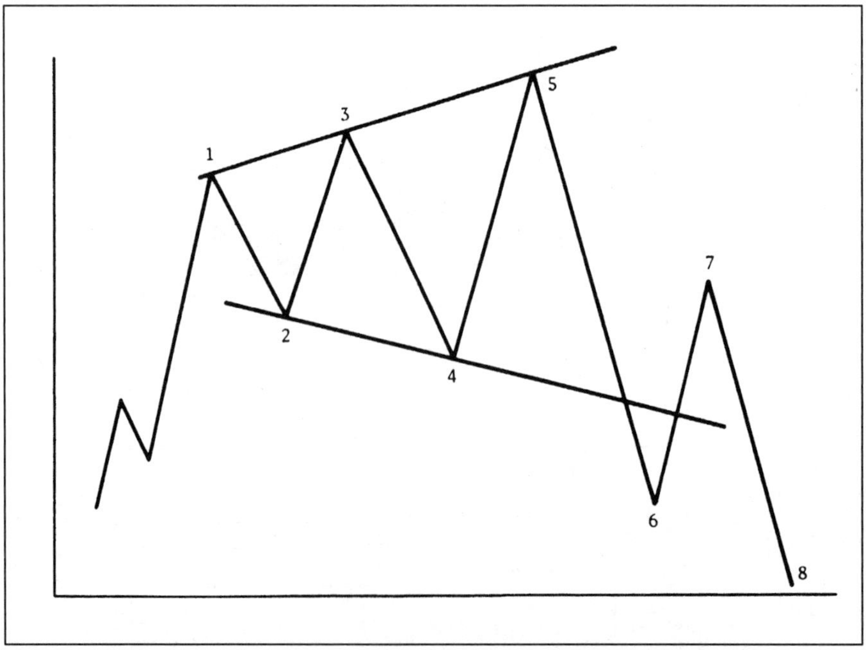

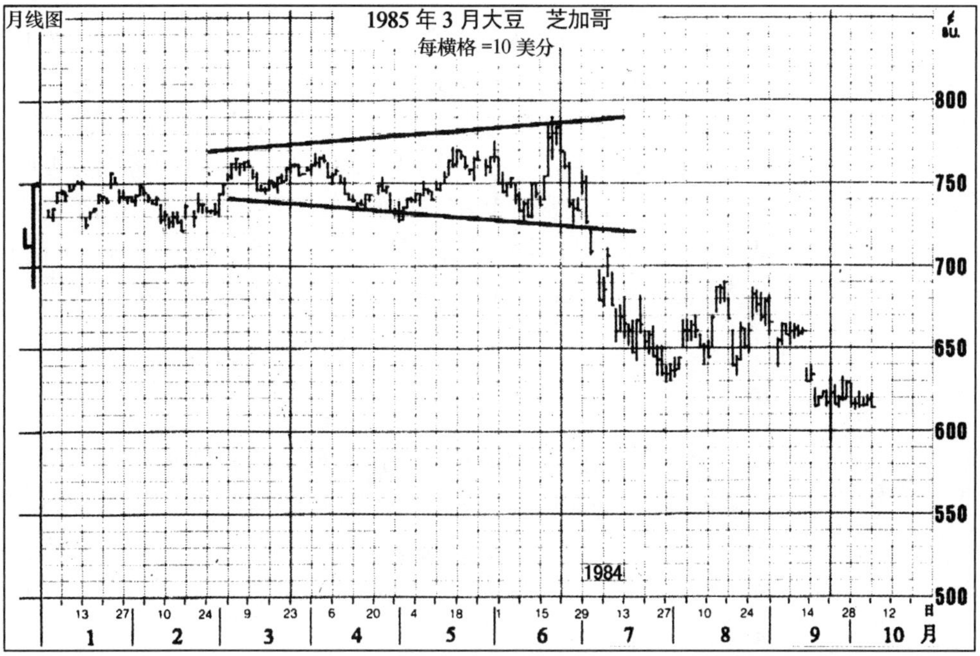

图 6.5b 扩大形顶的实例。这是一种相对少见的反转形态，通常出现在主要顶部过程中(Chart courtesy of Commodity Research Bureau, a Knight-Ridder Business Information Service)。

喇叭形顶如何形成

图 6.5a 例示了该形态最常见的外形。图中出现了三个依次增高的峰(点 1、3、5)以及两个依次降低的谷(点 2、4)。显然，在这种形态下进行交易是极为困难的，因为在其形成过程中出现了许多错误信号。在前面关于顺应趋势理论中，我们曾讲过，当前一个高点被向上穿越时，通常意味着上升趋势的恢复，而价格向下突破前一个低点，一般表明下降趋势的开始或者恢复，但是这个形态却与上述理论背道而驰。在这里，如果交易者机械地根据向上或向下的突破信号采取行动，则必将受挫于一系列错误信号。

形态的完成

当来自第三峰的回落突破了第二谷(见点 6)之后，本形态就完成了，并且构成了主要看跌信号。如同检验所有的重要突破一样，为了减少错误信号，这里我们也可采以借助各种过滤器。因为本形态具有三峰、两谷，有时又被称为五点反转形态。请注意，这里再度出现了 5 这个数字，在前面关于对称三角形的讨论中，我们也曾提到过它。

在本形态完成顶部过程、发出看跌信号后，价格反扑是很正常的，其回撤幅度可能达到前一段下跌的 50%，然后，初生的下降趋势再恢复下跌。尽管第三峰通常高于前二峰，但它偶尔甚至也会达不到第二峰的高度。在这种情况下，分析者据之可以得出市场上冲失败的及早警示，而且该形态实际上已经开始同具有下倾颈线的头肩形顶相像起来。

扩大形态小结

首先，扩大形态是相对少见的。不过一旦它出现了，通常便是市场的重要顶部。它的形状如同扩大的三角形，有三个依次上升的峰，两个相继下降的谷。在价格摆动幅度逐步增大的同时，伴随着交易活动的逐步增长。在第三峰完成后，如果价格跌破第二谷，就标志着该形态的完结。

钻 石 形 态

钻石形态通常出现在市场顶部，是另一种相对罕见的形态。本形态的特别之处在于，它其实是由两种不同类型的三角形——扩大三角形和对称三角形组合而成的。请看图 6.6a，该钻石形的前一半类似一个扩大三角形，后一半是对称三角形。这种价格变化所对应的交易量形态是，在形态前一半，交易量扩张；在后一半，交易量随着价格摆幅的日益缩小而逐渐减轻。

在这种形态中，先是两根边线逐渐分离，然后两条边线再逐渐聚拢，围成了与钻石相像的图表形状，图表形态由此得名。本形态相对少见，一般出现在市场的顶部。它经常地充当反转形态，而较少作为持续形态露面。在钻石形的后半部分，当下边的上升趋势线被向下突破后形态完成。一般在其向下突破时，会配合着交易活动的增加。

如何测算钻石形

钻石形的测算技术与前面三角形形态类似。我们先测出该形态最宽部分的竖直距离，然后，从突破点起向下投射相同距离。有时候也会出现反扑现象，市场回到下方的阻挡线附近，但新趋势应从这里恢复。

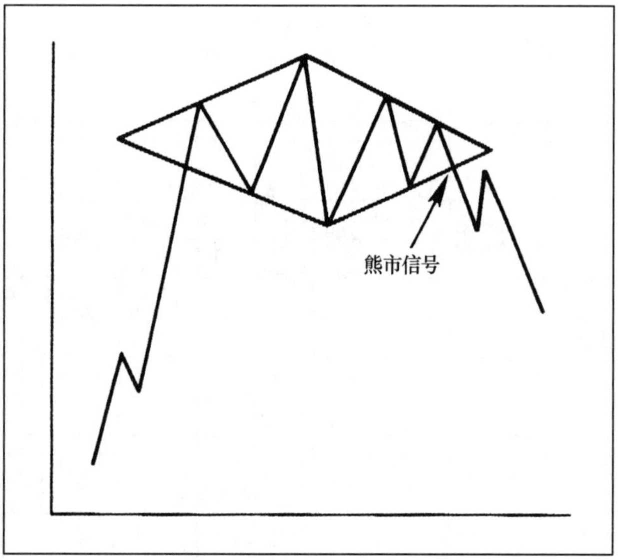

图 6.6a 钻石形的例子。它通常构成顶部反转形态。它的前半部分类似于扩大形,后半部分类似于对称三角形。当下侧的上倾趋势线被向下突破后,本形态完成。其测算方法是,从其最宽处量出该形态的高度,然后从突破点起,向下投射出相等的距离。

结　　语

以上对钻石形的讨论,结束了我们对三角形这个课题的研究。在图表形态分析中,三角形通常指对称三角形、上升三角形和下降三角形三者。扩大三角形和钻石形代表了三角形的奇特的变体。下面我们继续讨论其余一些常用的持续形态。

旗形和三角旗形

扩大形态和钻石形相对较少见,而旗形和三角旗形在期货市场却相当普遍。因为它们在外形上非常相似,往往出现在趋势结构中的相同位置上,并具备相同的交易量和测算原则,所以,我们通常把它们放在一起研究。

旗形和三角旗形表示市场充满活力,但暂时处于休止状态。事实上,剧烈的、几乎是直线式的市场运动,是旗形和三角旗形出现的先决

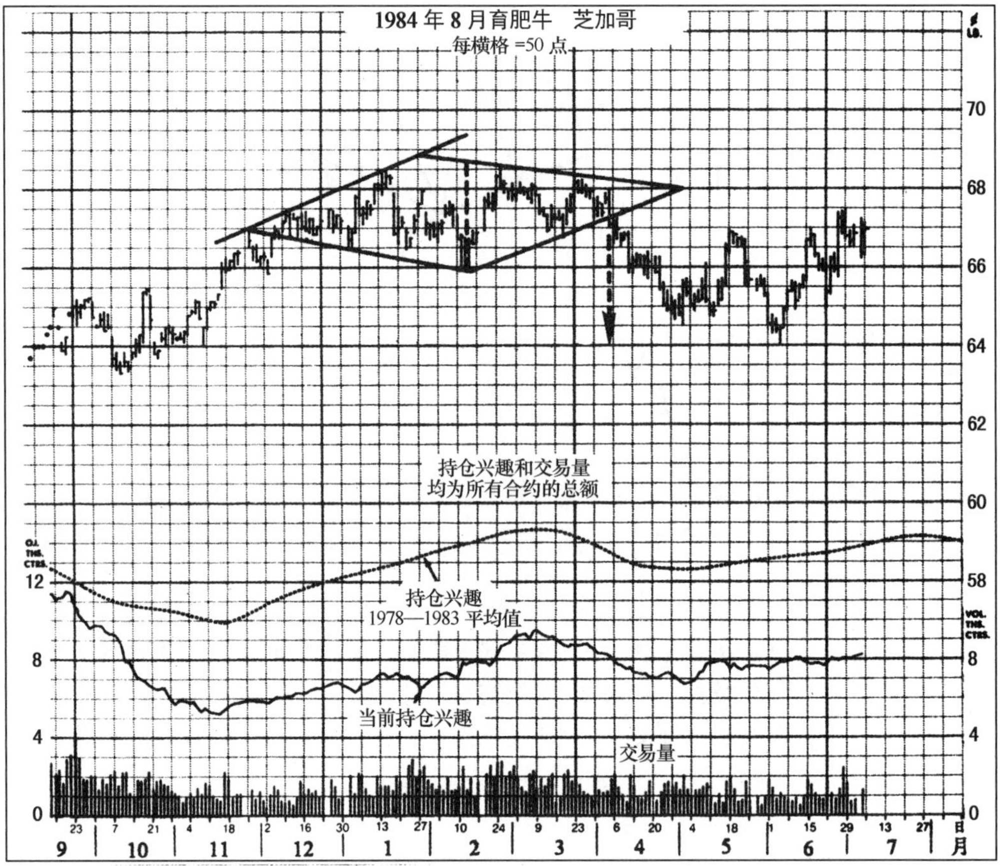

图 6.6b 钻石形顶的实例。注意,其左侧为扩大形,右侧为对称三角形。当右侧的上倾直线被跌破后,标志着趋势的反转。其价格目标的算法是,先测出钻石形的垂直宽度,然后从突破点出发向下投射出相等的距离(Chart courtesy of Commodity Research Bureau, a Knight-Ridder Business Information Service.)。

条件。这两种形态说明,市场的陡峭上升或下跌过于“超前”了,因而需要稍作休整,“喘息一会儿”,然后再顺着原方向飞奔而去。

旗形和三角旗形是两种最可靠的持续形态,仅在极少数情况下引发市场的反转。图 6.7a 和 b 显示了两者的图例。首先,请注意在形态出现前的陡峭的价格上升及其重大的伴随交易量。还请注意在该调整形成过程中交易量的急剧萎缩,以及在向上突破时交易活动的突然迸发。

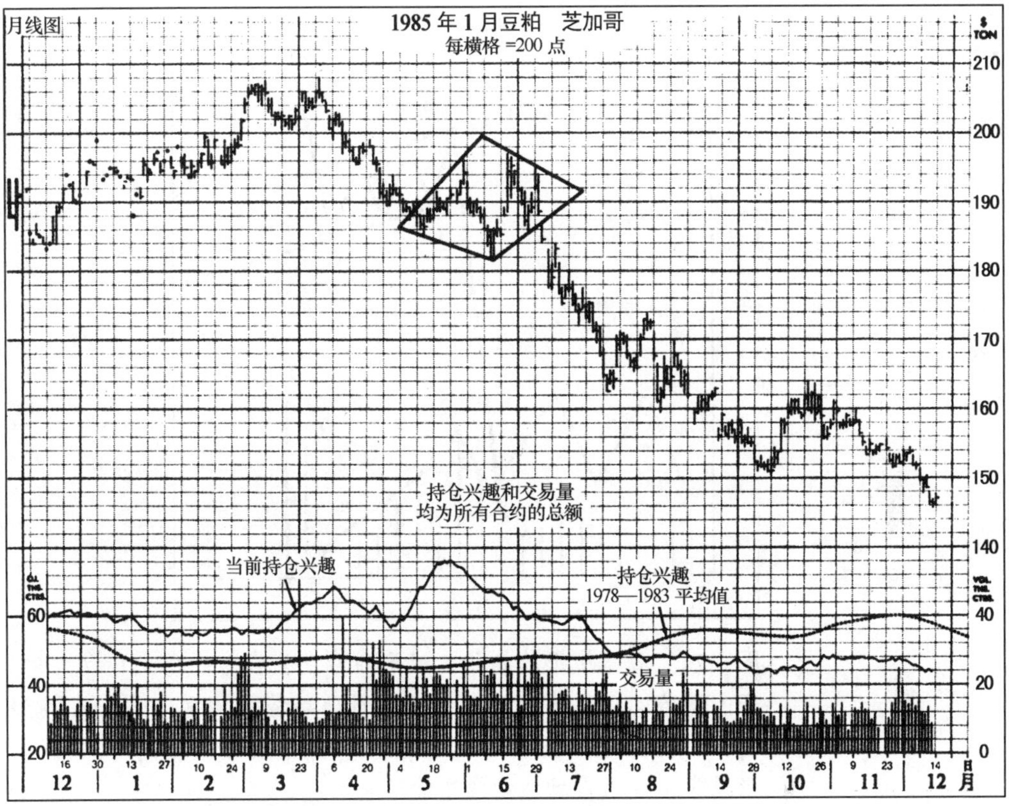

图 6.6c 钻石形充当看跌持续形态的实例(Chart courtesy of Commodity Research Bureau, a Knight-Ridder Business Information Service)。

旗形和三角旗形的结构

这两种形态的结构稍有不同。旗形与平行四边形或矩形相像,是由两条向流行趋势相反方向倾斜的、相互平行的趋势线围成的。在下降趋势中,旗形或许具有稍稍向上的倾角。

三角旗形以两条相互聚拢的趋势线为特征,从总体上说,更呈现出水平向发展的特点,极像小的对称三角形。在两种形态中,还有一个重要的先决条件。随着两个形态的逐渐形成,交易量应该显著地枯竭。

相对而言,两个形态都是短期的,应当在 1 到 3 个星期内完成。三角旗形和旗形在下降趋势中延续时间往往较短,经常不超过一到两周。在上升趋势中,两种形态的完成均以对上边趋势线的突破为标志。而在下降趋势中,下边趋势线的突破意味着下降趋势的恢复。对上述趋

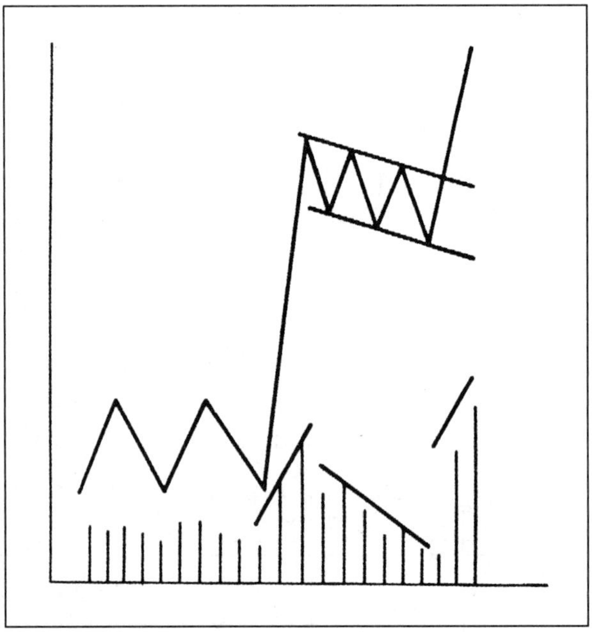

图 6.7a 看涨旗形的例子。旗形通常发生在市场急剧运动之后,代表着趋势的短暂休止。它应当倾斜向趋势的相反方向。在其形成过程中,交易量应当日益萎缩,然后,当突破发生时,再度扩张。旗形通常出现在市场运动的中途。

势线的突破应当发生在较重大的交易量背景下。通常,向上突破时的交易量因素比向下突破时,起着更为关键的验证作用。

测算技术

两个形态的测算意义是一致的。旗形和三角旗形被比喻成旗帜在旗杆中点作"降半旗状"。旗杆就是先前的剧烈上升或下跌的轨迹。而"半旗"的含义是,这类小型持续形态倾向于出现在整个运动的中点。一般地说,在形态完成之后,即趋势恢复后,市场将重复原先的那一半"旗杆"(或者说形态形成之前的运动)。

更确切地说,我们应当从原始的突破点起计算先前运动的距离。换言之,起算点应为当前趋势萌生时信号发生的那一点。具体地说,这一点要么是价格穿越重要支撑或阻挡水平的点,要么是市场突破重要趋势线的点。然后,从旗形或三角旗形的突破点——在上升趋势中,为上边线被突破的点,而在下降趋势中,为下边线被突破的点——起,顺着当前趋势的方向,量出相等的竖直距离,就得到了价格目标。

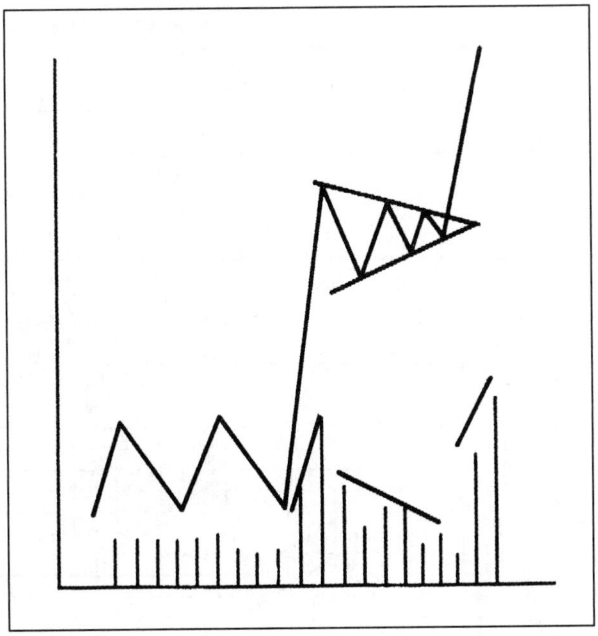

图 6.7b 看涨的三角旗形。它就像一个小的对称三角形,但通常其持续时间不超过三周。在其形成过程中,交易量应渐轻。在三角旗形完结后,市场应当重复之前的运动。

小　　结

我们来总结一下两种形态的要点。

1.在两者之前,市场上几乎都是直线式的价格运动(称作旗杆),且其交易量重大。

2.然后,价格在非常轻弱的交易量下休整一到三个星期。

3.趋势恢复,同时交易活动迸发式地增强。

4.两种形态均出现在当前市场运动的中点附近。

5.三角旗形同小型的水平向对称三角形相像。

6.旗形像小的平行四边形,其倾斜方向与流行趋势相反。

7.在下降趋势中,两种形态持续时间都较短。

8.在期货市场,两者都非常普遍。

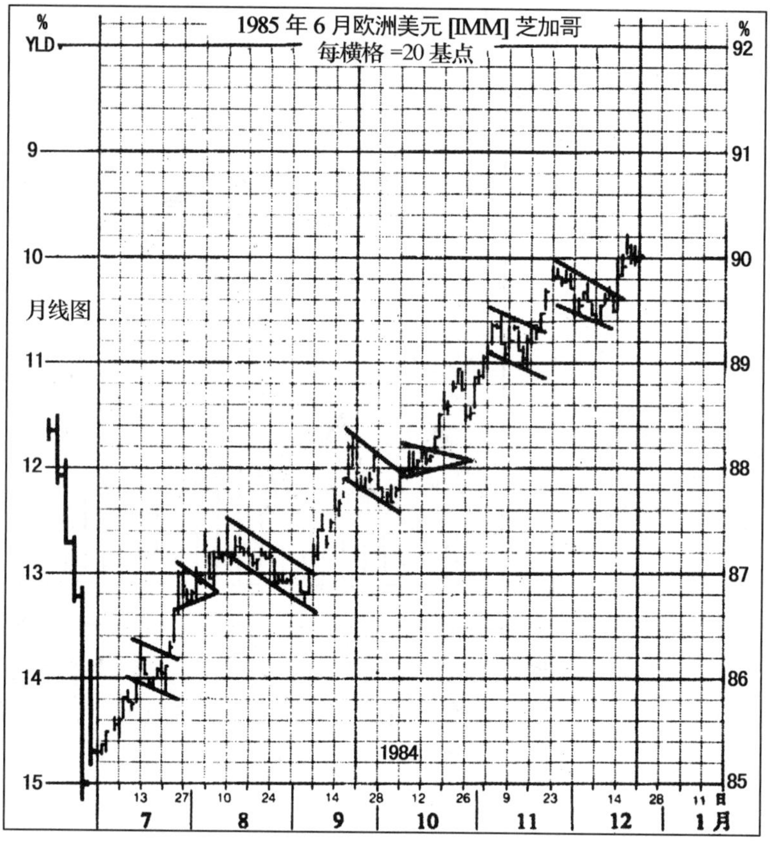

图 6.7c 旗形和三角旗形是剧烈的市场运动的特征。两者都代表着趋势的暂时中断。注意,在本图的欧洲美元的上涨过程中,有很多旗形和三角旗形(Chart courtesy of Commodity Research Bureau, a Knight-Ridder Business Information Service)。

楔　　形

就外形和持续时间两方面看,楔形与对称三角形相似。像对称三角形那样,该形态也以两条相互聚拢的趋势线为特征,其交点称为顶点。从时间角度看,楔形通常持续一个月以上,但不超过三个月,从而属于中等形态的范畴。

楔形的与众不同之处在其明显的倾角上。楔形具有鲜明的倾角,方向很明确,要么向上,要么向下。一般地说,楔形如同旗形一样,其倾斜方向与流行趋势相反。于是,下降楔形属于看涨形态,而上升楔形为

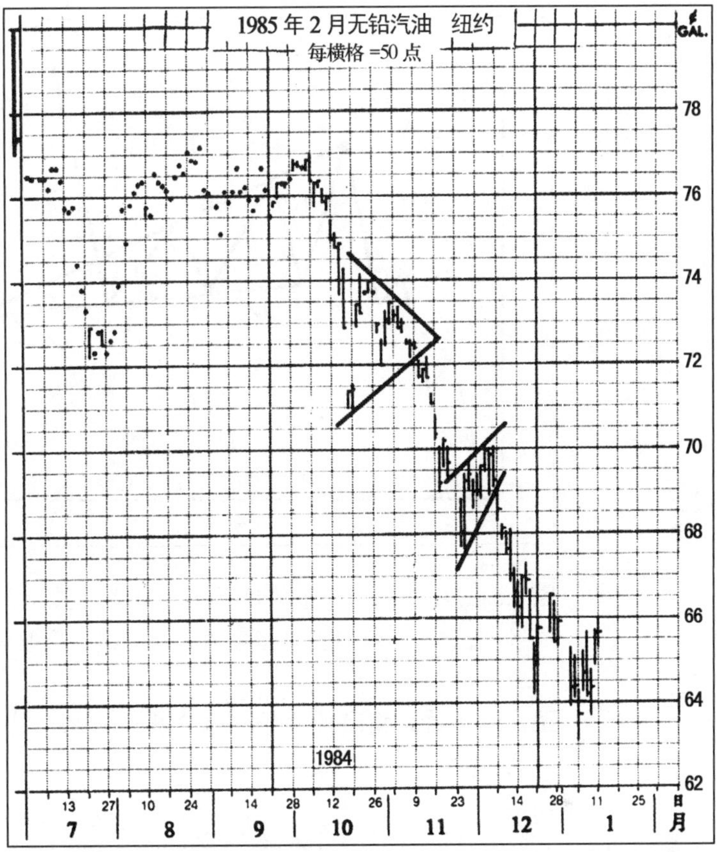

图 6.7d 图中左起的第一个形态,既可以算作对称三角形,也可以属于三角旗形的类型。第二个构造的轮廓类似于上升的旗形。在下降趋势中,它们的持续时间很少超过数星期(Chart courtesy of Commodity Research Bureau, a Knight-Ridder Business Information Service.)。

看跌形态。注意,在图 6.8a 中是一个看涨楔形,它在两条聚拢的趋势线包围下倾斜向下。而在图 6.8b 所示下降趋势中,两条聚拢的趋势线无疑是倾斜向上的。

充当顶部或底部反转形态的楔形

楔形最经常地出现在既存趋势中间,通常属于持续形态。楔形也可能出现在顶部或底部过程中,标志着趋势的反转。但这种情况比前者少见得多。在上升趋势接近尾声时,图表分析者或许会观察到一个清晰的

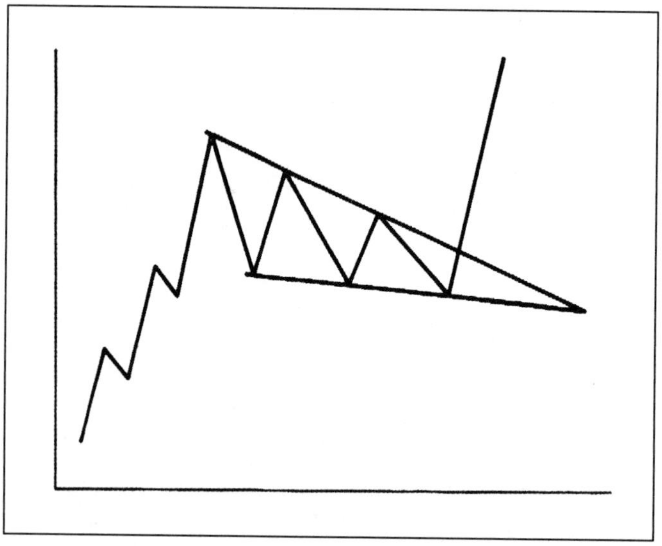

图 6.8a 看涨下倾楔形的例子。楔形形态具有两条相互聚拢的趋势线,但它们均倾斜向当前趋势的相反方向。下倾楔形通常是看涨的。

图 6.8b 看跌楔形的例子。看跌楔形的倾斜方向也应与主流趋势相反,冲下。

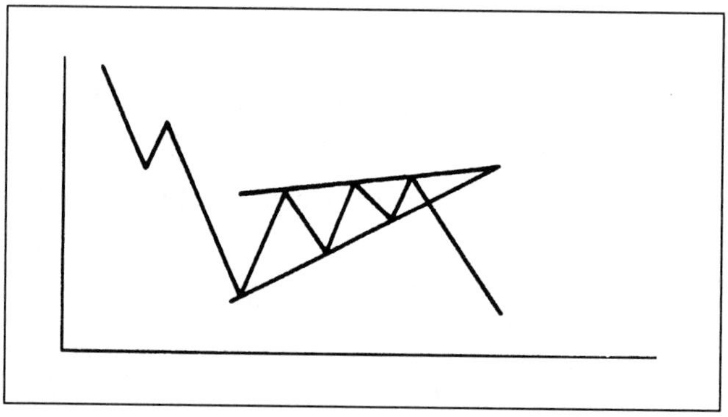

上升楔形。因为在上升趋势中,持续性楔形应当逆着流行趋势而倾斜向下,所以,这个不寻常的上升楔形就成了一条重要线索:这是看跌的而不是看涨的。在底部,下降楔形或者是熊市可能终结的警讯。

无论楔形出现在市场运动的中间还是尾部,市场分析者总能从以下这条一般经验中得到些启发:上升楔形看跌,下降楔形看涨。

市场在从楔形形态中突围之前,通常至少要朝顶点经历过其全部距离的 2/3,有时甚至直达到顶点后,形态才告完结(在楔形中,有些时

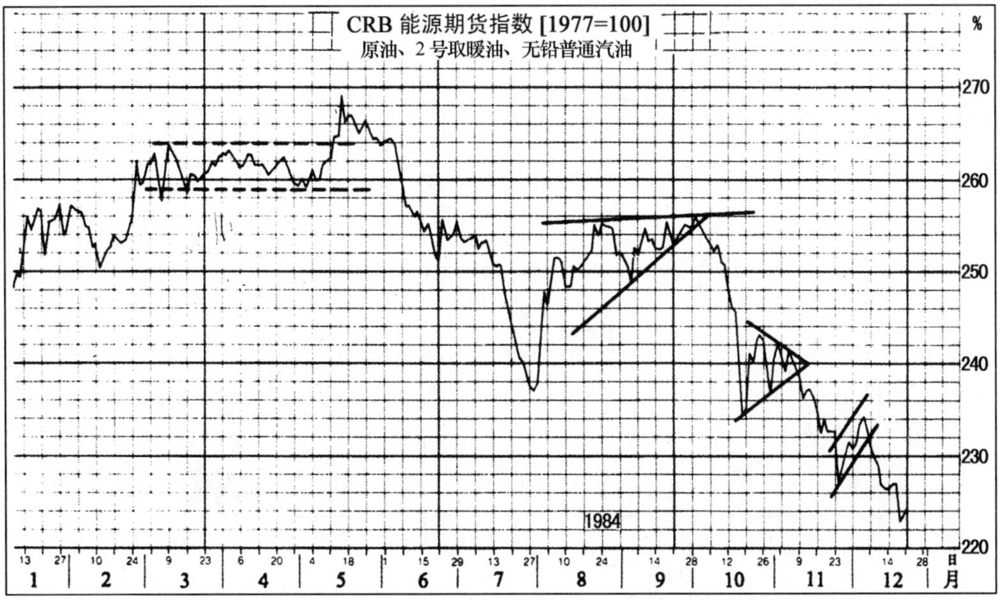

图 6.8c 本图为 CRB 能源期货指数,其中有四个不同的形态。从左上侧起,第一个为上升趋势中的矩形巩固形态。第二个形态发生在 8 月到 9 月,为看跌的上倾楔形。第三个形态出现在 10 月和 11 月间,是看跌的三角旗形。第四个形态是 12 月前后的上扬旗形(Chart courtesy of Commodity Research Bureau, a Knight-Ridder Business Information Service)。

候价格倾向于一直移动到顶点,然后才能突围而出。这是它与对称三角形的另一个区别)。在楔形形成过程中,交易量应当收缩,而在突破时交易量应增加。楔形在下降趋势中比在上升趋势中持续的时间更短。

矩　　形

矩形有许多绰号,不过在价格图表上通常是易于辨识的。它也是趋势中的休整阶段,在形态中,价格在两条平行的水平直线之间横向伸展(见图 6.9a—c)。

有时,我们把矩形称为交易区间或密集区。在道氏理论中,相应的说法为“直线”。不管怎样称谓,它通常只是既存趋势中的调整阶段,最终市场将顺着之前的趋势方向完结它。从预测意义这方面来看,它算是与对称三角形类似,但它的两条趋势线边线都是水平直线,而不是聚拢相交的直线。

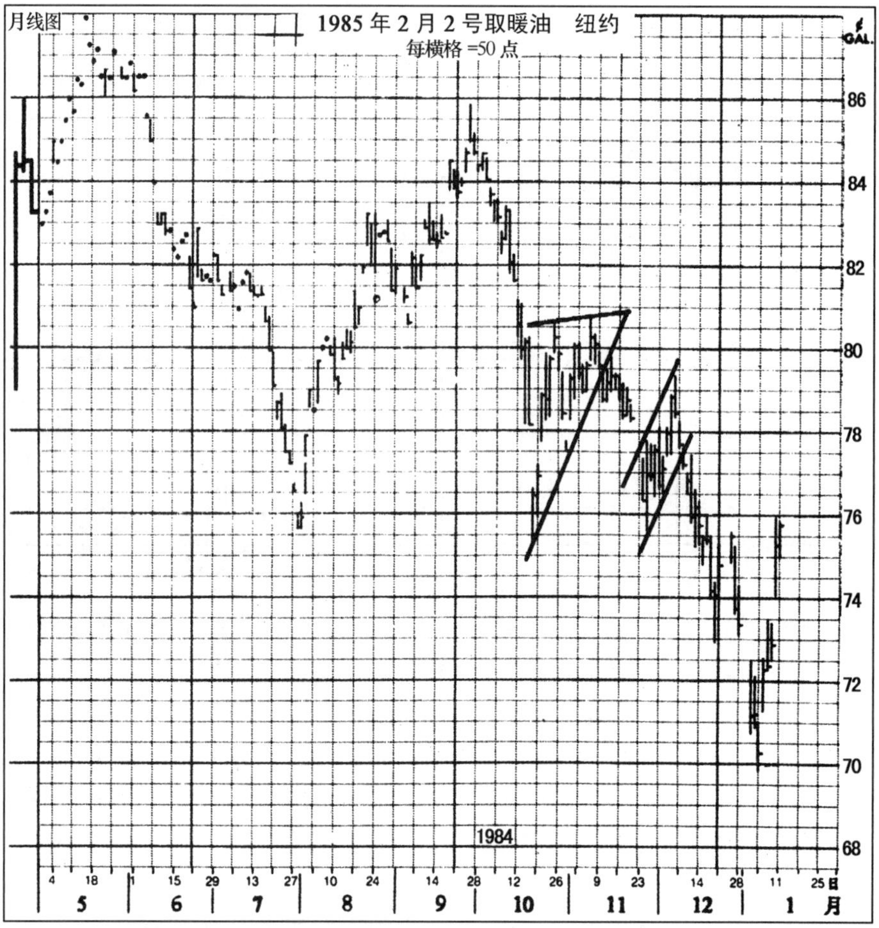

图 6.8d 本图为 2 号取暖油的图表,其中在 10 月到 11 月的上冲形成了上倾的楔形,这是个典型的实例。它的两条边线相互聚拢,并倾斜向上。12 月前后的上冲的轮廓像是上扬旗形(Chart courtesy of Commodity Research Bureau, a Knight-Ridder Business Information Service)。

当价格决定性地收市于上边界或下边界以外时,矩形形态完成,并且指向现行趋势的方向。不过市场分析者必须始终保持警惕,留意矩形调整会不会演化成反转形态。例如,在图 6.9a 所示的上升趋势中,请注意,其中三个峰或许可能演化成三重顶反转形态。

交易量形态的重要性

在这种形态中,交易量形态是值得观察的重要线索。因为价格向

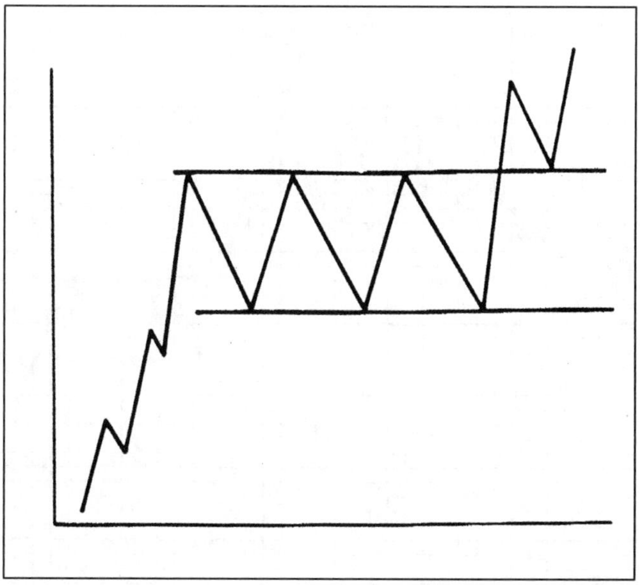

图 6.9a 上升趋势中的看涨矩形的例子。本形态也被称为“交易区间”,其中价格在两条水平趋势线之间波动。也称之为“密集区”。

图 6.9b 看跌矩形的例子。尽管矩形通常属于持续性形态,但是我们必须始终提防它演变成反转形态的蛛丝马迹,比如演化成三重底。

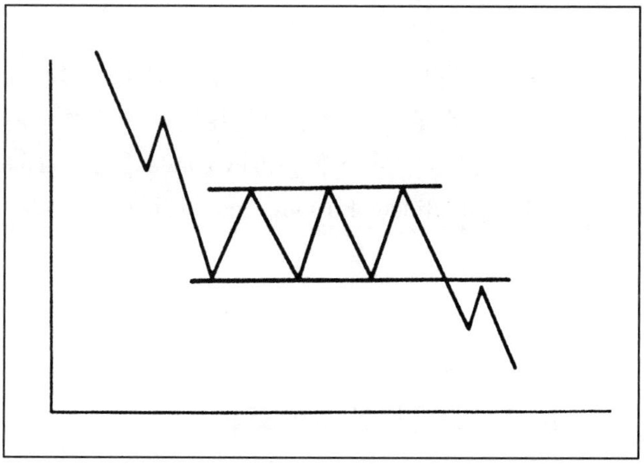

两个方向的摆动幅度均相当广阔,所以分析者应当密切注意在哪个方向上交易量更重。如果在价格上冲时交易量较重,而下撤时交易量较轻,那么该形态可能是上升趋势中的持续形态。如果较重的交易量发生在向下运动这一边,那么这可以看成趋势可能正在反转的警讯。

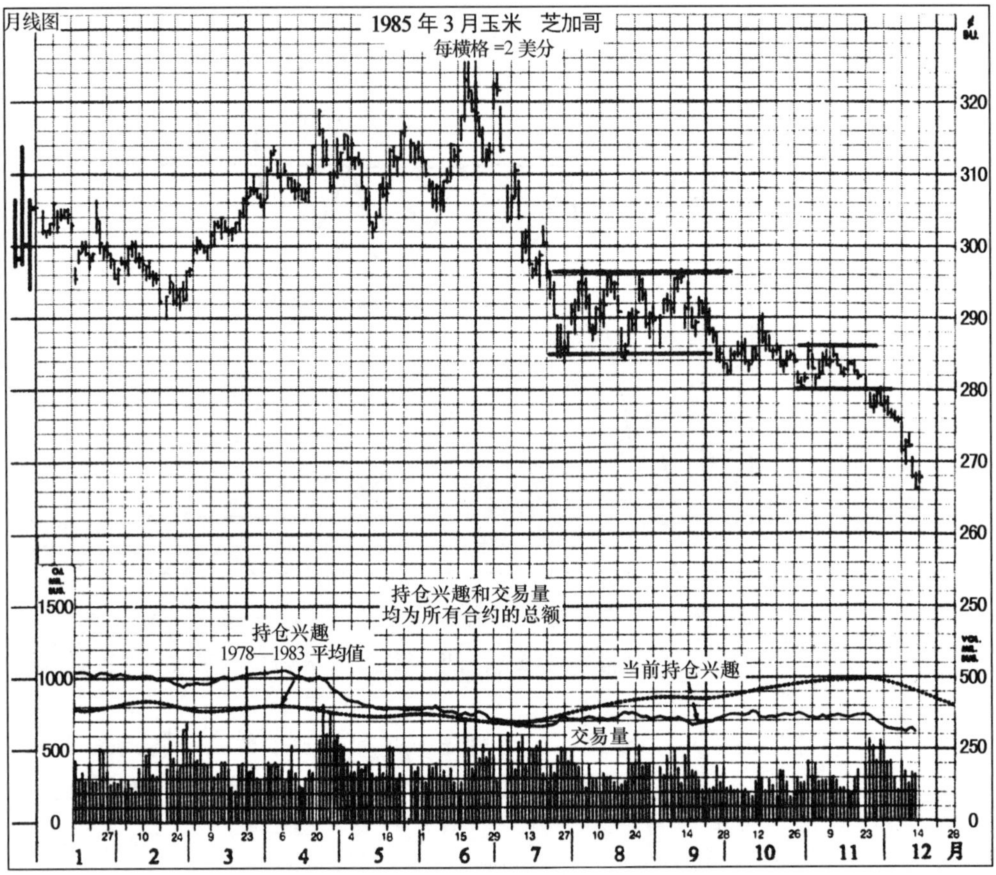

图 6.9c 从 7 月到 9 月的横向巩固阶段类似于矩形形态。在此类形态中，价格在两条水平的趋势线之间横向伸展。在 11 月，又出现了一个更小的交易区间(Chart courtesy of Commodity Research Bureau, a Knight-Ridder Business Information Service)。

可以在局限于一定区间内的价格波动中交易

有些图表师针对局限于这类形态的价格波动，在价格下跌到接近底边的时候买进，在价格上冲到接近上边的时候卖出。这种方法使短线交易商得以充分利用界定良好的价格边界，从一个无趋势可寻的市场中获利。因为我们把头寸建立在形态的极限位置上，在其上方和下方，市场的趋势状态有明确的区分，所以风险相对较小。只要交易区间完好如初,这种反趋势的交易方法就行之有效。当突破发生时,交易商不仅应当立即了结亏损的头寸,而且应该顺着新趋势的方向建立新的头寸以扭转原来的头寸方向。摆动指数在横向交易区间中特别有用,但是一旦发生突破,其效用便会下降。我们将在第十章讨论这方面问题。

也有些交易商认为,既然矩形是持续形态,那么在上升趋势中,就应当在价格范围的下边界建立多头头寸,或者在下降趋势中,在接近上边界时建立空头头寸。另外也有人完全避开此类无趋势的市场,直等到清晰的突破信号出现后,才投入资金。第十五章我们将研究在处于这种多变的、不明朗的市场阶段时,自动交易系统遇到的问题。大多数趋势顺应系统在这种横向伸展的无趋势市场中表现极拙劣。在这儿,朋友们只要对这一点知道个大概就够了。

其他相似性和差异性

就持续时间来说,矩形通常属于1到3个月的类别,与三角形和楔形类似。但其交易量形态与其他持续形态有所不同。由于矩形的价格摆动范围广阔,避免了在其余形态中通常可见的交易活动萎缩的现象。

关于矩形,最常用的测算技术是基于价格区间的高度之上的。我们先从顶到底地量出交易区间的高度,然后从突破点起,顺势投射相等的竖直距离。本方法类似于前面提到的各种竖直测算技术,也是以市场波动性为基础的。在我们介绍点数图分析中的“数算法”时,还将就水平方向的价格测算方法作进一步的探讨。

前面讲过的价格突破时的交易量变化特点,以及反扑动作出现的可能性等内容,此处也同样适用。在矩形中,因为上边界和下边界均是水平的,有良好的界定,所以,支撑和阻挡水平更为清晰易辨。这就意味着,在向上突破发生后,原先价格区间的上边线将在所有抛售中提供坚实的支撑。而在向下突破发生后,交易区间的底边(原先的支撑区)现在应该在所有上冲中构成坚实的阻挡。

对等运动

所谓对等运动,有时又称为自测摆动。它所描述的是,主要的市场上升或下降的过程(如图6.10a所示),可以分成距离相等、相互平行的两个部分。只有当市场运动相当有序并且节奏分明的情况下,本方法才有用武之地。对等运动实际上是我们前面涉猎的某些技术的变体。从一些调整形态中,诸如旗形和三角旗形中,朋友们已经看到,它们通

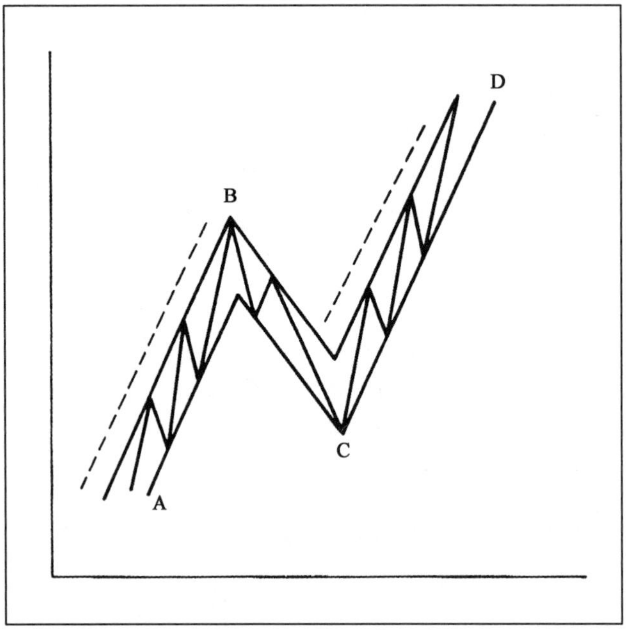

图 6.10a　上升趋势中的对等运动(又称为自测摆动)的例子。根据这个理论,在上涨过程中的第二阶段(CD),市场应当从规模和倾斜程度两个方面重复第一阶段(AB)。其中调整性浪(BC)常常回撤到 AB 的 1/3 到一半的位置,然后恢复上升趋势。

常出现在整个市场运动的中途。我们也曾经交代,市场具有首先回撤之前趋势的 1/3 到一半、然后才恢复原有趋势的倾向。

当图表分析者看出市场步调明确的时候(如图 6.10a 所示的情形),对等运动的概念就很有用了。价格从点 A 上冲到点 B,然后从点 B 逆着趋势摆动到点 C(这个调整回撤到了 AB 浪的三分之一到一半的位置)。根据对等运动理论,我们认为,当前市场正处在该上升趋势的下一阶段(CD)中,而它应当差不多是第一阶段(AB)的翻版。于是,我们根据 AB 浪的高度,从调整阶段的底点 C 起,向上测量出相等的距离。另外,所谓翻版,同时包括了两方面的内容:下一阶段的规模及其倾斜程度。因此,市场在这种场合,具有一种强烈倾向,即第二个主要的上升运动不仅将经历与第一个运动的相同距离,而且从角度上说,平行于或相当于第一个运动。在结束本节前,我们还要指出,在对等运动的理论中,还有其他更为复杂的测算技术,我们将在后面的部分一一介绍。

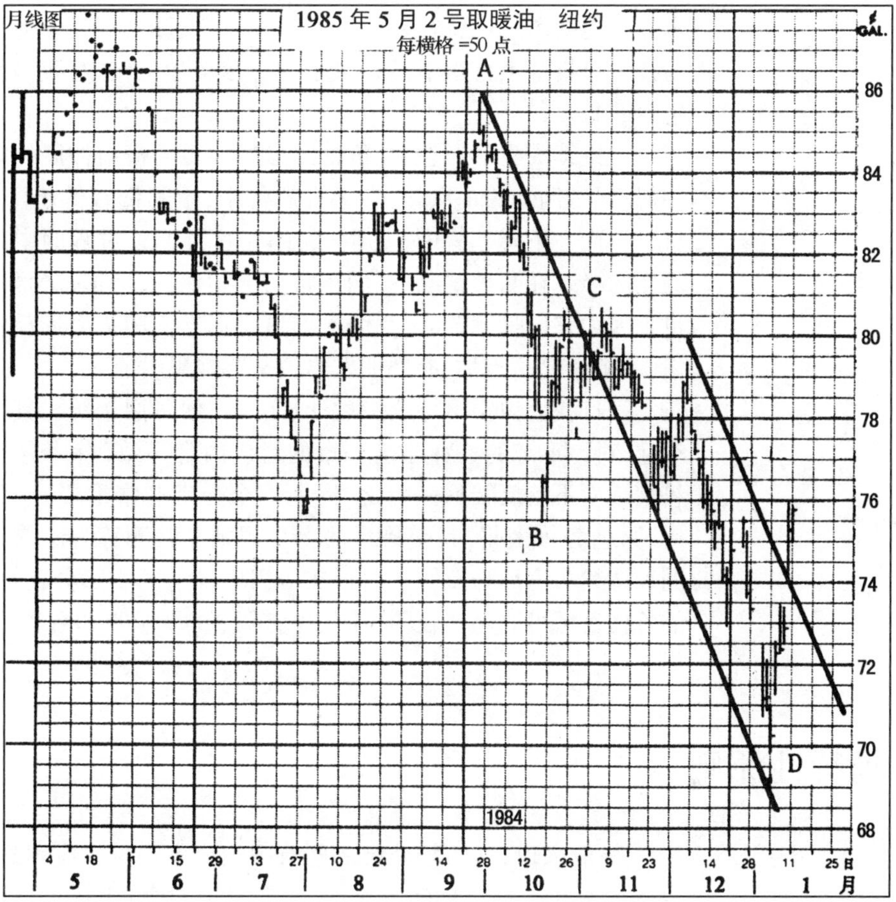

图6.10b 下降趋势中的对等运动(自测运动)的实例。注意,其中第二个下跌阶段(CD)恰好具备第一下跌段(AB)的长度和倾斜程度。在两个下跌运动之间的上冲阶段(BC)中,市场回撤到了第一个下跌阶段的一半处(Chart courtesy of Commodity Research Bureau, a Knight-Ridder Business Information Service)。

持续型头肩形形态

在前一章,我们曾较详细地探讨了头肩形形态,告诉朋友们,它是最广为人知也最为可靠的反转形态。为了防止诸位以为本书所有的问题均易如反掌而麻痹自满,我们这里特地为大家摆出了一些迷魂阵。有的时候,头肩形竟然是持续形态,而不是反转形态(我们还要交代,大凡书中或文章中列举的图例,都经过极细心的挑选,所以,总是如同水晶般地明晰。这就容易误导那些好高骛远的朋友,使他们错误地以为技术分析这个行当不过是碟小菜。在实际工作中,我们是很少如此走运的)。

在持续头肩形形态中,价格图形的外观与横向伸展的矩形形态极相似,但是例外的一点是,在上升趋势中,中间低谷低于两肩(见图 6.11a)。而在下降趋势中(见图 6.11b),这种调整过程的中间峰超过了两侧的峰。在两种情况下,同正常情况相比,头肩形都恰好是倒置的。也正因为它们是倒置的,我们才不可能把它们同头肩形反转形态相混淆(了解了这一点后,有些朋友恐怕又要飘飘然了)。

一旦我们识别出持续头肩形形态后,便可照常绘出其颈线。从此时起,对该形态的解释与前一章的对应内容一致(除了这里趋势可能将继续而不是反转这一点之外,而这个分别非常重要)。颈线被突破后,原趋势将恢复,其交易量的变化规则及其测算方法均与上一章相同。持续头肩形与反转头肩形在应用中惟一的实际分别是,前者测算的价格目标可靠性比较弱,并且对交易量的要求不如后者严格。

市场特性原则

一般来说,这两章介绍的所有图表形态都可以应用到任何市场。在技术分析界有一种经验之谈,大意是说,在应用技术分析原理分析研读某张图表的时候,我们甚至不必知道这种股票或期货的名称。所谓"图表就是图表",这话是时常听得到的。

上述说法一般而言是相当正确的,不过按照我们的常例,也需要对它作一点修饰和补充。图表分析的基本原则确实普遍适用于绝大部分市场,不过,这并不意味着所有市场都按同样的方式行事。很显然,每个市场都独具自己的特性,所以,我们应该具体问题具体分析。

我们可以通过计算机来对各种技术指标进行检验。以移动平均线为例,其测试结果表明,虽然也存在在大部分市场都能左右逢源的某种移动平均方法,但在各个市场上,表现最佳的还是其独有的移动平均方法。初看这句话似乎前后矛盾,其实不然。同图表形态一样,特定的移动平均线在所有的条件下都能良好地显示和追踪市场的趋势。不过,在大部分情况下表现良好的,在各单个市场中未必是表现最佳的。我们借助计算机模拟,在优化过程中发现,每个市场看来均具备其独有的特征或个性,因此我们应该把各种技术工具,包括图表形态,配合各个市场的具体特性,作相应的剪裁和调整。

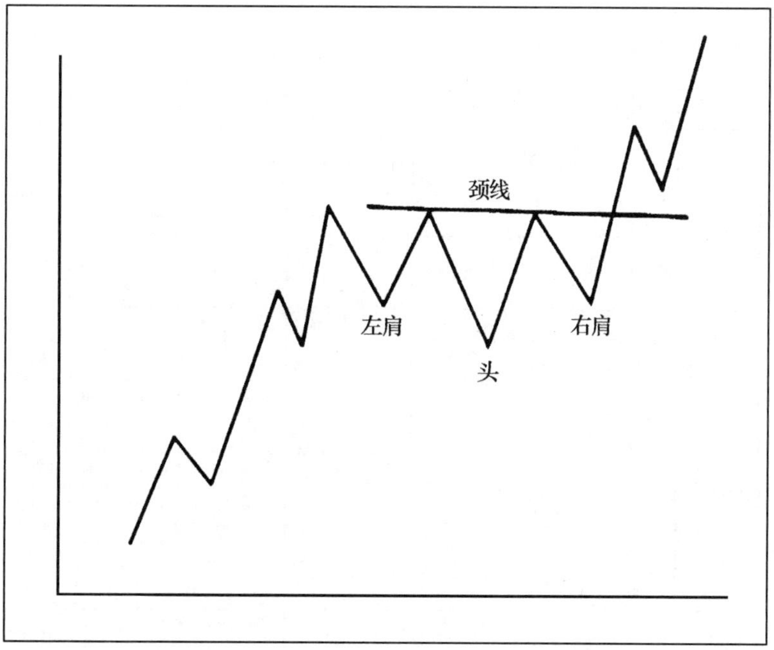

图 6.11a 看涨的持续型头肩形形态的例子。

图 6.11b 看跌的持续型头肩形形态的例子。

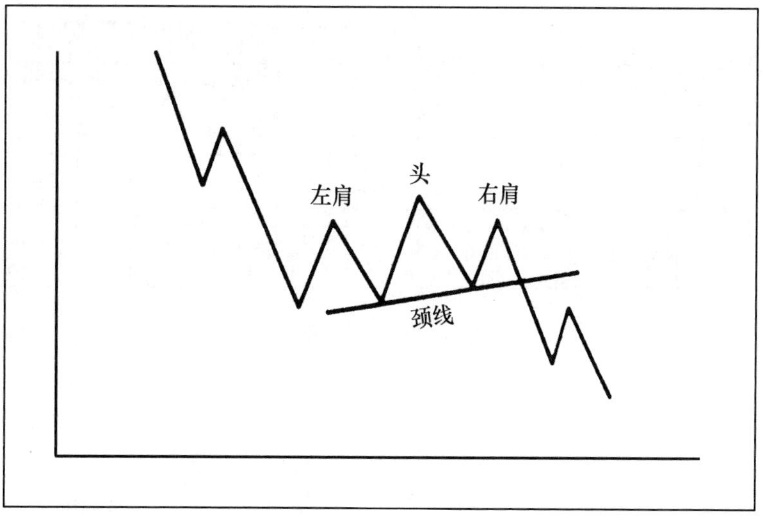

在第九章中,我们还要再次介绍移动平均线的优化问题。我们这里的讨论仅限于图表形态这个主题。大多数有经验的交易商和图表分析者对每个市场的个性至少都直觉地有所了解。猪腩市场和铜市场大不一样,小麦同日元也相距甚远。因为这些市场分别来自实业界和金融业等不同的领域,其行为差异当然是不奇怪的。

图表分析者也清楚,有些市场的构图特点优于其他的市场。铜和

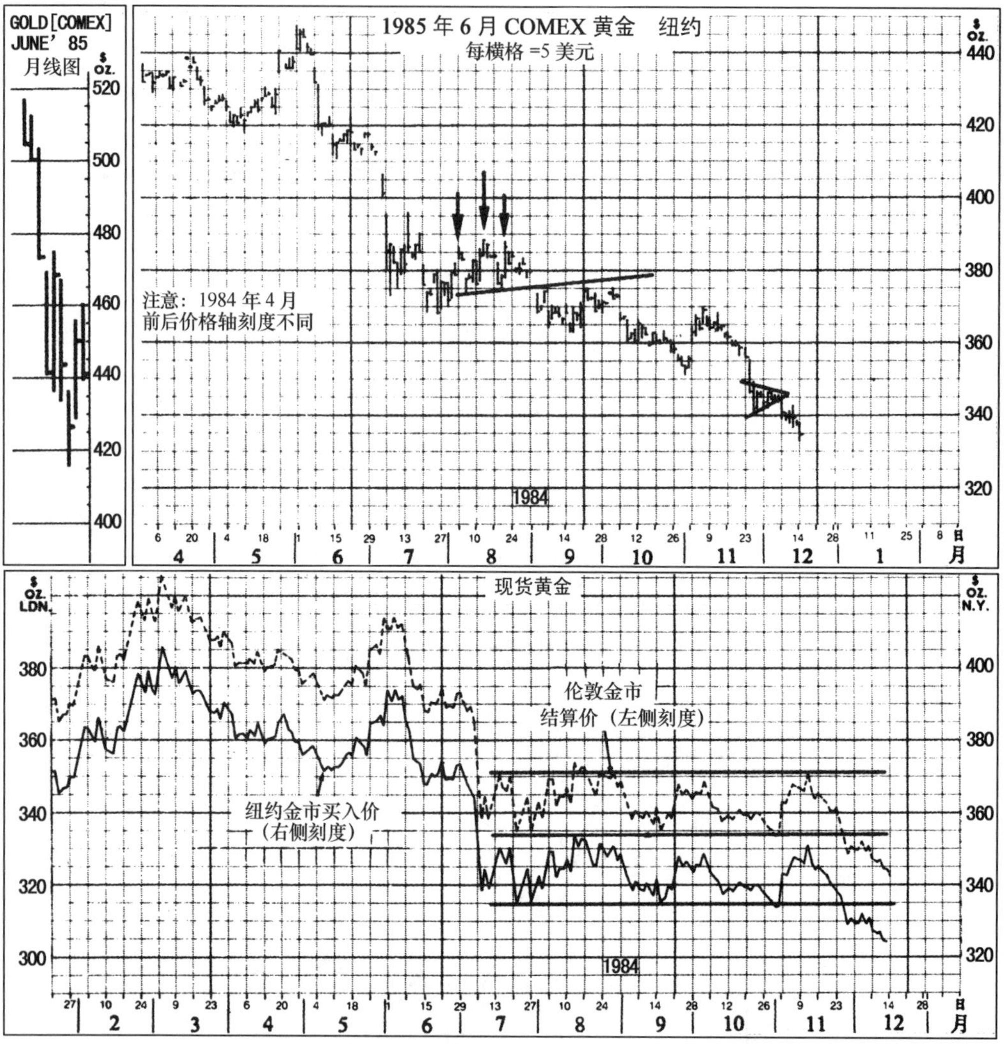

图 6.11c　如果朋友们仔细观察 6 月黄金合约的图表(上半图),将会看到一个小型的头肩形持续形态。注意其中的三个峰和颈线。也要注意颈线突破后的反扑动作。在图中右下方,在 12 月间,有一个小的三角旗形。下半图显示了现货黄金图中的矩形巩固形态(Chart courtesy of Commodity Research Bureau, a Knight-Ridder Business Information Service)。

黄金就是构图特性良好的两个市场。小麦和大豆是另外两个好例子。不过,在我们利用标准的图表技术对猪腩市场和橙汁市场进行分析时,就困难得多了。

关于不同市场的特征或个性的问题,在现有的著述中极少有研究。

有本小册子，名为《如何利用图表预测商品价格》，作者是威廉·L·吉勒(纽约商品研究局，1982年，第8页)，其中涉及市场特性的问题。

> 一般地，对同一商品来说，其图表形态倾向于具有相似的序列，而不同商品则各有自己的"套路"。换言之，各种商品的图表往往显示出该商品所独具的本性或特征。举例来说，在棉花的图表中，显示出许多圆顶和圆底，甚至形成一系列这种形态的组合，而这种形态在大豆或小麦的图表上却难得一见。通过观察为期数年的大豆图表，我们可以发现，三角形在这里大出风头。而在小麦图表中，头肩形形态则随处可见。所有的商品都倾向于表现出各自的特定行为模式。

在1972年8月号的《商品》杂志(现已改名为《期货》杂志)中，罗伯特·乔尔·泰勒的"主要商品的技术个性"论述了与上述相同的观点。泰勒认为，每个市场确实都具备其自身的个性，他还从图表形态的出现频率、以及在不同商品中各种具体的技术形态的预测意义的可靠性两个角度，对各种市场的图表形态个性进行了研究，并且为许多常用的图表形态编制了"技术可靠性指数"，分别表示它们在不同市场中的出现频率及其可靠程度。

现在有些分析者仍沿用技术可靠性指数，以测定某种图表形态的真正应验次数在其出现总数中所占的百分比例。根据这种指数，在我们实际采纳某个图表形态来预测市场之前，首先必须要求其可靠性程度达到70%以上。

在这个方面，近年来几乎没有著述可资参考，所以，经验依然是我们最好的老师。通过年复一年的市场实践，技术师就能够对不同市场的个性(和怪癖)心中有数了。在我们综合应用各种图表分析原理时，应该考虑到上述个性差异。

相互验证和相互背离

相互验证原则是一个常见的题目，贯穿了市场分析的始终。它与它的对立面——相互背离原则，总是连在一起使用的。因此，我们这里把两者放在一起介绍。另外，鉴于这个问题具有极为重要的意义，今后本书将一再地反复讨论。现在，我们只是就价格形态来讨论其相互验证原则，而实际上，它在技术分析的各个方面都有应用。所谓相互验证，是指我们应把所有技术信号和指标都加以比较参照，从而保证它们中的大部分相互验证，指向共同的方向。

在价格形态的范畴内，相互验证，意味着我们应当对同一市场的各种到期月份合约的图表形态进行分析比较，以确保它们的相互一致。在某一种到期月份图表上的看涨或看跌的形态，应该从其余到期月份图表上的类似内容中得到验证。还不止于此。相互验证原则还进一步要求我们同时考察所有相关的市场。在相关市场所组成的群类中，各个市场倾向于同进同止，因此，我们有必要探究一下与研究对象同属一个群类的其他市场的行为。如果我们分析的是某金属的市场，那么也应该东张西望一下，看看其他金属市场情况如何。

此外，这样做还有另一个原因，对相关市场的研究经常为我们的分析对象本身提供一些线索。

再进一步，我们还要检讨一下广泛性商品价格指数，考察我们的分析是否与商品市场的大方向一致。如果商品市场在总体上处于下降趋势中，那么，对任何个别市场的看涨分析，我们都需要把它的分量打些折扣。因此，我们必须明确，商品市场的总体环境到底是牛气的，还是熊气的。

最后，我们考察连续周线图和连续月线图，以寻求更高层次的验证。看看这里是否也满足相互验证原则。然后，我们把工具囊中的所有技术指标，例如移动平均线、摆动指数、趋势线、交易量和持仓兴趣等等，也拿出来查验查验，以保证上述一致性。简单说来，相互验证原则表明，分析者关于某市场的分析结论所拥有的技术证据越多，则对自己的分析越具信心，正确决策的把握就越大。

相互背离同相互验证恰恰相反，是指在同一市场的不同到期月份合约之间，或者在相关市场的不同市场之间，或者在同一合约的各类技术指标之间不能相互验证的情形。虽然此处我们是把相互背离概念从负面引入的，但在市场分析中它其实极有价值，也是趋势即将反转的最好的先期警讯之一。在第十章我们讨论摆动指数时，将对相互背离原则作更深入的探讨。

现在，我们就完成了关于价格形态的讨论。早些时候，我们曾指出，技术分析的原始资料有三种——价格、交易量和持仓兴趣。到这里为止，我们的主要内容都是围绕价格进行的。下面我们就来进一步地研究交易量和持仓兴趣这两个方面，探讨一下如何把它们糅合进分析过程中。

第七章　交易量和持仓兴趣

引　　言

大部分期货市场技术分析者同时跟踪三组数字——价格、交易量和持仓兴趣,以使自己的分析手段具备三度空间。在第三章介绍线图的作法时,我们讲解了如何把上述三类资料展现在图表上。我们强调指出,尽管在商品市场上对应于每个交割月份的个别交易量和持仓兴趣都可以得到,但是,我们一般只使用同一商品的总额进行预测。当然,我们也建议朋友们关注各个交割月份的个别持仓兴趣,以把自己的交易活动集中到最活跃的(或者说是流动性最好的)合约上。

到目前为止,我们关于图表分析理论的讨论主要是围绕着价格进行的,顺带着才提及交易量等。在本章中,我们将进一步介绍交易量和持仓兴趣在预测过程中的作用,从而引入第二度和第三度空间。

交易量和持仓兴趣是次要指标

首先,我们要给交易量和持仓兴趣赋予恰当的地位。价格显然是最重要的因素。交易量和持仓兴趣是次要的,主要作为验证性指标使用。而在这两者之中,交易量又更重要些,持仓兴趣居末位。如果我们把三类信息按照从 1 到 10 的比例排列出来,那么,价格为 5,交易量为 3,持仓兴趣为 2。有些分析者或许不同意上述安排,那么,我只能说这是基于我个人的市场经验的一点看法。

有些职业人员完全忽略了交易量和持仓兴趣,而有些人则对它们过于重视。依据我的个人经验,我宁愿采取某种折衷的立场。我发现,如果在研究价格变化的同时,也追踪交易量和持仓兴趣的轨迹,有时能发现市场方向的重要线索,但有时价值也不大。不过,严谨的技术分析者应该把这两方面纳入自己的考察之中,并且随时留意它们发出的重要信息。

交易量

现在,我们给它们重新定义。交易量是指在我们所研究的基本时间单位内成交的合约总额。因为我们主要研究的是日线图,所以,我们最关心的是每日的交易量。每日交易量在图表下部、价格变化之下,以一条竖直线段表示,如图 7.1 所示。请注意,交易量的比例尺标在图表右侧价格刻度的下方。

在周线图上,我们同样可以作出交易量。这里,我们在价格图下方对应于每一周的位置上,画出这一周的交易量之和。不过,在月线图上,通常不再采用交易量。还请朋友们注意,只有交易量和持仓兴趣的全额才被用于预测。

持仓兴趣

到某日收市时为止,所有未平仓了结的合约的总数就是当日的持仓兴趣,如图 7.1 所示。也请注意,持仓兴趣的刻度标在图表下部左侧。持仓兴趣也描画在对应日期的价格之下,但其位置高于交易量。请记着,在商品市场上,交易所顺延一天发布正式的交易量和持仓兴趣

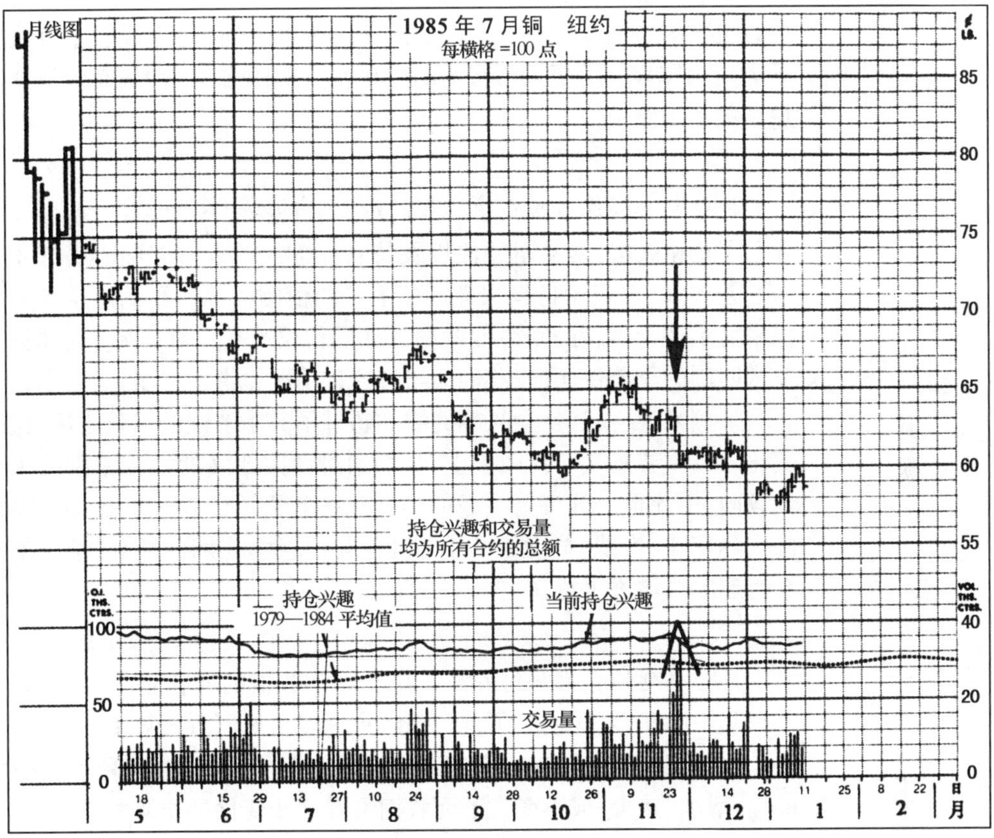

图 7.1　注意图表下方右侧的交易量刻度。持仓兴趣的刻度标在图表下方左侧。虚线表示持仓兴趣的 5 年平均值,用来显示季节性倾向。

注意,在 11 月底,随着价格的疲软,交易量有所扩张。这是一个清晰的看跌信号。较重的交易量应当出现在价格趋势的相同方向上(Chart courtesy of Commodity Research Bureau, a Knight-Ridder Business Information Service.)。

的报告,从而在图表上,也相应地出现一天延迟的情况(每天我们只能获得上一个交易日这两种信息的估计数字)。这就是说,图表师每天可以作出最近一个交易日的高、低和收市价的价格线段,但只能作出这一日的前一个交易日的正式交易量和持仓兴趣。

持仓兴趣代表市场上多头一边或空头一边的未平仓合约的总数,而不是两方的总和。持仓兴趣以合约张数为单位。只有两个市场参与者——买方和卖方——会同起来才能创生一张合约。在每日公布的持仓兴趣数字后,总跟着一个正数或者一个负数,分别表示这一天相应的合约张数的增加或者减少。正是持仓兴趣水平的变化(或者上升或者下降),为图表师分析入市行为的变化特点提供了线索,从而使持仓兴趣具备了预测价值。

持仓兴趣的季节性变化　我们对图 7.1 多作一点解释。前面我们介绍了价格线段、交易量线段以及持仓兴趣曲线。沿着图表底部还剩下一条虚线,它表示持仓兴趣 5 年的平均值的情况。我们用这条平均线来显示持仓兴趣的季节性倾向。如同价格变化一样,持仓兴趣具有非常明确的季节性倾向,我们应当把这种情况也考虑进来。

举例来说,仅当持仓兴趣的增加超过了其季节性的增长之后,这个变化才具重要意义。在图表上,我们通过两条曲线的比较来剔除季节性倾向,由此得出的持仓兴趣的净变化的效果更优越。正是持仓兴趣的实际变化(实线)同通常的季节性变化(虚线)之间的差异,给两条持仓兴趣曲线增添了意义。

持仓兴趣的变化如何发生　持仓兴趣数值的变化意味深长,为了掌握其中的奥妙,我们必须首先理解每笔交易如何对该数字发生影响。

每当交易所大厅内一笔交易完成后,持仓兴趣就有三种变化的可能性:增加、减少、或不变。下面我们看看这些变化是如何发生的。

买方	卖方	持仓兴趣的变化
1.买进新多头头寸	卖出新空头头寸	增加
2.买进新多头头寸	卖出原有多头头寸	不变
3.买回原有空头头寸	卖出新空头头寸	不变
4.买回原有空头头寸	卖出原有多头头寸	减少

在第一种情况下,买方和卖方均开立了新头寸,产生了新的合约。在第二种情况下,买方建立新的多头头寸,但卖方只是平仓了结原有的多头头寸。一方入市交易,另一方退出市场,结果双方扯平,合约总数没有变化。在第三种情况下,情况也一样,只是此处卖方开立了新的空头头寸,而买方只是平仓了结原有空头头寸。也是一方入市,一方退出,合约总数不会有任何变化。在第四种情况下,交易双方都平仓了结原有头寸,

从而持仓兴趣减少。

综合上述,如果买卖双方均建立了新的头寸,则持仓兴趣增加。如果双方均是平仓了结原有头寸,则持仓兴趣减少。如果一方开立新的交易,而另一方平仓了结原有交易,那么持仓兴趣维持不变。在每个交易日结束之后,图表师通过考察总的持仓兴趣的净变化,就能确定资金到底是流入市场,还是流出市场。根据这个信息,分析者能够就当前市场趋势的坚挺或疲软程度做出一些推测。

交易量和持仓兴趣的一般解释规则

市场技术分析者一般把交易量和持仓兴趣的信息综合应用于市场分析之中。因为交易量和持仓兴趣两者颇为相似,所以,我们把它们的解读规则合起来介绍。不过,两者之间毕竟有所不同。我们首先叙述一下两者共同的一般规则,然后分开讨论,最后再把它们综合起来,如下所表示。

价格	交易量	持仓兴趣	市场
上涨	增加	上升	坚挺
上涨	减少	下降	疲弱
下跌	增加	上升	疲弱
下跌	减少	下降	坚挺

如果交易量和持仓兴趣均上升,那么,当前趋势很可能按照现有方向继续发展(无论是上涨还是下跌)。如果交易量和持仓兴趣都下降,那么,我们就把这种变化本身视为当前趋势或许即将终结的警讯(图7.2)。下面我们来分别考察交易量和持仓兴趣。

交易量的解释

交易量水平是对价格运动背后的市场的强度或迫切性的估价。交易量越高,则反映出的市场的强烈程度和压力就越甚。技术分析师通

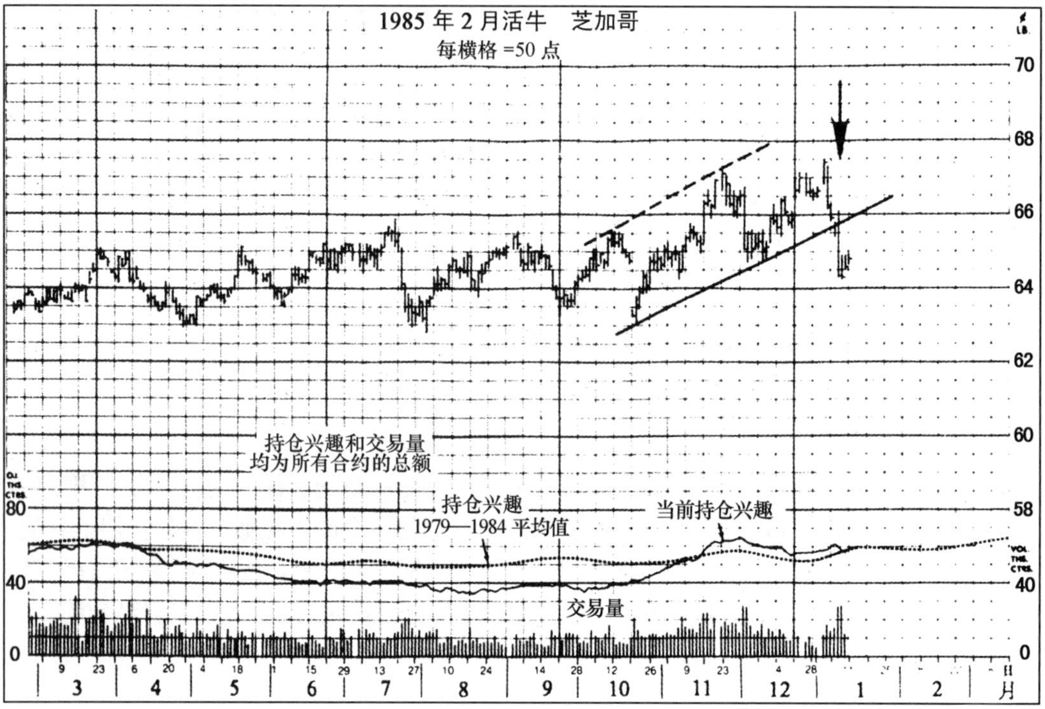

图 7.2　从 10 月到 11 月,持仓兴趣的增长验证了价格的上升趋势。然后,持仓兴趣持平发展,反映市场上正在平仓获利,发出了可能出现顶部过程的早期警讯。注意,1 月的第二个峰的持仓兴趣低于 11 月的价格峰的持仓兴趣的水平。

还请注意,在第二个价格峰,交易量较轻,而在 1 月价格下滑时,交易量较重。这些都是看跌的信号(Chart courtesy of Commodity Research Bureau, a Knight-Ridder Business Information Service)。

过观察配合价格变化的交易量的水平能够较好地估量市场运动背后买入或卖出的压力。我们也可以利用这项资料来验证价格运动,或者作为识别价格变化可靠与否的警讯(图 7.3 和 7.4)。

如果把这个规则表达得更简明些,那么,交易量应当在现有价格趋势的方向上,相应地增加或扩张。在上升趋势中,当价格上升时,交易量应较重,而在价格回跌时,交易量则应减少或收缩。只要上述情形仍在持续,那就说明交易量正在验证价格趋势。

同时,图表师也会密切注意相互背离现象的迹象(这里又碰上这个概念了)。如果在上升价格趋势中,前一个峰被向上穿越,而与之同时交易量反而有所下降,那么就发生了背离现象。这就警告图表师,市场的买入压力正在减轻。如果交易量在价格下跌时还变本加厉,倾向

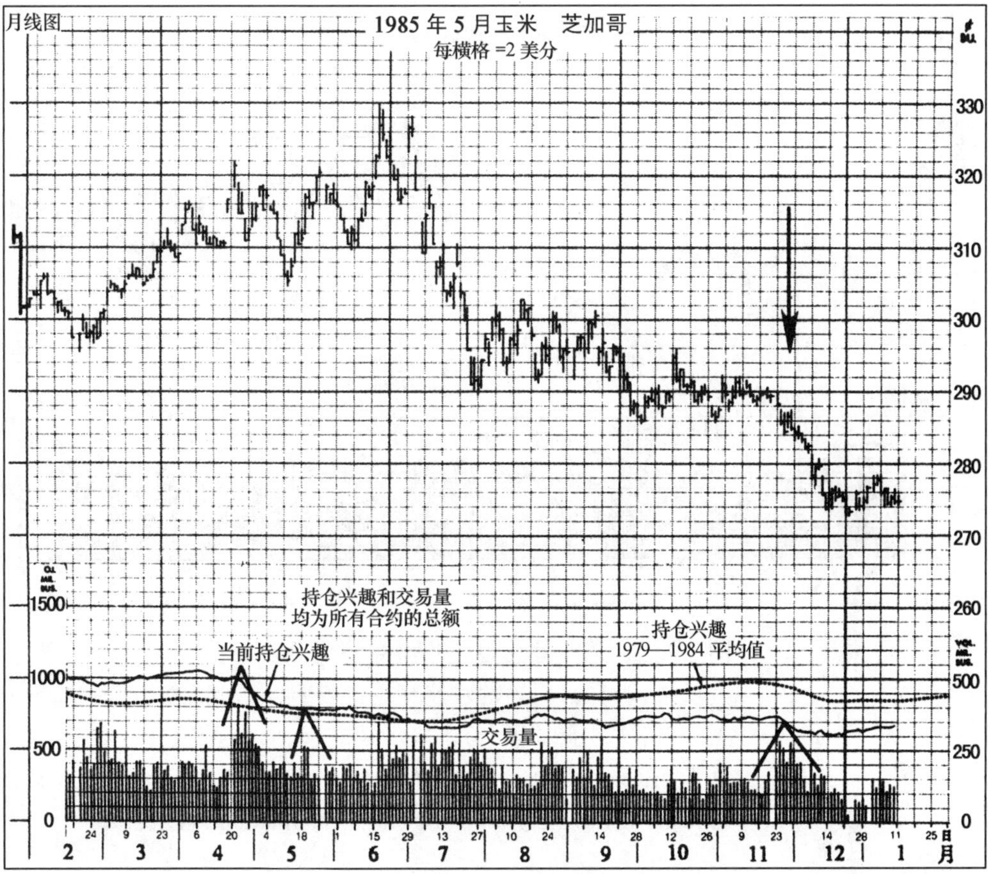

图 7.3　注意，图中较重的交易量往往出现在价格趋势的方向上。6月，在市场的顶部之前，较重的交易量在价格上升的一边。而在随后的熊市中，较重的交易量在价格下跌的一边。我们可以看到11月在价格下跌时，交易量较重。

于有所增加的话，那么分析者就要注意上升趋势即将发生变故了。

交易量验证价格形态

在第五章和第六章我们讨价格形态时，曾数次提及交易量，把它看做重要的验证指标。头肩形顶成立的预兆之一就是，在头部形成过程中，当价格冲到新高点时交易量较轻，而在随后跌向颈线时交易量却较重。在双重顶和三重顶中，在价格上冲到每个后继的峰时，交易量都较轻，而在随后的回落中，交易量却较重。在持续形态形成过程中，如三角形，与之伴随的交易量逐渐下降。一般地，所有价格形态在完结（突

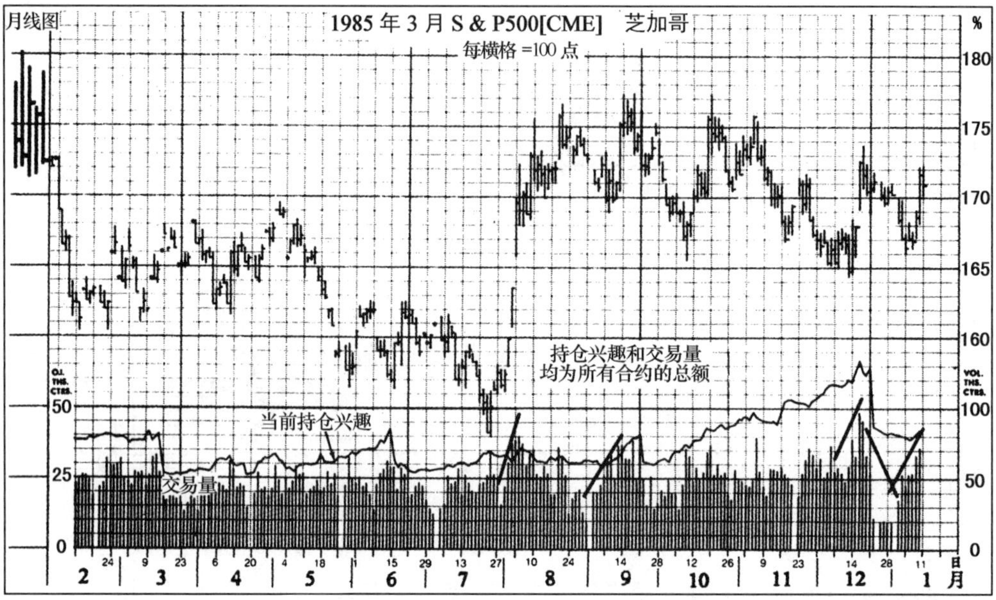

图7.4 这是交易量追随价格趋势的另一个实例。在本图中,自7月以来,表现出明确的牛市倾向。特别要注意,在12月中当价格上冲时,交易量扩张,而当市场调整时,交易量减轻。这表明交易量验证了价格的上涨(Chart courtesy of Commodity Research Bureau, a Knight-Ridder Business Information Service.)。

破点)时,只要这个突破信号是成立的,那么它就应当伴有较重的交易活动(图7.5)。

在下降趋势中,当价格下跌时交易量应较重,而在价格上弹时较轻。只要交易量的变化保持上述特点,那么就说明卖出压力大于买进压力,下降趋势也将持续下去。仅当这种情形发生了变化后,图表师才会着手探究市场的底部信号。

交易量领先于价格

在对价格和交易量的对照研究中,我们实际上是使用两种不同的工具来估价同一对象——市场力量。仅仅根据价格趋向于上升这一事实,我们就可以判断市场上的买进压力大于卖出压力。我们不妨推论,较重的交易量应当发生在与市场的流行趋势一致的方向上。如果说技术分析者认为交易量预测了价格,那么他其实是说,无论是在上升趋势中价格上涨压力的减少,还是在下降趋势中价格下跌压力的减小,都通过交易量资料预先反映出来了。而就价格本身来说,这一点要等到价

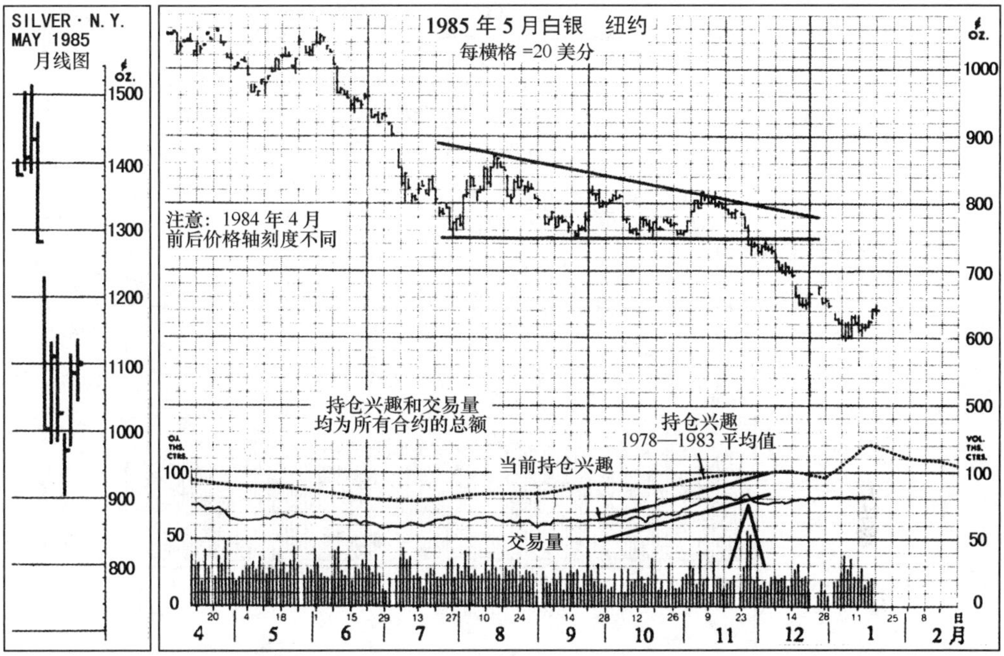

图 7.5　价格形态的完结应当有较重的交易量来配合。本图展示了一个下降三角形。注意当下侧的趋势线被突破时的较重的交易量。

还要注意，从 10 月到 11 月，持仓兴趣有高额的积累。与之同时，价格尚处于巩固阶段。在巩固阶段的持仓兴趣的增长，加剧了随后的突破动作(Chart courtesy of Commodity Research Bureau, a Knight-Ridder Business Information Service)。

格趋势实际反转时才能体现出来。

权衡交易量(OBV)法

技术分析者尝试过许多种交易量指标，以定量表示市场的买压或卖压(图 7.6a 到 7.8b)。要知道，即使我们竭尽能事，仔细察看图表底部的交易量线段，也并不总能准确地揭示交易量的重要变化。在这些交易量指标中，最简单的也最著名的是所谓权衡交易量，或称 OBV 法。这种方法系约瑟夫 · 格兰维尔创立的，并通过他的《格兰维尔氏股市获利新秘诀》(普伦蒂斯 · 霍尔版，1963 年)而广为流行。OBV 法实际上沿着价格图表的底部添了一条交易量的曲线。我们既可以用这条曲线来验证当前价格趋势的可靠性，也可以通过它与价格变化的相互背离现象，来获得趋势即将反转的警讯。

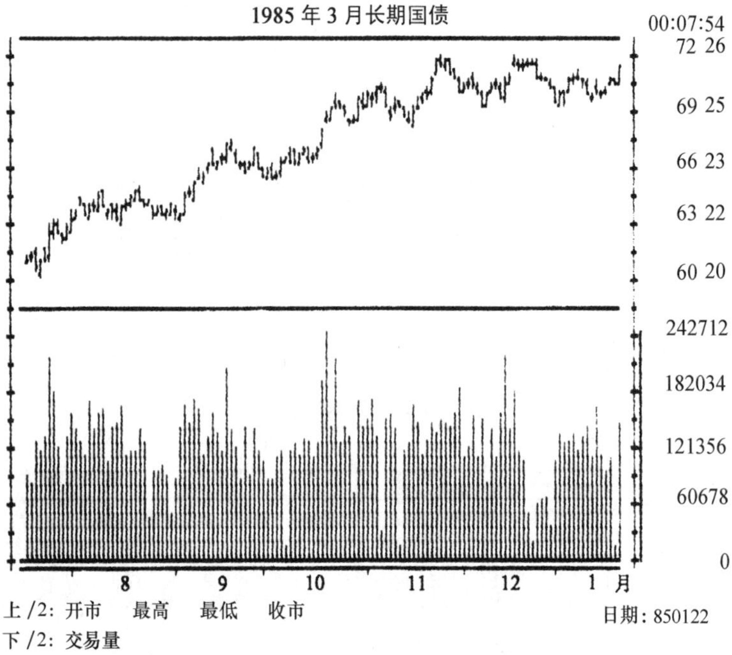

图 7.6a 在这里的长期国债的交易量刷形图上,如果只凭双眼来观察这些交易量的竖直线段,是很难分辨交易量的增减方向的。

图 7.6b 本图下方为权衡交易量(或 OBV)线。请注意,这么一来,追踪交易量流向的工作就大为简易了。

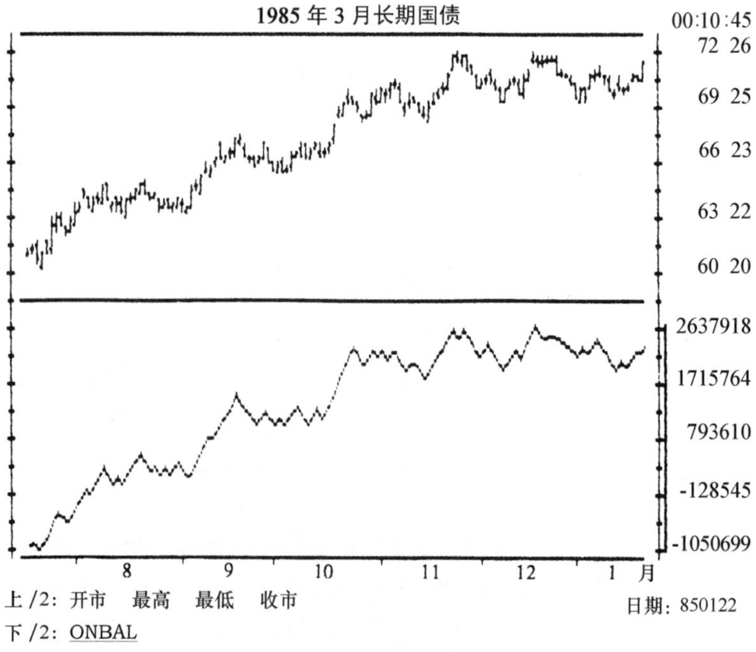

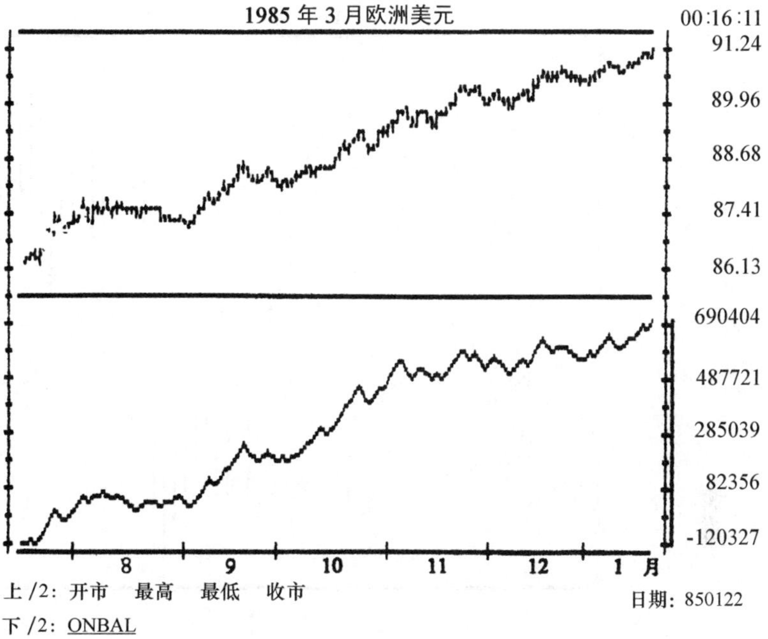

图 7.7a 本图下方的曲线是 OBV 法的另一个实例。注意，其中的 OBV 线也处于上升态势，验证了价格的牛市。

图 7.7b 请注意，在本例中，目前 OBV 线正处于横向延伸之中，未能验证价格的下降趋势。这或许构成了警告信号，说明在下降趋势的这个地方不能过于看跌。

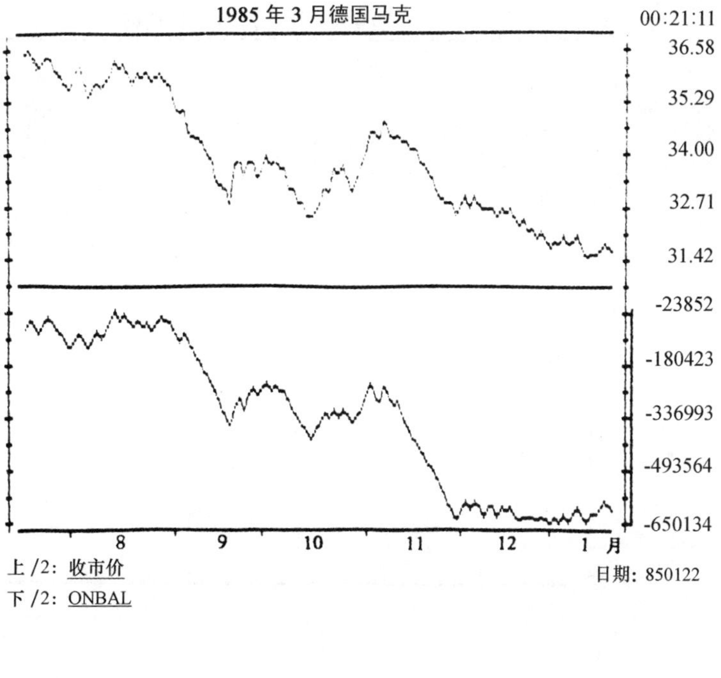

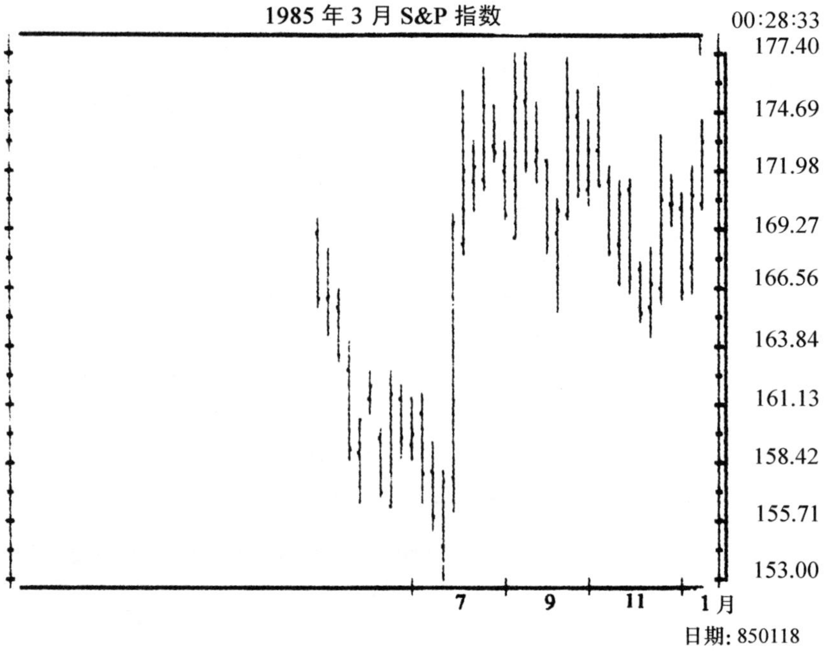

图 7.8a S&P 期货合约的周线图,由每周的最高价、最低价和最后一天的收市价构成。

图 7.8b 在逐周作出的价格图表上, 也可以画出权衡交易量(OBV)曲线。注意,在本例中,OBV 线已经升到了新的高点, 发出了看涨信号。

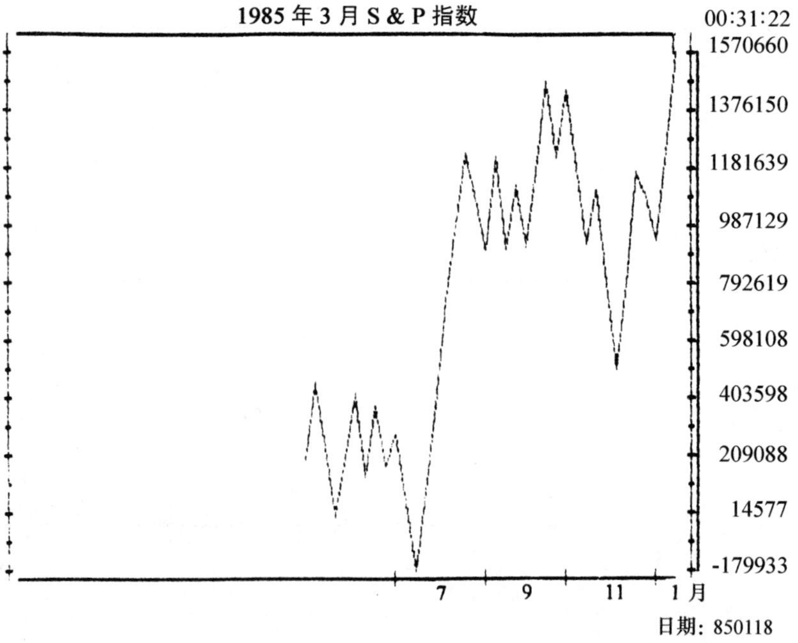

图 7.6a 展示了一张标准的日线图，其中既有价格线条，也有交易量线条。分析者或许可以通过仔细地审察交易量的刷形图，来判别交易量的重要变化。图 7.6b 与上图相同，但沿着图表底部，我们用 OBV 线替代了交易量的图线。请注意，在这里，OBV 线大大简化了跟踪交易量趋势的工作。

OBV 线的构造方法很简单。我们先把每一个交易日的收市价格与相邻的前一个交易日的收市价格相比较，得出其相对高低，然后，在当日的交易量数值前，对应地添加一个正号或负号。如果当日的收市价格有所上升，那么，当日交易量数值的符号为正，反之，若当日的收市价有所下降，则符号为负。下一步，再选定一个基准日，从基准日起到当日止，逐日地按照上述方法得出每日的交易量数值，然后把它们进行简单的算术累加，即根据每天的收市价格的增减方向，从前一日的累计总值中，相应地加上或减去当日的交易量，最后就得到当日的累计总值——OBV 值。

在这种方法中，具备重要意义的是 OBV 线的方向（其趋势），而不是该数字本身的实际水平。然而，为了防止 OBV 值滑入负数区域，我们一般不是从零开始，而是在基准日选择一个成整的大数字，作为起算值。当然，这只是为了使 OBV 线维持在正数区而易于描画。我们一般选择如 10000 这样的数字作起算值。实际上，OBV 值到底是正还是负并无意义。

权衡交易量线应当与价格趋势方向一致。如果在价格图上反映出一系列依次上升的峰和谷（上升趋势），那么 OBV 线也应当如此。而如果价格趋势向下，则 OBV 线的趋势也应当向下。恰恰是在权衡交易量线与价格趋势不协调一致的情况下，构成了相互背离现象，警告我们趋势有可能要反转。

针对 OBV 线，我们也可以如同对价格所进行的趋势分析那样，采用各种技术指标进行分析。在权衡交易量线上，峰（阻挡）和谷（支撑）也是显而易见的。同时，我们也可以把趋势线分析和移动平均线方法移植过来，用于辨别 OBV 值的趋势反转。另外，摆动指数分析也完全适用于权衡交易量线。在这里所附的图例中，有一些充分显示了 OBV 法的妙用。

交易量累积（VA）法：
OBV 法之外的另一个选择

利用权衡交易量，我们能够相当有效地达到上述目的，但它也有一些缺点。举例来说，仅仅根据当天的收市价格的大小，我们就把全天的交易量添上了正号或负号,这看起来并没有充分的依据。试想,如果市场的收市价格只比前一天高出某个小量,比如一二个最小变化单位,我们就在全天的交易活动量前标上正号合理吗?或者考虑这种情形,市场当天大部分时间处于前一收市价之上,只在收市时才稍稍低一些,我们是否应该把当天全部交易量都标上负号呢?为了解决这些问题,技术师尝试了许多种 OBV 法的变通办法,以求发现真正的向上的交易量和向下的交易量。

变通办法之一是,给趋势较强的日子赋予较大的权重。比如,在价格上升的日子,就用价格的涨幅乘以交易量。本方法虽然依旧采用正负号,但我们把价格变化较大的日子给予了较大的权重,从而减少了价格实际变化较小的日子的影响。

另一种对格兰维尔的权衡交易量法的变通办法,是马克·蔡金设计的,称为交易量累积(VA 法)。蔡金的交易量累积法利用日内价格变化来估价当日的交易量。一般认为,这种方法在股市中更有用,但是它也同样地适用于商品期货,特别是具有大量公众参与的期货市场。OBV 法给全天的交易量都标上正号或负号,但交易量累积法只为当日交易量中的一定百分比例计入正负符号。根据收市价格同当日平均价格的相对高低,也就是说,如果市场收市于全日平均价格或全日价格区间的中点之上,则当日交易量的一定百分比例便标正号。如果价格收市于中点之下,则当日交易量值的一定百分比例就标为负号(图 7.9a 到 7.10 b)。

仅当收市价格与当日最高价相同时,我们才把全天的交易量都计为正值。如果情况正好相反,即收市价格恰好位于当日最低价,那么,我们把当日所有的交易量均计为负值。

我们假定基准日的起算值为 10000,并通过以下公式来构造图线:

$$VA=\{[(C-L)-(H-C)]/(H-L)\}\times V$$

其中 H 为当日最高价,C 为收市价,L 为最低价,V 为交易量。

交易量累积线与价格变化的配合使用方法,与 OBV 线完全一致,它或者同价格变化相互验证,或者与之相互背离。为了跟踪 VA 线的趋势,我们也可以采用各种技术工具。当然也可以利用摆动指数来考察 VA 线,我们将在第十章讨论这个问题。

关于价格和交易量的参照使用方法,还有其他更复杂的公式。加利福尼亚的詹姆斯·西贝特创立的所谓需求指数就是其中的一例。上述三种交易量指标的计算机软件均已有售,为我们省却了构造和维持其图表的冗长乏味的繁杂负担。在新奥尔良的 Compu Trac 集团的技术分析软件中,涵盖了上述三种方法。在今后各章中,我们还将采用更多 Compu Trac 的图例。

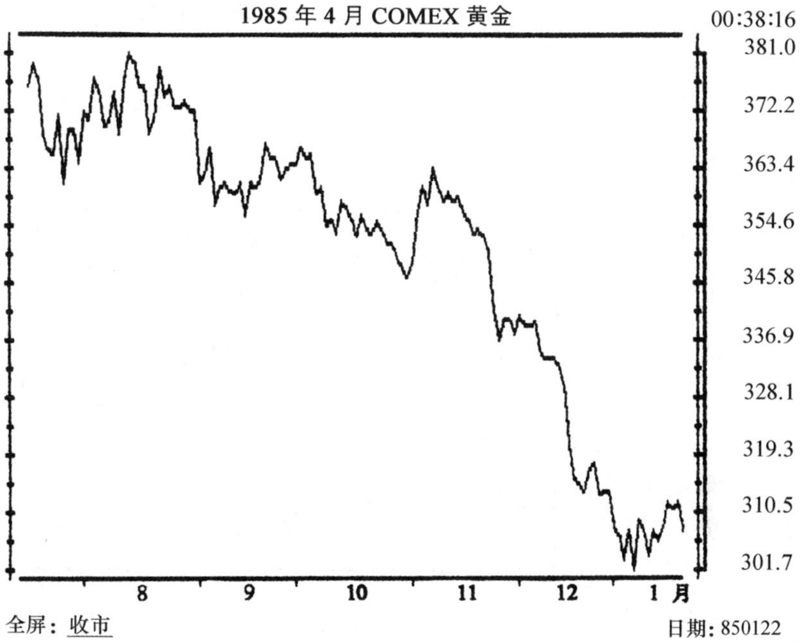

图 7.9a 黄金合约的收市价格图。

图 7.9b OBV 线(上方的曲线)与交易量累积线(下方的曲线)的比较。在这一例中,交易量累积(VA)线显得更灵敏。11 月,VA 线的剧烈上涨应该视为伪信号。

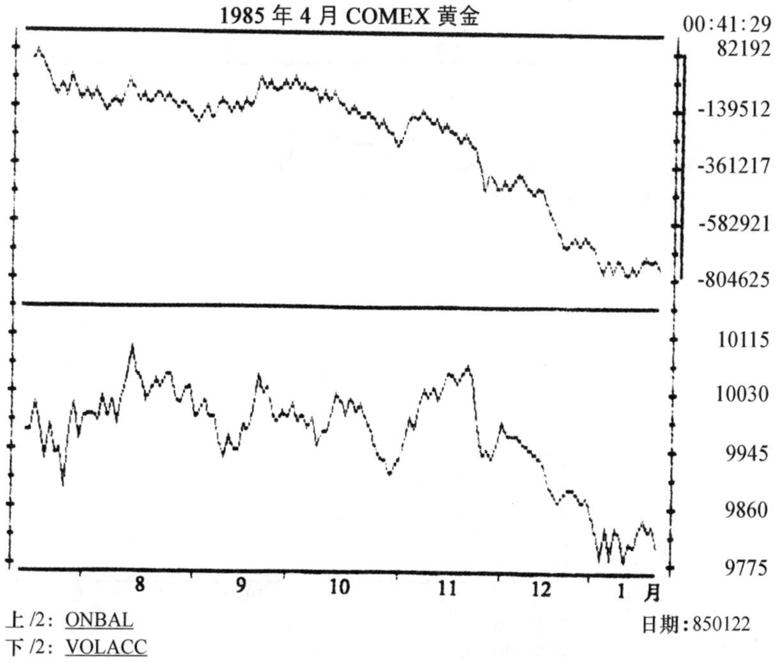

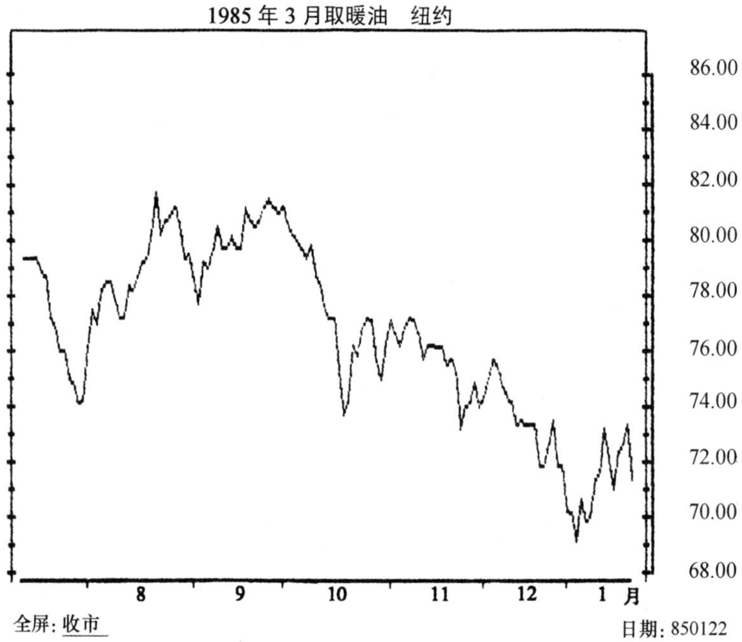

图 7.10a　取暖油合约的收市价图。

图 7.10b　OBV 线与 VA 线的另一例比较。其中 OBV 线(上方的曲线)目前已经急剧地上弹,而 VA 线(下方的曲线)却依然达到了新的低点。从后来的市场行为看,这里 VA 线的表现较优。就在本图之后,市场剧烈地下跌了。

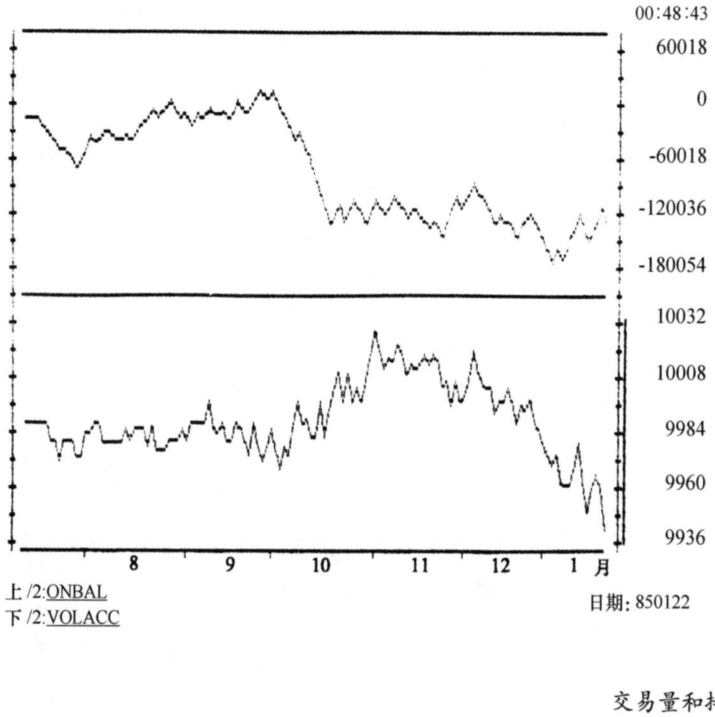

话说回来,即便采用了更为复杂的 OBV 法的变体,我们的目的始终也是一致的——力图确定较重的交易量到底发生在价格向上的一边(看涨的)还是价格向下的一边(看跌的)。因为 OBV 法很是简明实用,所以,在我们跟踪市场的交易量变化时大有用武之地。根据不同的环境,我们可以把它用作价格运动的孪生指标(验证指标)或者先行指标。OBV 线更形象地展示了交易量的变化,更易于观察和分析,所以它(及其某些变体)能够成为图表师非常有用的新式武器。

在期货市场中
交易量分析不十分有用

我们认为,交易量分析在商品期货上不如在股市上有用。首先,在期货市场上交易量报告有个一天延迟的问题。再者,如果采用所有合约的交易量的总额,而不是具体合约的个别的交易量数额来研究这个具体合约,相对说来,有点不伦不类。正如前面所指出,我们是有充分理由选用交易量总额来研究市场的。但是,当在同一种商品的不同合约中,有些收市价格有所上升,而另外一些反而有所下降的时候,我们怎么办呢？另外,涨跌限价规定也造成了其他问题。在市场因为受到交易所涨停板的限制而被锁定的交易日中,交易量通常极轻。这是市场坚挺的情况,买方的需求量压倒性地超出了卖方的供给量,价格很快上升到当日的上限,于是交易活动实际上陷于停滞。根据通常的解释规则,在上冲时伴随着较轻的交易量就是看跌信号。而这种在限价日出现的较轻的交易量,显然就不符合上述通行规则,它们有可能歪曲 OBV 的数值。

还有个问题。在股票市场上,关于平均股价指数,我们可以获得与其上涨或下跌分别相对应的交易量,对于个别股票,也可以获得分别对应于价格上涨或下跌的成交股数。但在商品期货市场,我们却缺乏相应的资料,没有这些有用的信息。

无论如何,尽管交易量分析在期货市场中有上述局限,但它仍然大有用武之地。技术型交易商如果注意观察交易量的指标的话,那是很明智的。

对持仓兴趣的解释

持仓兴趣的解释规则同交易量大体类似,这里作一些进一步的说明。

1.在上升趋势中,如果当价格上涨时,持仓兴趣总额的增加超过其季节性平均值的增加(5年平均值),就说明新的资金正在流入市场,反映出新的买方行动大胆积极,所以,这是一个看涨信号。

2.反过来,如果当价格上涨的时候,持仓兴趣的下降超过了其季节性的下降,那么就说明这种价格上冲主要来自空头者买进斩仓的行为(这就是说,正日益蒙受损失的空头头寸持有者们终于缴械投降,被迫平仓了结空头头寸)。这时候,资金从市场流出而不是流入。在这种情况下,一旦上述被迫平仓了结空头头寸的过程完成之后,上升趋势很可能就要失去上涨的推动力,因此这是一个看跌信号。

3.在下降趋势中,如果当价格下跌时,持仓兴趣总额的增加超过了其季节性平均值的增加,那么就说明新的资金正流入市场,反映出新的卖方行动大胆积极。这就表明下降趋势将持续下去的可能性有所增加,从而这是一个看跌信号。

4.反过来,如果价格下跌时,持仓兴趣总额的减少超过了其季节性的减少,那么这种价格下跌主要是由于日益蒙受损受的多头者最终不得不卖出斩仓的行为所引起的。在这种情况下,一旦持仓兴趣减少得足够低,上述大多数多头交易者已经完成了卖出平仓的过程,下降趋势很可能即将终结,因此这是表明市场逐渐坚挺的技术信号。

下面我们把上述四点归纳一下:

1.在上升趋势中,持仓兴趣增加是看涨信号。

2.在上升趋势中,持仓兴趣减少是看跌信号。

3.在下降趋势中,持仓兴趣增加是看跌信号。

4.在下降趋势中,持仓兴趣减少是看涨信号。

持仓兴趣具备重要意义的其他情形

除了上述倾向性以外,还有其他一些市场环境,如果我们研究一下持仓兴趣也能有所助益。

1.当一场主要的市场运动接近尾声时,持仓兴趣已经随着价格趋势的整个过程增加到一定的高度了,那么,一旦持仓兴趣不再继续增加乃至开始减少,这经常就是趋势即将生变的先期警讯(图7.11)。

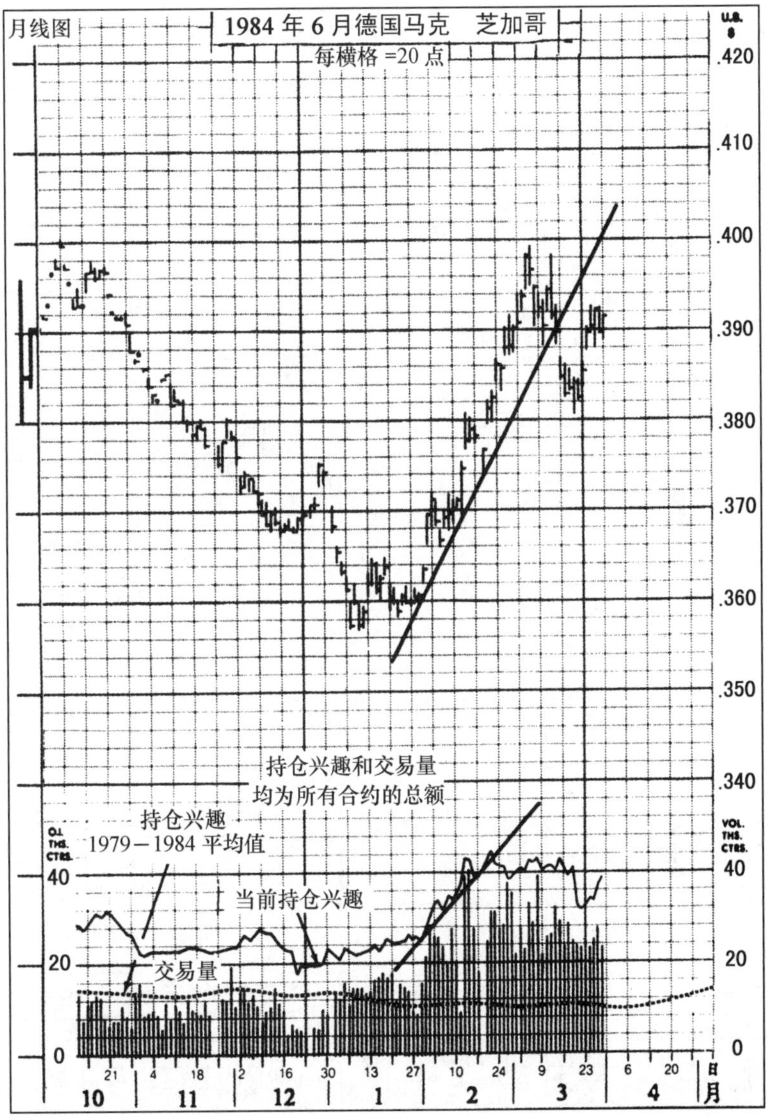

图 7.11a　持仓兴趣的上升验证了价格上冲的实例。但是请注意，当 2 月份持仓兴趣拐平后，就构成了市场顶部的预警信号。从这里起，价格急剧下跌（Chart courtesy of Commodity Research Bureau，a Knight-Ridder Business Information Service）。

2.如果在市场顶部，持仓兴趣处在高水平，而价格下跌又突如其来，那么这是一个看跌信号。这种情况就意味着，在上升趋势接近尾声时建立多头头寸的所有多头交易者均处于损失之中。因为他们被迫卖出斩仓，所以使价格遭到了压力，这种情况一直将维持到持仓兴趣减少到足够大幅度之后。下面举一个例子，假设一个上升趋势已经进行过

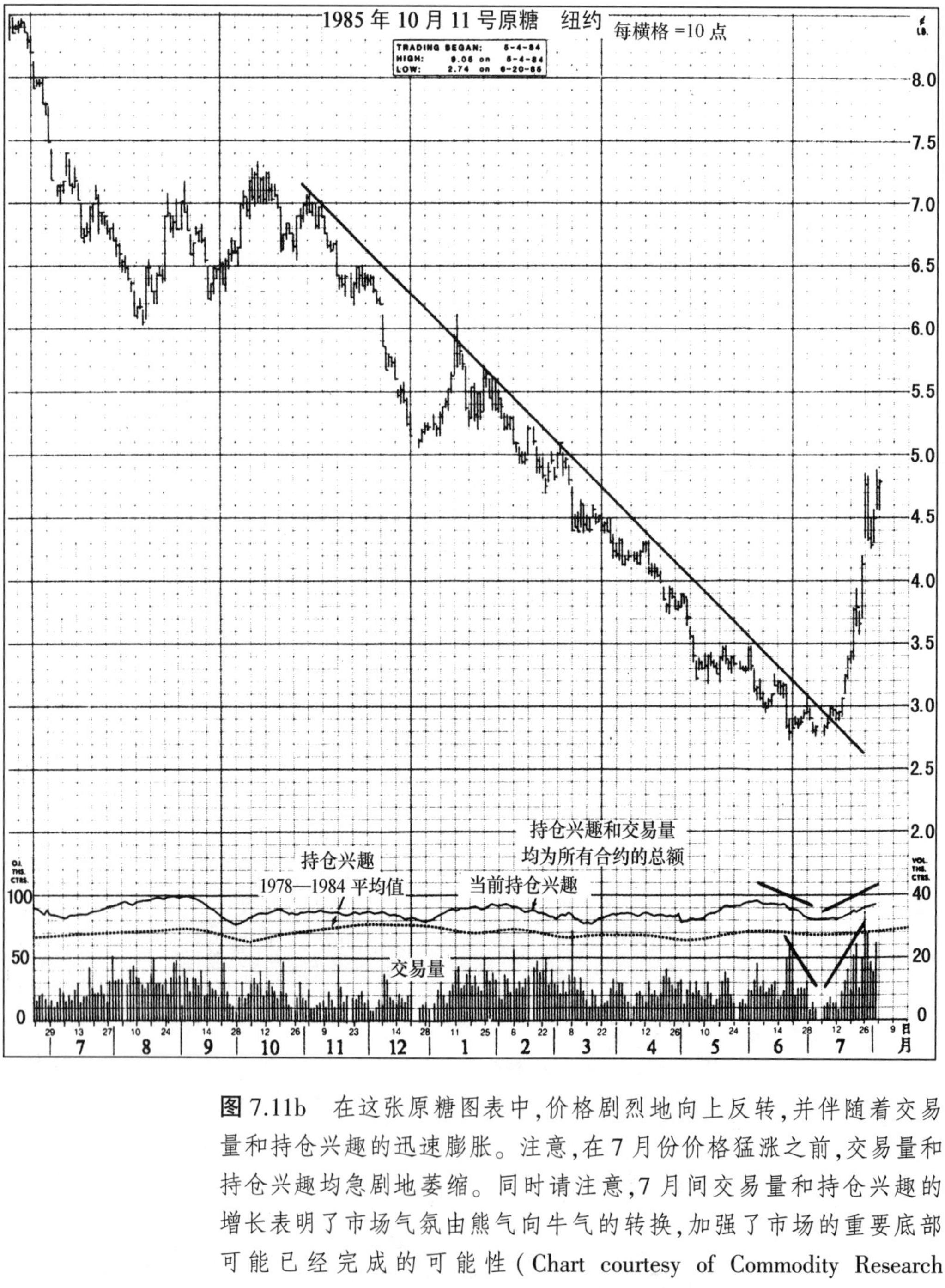

图 7.11b 在这张原糖图表中,价格剧烈地向上反转,并伴随着交易量和持仓兴趣的迅速膨胀。注意,在 7 月份价格猛涨之前,交易量和持仓兴趣均急剧地萎缩。同时请注意,7 月间交易量和持仓兴趣的增长表明了市场气氛由熊气向牛气的转换,加强了市场的重要底部可能已经完成的可能性(Chart courtesy of Commodity Research Bureau, a Knight-Ridder Business Information Service)。

一段时间后,上一个月持仓兴趣曾经有显著的增加。请记住,在持仓兴趣中,每增加一张合约,就意味着市场同时出现了一张多头合约,一张空头合约。突然,价格开始剧烈地下跌,跌到上个月所经历的最低价格之下。那么,在上个月建立的每一张新的多头合约均处于亏损状态。

于是,这些多头合约的持有者就被迫卖出斩仓,从而使价格遭到很大的压力,这种情况一直持续到他们的亏损头寸全部被平仓了结为止。更糟糕的是,他们这种被迫卖出斩仓的行为,自我反馈、恶性循环。价格被压迫得越低,则有更多的处于边际的多头合约持有者加入被迫卖出平仓的行列,于是反回来进一步加剧新的价格下跌。这种现象有一个最为触目惊心的实例,发生在 1980 年年底,商品市场在登峰造极之后,经历了为时 5 年的下滑历程。好几个市场一路进入了创历史纪录的高额持仓兴趣的状态中,而这个窘境又在接踵而来的价格崩溃中助纣为虐。我们把这里所阐述的第 2 点推论如下:在牛市中,不同寻常的高额持仓兴趣是个危险信号(图 7.12)。

3.如果在市场横向延伸的调整期间,或者处于水平交易区间之中时,持仓兴趣逐渐积累增加,那么一旦发生向上或向下的价格突破,随后而来的价格运动将会加剧。这完全是顺理成章的事情。当市场处于犹豫不决的状态时,没人能够确切地知道新趋势即将向哪个方向突破。但是,持仓兴趣的增加表明,许多交易商已预期突破的降临,并相应地建立了头寸。一旦突破果然发生,那么许多交易商(其中的一半)将陷于市场对自己不利的一边(请回头考察图 7.5,图中白银市场的向下突破展示了这种现象)。

我们假设市场上出了一个为期三个月的横向交易区间,与此同时,持仓兴趣快步上升了 10000 张合约。这个数字意味着,在这个时期内,市场上新增开了 10000 个多头头寸和 10000 个空头头寸。现在价格向上突破,开创了三个月来的新的最高价。因为此时价格处在三个月来的最高点,原先在这段时间里开立的每一个空头头寸(所有的 10000 个)均处于亏损状态中了。于是,那些蒙受损失的空头持有者,争相买进平仓,市场上一片混乱。如此一来,自然进一步加强了价格上涨的推动力,反过来,甚至造成了更大的恐慌。一直到所有的 10000 个空头头寸或其中绝大部分均已买进平仓之后,这股力量才会平息,而在此期间,价格将保持坚挺。如果当初的突破方向向下,那么就该多头持有者手忙脚乱地争相卖出平仓了,而空头持有者就会开开心心地坐收渔利了。

每当突破发生、新趋势初露端倪的时候,市场通常都处在巨大的恐慌之中,而这种局面正是那些陷足于市场的错误一边的交易商急于平仓了结其损失头寸的慌乱行为所造成的。陷足于错误一边的交易商越多(这一点通过高额的持仓兴趣可以体现出来),那么他们对突如其来的不利的市场运动的反应就越激烈。说起来,也真是几家欢乐几家愁。那些选择了市场正确一边的交易商(心机明敏的人或走运的人)为新

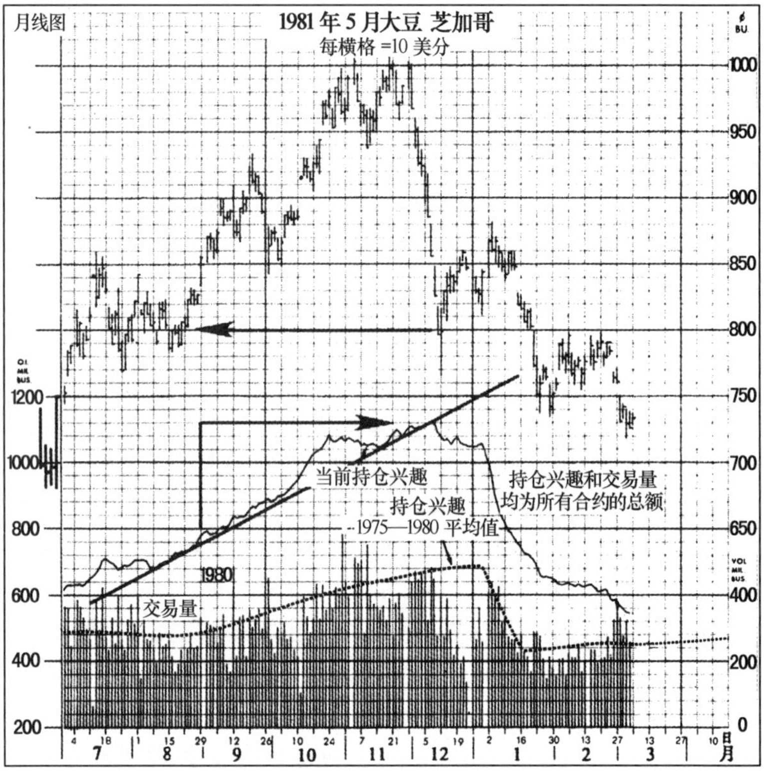

图 7.12　这是一个经典的例子，表明如果价格开始下跌，那么事前的非常高昂的持仓兴趣可以构成下跌的动力。在两周内，价格下跌了＄2.00。自从8月底以来建立的所有的多头头寸均沦为亏损头寸。在这些亏损头寸平仓了结之前，价格将维持下降趋势。注意持仓兴趣随后的急剧下降(Chart courtesy of Commodity Research Bureau, a Knight-Ridder Business Information Service)。

趋势推波助澜，因为事实证明他们的判断是正确的，他们现在可以利用其累积的账面盈利为资本增开新的头寸了(这里有一点，值得我们冷静地思索一下。只要持仓兴趣每增加一张合约，则必定有人犯了一个错误)。由上述讨论可见，在一个交易区间中(实际上对于任何市场状况都是同样的道理)，持仓兴趣增加得越多，那么在突破发生后，价格运动的潜力就越大。

4.在价格形态完成时，持仓兴趣的增加可视为新趋势信号可靠程度的旁证。举例来说，在头肩底形态中，当颈线被向上突破时，如果在交易量增长的同时，持仓兴趣也相应增加，那么该底部形态就更为可靠。不过，在这里分析者必须留神。因为当新趋势产生的初始信号出现之后，随之而来的跟风性市场动力往往来自失陷于市场错误一边的交易商的斩仓行为，所以，在有的情况下，当新趋势初生时，持仓兴趣可能稍有减少。在这种情况下，持仓兴趣这种初始性的稍减，有可能使那些不谨慎的朋友误入歧途。因此，从这种现象可以看出，我们不应该对持仓兴趣在极短时期内的变化过分拘泥。

交易量和持仓兴趣规则举要

以下我们归纳一下关于价格、交易量以及持仓兴趣的几个较为重要的方面。

1.只能以交易量和持仓兴趣的总额作为预测依据。

2.对持仓兴趣必须做季度性修正。

3.如果交易量和持仓兴趣增长，就意味着当前价格趋势可能持续发展。

4.如果交易量和持仓兴趣萎缩，就表明当前价格趋势或许要生变。

5.交易量超前于价格。从交易量的变化可以判断买方或卖方力量的消长，因而它领先于实际价格的变化。

6.OBV 法或者其他类似的方法，可以更为明了地揭示交易量压力的方向。

7.在上升趋势中，如果持仓兴趣突然停止增长，甚至开始下降，那么经常是趋势生变的警讯。

8.如果在市场顶部，持仓兴趣不同寻常地高昂，那就非常危险，因为这种情况大大增加了市场向下的压力。

9.在调整期间，如果持仓兴趣积累地增长，那么就强化了市场随后的突破。

10.交易量和持仓兴趣的增长有助于验证价格形态的确定，也有助于验证其他各种预示新趋势即将发生的重要图表信号。

胀爆和抛售高潮

关于交易量和持仓兴趣，还剩下最后一种典型情况，值得说一

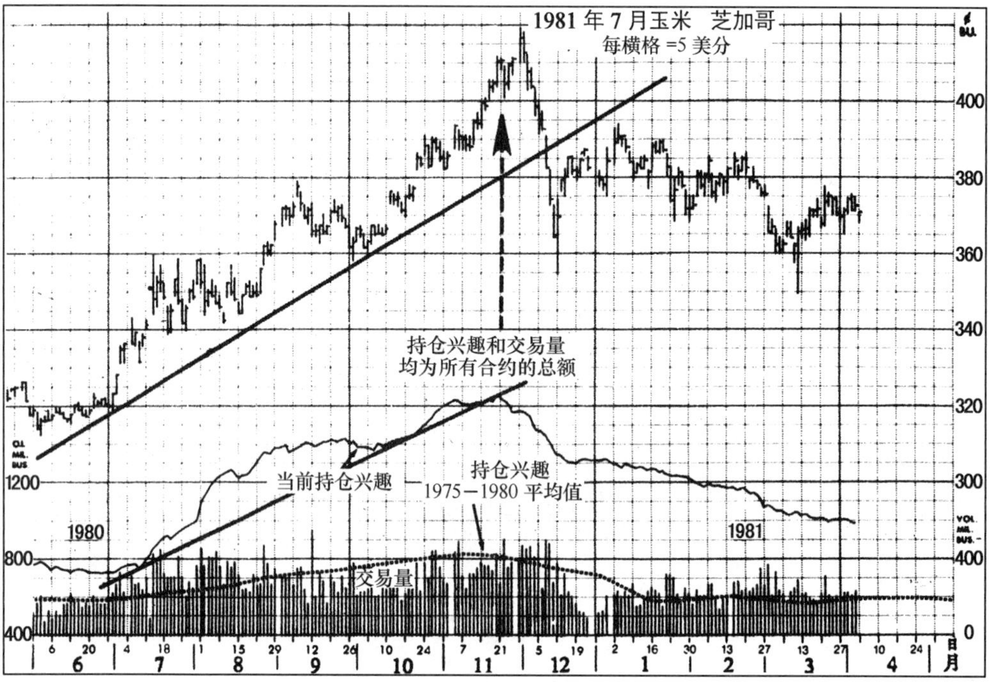

图 7.13　胀爆现象的例子。注意在上升趋势的最后阶段的重大交易量。更具意义的是，在价格到顶之前一周，持仓兴趣已经急剧地下降了。在价格上涨后，如果持仓兴趣降低，则构成看跌信号（Chart courtesy of Commodity Research Bureau, a Knight-Ridder Business Information Service）。

说。这是两种经常发生在市场顶部或底部的剧烈变化——所谓胀爆和抛售高潮。胀爆出现在主要的市场顶部，抛售高潮则在主要的市场底部。在市场顶部发生胀爆的具体情况是，价格经过长期上涨后，突然急剧上冲，与之同时，交易量也大为增加，持仓兴趣却显著地下降，于是顶部突如其来。在抛售高潮中，价格则在长期下跌的基础上，突然急剧地坠落，与之同时，交易量大大加重，而持仓兴趣则大幅下降（图 7.13），于是价格同样突然急剧回升。

在两种情况下，我们都必须密切注意两点，一是交易量的陡然膨胀，一是持仓兴趣的急剧萎缩。在价格向上或向下过分伸展的情况下，如果两个因素一齐出现，就表明当时在市场上正发生着大规模的平仓活动，从而警告我们风雨即将来临，趋势很可能就要突然变化了。

交易商分类报告

为了完成关于持仓兴趣的讨论，我们还得介绍一下交易商分类报告，以及如何利用它作为我们的技术分析工具。该报告由商品期货委员会（CFTC）在每月的第 11 个工作日公布，其中的数据是截止到上月底的持仓兴趣的统计资料。在这份月报里，把持仓兴趣的数字划分成三类来源——大户保值商、大户投机商和散户。只要期货商的交易规模达到了各个市场的规定水平，就必须向 CFTC 报告。CFTC 把这些来自大户交易商的报告编排归总之后，就形成了交易商分类报告中关于大户保值商和大户投机商的统计数字。然后，CFTC 再从总的持仓兴趣中减去上述两项，余额便算作散户的持仓量。

上述分类的几种数字当然自有用场。我们的理论依据是，一般认为，大户属于"投注能手"。而我们通常所说的小户，信息较不灵通，而且从交易技术上说也较不机敏。同时，如果小户成熟起来后，也就不再成其为小户，而是跨入到大户的行列了。另一方面，如果大户败落了，也就不再成其为大户，而是很快地退居小户的地位。

这种类型的分析在股市技术师中间早就盛行。他们认为，股票买卖专家对市场方向的判断通常是正确的，因此他们密切关注这些专家的一举一动。相反地，他们认为散户（即大众投资者）对市场方向的判别，在绝大部分时候是错误的，所以常常轻蔑地称散户为"小鬼头"。

从一些期货市场的研究结果来看，在上述三类交易商中，大户保值商在预期市场转折点这一方面最为成功，其次数大户投机商，小户屈陪末座（图 7.14）。

我们如何恰当地利用这些统计数字呢？说白了，就是要加盟"投注能手"的一边，而避免陷入其余不太如意的行列。图 7.14 是一份交易商分类报告的实例，引自 CRB 期货图表服务，其中每类都分成四个小栏目——多头百分比、空头百分比、持仓兴趣净值、Δ。Δ 表示同上一个月相比较的持仓兴趣净值的增减额。例如在本表中，1984 年 12 月 31 日在活牛市场上，大户保值商中有 14%为多头，43%为空头。第三栏的"-29"的意思是净空头比数为 29%（43%—14%）。在第四栏中，"-2"表示活牛市场的大户保值商当月的净空头数比上月净空头数增加了 2%。

在表格底部的备注中，解释了表中数据的理解方法。请注意，其中有条说明，表中相应的百分数之和并不总为 100%。这是因为本表并未包括市场之间交叉套利交易的统计资料。如果我们把活牛这一行的

交易商分类报告——大户保值商、大户投机商和小户

持仓兴趣以 1984 年 12 月 31 日为基期，用其百分比(取整)表示

市　场	大户保值商				大户投机商				小户			
	多头	空头	净值	Δ	多头	空头	净值	Δ	多头	空头	净值	Δ
活牛	14	43	−29	−2	19	4	+15	+1	62	49	+13	−1
可可	82	65	+17	+4	5	16	−11	+2	11	17	−6	−6
咖啡	51	70	−19	−2	16	5	+11	−1	29	21	+8	+3
铜	42	76	−34	0	8	5	+3	+3	49	18	+31	−2
玉米	63	48	+15	−9	1	9	−8	0	34	42	−8	+7
棉花	53	41	+12	−1	3	7	−4	+5	43	51	−8	−5
原油(N.Y.)	82	32	+50	+23	9	40	−31	−23	8	26	−18	+1
黄金(Comex)	73	59	+14	−1	3	11	−8	−1	13	19	−6	+2
二号取暖油	55	65	−10	−5	18	13	+5	+3	26	22	+4	0
生猪	9	15	−6	−4	22	8	+14	−6	59	67	−8	+10
无铅汽油(N.Y.)	83	72	+11	−3	2	14	−12	0	16	14	+2	+4
木材	21	36	−15	+8	11	5	+6	+2	63	54	+9	−9
橙汁	53	65	−12	+14	4	4	0	−5	39	27	+12	−10
铂	59	74	−15	+8	11	4	+7	−3	24	17	+7	−7
猪腩	10	16	−6	−9	24	12	+12	−5	46	52	−6	+14
白银(Comex)	47	57	−10	+1	6	9	−3	−1	34	21	+13	−1
大豆	32	45	−13	−4	5	6	−1	+1	56	41	+15	+5
豆粕	50	29	+21	+15	3	8	−5	+3	34	50	−16	−17
豆油	48	41	+7	+1	2	4	−2	0	47	52	−5	0
11 号原糖	34	64	−30	+8	15	7	+8	+1	51	28	+23	−7
小麦(CHI)	32	38	−6	+3	7	12	−5	−7	54	43	+11	+5
小麦(K.C.)	63	58	+5	−1	0	6	−6	−4	34	33	+1	+5
小麦(Minn)	46	52	−6	0	0	0	0	+1	55	49	+6	−1
欧洲美元	70	64	+6	−1	7	8	−1	+4	18	23	−5	−2
短期国债(90 天)	40	63	−23	−3	15	1	+14	+3	37	29	+8	−2
长期国债	51	57	−6	−1	6	9	−3	−6	32	23	+9	+7
中期国债	81	78	+3	+8	3	6	−3	−1	13	15	−2	+8
NYSE 综合指数	3	37	−34	−30	28	24	+4	+27	62	32	+30	+2
S&P 500	33	53	−20	−14	21	13	+8	+12	46	34	+12	+2
价值线	8	28	−20	−15	14	26	−12	−3	77	45	+32	+18
英镑	45	14	+31	+21	19	35	−16	−11	33	49	−16	−11
德国马克	32	62	−30	+1	26	9	+17	+9	42	29	+13	−9
日元	24	28	−4	+5	34	28	+6	+10	40	44	−4	−17
瑞士法郎	20	42	−22	+23	20	18	+2	−14	60	40	+20	−10

备注：表中Δ表示与上月比较持仓兴趣净值的百分比变化值(正号表示多头的增加，或空头的减少；负号表示空头的增加，或多头的减少；0 表示原数值小于 0.5%)。

注意，表中头寸总和并不等于 100%，因为其中没有包括市场之间的统计数字。

图 7.14　交易商分类报告(Table courtesy of the Commodity Research Bureau, a Knight-Ridder Business Information Service)。

所有三类多头百分比的数字加起来——14%属于大户保值商,19%属于大户投机商,62%属于小户——我们只得到95%的总数。市场之间交叉套利的交易就占据了剩下的5%。

季节性修正

在进一步研究图7.14中的数据之前,我们必须首先考虑它们的一个重要特征:季节性变化。表中每个群体都表现出特定的季节性倾向。只有超出这种季节特征的变化才揭示了交易商对市场的态度。在1985年的《商品年鉴》中,发表了一篇文章(威廉·L·吉勒,商品研究局,1985年),其中对这家机构利用这些统计数字的方式作了介绍,也讨论了他自己在该领域的一些独到的研究成果。

> 当前净持仓兴趣同季节性的净持仓兴趣的正常值之差,在某种程度上,为市场的牛气或熊气的程度提供了直观的百分比度量(分析CFTC的交易商分类报告有助于预测期货价格,吉勒,第52页)。

随后,文章交代了一些普遍的要领:

> 最牛气的市场格局是:大户保值商的净持仓兴趣为多头,且其数量大大地超出了季节性正常值;大户投机商明显地持有净多头头寸;而小户的净头寸为空头,且其数量也大大地超过季节性正常值。这种情况代表了一个极端。另一个极端则是市场最熊气的格局,情况与上面正好相反——大户保值商净持仓兴趣为空头,且数额庞大,等等。朋友们务请注意净持仓兴趣偏离长期平均值达40%以上的情形,同时也要忽略偏离程度小于5%的情形。

CRB(商品研究局)的这项研究表明,两种大户的成绩记录均属上乘,但大户保值商的成绩优于大户投机商。在三者之中,小户的表现最差。

图7.15是几张样图,显示了CRB研究出的上述三类交易商的季节性倾向(引自前述同一文章)。这里的诀窍是,我们应当比较表中的实际数值同图中的所谓季节性正常值之间的差异。下面我们还是以图7.14那份报告为例,从中得出一些结论。

请看有关豆粕的统计数字。在1985年1月18日的《CRB期货图表服务》的技术性评论部分,本作者曾指出,"交易商分类报告揭示了该市场一个异乎寻常的看好的态势"。为什么这么说呢?报告中说,

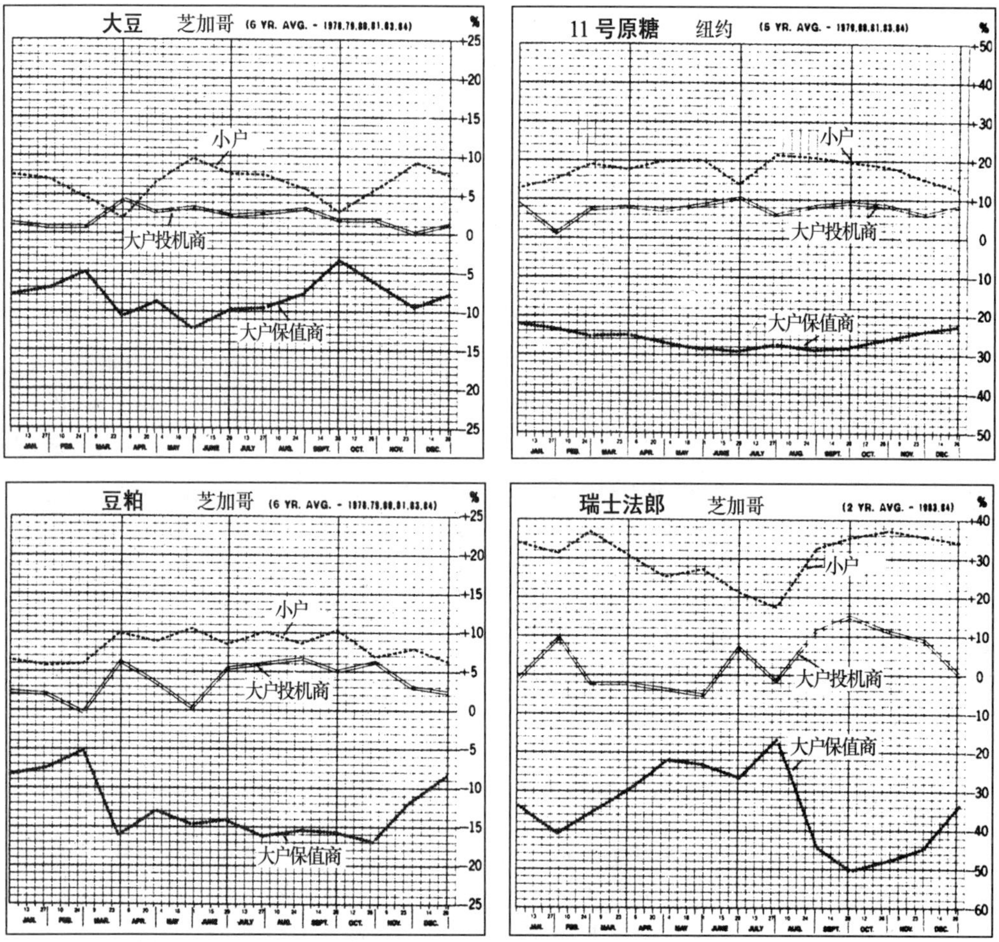

图 7.15 本图是三种交易商的季节性交易习惯的例子。当我们已知每类交易商对市场的态度时,应当考虑到上述季节性倾向。这一点很重要(source:1985 Commodity Year Book, Commodity Research Bureau, Jersey City, NJ)。

大户保值商为净多头,其百分比为 21%,比上一个月增加了 15%。小户则为净空头,百分比为 16%,比前一个月增加了 17%。因此,大户保值商是看好者,并且日益牛气;小户是看淡者,并且日益熊气。

现在再来看豆粕的 CRB 季节性图表。到 12 月底,大户保值商的正常情况是 8%的净空头,而小户则大约为 6%的净多头。这就意味着,有关的差额甚至比当前的实际数值更加倾向于看涨这一边。大户以 29%的比例比正常情况更为牛气(从-8%到+21%),同时小户以 22%的比例比正常情况更为熊气(从+6%到-16%)。表面看来,大户为看好者,小户为看淡者,这已经是牛气性质的了。而实际上经过季节性修正后,从有关数据来看,形势还更加牛气。

要是我们随意看看其余一些数字,还有几点也便呼之欲出了。我们来扫一眼三个类别的最后一列,找一找其中的较大变化。请注意在大户保值者名下那些较大的正数变化:原油为+23%,橙汁为+14%,英镑为+21%,瑞士法郎为+23%。也许我们应该留意这些市场上的看涨态势的出现。在小户名下的Δ列中,生猪和猪腩各为+10%和+14%,呈现日渐增强的正面态度。或许这种情况对这些市场来说,倒是看跌的信号。小户对橙汁以及外币表现出较强的负面态度(-10%),也可能形成了这些市场看好的信号。

我们还有一个运用这些数字的方法,即在小户名下的多头一栏或空头一栏中,搜求不同寻常的大幅变化(70%以上为"大幅")。因为小户这一群体通常被认为是错误的,那么他们在某市场对哪个方向的强烈倾向就是个警告信号,表明市场将向相反的方向变化(这正是前面那个"理论基础"之所以成立的原因了)。

在这份报告中,在小户名下的多头一栏中,有大幅变化(潜在的看跌信号)的是活牛(62%)和木材(63%)。也可以在NYSE综合指数(62%)和价值线股价指数(77%)中看到这种情况。不过从股价指数近来的动作来看,小户的判断似乎得到了验证。所以,我们必须说明,本领域的绝大部分研究是针对传统的农产品市场进行的。朋友们务请注意,不要在历史较短的金融期货市场上,过分倚重交易商分类报告,我们不妨拭目等待对这个方面的更多的研究。

我们也可以对交易商分类报告进行逐月的分析,以从各项持仓兴趣资料中揭示三类交易者的所作所为。不过,本方法有一个重要缺陷。可供分析的有关统计资料至少都是两周以前的情况,可能因为这一延迟而丧失部分价值。

在期货市场上,上面介绍的这种技术分析手段并没有受到足够重视。它在股票市场上倒是大行其道,但在期货分析者中却"曲高和寡"。无论如何,这正是一个颇具潜力的领域。由于我们能够利用它来检测市场情绪,因此,我们必须对它引起重视,并进一步加以研究利用(在第十章讨论相反意见理论的时候,我们将进一步探讨市场情绪)。在任何情况下,交易商分类报告都是重要的技术分析领域,分析者至少必须对之有所了解,并且时常关心关心。有一本书,《商品市场价格行为的图表分析》(第二版,L·迪伊·贝尔维尔,道·琼斯—欧文出版公司,1985年),花了很大的力气来讨论"持仓兴趣"这个题目。

结　论

现在,我们就完成了对交易量和持仓兴趣的研究。从本书开头到这里为止,我们已经讲完了商品期货市场的技术分析理论的一个重要的组成部分。我们交代了技术分析的理论基础,讨论了技术分析的基本砖石,介绍了图表的构造方法,研究了价格形态,也阐明了技术分析者的三条信息渠道——价格、交易量和持仓兴趣。

但是,我们的研究还仅仅局限于日线图。下一步,我们就该拓展时间视野,把前面这些富有价值的分析手段应用到长期性质的周线图和月线图中,来进行长期趋势分析。与此同时,也要补充一些关于较广泛的商品价格指数和各种市场群类指数的研究。这些便是下一章的任务。

第八章　长期图表和商品指数

引　　言

在期货行业,当分析者从事市场预测和交易时,日线图显然是最受青睐的。但是通常,一张日线图只能覆盖合约有效期中的6到9个月。不过,由于大部分商品期货的交易商和分析师的兴趣主要局限于相对短期的市场行为,日线图当然被他们广泛地接受,成了期货分析者的首选工具。另外,日线图的维持相对来说简单易行,而且我们也可以从商业化的图表服务系统中随时获取,这也是其盛行的原因(随着计算机技术和信息传输系统的发展,日内图表也越来越行时了,凭借日内图表,我们可以更细致地了解市场情况)。

然而,恰恰因为一般交易商过分依赖日线图,一门心思地关注短期市场行为,所以,不少人忽视了价格图表中另外非常有用的部分——连续周线图和连续月线图。利用这些长期图表,我们可以进行更长期趋势的分析、预测。这些图表的用武之地并不仅限于个别市场。事实上,运用它们来研究一般商品指数和各种商品群体指数的主要趋势，也极为有益。

在合约的全部有效历史里，日线图只能覆盖相对短的范围。而如果要对市场趋势进行透彻的分析，就得把逐日的价格变化放到长期的趋势结构中去，考察其相互关系。为此，我们必须采用更长期的连续图表。我们知道，在日线图上，每根竖直线段代表当日一天的价格变化，那么在周线图和月线图上，每根竖直线段就分别代表对应一星期和一个月的价格变化。周线图和月线图的根本目的，就在于把价格变化所经历的时间大为压缩，从而在水平方向容纳更长的时间范围，提供更大时域的研究工具。

大范围透视的意义

通过长期图表，我们能够对市场趋势有很好的透视，而这个优势仅仅从日线图上是不可能取得的。在第一章我们介绍技术分析的理论基础时，曾强调指出，技术分析有个最大的长处，即我们可以把它应用于任何时间尺度之下，当然也包括长期性预测了。我们也提到过，有些人持有一种错误的看法，认为技术分析的天地只局限于短期选择时机，而长期性的预测则应该由基础分析去完成。

那么，朋友们请注意以下的图表，我相信，它们能够充分证明技术分析的各项原则——包括趋势分析、支撑和阻挡水平、趋势线和管道、百分比回撤、以及价格形态等，能够相当完美地适用于长期市场分析。在这里，顺便还要指出，不论是谁，如果他不考虑这些长期图表，就错过了大量价值不菲的价格信息。

连续图表的绘制

商品期货合约在到期前，一般大约有一年半的交易寿命。技术分析者为了回顾数年的历史资料，需要构造长期的连续图表，那么，期货合约的这种有限寿命的特征显然就构成障碍了。股市技术分析者没有这个麻烦。每种普通股以及各种股市平均价格指数的图表，从其上市之日起就是现成的。在商品期货行业，分析师面对着一个月份接一个月份不断推陈出新的一张张合约，怎样才能构造长期图表呢？

我们的办法是绘制连续图表。注意，“连续”二字是重点。最通行的一种技巧是，简单地把一串合约的价格图表接续起来就成了。这张合约到期后，就接上下一张合约。为了保证连续性，最简便也最常用的方法是，始终采用最近到期的合约的价格资料。当最近一张合约停止交易后，同一商品的下一张合约就成为新的最近到期的合约，接下去我们画的就是它。

本章出现的连续图表都源于商品研究局。该机构每周出版一期《CRB 期货图表服务》，提供所有期货市场的日线图。作为对日线图的补充，它也提供连续周线图。此外，它每季还推出一系列的连续月线图，邮寄给客户。其周线图覆盖的时间为四年半，月线图一直可以上溯到 22 年以前。

构造连续图表的其余方法

把最近到期的合约图表连接起来的办法，既简单易行，又确定解决了期货合约图表的连续性问题。不过这个方法也有些小小的缺陷。有时候，接近到期合约的价格同下一张合约比起来有比较大的升水或贴水，那么，当我们从旧合约转接到新合约时，在图表上可能出现跳上或跳下的情形。另外，某些合约在接近到期日时，其价格具有极端的遽变性，这也是一种潜在的偏差。

技术分析者为了纠正这些偶尔发生的偏差，想尽了法子。有些人在当前合约到期前一二个月的时候，就换上下一张合约，以避开最后一个月的遽变性。也有些人则避开最近到期合约，采用其次或复其次到期的合约。还有个办法是，选择具有最高持仓兴趣的合约画图，因为从理论上说这种到期月份的合约才真正代表了其市场价值。

我们也可以采用选定日历月份的办法来构造连续图表。比方说，所谓 11 月大豆连续图表，就是逐个地连接每年 11 月到期大豆合约的历史资料（这种连接特定月份合约的技术尤为 W・D・江恩所钟爱）。有些图表分析师甚至走得更远。他们把几种月份合约的价格加以平均，或者构造某种价格指数，以修正上述图表转换时升水或贴水的影响。

无期限合约™

在《商品》杂志（现名为《期货》杂志）1983 年 3 月号上，刊登了题为“无限期合约有益于技术分析”的文章。其中为解决价格的连续性问题，提出了一种新的方案。作者罗伯特・佩尔蒂埃是商品信息系统公司的总裁。文章中介绍了一个新概念，“无期限合约™”（“无期限合约™”和“CSI 无期限合约™”是该公司的注册商标）。

他提出“无期限合约™”的目的，在于按照一组连续的时间序列，来编排某种期货数年的价格历史。具体做法是，以连续推移的未来时间段为基础，建立一个时间序列。比如说，我们可以由这个时间序列来求得3个月或6个月后的某个数值。时间段可长可短，随用户选择。然后，把相应的时间段内前后相邻的两种合约的价格加权平均，就得到了“无期限合约™”的价格。举个例子。假定我们计算的是三个月“无期限合约™”，现在是1月，那么三个月后就是4月。然后，我们选取4月前后的两个交易活跃的月份的合约价格，假定为3月和5月的，来加权平均(原文对如何计算加权平均值有更加周全的介绍)。如果今天是1月20日，那就取来一张价格图表，在三个月后的位置上(4月20日)标出一条竖直线段。下一步，在图上把这两张合约的当前价格分别点在它们的到期日(比方说分别是3月26日和5月28日)上。然后，把这两点连接起来，得到的直线同4月20日那根竖直线相交，其交点的价格读数就是三个月无期限合约™的价格。

无期限合约™的数值并非真正的价格，而是上述两个价格的加权平均值。如果您有意进一步了解该加权平均值的构造方法及其优越性，请参阅前面引用的那篇文章，或者同该公司(CSI)联系。据佩尔蒂埃介绍，无期限合约™的主要优势是，不需要完全依赖最近到期的合约，从而消除了连续图表在新旧合约切换时可能发生的偏差。

无期限指数™

商品信息系统公司最近又推出了一个更新的概念，“无期限指数™”。无期限合约™是以期货合约价格为基础的，而无期限指数则把这些数值转换成指数。采用指数有个明显的长处，那就是我们能够比较容易地借助指数来比较不同市场的相对表现。CSI也在各种市场群类中引入了无期限指数™，其方法大抵与CRB指数相伯仲。这种指数与CRB期货指数所涵盖的对象是一样的，只是基期选择得不同罢。

到底这些复杂的花样是否比我们的最近到期合约方法更为有效，还有待进一步的考察。不过必须强调，即使这些办法中出现的偏差相对小些，连接最近到期合约这一简单方法依然是最通用的，操作也很便当。更重要的是，通过长期的实践证明，这种简单方法相当有效。

相反，如果我们要逐日绘制所有市场的无期限合约™的图表，那实在是繁琐不堪。当然，用户也可利用计算机和电话数据转换器，每天从CSI获得这些加权平均值，但是其成本高昂。因此，朋友们有必要权衡权衡,或者保存历史资料,采用简便的传统方法;或者选择烦难的新技术,支付更高的代价。

图表分析技术可以应用于长期图表

绝大部分图表分析技术既可以应用于日线图,也同样适用于周线图和月线图。这一点值得反复重申。我们甚至可以更进一步地说,预测长期趋势常常比预测短期市场还要容易些。技术分析有两个基本的信条:(1)市场以趋势方式演变;(2)趋势具有惯性。在长期图表上,不但趋势具有明确的特征,而且其中长期趋势往往延续数年,而这两个方面正是长期图表最显著的特征。

想想看,我们只要在长期图表上做一次分析,就能管用几年呐!可是,目前在期货行业,绝大部分市场通讯专注于短期性研究。往往在读者从邮局拿到之前,就已经时过境迁了。如此一来,在下一期发出之前,市场通讯的主办人都得借助电子信箱和电话热线频频刷新自己的分析,以保证自己的分析切合一日千里的现实。

长期趋势的持久性特点非常突出,从而引出了我们对另一个问题的有趣的思索——市场的随机性。技术分析者并不接收市场行为“随机论”或“不可捉摸论”,但是为了稳妥起见,我们还是必须承认,从非常短暂的意义上说,市场上确实可能存在着这样那样的随机性价格变化。但是,我们从长期图表上明显可以看出,既存趋势具有长期的时间跨度,在许多情况下甚至持续数年之久,这个事实有力地驳斥了随机行走理论所谓价格在时间顺序上互不关联、过去对未来毫无影响的论调。

技术分析理论摘要

在考察以下的价格图表之前,我们先概述一下在图例中涉及的各种技术分析原则,以便朋友们体味。在技术分析的理论基础中,最重要的一条就是,分析者预测市场方向需要的所有信息都已经反映在价格图表之中。技术分析者坚信,所有最终可能影响价格变化的信息都包容、消化(或者反映)在价格里。价格上涨,则表明市场的心理是牛气的，而价格下跌，则反映市场心理是熊气的。

技术派认为，技术分析在某种意义上已经包含了基础分析，因为图表也反映了市场对基础性供求关系的估价，而正是这种估价才导致了牛市或熊市。因此，图表师有理由判断，如果价格上升，那么需求必定超过供给，基础因素就是看好的。从而，他就可以通过对市场行为的研究，来寻找价格最可能的走向的线索。他之所以这么做，就是要尽早发觉价格资料的重要趋势，越早越好。如前面所说，价格以趋势形式演变，并且其趋势具有强烈的持续下去的倾向。绝大多数技术性顺势系统的主要意图就在于，在趋势发生发展的初期，把它及时地判别出来；然后，这些系统就顺着趋势的方向开立头寸，一直维持到价格变化表明该趋势已经终结或反转为止。

技术分析术语

在过去的100多年中，技术派为了描述不同类型的市场行为，以及各种技术预测手段，建立了一整套技术分析术语。所谓趋势，就是价格变化的一般方向。上升趋势的规范定义是，一系列逐步递升的峰和谷。下降趋势则是一系列逐步递降的峰和谷。横向延伸趋势的峰和谷依次水平伸展。趋势通常又分为三级，主要趋势、次要趋势和短暂趋势。主要趋势常常持续数年。本章要讨论的就是这种主要趋势。

阻挡，是一个价格水平（或区域），在其上方，卖方压力将增强。一般而言，前一个峰值就是一个阻挡水平。支撑，也是一个价格水平（或区域），在其下方，买方的支撑较强。通常，前一个谷值就是一个支撑水平。历史支撑水平和历史阻挡水平的由来，可以上溯到数年之前。它们具有持久不衰的影响力，这是长期图表的最为令人注目的特征。一旦市场以足够大的幅度穿破了支撑水平，后者就转化成阻挡水平。在上升趋势中，阻挡水平被冲破后，就演变成新的支撑水平。图8.7是活牛期货的图表，是这一现象的典型例证，其中的历史阻挡水平35.00和56.00后来均转化为支撑水平了。

趋势线在这些图表中的应用，也出奇地有效。在上升趋势中，基本的上升趋势线是通过向上反弹低点连接而成的。只要这条趋势线不被跌破，则上升趋势就有效。下降趋势线向右下方倾斜，是沿着上冲高点连接而成的。有时，市场会形成价格管道，在价格管道中，管道线平行于基本趋势线，位于价格的上方或下方。图8.1是商品研究局期货价格指数图，其中展示了一个为时10年的价格管道。

既成趋势常常按照一定的百分比例进行调整。最为知名的百分比回撤为 50%回撤。例如,在上升趋势中,一个中等的调整或许要回撤到先前运动的 50%的位置上,然后市场才恢复上涨。最小回撤约为先前运动的 1/3,而最大回撤为其 2/3。如果市场回撤到远超过 2/3 的程度,那么市场通常可能就要返回原先的起点了。因此,2/3 回撤区是非常关键的。图 8.8 和图 8.11a 分别是糖和黄金的图表,例示了市场在 2/3 回撤点发生转折的情形。

图表上的形态

长期图表上也具备各种价格形态,其研读方法与日线图一致。在这些长期图表上,双重顶和双重底这两种形态非常醒目。当市场无力克服前一个峰值阻挡,而掉头向下,跌破了最近一个向上反弹低点之后,双重顶就形成了。双重底的情况正好相反。主要的双重顶出现在图 8.5 和图 8.12a 的玉米和铜的图表上, 两个峰相距几乎有 7 年之久。图 8.10 显示的是一个头肩形底,例示的是小麦市场,时间从 1964 年到 1972 年。三角形,通常属于持续性形态,但有时也以反转形态的面目出现,在这里的表现也很突出。请看,在图 8.2 的 CRB 期货指数周线图上,就有个对称三角形。

还有一类形态也在这些图表中频繁露面,那就是周反转和月反转。举例来说,在月线图上,市场在当月向上达到了新的高点,但月末收市价格反而低于前一个月的月末收市价,那么这往往就是一个要紧的转折点,特别是当它发生在重要支撑或阻挡区附近时,尤其具有重要意义。周反转在周线图上也相当常见。这些形态同日线图上的关键反转日是对等的。不过,在长期图表上出现的反转形态的影响深远得多。

利用长期图表来从事趋势分析的最大优越性还在于图表自身。在后面的图例中,包括了几个覆盖时间长达 20 年的周线图和月线图的范例。我希望这些例子足以表明其价值,足以说明在进行趋势分析时它们是何等犀利有力。如果你从未识荆,恐怕要惊喜一番了。

从长期图表到短期图表

如果我们要进行透彻的趋势分析,那么,特别重要的是采取正确的读图顺序。图表分析的恰当次序应该是,从长期图表开始,逐步过渡到近期的图表。当朋友们与不同的时间范围打交道时,这样做的原因就一目了然了。如果分析者只能从短期图表开始研究,那么随着时间尺度的扩大,新的价格资料不断地参加进来,他就不得不相应地修正上一步的结论。即使朋友们已经完成了对日线图的深入分析,但当你再看到长期图表时,或许还得推倒重来。反过来,如果从大的背景入手,一下子考察了20年的全部价格资料,那么你就对市场首先有了恰当的纵览。分析者从长期透视中了解了当前市场的来龙之后,就可以逐步“聚焦”,找到市场当前的去脉。

在后面的图例中,第一张是为期20年的连续图表。分析者应当首先从这张图上找出较明显的图表形态,主要趋势线以及大致的主要支撑和阻挡水平等要素。然后再转向最近5年的周线图,重复上述程序。最后,再把注意力集中到日线图上,研究最近6个月到9个月的市场行为。这样就完成了从“宏观”到“微观”的过渡。交易商也不妨再向前走一步,研究研究日内价格图表,从而得到更细致入微的结果。

起点:商品价格指数

在股票行业,所有的市场分析方法都是从广泛的市场平均值,例如道·琼斯指数、标准普尔氏500种股票指数等出发的,从中可以得出总体市场的一般方向。股票交易商或投资者首先必须弄清楚股票市场在总体上是牛市还是熊市,然后才谈得上选购具体的股票。股市分析者往往是在考察了广泛的市场平均值之后,再研究哪类行业的表现最出色。也就是力图在表现最佳的行业群类中,挑选出最佳企业的股票。全过程分三步进行。分析者起先要有非常广泛的印象,然后逐步逐步地缩小范围。期货交易商也应该采取相同的步骤。

商品研究局期货价格指数

在我们分析任何商品市场的时候,第一步理所当然是要弄清总体商品价格的方向。我们可以通过分析商品研究局期货价格指数来解决这个问题。它是最受关注的商品价格的晴雨表。该指数含有27种商品期货,反映了商品市场的总体趋势。因此,它是我们的必不可少的起点,由之可以确定商品市场总体上是上涨还是下跌,具体市场所处的大环境是牛气的还是熊气的。

CRB 群类指数

第二步,分析者应该考察各种市场群类,挑选出最坚挺的或最疲弱的商品群。举例来说,如果 CRB 期货指数为上升趋势,或者正处于向上反转的过程中,那么分析者就可以采用相对强度的概念,从这一类指数中选出技术特色上最坚挺的商品群类。下面,就该把注意力放到这些强者中去了。

个 别 市 场

第三步,我们要集中注意力,从表现最坚挺的群类中甄选出表现最强的个别市场(我们这里是以看涨的大气候为例,分析者从多头的角度考虑问题)。在价格膨胀的阶段,CRB 期货指数趋涨(比如在 70 年代),那么分析者就应该集中精力,对付涨势最强的市场群类,从其中挑出最坚挺的具体期货市场,以寻求买进的良机。而在价格萎缩的阶段(比如从 1980 年以来),CRB 指数趋跌,交易者就应该着眼于最疲弱的市场群类,从中抓住最软弱的具体期货,以寻求卖出良机。

所以,在分析者打开某个市场的图表之前,他就应该对总的商品市场的价格水平到底是看涨还是看跌、以及该市场所处的期货群类的价格水平到底是看涨还是看跌等背景,做到心中有数了。

综上所述,当我们对某市场进行透彻的趋势分析的时候,应该遵循下列正确的步骤:首先分析 CRB 期货价格指数的 20 年的月线图,然后是其 5 年的周线图,最后是其日线图;接下来,考虑各种 CRB 群类指数(或者分析者感兴趣的某群体)的长期周线图和日线图;最后一步,研究个别市场,由月线图而周线图,最后至日线图。本章后面的图例的编排,正是出自上面的考虑。第一例,图 8.1,就是 CRB 期货价格指数的 20 年连续月线图。

是否应对长期图表进行通货膨胀的修正

在结束我们的说明之前,还需要作几点补充。第一个问题是,是否应该对长期图表上的历史价格进行通货膨胀修正。不管怎么说,从 70 年代早期之后,通货膨胀率是惊人的,到了 80 年代,通货紧缩也是不同寻常的,那么,美元的价值前后就有了较大的变化。如果我们不对长期图表的历史价格进行修正,它们上面的峰和谷还有意义吗?分析师们对这个问题颇有争议。

我个人认为,不必要对长期图表进行任何修正,理由很多。主要的，我相信市场自身已经进行了必要的修正。当货币贬值时，就会导致用该货币表示的商品价格的上涨。因此，随着美元的贬值，商品价格就会相应上升。毫无疑问，商品期货的长期图表上 70 年代的价格上涨，在很大程度上仅仅反映了美元的疲弱。对应地，最近 5 年商品价格的下跌，在很大程度上则直接归因于美元的坚挺。

第二个值得推敲的问题是，从 70 年代商品价格的巨额抬升，到 80 年代商品价格的大幅下跌，都是通货膨胀作用的经典实例。因此，尽管在 70 年代商品价格翻了两番乃至三番，要对它们进行通货膨胀修正还是没有根据的。商品价格的上涨正是通货膨胀的表现。在 80 年代，经济学家曾经把商品价格的下跌作为通货膨胀受到控制的标志。金价现在已经跌到 1980 年的一半以下了，难道我们有必要用较低的通货膨胀率对它修正一番吗？我想市场本身对这方面的问题早已“置之度内”了。

最后一个问题，牵涉技术分析理论的核心，“市场行为最终包容、消化一切因素”这条基本前提。市场自我调节、自动适应了通货膨胀、通货紧缩以及货币币值变化的要求。到底是否要用通货膨胀修正长期图表？这个问题的真正解答还在于长期图表本身，“解铃还待系铃人”。图 8.12a 是铜的图表，其中 1980 年的牛市的最高点恰好达到了 1974 年牛市的最高点，然后市场便开始下跌，一直跌到、并稳定于 1975—1977 年的熊市低点上。许多市场都无力冲破数年以前形成的历史阻挡水平，而且从此开始下滑，一直跌到数年前形成的历史支撑水平。如果长期图表需要进行通货膨胀修正的话，这类价格变化将无从发生。

长期图表不直接服务于交易

长期图表不宜直接应用于交易中。我们必须把对市场的分析预测和出入市时机抉择这两项工作区别开来。长期图表在确认主要趋势和价格目标时大有裨益。不过，它们不适用于出入市时机的选择，不应该服务于这种目的。后面这方面的研究更为灵敏，因而必须采用日线图以及日内线图来进行。

结　　语

在以下图例中出现的各种技术工具都是较为基础的，传统的图表分析者当能一目了然。其中我们只采用了从第一章到第七章的一些原理。不过，其他图表分析技术也毫不例外地适用于周线图和月线图。

比如，长期图表也可以用来研究长期性周期。艾略特波浪理论在长期图表上也一样有用武之地。在玉米和棉花的月线图图例中，就有5浪牛市的例子。

在这些图表上，长期性移动平均线的应用还是个薄弱环节。作者几年前曾经做过一点尝试，实践表明，在周线图上大可采用10周和30周移动平均线来追踪长期趋势。这些平均线同股市分析中所采用的平均线大同小异，但是它们在期货市场上一直没受到重视。

对长期图表，我们只需要每隔一段时间深入地研究一下就行了。在短时间内，长期图表上的价格形态变化甚少。因此，平时我们只需要对之略加观察，就足以获得有关的背景知识了。

日线图依然是期货商的基本工具。对短线的操作者来说，日内图表也是大为得力的工具。本章的意图并不是要改变上述事实。无论如何，我们希望朋友们牢记的是，长期图表是对短期图表的重要补充，如果没有前者，我们将错过大量极有价值的价格信息。朋友们应当清楚，如果在我们的分析过程中把广泛性商品价格指数的研究也包括进来，那是很有益处的。

目前人们已经日益了解了这些长期图表和指数的价值。当我们把它们与日线图共同使用的时候，我们的图表分析就具备了一个全新的视野，为技术分析在期货市场的应用增色不少。

周线图和月线图的实例

在本章以下的几页中，有几张是长期周线图和月线图。这些图表在很大程度上可谓“其义自现”，无需另做解说。不过在图8.5和8.6中，我们用到了一点艾略特波浪的5浪牛市的内容，但极为基本。图中所标注的，仅限于长期的支撑和阻挡水平、长期趋势线、百分比回撤、周反转、以及间或出现的价格形态等。

随便翻翻这些图表吧，请注意，其中大量的历史资料在日线图上完全是看不到的 。日线图与5年的周线图相比，缺失了80%的价格资料，同20年的月线图相比，丧失了95%的历史内容。好在现在朋友们就可以一睹这些历史资料的风采了，不妨体味体味结合使用它们从事分析的妙处。

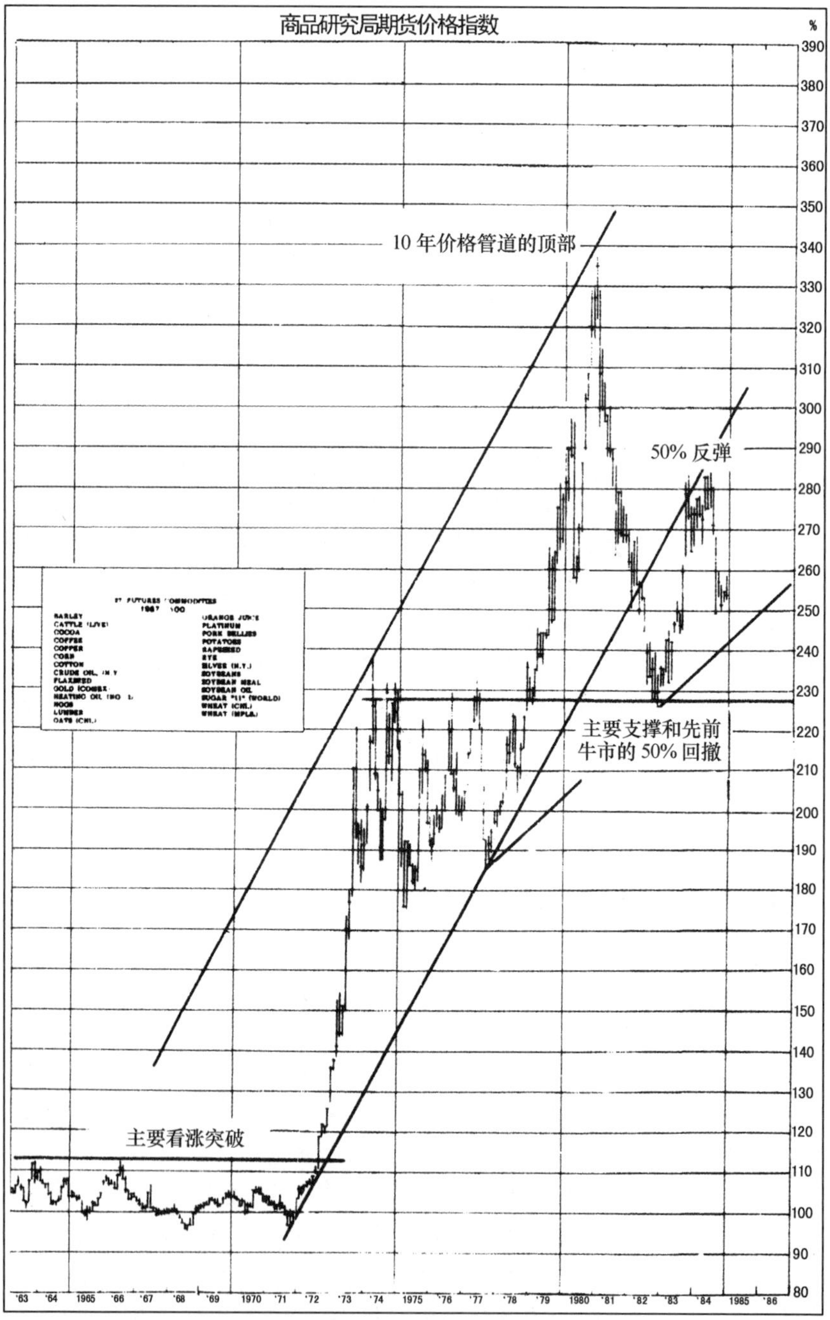

图 8.1　CRB 期货价格指数月线图（Chart courtesy of Commodity Research Bureau，a Knight-Ridder Business Intormation Service）。

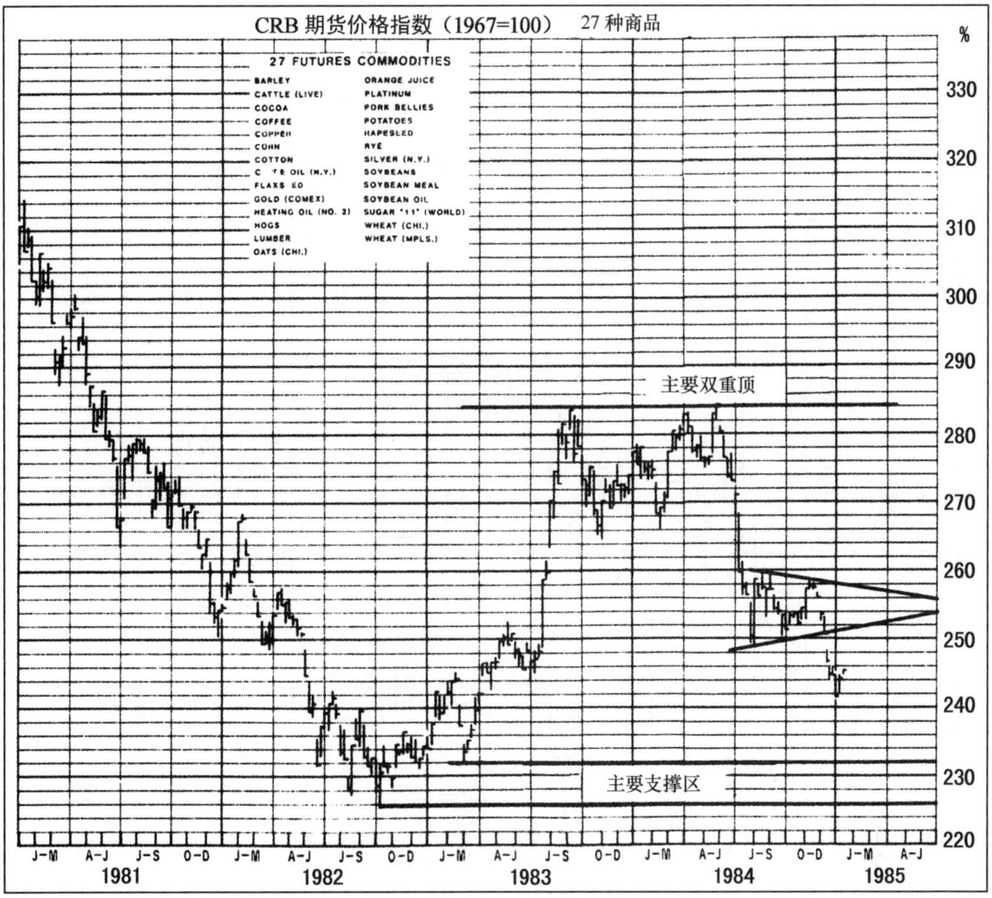

图 8.2　CRB 期货价格指数的周线图。注意其中的双重顶和对称三角形。目前价格依然处于下降趋势中，但已经进入了由 1982 年的低点形成的支撑区中。组成 CRB 期货价格指数的 27 种商品是：大麦、活牛、可可、咖啡、铜、玉米、棉花、原油（NY）、亚麻籽、黄金（COMEX）、2 号取暖油、生猪、木材、燕麦（CHI）、橙汁、铂、猪腩、马铃薯、油菜籽、裸麦、白银（NY）、大豆、豆粕、豆油、世界级原糖、小麦（CHI）、小麦（MPLS）（Chart courtesy of Commodity Research Bureau，a Knight-Ridder Business Intormation Service）。

图 8.3　CRB 贵金属期货指数周线图。注意图中井然有序的下降趋势，其中的支撑水平后来均演化为阻挡水平了。该指数目前正处在主要支撑区。研究一下本指数，有助于对具体的贵金属市场的分析（Chart courtesy of Commodity Research Bureau, a Knight-Ridder Business Intormation Service）。

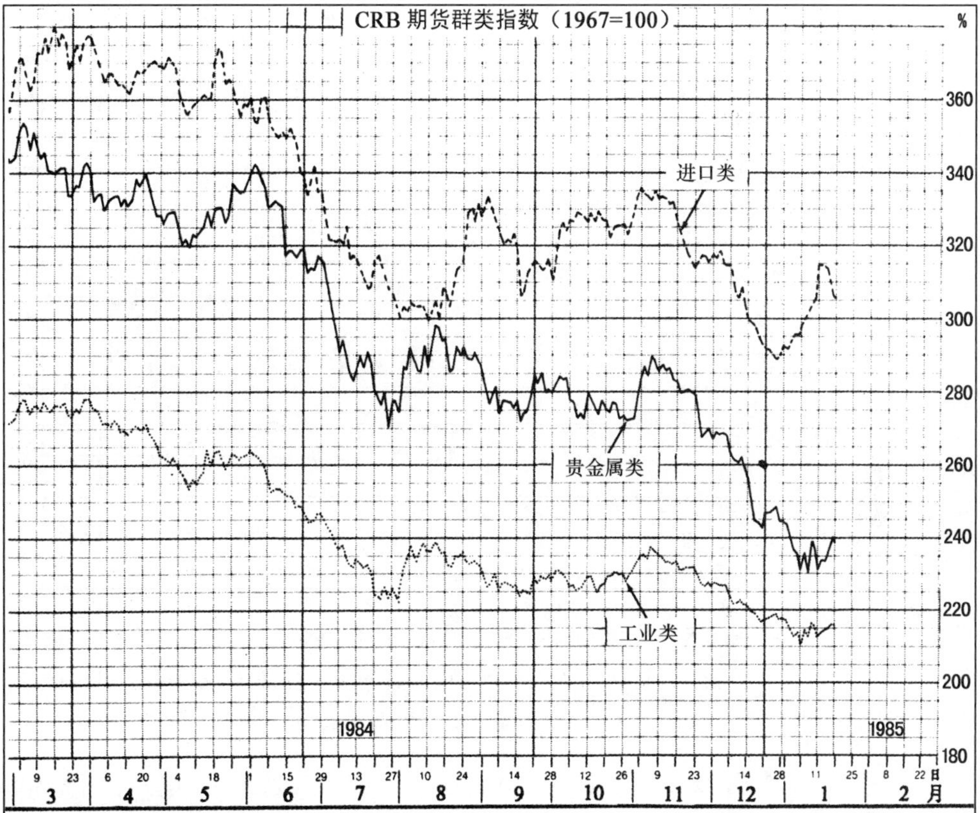

油料	谷物		牲畜和肉类	进口类	贵金属类	工业类	
亚麻籽	大麦	豆粕	活牛	可可	黄金	棉花	原木
大豆	玉米	小麦（chi.）	生猪	咖啡	铂	铜	铂
油菜籽	燕麦	小麦（mpls.）	猪腩	原糖	白银	原油	白银
	裸麦						

图 8.4 一些 CRB 群类指数的例子。在研究各个群类中的具体市场之前,应当首先分析一下这些群类指数。这里请注意,进口类指数在图中的三个指数中最坚挺。这就意味着在可可、咖啡、原糖市场中可以找出最具有上涨潜力的市场。注意,沿着图表底部给出了各个群类的组成(Chart courtesy of Commodity Research Bureau,a Knight-Ridder Business Intormation Service)。

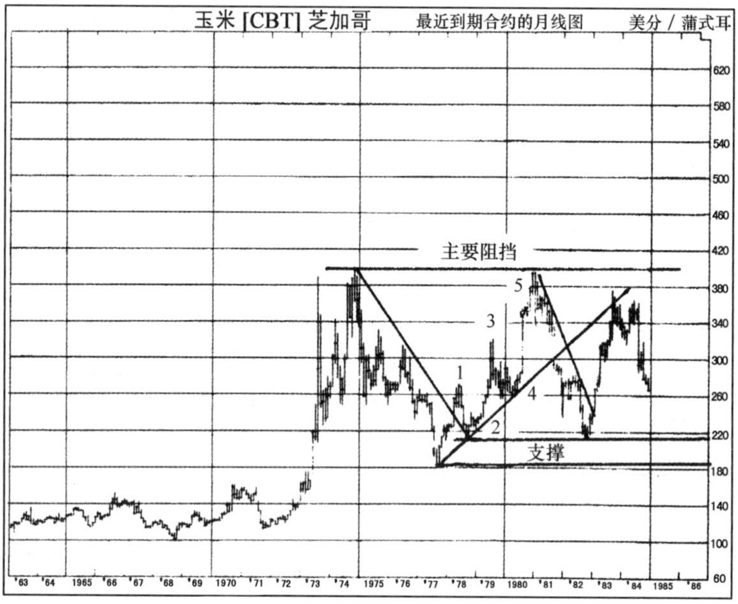

图 8.5 注意,1980 年的顶与 1974 年的顶处在同一水平。还要注意其中的五浪牛市(Chart courtesy of Commodity Research Bureau, a Knight-Ridder Business Intormation Service)。

图 8.6 请注意 $ 1.00 附近的主要阻挡,以及 60 美分处的支撑。还请注意从 1977 年到 1980 年的五浪结构的牛市(Chart courtesy of Commodity Research Bureau, a Knight-Ridder Business Intormation Service)。

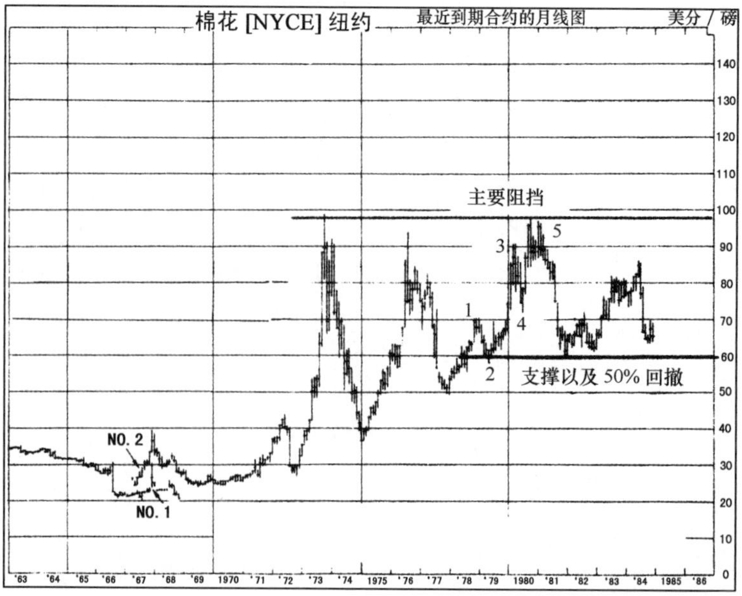

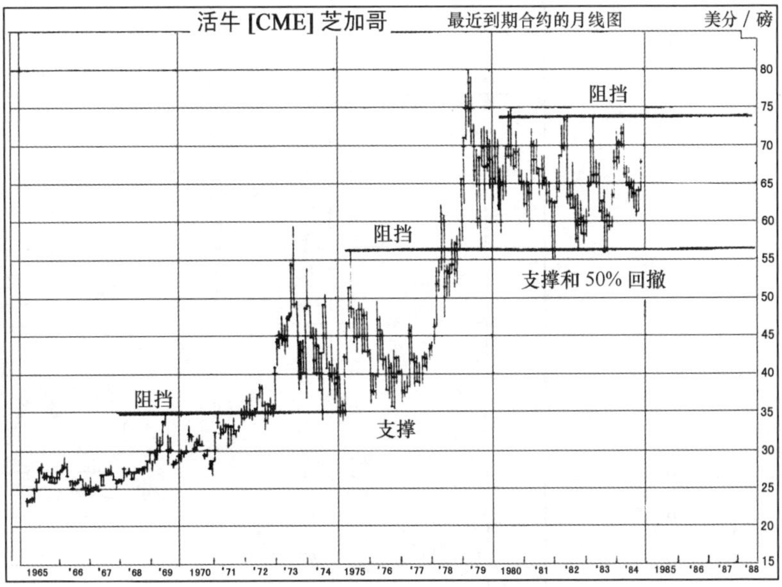

图 8.7 注意,35 美分和 56 美分原先分别为阻挡水平,但被向上突破后,都演变成支撑了。活牛价格自从 1979 年来,一直处于幅度为 20 美分的交易区间中(Chart courtesy of Commodity Research Bureau, a Knight-Ridder Business Intormation Service)。

图 8.8 世界级原糖月线图(Chart courtesy of Commodity Research Bureau, a Knight-Ridder Business Intormation Service)。

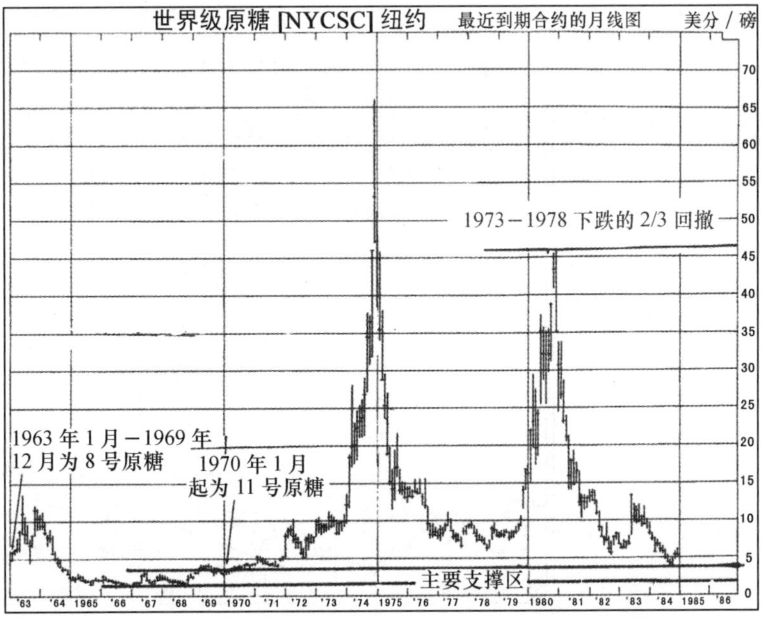

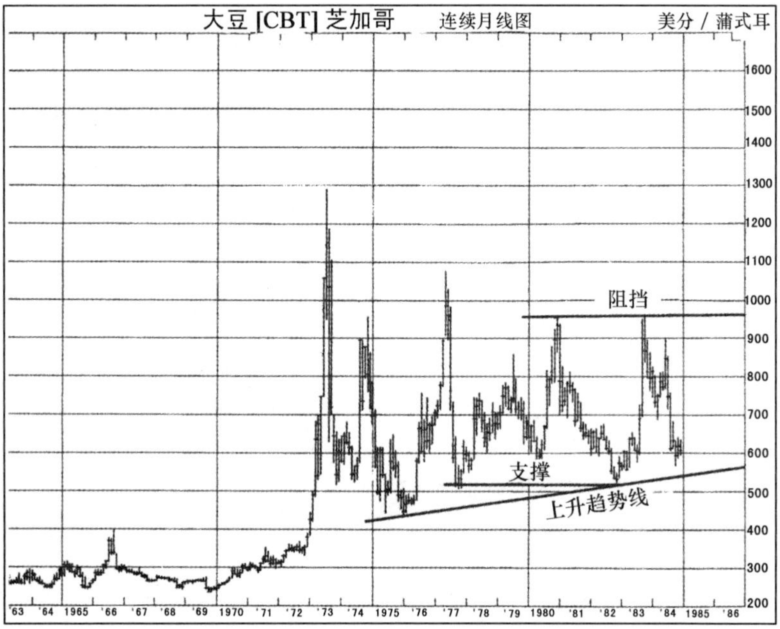

图 8.9 请注意图中的历史的支撑和阻挡水平是如何在数年后发生影响的（Chart courtesy of Commodity Research Bureau, a Knight-Ridder Business Intormation Service）。

图 8.10 小麦月线图（Chart courtesy of Commodity Research Bureau, a Knight-Ridder Business Intormation Service）。

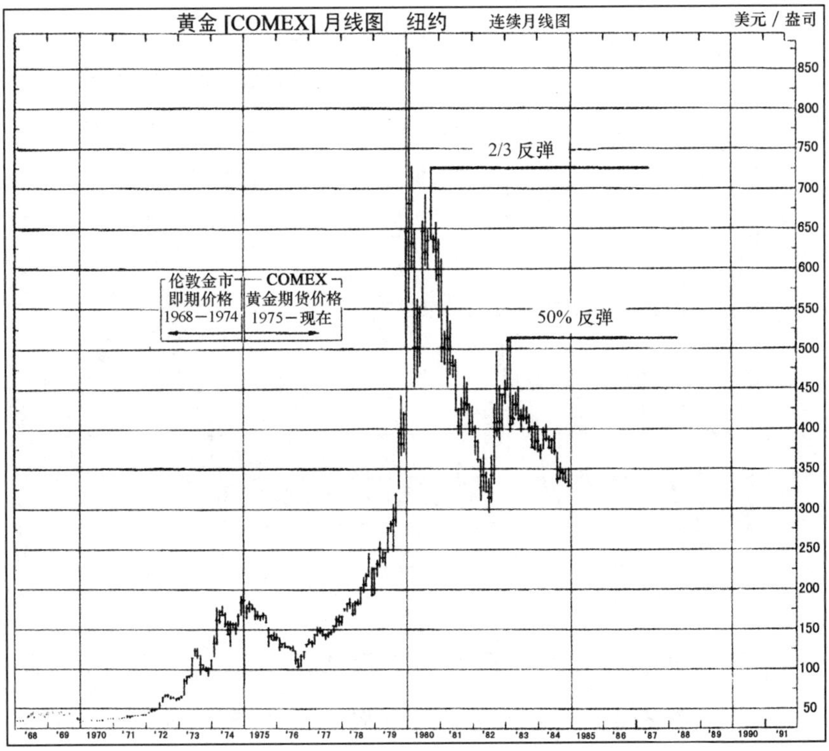

图 8.11a 和 b 黄金月线图和周线图（Chart courtesy of Commodity Research Bureau, a Knight-Ridder Business Intormation Service）。

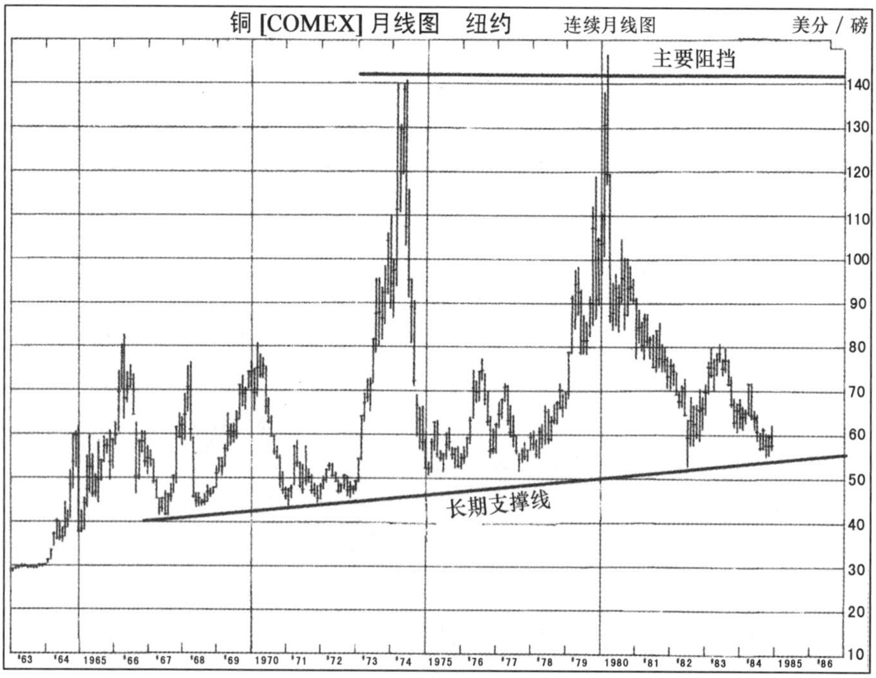

图 8.12a 和 b　铜月线图和周线图(Chart courtesy of Commodity Research Bureau, a Knight-Ridder Business Intormation Service)。

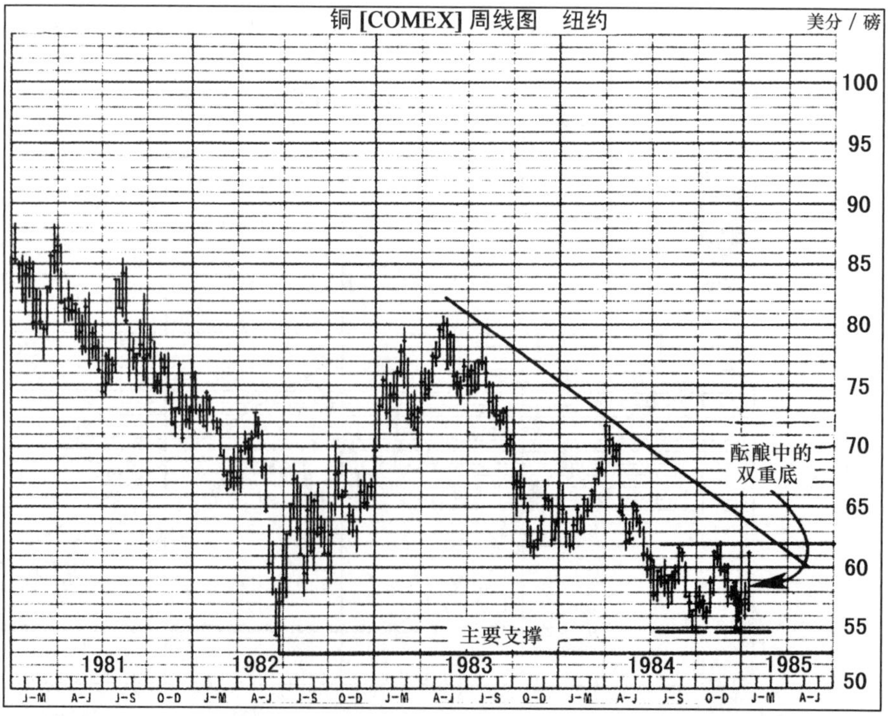

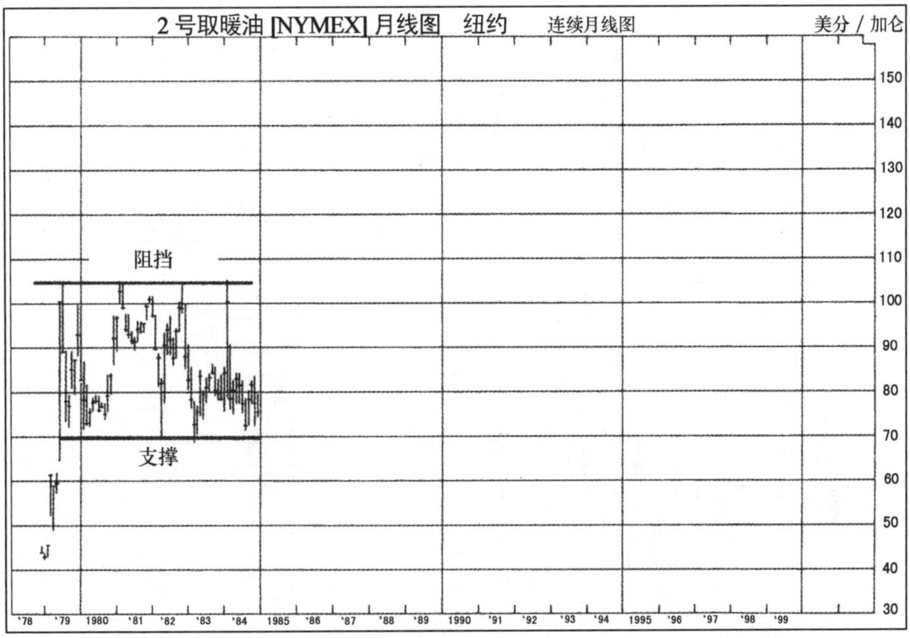

图 8.13a 和 b 在取暖油市场的长期图表上，有一个为时 6 年的从 1.05美元到 70 美分的交易区间（Chart courtesy of Commodity Research Bureau, a Knight-Ridder Business Intormation Service）。

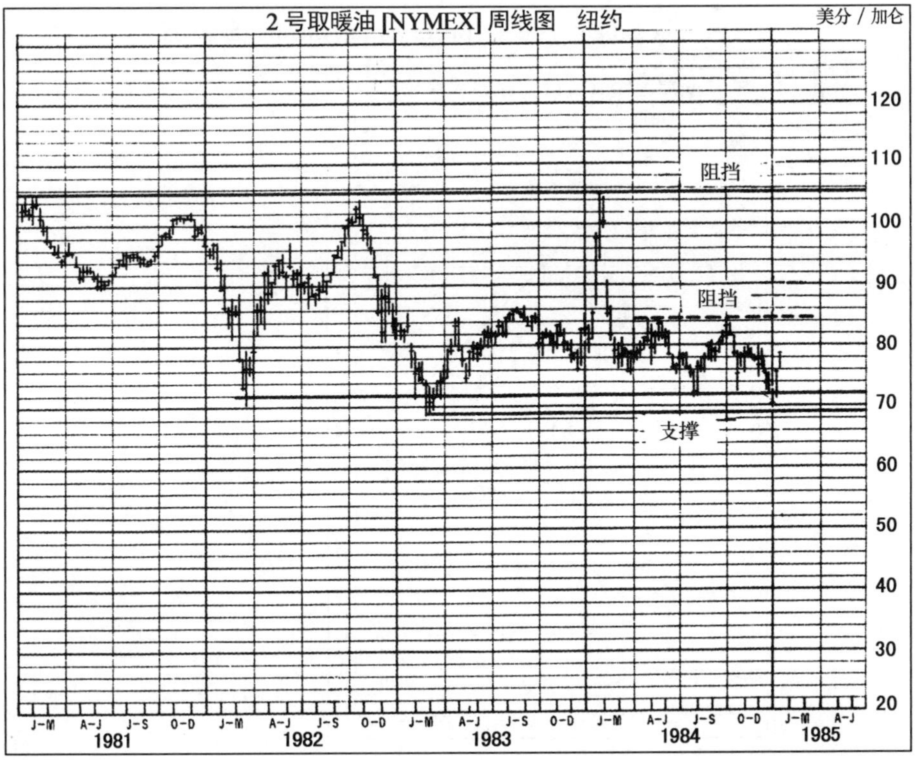

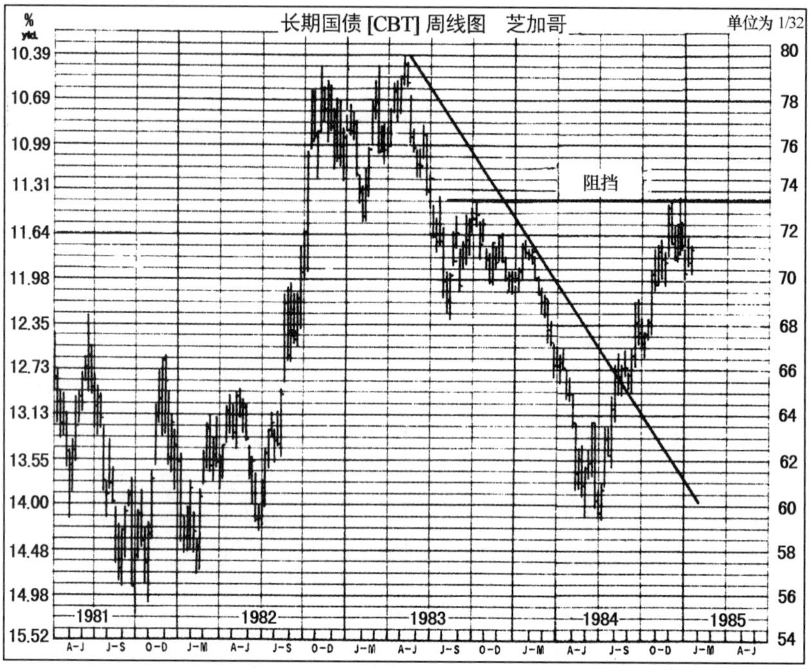

图 8.14a 和 b 在图 8.14a 的周线图中，债券的价格正在试探 73—16 附近的阻挡。在图 8.14b 的月线图中，其价格也正在试探一条长期下降趋势线（Chart courtesy of Commodity Research Bureau, a Knight-Ridder Business Intormation Service.）。

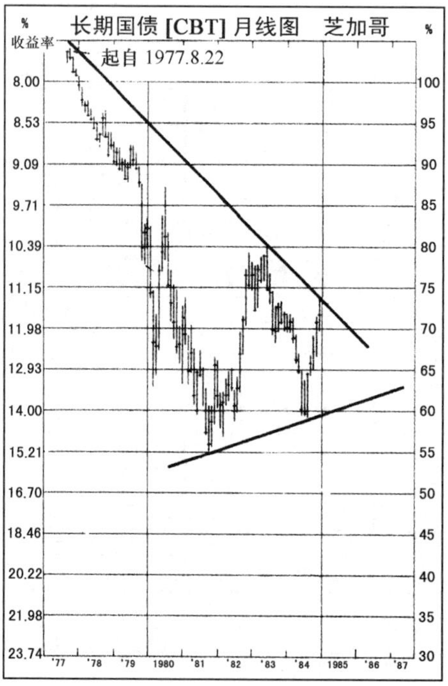

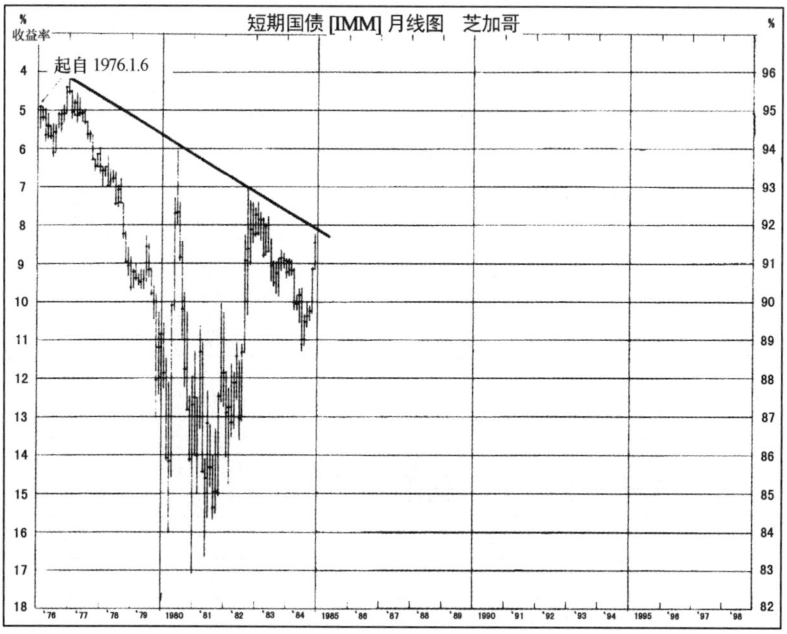

图 8.15a 和 b 在上图(8.15a)中,请注意其中的长期下降趋势线。在下图(8.15b),注意沿着 1982/1983 的高点形成的主要阻挡(Chart courtesy of Commodity Research Bureau, a Knight-Ridder Business Information Service)。

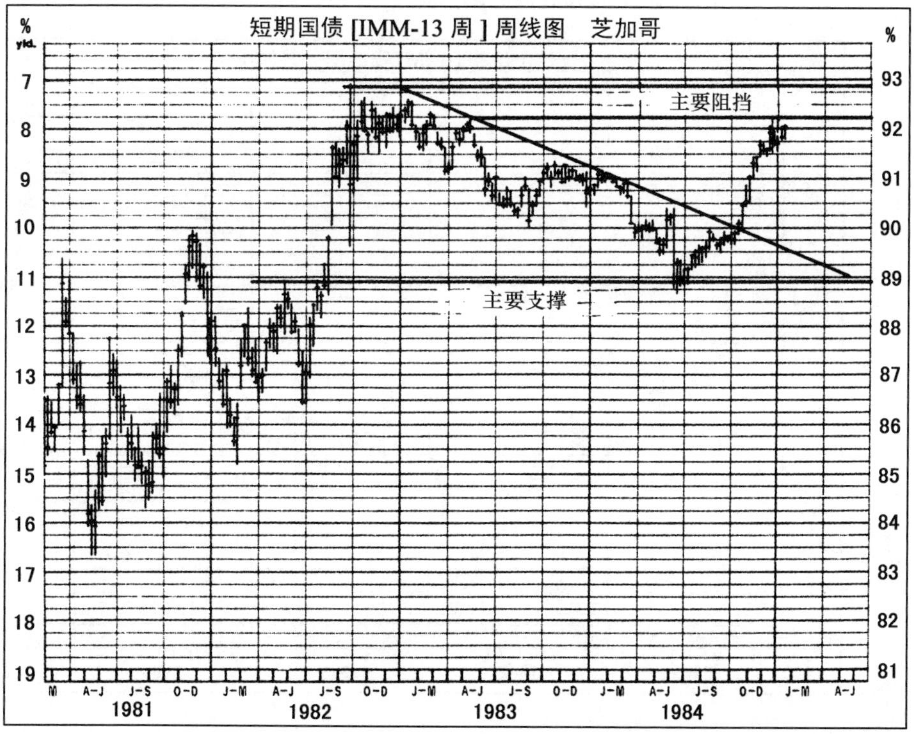

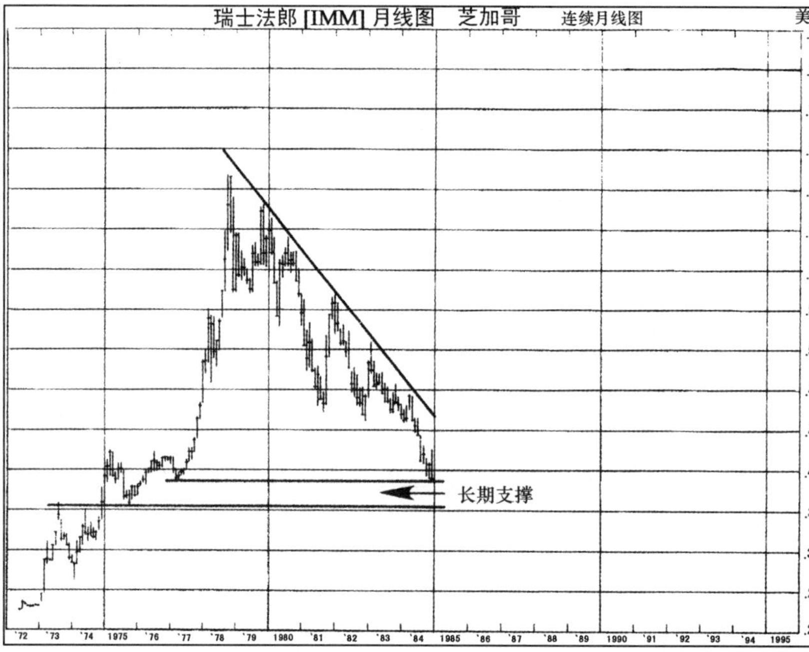

图 8.16a 和 b 从这张瑞士法郎的月线图上看,可以看到长期支撑区,这在日线图上一个也找不到。注意自 1979 年以来的下降趋势线(Chart courtesy of Commodity Research Bureau, a Knight-Ridder Business Intormation Service)。

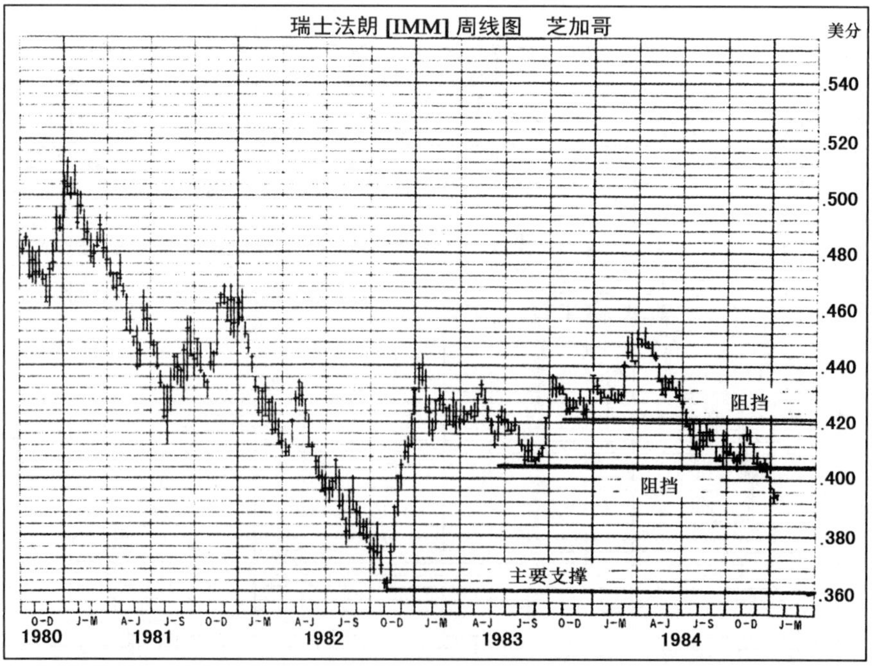

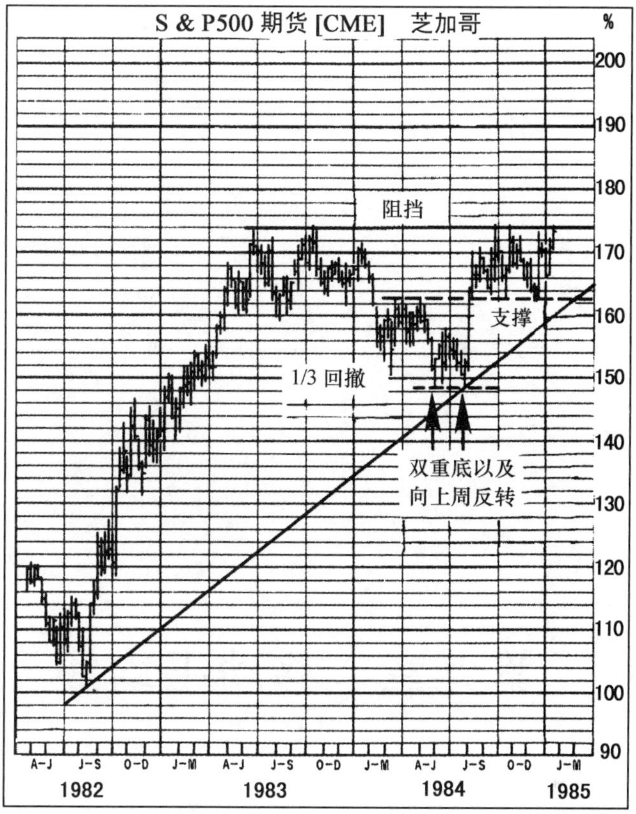

图 8.17　这是 S&P500 期货指数的周线图。本图比日线图提供了清晰得多的市场透视。1983/1984 的下跌恰好回撤到 1982/1983 的牛市的 1/3 的位置。注意 1984 年年中在 150 附近形成的双重底,以及在两个底部处的向上周反转。还请注意,在 1984 年下半年的下滑中,市场从过去的阻挡水平 163 处得到了支撑。通常,长期图表为长期趋势提供了优越得多的图像。从本图来看,它比短期图表显示的趋势要牛气很多(Chart courtesy of Commodity Research Bureau, a Knight-Ridder Business Intormation Service)。

技术指标

下一章,我们将探讨最流行的一种技术指标——移动平均线。这也是绝大部分趋势顺应系统的机关之所在。

第九章　移动平均线

引　　言

在所有技术指标中，移动平均线最富灵活性，适用最广泛。因为它的构造方法简便，而且它的成绩易于定量地检验，所以它构成了绝大部分自动顺应趋势系统的运作基础。

图表分析在很大程度上是主观的，我们很难核查分析者的成绩。因此，图表分析不太适合计算机化。与此相反，移动平均线的规则却可以简易地编成计算机程序，然后，由计算机自动地生成各种买入或卖出信号。不同的图表分析者也许会对同一个价格形态到底属于三角形、还是钻石形，或者对同一个价格形态到底是倾向于看涨、还是看跌而争执不下，但是，从平均线得出的趋势信号却是精确的，不随我们的主观意志而变。

下面，我们先为移动平均线下个定义。正如"平均"二字所指，它是最近 10 天收市价格的算术平均线。所谓"移动"，实质上就是指我们在计算中,始终采用最近 10 天的价格数据。因此,被平均的数组(最近 10 天的收市价格)随着新的交易日的更迭,逐日向前推移。在我们计算移动平均值时,最通常的做法是采用最近 10 天的收市价格。我们把新的收市价逐日地加入数组,而往前倒数的第 11 个收市价则被剔去。然后,再把新的总和除以 10,就得到了新的一天的平均值(10 天平均值)。

在上例中,我们只选用了简单的 10 天收市价的移动平均值。实际上,其他计算移动平均值的方法并不都如此简单。关于怎样才能使移动平均线效果最佳,还有不少问题。比方说,我们应该计算多少天的平均值才合适?到底该用较短期的呢还是较长期的呢?是否有一种广泛地适合所有市场的最佳移动平均线?或者是否每个市场都有一种最佳移动平均线?只有收市价最适合计算移动平均值吗?同时采用好几条移动平均线,是不是效果更好?是简单的移动平均线,还是线性加权的移动平均线,或者还是指数加权移动平均线效果最好?是不是在某些情况下移动平均线表现得好,而在有的情况下则表现一般?

其实,围绕着移动平均线的用法,还有许多问题有待解答。在本章我们要解决其中的许多疑问,并且还要就移动平均线的一些最通常的用处列举示例。不过先要声明,这些问题迄今尚无严格的定论,我们将要交代的只是该领域现有的一些研究结果。

移动平均线:具有滞后特点的平滑工具

移动平均线实质上是一种追踪趋势的工具。其目的在于识别和显示旧趋势已经终结或反转、新趋势正在萌生的关键契机。它以跟踪趋势的进程为己任。我们也可以把它看成弯曲的趋势线。然而,这里必须明确,正统的图表分析从不企图领先于市场。移动平均线也不例外,它也不超前于市场行为,它追随着市场。仅当事实发生之后,它才能告诉我们,新的趋势已经启动了。

移动平均线是一种平滑工具。通过计算价格数据的平均值,我们求得一条起伏较为平缓的曲线。从这条较平滑的曲线上,我们大大地简化了探究潜在趋势的工作。不过,就其本质来说,移动平均线滞后于市场变化。较短期的移动平均线,比如 5 天或 10 天的平均线,比 40 天的平均线更贴近价格变化。可是,尽管较短期的平均线能减小时滞的程度,但绝不能彻底地消除之。短期平均线对价格变化更加敏感,而长期移动平均线则迟钝些。在某些市场上,采用短期移动平均线更有利。而在另外

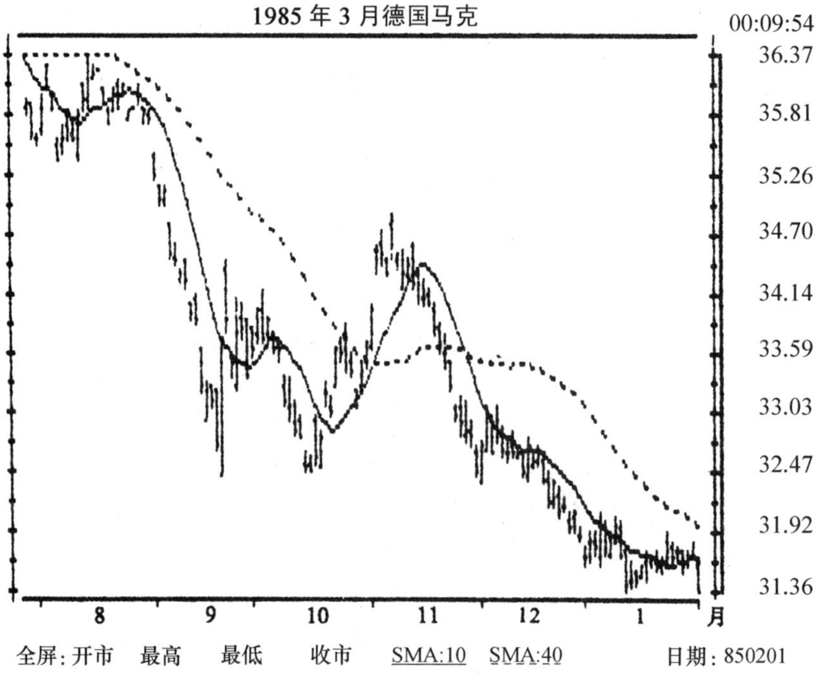

图 9.1a 本图展示了简单的 10 天和 40 天移动平均线的组合。注意，其中 10 天平均线的时间跨度较短，因而更贴近价格趋势。而 40 天平均线则与之有较大的距离。移动平均线平滑了价格趋势，但总是滞后于价格变化。实线为 10 天平均线，虚线为 40 天平均线。

的场合，长期平均线虽然迟钝，但更能发挥所长（图 9.1a 和 b）。

平均哪种价格

在上面的例子中，我们所采用的平均值都是从收市价中计算得来的。一般认为，收市价是每个交易日最重要的价格，因此，在构造移动平均线时用得最普遍。不过朋友们也应该了解，有些分析者更愿意使用其他的价格。比如，有些人更偏好使用所谓中间价，即当日价格区间中点的价格。

有些人也采用收市价格，但是他们是把每天的最高价、最低价和收市价加在一起，然后除以 3，再代入移动平均值的计算式。还有些人则针对每天的最高价和最低价，分别求出两条移动平均线来，最后得到一条"价格带"。在这种方法中，有两条移动平均线，它们相互分开，中间形成了一条所谓价格波动的"容器"，或称"包容带"。稍后我们将探讨采用价格带可能具备的长处。尽管有这些变通的做法，在移动平均线的算法中，最常用的仍然是收市价格（或者说，结算价格）。在本章中，

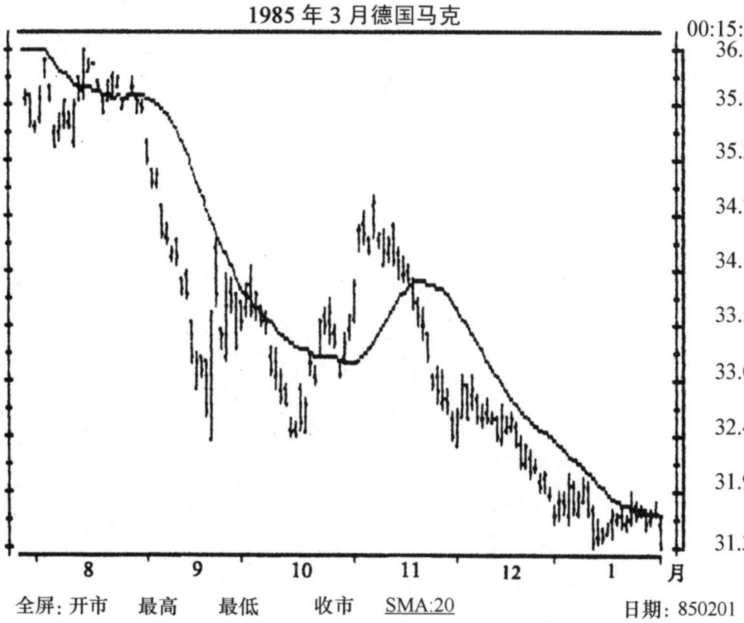

图 9.1b 简单20天平均线的例子。交易商根据价格对平均线的穿越来取得交易信号。目前价格低于平均线，意味着趋势看跌。注意，20天平均线平滑了价格变化，但它滞后于后者。

我们要把主要精力集中在它身上。

简单移动平均值

所谓简单移动平均值，即算术平均值，它最常用。但是，也有人怀疑其效果。主要的疑问有两个。第一种批评是，每个平均值仅仅把它所覆盖的那段日子(例如最近10天)包括进来。第二种批评是，简单移动平均值对其中每一天都一视同仁。例如在10天平均值中，最近10天中每一天的分量都同当天的一样，每天的收市价格都占有10%的权重。在5天平均值中，每天的权重都是20%。有些分析者认为，距当前越近的日子的价格变化应当具有越大的权重。

线性加权移动平均值

为了解决上述权重问题，有人提出了"线性加权移动平均值"的概念。在这种算法中，如果以10天平均值为例，那么，第10天的收市价要乘以10，第9天乘以9，第8天乘以8，依此类推。这样，越后来的收市价，权重越大。当然，下一步，我们要把其总和除以上述乘数的和(在本例中为55：10+9+8+…+1=55)。无论如何，线性加权平均值法依然没有解决前一个问题，即它仍然仅仅包含平均值移动区间内的价格(图9.2a和b)。

指数加权移动平均值

这是一种更为复杂的平均方法，称为“指数加权移动平均值”，它一举解决了简单平均值法所面临的两种责难。首先，指数加权平均值给较后来的价格以较大的权重，由此，它属于加权平均值的性质。另外，尽管它给予过去价格的权重较小，却的确囊括了自期货合约上市以来所有的历史价格。不用说，它的计算公式很繁复，我们必须借助计算机来计算。乍看起来，既然指数加权平均值法不但同时解决了简单平均法的两个缺陷，而且在这两方面还翻出了新名堂，那么，它在上述三种方法中就该最合用。可惜，事实并不尽然。本章后面将要比较三者的优缺点。

图9.2a 简单20天移动平均线(实线)与线性加权移动平均线(虚线)的比较。注意，加权平均线(虚线)往往领先于简单平均线(实线)。在加权平均线的算法中，对最近发生的价格变化给予了更大的权重。

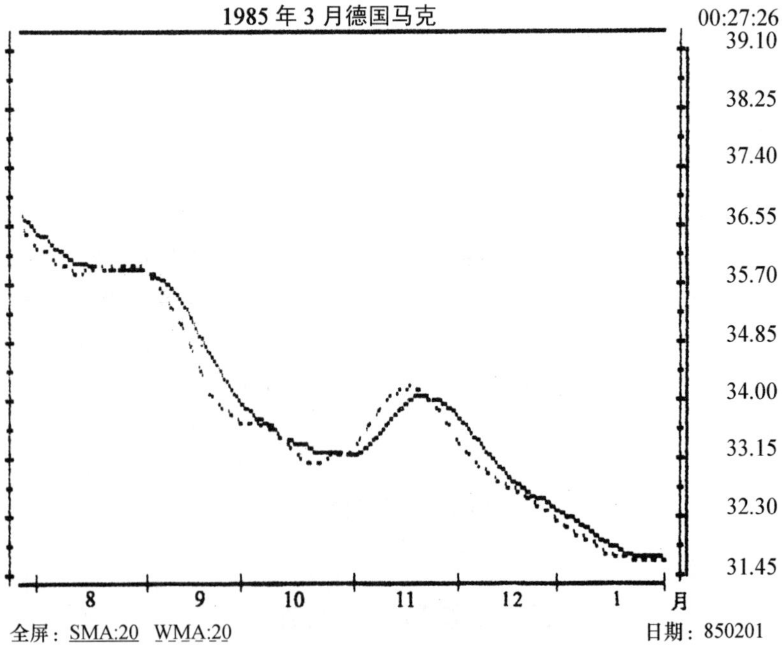

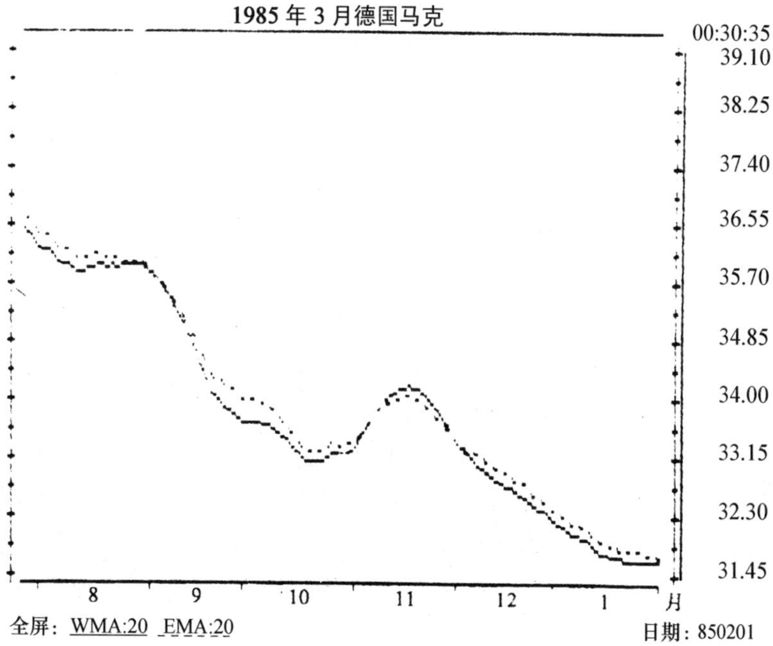

图 9.2b　20天线性加权移动平均线(实线)与指数加权移动平均线(虚线)的比较。指数加权平均线也属于加权平均法,但它包括了所有的历史数据。其中对更近的价格变化也给予了更大的权重。

单独采用一条移动平均线

期货分析者最常用的是简单移动平均线。我们的讨论也主要集中于这种方法。有些期货交易商只采用一条移动平均线来产生趋势信号。在日线图上,我们把移动平均值伴随着每天的价格图线,逐日点出。当收市价格升高到移动平均值之上后,就产生了买入信号。当收市价低于移动平均值后,就出现了卖出信号。有些分析者为了进一步验证上述信号,还希望看到移动平均线本身也朝穿越的方向变化。

如果我们采用非常短期的移动平均线(如5天或10天平均线),移动平均线就非常贴近收市价格的轨迹,并时常出现穿越现象。这些穿越信号可能是有效的,也可能是错误的。如果我们采纳这些极为敏感的移动平均线信号,就会导致较多的交易次数(因而交易费用更高昂),并引发较多的伪信号(拉锯现象)。如果平均线过于敏感,有些短期的随机价格变化(或称"噪音")就可能会激发错误的趋势信号。

较短期的平均值产生较多的伪信号,不过利弊总是不分家的,从另一方面来看,它能更及时地揭示趋势信号。这很合情理,因为平均值越敏感,则信号出现得越早。因此这里也有一番取舍的功夫。我们的窍门是,力求找出最合适的移动平均线,一方面它很灵敏,足以及时地产生信号,另一方面它又相当迟钝,足以避开大部分随机的"噪音"。

长期移动平均线同短期移动平均线

通常,当价格处于横向延伸的区间中时,短期移动平均线的效果较佳。因为在这类环境下,价格基本上无趋势可循,短期的较敏感的平均线能捕捉更多的短线价格波动(图9.3)。

然而,一旦价格趋势形成了——无论是上升还是下降——长期移动平均线就更为有力了。较不敏感的移动平均线(例如40天的)在跟踪趋势时,距离价格较远(因为它具有更长的时间滞后),这样,就不会在市场出现临时性调整的时候产生错误信号,从而,我们可以更长久地利用主要趋势。

反过来,当市场出现短暂的调整时,较短期的平均线就会发出平仓了结的信号,或者甚至发出逆着当前主流趋势的买卖信号。前面我们曾说过,关键在于选择时间跨度恰当的平均值。到这里,事情就很清楚了,没有哪种平均线能够在所有的场合下都最合适。正确的选择是,当市场处于无趋势阶段时,采用较短期的平均线;而当市场处于趋势良好的阶段时,则采用较长期的平均线。

下面我们把上述比较再深入一步。当趋势持续时,较长期的平均线表现较佳。但是在趋势反转时,它的缺点就暴露无遗了。因为较长期平均线较为迟钝,它原本是从更远的距离外追踪趋势的,这样才使之在趋势过程中,不与短暂的调整搅在一起。也正因其迟钝,当趋势反转时,它也不能及时反映出来。因此,我们给出另一个推论:只要趋势持续,那么较长期平均线就作用良好,但是当趋势处于反转过程中时,较短期的平均线更适用。

于是,我们清楚了,单独采用一条平均线的做法有好几处缺陷。也许组合使用两条移动平均线更好。不过,在讨论组合使用两条移动平均线的方法之前,我们还需要把移动平均线概念理解得更透彻些。以下先说说过滤器和价格带。

关于一条移动平均线的过滤器

为了减少采用一条移动平均线时出现的拉锯现象,分析者在移动平均线信号上施加了过滤器。以下是其中几种具体的做法。

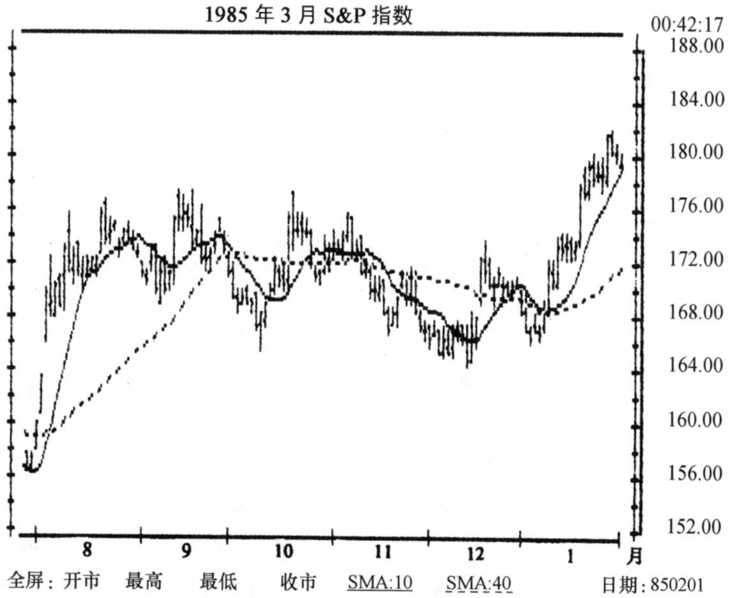

图 9.3a 10 天和 40 天移动平均线的比较。注意，在横向延伸阶段，较短期的平均线更善于捕捉市场转折点（实线）。而当市场处于趋势阶段时，较长期平均线（虚线）的帮助更大。

图 9.3b 请注意，在下降趋势中，较长期的 40 天平均线（虚线）以"安全"的距离追随着趋势，使交易者在整个下跌中始终维持在空头一边。但是，在底部的转折点上，较短期的 10 天平均线更早地发出了出市信号。

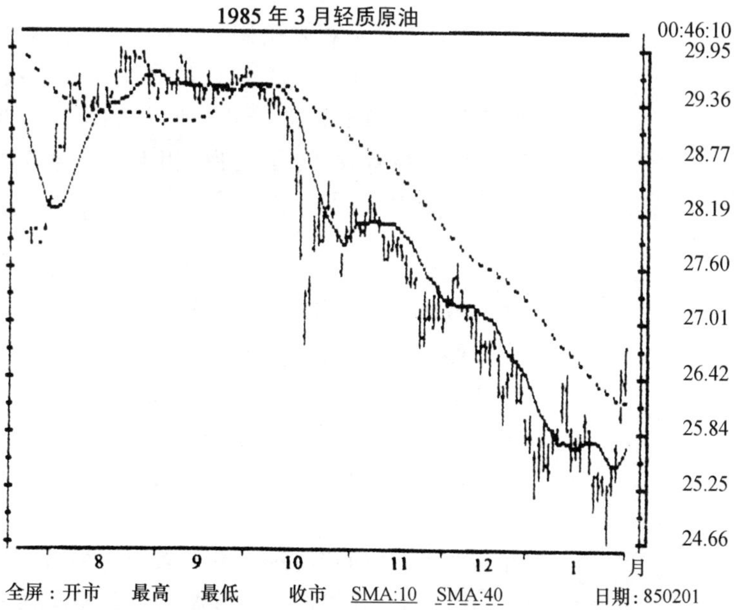

1.某些分析者在采纳移动平均线的信号之前,不仅要求收市价格必须穿越移动平均线,同时也要求当天的全部价格范围清晰地突出在移动平均线的同一侧。

2.另一种过滤器是,收市价格穿越移动平均线的幅度必须达到预定的要求,这一点属于穿越规则的范畴。预定穿越幅度可以是最小价格单位的一定倍数,或者是某个百分比。例如,在纽约商品交易所(COMEX),黄金的最小价格单位为10美分(0.10)。那么举例说,我们就可以把过滤器设置为5倍于最小价格单位,即50美分(0.50)。在百分比过滤器中,可能要求收市价格穿越移动平均线的幅度达到1%(以目前的COMEX黄金市场计,约为3.00)。当然,使用过滤器也是个两难选择问题。过滤器越小,那么它的保护性能越差。而过滤器越大,则信号发生得越迟——这又是一桩"公平买卖"。过滤器提供的保障越佳,那么其入市信号就越滞后,从而错过越多的价格变化,"成本"越高。

3.有些分析者要求,移动平均线信号必须由其余图表的突破信号所验证。这样,就可以获得较强的信号,避免在短暂的横向区间中,接连地陷入拉锯现象中。我们可以选用点数图的信号作旁证。还可以选用"周规则"的突破信号(稍后我们要进一步讲述所谓周规则的突破信号)。采用此类过滤器也有短处。交易商对过滤器越倚重,那么他离移动平均线信号的本意就越远。

4.也有些分析者采用了时间过滤器。他们在动手之前,先观察一到三天。因为绝大部分错误信号往往很快就露出马脚,市场重新返折到平均线的原来的那一侧。所以,如果我们要求信号在出现后一二天内始终保持有效,就可以甄别相当多的伪信号。本方法所付的代价是,等到信号确认,入市已晚了一步。

5.另一种流行的过滤器是"百分比包络线",或者说"波幅带"。具体的做法是,在移动平均线的上方和下方的一定的百分比位置上,分别作出移动平均线的平移曲线。换言之,在移动平均线之上或之下,距离移动平均线一定百分比的位置上,另画两条曲线。当收市价格不仅高过移动平均线自身,而且超越了上包络线之后,才构成买入信号。基本的移动平均线则变成了止损出市点(图9.4a和b)。

在上包络线和移动平均线之间,形成了所谓的缓冲区。当价格处在这两条线之间时,我们不采取任何举措。只有当收市价向上穿越了上包络线后,我们才把它看做买入信号。而万一收市价格再回到移动平均线之下,那么刚才所开立的多头头寸就应平仓止损了。

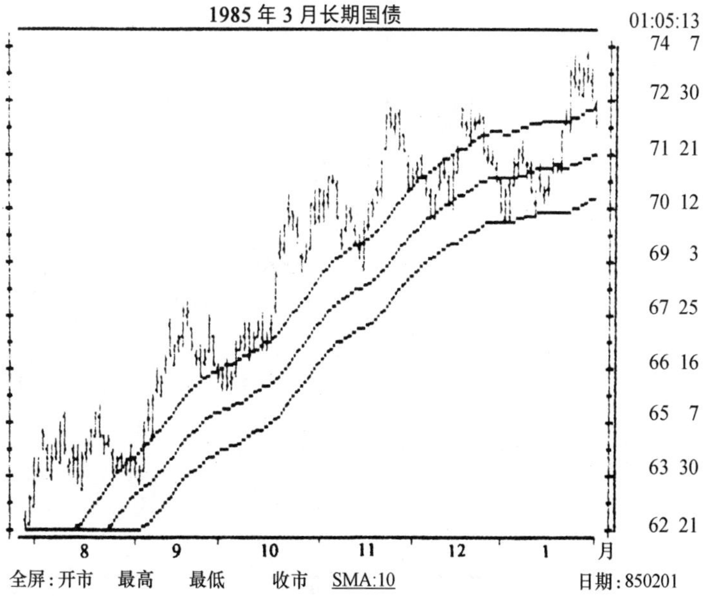

图 9.4a 利用移动平均技术构造“包络线”的例子。在本例中，我们在 40 天移动平均线的基础上，把它向上、下各平移 1.5%，就构造出了包络线。换言之，上方的线和下方的线均与移动平均线相差1.5%。

图 9.4b 在 20 天移动平均线的基础上采用 3%过滤器的办法构造的“包络线”。包络线在平均线上、下围成了一个波动带，可以用来减小拉锯现象。

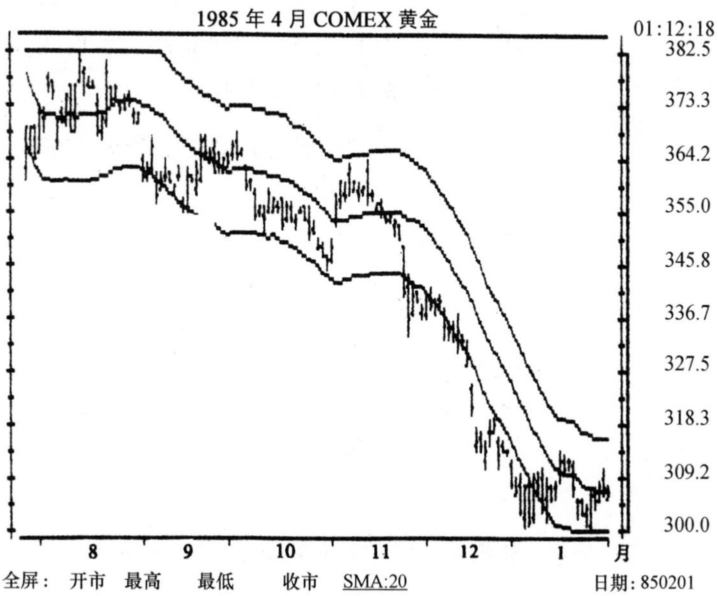

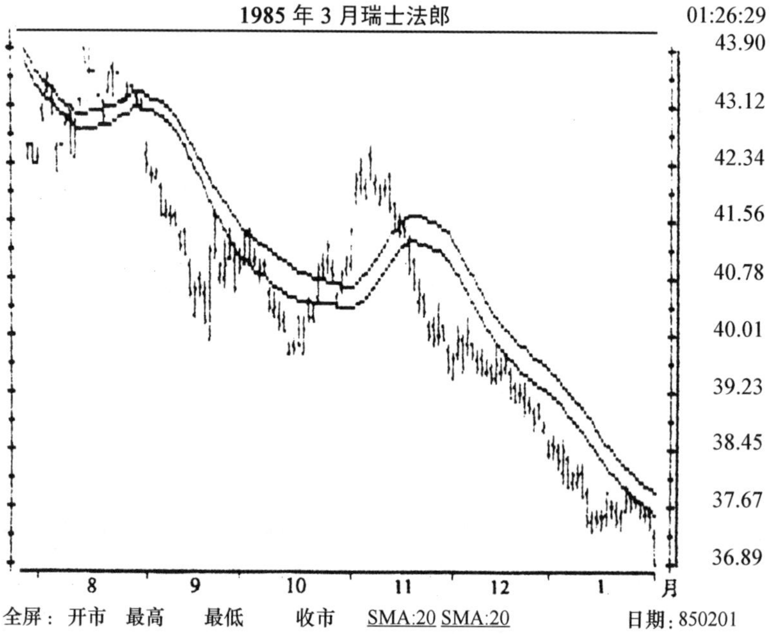

图 9.5a 采用最高价和最低价（而不是收市价）构造的 20 天平均线的价格带的例子。本技术减少了交叉的次数，从而消除了部分伪信号。

我们要求收市价格跌破下包络线方构成卖出信号，而如果收市价格再回到移动平均线之上，则应止损平仓刚才开立的空头头寸。采用此类过滤器的主要长处是，当价格处于缓冲区（或称“中性区”）时，我们毋需持有任何头寸。对于始终与市场相连的（始终“在市”的）交易系统来说，这种方法尤具优势。

6.如果我们针对每日的最高价和最低价，分别采取与在收市价格下同样的移动平均方法，就得到了价格带（包容带）。它由两条移动平均线形成——一条是关于最高价的，一条是关于最低价的（图 9.5a 和 b）。

收市价格必须穿越上边线，才构成买入信号。然后，下边线就可用来确定止损出市点。而当收市价格跌破下边线时，才构成卖出信号，然后，上边线就成为止损保护线。在上升趋势时，下边线恰似看涨的趋势线。在下降趋势中，上边线正如看跌的趋势线。

采用两条移动平均线

在前面各个部分，我们曾交代，采用一条以上的移动平均线有其独

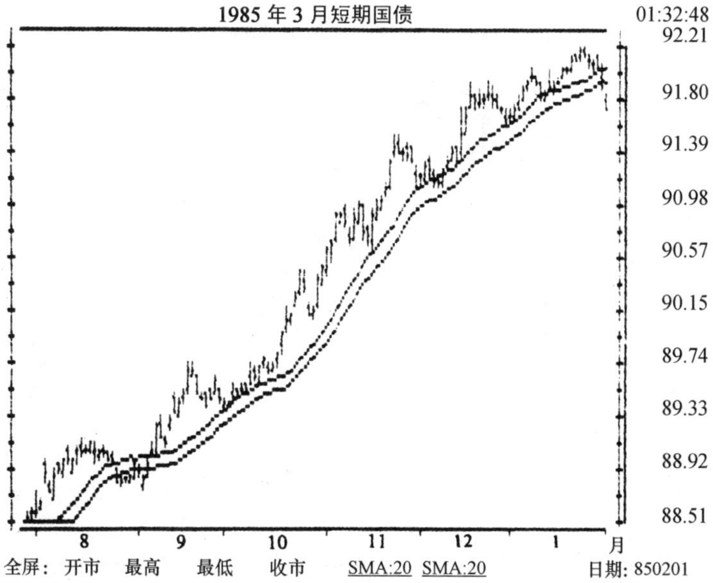

图 9.5b 最高—最低价格带的另一例,其中分别是最高价和最低价的 20 天移动平均线。

到之处。在有些场合下,短期平均线的作用更好些,而在有些场合下,较长期的平均线更能发挥所长。在单独采用一条移动平均线的情况下,常常会出现大量拉锯现象,从而有必要使用各种过滤器。为了提高移动平均线方法的效果和可信度,许多分析者选择两条或三条移动平均线,把它们组合起来使用。

我们这里仍然主要谈简单移动平均值,暂且不管与之相对的加权平均值,或者指数加权平均值那两种变通办法(当然,以后我们也要列出一个实例,看看组合使用两条指数加权平均线的情况)。有研究表明,两种简单平均线相组合,在各种可能的组合之中效果可能是最佳的。

当我们采用两条移动平均线时,较长期者用来识别趋势,较短期者用来选择时机。正是两条平均线及价格三者的相互作用,才共同产生了趋势信号。

怎样利用两条移动平均线产生信号

双移动平均线法有两种具体的用法(图 9.6a 到 d)。

1.第一种称为“双线相交法”。就是说,当短期平均线向上穿越长

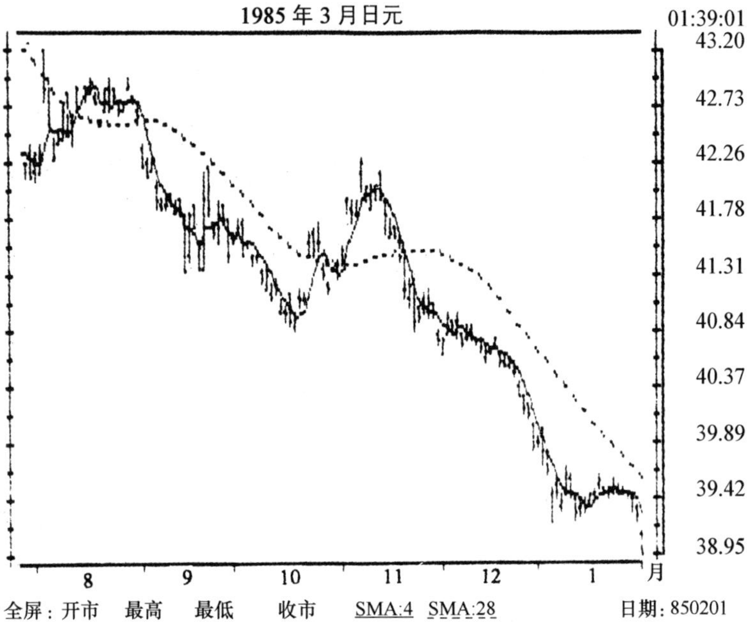

图 9.6a　双线交叉方法的例子。当较短期的 4 天平均线向下穿越较长期的 28 天平均线时，构成卖出信号。上述天数是优化后的数字（见表 9.5）。

图 9.6b　双线交叉法的另一个例子。两条平均线的时间跨度均经过优化处理。注意，在 10 月，较短期的 14 天平均线向下穿越了 40 天平均线。目前市场依然处于下降趋势中。

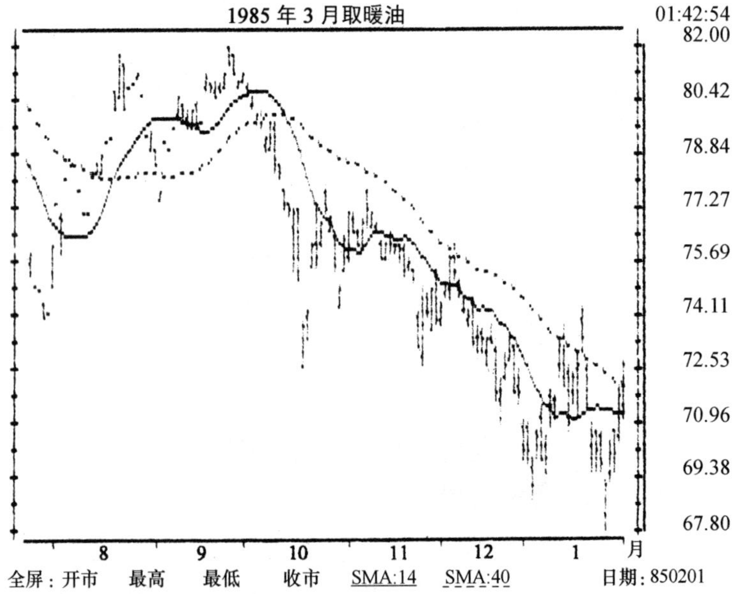

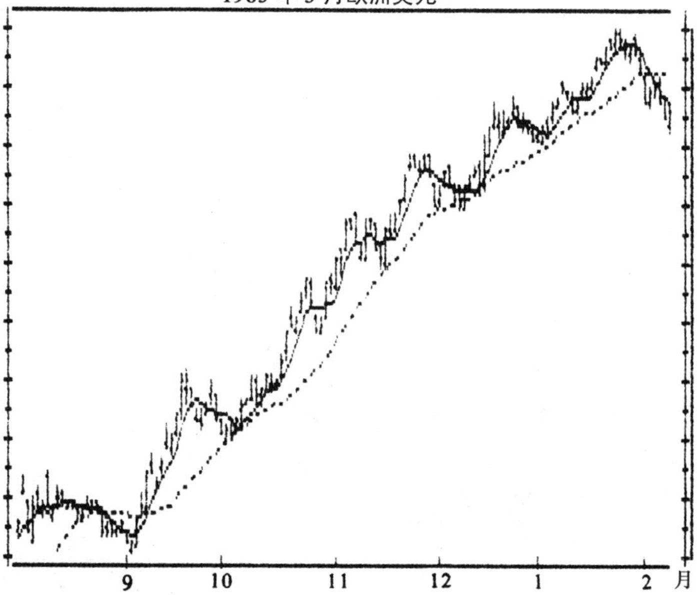

图 9.6c　5 天和 20 天移动平均线组合的例子。9 月，当 5 天平均线向上穿越 20 天平均线时，发出了“买入”信号。这是 5 个月前的事。注意，目前 5 天平均线刚刚向下穿越 20 天平均线，给出了“卖出”信号。

期平均线时，构成买入信号。例如，两条平均线分别为 5 天和 20 天的移动平均线，或者是 10 天和 40 天的移动平移线。在前一种情况下，当 5 天平均线向上穿越 20 天平均线后，构成买入信号；而当 5 天平均线向下穿越 20 天平均线后，形成卖出信号。在本例中，系统是连续工作的，即它始终在市，要么处于多头状态，要么处于空头状态。在后一种情况中，当 10 天平均线向上穿越 40 天平均线时，则为上升趋势信号；当 10 天平均线向下穿越 40 天平均线时，则为下降趋势信号。同采用单移动平均线法相比，采用双移动平均线法在时间上滞后于市场更多一些，但由此也减少了拉锯现象。在后面，我们研究如何在具体市场上选择最佳平均线的问题时，还要继续讨论双移动平均线相交法。

2.第二种使用双移动平均线的方法是，把它们中间看做某种中性区。那么，仅当收市价格同时向上越过了两条平均线之后，才构成买入信号。然后，如果价格再跌回中性区，则上述信号被取消。同样，仅当收市价格同时向下穿越了两条平均线之后，才构成卖出信号。然后，如果价格再涨回两条平均线之间的中性区，我们就平仓了结上述空头头寸。只要价格维持于中性区内，我们就袖手静观。依此方法设计的系统，也有一些其他系统所不及的长处。上述两种方法都有其他种种变化。

1985年3月欧洲美元

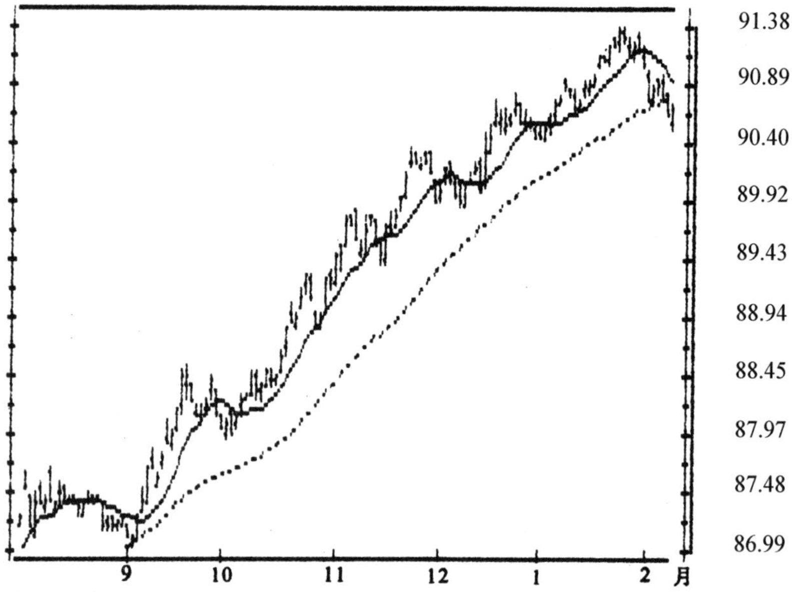

图 9.6d 10 天和 40 天移动平均线组合的例子。9 月，当 10 天平均线向上穿越 40 天平均线时，构成"买入"信号。请注意，5 个月以来，目前价格第一次向下同时跌破了两条平均线。这可以解释为"卖出"信号。

三条移动平均线相结合，或曰三重交叉法

既然两条移动平均线似乎比一条更好，那么，如果把三条平均线相组合，就该胜过两条平均线的组合了。基于这样的设想，就有了三重交叉方法。最常用的三重交叉法系统，要数 4—9—18 天移动平均线的组合。这个概念最先出自 R·C·艾伦 1972 年的著作《怎样从商品市场发财》(温莎图书出版社)。稍后，在 1974 年，他还有《怎样利用 4 天、9 天、18 天移动平均线的组合从商品市场获取更多利润》(贝斯特图书出版社)。在商品行业，5 天、10 天和 20 天移动平均线是使用得最广泛的几种，4—9—18 天系统其实只是它的一种变化。目前，许多商业化图表服务都提供 4—9—18 天移动平均线的组合，许多可视回馈系统也不例外。

怎样利用 4—9—18 天移动平均线系统

我们已经指出,移动平均线的时间越短,则它追随价格趋势时,越贴近价格。由之可以推论,在这种组合中,最短期的 4 天平均线最贴近价格趋势,9 天平均线次之,18 天平均线最远。因此,在上升趋势中,合理的排列应当为,4 天平均线高于 9 天平均线,而后者又高于 18 天平均线。在下降趋势中,顺序正相反,4 天平均线最低,9 天平均线次之,18 天平均线居上(图 9.7a 和 b)。

在下降趋势中,当 4 天平均线同时向上越过了 9 天和 18 天平均线后,则构成买入的预警信号。随后,一旦 9 天平均线也向上越过了 18 天平均线,则该预警就得到了验证,说明上述买入信号成立。这样一来,就使 4 天平均线居于 9 天平均线之上,而 9 天平均线又居于 18 天平均线的上方。在市场调整时,偶尔也许会有三线绞混的情况,但上升的大趋势不变。有些交易商在这种三线绞混的过程平仓获利,也有人以之作为买入机会。显然,在应用本规则时,有很大的变通余地,这取决于当事人的交易风格。

当上升趋势反转为下降趋势时,首先发生的情况是,最短期的(也是最敏感的)平均线——4 天平均线——向下跌破 9 天平均线和 18 天平均线。这还只是卖出的预警信号。不过,也有人会利用这个交叉信号,作为充分的理由卖出平仓,了结原有的多头头寸。随后,如果中等天数的平均线——9 天平均线——也向下跌破 18 天平均线,则卖出信号得到确认(图 9.7a 和 b)。

最佳移动平均线组合

现在,我们已经考察了所有的三种移动平均线——简单平均、线性加权平均、指数加权平均。也研究了单移动平均线、双移动平均线的组合和三条移动平均线的组合。不过,前面我们还列举了不少疑问,下面就来看看其中一些答案。

在我们讨论其中部分问题时,参考了美林公司研究部门的工作。他们在弗兰克·霍克海默领导下,从 1978 年到 1982 年,发表了一系列有关计算机交易系统的研究报告。这些成果引人注目,是期货行业中迄今对移动平均线应用最深入的研究。为了发现表现最佳的移动平均

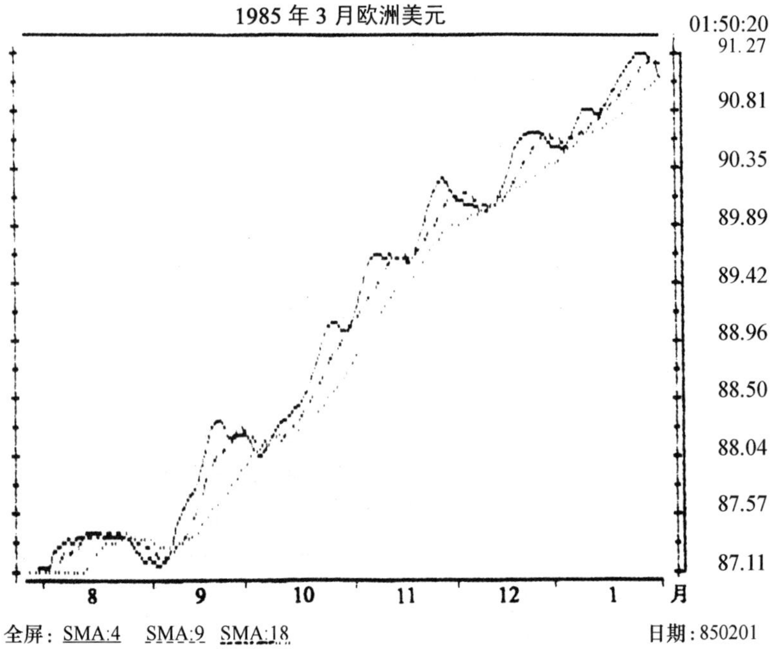

图 9.7a 4—9—18 天移动平均线组合的例子。实线为 4 天平均线，虚划线为 9 天平均线，虚点线为 18 天平均线。

图 9.7b 上例的局部放大。这里请注意，4 天平均线（实线）刚刚跌过 9 天平均线（虚划线）。但是，上升趋势依然有效。

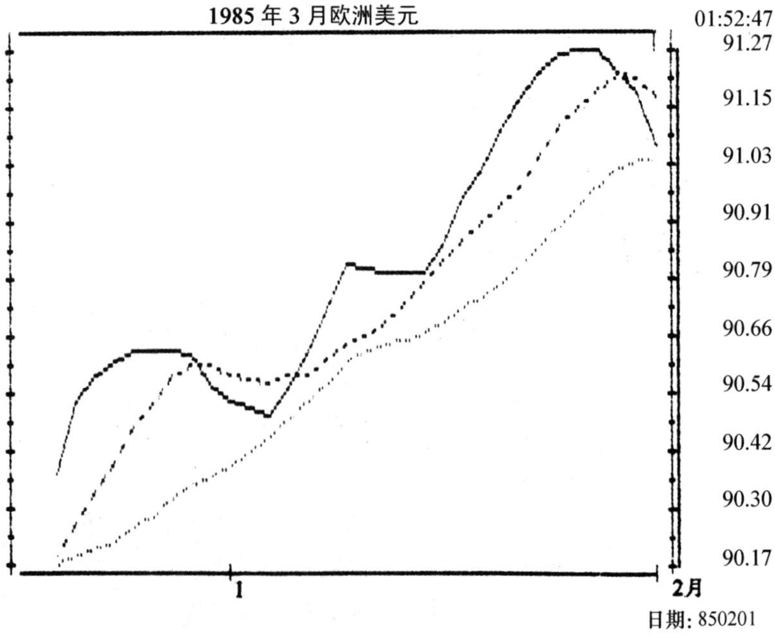

线组合,他们进行了大量的移动平均线技术的试验。他们还把这些移动平均线的组合,同其他各种技巧,诸如周价格管道(即周规则)、日内和日间价格管道、线性回归、以及韦尔斯·王尔德的方向性运动系统等作了比较。

他们的研究目的,是要得到上述每种技术的最佳(或优化的)成绩,然后对各种技术的结果加以比较,从所有可能的方法中,发掘出对每个市场最切合的技术指标。

美林公司研究部门的结果

以下我们就来看看这些研究结果,同时,也观摩观摩他们对移动平均线的具体运用方法。霍克海默有一篇文章《计算机能帮您做期货交易》,发表在1978年的《商品年鉴》上(由商品研究局出版),其中介绍了他们的部分成果。他们利用从1970年到1976年的13种商品的资料,按交易月对移动平均线法进行了测试。移动平均线的时间跨度从3天到70天逐渐改变。对简单平均法、线性加权平均法和指数加权平均法分三组分别进行测试。所有结果分别列表比较,以对每个市场找出最优越的平均值(见表9.1到9.3)。最后,在表9.4中,再把三种平均方法的情况汇总比较,以找出三个类型中最佳者。

为了挑选最适合的指标,他们采用了一种检测系统,所衡量的项目有,累计的净利润或净亏损、最大的连续亏损、以及几种盈利比率等。从这些研究中,可以得出下面几点有益的结论。

1.首先,我们引用霍克海默自己的论述:“这些试验为我们提供了经验性的根据,表明期货价格的变化并不是完全随机发生的。事实上,这些趋势顺应技术产生了显著的利润,即使我们把交易费用考虑进去也不例外。因而技术分析作为一种价格预测方法,它的有效性在这里得到了支持。”(霍克海默,第60页)。

2.没有哪种移动平均线在所有市场都表现得最佳。或者换种说法,每个市场看来都有自己独有的优越移动平均线,具体市场具体选择。

3.较长期的移动平均线胜过较短期的移动平均线。所谓长、短区别的分水岭,位于40天平均值附近(8周)。在60天到70天的区间(13周)中,优越平均线的数目多得令人吃惊。

4.简单移动平均值方法既胜过线性加权平均值法,也胜过指数加权平均值法。在13种市场中,如表9.4所示,其中有10例是简单平均值法最佳,有2例是线性加权平均法最优,而指数加权平均值中选的情况只有1例(可可市场),可见其表现最差。

表 9.1 简单移动平均线的模拟交易结果

	最 佳 平均线	累计盈利或 亏损(净额)	最大连续 亏损总额	交易 次数	盈利交易 的次数	亏损交易 的次数	盈利次数/ 交易次数
可可	54	$87,957	$-14,155	600	157	443	.262
玉米	43	24,646	-6,537	565	126	439	.223
原糖	60	270,402	-15,563	492	99	393	.201
棉花	57	68,685	-11,330	641	121	520	.189
白银	19	42,920	-15,285	1,393	429	964	.308
铜	59	165,143	-7,687	432	158	274	.366
大豆	55	222,195	-10,800	728	151	577	.207
豆粕	68	22,506	-20,900	704	148	556	.210
小麦	41	65,806	-12,550	480	124	356	.258
猪腩	19	97,925	-9,498	774	281	493	.363
豆油	69	89,416	-8,920	586	122	464	.208
三合板	68	1,612	-3,929	372	98	274	.263
生猪	16	35,595	-7,190	1,093	318	775	.291

表 9.2 线性加权移动平均线的模拟交易结果

	最 佳 平均线	累计盈利或 亏损(净额)	最大连续 亏损总额	交易 次数	盈利交易 的次数	亏损交易 的次数	盈利次数/ 交易次数
可可	52	$ 74,450	$ - 8,773	796	206	590	.259
玉米	65	21,779	-5,487	524	118	406	.225
原糖	58	233,822	-14,063	707	149	558	.211
棉花	69	44,395	-18,070	731	139	592	.190
白银	45	-34,435	-20,930	1,036	297	739	.287
铜	68	124,848	-13,924	541	179	362	.331
大豆	42	178,261	-19,100	892	213	697	.239
豆粕	41	31,385	-20,900	1,128	235	893	.208
小麦	70	52,495	-9,000	403	94	309	.233
猪腩	28	81,625	-9,222	815	267	548	.328
豆油	34	106,996	-5,470	1,198	303	895	.253
三合板	70	-22,273	-5,138	470	109	361	.232
生猪	70	9,981	-9,314	509	131	378	.257

表 9.3　指数加权移动平均线的模拟交易结果

	最　佳 平均线	累计盈利或 亏损(净额)	最大连续 亏损总额	交易 次数	盈利交易 的次数	亏损交易 的次数	盈利次数/ 交易次数
可可	57	$ 99,080	$ -10,363	619	166	453	.268
玉米	68	15,119	-4,901	471	98	373	.208
原糖	59	172,985	-15,921	591	105	486	.178
棉花	70	35,855	-15,075	605	113	492	.187
白银	60	-61,400	-18,965	914	205	709	.224
铜	68	136,130	-5,886	450	150	300	.333
大豆	60	197,218	-13,600	708	142	566	.201
豆粕	62	-8,486	-18,200	840	162	678	.193
小麦	70	13,570	-11,150	421	75	346	.178
猪腩	12	80,303	-11,177	1,217	401	816	.329
豆油	66	82,904	-6,730	677	160	517	.236
三合板	69	-24,526	-5,002	467	104	363	.223
生猪	67	-11,834	-11,863	504	112	392	.222

引自："Computers Can Help You Trade The Futures Markets", by Frank L. Hochheimer, 1978 commodity Yearbook, Commodity Research Bureau, Jersey City, N.J.

表 9.4　最有效的指标——简单方法、线性加权方法、指数加权方法的综合比较

商　　品	天　　数	平均方法
可可	57 天	指数加权
玉米	43 天	简单
原糖	60 天	简单
棉花	57 天	简单
白银	19 天	简单
铜	59 天	简单
大豆	55 天	简单
豆粕	41 天	线性加权
小麦	41 天	简单
猪腩	19 天	简单
豆油	34 天	线性加权
三合板	68 天	简单
生猪	16 天	简单

本表展示了对 13 个市场从 1970 年到 1976 年的数据进行各种移动平均方法测试的结果比较。其中除了 3 例外，其余都是简单平均方法表现最佳。

(引自：Hochheimer, 1978 Commodity Year Book, Commodity Research Bureau, Jersey City, N.J.)

双平均线法同三平均线法

在确认了简单平均值法最出色之后，他们转向双移动平均线相交法和三移动平均线相交法的研究。这里，他们只采用简单平均法。他们把研究结果(从 1970 年到 1976 年的数据得来)与前面提到的各种管道技术相比较。他们在 1979 年进行的比较研究中，共涉及 17 个市场，其中有 10 例表明，使用双平均线法的获利能力最强。而三平均线法只在 4 例中占到上风。剩下的三个市场呢，数各种价格管道技术最合适。稍后，我们将介绍价格管道技术，作为对移动平均线方法的补充(关于以上研究的详细情况，见《计算机交易技术》，美林公司部商品部编，1979 年 2 月号)。

关于移动平均线，除了前面的四条结论外，还可以加上一点——双移动平均线组合看来是最好的选择。那么归纳一下，在移动平均线方法中，最好的办法可能是，根据市场的具体情况，通过优化过程，选出它的双简单移动平均线的最佳组合。

这里的所谓优化，贯穿着上述研究的始终。每条移动平均线(或者每种技术指标)都应当、也能够针对具体市场的个性、特点进行优化处理。

表 9.5 是美林公司关于双线相交法的最新研究报告(计算机交易技术 1982，美林公司商品部)。最近这份报告一直覆盖到 1981 年全年，其中还包括了几种新的期货市场。

在优化过程中碰上的难处

优化过程的困难之一是，一有新数据，我们就得把优选的过程从头再来一遍。每当市场情况发生变化，优化结果——优选的移动平均值的时间跨度(天数)就可能也得变。尽管美林公司的研究结果表明，在一段时间内，优选的移动平均线天数相当稳定，但是我们必须明确，不可以对过去优选的天数过分倚重。在此我要强调，前面各表中的优选天数，仅仅是为了说明问题而引用的，而不是说在目前的市场条件下，它们仍是最佳的平均线天数。

随着微电脑的出现，各式应用软件层出不穷，优化过程相对简易了。其实，针对几乎所有的技术指标，我们都可以根据不同的市场情况，优选出最佳的时间参数。然而，问题依然棘手，到底我们应该隔多久——按照何种频繁程度——重新优选一次呢？如果我们测试的频繁程度不够，交易者就要冒优选参数过时的风险。如果我们做得太频繁，那又会有新问题。并非所有的分析者都推崇优化方法。有人认为，全部优化过程，不过是把这些参数调整一下，以适应过去的价格资料。这些怀疑论者觉得，既然这些所谓优选参数从没有在真实市场条件下，真刀实枪地检验过，当然就是可疑的了。

表 9.5　双线交叉方法的研究结果

	最佳组合	累计盈利或亏损(净额)	最大连续亏损总额	交易次数	盈利交易的次数	亏损交易的次数
英镑	3,49	117,482	-7,790	160	68	92
可可	14,47	160,226	-8,620	303	128	175
玉米	13,47	83,565	-3,890	258	114	144
加拿大元	4,21	57,430	-13,560	286	124	167
棉花	22,50	324,719	-7,910	371	176	195
铜	14,33	254,744	-6,112	473	250	222
德国马克	4,40	78,632	-3,909	169	78	91
GNMA	17,43	94,476	-12,742	278	126	152
黄金	8,48	482,769	-7,932	334	184	152
取暖油	14,40	-4,721	-413	88	6	82
日元	4,28	120,899	-4,367	131	74	57
生猪	18,50	52,888	-8,710	409	182	227
木材	6,50	5,022	-10,054	368	127	241
活牛	6,21	113,178	-10,410	936	385	551
三合板	23,44	8,378	-17,350	436	132	304
大豆	20,45	393,390	-18,610	530	247	283
瑞士法郎	6,50	172,454	-7,467	148	66	82
豆粕	22,47	187,264	-8,805	484	217	267
豆油	13,49	127,399	-6,573	527	206	321
白银	7,29	386,557	-21,726	1213	478	735
11 号原糖	6,50	475,442	-13,399	500	181	319
短期国债	6,18	74,933	-21,423	535	200	335
长期国债	25,50	184,487	-10,066	147	81	66
小麦	11,47	169,640	-5,282	358	140	218

上表是美林公司关于双线交叉方法的最新研究结果。在最佳组合那列里给出了成绩最好的移动平均线组合。例如在英镑市场上，3 天和 49 天移动平均线的组合最佳。

上述数字仅仅是为了举例才给的，它们是好几年前的事了。朋友们在对它们进行当前市场的测试之前应该谨慎从事。优化的平均线必须适时地重新测试和刷新。

(Source: "Computerized Trading Techniques 1982", Merrill Lynch Commodities, Inc., Frank L. Hochheimer and Richard J. Vaughn.)

在期货市场上,关于最佳移动平均线方法的争议恐怕永无止境,前面的研究结果当然也不是终结的答案。不过,这些研究的确为我们提供了一份工作纲要。在我们今后从事本领域更深入的研究的时候,它们是很好的起点。

移动平均线的位置

关于移动平均线同价格资料的相对位置的问题,也有争论。绝大部分技术分析者,把最近的移动平均值,描画在最近一天的位置上。然而,也有人宁可把最近的移动平均值,描画在距离最近一天一定天数以后的位置上。他们称之为,"让移动平均线领先价格变化"。这种移动平均线,同传统的移动平均线相比,即与上述前一种做法相比较,距离价格本身更远。具有领先时间的移动平均线方法意味着价格与平均线的相交要滞后更长的时间,因而伪信号更少。

阿瑟·斯克拉罗的办法更新奇。在他的《期货图表职业分析者手段》(商品研究局,1980 年)中,建议把移动平均线向后挪动,移动幅度为其时间跨度天数的平方根。例如,如果移动平均线的时间参数为 2 天到 4 天,那就把它向后移 2 天;如果时间参数为 5 天到 9 天,就向后移 3 天;如时间参数为 10 天到 16 天,就移 4 天,等等。

必须明确,如果我们把移动平均线向后推移,实际上就是把最近一天的收市价格同当日位置上的移动平均值相互比较。举例来说,如果移动平均线向未来推移了 5 天,那么就是把最近一天的收市价与倒数第 5 天的移动平均值相比较。由此可见,为什么价格与移动平均线的交叉普遍地推迟了。把移动平均线放置在不同位置上,可能会引出了一系列有趣的新用法。不过,最通常的做法还是,把移动平均值放在传统的即期位置,即使之与最近价格所处的日期一致。

移动平均线取中

从统计学角度来看,更准确的做法是把移动平均线"取中"(图 9.8a 和 b)。就是说把每个移动平均值都画在它所覆盖的时间区间的中点上。比如说,与通常的做法相比,10 天移动平均线就要向前移 5 天。20 天的移动平均线则应向前移 10 天。不过,移动平均线取中有个重要缺陷,就是由之产生的趋势改变的信号实在过于滞后。因此,通常,我们还是把移动平均值放在它所覆盖的时间区间内的最后一天,而不是中点。取中技术一般只用在周期分析中,以分离各种潜伏的市场周期。在

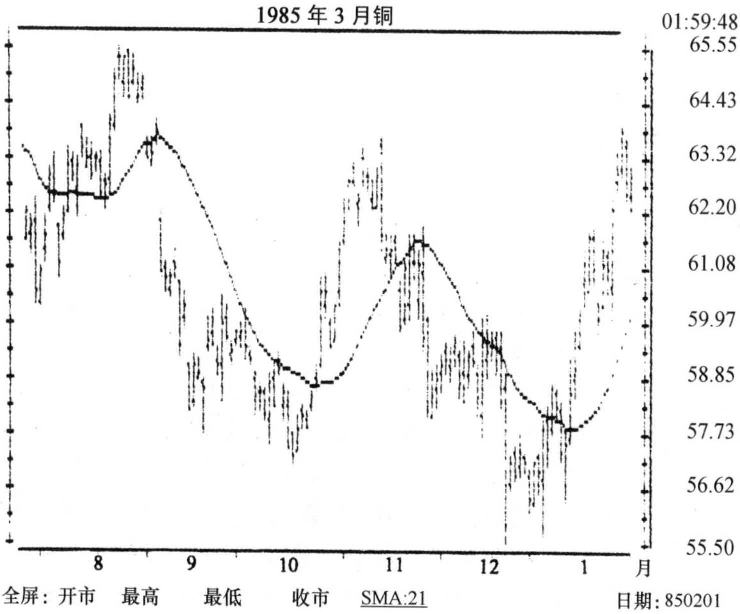

图 9.8a 21 天简单移动平均线的例子。这条平均线在揭示趋势变化上表现不俗。

图 9.8b 本图的移动平均线与图 9.8a 相同，但是其位置却不同，这里把它“取中”了。正如朋友们所见，在这里，移动平均线丧失了大部分预测价值。取中技术在周期分析中最有用。

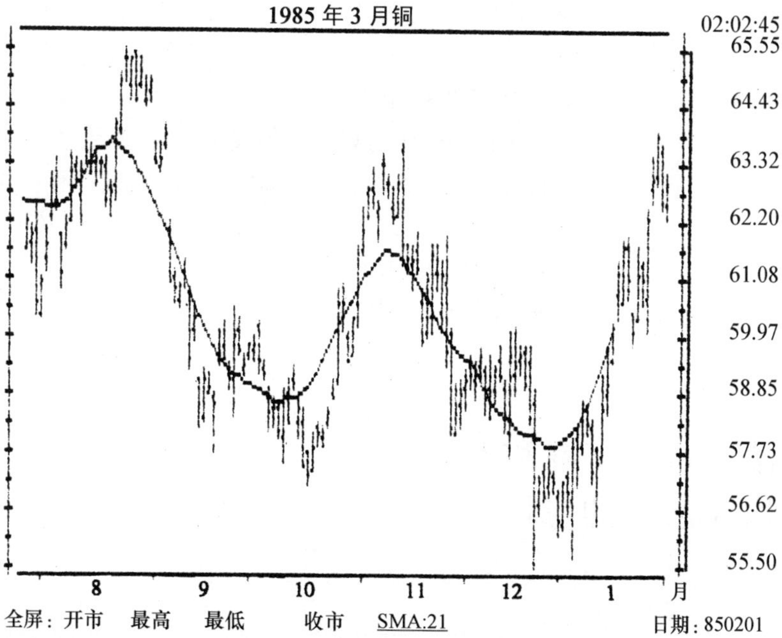

第十四章我们讨论趋势分解的时候，对取中的移动平均线会有更多的介绍。

移动平均线与周期现象关系密切

许多市场分析者相信，在市场运动中，时间周期起着重要作用。因为时间周期具有重复再现的特点，并且可以定量测算，所以，我们有可能预测市场出现顶或底的大致时间。从为时 6 天的短期周期开始，一直到长达 54 年的康德拉蒂耶夫周期，许多种时间周期同时并存。这是个迷人的技术分析领域，后面专门有一章对此详加阐述。

我们在这里引入周期概念，只是为了说明以下一点：影响某市场的主流周期与这个市场上最恰当的移动平均线之间，似乎颇有关联。换句话说，我们应按照每个市场的主流周期，来相应地调整移动平均线的天数。

看来，移动平均线和周期确实有一定的关系。举例来说，在所有的商品市场上，月周期都是最广为人知的。每个月有 20~21 个交易日。每个周期都倾向于按照 2 倍的因子，与其上一级长周期，或者下一级短周期以谐波方式相互呼应。这就是说，上一级长周期是本周期长度的双倍，下一级短周期则是本周期长度的一半。

于是，我们从月周期上或许就能解释 5 天、10 天、20 天和 40 天移动平均线之所以流行的缘故。月周期的长度是 20 天。40 天移动平均值是 20 天的两倍。10 天移动平均值是 20 天的一半，5 天移动平均值又是 10 天的一半。

在较为通用的移动平均线中(包括 4 天、9 天和 18 天移动平均值，它们分别是从 5 天、10 天、20 天中导出的)，有不少可以用周期的影响以及各级周期之间的谐波关系加以解释。碰巧的是，四周周期也有助于解释四周规则成功之所在。本章稍后就要讲四周规则，以及它的“小兄弟”——二周规则。

菲波纳奇数字在移动平均线法中的应用

在关于艾略特波浪理论的一章中，我们将介绍菲波纳奇数列。不过，在这里我们先要指出，这个神奇的数列——例如 13，21，34，55，等等——在移动平均线法中看来也颇有用武之地。这一点不但对于日线图成立，而且在周线图中也适用。在日线图中我们曾提到 21 天移动平均线，这也是个菲波纳奇数字。在周线图上，不管是在股票市场，还是在商品市场，均证明 13 周移动平均线很有价值。关于这些数字的深入探讨，我们留给十三章(图 9.9a 到 d)。

移动平均线适用于任何时间尺度

移动平均线方法最主要应用于日线图。不过，其实它既可以应用在更长期的趋势分析上，也可以应用于更短期的研究中。我们不应该忽视这两个方面。在股市分析中，长期的移动平均线，例如 10 周或 13 周平均线，与 30 周平均线的组合使用方法，可以说由来已久了，但在商品期货市场上，它们还未受到应有的重视。在连续周线图上，我们可以用 10 周与 30 周移动平均线的组合来追踪开始于数年之前的主要趋势(图 9.10)。

从时间尺度上说，如果我们再往另一个方向看看，那么，也可以把移动平均线法应用于日内图上，辅助我们进行短线交易。无疑，在这些短线图表上，移动平均线给出的信号也是有效的。但是，对于当日交易者来说，应对及时是极为关键的，而移动平均线方法天生具有时间滞后的特点，那么，其时间滞后性质是否会损害它在当日交易中的效用呢？这是我给朋友们提出的疑问。

结　　语

在这一章，我们给出了移动平均线的许多具体用法。从某种意义上说，或许正是由于这种方法的极大灵活性，惹出了麻烦。使用者是“满箩里挑瓜，挑得眼花。”我们下面试着概要一下。大部分分析者使用双移动平均线或三移动平均线的组合。其中，各种平均值均由收市价算得，并且在图上描绘在它所覆盖的最近一个收市价的同一日期上，既不领先，也不靠后。最常用的移动平均值天数为 5 天、10 天、20 天和 40 天，或者是这些数字的某种变通(例如 4 天、9 天和 18 天)。话说回

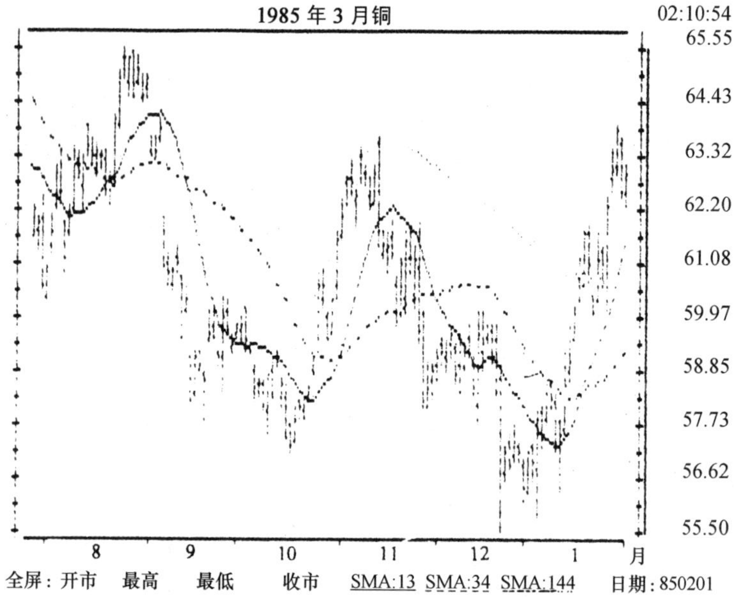

图 9.9a 菲波纳奇数字应用于移动平均线的例子。虚点线为 144 天平均线(30 周平均线)，它刚刚被突破。其他两个平均线分别为 13 天和 34 天。13 天平均线(实线)已经向上穿越了 34 天平均线(虚划线)，发出了买入信号。

图 9.9b 菲波纳奇数组 13、34 和 144 的另一个实例。12 月下旬有个精彩的买入信号，其中 13 天平均线(实线)向上穿越了 34 天平均线(虚划线)。注意，随后的价格变化经受住了较长期的 144 天平均线(虚点线)的考验。另外，请注意，在上面两例中，当价格横向伸展时有许多拉锯现象。

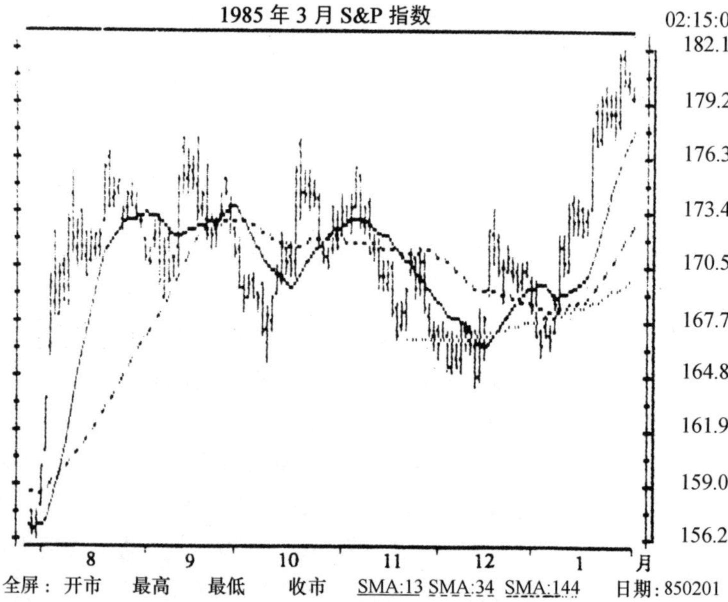

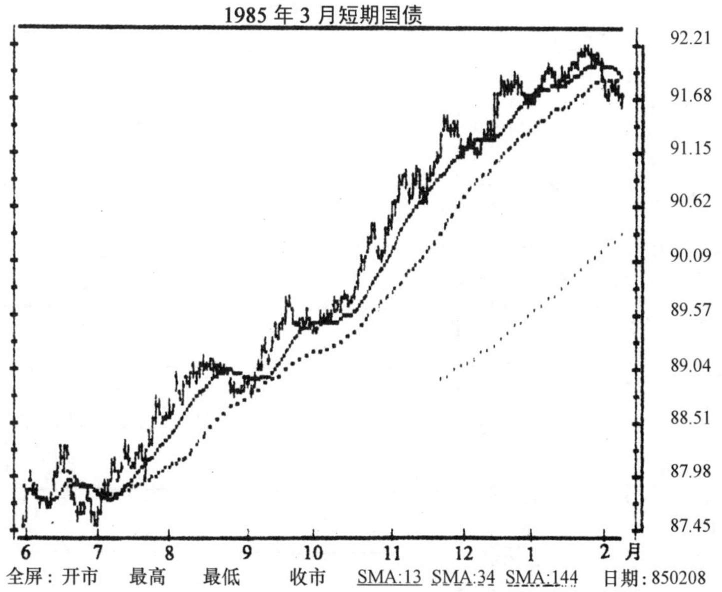

图 9.9c 菲波纳奇数字的 13 天和 34 天平均线的组合。注意，自 7 月以来，它们很好地描述了图示的上升趋势。目前，价格刚刚跌破两条平均线，发出了趋势可能反转的早期警讯。图中还有第三条线，它远低于价格变化，这是 144 天(30 周)平均线。

图 9.9d 菲波纳奇数字的 13 天和 34 天移动平均线很好地描述了价格的下跌。10 月有个"卖出信号"，13 天平均线向下穿越了 34 天平均线。目前价格已经向上穿越了两条平均线，并且 13 天平均线也向上穿越了 34 天平均线，这是新的上升趋势的萌生信号。现在价格正向 144 天(30 周)平均线进发。

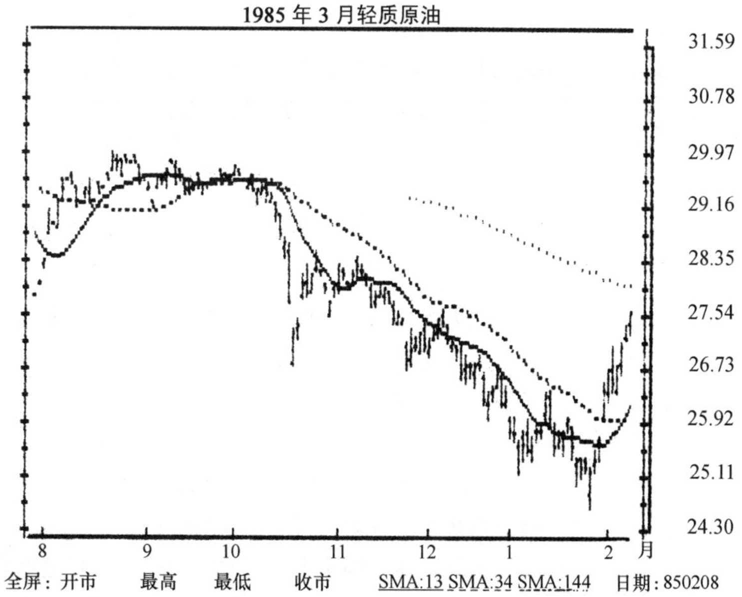

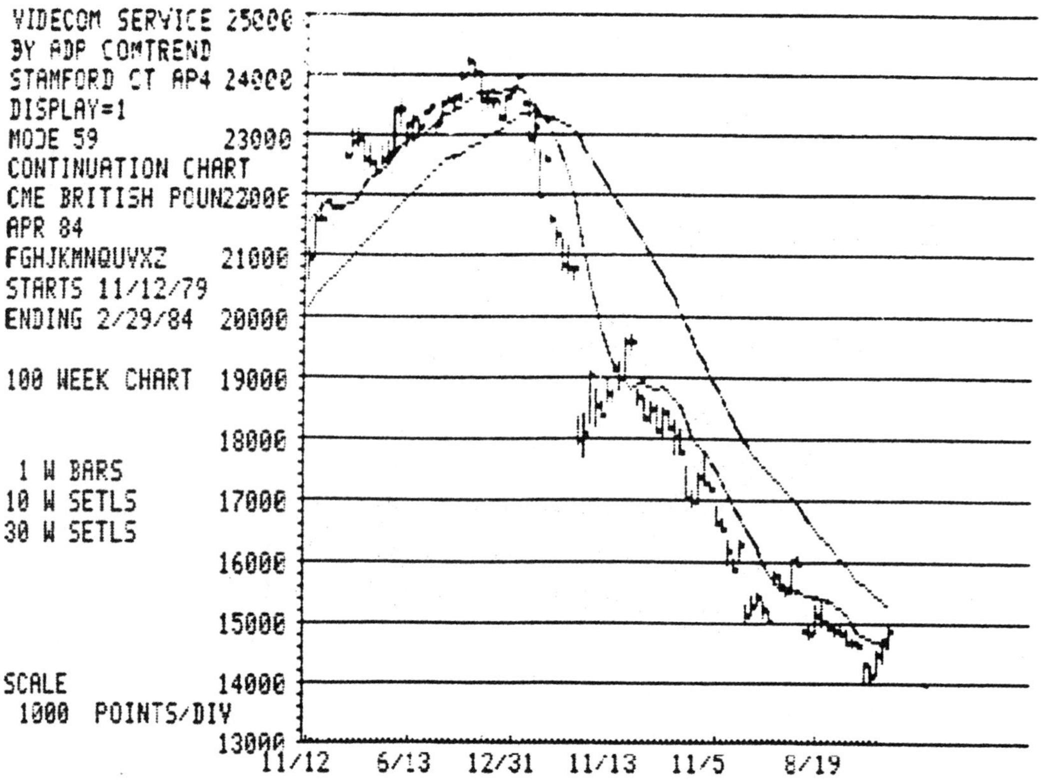

图 9.10 在本图中，我们把 10 周和 30 周移动平均线的组合应用于英镑的连续周线图上。注意，在 1980 年底，两条平均线向下穿越了2.30的水平，精确地揭示了一轮主要熊市的开端（Source：Automatic Data Processing，Inc.，Comtrend Division，Stamford，CT.）。

来，朋友们不妨尽管放手地去尝试。随着微机和优化软件的普及，移动平均线分析法已经大为简易，有趣得很。

关于移动平均线法的一些争论

移动平均线的信号指示我们顺着趋势的方向交易。这一点正符合期货交易中最源远流长的一些成功要诀，是移动平均线法最大的优越性之一，也解释了它如此流行的原因。作为一种追随趋势系统，它总是顺着趋势方向交易。这种方法“让利润充分增长，把损失限于小额”，听来耳熟吧？每个新手肯定都碰到过这条历久恒新的法则。这里所要强调的是，移动平均线法正是以上述原则为基础，通过具体的买、卖信号，促使使用者遵守了这些原则。

无论如何，因为移动平均线在本质上是追随趋势的，所以当市场处于良好的趋势阶段时，其工作状态最佳。而当市场忽上忽下，进入了横向延伸阶段后,则表现很糟。而后者所占的时间常常达到了三分之一至一半,有时甚至更多。

事实上,移动平均线法在相当多的时间内不能发挥所长。正因为这个容易被忽视的理由,我们不能过分依赖移动平均线技术。我们反复强调,技术型交易商必须掌握一整套技术工具。在市场趋势良好的时期,移动平均线法无懈可击,那就不妨打开自动交易系统,自己去钓一阵子鱼。而市场处于其余场合时,采用非趋势顺应系统,比如超买—超卖摆动指数,更合适。所以下一章,我们要讲摆动指数。

移动平均线作为摆动指数

比较两条移动平均线之间的差距,是构造摆动指数的一个办法。由此,双移动平均线相交法就有了新的意义,用途更广泛了。在第十章,我们将介绍它的具体做法。在这一章的前面部分,曾提到两条指数加权移动平均线相比较的话题,该方法称为移动平均线相互验证/相互背离交易法(MACDTM),它主要用作摆动指数,因此,我们也要把关于这一技术的讲解放到第十章。

移动平均线法应用于其他技术资料

实质上,我们可以把移动平均线法应用于各种技术数据或者技术指标。既可以把它应用于持仓兴趣和交易量数据,包括权衡交易量,也可以把它应用于各种技术指标:差价和比价。当然也可以应用到摆动指数。图 9.11a 和 b 以及图 9.12a 和 b 例示了移动平均线法一些广泛的应用。

周　规　则

在我们设计跟踪趋势系统的时候,除了移动平均线外,也有别的选择。其中最著名也最成功的技术之一,称为周价格管道,或简称周规则。本方法也具有移动平均线的许多优点,而且省了不少麻烦,使用起来也简便一些。

在过去十年中,随着计算机技术的进步,关于在期货市场建立技术性交易系统的问题,人们进行了大量的研究。这些系统在本质上是自

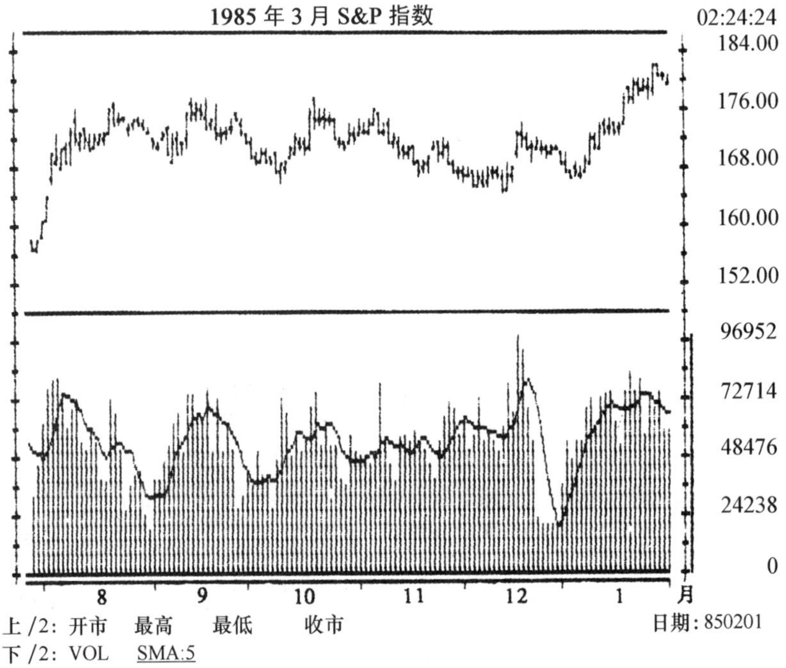

图 9.11a 注意,在下半图中,我们把 5 天移动平均线应用于交易量刷形图。通过平均线法,有时也能够平滑交易量的趋势,简化其跟踪研究工作。所有的交易信号均可以通过交易量的平均线的变化而有所验证。在本例中,交易量平均线与价格变化极为合拍。

动化的,消除了人类情感和主观判断的影响。另一方面,它们也越来越臻于复杂。起初用的是简单的移动平均法,后来,又加入了双移动平均线交叉、三移动平均线交叉的内容,再后来,又把移动平均值线性加权、指数加权。最近,人们又引入了高级的统计学系统,例如线性回归系统。上述系统的首要目的依然是追随趋势,即首先识别趋势,然后顺着既有趋势的方向交易。

不过,随着越来越复杂、越来越富于想像力的系统和指标的出现,也有些不妥的倾向。人们往往忽视了那些简单、基本的工具,而它们的效果相当好,经受住了时间的考验。下面我们就来说说其中一种最简便的方法——周规则。

1970 年,邓恩和哈吉特公司的金融服务部门推出了一本《交易商手册》。其中对当时最流行的自动交易系统进行了模拟测试和比较研究。该项研究的最后结果表明,在所有的测试对象中,“四周规则”系统最为成功。这种系统是由理查德·唐迁创立的。唐迁先生目前在希尔森·莱曼·运通公司工作,担任其高级副总裁兼金融顾问。他被推

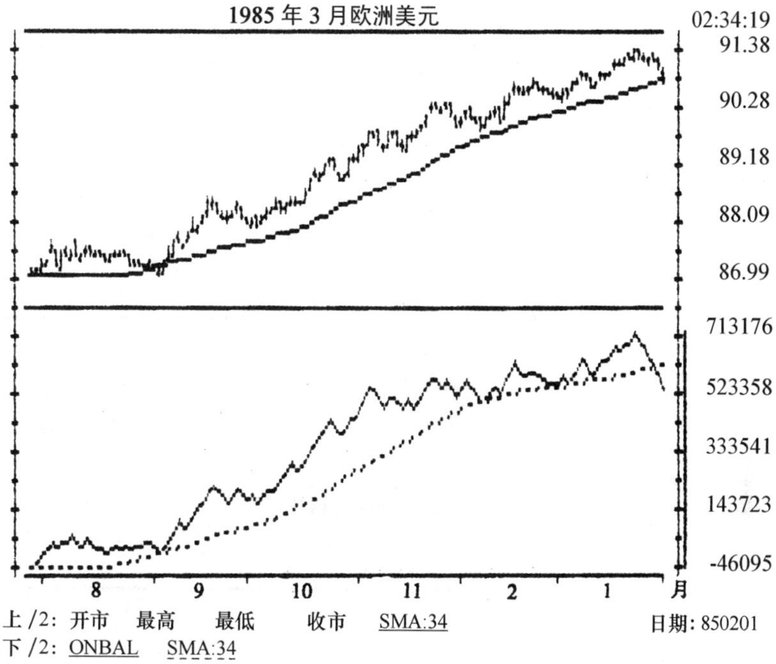

图 9.11b 本图上半部分是价格图中的 34 天平均线(菲波纳奇数字)。下半部分是相同的平均方法在权衡交易量(OBV)中的应用。

崇为商品期货自动交易系统领域的先驱(在 1983 年,《投资账户管理报道》推举唐迁为首届"最佳获利奖"得主,表彰他对商品市场资金运作领域的巨大贡献。该机构目前向后来的受奖人颁发"唐迁奖")。

四周规则

根据四周规则建立的系统很简单:

1. 只要价格涨过前四个日历周内的最高价,则平回空头头寸,开立多头头寸。

2. 只要价格跌过前四个周内(照日历算满)的最低价,则平回多头头寸,建立空头头寸。

如上所述,本系统属于连续工作性质(连续在市),即系统始终持有头寸,或者是多头,或者是空头。一般地,连续在市系统具有一个基本的缺陷。当市场进入了无趋势状态时,它仍处在市场中,难免出现"拉锯现象"。我们曾经强调过,在市场处于这种无趋势的横向状态时,趋势顺应

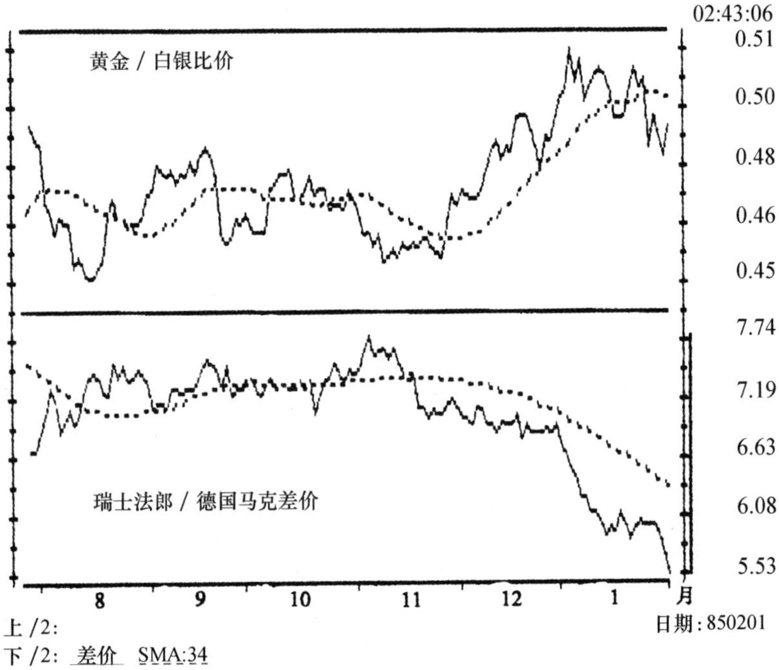

图 9.12a　上半图是 21 天平均线应用于黄金/白银比价图的情形。下半图是 34 天平均线在瑞士法郎与德国马克差价图中的应用。

系统效果很差。

我们也可以对四周规则进行修正，使之不连续在市。办法是采用较短的时间跨度，比如一周或二周，作为平仓的信号。换言之，必须出现了“四周突破”，我们才能建立头寸，但是只要朝相反方向的一周或二周的信号出现，就平回该头寸。之后，交易商将居于市场外，直到下一个四周突破信号出现再入市。

本系统坚实地建立在技术分析原理之上。信号自动给出，并且清晰、分明。因为它是顺应趋势的，所以实际上能够保证，每当市场出现重大趋势时，用户总站在正确的一边。同时，它的结构也体现了商品交易一句老生常谈的格言——“让利润充分增长，把损失控制在小额”。本系统还有一个特点，由之引生的交易往往不太频繁，所以其佣金成本较低。这一点，正是很多资金管理者所重视的，因而这种系统（或其变体）很流行。不过，经纪商们的态度当然就两样了。最后一点，既可以应用计算机来实施本系统，也可以不用。

周规则也有自己的反面意见。同所有趋势顺应系统所遭受的指责一样，反对者怪它不能捕捉顶或底。那么，趋势顺应系统到底做了些什么呢？最重要的一点是，四周规则的表现同绝大多数趋势顺应系统一

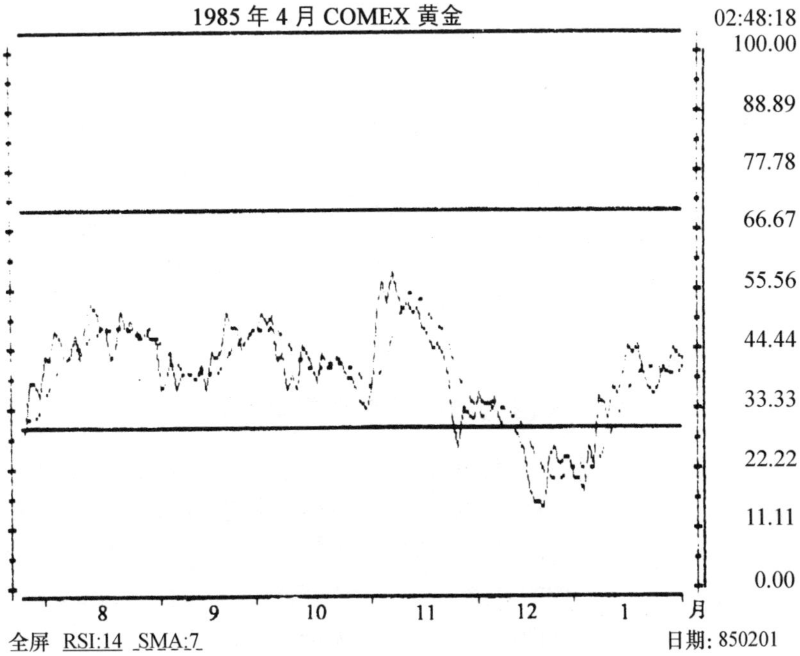

图 9.12b　利用7天平均线来揭示14天相对力度指数(RSI)的转折。

样漂亮,甚至超过其中许多种方法;同时,它还有个长处:惊人地简明。

对四周规则的修正

我们对四周规则的讨论是对其原形展开的,不过,它也具备许多种修正和改进形式。首先,我们并不是非得把本规则运用于交易系统不可。我们也可以把周规则的信号简单地看做一种技术指标,由之来辨识价格突破、趋势反转等信号。周规则的突破信号也可以辅助其他技术,比如移动平均线等,起到与过滤器类似的验证作用。一周和二周规则便是极佳的过滤器。因此,当移动平均线的交叉信号出现后,为了确定是否依照这个信号开立头寸,我们必须根据二周规则,考察在其相同方向是否也有两周规则的突破信号。

周规则也可以优化

我们也可以针对不同的市场,调整周规则的时间跨度。我们并不是对每个市场都机械地使用四周规则,而是具体市场具体分析。在讨论移动平均线时,我们曾引用了一系列美林公司的研究报告。在《美林公司商品研究报告》1979年2月号上，“自动化交易技术”一文，对各种周规则的突破信号也进行了广泛的研究。其中对每个市场，都得出了相应的优化的周规则。此外，在这篇文章中还提出，通过改变每周结束的日子，系统的成绩可以进一步改善。例如，据该报告称，在糖期货市场，最好采用五周规则，并且把每周的结束日人为地规定为星期四。在大豆市场，最佳的选择是两周规则，并把星期一人为规定为每周的最末一天。在更早的美林公司的研究中，还对日间突破（“日规则”）的各种天数进行了检测。

根据灵敏度要求调整时间跨度

根据风险管理和灵敏度的具体需要，我们可以相应地扩大或缩短周规则的时间跨度。举例来说，如果我们要求系统更灵敏，则可以缩短时间跨度。当市场急剧上升，从而价格相对地处于“高处不胜寒”的境地的时候，我们就可以缩短时间跨度，使系统更灵敏。假定我们已经根据四周规则的向上突破信号，建立了一个多头头寸，那么，就可以把保护性止损点设置在过去两周的最低价的下方。如果随后市场急剧上冲，交易商试图采用更紧凑的保护性止损方法来监控该多头头寸的话，那么还可以选用一周规则来设置止损点。

当市场处于横向伸展的情形时，那些相趋势而动的交易者袖手旁观，专心等待重要趋势信号的出现，那么这时，就可以把时间跨度扩张到八周。这样，就能够避免开立短线的头寸，免得陷足于时机不成熟的趋势信号中。

把四周规则与周期联系起来

本章前面曾交代，在期货市场上，以月为长度单位的周期具有重要意义。在所有的市场上，为时四周（或20天）的周期都是极为显著的。这或许说明了利用四周这种时间区间为何如此成功。它可能是最佳的时间跨度。请注意，我们也曾提及一周、二周以及八周规则。根据周期分析中的谐波理论，每个周期都与它相邻的周期成倍数关系（上一级周期是其2倍，下一级周期是其1/2）。

在讨论移动平均线的时候，我们曾指出，月周期加上谐波理论，解释了5天、10天、20天和40天移动平均线之所以盛行的原因。同样的道理，在四周规则上也适合。如果我们把上述天数换算成星期数，那么它们分别就是一周、二周、四周和八周。因此，对四周规则的最有效的修正是，以四周作起点，依次乘以2或除以2。在缩小时间跨度的时候，则从四周变为二周。如果要采取更短暂的时间跨度，那么甚至可以由二周而

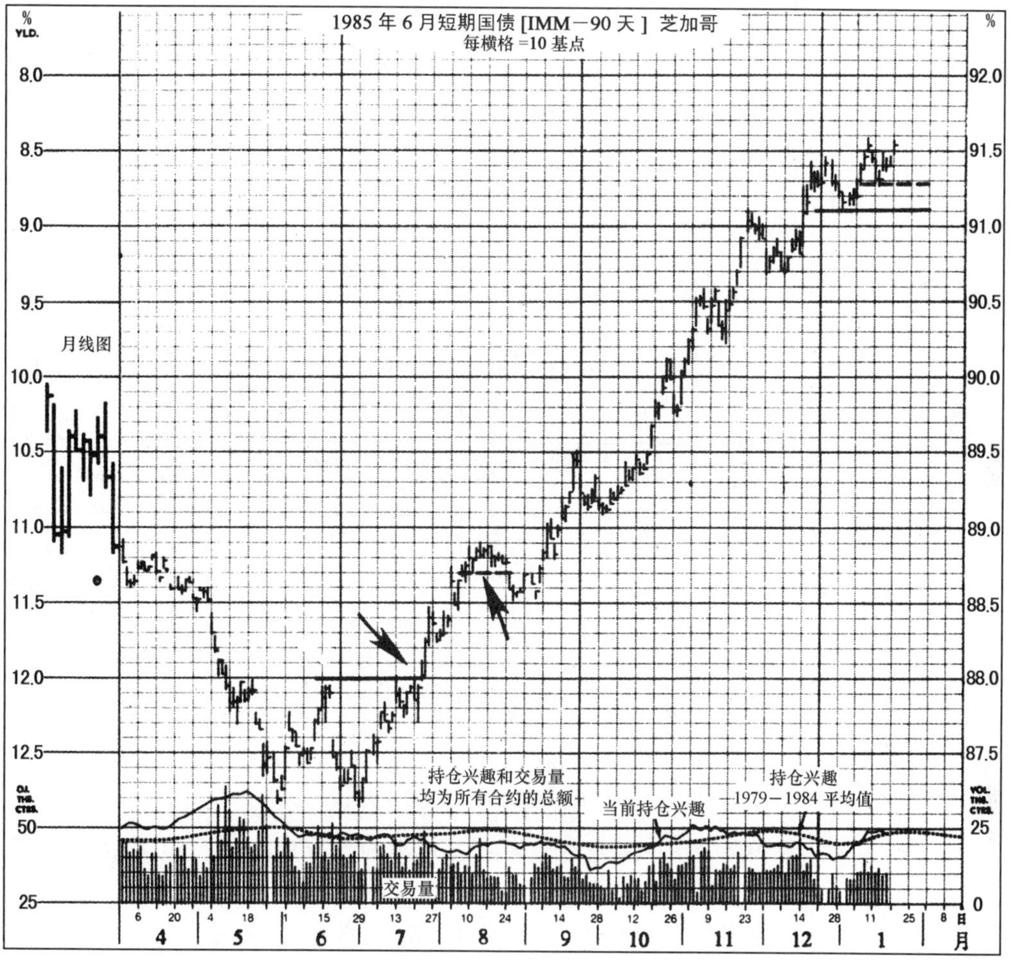

图 9.13 四周规则的例子。7月份，价格达到了四周内的新高位，发出主要"买入"信号。它至今仍维持有效。其中水平的实线标志着四周规则的买入信号的出现。而水平虚线则是二周规则的标志线。本图说明，如果我们执行二周规则，就可能引起过早平仓出市的问题(Courtesy of Commodity Research Bureau, a Knight-Ridder Business Information Service.)。

一周。在扩大时间跨度的时候，则从四周变为八周。因为本方法把价格与时间结合起来了，所以，谐波周期理论当然就起到了重要作用。我们把周期规则的时间跨度除以二以缩短之，乘以二以扩张之，这一做法着实可以从周期理论找到充分的根据。

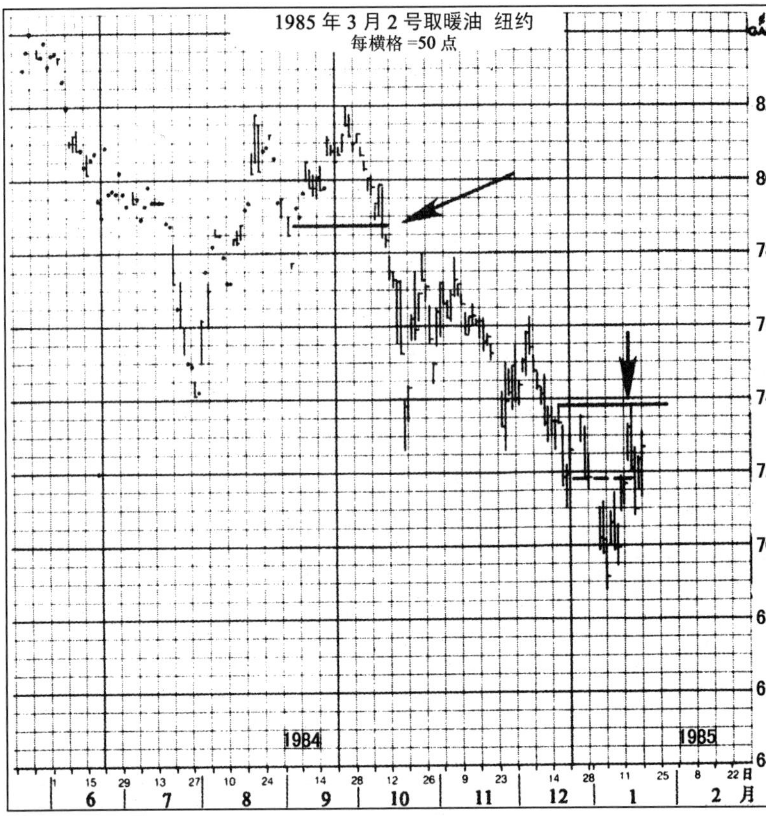

图 9.14　图中实线标志着四周规则的信号的出现。10月的"卖出"信号目前依然有效。注意,目前价格刚刚向上穿越虚线,指示着二周内的新高位,不过,如果要构成"买入"信号,则收市价必须向上穿越稍低于74的实线(Courtesy of Commodity Research Bureau, a Knight-Ridder Business Information Service.)。

使周规则保持简明

凡事有长处就有短处。当我们试图对四周规则加以优化,或者进行上述调整的时候,这种方法也就逐渐丧失了它的最大的长处——简明。四周规则是一种简单的突破信号系统,其理论基础来自显要的月周期。我们可以对当初的系统进行修正,通过较短的时间跨度——一周规则或二周规则——来达成平仓目的。如果用户希望系统更灵敏,那么也可以采用二周规则作为入市的信号。因为周规则的本意就是力图简便易行,所以,我们最好按照简明的方式来应用它。四周规则既简明,又实用,朋友们不妨一试(图9.13到9.16)。

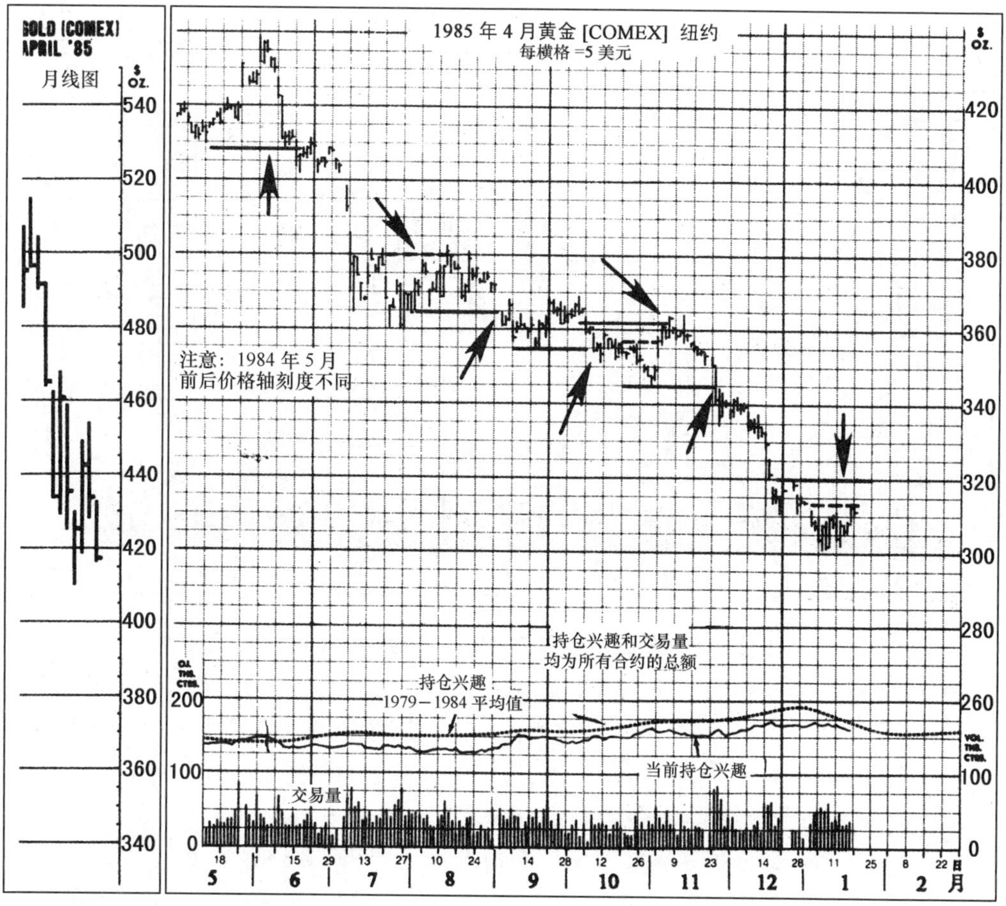

图 9.15 图中实线标志着四周规则的信号的发生。11 月上旬，在稍高于＄360 处，有一个伪买入信号。我们可以利用二周规则（虚线）来及早地平仓止损。在其右侧，必须等收市价向上越过虚线，我们才平回原有的空头头寸。而当收市价格向上穿越实线后（＄320 的水平），方构成开立新头寸的“买入”信号（Courtesy of Commodity Research Bureau, a Knight-Ridder Business Information Service.）。

参考文献

除了本章前面提到的参考书外，下列两本著作对移动平均线和唐迁的四周规则也有介绍。在 P·J·考夫曼编辑的《商品市场技术分析》一书中，收入了弗兰克·霍克海默以美林公司的研究为基础写作

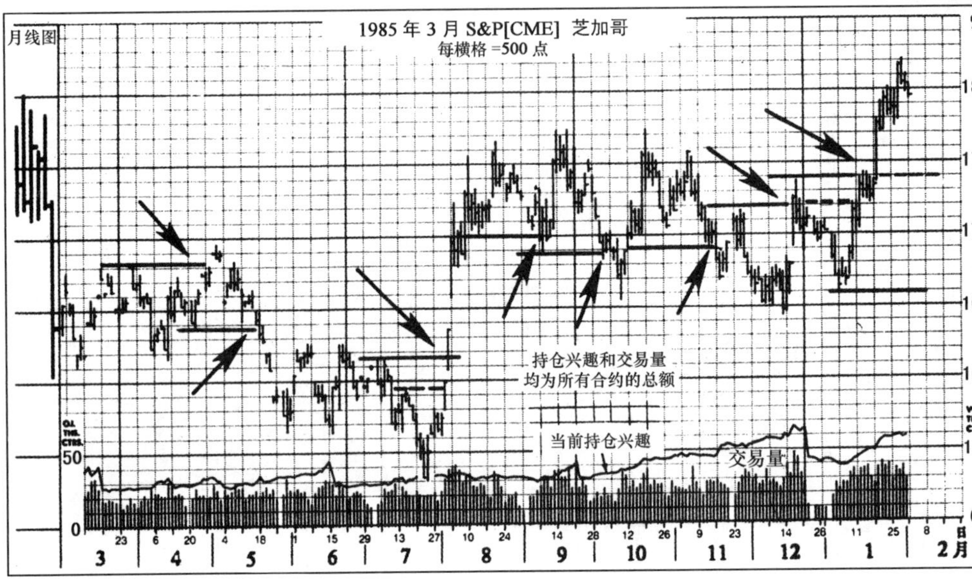

图 9.16 本图显示了周规则的(以及任何趋势顺应系统的)优缺点。从 5 月到 7 月的下降趋势的大部分,从 7 月到 8 月的上冲,以及在 1 月的看涨突破,均被成功地捕获了。本系统确保交易者能够投入每一场重要趋势。但是请注意,所有的错误信号都发生在 9 月到 1 月,也就是当价格横向伸展的时候。如果我们采取的是八周规则,则可以避免其中部分拉锯现象。像所有的系统一样,四周规则也难免有不足之处。在趋势状态下,其效用最优 (Courtesy of Commodity Research Bureau, a Knight-Ridder Business Information Service.)。

的两章,“移动平均线”和“管道和平均线的相交”(约翰·威利父子公司,1980 年)。另一本书名为《商品和股票的技术性交易系统》,作者是查尔斯·帕特尔,加州交易系统研究公司 1980 年出版,其中也有讨论各种移动平均线技术和唐迁的周规则的内容。

第十章　摆动指数和相反意见理论

引　　言

在此之前，实质上我们所讨论的所有技术指标都是追随趋势的。其目的在于预期新趋势的萌生，或者在新趋势刚一露头后，尽快把它揭示出来。本章所要探讨的与上述追随趋势方法不同，属于另外一种技术——摆动指数。当市场进入了无趋势阶段时，价格通常在水平区间中上下波动，在这种情况下，绝大多数跟随趋势系统都不能正常工作，而摆动指数却是独树一帜。因此，对技术型交易商来说，摆动指数对症下药，使他们能够从经常出现的无趋势市场环境中获利。

然而，摆动指数的用途并不仅限在水平向的交易区间中。在趋势阶段，如果我们把摆动指数与价格图表参照使用，那么，当市场即将出现短暂的极端状态，即通常所谓“超买”或“超卖”状态时，它也能够及早提醒交易者。同时,当趋势的动力正在衰退,而这一危机尚未在价格上明显地显露出来的时候,我们从摆动指数上也能找到线索。我们通过摆动指数的相互背离现象,能够看出趋势可能已经近乎完结了。

我们先来讲清楚什么是摆动指数,它的构造方法,以及它的含意。然后讨论动力指数及其在市场预测方面的意义。接下来,我们将按照由简而繁的顺序,介绍几种较为常用的摆动指数。其中覆盖了一个重要问题:相互背离现象。随后,还要提到将摆动指数分析与周期分析参照使用的妙处。最后,我们研究在对某市场进行全面技术分析时,如何把摆动指数恰如其分地利用起来。

摆动指数与趋势分析的配合用法

摆动指数必须附属于基本的趋势分析,从这个意义上说,它只是一种第二位的指标。今后当我们谈到技术分析者手中的各类摆动指数的时候,毫不例外地都要强调指出,市场的主要趋势是压倒一切的,顺着它的方向交易这一原则具有重要意义。不过朋友们也应当了解,在某些场合下,摆动指数也有其特长。例如,在一场重要运动即将降临时,摆动指数分析不惟用处不大,甚至可能使用户误入歧途。然而,一旦市场运动趋于尾声,摆动指数就极有价值了。这些,我们不久还要讨论。最后,在上述关于市场的极端状态的研究中,我们还必须加上对相反意见理论的讨论。我们要讲到相反意见理论的作用,以及如何把它糅合到市场分析和交易的整体之中去。

摆动指数的意义

提起摆动指数,我们有很多种构造方法,但它们的真实含义都相差无几。大部分摆动指数的曲线也非常相像。我们沿着价格图表的底部来做摆动指数的图线,把它局限于一条水平向的狭长区域里。不论价格是升、降,还是持平,摆动指数的区域基本上总是水平向发展的。不过,摆动指数的峰和谷与价格图上的峰和谷同时出现。有些摆动指数的变化具有一个中间值,从而摆动指数所在的水平区域可以分为上半部和下半部。根据计算公式的具体情况,我们通常把表示中间值的水平线设为“零线”。根据算法的不同,在摆动指数的上下边界之内,既可以标志成从 0 到 100 的刻度,也可以标成从-1 到+1 的刻度。

摆动指数的研读惯例

通常,无论摆动指数达到了上边界还是下边界的极限数值,都意味着当时的价格运动可能幅度过大、速度过猛,因此市场即将出现这样那样的调整或巩固过程。另外,一般来说,当摆动指数进入区域的下边界时,交易商应当买入;而当它进入区域上边界时,则应当卖出。当摆动指数穿越零线时,也经常构成买进或卖出信号。在我们具体研究各类摆动指数时,将介绍上述规则的具体的应用方法。

摆动指数最重要的三种用途

有三种情况,摆动指数最具效用。这三种情况对绝大多数摆动指数来说都是共同的。

1.当摆动指数的值达到上边界或下边界的极限值时,最有意义。如果它接近上边界,市场就处于所谓“超买状态”;如果它接近下边界,市场就处于所谓“超卖状态”。这两种读数都是警讯,表示市场趋势走得太远,开始有些脆弱起来。

2.当摆动指数处于极限位置,并且摆动指数与价格变化之间出现了相互背离现象时,通常构成重要的预警信号。

3.如果摆动指数顺着市场趋势的方向穿越零线,可能是重要的买卖信号。

动 力 指 数

动力指数的概念,是摆动指数分析的一种最基本的应用。动力指数显示的是价格变化的速度,而不是价格水平本身。其计算方法是按照一定的时间间隔,连续地采集价格变化的数值。举例来说,如果我们要构造 10 天的动力指数,则简单地从当日的收市价减去 10 天前的收市价,结果之前的正负符号分别表示应当把它画在零线的上方或下方。动力指数的计算公式是:

$$M = V - V_X$$

其中 V 代表当日的收市价格，V_X 为 X 天以前的收市价格。

如果当日的收市价大于 10 天前的收市价（换句话说，价格升高了），那么 M 为正数，把它标在零线的上方。如果当日收市价小于 10 天前的收市价（即价格下跌了），那么 M 为负数，把它标在零线的下方。

由于种种原因（以后要交待），动力指数最常用的时间跨度为 10 天。但是，实际上任何时间跨度均可以采用（图 10.1a）。如果我们采用较短的时间跨度（比如 5 天），则所得的动力指数更为灵敏，其曲线摆动得更明显。如果采用更长的时间跨度（如 20 天），那么动力指数曲线就更平缓，曲折较少（图 10.1b）。

动力指数表示
价格上升或下降的速度

我们不妨好好看一看，到底动力指数意义何在。图表分析者通过一定时间间隔两端的价格之差构造曲线，意在研究市场上升或下降的速度。如果价格处于上升之中，并且动力指数曲线居于零线上方，且步步上扬，那么，这就意味着上升趋势正在加速。如果动力指数由上升转为持平发展，则意味着当前收市价格的上涨幅度与 10 天前的涨幅大小一样。尽管价格或许依然处于上涨之中，但其上升速度已趋平稳。如果动力指数开始向零线回落，那么，价格的上升趋势可能依然存在，但其速度则趋于减小，说明上升趋势的动力正在衰退。

当动力指数曲线延伸到零线以下时，表示当前的收市价格低于 10 天以前的收市价格，近期的下降趋势开始生效（与此同时，10 天移动平均线也开始下降）。动力指数进一步深入到零线下方，说明这个下降趋势的动力正逐渐增强。仅当动力指数重新上升之后，分析者才能判断下降趋势开始放缓了。

朋友们请牢记，动力指数显示的是一定时间间隔两端的收市价格之差。如果其曲线处于上升之中，那么就表明当前收市价格上涨的幅度肯定超过 10 天前的上涨幅度。如果当前价格的涨幅仅仅达到 10 天前的涨幅，那么动力指数曲线将持平。如果当前价格的涨幅小于 10 天前的涨幅，那么尽管价格依然上升，动力指数曲线却开始下降了。动力指数就是这样测定当前价格趋势的加速或减速状态的。

动力指数曲线超前于价格变化

因为动力指数的构造特点，它的曲线总要领先价格一步。它比价

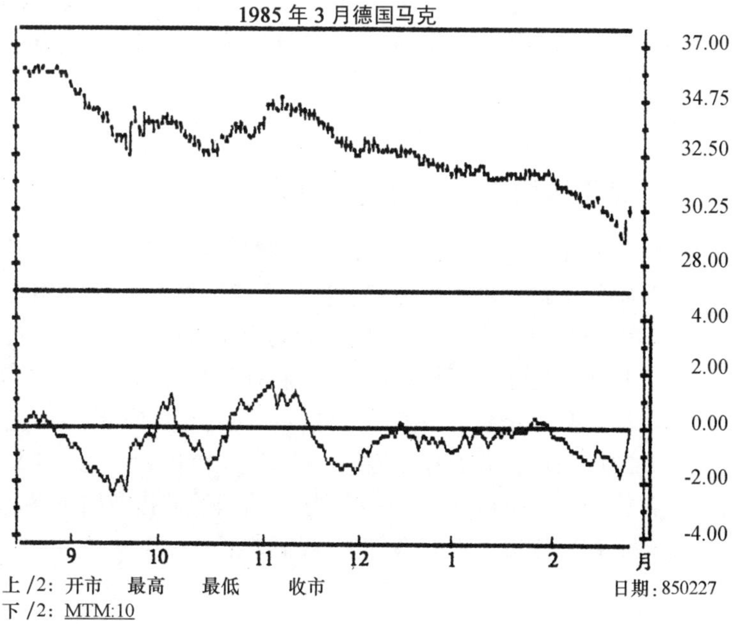

图 10.1a　本图上方为德国马克的日线图,下方为它的10天动力指数曲线。动力指数线围绕着零线上下摆动。其上边界和下边界的极限位置分别对应于超买和超卖的市场状态。当动力指数顺着价格趋势的方向向上或向下穿越了零线时,构成买/卖信号。

图 10.1b　通过改变动力指数的时间参数,可以调整它的灵敏度。上方是较灵敏的5天动力指数,下方为较迟钝的20天动力指数。

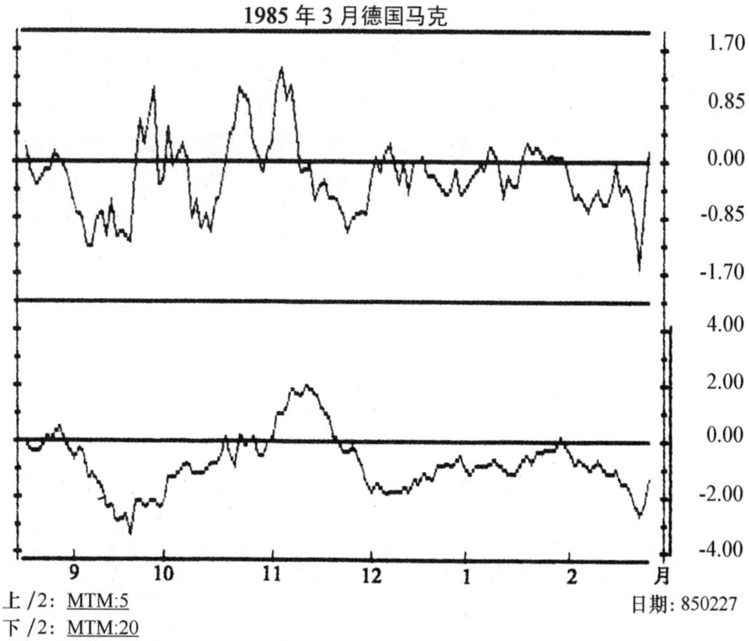

格的实际上升或下降要超前几天。当既存价格趋势仍在继续发展的时候，它却可能已经开始持平地伸展了。而当价格开始持平伸展时，它已经朝相反的方向变化了。

对零线的穿越构成交易信号

在动力指数图中，有一条零线。很多技术分析者把动力指数对零线的穿越看成买卖信号。当动力指数向上穿越零线时，构成买入信号，而当它向下穿越零线时，构成卖出信号。然而，这里我们要再次强调，基本的趋势分析依然占有压倒一切的地位。我们不应当孤立地采用摆动指数分析所提供的买卖信号，而逆着当前的显要趋势的方向交易。当摆动指数向上穿越零线时，只有在市场趋势也向上的条件下，我们才能真正地买进，建立多头头寸。而当摆动指数向下穿越零线时，只有在市场趋势也向下的条件下，我们才能开立空头头寸(图 10.2a 和 b)。

上下边界存在的必要性

讲到这里，还有个问题。我们还没有交代摆动指数的上下边界的意义。先前我们曾经明确，摆动指数分析的主要价值之一，是能够显示什么时候市场正处于极端状态。那么，在动力指数图上，其数值多高才算是过高，多低才算是过低呢？最简单的办法是，凭我们的双眼去观察。先考察一下动力指数曲线在历史上的最高点和最低点，然后分别从它们出发，引出两条水平直线，就形成了上下边界。显然，这两条直线我们必须时常地调整，尤其是出现了重要的趋势逆转之后。不过，这个办法是确定上下边界最简便，并且可能是最行之有效的方法。

还有一种技巧，称为“归一化”方法。我们把前面所说的动力指数的值均除以一个常量，使所得的商局限在从+1 到-1 的范围内。选择该常量的最简单的方法是，把它选为在我们所研究的时间范围内可能发生的最大的价格变化幅度。举例来说，如果要构造 10 天动力指数，就先把当日的收市价格减去 10 日前的收市价格，得到动力指数值 M。然后，把 M 除以某个价格幅度的 10 倍(表示该动力曲线的时间跨度)。

最后的结果就是市场在相应的时间范围内可能上升或下降的最大值的一定的百分比，其数值落在从+1 到-1 的范围内。上述步骤完成后，上、下边界也就确定了，从而我们就可以事先界定“危险区”的位置。另外，这样也易于进行同一市场乃至不同市场之间的历史资料的比较。

一旦确定了动力指数变化区域的极限点之后，我们就可以通过好几个途径来界定“危险区”。一种办法是，测定零线两边动力指数变化的百分比数。另一种办法是，分别测定动力指数在零线上、下方的两个

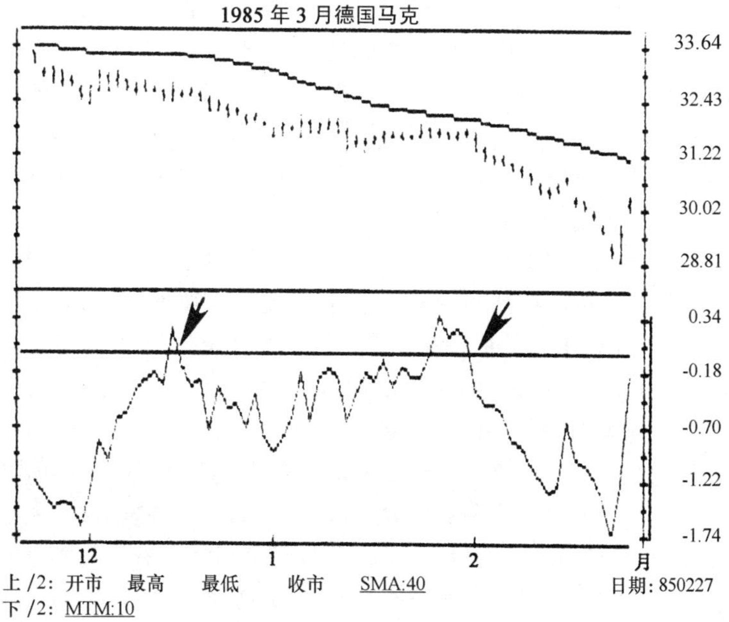

图 10.2a 动力指数的信号应当与趋势状况相结合。这张德国马克日线图表示的是下降趋势，我们从其中的下降的 40 天移动平均线上可以看出这一点。在下降趋势中，只可采用摆动指数的卖出信号。只要主要趋势向下，就不应采纳它的向上穿越零线的信号。

图 10.2b 纵观短期国债的上升趋势的全过程，其中只有动力指数的买入信号(向上穿越零线)是可取的。目前，移动平均线已被跌破，表明趋势方向发生了变化。因此，现在应当采纳摆动指数的卖出信号了(向下穿越零线)。

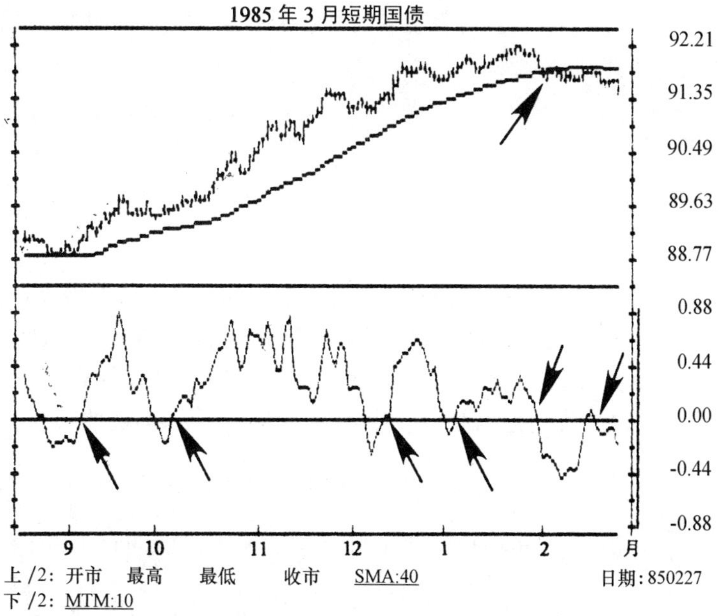

标准偏差,使95%以上的动力指数数值落在新的上、下界线之内(新界线与相应的极限线之间即危险区)。那么,任何超出这两个界线的动力指数,都可能构成警告信号,表明市场处于超买或超卖状态。我们的目的就在于找出两条能够容纳绝大部分价格摆动的上下界线,因此,一旦这两条线被突破,就标志着市场处于极端状态,从而发出信号,警告我们市场的脆弱性。

利用某个常量作分母把动力指数归一化的方法,也有缺陷。技术分析者往往利用较为复杂的统计学技术来尝试归一化的工作。唐纳德·R·兰伯特在构造他的商品通道指数(CCI)时,采用的是平均偏差作分母(见“商品通道指数”,唐纳德·R·兰伯特,商品杂志,1980年10月号,第40—41页)。

兰伯特的商品通道指数CCI,主要并不是摆动指数,他在这个指数中采用平均偏差作分母,而不是选一个常量作分母。这种方法在摆动指数分析中也是适用的。有些技术分析者也把CCI用作摆动指数,尽管其设计初衷显然不在这个方面(图10.3a和b)。以下,我们很快就要介绍其他几种摆动指数——韦尔斯·王尔德的相对力度指数(RSI)和乔治·莱恩的随机指数。在这两种摆动指数的计算公式中,对于定义上下边界的问题,都具备更有效的措施。

上面我们在讨论动力指数的时候,对“摆动指数”这个概念的用法并不严格。虽然本来的动力指数曲线有时也被称为摆动指数,但这个说法并不全对。把简单的动力指数曲线称作“动力线”其实更恰当。只有当我们对它进行了归一化处理之后,它才能算得上一种摆动指数。毋庸讳言,“摆动指数”这一术语涵盖了本章所讨论的所有的技术。为了不至于引起混淆,在讨论各种构造公式的时候,我们将采用更具体、准确的概念。

变化速度指数(ROC)

在前面,我们利用一定时间区间两端的价格差(差价)来确定市场的动力。现在,我们利用当前的收市价和一定天数以前的收市价的商(比价)来表示市场的变化速度。为了构造所谓10天变化速度摆动指数,我们把当前的收市价格除以10天以前的收市价格。公式如下:

$$ROC = 100(V/V_X)$$

其中V是当日的收市价,V_X是X天以前的收市价。

在这里,读数为100的刻度线变成了中间线,或零线(图10.4a和

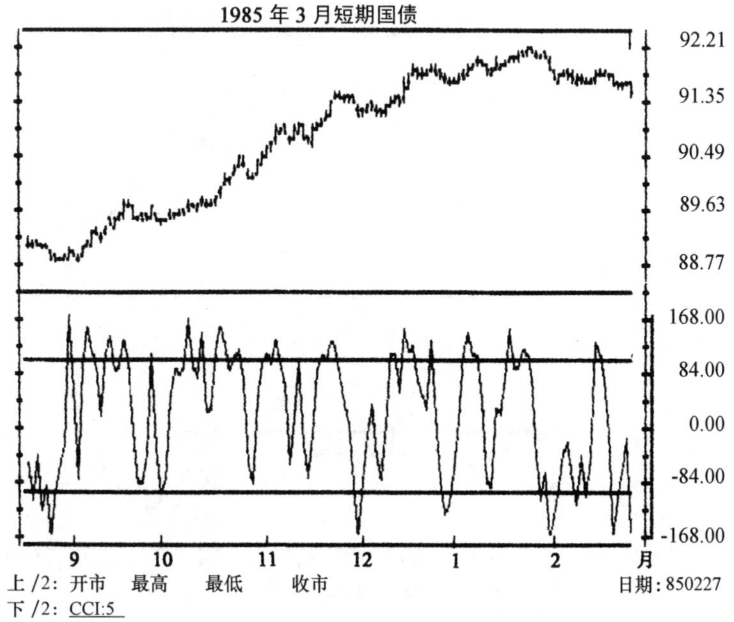

图 10.3a　本图是 6 天的商品管道指数(CCI)应用于短期国债的情形。这一指数的意图是,当它在上标志线(+100)以上时,应建立多头;在下标志线(-100)以下时,则应持有空头。而在两线之间,所有的头寸均应平仓了结掉。不过,很多技术分析师把 CCI 作为一种摆动指数来使用。

图 10.3b　本图是 20 天的 CCI 曲线,较为平缓。请注意,其中 CCI 的急剧突破标志着主要趋势的逆转。

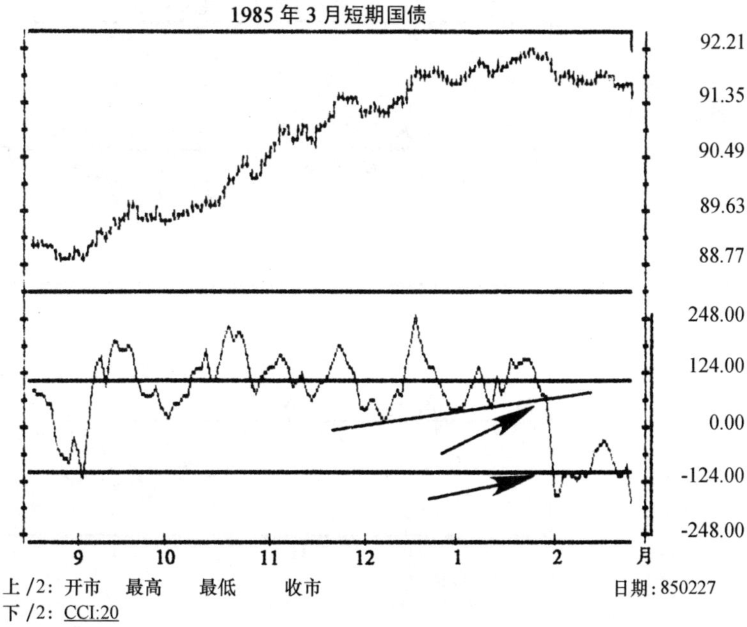

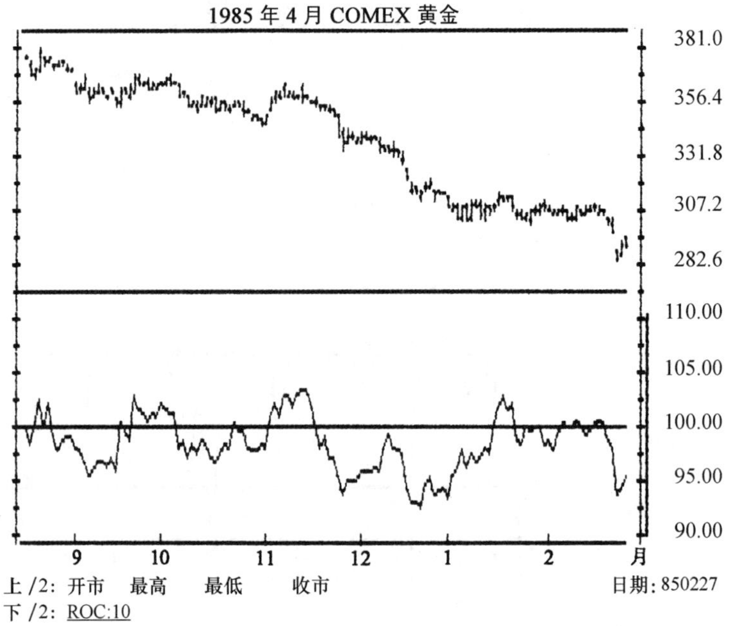

图 10.4a 10 天变化速度指数(ROC)应用于黄金市场的情形。其中 ROC 是通过当日价格与一定天数之前的价格之比得到的。ROC 线在 100 刻度线的上下摆动。

图 10.4b 10 天动力指数(上方曲线)与 10 天变化速度指数(下方曲线)的比较。虽然它们的构造方法是不同的,但外观及其意义却有异曲同工之妙。

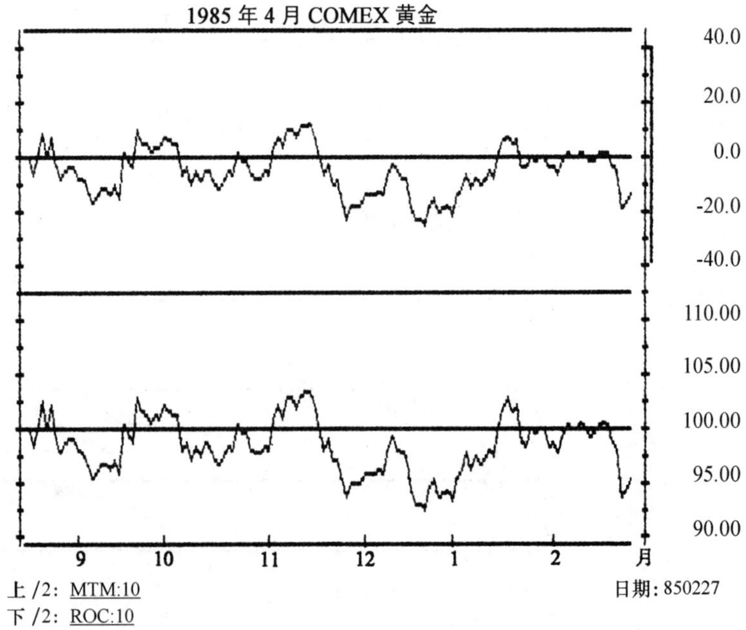

b)。如果当前价格高于 10 天以前的价格(价格涨了),则其变化速度指数就大于 100;如果当前收市价低于 10 天以前的价格,则上述比数小于 100。

利用两条移动平均线来构造摆动指数

在第九章,我们曾讲过,利用两条移动平均线可以产生买卖信号。当较短期的移动平均线向上或向下穿过较长期的移动平均线时,分别构成买、卖信号。我们曾指出,这种双移动平均线的组合也可以用来构造摆动指数图线。有两种做法。最常见的一种是,利用"刷形图"的方式,逐日作出两条移动平均线的差,所得刷形图的每根线段都从中央的零线出发,垂直地向正方向或负方向伸展。这一类摆动指数具有三种用途:

1.有助于识别相互背离现象。

2.有助于标识长期趋势中出现的短暂偏移,即短期平均线与长期平均线相距过远的情形。

3.能够显示两条移动平均线的交叉,此时,该摆动指数穿越零线。

另一种办法是,画出两条移动平均线的百分比例,而不是两者的差值(图 10.5a 和 b)。为了得出这项百分比值,我们把短期移动平均线的值除以长期移动平均线的值。在上面两种方法中,显示的都是短期移动平均线围绕长期移动平均线(实际上,也就是零线)上下摆动的情形。如果短期平均线高于长期平均线,则摆动指数为正;如果短期平均线低于长期平均线,则摆动指数为负。

如果两条移动平均线相距过远,就意味着市场呈现出极端状态,趋势需要暂停或调整(图 10.6a 和 b)。经常,一直要等到短期平均线返回长期平均线后,原趋势才能从停滞中解放出来。当短期平均线逐步接近长期平均线时,市场就到了关键时刻。例如,在上升趋势中,当较短期的平均线跌近长期平均线时,在正常情况下,它应当从后者身上弹开。这种位置通常代表着一处理想的买进点。这一情形与市场试探主要向上趋势线的局面非常相似。然而,一旦短期平均线向下穿越了长期平均线,那就是趋势反转的信号了。

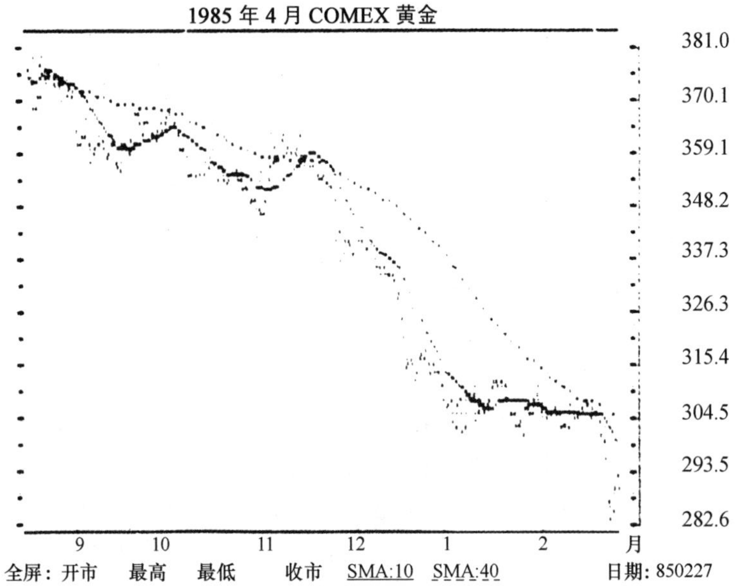

图 10.5a 黄金日线图。其中有一条10天移动平均线(实线)和一条40天移动平均线(虚线)。

图 10.5b 本图上部分表示由两条移动平均线的数值之差构成的摆动指数,下部分表示由它们的数值之比构成的摆动指数。两图极为相像,并具有基本相同的意义。如果两条平均线相距过远,则形成超卖状态。在下降趋势中,零线起阻挡作用,而在上升趋势中,零线起支撑作用。从这里很容易观察两条平均线的交叉。

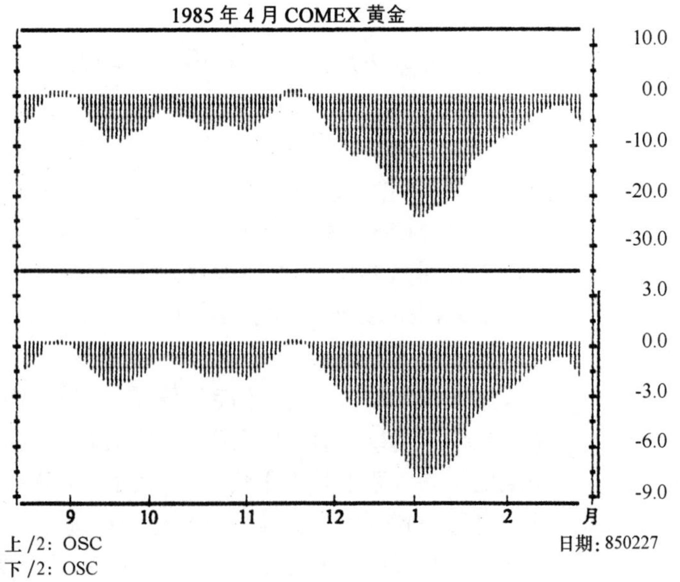

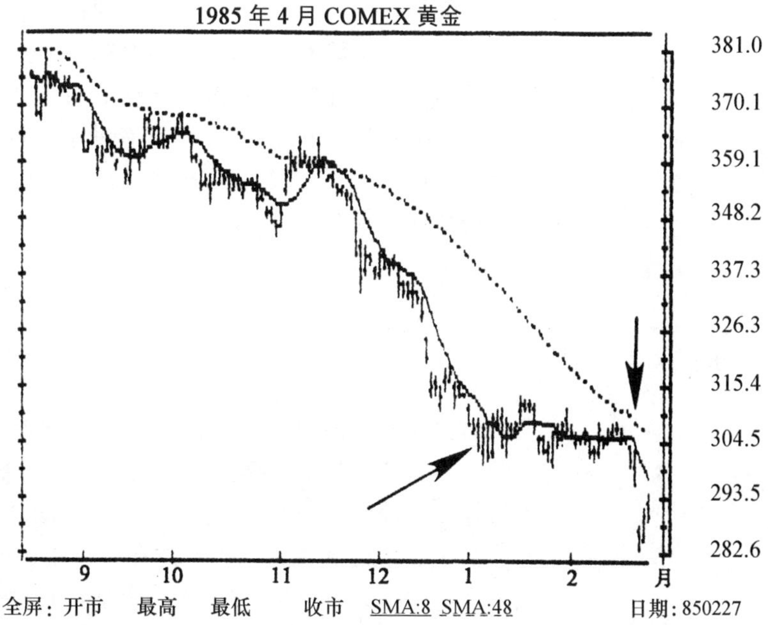

图 10.6a 本图与图 10.5a 相似，还是那张黄金日线图，只是这里两条移动平均线是经过优化了的。较短期者(实线)为 8 天，较长期者(虚线)为 48 天。

图 10.6b 上半部分表示两条移动平均线的数值之差，下半部分表示两者的数值之比。注意，当两条平均线相距过远时，市场开始横向伸展，直至它们在零线附近相互试探为止。随后，下降趋势恢复。

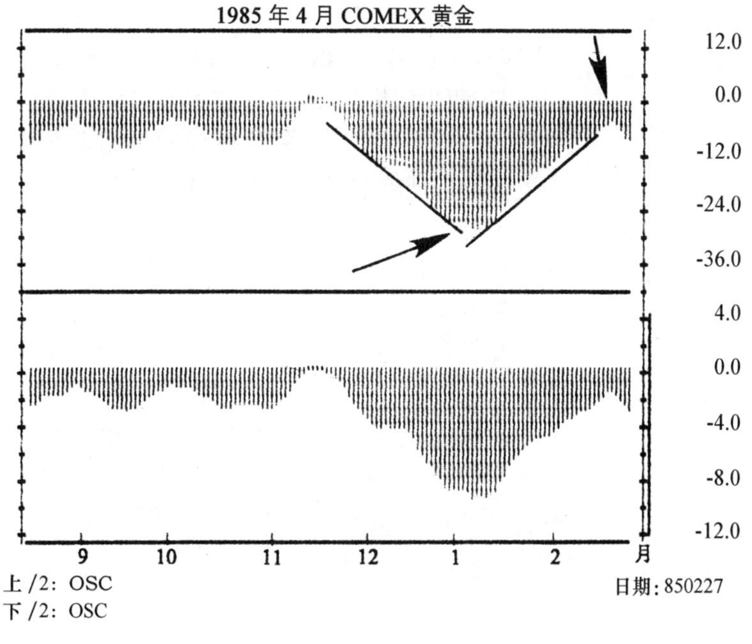

在下降趋势中,当短期平均线上升到长期平均线下边时,也代表着绝妙的卖出机会。然而,假若前者向上穿越了长期平均线,那么就是趋势反转的信号了。如此一来,两条移动平均线之间的关系,就不仅可以用来构造漂亮的趋势顺应系统,而且有助于识别短期内出现的超买和超卖状态。最后说明一下,在这种摆动指数的构造及其分析中,优化的移动平均线同样很有价值(图 10.7a 和 b)。

摆动指数的意义

前面讨论的三种例子——动力指数、变化速度指数、以及移动平均线之差——是几种简单的摆动指数。在它们的基础上,我们再来探讨一下另外几种较为复杂的摆动指数——韦尔斯·王尔德的相对力度指数和乔治·莱恩的随机指数。不过在进入正题前,我们先来较深入地讨论一下摆动指数的意义,并引入一个重要概念——相互背离。

1.对零线的穿越

摆动指数最简易的用法是,利用中间值(或称零线)来确定买卖信号。当摆动指数向上穿越零线时,我们买进,而当它向下穿越零线时,我们卖出。在动力指数图上,这种用法最常见。正如我们前面曾交代的,当这类信号与市场趋势方向一致时,这种方法最为有效。

商品研究局 CRS 摆动指数　零线穿越分析最精彩的实例,当数“即时相对力度(CRS)摆动指数”。这种指数出现在商品研究局的 CRB 期货图表服务系统中。在上升趋势中,CRB 零线的作用与主要上升趋势线极为类似,起到支撑线的作用。在牛市中,当市场调整时,CRS 指数的曲线通常下降到零线,然后,从它上面反弹。在熊市中,当市场上冲时, CRS 零线也像主要下降趋势线那样,起到阻挡作用。因此,当 CRS 指数从上方或下方接近零线时, 我们就可以采取相应的措施(图 10.8)。

在上升趋势中,零线代表低风险的买进区域;在下降趋势中,它代表着低风险的卖出区域。当零线被穿越时,构成重要的趋势信号,该信号常常在此后数周乃至数月中持续有效。因为 CRB 摆动指数比其他大多数摆动指数的时间跨度都长些,所以,我们既可以把它用作摆动指数,也可以把它用作重要的追随趋势指标。

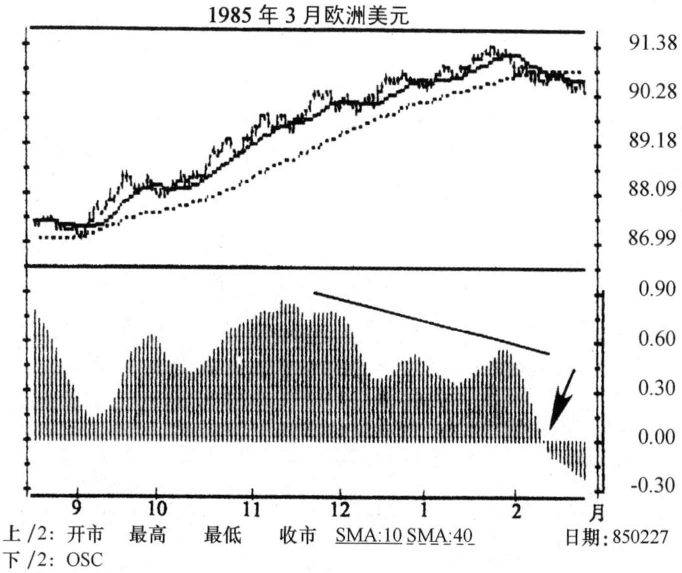

图 10.7a　上图表示欧洲美元日线图上的 10 天和 40 天移动平均线。下图为两条平均线之差所构成的摆动指数。首先,摆动指数的最后一轮峰值未能验证价格图上的新高点。其次,摆动指数已经向下穿越零线,发出了主要卖出信号。

图 10.7b　图中为应用于原油市场的两条菲波纳奇移动平均线(13 天和 34 天)。请看,当价格达到新低的时候,摆动指数并未与之相验证,也达到新低。之后,当摆动指数向上穿越零线时,发出了主要买入信号。

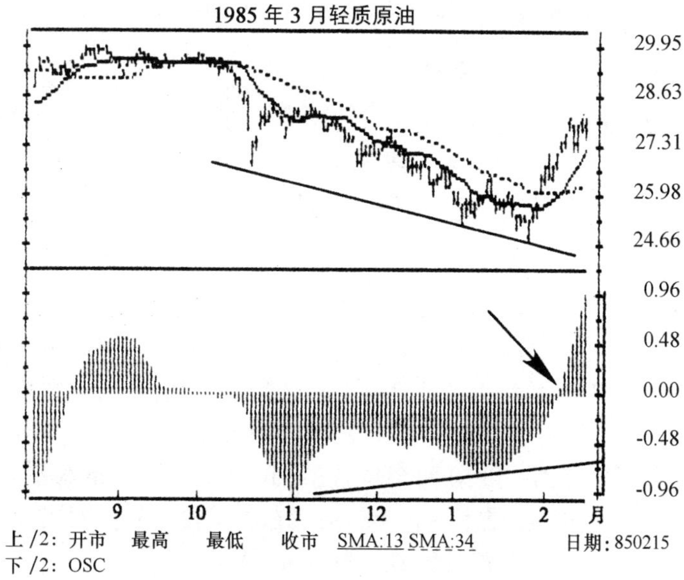

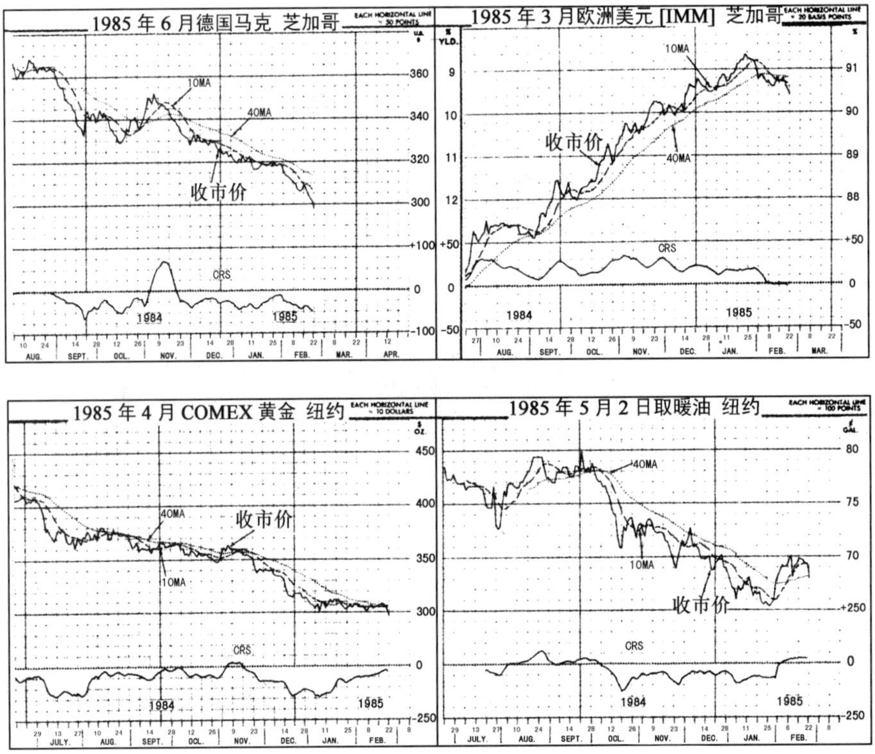

图 10.8 即时相对力度摆动指数(CRS 指数)。它出现在 CRB 期货图表服务系统中。当 CRS 指数向上或向下穿越零线时,构成主要趋势信号。在主要下降趋势中,零线是阻挡。而在上升趋势中,零线是支撑(Charts courtesy of Commodity Research Bureau, a Knight-Ridder Business Information Service.)。

2.临界分析,或曰“摆动指数极限值”的研究

摆动指数的第二种用途在于临界分析,或者说是极端状态识别。换言之,摆动指数区域的外层,可用来标志市场的极端状态。大部分复杂的摆动指数具备上限区和下限区,分别标志着市场的超买和超卖状态。例如,在相对力度指数(RSI)中,其垂直刻度的范围从 0 到 100。在 70 和 30 两个位置上,我们标出了两条水平直线。当 RSI 超过 70 时,就是市场处于超买状态的警告信号。而当它低于 30 时,可能构成超卖状态的信号(图 10.9a 和 b)。

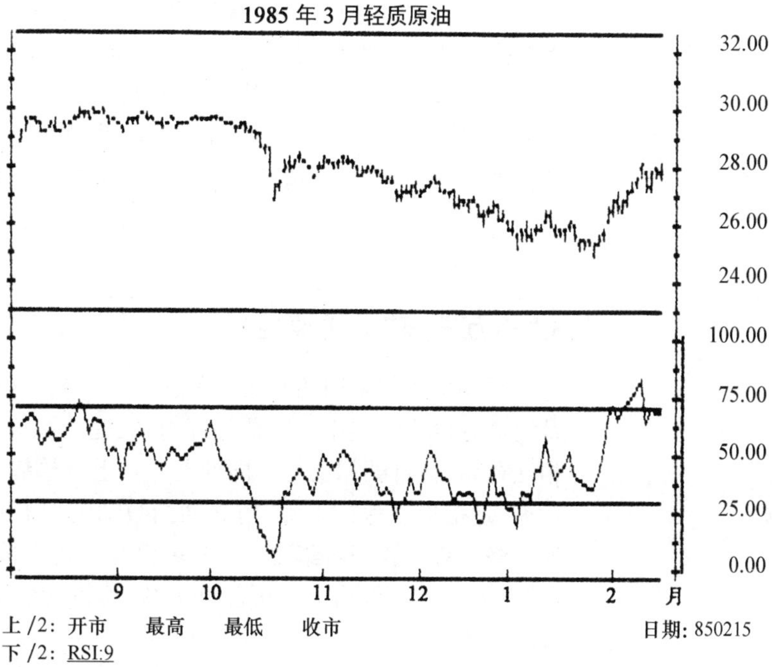

图 10.9a 有些摆动指数，如 RSI，在 70 和 30 刻度处分别具有上下边界线。当其读数超过 70 时，构成超买状态。而低于 30 时，为超卖信号。

图 10.9b RSI 的另一个例子，其中 70 和 30 为上下边界线。

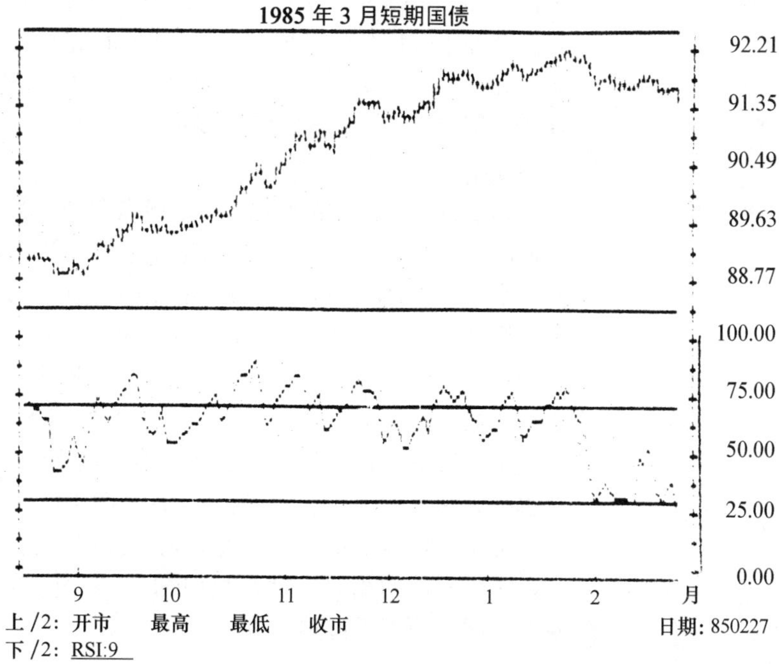

因此,从交易商的角度来看,当RSI超过70线时,可以针对已有的多头头寸执行卖出获利的对策;而当RSI低于30线时,就针对已有的空头头寸采取买进获利的对策。当RSI从70线上方向下穿越回来,或者从30线下方向上穿越回来的时候,我们也可以相应地开立新的头寸。关于这一点,我们留到具体讨论这种摆动指数时再详谈。

3.“相互背离”的重要性

摆动指数的利用还有第三条途径——揭示相互背离现象。这可能是它最有价值的应用。所谓相互背离,是指摆动指数曲线与价格图线相互背离,各自朝相反的方向伸展。在上升趋势中,最通常的摆动指数背离,是指价格保持上涨,但摆动指数却无力上升到新的高点,不能验证价格趋势。我们将集中讨论这一现象。这种情形经常成为绝好的警示,表示新一轮价格上冲可能会失败,所以我们把它称为看跌背离,或负向背离。

在下降趋势中,如果摆动指数不能验证价格趋势的新低点,就构成了所谓看涨背离,或曰正向背离,它是市场即将反弹(有时是短暂反弹)的先兆。在上面两种情形下,摆动指数的形态常常与双重顶或双重底形态相似。在我们判别相互背离现象的时候,有一个重要的先决条件,即背离现象应当发生在摆动指数的极限区域及其附近。举例来说,如果RSI处于70线之上,或30线之下,那么,此时RSI指数本身就已经处于较危险的境地,在这种背景下出现的背离现象,其意义当然非同寻常。在RSI超过70时发生的看跌背离,或者当它低于30时出现的看涨背离,均可能构成重要的警示信号,我们必须谨慎从事(图10.10a)。

第二种形式的“相互背离”,是指当摆动指数穿越了重要的峰值或谷值的时候,价格图形却尚未发生相应的突破。摆动指数的读数及其标志水平,具有随着趋势方向向上或向下推移的倾向。摆动指数曲线上的峰和谷,通常与价格图表上的峰和谷同时出现。如果价格处在上升趋势中,而摆动指数的峰和谷也呈现出依次上升的形态,那么,一旦摆动指数突然向下穿破了前一个显著低谷的水平,就经常预示着趋势即将由上转下。在下降趋势中,如果摆动指数向上冲破了前一峰值,当然也就意味着市场可能出现底部动作(图10.10b)。

为了更好地演示相互背离原则的应用方法,我们不妨仔细谈谈韦尔斯·王尔德的相对力度指数(RSI)。在过去几年中,它在技术型期货商中间可谓炽手可热。

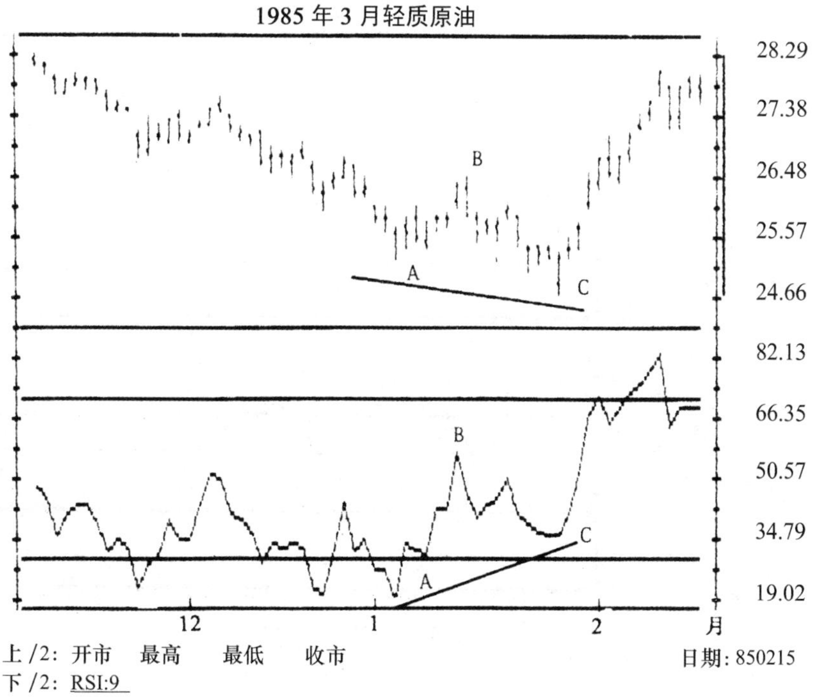

图 10.10a 看涨背离(或称正向背离)现象。首先,摆动指数低于 30,进入了超卖区。其次,摆动指数的第二个谷点 C,高于前一个谷点 A,未能验证价格图上的新低点 C。此后,有些分析者要求摆动指数向上穿越 B 点处的峰值,才构成看涨信号。重要的警示是背离现象本身。

相对力度指数(RSI)

RSI 是韦尔斯 · 王尔德首创的,发表在他的《技术交易系统的新思路》一书中(1978 年出版)。我们在这里只介绍这种方法的要点。如果朋友们想深入了解它,请阅读王尔德的原著。考虑到这种摆动指数在期货商中间特别流行,我们将利用它来讲解摆动指数分析的大部分原则。

正如王尔德所指出的,构造动力指数(采用价格之差)面临两大主要问题。其一就是,如果在过去的价格轨迹中存在急剧的升降,则经常导致动力指数的偏离。例如,在 10 天动力指数曲线上,如果 10 天以前,价格曾经急剧地上升或下降,那么,即使当前的价格变化甚少,在动力曲线上也会引发突然的转折。为了减小这种扭曲现象,我们就必须采取适当的平滑技术。第二个问题是,在动力指数图上,出于前后对照

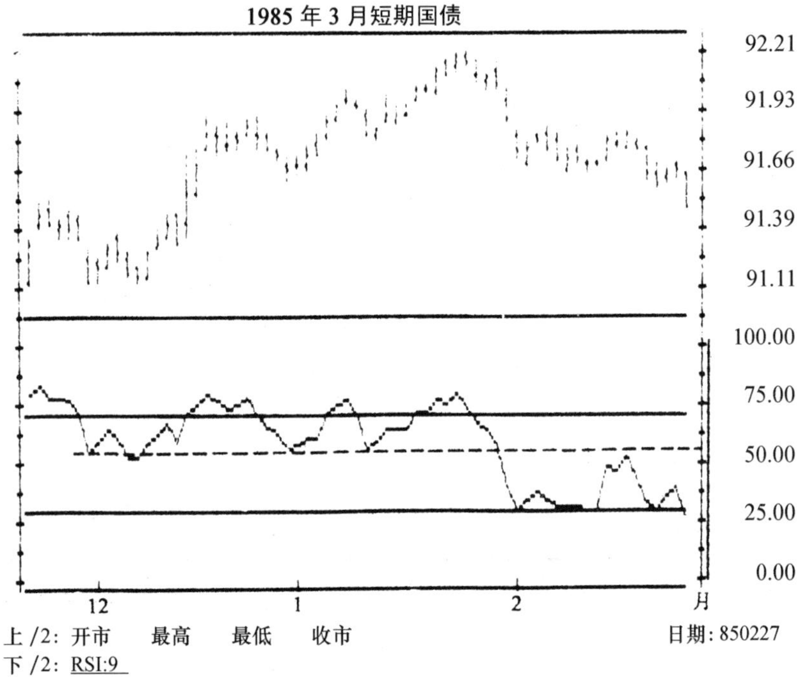

图 10.10b　本图表示另一类型的相互背离现象。当摆动指数突破了自身的重要的支撑或阻挡时,价格图线尚未有相应的动作。在本例中,摆动指数向下穿越了它自身维持了数月的支撑水平,表明趋势重要的向下转换。

的需要,我们必须不断地调整上下界线。而在 RSI 的计算式中,不仅提出了必要的平滑措施,同时,通过设定从 0 到 100 的恒定的垂直刻度,也一并解决了第二个难题。

顺便说说,"相对力度"这个术语用得有点不当。对于熟悉股票分析"相对力度"概念的朋友来说,经常容易混淆。所谓相对力度,一般是指两个不同对象的比值。某种股票,或者工业类股票对标准普尔 500 种股指(S&P500)的价格之比,就是该股票或工业类股票同标准普尔 500 种股票指数相比较而言的"相对力度"的标志。在商品市场上,我们也可以在同一商品的不同月份之间,或者在不同的市场之间,甚至在某市场与市场的广泛性指数,如 CRB 期货价格指数之间,采用某种比值来判断它们的相对力度。王尔德的相对力度指数其实并不是用来比较不同对象的相对力度的,就这一点而论,它的名称易引起误会。不过,RSI 的确解决了摆动指数的数值偏离问题和不断调整上下边界的问题。其计算公式如下:

$$RSI=100-\left[\frac{100}{1+RS}\right]$$

$$RS=\frac{x\text{ 天内上涨收市价的平均值}}{x\text{ 天内下跌收市价的平均值}}$$

假定我们在计算中采用 14 天的时间跨度,在周线图上则使用 14 周的时间参数。为了得出收市价平均的上涨值,我们先把 14 天内上涨了的收市价的上涨幅度相加,然后将所得的和除以 14。而在计算平均下跌值的时候,则把所有下跌了的收市价的下跌幅度相加,然后把它们的和除以 14。把平均上涨值除以平均下跌值,就得出相对力度(RS)。然后,我们把 RS 的值代入 RSI 的公式中。其中,只要简单地改变 x 的数值,就可以修改 RSI 的时间跨度——天数。

王尔德原本采用的时间跨度是 14 天。有些技术分析图表服务系统,例如《商品纵览》(商品新闻服务公司的一个分支机构出版),则采用了 9 天的时间区间。时间跨度越短,则摆动指数越灵敏,其变化幅度也越大。而当 RSI 达到了上限或下限时,其效果最佳。因此,如果用户在较短的时间基础上进行交易,要求摆动更为明显,则不妨缩短其时间跨度。如果扩大时间跨度,则摆动指数就变得更平缓,幅度也更狭窄,故 9 天的摆动指数的幅度要大于原来 14 天的摆动指数幅度。不过,虽然 9 天和 14 天的时间跨度仍然是最常见的,但为了改进其效果,技术分析者也尝试了其他的时间长度,比如 5 天和 7 天(图 10.11a 和 b)。

逐日刷新 RSI 图表的过程并不复杂。用户只需要最新的平均上涨价和平均下跌价即可。在各类图表服务中都包括了这两类数字,并且,还有对计算方法的解说。例如,如果我们要刷新 9 天的 RSI,则先把上一个平均上涨值和平均下跌值分别乘以 8,然后相应地加上最新一天的上涨幅度和下跌幅度,再把两个和分别除以 9,得出新的平均值,然后,就可以代入公式计算了。当然,如果我们同时跟踪好几个市场的话,即使有计算器帮忙,上述计算也比较麻烦。好在现在大部分技术分析软件和信息服务系统都具有逐日刷新 RSI 的功能。于是,计算机承担了计算的任务,而分析者则解脱出来,把精力集中到研究上面。

RSI 的研读

我们把 RSI 画在垂直刻度从 0 到 100 的图表上。当它的读数超过 70 时,显示超买状态,而当它的读数低于 30 时,则是超卖状态(因为在 9 天的 RSI 图表上,它的摆动幅度较大,所以,我们分别用 80 和 20 来代替 70 和 30 两个界限)。不过,在牛市和熊市中,RSI 会发生漂移现象,所以,80 通常成为牛市中的超买水平,而 20 则是熊市中的超卖水平。

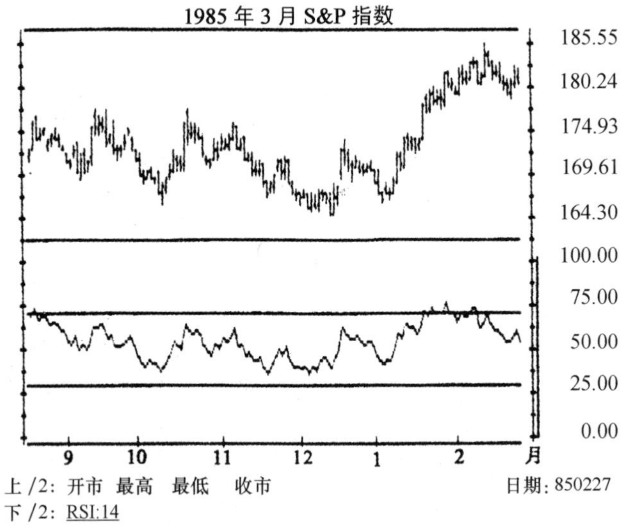

图 10.11a　S&P500 合约的 14 天相对力度(RSI)指数(下方的图线)。请注意,在价格处于横向延伸的阶段,RSI 有数月之久没有触及 70 和 30 标志线,这表明 14 天的时间参数太长了。

图 10.11b　本图与图 10.11a 是同一对象。上半图为 9 天 RSI 摆动指数,下半图为 5 天 RSI 摆动指数。后者更灵敏。摆动指数的幅度随着其时间跨度的缩小而增大。在摆动指数越过 70 和 30 标志线后,短时间跨度摆动指数对从事短线交易者更有帮助。短线交易者多采用 5 天和 7 天为时间参数。

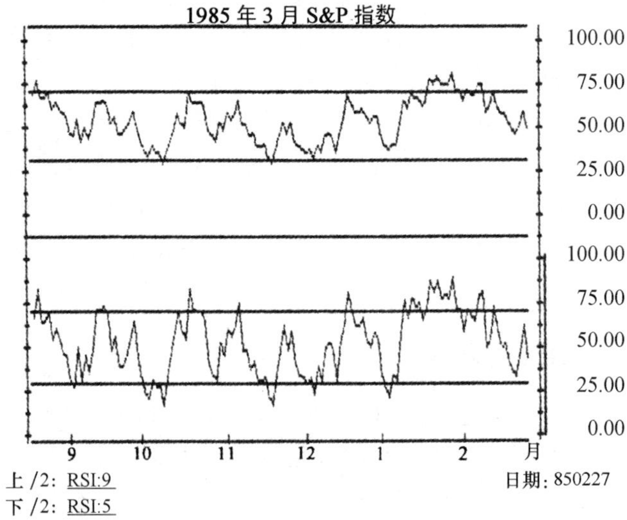

“衰竭动作”(按照王尔德的说法)发生在 RSI 超过 70 或低于 30 的情况下。所谓顶部衰竭动作,是指在上升趋势中,RSI 的新一轮峰值(在 70 以上)无力超过前一个峰值,随后,又向下跌破了前一个低谷。所谓底部衰竭动作,是指在下降趋势中,RSI 的新一轮谷值(在 30 以下)无力跌过前一个谷值,随后,又向上突破了前一个峰值(图 10.12a 和 b)。

在 RSI 高于 70 或低于 30 的条件下,如果在 RSI 的图线同价格图线之间,呈现出相互背离的情形,就构成了严重的警告讯号,我们绝不可掉以轻心。王尔德本人也把相互背离现象看成“相对力度指数最有指示价值的特性”(王尔德,第 70 页)。

在 RSI 的图线上,也会出现各种图表形态,以及支撑和阻挡水平等。我们也可以利用趋势线分析,在 RSI 图表上分析 RSI 的趋势的变化。我们列举了一些实例,以说明上面几点的应用(图 10.13a 和 b)。

根据我个人使用 RSI 摆动指数的经验,它的最具价值之处就是,在 RSI 超过 70 或低于 30 的情况下出现的衰竭动作(或者说背离现象)。下面,我们再来澄清一下关于摆动指数的另一个重要问题。在趋势强烈的市场环境中,无论是上升趋势还是下降趋势,通常在趋势发生之后不久,在相应的摆动指数图上就会出现表示极端状态的读数。在这种情形下,如果我们就此认为市场处于超买或超卖状态,通常是言之过早的。如果我们仅仅根据这一点就平仓获利,往往要丧失很多本可到手的利润。在强烈的上升趋势中,超买的市场状态常常能够持续一段时日。仅仅根据摆动指数进入了上边界这一点,并不能构成足够的平回多头头寸的理由,更不用说甘冒大险,逆着强劲的上升趋势做空头头寸了。

当 RSI 第一次进入超买或超卖区域的时候,通常只是个警告信号。而值得我们密切关注的信号,是在摆动指数再次进入危险区域的时候。如果 RSI 的第二轮动作未能验证价格趋势,并没有相应地达到新高点或新低点(于是,在摆动指数图上就出现了双重顶或双重底形态),就可能出现 RSI 的背离现象。此时,我们不妨采取一点防备措施,以保护已有的头寸。如果摆动指数朝市场相反方向突破了自身的前一个峰或谷,那么背离现象(或衰竭动作)就得到了证实。

然而,除非价格趋势本身也显示出反转的迹象,否则,即使上述情况已经出现了,如果我们平仓脱离市场,可能时机还是不成熟的。在对付这种局面的时候,紧凑的保护性止损指令或许是最靠得住的。从这里,我们可以得到一个教训:不应该仅仅因为摆动指数接近了极限值,就放弃有利的头寸。应当耐心地伺察 RSI 第二次进入危险区,只有到了这个时候,方可着手采取一些预防措施,比如部分地平仓获利,或者采取较紧凑的保护性止损指令等。

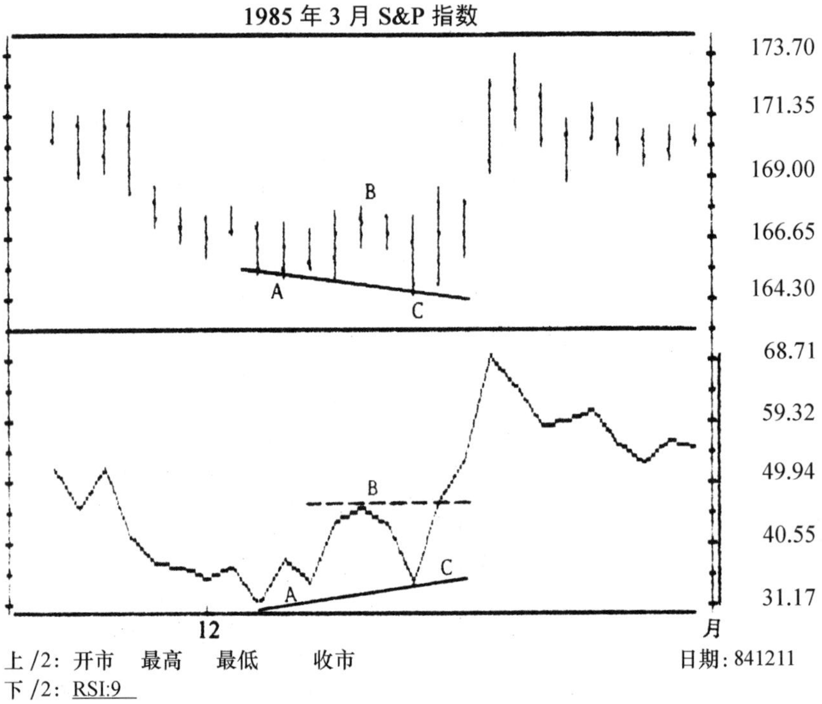

图 10.12a RSI 底部衰竭形态的例子。如果 RSI 的数值低于 30,又无力验证价格的新低点 C,然后,在点 B 向上超越了 RSI 本身的前一个峰值,则构成了 RSI 的底部衰竭形态,这是短期买入信号。在市场底部,RSI 可能表现出双重底或两个相继上升的低谷的形态。事实上,本图中的信号揭开了主要牛市中为期三个月的中等调整的序幕。

利用 70 和 30 标志线产生信号

在 RSI 图表上 70 和 30 刻度的位置上,分别有两条水平直线。交易商常常凭借这两条直线来得出买、卖信号。我们已经知道,当 RSI 低于 30 时,即警示着市场的超卖状态。假定交易商观察到 RSI 已经跌到 30 以下,判断市场已经接近底部,正在寻求买入的机会。然后,他就预期摆动指数在超卖区即将形成某种形式的背离现象或双重底形态。在这种情况下,一旦 RSI 向上穿越 30 线,许多交易商便认为这是验证信号,表明 RSI 的趋势反转向上了。反过来,在超买的市场状态下,当 RSI 向下穿回 70 线时,也经常被看做卖出信号。讲到 70 线和 30 线,下一节我们不妨再看看另一种摆动指数。在那里,我们也采用相同的刻度线来标志趋势的变化,当然也有同样的美中不足之处(图 10.14a 和 b)。

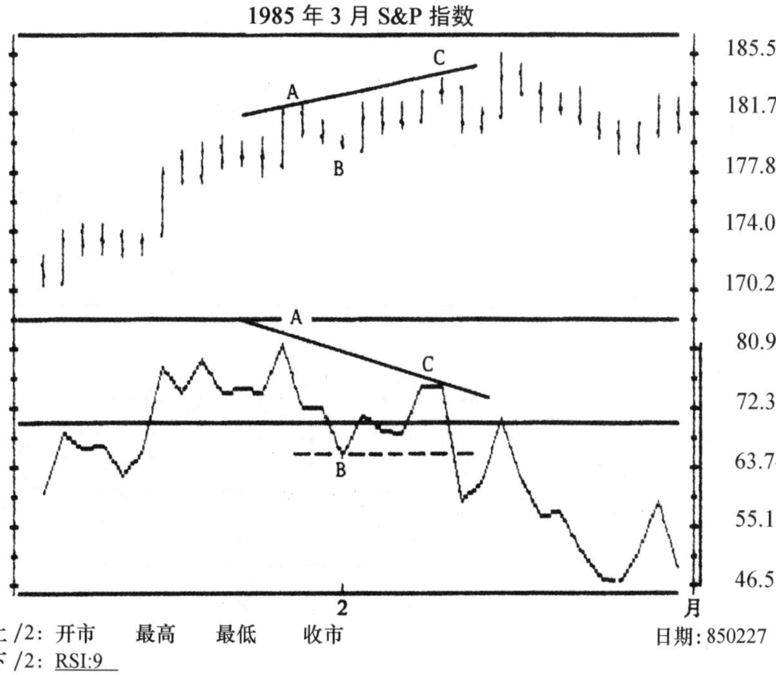

图 10.12b RSI 顶部衰竭形态的例子。这种情况与底部衰竭形态正好倒过来了。它构成了短期的卖出信号,标志着中等顶部的形成。本卖出信号有三个部分:RSI 先升越 70,然后,出现第二个较低的峰——点 C,最后,向下跌破前一个低点——点 B。

随机指数(%K%D)

随机指数是由乔治·莱恩在许多年前首创的。不过近年来, 它在期货行业受到了广泛的注意。其理论依据是, 当价格上涨的时候, 收市价格倾向于接近当日价格区间的上端。相反地,在下降趋势中, 收市价格倾向于接近当日价格区间的下端。在随机指数中, 采用了两条图线——%K 线和%D 线。其中%D 线更重要, 主要由它来提供买卖信号。

随机指数的目的在于,显示在过去一定日子里的价格区间中的相对位置。在这种摆动指数中,5 天是常用的时间跨度。K 线在两条线中更敏感,它的计算公式如下:

$$\%K=100[(C-L_5)/(H_5-L_5)]$$

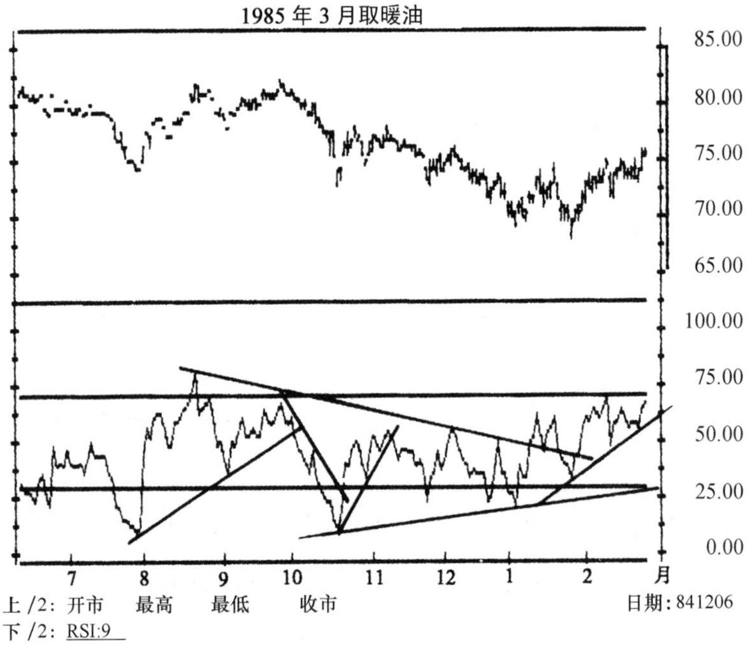

图 10.13a 在 RSI 的图线上,也可以见到支撑和阻挡水平。我们还可以把趋势线分析的技术移植过来,以揭示 RSI 的趋势变化。

图 10.13b 在 RSI 的图线上,也可以进行移动平均线分析,在本例中,我们采用 3 天移动平均线来平滑 14 天 RSI 的曲线。

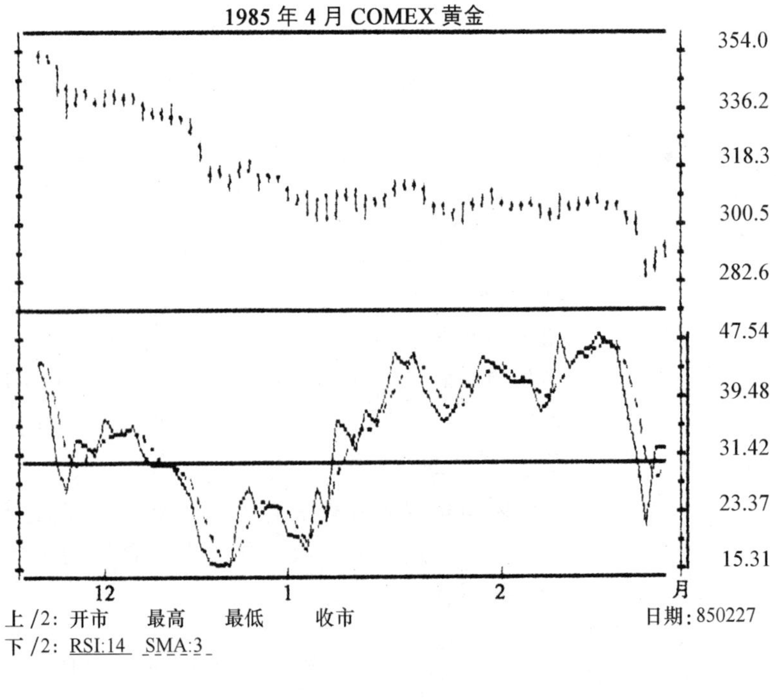

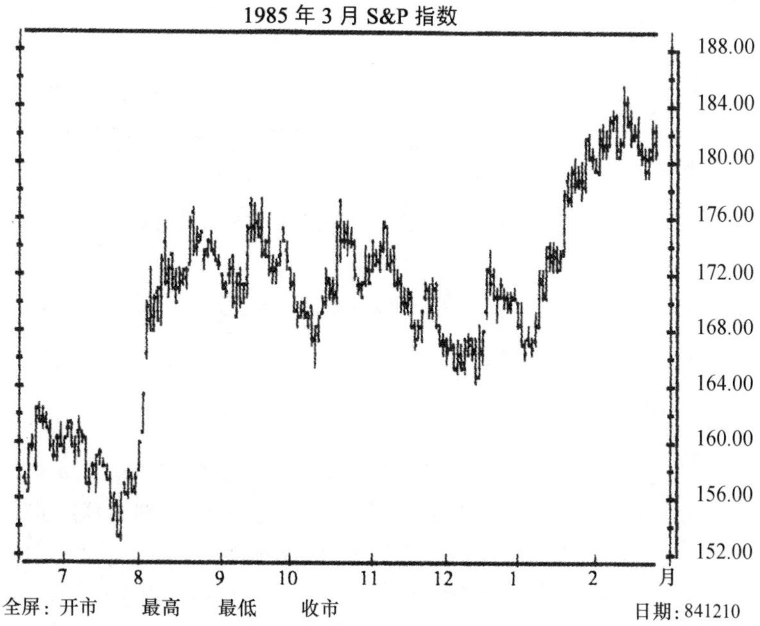

图 10.14a S&P 合约日线图。

图 10.14b 当 RSI 从 70 线上方向下穿回时，可以构成卖出信号；而当它从 30 线下方向上穿回时，可以构成买入信号。这类交易信号是以 70 线和 30 线为标志的，当它顺着趋势的方向时，效果更好。本例所示是一个交易区间，因此，两个方向的信号均可采纳。如果有相互背离现象的配合，本类信号的效果就会增强。

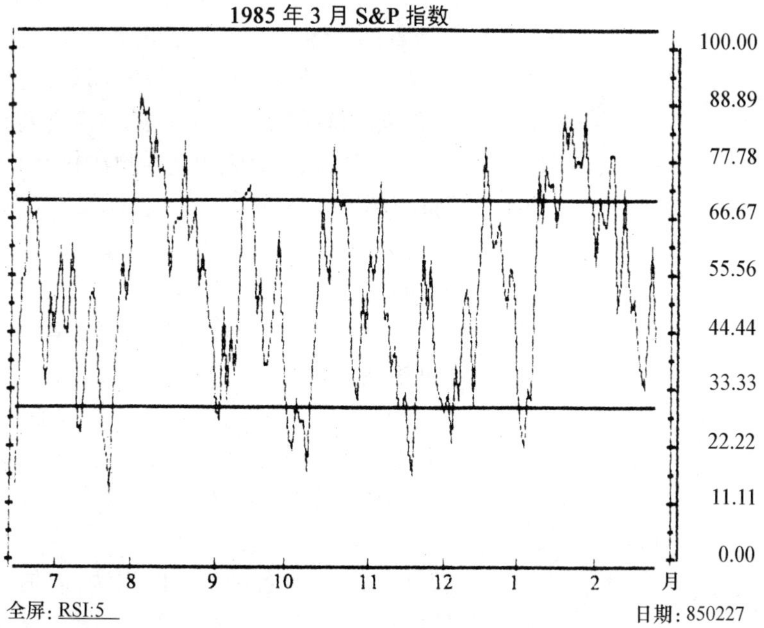

其中 C 是当日的收市价，L_5 是前 5 日内的最低价，H_5 是前 5 日内的最高价。

上述公式按照从 0 到 100 的百分比例的形式，简单地求得了当日收市价在过去 5 日内的全部价格范围中的相对位置。如果结果很高（超过 70），则表明当日收市价接近该价格范围的上端，而如果结果较低（小于 30），则当日收市价接近该价格区间的下端。

第二条线，%D 线，其实是%K 线的 3 天移动平均线。%D 的计算公式如下：

$$\%D = 100 \times (H_3/L_3)$$

其中 H_3 是 3 天的（$C-L_5$）的总和，而 L_3 是 3 天的（H_5-L_5）的总和。在图表上，上面求得的两条线，在从 0 到 100 的垂直刻度之间摆动。其中 K 线为实线，较平缓的 D 线为虚线。主要的信号是，当 D 线处于超买或超卖区时，D 线与相应的期货合约的价格图线之间的相互背离现象。这里，上、下极限区也分别以 70 和 30 两个刻度为标志，同 RSI 类似。最佳的买入信号发生在 D 值为 10 到 15 的时候，而最佳的卖出信号则出现在 D 值为 85 到 90 的时候。

当 D 线居于 70 之上并形成了两个依次下降的峰，而价格却持续上涨的时候，就构成了看跌背离信号。当 D 线位于 30 之下并形成了两个依次上升的谷，而价格却持续下跌的时候，就构成了看涨背离信号。假定上述诸因素皆备，那么在 D 线已经转向之后，当实的 K 线穿过慢的 D 线时，就算构成了真正的买、卖信号。换句话说，两线的交叉应当发生在 D 线上的峰或谷的右侧。例如在底部，如果 D 线已经完成底部动作并已转头向上之后，K 线才向上穿越了 D 线，那么，这个买入信号就来得强烈些。而在顶部，如果 D 线事先已经达到顶点并转头下落了，然后 K 线才向下穿越了 D 线，那么，这个卖出信号也比较强烈。因此，两条线均向同一方向移动时出现的交叉现象，是比较强烈的信号。

在好几篇关于随机指数的文章中，都指出了上述“右侧相交”的重要性。然而，如果我们是顺着趋势方向交易的话，这一点就不是如此要紧了。例如，在市场处于上升趋势，价格当时只是短暂地回落的情况下，如果随机指数已经在超卖区发出了买入信号，那么，它是不是属于“右侧相交”并不重要。然而，如果摆动指数显示当前趋势正处于反转之中，那么上述这一点就变得事关重大了。在我们进行所有各种分析的时候，总是必须根据较强的信号，才能得出趋势反转的结论，而判断“趋势恢复”要简单得多。

关于随机指数，还有各种改进的用法，但是“万变不离其宗”，上面讲解的已经包括了随机指数最本质的特点（图 10.15a 和 b）。尽管随

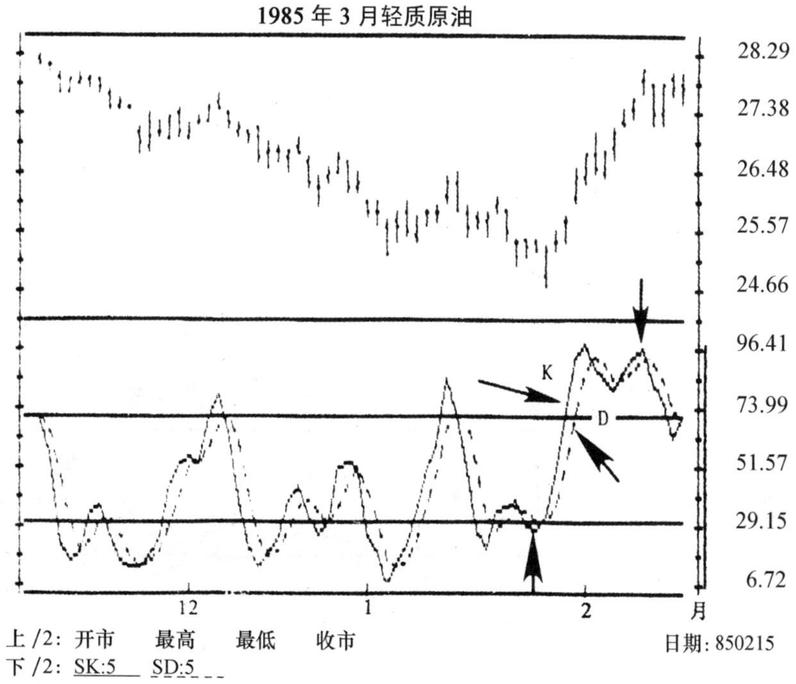

图 10.15a 随机指数的例子。在这种摆动指数中采用了两条图线。较平缓的虚线(%D)较重要。它同样采用 70 和 30 作为标志超买和超卖的边界线。其相互背离现象与 RS 相似。最强的信号是,在 D 线已经转折后,较快的实线(%K)穿越%D 线。请注意在图中 1 月的底部出现的看涨背离信号,以及当前的顶部的看跌背离现象。

机指数较为复杂,但它的基本道理却仍然属于摆动指数的范畴。当%D线进入到极限区域,并出现与价格变化相背离的现象时,这是预警。当较快的 K 线穿越了 D 线时,才是真正的买卖信号。

我们也可以在周线图和月线图上利用随机指数来从事长期分析。实际上,莱恩博士推崇在周线图上应用随机指数,以辅助确认市场的主要趋势。当然,我们也可以得心应手地把它应用到日内图表的分析中,以进行短线交易(图 10.16a 和 b)。

把随机指数进一步放慢

大部分交易商更乐于把随机指数进一步放慢,在这种办法中,我们去掉较敏感的%K。原先的%D 线摇身一变,变成了新的%K 线,不过它比原来的%K 线当然要慢些了。新的%D 线就更慢,它是这个新%K 线的 3 天移动平均线。在这个放慢的处理过程中,我们得出的是原先的

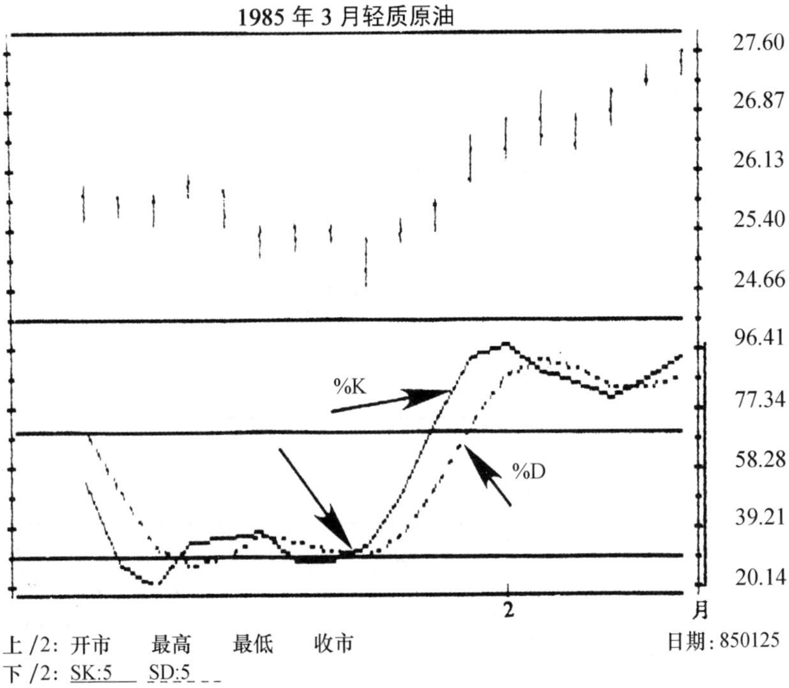

图 10.15b 上例局部放大。在图的底部,三个条件均已满足。①该摆动指数处于超卖状态(低于 30);②已经出现了看涨背离现象;③实的 K 线已向上穿越虚的 D 线。

%D线(新的%K 线),以及它的 3 天移动平均线(新的%D 线)。人们普遍认为,更慢一步的%D 线的信号更为可靠(图 10.17a 和 b。)

在 1984 年 6 月号的《股票和商品技术分析》杂志上,收有乔治·莱恩写的"莱恩的随机指数"一文。乔治·C·莱恩博士还有一篇文章,题目是"随机指数",发表在 1984 年的《交易策略》中。

拉里·威廉斯指数(%R)

拉里·威廉斯指数与随机指数的概念类似,也表示当日的收市价格在过去一定天数里的全部价格范围中的相对位置。把这段日子里的最高价减去当日收市价,然后把所得的差除以这段日子的全部价格范围,就得到当日的威廉斯指数。不过,威廉斯指数的刻度与随机指数的刻度比起来,顺序正好相反,0 到 20 算作超买区,80 到 100 为超卖区。前面关于各种摆动指数的讨论也适用于%R,其中的要点也在于发生在超买或超卖区的相互背离现象(图 10.18a 和 b)。

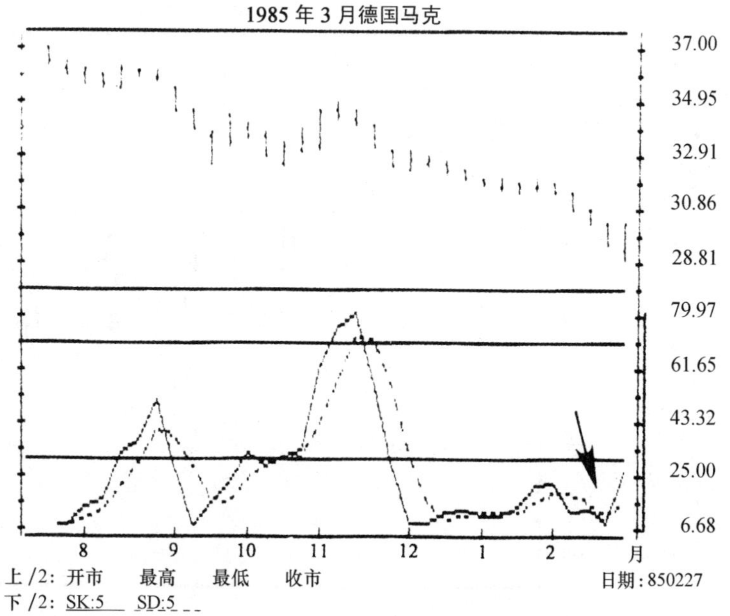

图 10.16a 随机指数也可以应用于周线图来进行长期的透视。在本例中,我们把5周随机摆动指数应用于德国马克合约。注意其中2月份的主要背离现象,它构成可能出现底部过程的警讯。

图 10.16b S&P500期货合约的5周随机指数。注意12月在30以下的主要买入信号,以及8月在70之上的主要卖出信号。目前的向下返折可能警示着市场处于超买状况。

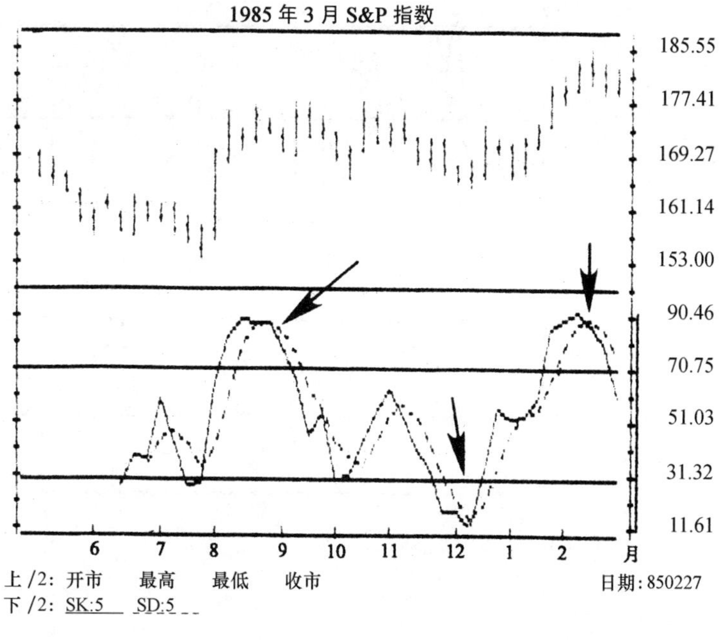

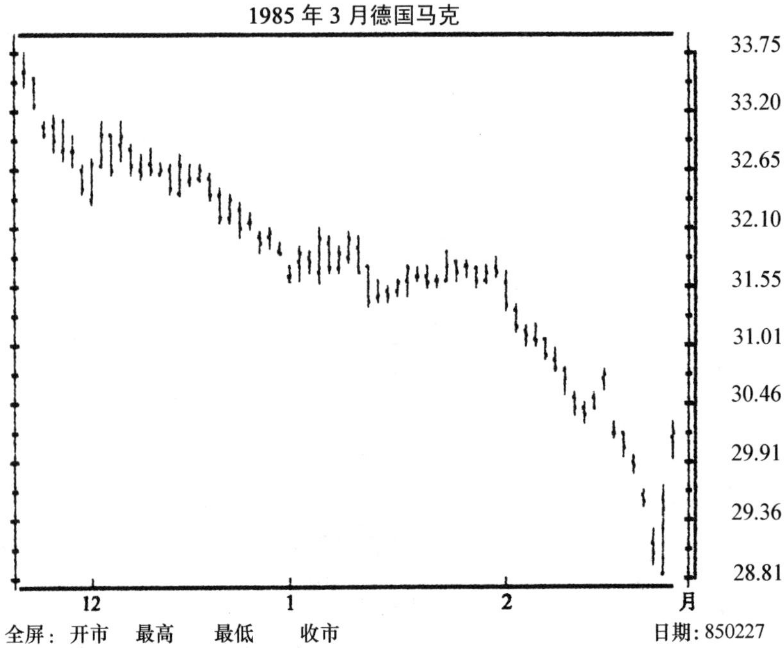

图 10.17a　德国马克合约的日线图。

图 10.17b　上半图为通常的5天随机指数。下半图为其放慢的形式。放慢者易于研读,其信号也较佳。

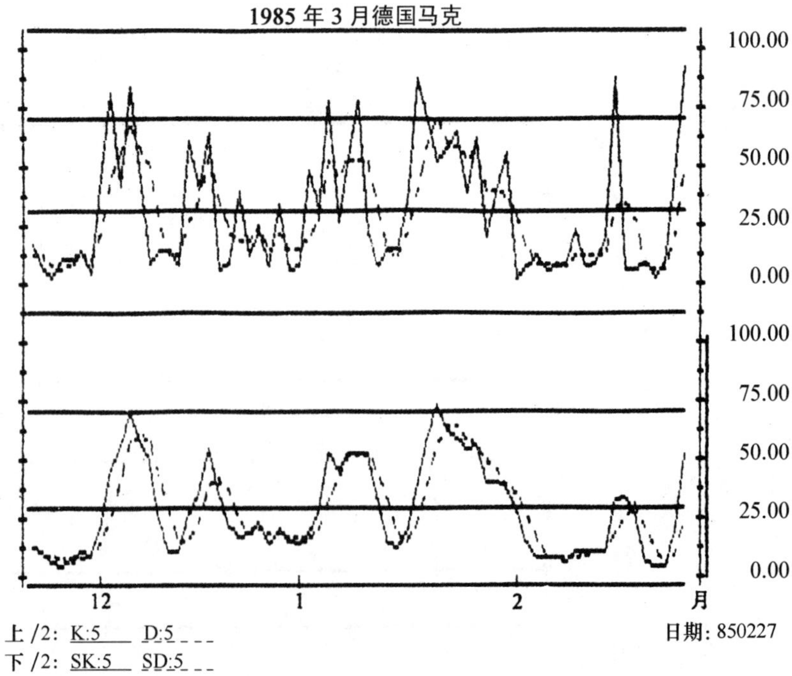

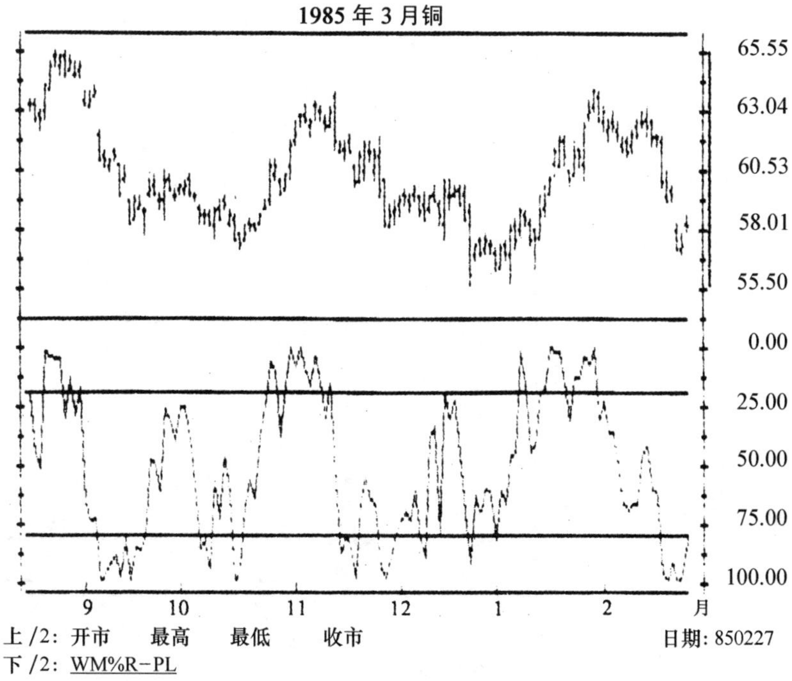

图 10.18a　拉里·威廉斯的%R 摆动指数。请注意,这里的读数刻度是倒着的。20 以上为超买状态的指示,80 以下为超卖状态的指示。这种摆动指数的解读方法与前面讨论的相近,也是在超卖和超买极限区内寻求背离现象。

依据周期长度选择时间跨度

拉里·威廉斯指数的另一个特点是,我们能够把它同市场上的主要周期联系起来,其常用的时间跨度为周期长度的 1/2。这就意味着,如果按照日历计算的周期长度分别为 14 天、28 天和 56 天,那么我们计算式中的时间跨度就分别对应为 5 天、10 天和 20 天。王尔德在 RSI 中采用 14 天的时间参数,就是 28 天的一半。在前一章中,我们曾谈到,在所谓最佳的移动平均线以及摆动指数的算法中,总会不约而同地遇到 5 天、10 天和 20 天这几个“老脸色”的。此处的情况其实也一样,我们就无须重复了。总之,日历上的 28 天(即 20 个交易日)是个重要的市场周期(月周期),其余数字均是它的谐波周期。5 天的随机指数、10 天的动力指数、14 天的 RSI 等等,基本上都是以 28 天周期为基础的,分别相当于这种主流周期的 1/4 和 1/2。在第十四章中,我们还要交代时间周期的重要性。

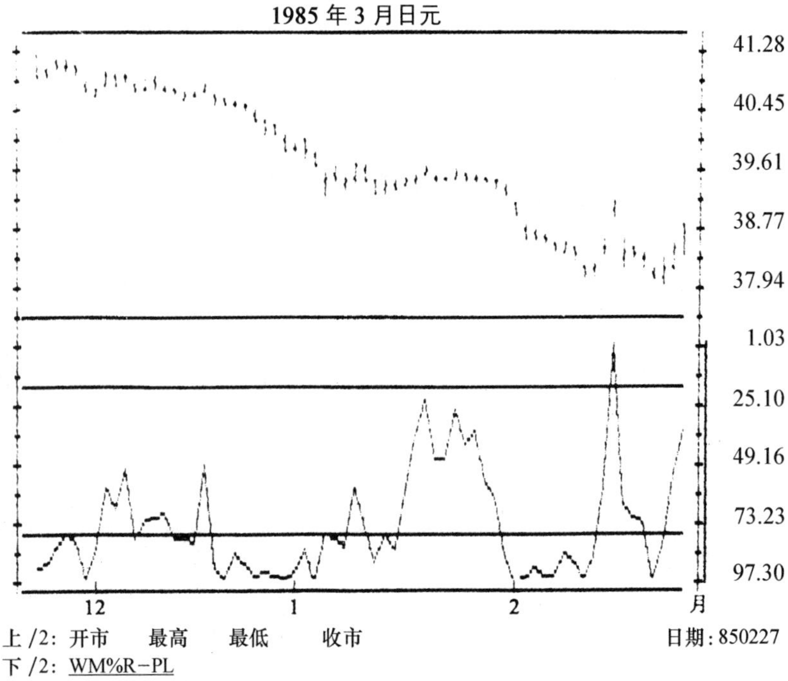

图 10.18b 日元合约的威廉斯%R指数。

趋势的重要地位

本章讨论了如何利用摆动指数来进行市场分析。它们有助于揭示市场短期的超买和超卖状态,提醒交易者警惕可能出现的相互背离现象。开头我们介绍的是动力指数及其归一化问题,进而把它改进成了一种摆动指数。接下来,我们研究了另一种摆动指数,称为变化速度指数(ROC),其中我们利用价格之比(比价)代替了动力指数中的价格之差(差价)。然后,我们谈到,也可以利用两条移动平均线之间的距离,来显示市场短期的极端状态以及买卖信号。最后,我们讲述了RSI和随机指数,以及摆动指数的时间跨度同市场周期的协调问题。

背离现象分析是摆动指数最大的长处。但是,这里要提醒朋友们,绝不可把背离现象分析奉若神灵,而把基本的趋势分析扔在一边。大多数摆动指数的买入信号处在上升趋势中更灵验,而摆动指数的卖出信号处在下降趋势中才更有效。当我们分析市场的时候,首要的是确认市场的一般趋势。如果趋势向上,则应采取买入的策略。然后,我们才利用摆动指数来帮助我们寻求入市时机。当市场在上升趋势过程中处于超卖状态时,我们买入。而当市场在下降趋势中处于超买状态时,我们卖出。或者举例来说,在主要上升趋势的条件下,当动力指数向上穿越零线时,我们买入;在下降趋势的条件下,当动力指数向下穿越零线时,我们卖出。

顺着主要趋势的方向交易这一点很关键,其重要性怎样强调都不过分。如果我们过于迷信摆动指数,那么,危险就在于我们可能仅仅看到了背离信号本身,却违背了大趋势的方向。这样一来,我们往往要遭受损失。尽管摆动指数确实有其价值,但是它只是许多分析工具中的一种。因此,它只是我们进行基本趋势分析的辅助手段,绝不能取代基本趋势分析。

摆动指数何时最为有效

在某些场合,摆动指数的功效比平常更为出色。当市场处于横向延伸状态时,价格往往起伏不定,徘徊数星期乃至数月。在这种情况下,摆动指数却能紧密地跟踪价格的变化。摆动指数的峰和谷与价格图线的峰和谷几乎精确地同步出现。因为两者均呈横向伸展的态势,所以其轮廓极为相似。然而,市场迟早总会发生价格突破,形成新的上升趋势或下降趋势。从摆动指数的天性来看,在这种价格突破发生的时候,它已经处在极端位置了。如果突破方向向上,摆动指数则已经处于超买区。如果突破方向向下,则摆动指数已经处于超卖区。此时此刻,交易商进退两难。一边是看涨的价格突破信号,一边是摆动指数的超买状态显示,他该不该买呢?或者,一边是看跌的价格突破信号,一边是摆动指数的超卖状态显示,他该不该卖呢?

在这种情况下,我们最好暂时把摆动指数丢在一边,该怎么做就怎么做。理由是,随着重要的价格突破的出现,新的趋势尚处于早期阶段,此时,摆动指数常常很快就达到极端区域,并且将在其中维持一段时间。碰到这种情况时,我们应当主要考虑基本的趋势分析,而让摆动指数暂退到幕后。之后,随着趋势的日渐成熟,我们才逐步增加摆动指数在我们的考虑中的分量(在第十三章中我们将看到,艾略特波浪分析的第五波(最后一波)往往得到看跌的摆动指数背离信号的验证)。当主要趋势信号出现后,如果交易商仍拘泥于摆动指数,等到它进入超卖状态时才买入,那么,他将错过很多生气勃勃的牛市动作。一言以蔽之,当重要趋势处于初期时,不要太介意摆动指数;但是当它渐趋成熟的时候,我们就应当密切注意摆动指数的信号。

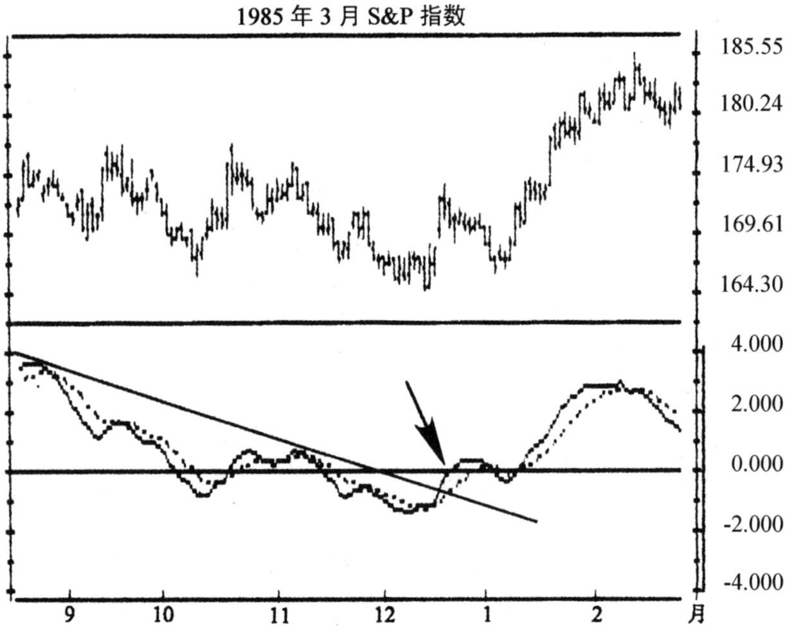

图 10.19a　移动平均线验证/背离交易法(MACDTM)的例子。既可以把它用作摆动指数,也可以用作趋势信号,还可以合二为一。本例中为两条指数加权移动平均线,其相互交叉构成了买卖信号,它们对零线的穿越也可以看做交易信号,其中也存在相互背离现象。注意,12 月,当 MACDTM 线向上突破了那条长期下降趋势线时,构成了精彩的买入信号。此时,实线向上穿越了虚线,然后两者又一起向上穿越了零线。

移动平均线相互验证/相互背离交易法(MACDTM)

在前一章,我们曾提到一种利用两条指数加权移动平均线构造的摆动指数,下面出场的就是它。所谓移动平均线相互验证/相互背离交易法(MACDTM)系杰拉尔德·阿佩尔首创的。在他的计算公式中,两条移动平均线的天数已经选定了,但用户也可以另作选择。在这种方法中,两条指数加权移动平均线围绕着零线演变。其中最有用处的信号是,短期平均线(实线)穿过长期平均线(虚线)。当短期平均线向上

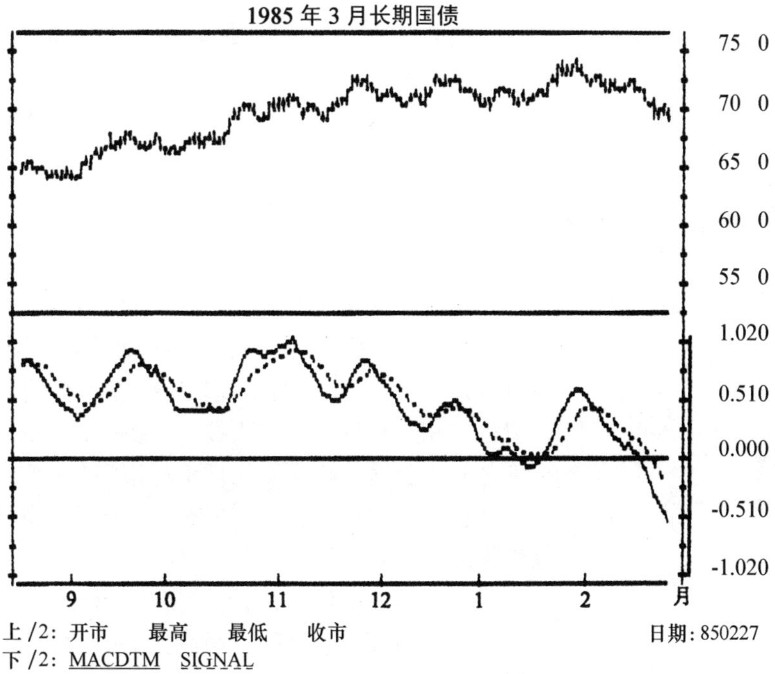

图 10.19b 图中 MACDTM 无力验证长期国债当前的上升趋势,然后又向下穿越了零线,构成了趋势向下反转的早期警讯。

穿越长期平均线时是买入信号,当短期平均线向下穿越长期平均线时,为卖出信号(图 10.19a 和 b)。

从这种方法中,我们也可以发现相互背离现象。其信号以平均线对零线的穿越为验证。我们还可以利用趋势线方法来研究平均线的趋势变化。理想的买入信号是,先有看涨的背离现象,再有短期移动平均线的向上穿越长期平均线,最后还有两条平均线都向上穿越了零线。而理想的卖出信号则刚好相反。

利用交易量累积法作摆动指数

在前面的章节中,为了改进 OBV 法,我们提出了交易量累积法。当时我们曾指出,也可以把交易量累积法用作摆动指数。最初的交易量累积法及其摆动指数的设计,都是出自马克 · 蔡金之手。为了构造这种摆动指数,我们对交易量累积值作出两条移动平均线,然后把两者之差用刷形图表示出来。其图形居于零线的上方或下方。我们建议分别采用 3 天和 10 天作为两条移动平均线的时间跨度。这个摆动指数的研究方法，与本章前面关于两条移动平均线之差的有关内容一致，其中惟一的差别在于，我们在这里追踪的是交易量，而不是价格（见图 10.20a 和 b）。

相反意见理论

摆动指数分析研究的是市场的极端状态。关于市场极端状态，还有一种极为流行的研究方法——相反意见原则。在本书一开头，我们讲过，市场分析主要有两条途径——基本分析和技术分析。虽然我们一般也把相反意见理论归入技术分析的范畴，其实，把它说成是某种心理学分析更合适。相反意见理论是市场分析的第三条重要途径——心理学。在这种方法中，我们是根据各个期货市场的投机者们的牛气或熊气程度来预测市场的。

相反意见理论认为，当绝大多数人看法一致时，他们一般是错误的一方。那么，我们的正确的选择应当是，首先确定大多数人的行为，然后反其道而行之。

汉弗莱·B·尼尔是逆向思维的创始者。他在 1954 年出版的《逆向思考的艺术》（卡克斯顿出版社）中，推出了他的理论。10 年后，即 1964 年，詹姆斯·H·西贝特着手把尼尔的理论应用到期货交易中，创立了市场风向标通讯服务，并在其中引入了“看涨意见一致数字”。他对商品市场上的各种咨询材料每周进行一次统计，以确定在专业人士中间看涨或看跌的程度。这项调查的目的在于，把市场情绪通过一系列的数字表示出来，以便分析研究和预测。该方法的理论前提是，绝大部分期货商在很大程度上都受到市场咨询机构的影响。因此，我们通过跟踪各种专业性咨询材料的观点，不难比较准确地估计交易者大众所采取的态度。

市场风向标通讯服务是黑达地出版公司出版的。对于有兴趣深入了解这个问题的朋友，我们推荐 R·厄尔·黑达地的《相反意见理论，如何利用它在商品期货业获利》一书（黑达地出版公司，1983 年）。

另外还有一家信息服务公司，也提供关于市场情绪的指标，称为“市场看好意见一致程度指数”（简单说即意见一致指数），刊登在《全国商品期货周刊》上，每周五出版。在该指数中，以 75%作为超买标志，25%作为超卖标志。

“市场风向标”的意见一致数字有个独特之处，它对各种市场咨询材料采取了不同的加权考虑。对影响面比较广泛者，则其权重较大，而影响面较小者，则权重较小。这样一来，就能更准确地反映出各种资讯

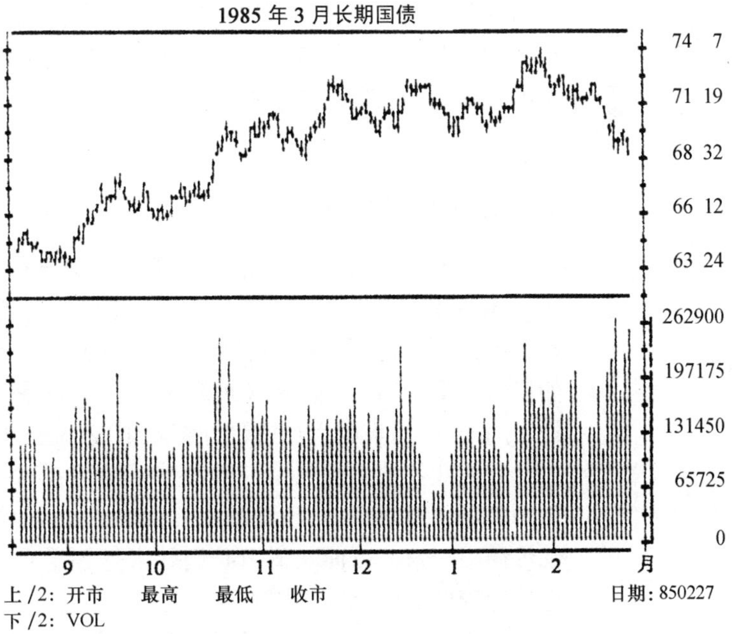

图 10.20a 长期国债的日线图及其交易量刷形图。

图 10.20b 上半图为交易量累积的图线(在第七章有介绍)。下半图的刷形图把交易量累积曲线变换成一种摆动指数。其中把交易量累积线的 3 天和 10 天移动平均线的数值之差描绘在零线的上下。这是研究市场短期极端状态的一种方式。请注意,交易量累积线在警示价格的下降趋势时是多么得力。

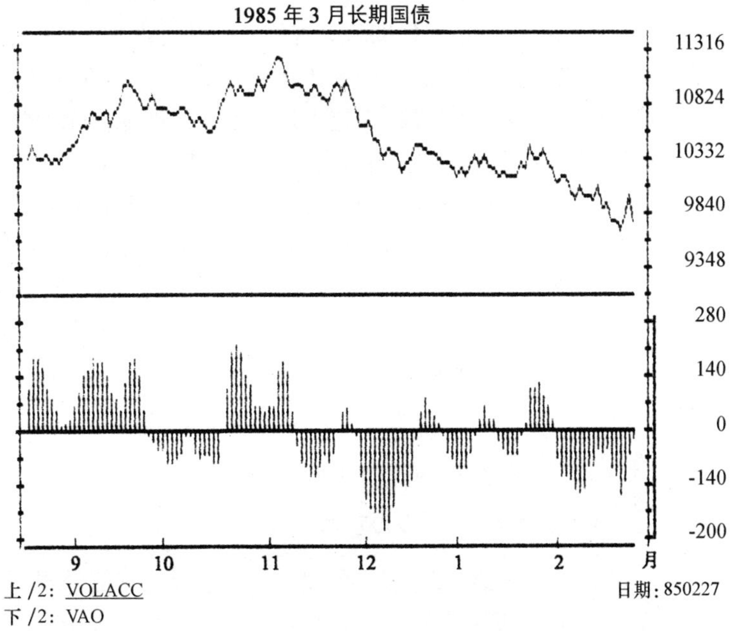

材料的影响力。上述逐周进行的调查结果,就是看涨意见一致数字,逢周二刊发截止到上周五为止的行情。这些数字用百分比的形式表示市场的看涨情绪,其读数范围从 0 到 100。

看涨意见一致数字的研读

大部分交易商都采用相当简明的方法来研究这个每周发布的数字。如果数字大于 80%,我们就认为市场处于超买状态,意味着可能即将出现顶部过程(80%的看涨数字也就相当于 20%的看跌数字)。如果数字低于 30%(即 30%地看涨,70%地看跌),我们就认为是市场处于超卖状态,表明市场或许即将发生底部过程。

即使我们把看涨意见一致数字单纯用在这一方面,那么就揭示危险的市场状态而言,它已经非常有价值了。但是,这些数字的用处还不仅仅局限于这一方面。下面我们就来仔细看看其理论,讨论一下相反意见理论的其他几种运用方法。

一般认为,相反意见理论的基础是,专业人员的意见通常是错误的。表面上看来,这一点似乎只是逻辑上的推演,但是实际上,特别是在市场处于转折关头时,这一理论玄妙无穷。它基本上由两个方面组成。

相反意见理论显示了买方或卖方的余力

我们以某个投机者为例。假定该投机商阅读了他最信奉的咨询材料后,坚信市场即将大规模地上升。那么,那份材料越是牛气十足,这个交易商就会越积极地入市买进。但是,一旦他的资金全部投入了市场,他自己就已经处于超买状态了——即他已无剩余资金再投入市场了。

我们把这种情形推广到全体市场参与者。如果有 80%到 90%的交易商对某市场都看好,那么就意味着他们已经在这个市场买入了头寸。那么剩下来,还有谁来继续买入,把市场推得更高呢?这是理解相反意见理论的关键。如果交易商们已经以压倒性的多数倒向了市场的某一边,那么,简而言之,市场上已经没有足够的买进或卖出压力来把当前趋势继续推动下去了。

相反意见理论体现了大小户实力对比

相反意见理论的第二个特点是,它能够显示大户与小户的实力对比。期货交易的“总和为零”。每一手多头合约都伴随着别人的一手空头合约。如果 80%的交易商都站到了市场的多头一边，那么剩下的 20%的人(空头持有者)必定资金雄厚，才能完全容纳其余 80%的人所持有的多头头寸。因此，空头者的头寸规模必定比多头者大得多(在本例中，达到了 4 比 1 的程度)。

这就意味着空头者必定拥有庞大的资本，他们才是市场上的强者。相形之下，另外 80%的人平均每人拥有的头寸就小得多了，因此，他们是弱者。每当价格出现突然变化的时候，他们往往不得不把这些多头头寸卖出平仓。综合上述，相反意见理论并不是什么"专家常常是错误的"那么简单。如果这句话是正确的，那么专业人士的饭碗早就给打烂了。要知道，期货行业是无情的，只认利润不认人。

看涨意见一致数字的另外一些特点

在我们采用看涨意见一致数字时，还必须注意它的其他一些特点。看涨意见一致数字的均衡数值为 55%。这中间包含了对一般投资大众天生的买入倾向的修正。其上限为 90%，下限为 20%。这里也一样，为了反映上述买入倾向，我们要把上下限稍许地向上修正一下。

当看涨意见一致数字大于 90%或小于 20%时，通常我们就可以考虑建立相反的头寸。在这种情况下，意见一致程度已达到极点，宜立即采取与当前趋势相反的交易措施。如果数字高于 80%或低于 30%，我们就处于危险区，显示市场可能即将反转。不过一般认为，在这种不太极端的情况下，我们应当等到这个数字本身的趋势发生变化后，再逆着价格趋势交易。我们应当密切关注看涨意见一致数字的方向性变化，特别是当变化发生在危险区域的时候。一般地，如果在一周内这种方向性变化的幅度达到了 5%，那就足以说明我们应当考虑建立反方向的头寸了。

持仓兴趣的重要性

在我们研究看涨意见一致数字时，也要兼顾持仓兴趣。一般来说，持仓兴趣越高，那么上述的反向头寸盈利的潜力就越大。不过，我们不应当在持仓兴趣保持上升势头的时候建立反向头寸。如果持仓兴趣持续上升，那么，当前趋势继续发展的可能性就比较大，必须等到持仓兴趣开始持平或者降低时才能采取行动。

另外，我们还必须研究交易商分类报告，以确认保值者在持仓兴趣中占有的份额不超过 50%。当持仓兴趣的大部分来自投机者的时候(他们被看成是弱者)，相反意见理论的效果更佳。另外，我们也建议朋友们不要与大户保值者的方向相冲突。

观察市场对基本面消息的反应

我们也应当密切关注市场对基本面的新闻的反应。当上述数字处于超买的范围内时，如果价格无力对有利的消息作出反应，那么这就是个清晰的警讯，表明市场可能要反转。当第一个负面消息出现后，通常就足以把价格很快地推向另一个方向。相应地，当它们处在超卖区(低于20%)时，如果价格无力对不利的消息作出反应，那也是警讯，显示当前市场上的低价已经包容了所有的坏消息，一有看涨的讯息，就会把价格推上去。

把相反意见理论与其他技术工具相接合

一般来说，我们应当顺着意见一致数字的趋势方向进行交易，直到它达到极限为止。然后，就要警惕它的趋势可能发生变化的信号。重复一下，意见一致数字的方向性变化如果达到5%的程度，通常就构成重要信号。不用说，在这种关键时刻，为了有利于确认市场的转折，我们也应当同时兼顾那些更正统的技术分析手段，如支撑或阻挡水平的突破、趋势线移动平均线等等，以验证趋势的反转事实。在看涨意见一致数字处于超买或超卖区时，摆动指数图上的背离现象特别有参考价值。

看涨意见一致数字的回撤现象

除了可以利用看涨意见一致数字帮助我们辨别市场的极端状态以外，我们还可以从该数字的回撤现象中得益。在其上升趋势中，50%回撤区通常起到支撑作用，而在下降趋势中它通常是阻挡区。在猛烈的上升趋势中，只要原趋势能够继续，那么，从超买区(80%以上)向下的调整，通常会在50%回撤处得到支撑。在熊市中，如果价格要恢复下跌，那么从超卖区(20%以下)的反弹常常在50%回撤位置受到阻挡。如果50%回撤区被决定性地穿越了，往往就构成趋势反转的警讯。

结　　语

我们讲述上述诸点的目的，是要提醒朋友们，正确地运用看涨意见一致数字并不简单，其中牵涉到很多方面。无论交易者是否有意深入地研究这些数字，逐周地跟踪它们都是大有必要的。这样做，能够提醒自己警惕市场的极端状态，及早地发觉即将降临的趋势变化。

贯穿全书,我们有一个基本思想:没有哪种工具或者方法能够万无一失,为交易成功打保票。在预测市场这个难题中,相反意见理论也自有它的一份把握。既然只要偶尔看一看这些数字就能得到一些有益的启示,那么我们何乐而不为呢?实际上,相反意见理论在市场参与者中已经很受重视,并广泛地流传开了。作为新的技术分析手段,它是当之无愧的。

第十一章　日内点数图

引　　言

目前最流行的图表类型是日线图。但是,大量证据表明,本世纪前,股市交易者最先使用的是点数图技术。“点数图”这个说法来自维克托·德维利尔斯在 1933 年出版的《点数图法预测股价变化》(温莎图书版)一书中。这种技术曾有过不少叫法。在 19 世纪 80 年代和 90 年代,称为“记价法”。这个名字出自 1901 年 7 月 20 日查尔斯·道为《华尔街日报》撰写的评论中。究其实质,它是过去从纸带上读取价格方法(名符其实地称为“纸带读取法”)的翻版。

道氏指出,记价法的出现时间是 1886 年,大约沿袭了 15 年。1933 年,德维利尔斯认为本技术已经有了 50 年历史,从而其起用时间当在 19 世纪 80 年代。1889 年曾经出现过一本叫《华尔街的把戏》的书,作者笔名是霍伊尔,但真名已佚,我们也无从了解出版者的情况。在这本书中提到了这种按顺序记录股票价格的方法。霍伊尔很可能是第一个述及本方法的人。约瑟夫·M·克莱茵则在1904年发表了他对本技术所进行的较深入的研究,其中,他称之为"趋势记录"法。克莱茵把它的起源上溯到1881年前后。从本世纪20年代到1933年,它是"数字图",此后,这种记录市场变化的方法变成了"点数图",它的名目才算定案。R·D·威科夫在本世纪20年代也发表了数种关于点数图的论著。

从1896年开始,《华尔街日报》开始每日发表股市的最高价、最低价和收市价,由此才开始了日线图的历史,因此,点数图比日线图至少早出现了15年。有些朋友可能对"点数图"这个名称的由来感兴趣。本世纪20年代流行的所谓"数字"图,真的是把价格(数字)绘在图表上的。到本世纪30年代,人们用"X"符号(即德维利尔斯的所谓"点")代替了数字。德维利尔斯笔下的"点数图"其实同时照顾到了两种方法的特点。不过,他也指出,他宁愿用"点"来代替老脸色的"数"。后来,"点数图"这个名称就流传开来,成为本方法的正名,一直沿用至今。

我们分三步来介绍点数图技术。本章,我们先看看这种方法本来的情况,它是用日内的价格变化来绘图的。首先要讨论怎样作图,然后谈谈如何解读这种图表。线图对价格变动的描绘是一维的。通过对日内价格演化的研究,我们将获得大量被线图完全丢失了的价格资料。举例来讲,我们可以借之发现潜藏的支撑和阻挡水平,并且对价格密集区的分析也具备了全新的内涵。另外,我们还可以看到各种点数图价格形态。点数图有其独特的价格目标计算方法,即横向"数列"法,对此我们也要介绍。

构造日内价格图的最大难处是,不容易获得日内价格资料,而邮寄日内图表的办法耗费的时间又太长,赶不上趟。不过,根据报纸上的每日高低价格也可以绘制点数图。这是一种抄近道的方法,当然会丢失很多重要的价格资料,但还是能得到一些点数图技术的益处。最常用的处理办法是三点转向法。它是由阿贝·柯恩同查克亚图表服务系统推广出来的,下一章我们将对它进行研究。

最后,我们要看看优化点数图技术。为了提高点数图的效用,人们在70年代就对点的大小和反向条件进行了一些比较研究。我们将概要地介绍一下其中部分研究成果,比较一下优化点数图同传统的三点反向图的异同。

我们首先必须声明,点数技术是个复杂的课题。这里只打算覆盖其主要的因素。如果有的朋友乐于深入地研究这种极其有益的方法的话,不妨阅读本章后面所推荐的参考书。

点数图与线图

我们先来看看点数图和线图之间的基本差异，考察几个图例。

点数图纯粹是关于价格变化的研究。这就是说，在画点数图时，我们不考虑时间因素。相反地，在线图上，我们把价格和时间结合在一起。从线图的构造来看，其竖直轴为价格轴，水平轴为时间轴。例如，在日线图上，每天的价格线段均向右移动一格，画在前一天的右侧。即使当日的价格变化很少，甚至没有变化，我们在图表上还是要照章行事，仍然必须在当天的位置上作出标记。而在点数图上，我们仅仅记录价格的变化。如果价格没有变化，那么点数图也不需要我们碰它。从而，在市场活跃的时期，我们可能需要进行大量的作图工作；而在市场平静的时期，可能不怎么需要动手。在点数图上，也有一些时间记号，以备用户参考（关于这些符号，在介绍图表作法时，我们再细谈），但是它们同图表的实际意义并无瓜葛，仅仅是为了带来一点方便而已。

两种图表的重要差别在于对交易量数据的处置上。在日线图上，我们在价格线段下方，画出当日的交易量线段。而在点数图上，则忽略了交易量数据，把它另作处理。“另作处理”这话很要紧。尽管点数图不记录交易量的数据，这并不等于说完全放弃了交易量（或称“交易活动”）的信息。相反地，因为日内点数图记录了当天所有的交易活动，所以交易量的多寡也就反映在图上所记载的价格变化之中。因为我们在决定支撑或阻挡水平时，交易量是较重要的判断依据，而点数图能够显示交易活动最多的价格水平（亦即重要的支撑或阻挡水平），所以，在这一点上，点数图也特别有用。等我们讨论到支撑和阻挡的题目时，再来谈这一点。

图 11.1 和 11.2 分别是 S&P 期货合约的日线图和点数图，两者所覆盖的时间范围相同。从外观上看，两者很相像，但究其实质，则大不相同。从两张图上我们都能把握一般价格趋势的格局，但两者的价格显示方式却大相径庭。请注意，在图 11.2 中，“X”列和“O”列交替排列。X 列表示价格上升，O 列表示价格下跌。每当 X 列涨过前一个 X 列一个 X 后，就构成了向上突破的信号。

相应地，每当 O 列跌过前一个 O 列一个 O 后，就构成了向下突破的信号。请注意，上述突破信号比日线图上的突破信号明确得多了。

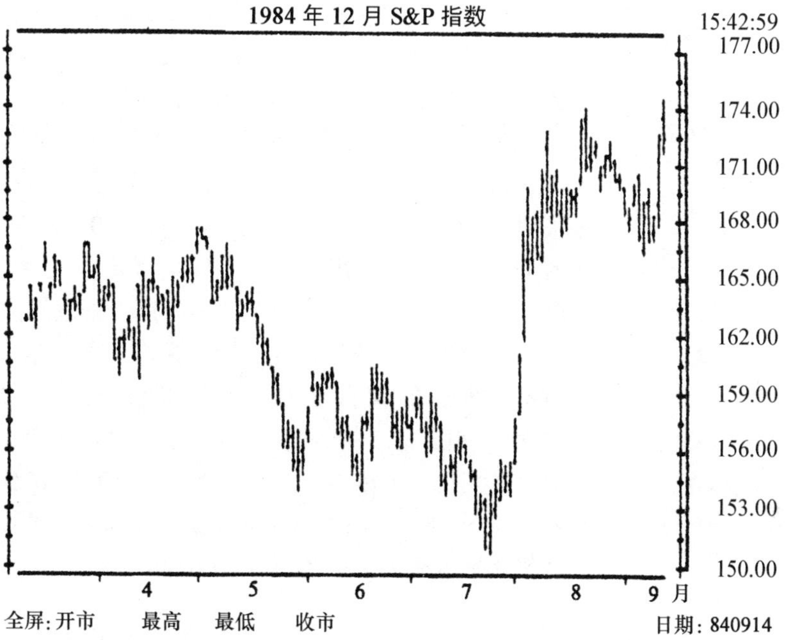

图 11.1　S&P500 期货合约的日线图。

图 11.2　本图内容与上例相同，是 S&P500 合约在同一时间内的点数图。每点取值为 1.00，一点转向。

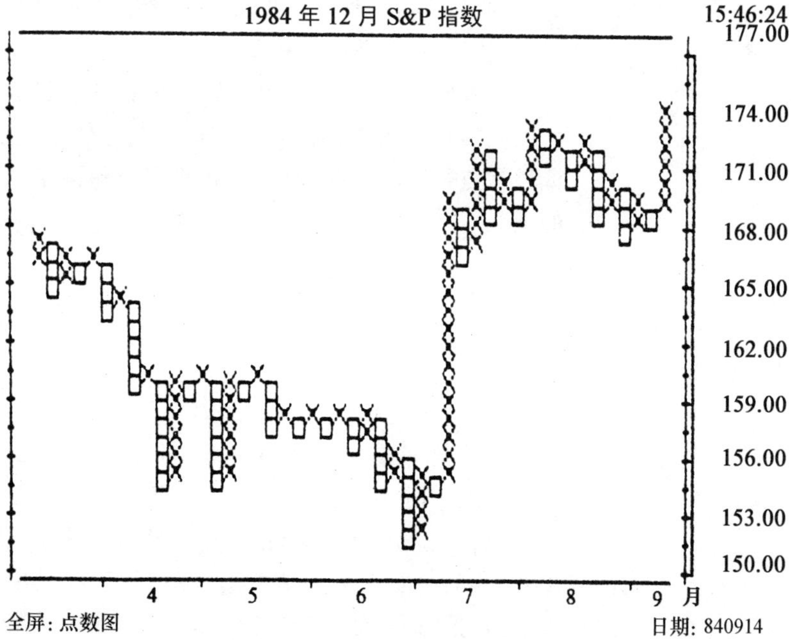

我们当然可以把这种突破信号用作买卖信号。后面我们还要详细地阐述买卖信号的问题。通过上面两张图表的相互比较,我们可以发现,点数图有一个明显的优势,即能够既精确又简易地标志趋势信号。

图 11.3 和 11.4 还展示了点数图的另一大优势——灵活性。从图 11.2 到图 11.4,所有的点数图显示的都是完全一致的价格内容。在三张图上,每一点(每个 O 或 X)均代表 1.00,即 1 个指数价格的点。在图 11.2 中,我们采用的是一点转向规定。这就是说,其中把每个单点反转都显示在图上。我们有两个办法来修改点数图——改变每点代表的数值,或者改变转向规定(即每次转向所要求的点数)。通过改变转向规定的点数,我们可以得出不同的图形。请注意,在图 11.2 中,共有 47 列。在图 11.3 中,我们把单点转向规定修改为三点转向规定,结果把价格变化大为浓缩了。请注意,这里的列数已经从 47 列减少到 26 列了。图 11.4 采用五点转向规定,进一步压缩了价格资料。这张图的列数几乎再减去了一半,仅有 14 列。

调整点数图的灵敏度

综合起来,我们既可以采取较少的转向点数规定来提高点数图的灵敏度,也可以采取较多的转向点数规定,来降低它的灵敏度。单点转向规定可以应用于研究短期市场行为;而五点转向规定可以应用于研究长期趋势的变化。在上述点数图里,我们把每点取值为 1.00。通过更小的每点取值,例如 0.50,0.20,或者 0.10,我们可以逐步增加点数图对小规模市场变化的灵敏度。

这种巨大的灵活性,是点数图分析法的最大的优势之一。朋友们可以调整点数图的各种参数来适应自己的个别需要。上面,我们已经说过了点数图的一些特点(好像都有点超前了),下面就来讲解点数图的画法。

日内点数图的画法

我们曾讲过,点数图的原型是日内价格图表,它本来是用于记录股市变化的,其目的在于记录股票的每一点价格变动。人们觉得,采用这种方法,能够较好地判断搜集筹码阶段(买进)还是派发筹码阶段(卖出)。当时一般只采用整数形式进行记录,其中每点取值为一个价格点,并且把每一点的方向变化都记录在案。小数基本上忽略不计。后来,当人们把这种技术引入期货市场时,为了适合各种市场的标价方

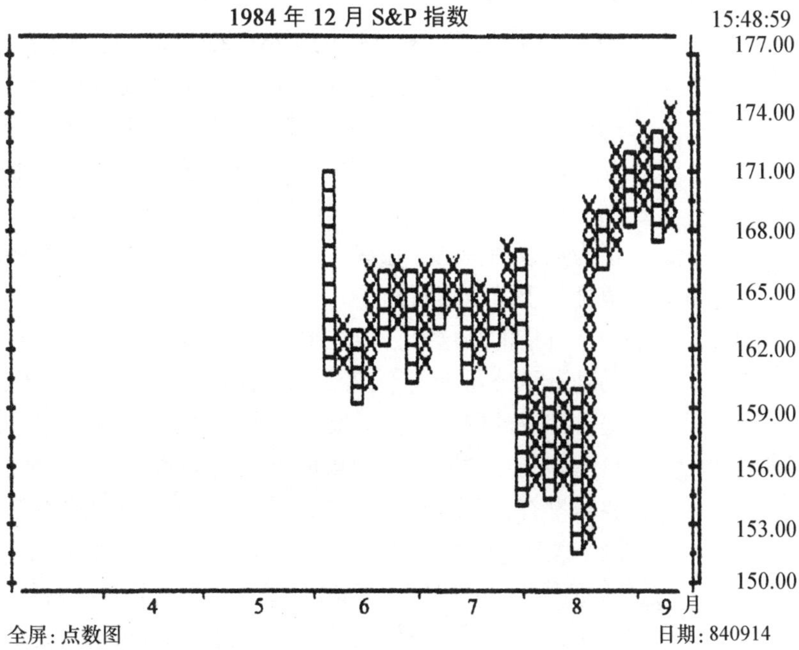

图 11.3　本图内容与图 11.1 和 11.2 相同,但这是三点转向点数图。

图 11.4　本图内容与图 11.1 到图 11.3 相同,但这是五点转向点数图。

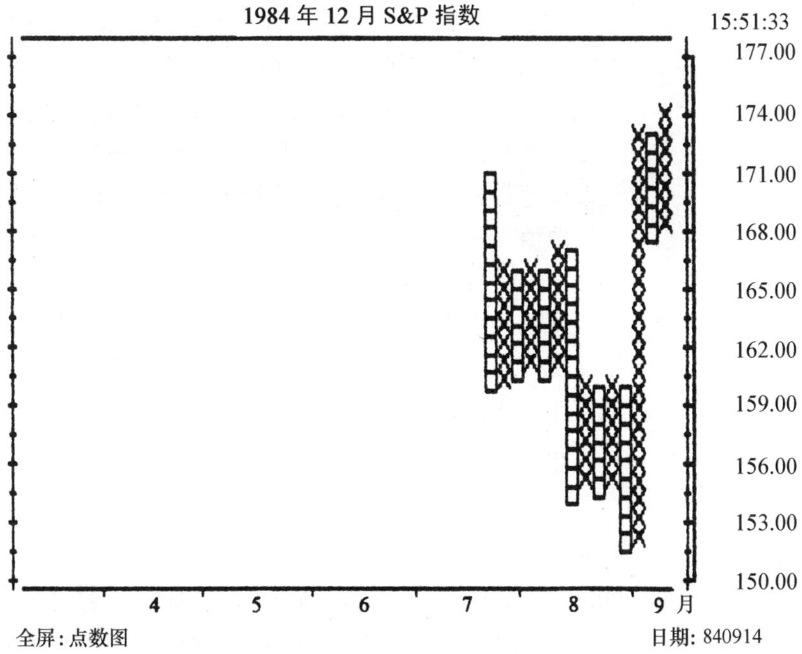

式，就必须调整每点取值。以后我们还要研究如何恰当地给每点取值。现在，我们先用一些实际的价格数据绘制一张点数图。

首先，我们最好选用适当的绘图纸。数年前，市面上曾有一种特制的图表纸，上面标好了一点转向的格子。这是1978年由摩根·罗杰斯和罗伯茨公司推出的，它不但有此类绘图纸，同时还提供必要的价格数据，以备用户刷新图表。其绘图纸有11英寸高，17英寸宽，其中标好了为点数图特制的绿线。在水平方向，每个第5格都涂黑了(其中的道理马上就水落石出了)。

可惜的是这家公司在1978年关了门。虽然它的股价服务体系为马勒资讯公司所接管，但是这种绘图纸却从此绝迹了，而且后者也不再提供期货的资料。为了填补这个空白，有些大的华尔街经纪公司只好自己印制点数图纸。如果朋友们能弄得到，下面的练习就容易多了。要是没有，那么最好能买到每英寸10格，每5格有一条重色线的坐标纸。关于格子的大小并没有一定之规，但每英寸10格看上去正合适。随便你自己，只要格子的数目足以表示价格变化就行。

下一步，我们要确定每点的大小，以及转向规定的点数。所谓点的大小，也就是图中每点所代表的价格。例如，在黄金的点数图上，点的大小可选为$1.00。如果用户要求图表更迟钝些，则可以选取更大的值，如$2.00甚至$5.00。如果要得到更灵敏的图来对付短期价格变化，那么点的大小可取为$0.50。而且，为了进行微观的研究，我们甚至还可以采用最小价格增量$0.10。

所谓转向规定就是我们预先规定的市场从当前列回撤的点数，如果市场的回撤幅度达到了这个规定点数，我们则向右另起一列，用另一个方向的符号绘图。如果我们选择一点转向规定，就能够在图上反映幅度为1点的所有方向变化。如果采取三点转向规定，那么只有市场的方向性改变达到3个点的幅度时，我们才会相应地转向，绘制另一列。因此，每点取值和转向规定是我们调整点数图的有且仅有的两个途径。在作图之前，我们必须首先确定这两个参数。下面来看几个实例。

我们用下面的一组数字作一张灵敏的棉花市场的点数图，其中采取三点转向规定，每点取值为1个价格点。如此灵敏的点数图一般只能容纳一天的价格变化，所以仅适用于非常短期的分析和交易。这组数字是这一天交易活动的实际记录。

5/29

8515	8525	8510	8515	8510	8515	8505	8515
8512	8515	8510	8516	8510	8515	8506	8510
8506	8510	8500	8514	8510	8517	8510	8519

8508	8515	8510	8525	8520	8525	8522	8525
8520	8525	8522	8525	8520	8523	8520	8523
8517	8525	8520	8528	8525	8539	8535	8538
8535	8545	8540	8544	8540	8545	8535	8544
8540	8545	8535	8538	8532	8538	8535	8543
8540	8543	8539	8549	8545	8550	8547	8554
8546	8563	8553	8565	8560	8563	8560	8563
8560	8563	8560	8563	8557	8560	8552	8555
8546	8550	8545	8550	8545	8550	8540	8560
8550	8553	8545	8555	8540	8548	8542	8545
8540	8545	8537	8540	8535	8550	8546	8555
8550	8558	8555	8565	8560	8570	8565	8570
8566	8575	8570	8580	8570	8580	8575	8585
8577	8585						

现在我们看图 11.5。请注意左侧价格轴的刻度,每两道横线之间代表一个价格点,价格轴的起点为 8500,每格 1 点地向上递增。每 5 小格,就有一道水平的粗线,这样便于绘图,因为越向右侧作图,就越容易弄错位置,粗线有助于对照价格轴。有些图表师还有一个高招。每个第 5 条线都代表以 0 或 5 结尾的价格数值,在这些线上,他们不画传统的“X”或“O”符号,而是直接标“0”或“5”这两个数字。之所以这么做,是因为以 0 或 5 结尾的价格在图表上代表了自然形成的支撑和阻挡水平。不过,为了避免混淆,我们这里只采用“X”和“O”符号。

因为起始价格为 8515,所以我们先在相应的格子里,标一个记号。此时,还不知道这一列的方向向上还是向下。因为下个数字是 8525,价格上升了,所以,我们从 8515 到 8525,都画上“X”。再下个数字为 8510,它向另一个方向(向下)改变的幅度已经超过了三点转向规定,因此我们转入右边的下一列,从 8525 一直到 8510,在每个格子里,统统画上“O”。请记住,当价格上升时我们用“X”表示,而价格下降时用“O”表示。第四个数字是 8515,所以我们又向右另起一列,用“X”标在从 8510 到 8515 的一路上。这一套听起来或许复杂,其实很简单。只要我们抓住这样一条要诀就行了:除非在本列中价格向相反方向回撤的幅度达到了转向规定的要求,因而我们必须另起一列的情况以外,我们总是呆在同一列中。因为这是一张三点转向的图表,其中每点只代表 1 个价格点,所以,价格要向相反方向变化 3 个价格点,才能另起一列作图。

如果朋友们觉得需要练习练习,不妨继续把价格数字同图表对照下去,直到 8532(我们在它下面标了一道横线)。注意,这时你已经到

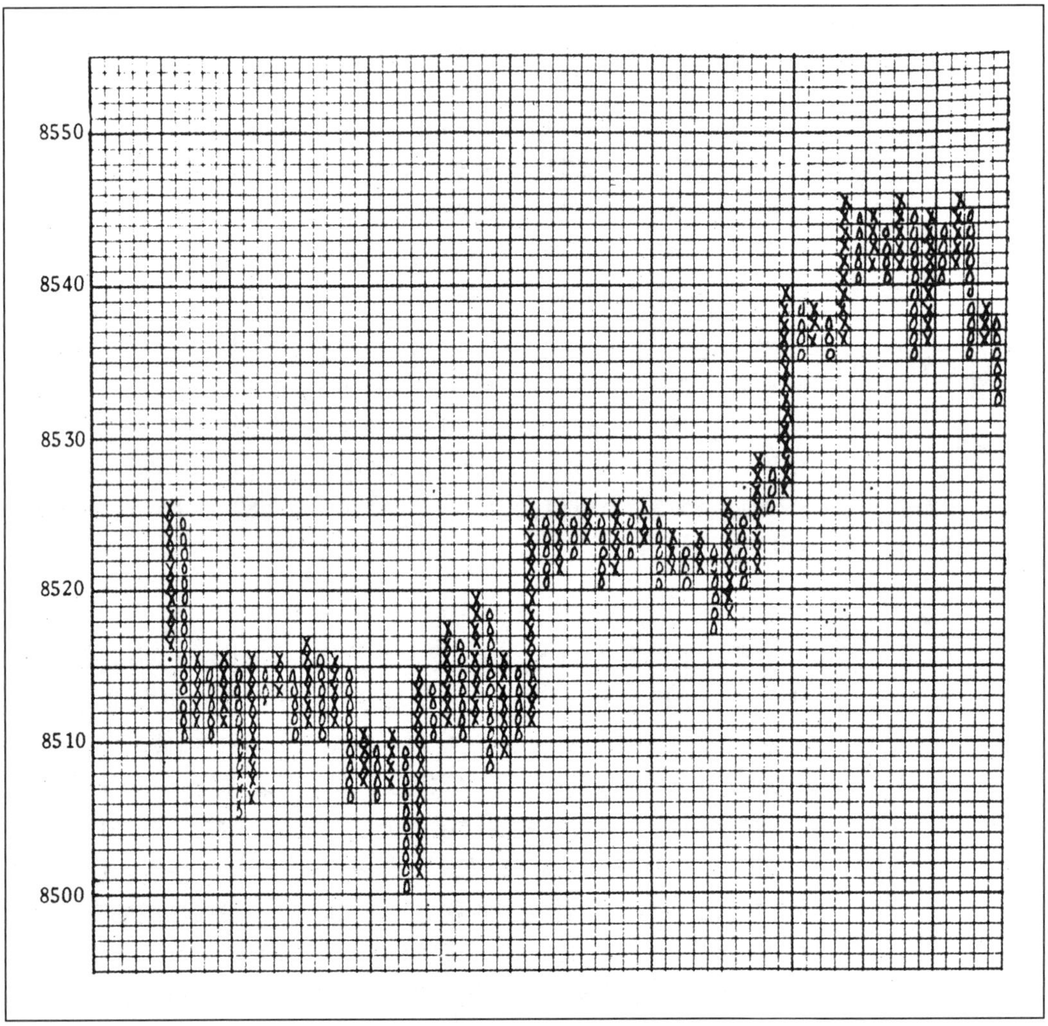

图 11.5　棉花的 1×3 日内点数图。这类极灵敏的图表只能覆盖半天的交易活动。很可能太灵敏了，因而没有什么实用价值。请注意，对于我们研究很短期的市场行为来说，这里提供了极其丰富的细节资料。

了图表最右边了。虽然画到这里你可能已经忙活半晌了，但是这其实还只是这一天的交易活动的一半。事实上，上图结束的时间差不多是中午 12 点。而这一天还有三个小时的交易呢。显然，这种 1 点图表实在太灵敏了。

图 11.6 采用了与上例完全一样的数据，但这里每点取值为 2 个价格点。我们可以直接根据上面的 1 点图来作这张 2 点图，当然也可以用那组数字从头来。第二张图的转向规定也是三点，不过这里相当于 6 个价

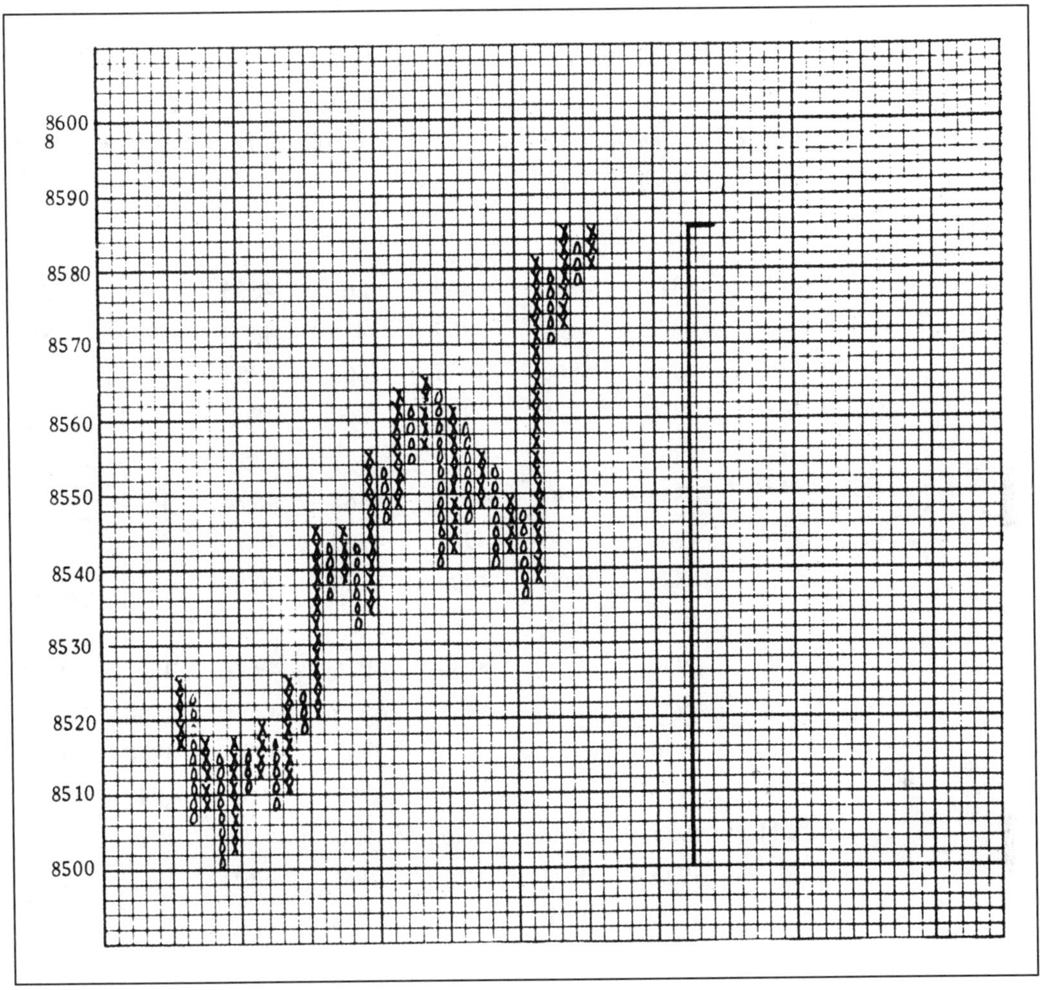

图 11.6 本图与图 11.5 内容相同,也是棉花合约的点数图,但这里每点(格)取值为 2 个价格点。注意,本图通过对每点取值的调整,包含了全天的交易情况。请把点数图所表示的价格变化同右侧表示当日最高、最低、收市价的竖直线段比较一下。注意,在日线图上,丧失了很多细节资料。

格点,因此,滤掉了许多弱小的"噪音",图形更小,也更易操作。图 11.6 显示了当天全天的交易活动。我们在点数图右边作出了当日的价格在日线图上的价格线段,请注意比较。在这条价格线段上,只体现出了当日的最高价、最低价和收市价,而在其点数图中却包含了那么多的价格资料。看,这一天里的价格密集区、支撑水平和阻挡水平现在一目了然。那么,点数图为什么在场内交易商中间如此流行,这下就很清楚了。在日线图上,根本别想获得这样高的精确度。如果我们仅仅依赖日线图,就将丧失大量的重要价格资料。

以上我们介绍了三点转向点数图的画法。现在我们再来看看一点转向的情况。下列数字是瑞士法郎期货合约 9 天的价格资料。作图时,我们把每点取值设为 5 个价格点。因此,向反方向变化达到 5 个价格点以上的动作都可以显示出来。

4/29	4875	4880	4860	4865	4850	4860	4855
5/2	4870	4860	4865	4855	4860	4855	4860
	4855	4860	4855	4865	4855		
5/3	4870	4865	4870	4860	4865	4860	4870
	4865						
5/4	4885	4880	4890	4885	4890	4875	
5/5	4905	4900	4905	4900	4905		
5/6	4885	4900	4890	4930	4920	4930	4925
	4930	4925					
5/9	4950	4925	4930	4925	4930	4925	4935
	4925	4930	4925	4935	4930	4940	4935
5/10	4940	4915	4920	4905	4925	4920	4930
	4925	4935	4930	4940	4935	4940	
5/11	4935	4950	4945	4950	4935	4940	4935
	4945	4940	4965	4960	4965	4955	4960
	4955	4965	4960	4970			

图 11.7a 是最后得出的图形。我们从图的左侧开始。首先,本图价格轴的安排,已经体现出了每点取值为 5 个价格点这一要求。

第 1 列:在 4875 标一个记号。因为下一数字为 4880,上升了,所以我们填入 X 符号。

第 2 列:下一个数字是 4860,因此我们向右另起一列,从 4880 往下一格起,向下画"O",一直填到 4860。

第 3 列:第三个数字是 4865。我们向右另起一列,向上移动一格,在 4865 画"X"。且打住。到此为止,我们在第 3 列上仅仅画了一个"X",因为价格只向上推升了一点(即 5 个价格点)。在一点转向图上,我们必须在每列至少填满两格。请注意,下一个数字是 4850,要求另起一列画"O",直到 4850 为止。那么,我们就这样画吗?不行。因为这么一来,在第 3 列中就只能有一个

X 点。因此,我们就在第 3 列,把上端单独地以“X”开始,然后向下到 4850 都画上“O”。

第 4 列:接下来的数字是 4860,我们向右另起一列,从 4850 向上移一格,然后向上画“X”到 4860。

第 5 列:然后是 4855。因为这个价格是向下的变化,所以我们到下一列,从 4860 向下移一格,画“O”。注意,从数据表上看,这是当天的收市价。我们再往后看一列。

第 6 列:5 月 2 日开始的价格是 4870。到此为止,在第 5 列中也只有 1 个“O”。但是每一列都必须至少有两个符号,因此,我们在其中要再填入“X”,到 4870 为止(因为这一价格上升了)。但请注意,我们把前一天的收市价格涂掉了,这就是我们前面说的为了便于识别时间而作的记号。把每天的收市价都涂黑,我们就很容易追溯各天的交易情况了。

为了进一步了解制图程序,朋友们不妨继续对照下去。请注意,在本图中,有好几列“X”和“O”并存。这种情况只会出现在一点转向的点数图上,这是由每列必须至少有 2 个符号的要求所引起的。“纯粹家”们或许对并用“X”和“O”很有些腹非。然而经验表明,通过这种方式,我们很容易追踪价格变化的次序。

图 11.7b 与图 11.7a 采用的是相同一组数据,但这里改成了三点转向规定。注意,这张图表具有浓缩的特点,丢掉了不少资料。一点转向图表通常只适用于非常短期的活动,而三点转向图表则适合研究中等趋势。至于五点转向图表,因为其浓缩力更强,所以一般适用于长期趋势的研究。三种点数图作图的顺序正如上述,是从一点转向图开始的。三点转向图和五点转向图可以直接根据一点转向图作出来。显而易见,我们是不可能从三点转向图或五点转向图作出一点转向图的。

价格跳空

按照传统的做法,点数图不考虑价格跳空。在两个相继的价格之间,所有的空格都要填上相应的符号。但是,也有人在点数图上留出价格跳空所对应的空白。虽然这种做法不符合严格的绘图规则,却也可能是一项改进,因为价格跳空也能形成重要的支撑和阻挡水平。如果我们能够从点数图上知道它们的位置,那当然是大有益处的。

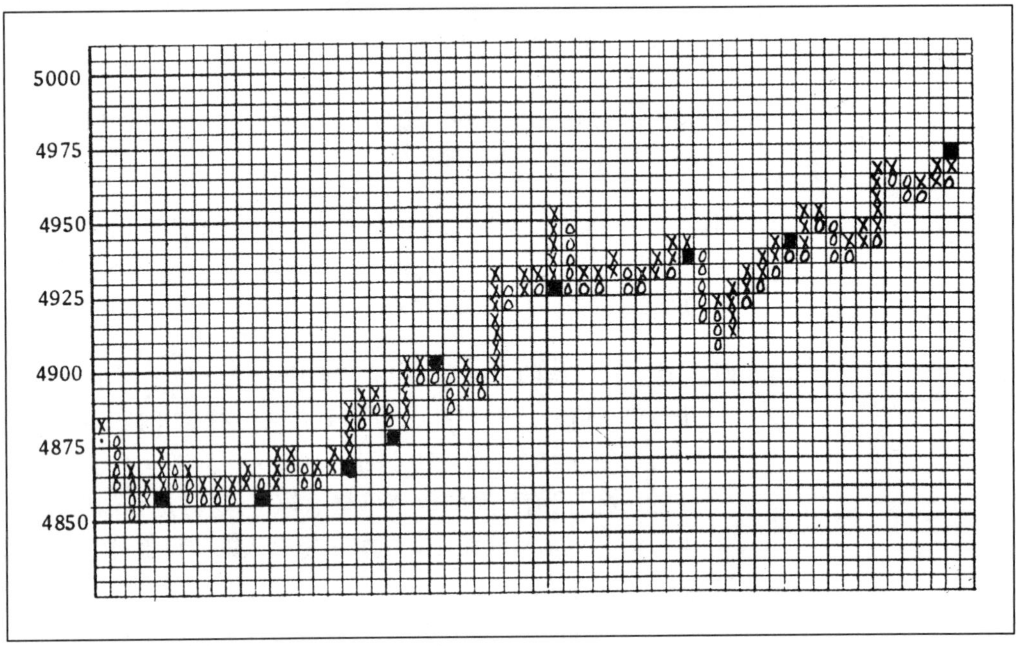

图 11.7a　德国马克合约的 5×1 点数图。涂黑的格子代表每天的收市价格。

图 11.7b **和** c　下图中，左面的点数图与图 11.7a 内容一致，但采用了三点转向规定。请注意其浓缩特点。右面的点数图更进一步，采用了五点转向规定。

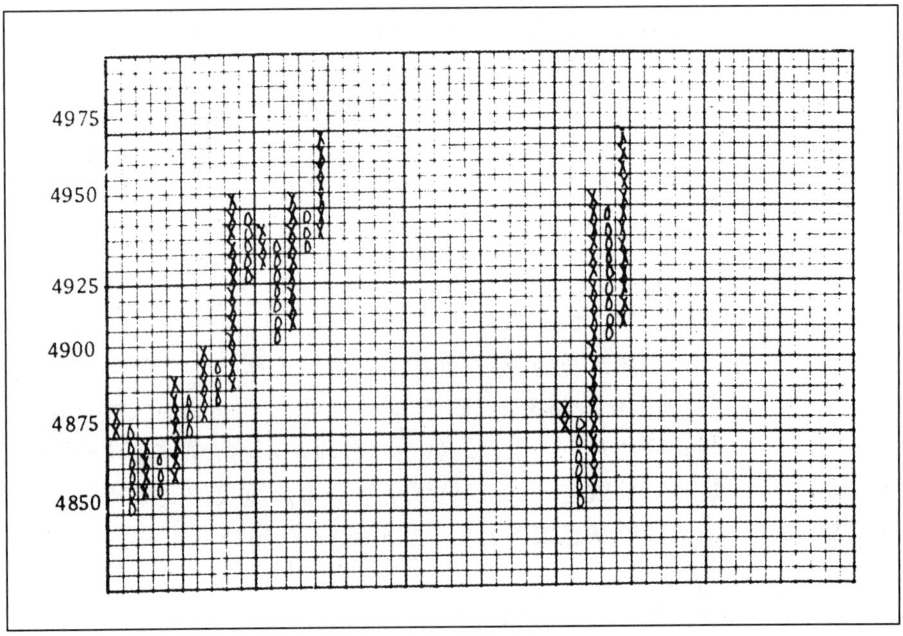

时间记号

图表师可以随自己的方便作时间记号。我们可以用一个字母表示每月的头一个价格。例如,用"J"代表1月,或者用"F"代表2月,这样就便于追溯年月日期。在新的一年开始的时候,可以在相应的列对应的图表底部标出年份(如1985)。当然这些时间记号仅仅是个参考,与图表本身的意义甚少关联。我个人喜欢采用这些标记。

密集区分析

日内一点转向点数图具备一个惊人的长处,即显示重要的价格密集区。所谓密集区,就是在一段时间里,价格水平(横向)伸展,从图上看,其轨迹介于清晰的区间之中。事实上,揭示价格密集区的能力,也许是点数图最有价值之处。

密集区分析有很多妙用。不过,其主要目的是帮助分析者预先确认价格突破的方向。比如,在上升趋势中,密集区既可能只是上升趋势的喘息之机,也可能构成反转形态,发出向下反转的主要趋势性信号。关键是要尽早弄清楚这两种差别。那么,我们除了进行点数图的形态分析之外(稍后就要讲到),也可以从密集区本身找出一些线索。

有一条经验最要紧,那就是要搞清楚在密集区中交易活动最多的部位。如果大多数"O"和"X"都接近交易区间的顶部,那就意味着市场上供给充裕,可能代表着消散(卖出)的机会。如果交易活动集中在区间的底部,就可能代表着积聚(买进)的机会。同时,朋友们还应记住,如果密集区的长度足够大,那么其中最近发生的交易活动具有更重的分量。这就是说,如果早先的交易活动接近区间的顶部,而最近的交易活动接近底部,那么本形态说到底还是看涨的,而不是看跌的。

横向数列法

日内一点转向点数图还有一个主要的长处,它能够通过横向数列法得出价格目标。在我们讨论线图及其价格形态时,曾讨论过价格目标问题。但是,在线图中计算价格目标的方法,实质上全部是以垂直测算原则为基础的。就是说，我们先要测出形态的高度（波动幅度），然后向上或向下垂直地投射相等的距离。举个例子，在头肩形态中，我们先测算出从头部到颈线的竖直距离，然后从颈线上的突破点开始顺势投射出相等的距离，就得到了价格目标。

点数图可以横向测算

横向测算方法的理论前提是，密集区的长度同价格突破后的运动幅度之间存在直接的联系。如果由密集区构成了底部形态，那么我们就可以对突破完成后的市场潜力做一番估计。这么一来，一旦新的上升趋势形成，我们就可以用对密集区横向测算的结果来验证原有的垂直测算结果（图 11.8）。

进行横向测算的目的在于找出形态的宽度。要知道，我们这里讨论的是日内一点转向点数图。对于其他各类图表，应当对本方法做适当的修改，这一点放到后面再讲。一旦我们确认了顶部或底部形态，就可数出形态本身的列数来。例如，如果它有 20 列，那么向上或向下的价格目标就是在从测算点起 20 个格子开外。关键在于确定从哪条线开始起算。有时这个问题容易解决，有时却困难得多。

通常，在我们横向数列的时候，大多是沿着密集区的中分线进行的。或者说得更具体些，密集区内的水平直线总会与许多列的符号相交，也可能在某些列上碰不上符号，而碰上空格，我们应当选用那条碰到空格最少的直线来计算列数。换句话说，该直线碰上的符号数最多。找出这样的直线后，就可以数列了。重要的是，我们必须把密集区内所有的列都算上，即使是直线遇上空格的列也不应该漏过。得出密集区的列数后，我们就从这条直线开始，向上或向下投影出去，以求得价格目标。

有些分析者借助圆规来寻找价格目标。把圆规的一只脚放在密集区的最右边做圆心，然后以密集区的宽度为半径，向上或向下画一条圆弧。如果图形比较宽，我们就有可能找出好几种价格目标来。从密集区的最右侧开始，我们把圆心沿着密集区内逐次向左侧挪动，分别按照相应的半径画弧，就作出了近期、中期和远期价格目标。

我们曾说过，一旦新的趋势出现了，先前出现的密集区就可以用来验证最初的数列的结果。比如在上升趋势中，我们既可以用沿直线数列法，也可以用一把圆规从各个密集区中推算出上方的价格目标。我们可以用这些后来求出的结果来验证当初从底部或顶部形态中得到的价格目标。朋友们必须牢记，上述数列方法只是对市场潜力的一种大致的推算，这一点很要紧。如果我们以为底部宽度和未来的市场运动幅度之间存在着一一对应的关系，那是不现实的。我们的主要目的是

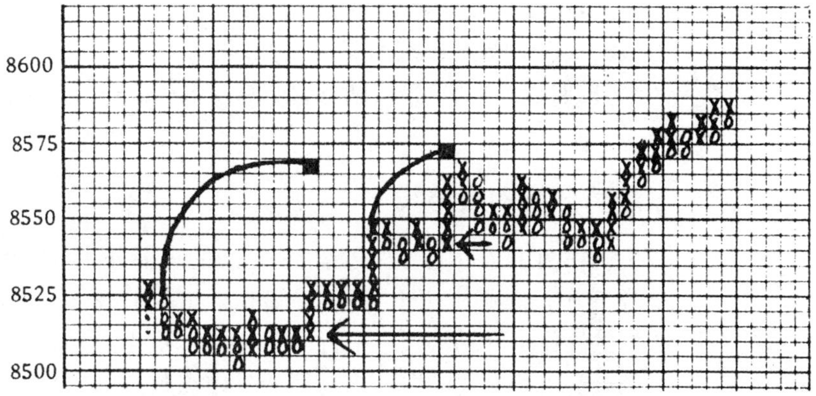

图 11.8 通过横向数算水平密集区内的列数，可以获得其价格目标。密集区越宽，则目标越远。

在价格突破后，能够通过估算价格目标，判明这场突破到底只是小动作、还是大有潜力的重要端倪。

价格形态

我们也可以从点数图上识别价格形态。从基本结构上说，这里的价格形态与线图类似，但其中也有些区别。例如，线图上的某些常见的形态——如价格跳空，旗形，以及三角旗形——在点数图上是找不到的。因为日内点数图上有较大规模的密集区，所以它的价格形态也有所不同。图 11.9 展示了点数图上最常见的几类反转形态。我们可以看出，它们同前面我们讲过的线图上的形态并无太大不同。

这里的大多数形态属于双重和三重顶、底，头肩形，V 字形，Λ 字形，圆形底、顶等，以及它们的变体。在点数图的词汇中，"杠杆支点"这个术语出现得不少。概括地说，"杠杆支点"是指一个界定分明的密集区，它发生在市场完成了一次重要上升或下降运动之后，是市场搜集筹码性质的底部形态或者派发筹码性质的顶部形态。如果它出现在底部，那么该区域的下边界就被市场不断地向下试探，当然，其中也夹有市场的试探性上冲。这里的"杠杆支点"的外形经常与双重或三重底极相似。当价格从该密集区的顶部向上突破后，这个底部形态就完成了。

那些具备显著的横向区间的反转形态，相当便于我们进行目标测算。相反地，因为 V 形底不具有明显的横向价格区间，所以要横向数列是不可能的。在图11.9中,涂黑了的小格子代表买卖入市点。等到后面我们才讲到交易策略的问题。但是这里请朋友们注意,这些入市点一般出现在市场重新试探支撑区(在底部)或者重新试探阻挡区(在顶部)的时候,以及价格区间的突破点以及趋势线的突破点的位置上。

趋势分析和趋势线

在图11.9中,趋势线是价格形态的一部分。日内点数图的趋势线分析方法同线图相同。我们沿着相继出现的谷作上升趋势线,沿着相继的峰作下降趋势线。平行的管道线也可以应用如常。前面关于线图的趋势线所交代的内容均适用于日内点数图的分析。不过,对于下一章讲到的变通点数图来说,情况就不同了。在变通点数图上,我们采用45°倾角的直线,并且其画法也是两样的。

基本趋势分析的概念也适用于点数图。在点数图上,所谓上升趋势也是一系列依次上升的峰和谷。当价格无力涨至或超越前一个峰值时,通常构成当前趋势发生变故的第一个警讯。相应地,在下降趋势中,如果价格无力跌至或越过前一个低谷,也构成可能出现底部过程的第一个警讯。所有的有关理论均适用于点数图分析。

支撑和阻挡

在我看来,点数图最大的长处就是便于识别支撑和阻挡水平(或区域)。下面,我们就以这方面的讨论来结束这个部分。横向伸展的价格密集区是交易活动最频繁的地方,因而正是强大的支撑和阻挡区所处的位置。在以前关于支撑和阻挡的讨论中,我们曾指出,价格在一定的区域停留的时间越长,则在此处发生的交易活动越多,从支撑作用和阻挡作用的角度来看,该区域也就越重要。线图当然有助于识别这种区域,但是其中丢失了很多资料。点数图不但能够显示这些区域的位置,而且能够表明在相应的区域到底发生了多少价格活动(交易量)。

举例来说,在上升趋势中,正确的交易策略是在市场跌近支撑水平时买进。但是何处是支撑呢?点数图就能够以其独特的方式表明潜在的密集区的位置,而这种方式在线图上实际上是做不到的。在上升趋势中,过去的密集区是以后价格下挫时的支撑区。在下降趋势中,先前的密集区在之后价格上冲过程中,将起到阻挡作用。

如此一来,选择时机的工作就简便得多了。从图11.5到11.8,都是很短期的(1天到9天)的日内价格图表。每当我们决定入市或出市的时候,为了准确地找出最佳的出、入市机会,就必须运用这些极灵敏的图表。借助它们,我们可以进行微观的市场研究,因而能够显著地改

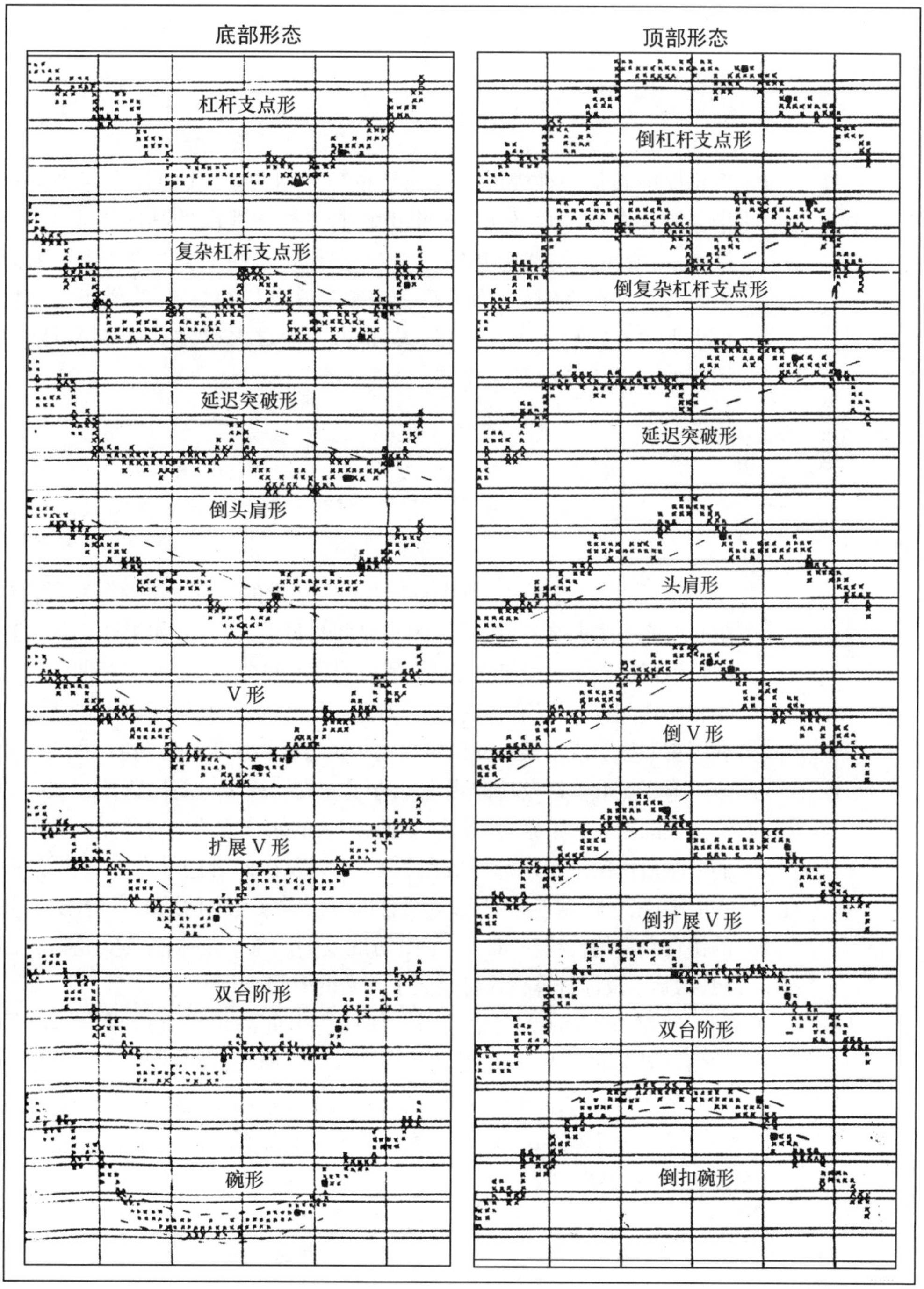

图 11.9 反转形态(Source: AleXander H. Wheelan, Study Helps in Point and Figure Technique [New York, NY: Morgan, Rogers and Roberts, Inc.,1954] p.25.)。

善交易成绩。

止损措施

稳妥地设置止损指令是商品交易成功的最关键的因素之一。保护性止损措施是一种极可取的交易技巧。问题是，我们到底应当把止损指令放置在什么水平上。如果把它们安排在线图的某些位置上（如支撑水平、价格跳空或趋势线下方），有时候这些地方过于显眼，因而相当脆弱。在很多时候，为了符合线图上好点位的要求，我们不得不把止损水平放在距离入市水平过远的地方。而日内点数图能够提供距离更接近的也更不惹眼的止损点。

结　　语

最后，我们就日内点数图提出几点一般性的评论。这种短期图表在场内交易商中间大受青睐，其原因是显而易见的。然而，如果我们认为这种技术仅仅适用于极短期的交易，那就错了。诚然，本技术在短期的领域中很有功效，但是，我们可以把点数图应用于任何时间尺度之下。我们可以利用它来显示成年累月的价格变化。在进行长期市场分析时，我们只要修改一下每点取值以及转向规定就行了。我们甚至也能构造延续数年的连续点数图图表。不论时间尺度如何，图表的研读方法本身总是一致的。我们可以自作主张的是选择数据的方法，以及按照哪些月份采集连续资料。一般来说，在构制连续图表时，最佳的分析对象是最活跃的月份（具有最大的持仓兴趣的合约）。话说回来，对朋友们的惟一的限制其实是你自己的想像力，以及你打算在这种图表上花费的时间。

经常有人问起，究竟应当如何在各个商品市场上选择合适的每点取值以及转向规定。在很大程度上，这要看我们构图的目的以及对灵敏度的要求。朋友们必须通过尝试比较，来选出适合自己的参数。在下一章，我们要讨论每点取值以及转向规定的问题（包括优化问题），以改进点数图的效果。

从哪里取得点数图及有关数据

自从 1978 年摩根・罗杰斯和罗伯茨公司关门后，我们就很难得到必要的日内价格资料了。不仅如此，我们甚至也找不到现成日内点数图的服务项目。幸亏后来的情况有所好转。自 70 年代早期开始，只有 ADP 康川视觉系统提供日内价格和图表。但是这种系统大多为经纪公司所拥有，对个人交易商来说，成本太贵了(图 11.10)。

最近，其他信息机构在点数图上也做了许多工作。例如，市场透视公司已经开发出了精美的日内点数图服务，其符号颇合传统，也是“X”和“O”。其中，不同的交易日交替地使用黑色和绿色显示，从而极大地提高了视觉效果。另外，这种图上也能显示价格跳空(图 11.11)。

夸春期货图表公司的图表服务更新潮，它是惟一用书面形式发送日内图表的资讯公司。说这么多，无非只有一个意思，虽然日内资料到今天为止也还不容易得到，但这方面的问题已经日益引起注意了。我强烈地感觉到，已经有越来越多的交易商了解了日内点数图的潜在价格，因此它即将卷土重来(图 11.12 到 11.14)。

无论如何，如果你对日内点数图既无兴趣，也没有时间一步一趋地作图，又得不到必要的日内价格资料的话，请不要泄气。我们也可能根据报纸上的价格资料，获得点数图的某些好处。虽然在这种变通的办法里，我们要丢失一些东西，但还是能够保留其中大部分特色。想知道个中奥妙吗？请看下一章。

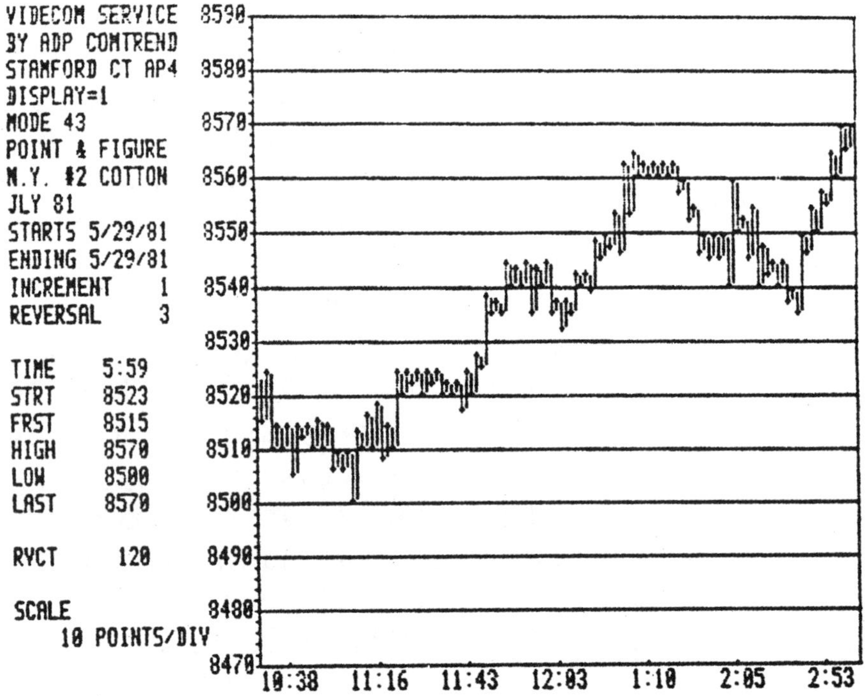

VIDECOM SERVICE 5/29
BY ADP COMTREND
STAMFORD CT AP2
DISPLAY=1
MODE 45
POINT & FIGURE
N.Y. #2 COTTON
JLY 81
STARTS 5/29/81
ENDING 5/29/81
INCREMENT 1
REVERSAL 3

TIME 5:59
STRT 8523
FRST 8515
HIGH 8585
LOW 8500
LAST 8585

RVCT 130

8515	8525	8510	8515	8510	8515	8505	8515
8512	8515	8510	8516	8510	8515	8506	8510
8506	8510	8500	8514	8510	8517	8510	8519
8508	8515	8510	8525	8520	8525	8522	8525
8520	8525	8522	8525	8520	8523	8520	8523
8517	8525	8520	8528	8525	8539	8535	8538
8535	8545	8540	8544	8540	8545	8535	8544
8540	8545	8535	8538	8532	8538	8535	8543
8540	8543	8539	8549	8545	8550	8547	8554
8546	8563	8553	8565	8560	8563	8560	8563
8560	8563	8560	8563	8557	8560	8552	8555
8546	8550	8545	8550	8545	8550	8540	8560
8550	8553	8545	8555	8540	8548	8542	8545
8540	8545	8537	8540	8535	8550	8546	8555
8550	8558	8555	8565	8560	8570	8565	8570
8566	8575	8570	8580	8570	8580	8575	8585
8577	8585						

图 11.10 本图展示了从 Videcom 系统中获得的点数图的类型。注意,图中以箭头代替了“X”和“O”。对应于点数图的日内价格数据可以显示在屏幕下部,以备手工绘图之用(Source: Automatic Data Processing, Inc., Comtrend Division, Stamford, CT.)。

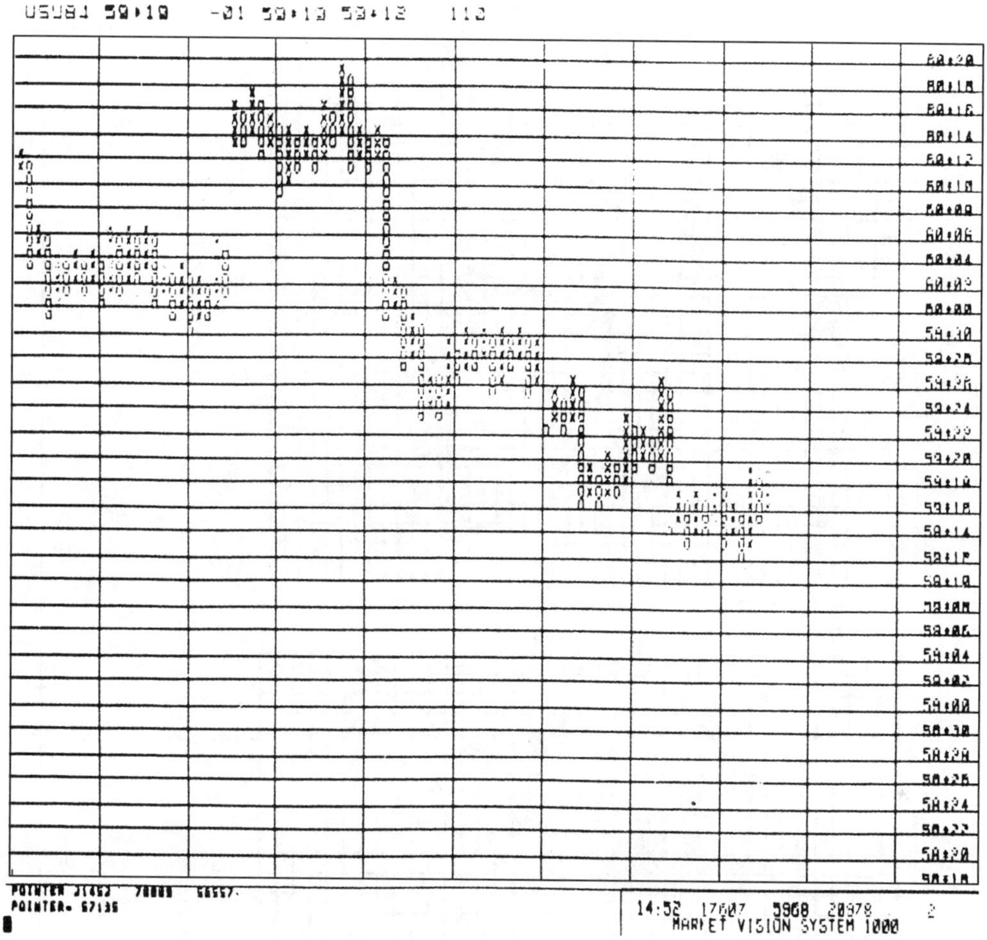

图 11.11 利用 Market Vision 系统作出的日内点数图。注意,这里采用了传统的"X"和"O"符号点。还请注意,本图左上部有一个大规模的价格跳空,发生在两个交易日之间。本图显示了 9 月长期国债合约的 5 天的交易活动。在实际的屏幕显示下,该系统通过绿色和黑色来交替显示各天的价格变化(Source: Courtesy of Market Vision Corporation, New York, NY.)。

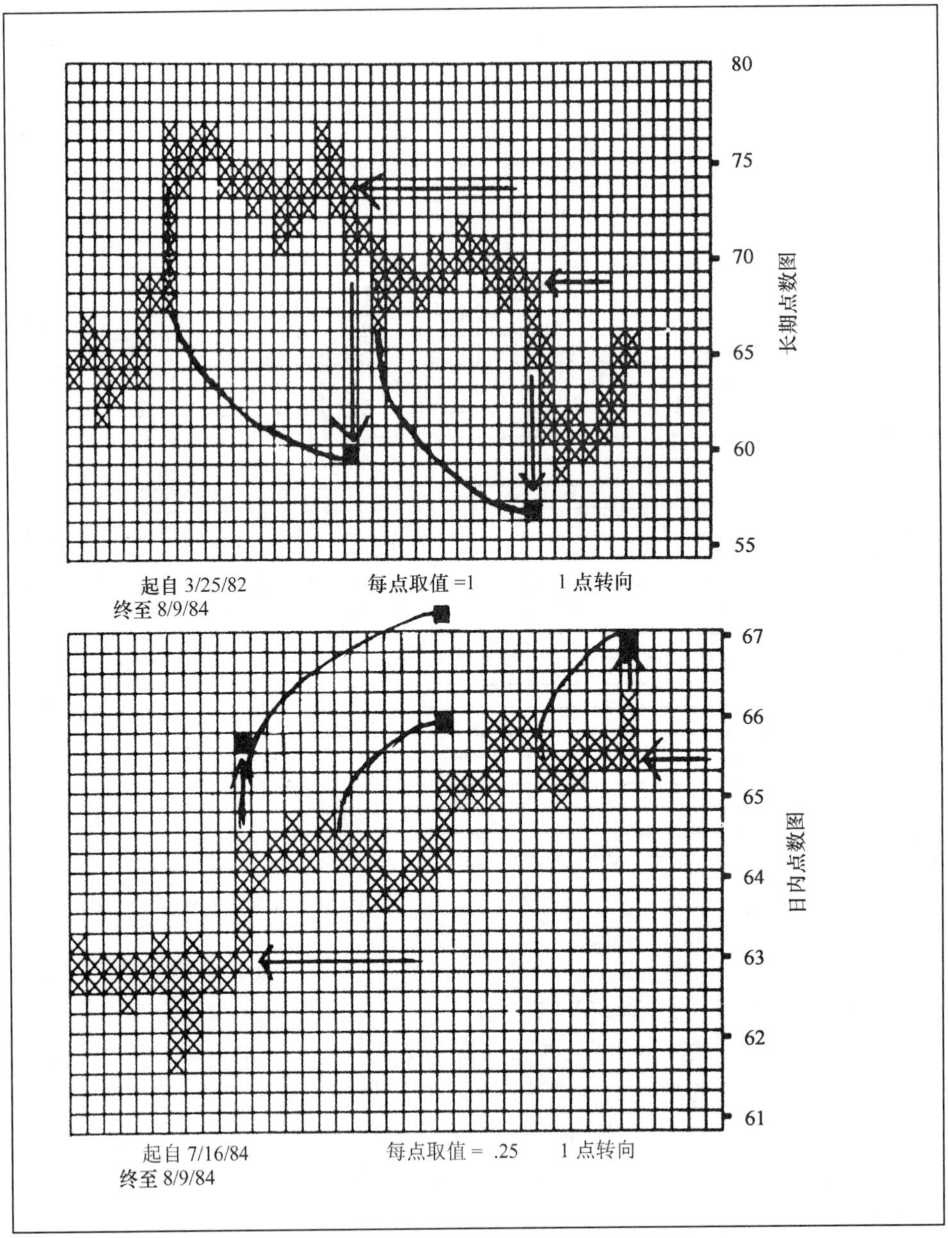

图 11.12a 和 b 上图为 9 月长期国债的长期点数图。如果把每点取值设为一个较大的价格数值,则可以在本图中容纳 2 年以上的价格变化。请注意其中的水平区域,以及通过横向数算技术获得的下方的价格目标。下图较为灵敏,其中每点取值为 8 个价格基点。请注意这里的明显的水平区间,以及横向数算技术的应用(Source: Courtesy of Quotron Futures Charts, Racine, WI.)。

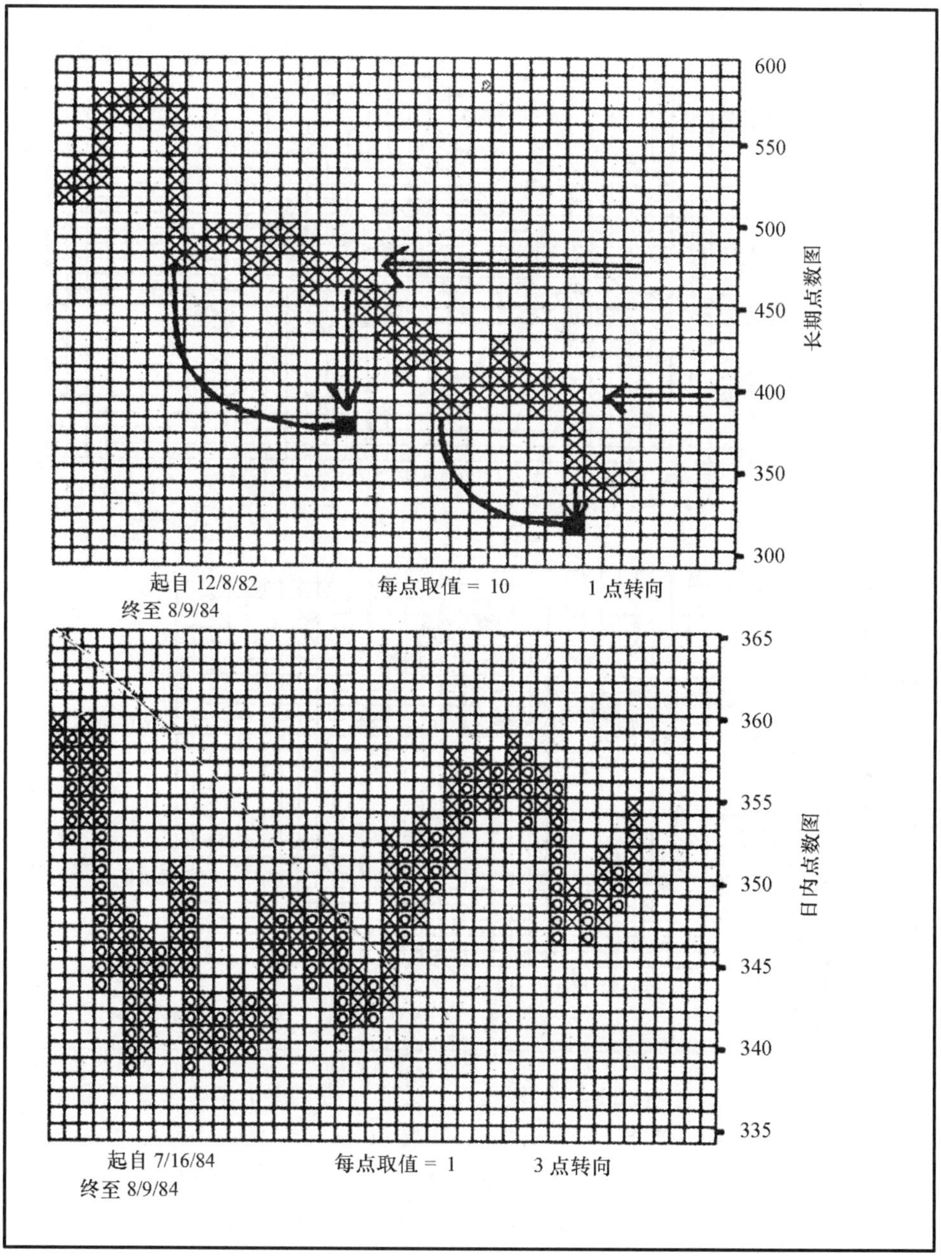

图 11.13a 和 b 上图表示了黄金价格的将近 2 年的下跌过程。每点取值 $10。注意图中在水平区间处横向数算技术的应用。下图较为灵敏,每点取值为 $1,三点转向。本图覆盖了约 1 个月的价格变化(Source: Courtesy of Quotron Futures Charts, Racine, WI.)。

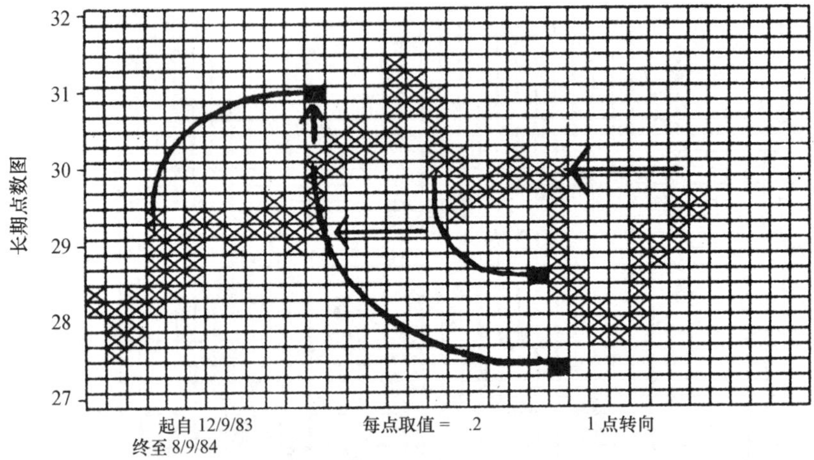

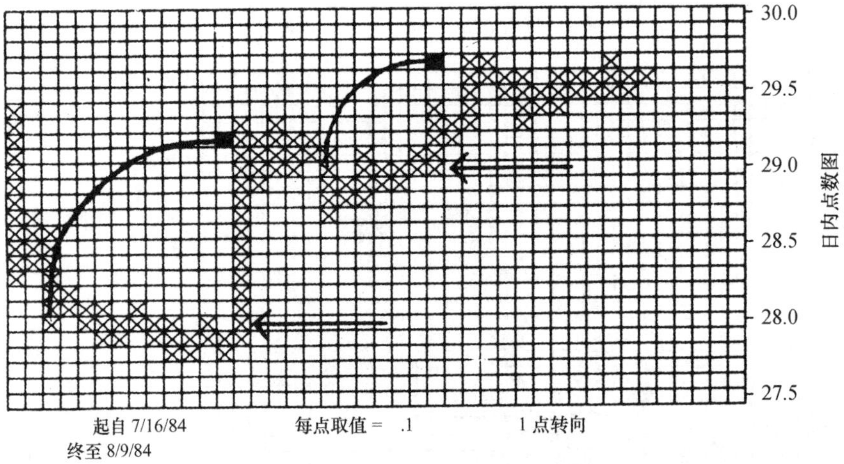

图 11.14a 和 b 上图展示了原油合约将近 1 年的价格变化。注意其中横向数算技术的应用。下图只覆盖了 1 个月的价格变化。下图每点取值为 0.1 美元,而上图每点取值为 0.2 美元。注意,下图灵敏得多(Source: Courtesy of Quotron Futures Charts, Racine, WI.)。

第十二章　三点转向和优化点数图

引　　言

1947年，A·W·科恩发表了一本关于点数图的书《股市时机抉择》。次年，该书易名为《点数图交易法》(同一年，查克纳每周图表服务也开通了)。此后，该书一再修订再版,并且收进了商品和期权的有关内容。现在这本书的名字是《怎样使用三点转向点数图法进行股票交易》，软面装帧，查克纳公司出版。本书是关于三点转向点数图技术的经典之作，其中介绍了只用报纸上的价格报告来制作点数图的办法。

原先的一点转向法需要日内价格资料才能制作出来。三点转向法是对一点转向图的压缩,主要是针对中期趋势分析的。科恩认为,既然在股票价格上每天一般很少出现三点转向的情况,那么,在我们构造三点转向图时,也就不必采用日内价格。因此,他决定只选取每日的最高价和最低价,而这些资料在大多数金融报纸上都是常备的。这么一变通，就极大地简化了点数图技术，从而一般交易者也能用得上它了。这也是查克纳图表系统的基础。

三点转向图的画法

这种图表的构造方法相对简单些。第一步，我们先按照日内点数图的办法设置好价格轴。在查克纳图表服务中，有现成的图表，其中每点取值、价格轴都是现成的。在这里，也是用"X"表示上升，"O"表示下降，两种列交替出现（图 12.1）。

我们只需要每天的最高价和最低价，就能画出这些"X"和"O"来。如果在开始画图时，前一列为 X 列（表示价格上涨），那么我们就看当日的最高价。要是当日的最高价要求我们再填上一个或几个 X 符号，不妨照办。这样，当日的图表就画好了。请记住，直到当日最高价为止，所有该填的空格都不可漏过。其中最高价的零头应忽略不计。下一天，我们仍然只看最高价，只要它持续出现新高，并且允许我们在本列至少添上一个"X"，那么我们就重复上面的程序，照填不误，而不考虑各日的最低价。

迟早有一天，当日的最高价同前一个 X 列相比，不够加一个"X"。这时，我们就要看当日最低价了，看看它是不是够得上三点转向的要求。如果足够了，就向右移到下一列，从原位置往下一格起，直到这个最低价的位置，统统填上"O"，表示价格下跌。因为现在我们处于下降的列中，所以次日我们就先看其最低价，看看能不能继续画"O"。如果至少能添一个 O，那就加上。仅当某日的最低价连添加一个"O"都不足够的时候，我们才重新考察这一天的最高价，看看它是否满足向上的三点转向要求。如果满足，则移到下一列，开始新的 X 列。

也有些日子用不着画图。只要当日的价格区间不大，一方面，其上边（或下边）不足以在当前列上添上与当前列一样的符号点，另一方面，另一边又达不到三点转向要求，那么我们就省事了。请记住，点数图的目的是记录纯粹的价格变化，而不考虑时间因素。同时，对于同一天，我们切不可既画"O"又画"X"。如果这样做，就不恰当了。在同一天里，我们要么画"O"，要么画"X"，不能两个都画。

最后这一点给我们带来了一个有趣的两难问题。例如，要是有一天，其最高价够得上再添一个或几个"X"，而最低价又够得上向下的三点转向要求，我们该怎么办呢？这种现象通常出现在价格大范围地波动的反转日里，开市时价格上涨，后来价格却急剧下跌。在这种情况下，照规矩，我们应当作"X"，而忽略当日的最低价。然而这样一来，交易者就

图表释义

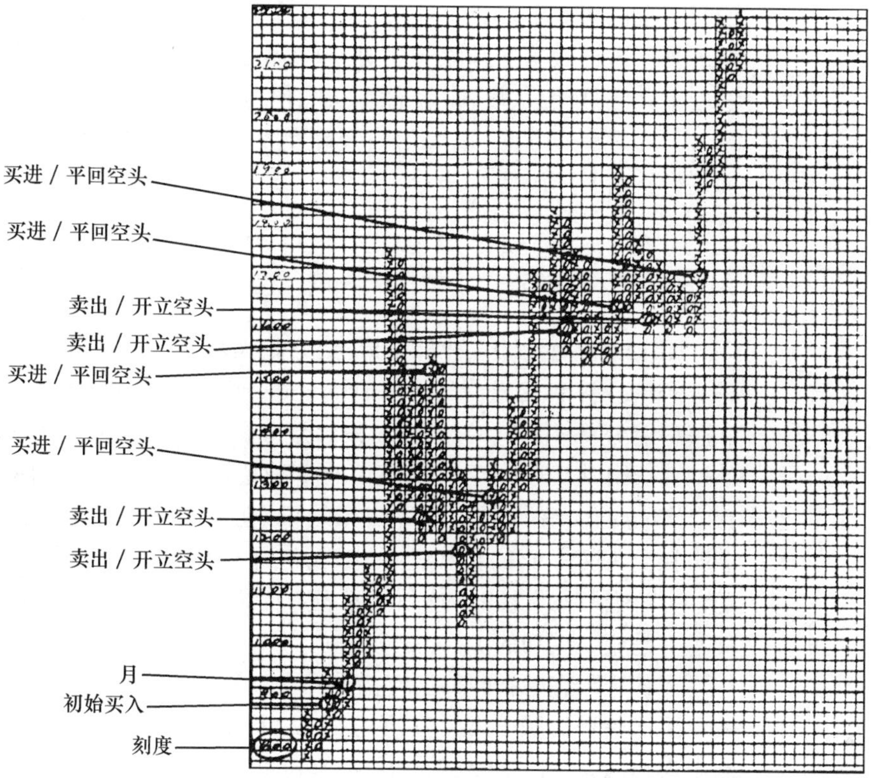

点数图技术

买入信号——发生在某个X列向上超过前一个X列一个"X"以上时。因为我们可以先行预期这一价位,所以可以采用在该买入点设置止损指令的方法入市开立头寸。

卖出信号——发生在某个O列向下跌过前一个O列一个"O"以上时。

平回空头点——与买入信号价位相同。因为此点也可以被事先确定,所以能够相应地设置止损指令。

平回多头点——与卖出信号的价位相同。

交易指令——因为所有的入市点和保护性止损点均可事先确定,所以,相应的入市和出市指令也都可以预先设置好。不过要注意,这些点位可能发生变化,因此,对所有指令我们均应时常地检查和调整。

传统的入市信号——跟在一个或多个卖出/开立空头信号之后的第一个买入信号,或者跟在一个或多个买入信号之后的第一个卖出信号。

看涨——如果最近绝大多数信号均为买入信号,则应看涨,且保持看涨,直至卖出/开立空头信号出现。

看跌——如果最近绝大多数信号均为卖出信号,则应看跌,且保持看跌,直至出现买入信号。

反扑——如果预期市场突破之后会出现反扑,那么就不在突破信号发生时立即入市,而是在其后等价格回撤到信号点时再入市。这一策略风险较低。

逐日图表的刷新

如果当前列为X列,则首先看当日的最高价。如果当日最高价允许我们再添加一个或多个"X",则照画,而不考虑当日最低价。当且仅当不能再添"X"时,才看当日最低价,判断是否出现了转向的情况。如果没有,则无需更动图表。

如果当前列为O列,则首先看当日的最低价。如果当日最低价允许我们再添加一个或多个"O",则照画,而不考虑当日最高价。当且仅当不能再添"O"时,再看当日最高价,判断是否出现了转向的情况。如果没有,则无需更动图表。

同一天不可以既画"O"又画"X"。从每日情况看,要么续画当前列;要么转向,另画下一列;要么不作任何更动。

图 12.1　三点转向点数图示例(Source: Courtesy of Chartcraft, Inc., Larchmont, NY.)。

不得不放弃这个可能构成反转信号的重要信息。处于这种局面,朋友们只好自己抉择了。我们可以先给当前列添上"X",再作新的三点转向的列。这样做虽然有悖于规则,却有益于交易。我个人对这种情况的处理办法是,服从规则,照章添"X",但在下一列画上一行小点儿(不是X点也不是O点),以表示当天确实发生了显著的向下反转现象。朋友们不妨各随己便。

图表形态

图12.2例示了16种价格形态,它们是此类点数图中最常见的8种买入信号,8种卖出信号。罗伯特·E·戴维斯在1965出版了《利润和获利能力》一书,其中对这16种信号分别进行了测试。戴维斯采用的资料选自从1914年到1964年的2种普通股票,以及从1954年到1964年的1100种股票。毫不夸张地说,他的结果令人耳目一新。从多头和空头两方面的模拟记录来看,其中80%以上的交易都是盈利的,平均盈利率为25%。这项研究表明传统的点数图技术在普通股的交易中是相当成功的。

在各个形态中,最常见者(盈利率为56.9%)为B—2,上升底中的简单买入信号。居于第二位的是S—2,下降顶中的简单卖出信号(盈利率为56.4%)。在买入信号中,"盈利率"(盈利次数所占的百分比)最高的是B—3,三重顶中的突破信号,达到了87.9%。在卖出信号中,与之对应的是S—3,三重底中的突破信号,其盈利率甚至更胜一筹,达93.5%。此后,戴维斯还对商品市场也进行了有关的研究,在后面谈优化问题时我们再说。

现在我们就来看看这些形态。右面一列,从S—1到S—8,都是左侧第1列各形态的镜像,所以我们集中讨论买入信号这一边。头两个信号,B—1和B—2,都属于简单形态。在这些简单的看涨买入信号中,总共只需要三列,其中第二个X列比第一个X列高出了一格。B—2与B—1大体相似,差别仅仅在于这里有四个列,其中第二个O列的底高于第一个O列的底。B—1显示的是简单的向上突破阻挡的信号,B—2中也具备同样的突破信号,但同时兼有底部上升的看涨特点,因此,B—2形态比B—1稍稍坚挺些。

第三个形态(B—3),是三重顶中的突破信号。由此往下,都属于复杂形态。注意,在每个复杂形态中都包含了上述简单的买入信号。同时,越往下面的形态,信号越强。对三重顶中的突破信号来说,强就强在它共涉及五个列,其中两个X列的顶都被向上穿越了。请记着,底部形态越宽,则后来市场上涨的潜力越大。下一个形态(B—4)是上升三角形顶的突破信号。因为它的底和顶均处于上升态势之中,所以它比B—

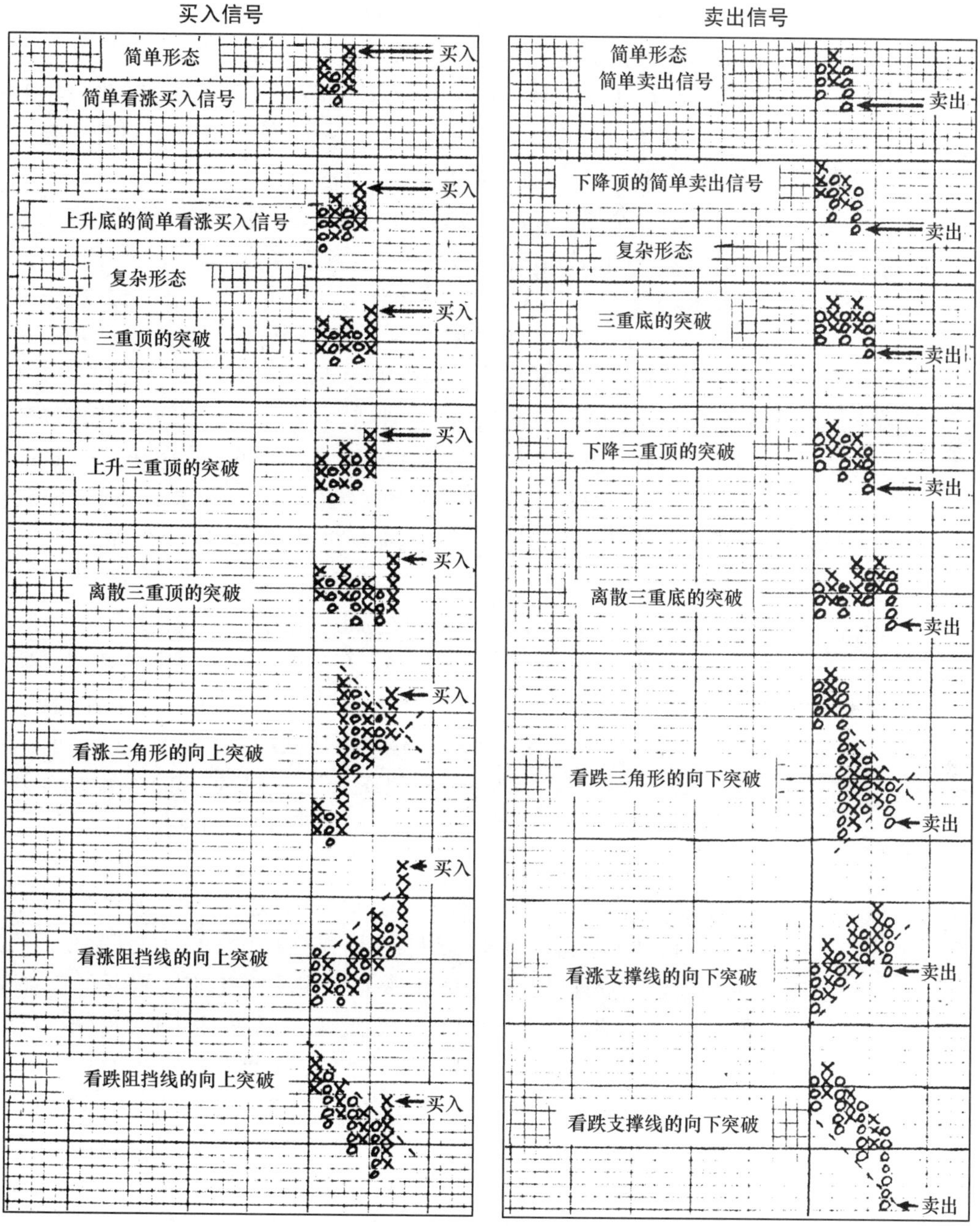

图 12.2　点数图图表形态(Source: K.C.Zieg, Jr., and P.J.Kaufman, Point and Figure Commodity Trading Techmques (Larchmont, NY: Investors Intelligence) p. 73.)。

3 的信号更强。离散三重顶的突破信号(B—5)还要强劲些,因为它有七列,其中三个 X 列的顶都被向上超越了。

看涨三角形向上突破信号(B—6)兼并了两个信号。首先,它必须包含简单的买入信号。其次,它必须冲破上方的趋势线(我们在下一节讨论这类图表的趋势线分析)。形态 B—7,为向上突破看涨阻挡线的信号,其意义是不证自明的。

最后一个形态是向上突破看跌阻挡线信号(B—8),其中也包含了两方面要素,既必须向上突破下降趋势线,也必须满足简单的买入信号的要求。当然,上述关于从 B—1 到 B—8 的各个形态的讨论,统统适用于从 S—1 到 S—8 的各形态,只是后者的价格方向冲下。

上述形态在商品市场上的应用方法同在股市上的用法有所不同。一般来说,这 16 种信号均适用于股市交易。但是,因为期货市场的价格变化具有瞬息万变的特点,所以从它们的图形上较少见到上述复杂形态。因此,这里对简单的信号就大为倚重了。很多期货商甚至仅仅采用简单信号。如果交易商情愿迟一步,等复杂的(也更强的)形态出现后才行动的话,往往就会错过许多获利的交易良机。

然而,只靠简单的信号来做交易也会遇上问题,因为它们出现得太频繁了。如果一位交易商同时追踪好几个市场,并且他力求采纳所有的交易信号,那么,其资金势必大为分散。对于资金力量较单薄的,或者不希望信号过繁的朋友来说,倒是可以利用复杂形态来作为过滤器。例如,我们可以只在出现了三重顶或上升三重顶形态的情况下,才开立新头寸。这样,信号就减少了,相应地也就提高了成功的机会。

但是,这里我们必须强调一个重要的区别。上面所讨论的,主要是采用简单的或复杂的信号来建立新头寸的问题,不管是开多头,还是开空头。谈到入市,交易商是可以自主地选择采用简单信号还是复杂信号的。然而,在处理已有头寸时,只要在其相反的方向出现了任何一种简单信号,我们就必须平仓出市。这就是说,只要发生了任何简单的卖出信号,就必须把已有的多头头寸全部平掉。只要发生了任何简单的买入信号,我们就必须把已有的空头头寸全部平掉。在这种情况下,到底该不该在平仓的同时加码开立新头寸,或者先平掉旧头寸,然后等到更强的信号发生后,再开新头寸,这取决于交易者本人。但是,只要一出现同已有头寸方向相反的简单信号,那就没有二话,先平回旧头寸再说。

趋势线的画法

我们也可以利用趋势线来给基本的信号加上过滤器。在我们谈日内点数图时，曾经指出，在那里，趋势线和管道线的画法符合传统的做法。但是在三点转向图上，情况就不同了。在这里，我们是以45°倾角的直线来充当趋势线的。同时，趋势线也不一定非得通过前一轮的峰或谷不可。

基本的看涨支撑线和看跌阻挡线

这两者属于基本的上升趋势线和下降趋势线。因为这类图表具有极强的浓缩特性，所以过去那样连接峰点或谷点的做法是行不通的，因此，我们采用45°直线。在上升趋势中，看涨支撑线是从最低的O列的最下方的O点出发，以45°倾角向右上方引出的一条直线。只要价格居于该趋势线的上侧，那么我们就认为主要趋势是牛市。在下降趋势中，看跌阻挡线是从最高的X列的最上方的X点出发，以45°倾角向右下方引出的一根直线。只要价格居于这条下降趋势线的下侧，那么该趋势就是熊市（图12.3和12.4）。

有时我们也必须对上述直线加以调整。举例来说，在上升趋势中，有的市场调整先跌破那条支撑线，然后却又反折回来，恢复原先的上升势头，在这种情况下，就必须从这个新的反弹低点出发，作一条新的45°支撑线。有时候上升趋势非常迅猛，起先的上升趋势线就距离后来的价格变化已过远，在这种情况下，为了找出“最适”支撑线，也应该从更近的低点出发，重新画趋势线。

管　道　线

在这里，我们也可以用趋势线的平行线作管道线，但它的可靠性比基本趋势线差得很远。在上升趋势中，管道线称为看涨阻挡线。在下降趋势中，管道线称为看跌支撑线。一旦我们确认出了上升趋势，并作出了相应的上升趋势线，就可以作出与之平行的向右上方伸展的管道线。这条阻挡线是从整个形态最左侧的第一个O列中引出的。这个O列至少要在管道线外露出两个“O”点。在有些情况下，上升趋势会在管道线上停住。

如果价格向上穿越了管道线，我们就应当向图表更左边找出下一个O列，从中引出第二条阻挡线。价格或许会在第二条阻挡线上停止上升。如果又突破上去了，那么我们就再作第三条线。正如前面所交代的，这些直线在重要性上处于次要地位，但是，我们不妨采用它们所提供的参考点，平回部分头寸，实现部分利润。如果市场还有力量越过

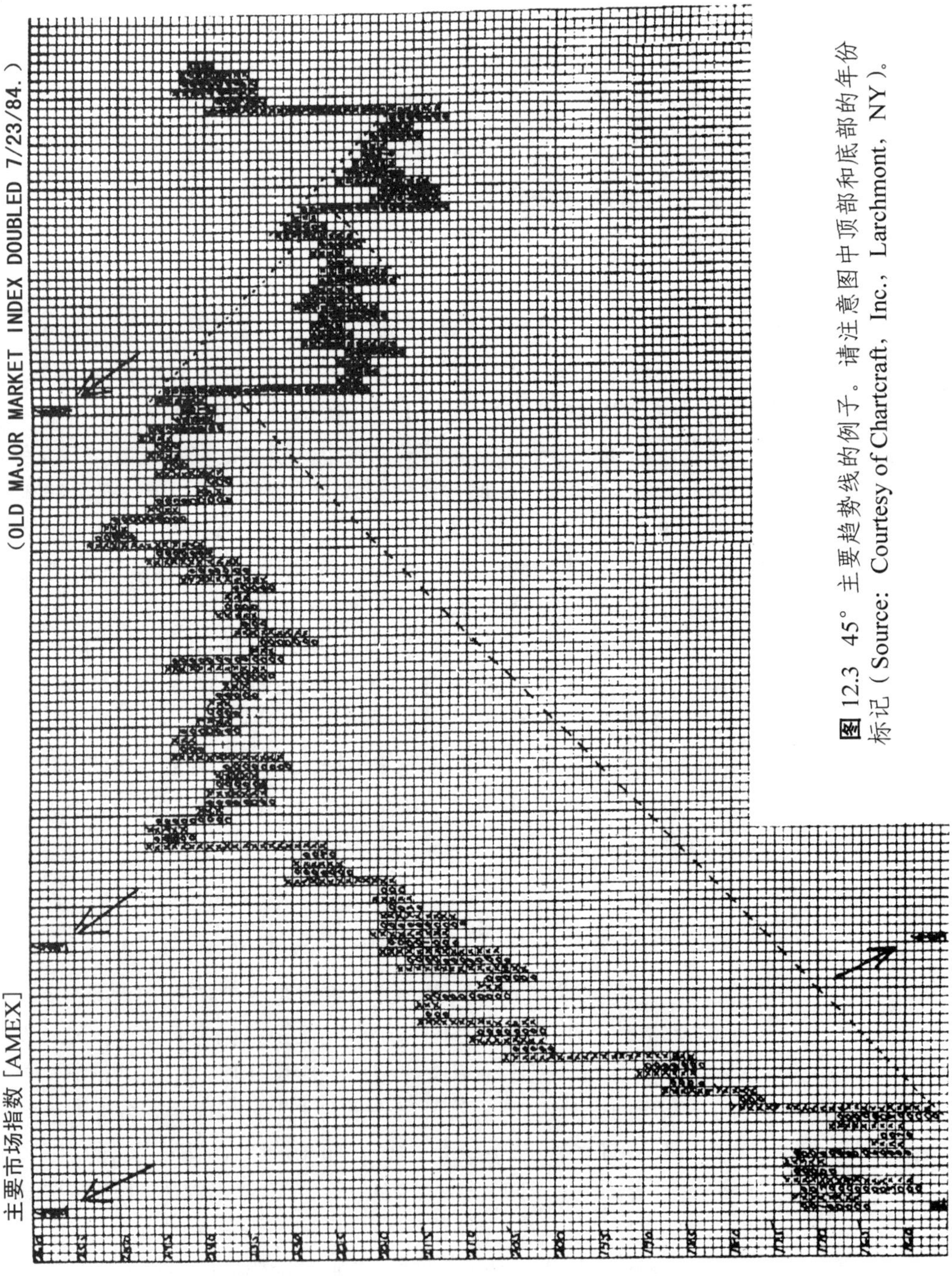

图 12.3　45°主要趋势线的例子。请注意图中顶部和底部的年份标记（Source: Courtesy of Chartcraft, Inc., Larchmont, NY）。

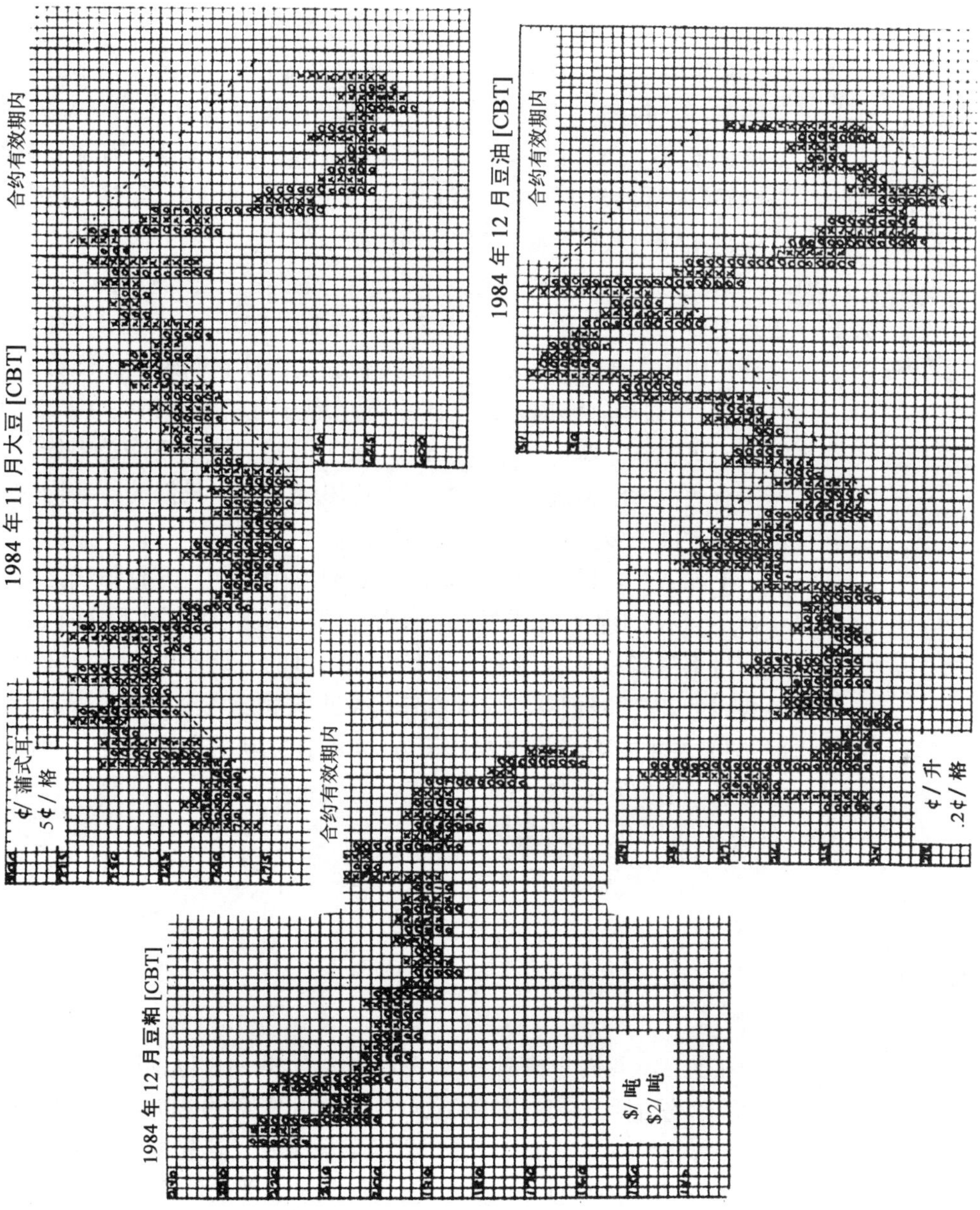

图 12.4 45° 趋势线的例子（Source: Courtesy of Chartcraft, Inc., Larchmont, NY.）。

这些阻挡线,那就构成买入信号,其价格上涨的目标便是下一条管道线。这一点正是形态 B—7——向上突破看涨阻挡线信号的依据。

在下降趋势中,看跌管道线,或称看跌支撑线,平行于基本的下降趋势线,也向右下方伸展。其出发点在形态最左侧的第一个 X 列中。准确地说,这个 X 列至少应当在管道线外露出两个 X 点。如果这根线被跌破(通常都是这样的),我们就应再作第二条乃至第三条支撑线,它们是相继地从更左侧一列 X 列中出发的。

请注意,所谓价格穿越这些管道线,是指完完全全的突破,这一点很重要。如果只有一个 X 点或者 O 点落在趋势线上,不能算穿越。管道线的用途主要在于选择时机。我们可以借助它们来把握部分平仓获利的点,却不应该据之开立同主流趋势方向相反的新头寸。然而,在我们决定开立新头寸的位置时,主要上升趋势线或下降趋势线都是特别有效的过滤措施。它们的主要功用就是保证我们的行动同主要趋势的方向一致。

例如,在上升趋势中,只有在价格保持在主要上升趋势线之上的条件下,我们才能实施点数图的买入信号。在这种情况下,任何的卖出信号都只能用来达到平掉已有头寸的目的。只要价格维持在上升趋势线的上方,我们就不应开立任何空头头寸。当价格处于下降趋势时,只有在主要下降趋势线的下方,才能开立新的空头头寸。而简单的买入信号只可用作止损出市点。只要价格保持在下降趋势线的下方,就不可以开立任何多头头寸。

测 算 技 术

在前一章我们介绍到,在日内点数图上,我们可以采取横向数列法来测算价格目标。在这里的变通点数图上,我们则可以同时使用两种不同的测算技术——横向测算法以及垂直测算法。这里的横向测算法与数列法类似,但有些许改动。首先,我们数出底部或顶部形态的列数,然后,再把所得的列数乘以转向规定的数值(或者每次转向所要求的价格变化的数值)。以黄金点数图为例,假定每点取值为 \$1.00,并采用三点转向规定。从图上的底部形态我们共数出 10 列,因为这是个三点转向图,所以转向规定数值为 \$3.00(3× \$1.00),10 乘以 \$3,得到 \$30。最后,我们在底部形态的价位上加上这个结果,或者从顶部形态的价位上减去这个结果,就得到了价格目标。我个人一般只计点数,也有人喜欢在计算中把转向规定(本例中为三点)乘以实际的每点美元值。实际上,哪样做法都可以。我们之所以要把形态的宽度乘以转向数值,是因为需要补偿此类转向图中的浓缩效应。

垂直测算法更简便些(图 12.5)。首先,我们测出新趋势的第一列所包含的点数。在上升趋势中,测算第一个上升列中 X 点数,而在下降趋势中,测算第一个下降列中 O 点数;然后把所得数字乘以 3(或者转向规定数值);最后把所得的积在底部价位中加上,或者从顶部价位中减去,就得出了相应的价格目标。在三点转向图上,上述方法实质上是把新趋势的初始动作乘以 3。如果在图上出现的是双重顶或双重底,我们就相应地采用其中第二个 O 列或 X 列来进行垂直测算。从横向测算法和垂直测算法的比较来看,后者更简易、更可靠。

交易策略

下面,我们就来谈一谈采用这里的点数图来抉择入市和出市点的各种方法。

1.采纳简单的买入信号,平回已有的空头头寸,或者开立新的多头头寸。

2.采纳简单的卖出信号,了结已有的多头头寸,或者开立新的空头头寸。

3.把简单的信号仅仅用在平仓了结旧头寸上,而必须有复杂形态的信号出现后才开立新头寸。

4.趋势线可以用作过滤器。价格在趋势线之上,则持有多头;在趋势线之下,则持有空头。

5.在上升趋势中,当市场跌破前一个 O 列的最低点后,立即卖出止损;在下降趋势中,当市价涨过前一个 X 列的最高点后,马上买入止损。

6.有以下各种入市机会:

a.在上升趋势中发生明确的向上突破时,买入。

b.当向上的突破信号出现后,等待下一轮三点转向(市场反扑)的机会,趁低价买进。

c.在市场调整中,如果朝原趋势方向出现了三点转向,则买入。这里,我们不仅要求三点转向的方向与原势方向一致,而且还应当在最近的 O 列的下方为这个头寸设置紧凑的止损点。

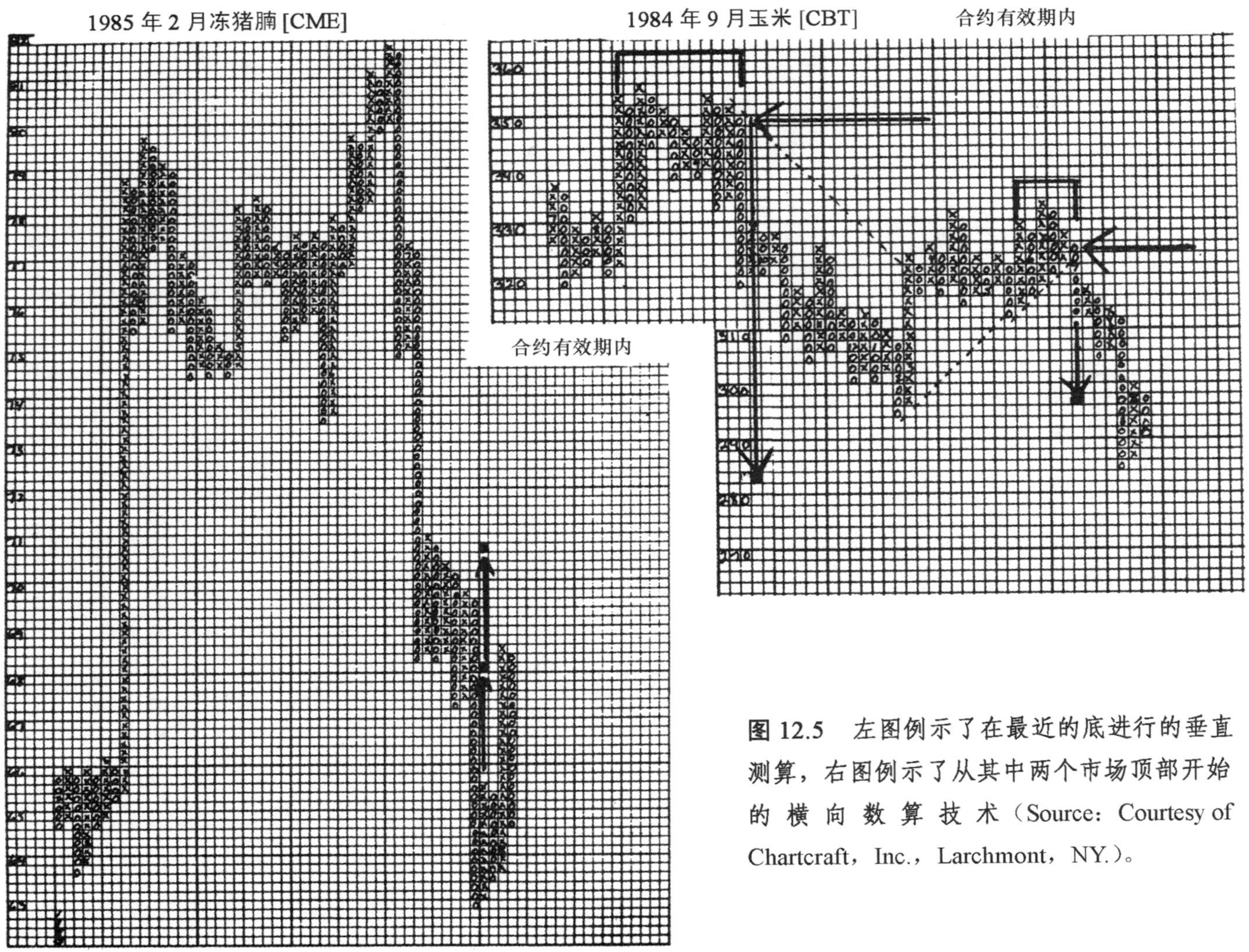

图 12.5 左图例示了在最近的底进行的垂直测算，右图例示了从其中两个市场顶部开始的横向数算技术（Source：Courtesy of Chartcraft，Inc.，Larchmont，NY.）。

d.如果第一次向上突破之后,又出现了第二个向上突破信号,则买入。

从上列各项我们可以看出,点数图有很多种使用方式。只要我们充分理解了它的基本原理,那么,关于最佳入市、出市点的选择,就具有了无穷的灵活性。本节最后,我们还要补充两点——关于头寸加码的金字塔法,以及如何对付过分延伸的市场动作。

金字塔法

所谓金字塔法,是指在市场朝我们预期的方向持续发展的情况下,如何增加现有头寸的方法。当趋势的第一个信号出现时,我们相应地买入(或卖出)。随着市场沿着既定方向继续发展,在图表上就会再度出现同类的信号。那么,后来这些重复的信号就可以用来扩大已有的头寸。当然,不论我们是否另加头寸,都应该水涨船高地逐步抬高止损指令的水平,把它置于最近的 O 列的稍下方(相应地,在下降趋势中,应当逐步降低止损指令的水平,置之于最近的 X 列的稍上方)。这种方法称为“跟进止损法”,利用这个办法,交易者既可以充分保留已有的头寸,同时又能够保护累积的账面利润。

如何对付过分延伸的市场运动

在趋势发展过程中,会间断地出现与趋势相反的调整。交易商可以利用这些价位为标志,在原趋势恢复后跟进地设置止损指令的水平。但是,如果在三点转向图上,在趋势发展过程中不出现三点转向调整,那么我们怎么处置止损水平呢?在这种情况下,交易商面前是一个长长的 X 列(上升趋势中),或者一个长长的 O 列(在下降趋势中)。这类市场状况又被称为“一竿子捅到底”,就是说只有一长列 O 点或者 X 点,而没有调整。交易商既希望始终站在趋势一边,又企图保护账面利润。对此,我们至少有一个办法。等市场不间断地变化了 10 点或更多后,我们就在这个可能出现三点转向的地方放置止损保护指令。如果原有头寸被止损平仓了,那么我们就在接下来的同原趋势方向一致的三点转向中,重新入市。在这种情况下,我们可以顺水推舟,把新的止损指令放在最近的 O 列的稍下方(在上升趋势中)、或者放在最近的 X 列的稍上方(在下降趋势中)。

点数图技术的长处

现在我们归纳一下点数图技术的一些优点。

1.通过改变每点取值以及转向规定,可以使点数图适应各种要求。关于入市、出市点的选择,本类图表也有多种使用方式。

2.本章介绍的变通点数图技术简便易行。每天只要花上一二十分钟,就可以刷新所有的期货市场的图表。

3.点数图的交易信号比线图的更精确。

4.点数图本身能够提供具体的入市、出市点。

5.通过上述具体的买卖信号,较易于严明交易纪律。

优化点数图

到1970年为止,在变通点数图中,最常见的做法都是三点转向法加传统的每点取值法。直到1965年戴维斯发表《利润和获利能力》一书,我们对这种技术才有了认真的检讨。但这本书还只局限于普通股票。1970年,戴维斯与查尔斯·C·蒂尔合作,推出了另一本专著《点数图交易法,计算机检验》(邓恩和哈吉特出版公司)。戴维斯和蒂尔试验了16种商品的2个交割月份的合约从1960年到1969年的资料。这项研究之所以能够成为里程碑,是因为它首次试图找出点数图的最佳的每点取值同转向规定的组合。

他们尝试了28种每点取值和转向规定的组合。研究结果表明,对传统的三点转向方法进行优化(即选出最适合的每点取值以及转向规定)后,可以大幅度地提高其获利能力。

1975年,克米特·C·齐格和佩里·J·考夫曼发表了进一步的研究报告《点数图商品交易技术》(投资者智囊出版公司)。齐格和考夫曼进行了三组试验。第一组采用传统的三点转向法,研究1974年5月17日以前135天内的情况。他们发现,传统方法具有相当的获利能力。另两组研究的是截止到1974年6月28日的另一个135天内的资料。在这两组研究中,针对同一个时间段,他们先采用传统的三点转向法，然后再优化其每点取值和转向规定，进而比较前后两次试验的结果。研究表明，通过优化每点取值和转向规定两个参数，可以明显地提高三点转向法的功效。其盈利率（获利的交易次数所占百分比）从41%跃升到66%，保证金收益率也从100%翻了一番，达到199%。

不断优化的必要性

实质上，本书中的每种技术都存在着优化问题。随着计算机的普及，商品市场研究者能够选用那些久经考验的技术工具，并且通过对其参数的优选，改进其效果。对于点数图技术，当然也不会例外。不过，这里碰到的问题是我们有必要不断地重复优化工作。每隔一段时间，我们就应当重新试验和优选有关参数呢——按季度，还是每隔半年，还是每年来一次呢？这种测试的过程既费时又费财。所以交易者必须自己抉择，到底是减少优化次数，以省下时间和金钱呢，还是保证适时优化，以图效果最佳（图 12.6a 到 c）。

传统三点转向方法同优化方法结果比较表

	传统的三点转向法①	优化方法②
活牛	20×3	20×5
棉花	50×3	40×2
生猪	20×3	40×5
猪腩	20×3	40×6
大豆	5×3	2×8
豆油	20×3	10×4
小麦	2×3	1.5×5

① 源自查克纳公司。

② 源自商品价格图表公司。

资料来源

如果我们要获得书面的点数图表，目前共有五个途径。查克纳图表服务公司提供商品市场传统的三点转向点数图。伦敦的图表分析有限公司也提供美、英两国市场的三点转向点数图（图 12.7）。至于优化点数图，目前有两个来源：商品价格图表公司以及邓恩和哈吉特顾问公

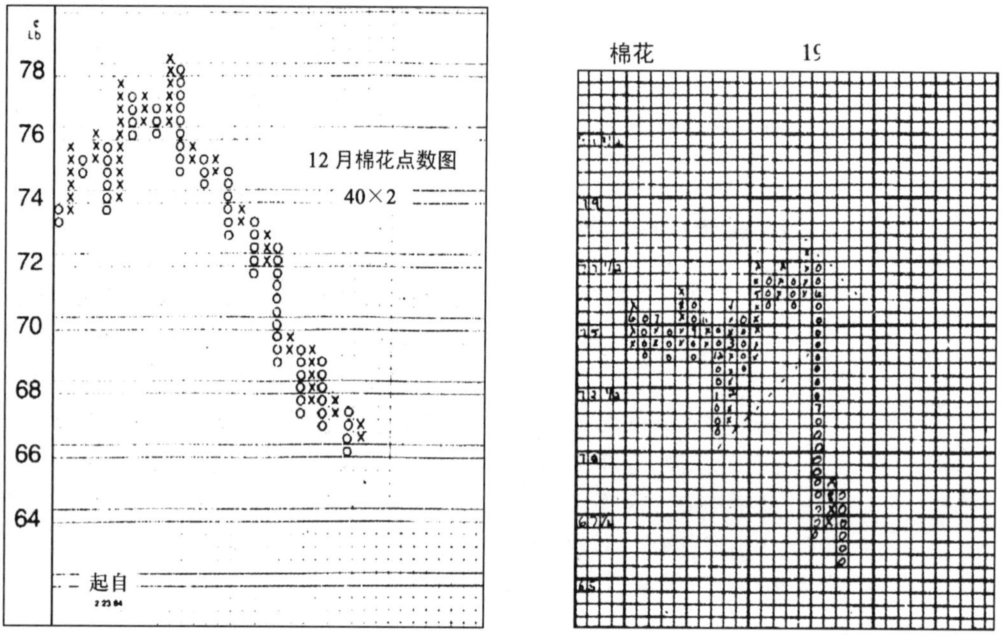

图 12.6a　上图左侧为传统的三点转向图,而右侧为优化后的点数图。请注意,优化后的图表较为灵敏,信号也较多(Source: Courtesy of Commodity Price Charts, 219 Parkade, Cedar Falls, IA and Chartcraft, Inc., Larchmont, NY.)。

司(图 12.6c)。现在市面上只有一家公司提供日内点数图,就是夸春期货图表公司。

如果朋友们要获得电子化的图表服务,那么,康川视觉系统提供标准的日内点数图服务已有十多个年头了。用户不但可以从计算机屏幕上看到图表,而且可以打印出来,另外还有实际的价格数据,可供用户自己动手绘图。上一章还提过另一种更新颖的服务,即市场透视公司的服务。该公司不仅为手工绘图者提供即时价格数据,而且提供清晰、吸引人的点数图,其中把每天的价格用不同的颜色加以区分。Compu Trac 公司也提供点数图服务,但只有变通点数图这一种类型(第十一章中图 11.2 到 11.4)。其他价格信息公司也正在开发点数图服务项目。

至于阅读资料,关于日内点数图最深入浅出的教材是亚历山大·惠伦所著的《点数图技术学习辅导》(摩根·罗杰斯和罗伯特出版公司,1954 年)。惠伦后来也为《商品价格预测指南》写过文章,题目是"商品市场分析中的点数图技术"(商品研究局,1965 年),这基本上是他那本书的缩写。在三点转向点数图方面,我推荐《股市交易的三点

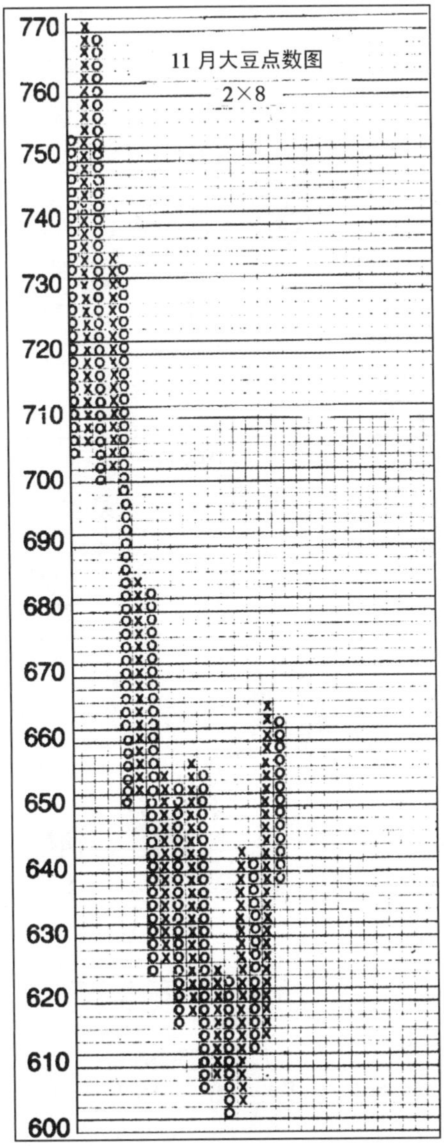

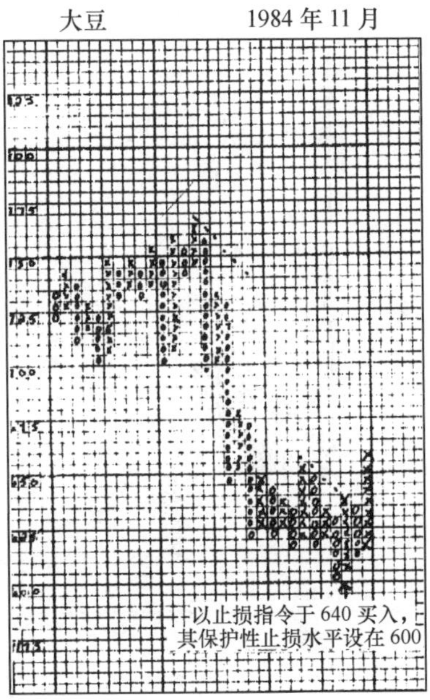

图 12.6 b　传统的三点转向图与优化图表的比较。请注意，在本例中，三点转向图（右侧）较灵敏；信号多（Source; Courtesy of Chartcraft Inc., Larchmont, NY. and Commodity Price Charts，219 Parkade，Cedar Fall，IA.）。

转向点数图方法》(查克纳公司出版,1980 年)。齐格和考夫曼的《点数图商品交易技术》(投资者智囊公司出版,1975 年)是深入学习优化点数图的高级读物。

结　　语

现在我们总算完成了关于点数图的长篇大论。我们先从传统的日内点数图讲起,再介绍三点转向的变通点数图,最后讨论了优化点数图。这里要强调,对期货图表分析者来说,线图仍然是最基本的工具。

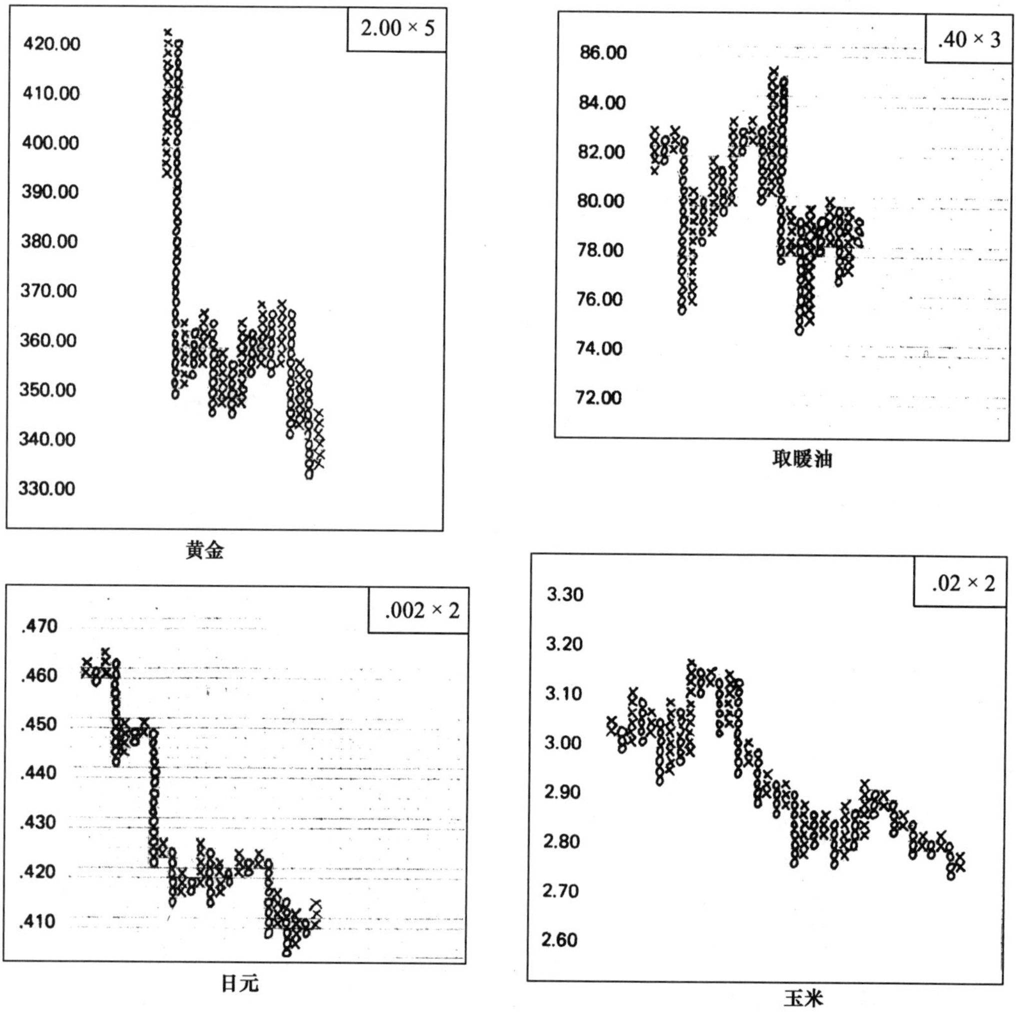

图 12.6c 优化点数图的例子(Source: Courtesy of Dunn & Hargitt Commodity Service, Lafayette, IN.)。

但是,如果我们在做线图分析时完全排斥点数图应有的辅助作用,那就过于托大了。在我们从事非常短线的交易的时候,日内点数图是不可离手的工具。即使对长线的头寸操作者来说,日内点数图也有助于出入市时机的抉择。不仅如此,日内点数图的用武之地并不仅仅限于短期领域,而且也适用于较长期的工作。如果朋友们没有时间和条件从日内点数图中得益的话,不妨变通变通,采用三点转向图或优化点数图。因为上述各类点数图均具有极大的灵活性,具备确切的买卖信号,所以它们对线图分析构成了绝妙的补充。

最后顺带说一句,我们也可以把点数图技术应用于各种技术指标。

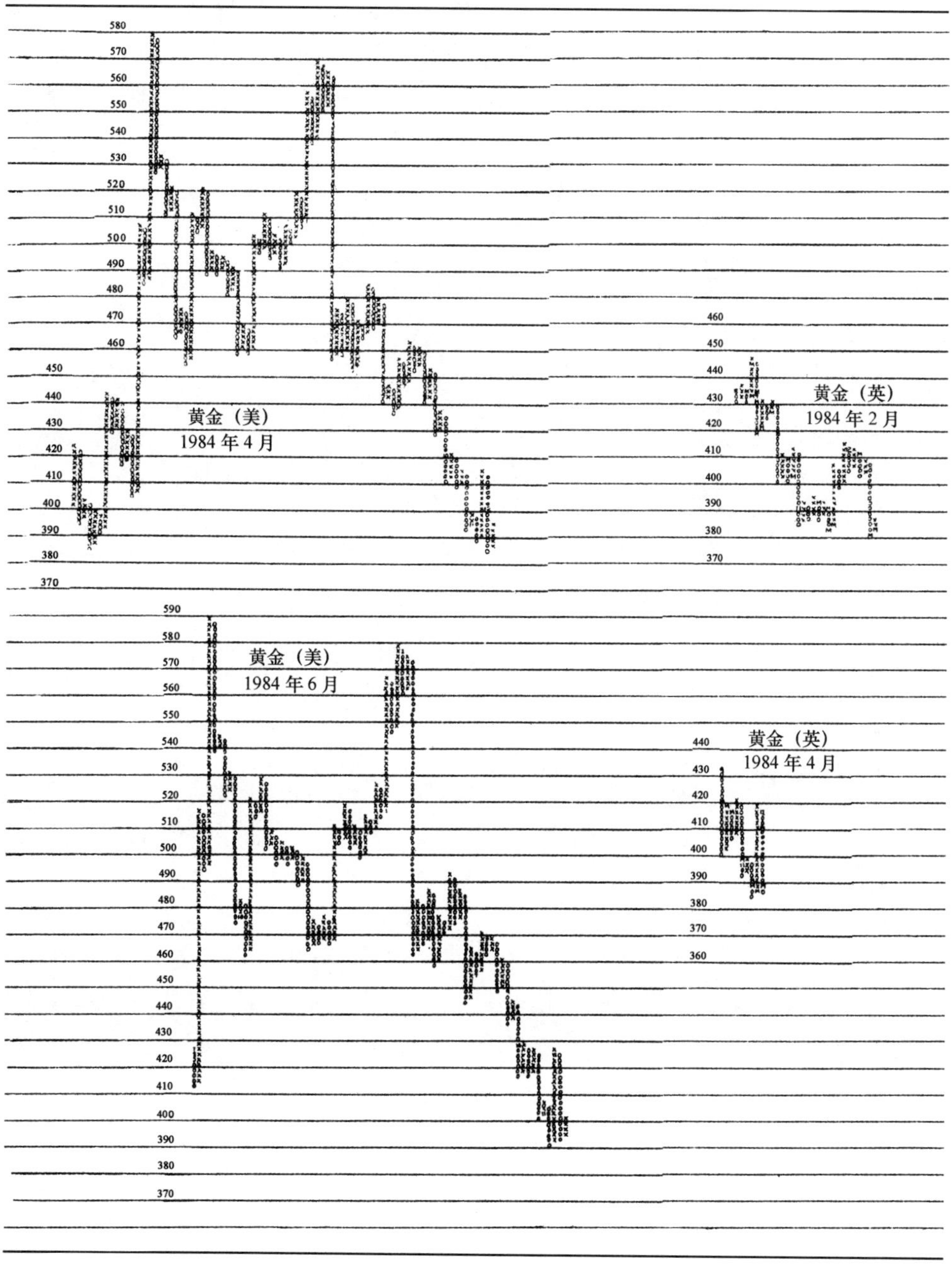

图 12.7 美国和英国黄金市场的例子(Source: Courtesy of Chart Analysis Ltd., 7 Swallow St., London, WIR7HD.)。

把各种标准的技术指标用点数图形式来进行研究,应该是不成问题的。各种摆动指数,如相对力度指数,都可以用这种技术绘制出来。OBV交易量也一样。在点数图的形式下,各种技术指标的突破信号要清晰得多。那么,等朋友们掌握了这种技术后,就不妨尽情地发挥自己的想像力了。

第十三章　艾略特波浪理论

历 史 背 景

1978 年，查尔斯・J・柯林斯发表了他的专论《波浪理论》。这本书是个源头，其中的理论后来广泛流传，人称"艾略特波浪理论"。这是因为波浪理论的奠基人是拉尔夫・纳尔逊（R・N・）・艾略特。柯林斯就是以艾略特本人的原著（艾氏把他的书题献给柯林斯）为基础完成这篇专论的。

艾略特（1871—1948）原来是位会计，曾供职于餐馆和铁路公司。他在墨西哥和中美洲的不少铁路公司里都干过。后来，他在危地马拉大病一场，随后在 1927 年就退休了。以后几年，他回到加利福尼亚的老家养病。

正是在这段漫长的疗养期中，他揣摸出了股市行为理论。显然，道氏理论对他有极大的影响，因此，波浪理论中有很多道氏理论的印迹。

1934 年,柯林斯正任投资顾问公司的股市通讯的编辑。艾氏写信给柯林斯说,他本人一直是罗伯特・雷的股市通讯的读者,对雷氏关于道氏理论的书颇熟悉。艾略特还写道,波浪理论是"对道氏理论极为必要的补充。"

从此,艾略特与柯林斯建立了联系,告诉了他自己的新发现,并希望进入柯林斯所在的公司工作。到了 1938 年,经过大量的书信往来后,柯林斯终于给他深深地折服了,于是帮助他开始了他的华尔街生涯,并且同意为他出版那篇《波浪理论》。柯林斯举荐艾略特担任了《金融世界》杂志的编辑。后来在 1939 年,艾略特在这份杂志上一口气发表了十二篇文章,鼓吹自己的理论。1946 年,也就是在其逝世 2 年前,他完成了关于波浪理论的集大成之作,《自然法则——宇宙的秘密》。

这个题目听来有点大而无当,但这正是因为艾略特坚信,他的股市理论是制约人类一切活动的普遍自然法则的一部分。从这种宏观的方面看,他的理论自是有其妙处。不过,这种大问题不妨留给大智慧家去探究,我们还是集中地谈谈他在股市方面的建树。多亏 A・汉密尔顿・博尔顿从 1953 年起,在《银行信用分析家》发表了《艾略特波浪附刊》。直到 1967 年他去世为止,每年一份,共刊发了 14 期。如果不是博尔顿,艾略特的理论也许早已湮没无闻了。1960 年,博尔顿发表了《艾略特波浪理论——一份中肯的评价》,这是艾略特身后关于其理论的第一部鸿篇巨制。1967 年,A・J・弗罗斯特接手《艾略特波浪附刊》。1970 年,他为《银行信用分析家》撰写了他的最后一份关于艾略特理论的论作。

1978 年,弗罗斯特和普里克特合作发表了《艾略特理论》(新经典文库出版)。现在人们把这本书推崇为该领域的经典。1980 年,普里克特更上一层楼,发表了《R・N・艾略特选集》(新经典文库出版),把久违了的艾略特的原作重新呈现在人们面前。普里克特本人在生意场上被人称为卓越的艾略特理论家,他也编发一份咨询材料,《艾略特波浪理论家》。这是一份月刊,其研究对象是股市、利率和贵金属。普里克特的新经典文库公司还出版另一份咨询材料,《商品市场艾略特波浪通讯》,是由戴维・韦斯主持的,完全针对商品期货市场。在此,我向普里克特先生表示衷心的感谢,他为我们慷慨地提供了本章的大多数图表。

波浪理论导论

根据我的经验,大部人都觉得艾略特波浪理论过于玄奥,难以把握,其实它的理论基础是相当简单的。朋友们不久就可以看出来,这里有许多观点听来都颇不陌生。这是因为艾略特的大部分理论与道氏理论以及传统的图表技术天造地设般地吻合。然而,艾略特波浪理论又向前迈了一步,对市场运作具备了全方位的透视能力,从而有助于解释特定的形态为什么要出现,在何处出现,以及它们为什么具备如此这般的预测意义等等问题。另外,它也有助于我们判明当前的市场在其总体周期结构中所处的地位。

我们曾说过,大多数技术分析方法在本质上都是顺应趋势的。道氏理论确有种种长处,但瑜不掩瑕,其信号必须等到在新趋势确立之后才能产生。但是,艾略特波浪理论对即将出现的顶部或底部却能提前发出警告信号,而这一点事后才为那些较为传统的方法所验证。以后,我们将力图指出波浪理论同更经典的图表技术的共同之处。

本节要作一点说明。在本章关于艾略特波浪理论的讨论中,我们走的是中庸之道。我们不求面面俱到,只打算讲清楚艾略特波浪理论中较重要的内容。至于详细的介绍,你最好指望弗罗斯特和普里克特的《艾略特波浪理论》(新经典文库版)。

艾略特波浪理论的基本原理

波浪理论具有三个重要方面——形态、比例和时间,其重要性依上述次序等而下之。所谓形态,指波浪的形态或构造,这是本理论最重要的部分。而比例分析的意思是,通过测算各个波浪之间的相互关系,来确定回撤点和价格目标。最后一方面是时间,各波浪之间在时间上也相互关联,我们可以利用这种关系来验证波浪形态和比例。有些艾略特理论家认为,时间关系在进行市场预测时较不可靠。

艾略特理论原本是应用在主要的股市平均价,特别是道·琼斯工业股票指数的分析上的。在这种理论上述最基本的形式下,它认为股票市场遵循着一种周而复始的节律,先是五浪上涨,随之有三浪下跌。如图 13.1 所示的,是一个完整的周期。数一数其中波浪的数目,那么,一个完整的周期包含 8 浪——5 浪上升,3 浪下降。在周期的上升阶段,每一浪均以数字编号。1 浪、3 浪和 5 浪是上升浪,称为主浪,而 2 浪和 4 浪的方向与上升趋势的方向相反,因为 2 浪和 4 浪分别是对 1 浪和 3 浪的调整,故称之为调整浪。上述五浪完成后,出现了一个三浪形式的调整。这三个波浪分别用字母 a、b、c 来表示。

关于各个波浪本身的结构问题,很重要一点就是要考察清楚它们的规模。我们知道,趋势具有很多的规模层次。艾略特把趋势的规模(或者说是度)划分成 9 个层次,上达覆盖 200 年的超长周期,下至仅仅延续数小时的微小尺度。关键的是我们要记住,不管我们所研究的

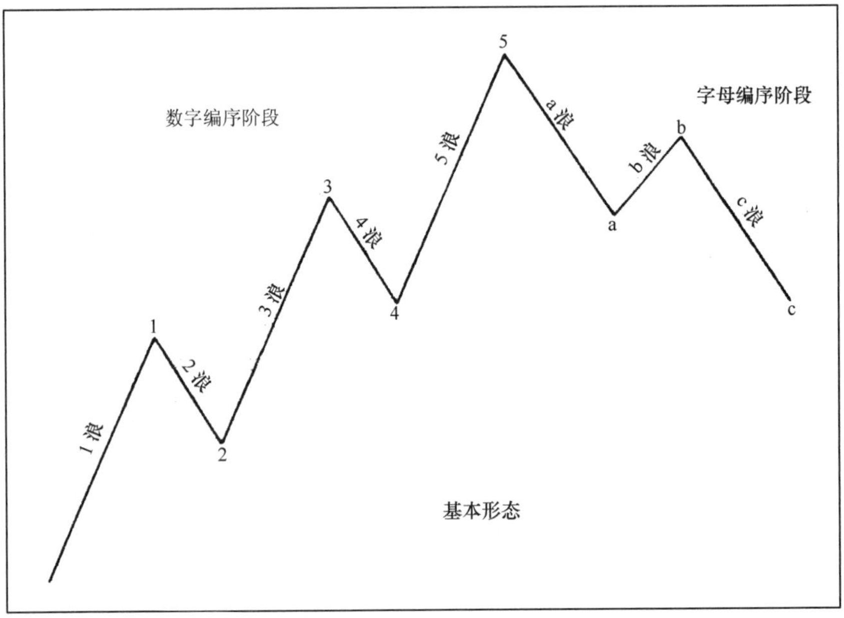

图 13.1 基本的波浪形态（A. J. Frost and Robert Prechter, Elliott Wave Principle [Gainesville, GA: New Classics Library, 1978], p.20. Copyright 1978 by Frost and Prechter.）。

趋势处于何等规模,其基本的八浪周期总是不变的。

这样,每一浪都可以向下一层次划分成小浪,而小浪同样可以进一步向更下一层次划分出更小的浪。反之亦然,每一浪本身也是上一层次波浪的一个组成部分。图 13.2 显示了上述关系。最大规模的二浪——浪①和浪②——可以划分成 8 个小浪,然后,这 8 个小浪再细分,共得到 34 个更小的浪。而最大的浪——浪①和浪②——只是更高一层次的五浪上升结构中的二个浪而已。在图中最右侧,高一层次的③浪呼之欲出。把图 13.2 中的 34 个小浪再细分到其下一层次,就得到图 13.3 所示的 144 个小浪。

上面提到的数目——1,2,3,5,8,13,21,34,55,89,144——并不是偶然出现的。它们是菲波纳奇数列的一部分,而这个数列乃是艾略特波浪理论的数学基础。稍后,我们还要谈到这一点。现在,请朋友们从图 13.1 看到图 13.3,注意其中波浪的一个显著特征。到底应当把某一浪划分成五浪结构,还是划分成三浪结构,这取决于其上一层次波浪的方向。例如,在图 13.2 中,(1)浪、(3)浪和(5)浪被细分成五浪结构,这是因为由它们组成的上一层次的浪①是上升浪。而因为(2)浪和(4)浪的方向与这个大趋势相反,所以,它们只被细分为三浪结构。请仔细看调整浪(a)、(b)和(c),它们构成了上一层次的调整浪②。注

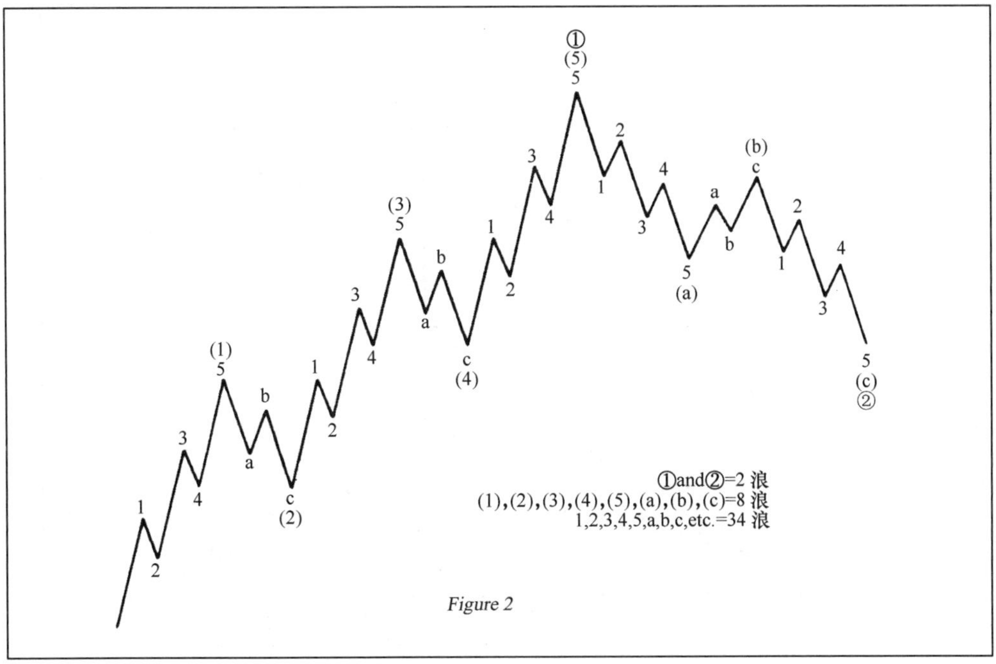

图 13.2　基本的波浪形态（Frost and Prechter, p. 21. Copyright 1978 by Frost and Prechter.）。

意,其中两个下降浪——(a)和(c)——都被细分成五浪结构。这是因为它们的运动方向与上一层次的浪——②浪——的方向一致,相反地,(b)浪与其上一层次的②浪方向相反,因此被细分为三浪结构。

在我们应用艾略特方法的时候,能不能辨识三浪结构和五浪结构,显然具有决定性的重要意义。五浪结构和三浪结构各自具有不同的预测意义。举例来说,一组五浪结构通常意味着其更大一层次的波浪仅仅完成了一部分,好戏还在后头(除非这是第 5 浪的第 5 个小浪)。最重要的一点是调整,绝不会以五浪结构的形式出现。例如,在牛市上,如果我们看到一组五浪结构的下跌,那么这可能意味着这只是更大一组三浪调整(a—b—c)的第一浪,市场的下跌尚未有穷期。在熊市中,一组三浪结构的上涨过后,接踵而来的是下降趋势的恢复。而五浪结构的上涨则说明将会出现更实在的向上运动,其本身甚至可能构成了新的牛市的第一浪。

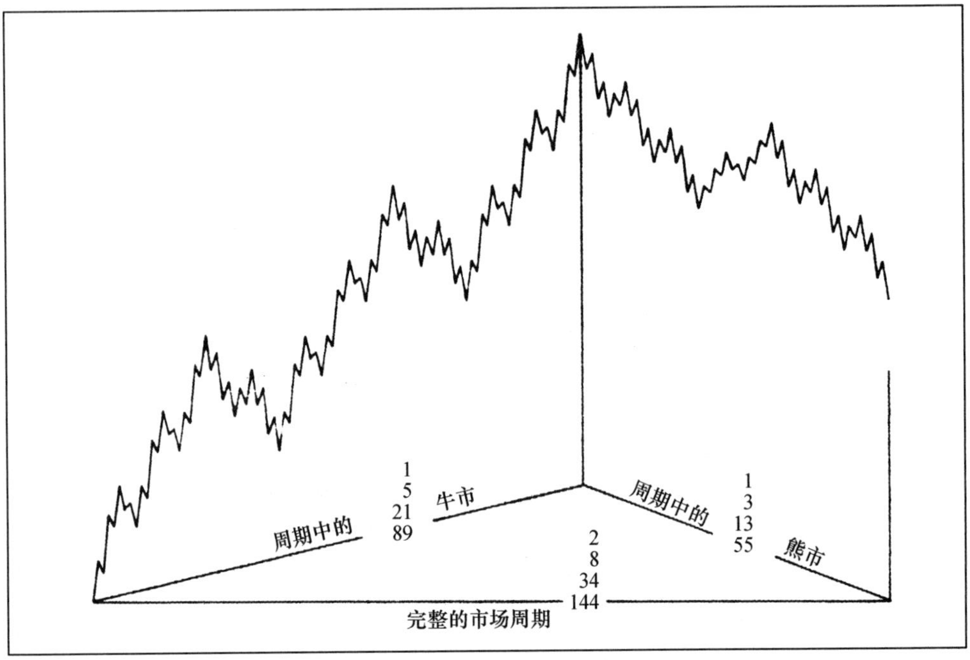

图 13.3　完整的市场周期(Frost and Prechter, p.22. Copyright 1978 by Frost and Prechter.)。

艾略特波浪理论和道氏理论的联系

且住,让我们先来看一看艾略特的五浪上涨的思想,同道氏理论的牛市上涨三阶段论的明显联系。很清楚,艾略特的想法——三浪上涨,间以二浪调整——与道氏理论是合缝对榫的。无疑,艾略特受到了道氏理论的影响,同样清楚,艾略特认为他超越了道氏理论,实际上是发展了后者。有意思的是,两位先生在构造他们的理论时,都从大海那里得着了启示。道氏把主要趋势、中等趋势和短暂趋势,分别比作大海之中的潮汐、浪涛和波纹。艾略特则在他的著作中,时时提到海水的"流与转",并把他的思想命名为"波浪理论"。

这里还想打个岔。今年夏天,当我在科得角度假时,偶尔得到了一点关于大海的想法,或许同道和艾略特多少有些联系。亨利·本斯顿在他的《荒屋》(巴兰坦书籍版,1928 年)中,描绘了他在科得角海滩上度过的与世隔绝的一年。他对大海作了细致的刻画,把海浪拍岸的过程形容成“三步曲”。他写道,浪涛三节拍、三节拍地卷向海岸。“先卷来三个大浪,接着是一阵不很规则的涌动,然后,再是三个大浪。”(第34页)。往下他还有鼻子有眼地说,当地海岸警卫队的士兵们熟知海性,总是利用三浪过后的平息期出航。谁知道呢?也许道和艾略特对大海的了解比他们还深呢。

各浪的特性

两种理论在描绘牛市的三个阶段上,也有一定程度的重合之处。艾略特几乎没有论及每个波浪的个性。关于各浪特性的研究,首先出现在普里克特的书中,这是他对艾略特思想的创造性发挥。牛市的三个心理过程(在第二章中讲过),与艾略特的三个主浪的特性类似。如果我们掌握了具体波浪的特性,那是大有益处的,尤其是在波浪划分不清的情况下。还有一点也很重要,不论波浪的层次高低(或规模大小),同一类波浪的特性总是一致的。

1浪　第1浪差不多有一半处于市场的底部过程中,常常貌似从非常压抑的水平发生的不起眼的反弹。第1浪在五浪中通常也是最短的一浪。有时候1浪也可能很剧烈,特别是在主要的底部形态过程中。

2浪　第2浪通常回撤(或吐还)1浪的全部或大部分的上涨进程。但是,正是因为2浪能够在1浪的底部上方打住,才构成了许多传统的图表形态,如双重底或三重底,倒头肩形底等。

3浪　至少在普通股的领域里,第3浪通常是最长的、也是最猛烈的一浪。3浪向上穿越了1浪之顶,代表了各种传统的突破信号,以及道氏理论的买入信号。实际上在这一时刻,所有的趋势顺应系统都挤进了这一趟牛市。在这一浪,交易量通常是最重的,价格跳空也出足风头。因此,毫不奇怪,第3浪最有可能出现延长现象(见下一节)。在五浪结构中,3浪在主浪中绝不会是最短的。在这个阶段,即使是从市场的基本面来看,也肯定是乐观的。

4浪　第4浪通常是一个复杂的形态。同2浪一样,它也是市场的调整巩固阶段,但其构造通常与2浪不同(见本章后面的“交替规则”一节)。三角形形态通常出现在第4浪。4浪绝不能重叠1浪的顶部,这是艾略特理论的中心法则之一。

5浪　在股市中,5浪通常比3浪平和得多。而在商品市场上,5浪常常是最长的一浪,而且最可能延长。正是在5浪之中,许多验证性的指标,如OBV交易量,开始落后于价格变化。也正是在这一时刻,在各种摆动指数上,出现了相互背离信号,警示市场可能出现顶部过程。

a 浪　当上升趋势进入调整阶段后,a 浪通常被误解成只是寻常的回撤。如果 a 浪具备了五浪结构,那就天机泄漏,事情严重得多了。在前一轮上涨中,警觉的分析者已经发现了摆动指数的背离现象,到这时,也许又看出交易量的形态苗头不对。现在较重的交易量或许是伴随着向下的动作出现的(不过这并非必要条件)。

b 浪　b 浪是新趋势中的向上反弹,通常伴随着较轻的交易量,并且通常是旧有的多头头寸"侥幸脱逃"的最后机会,也是建立新的空头头寸的第二个机会。根据调整的所属类型(见本章调整浪一节),这一浪上冲或许会试探旧的高点(形成双重顶),甚至先越过旧的高点,然后才掉头向下。

c 浪　当 c 浪出现时,上升趋势无疑已告结束。根据当前调整所属的类型,c 浪常常会跌过 a 浪的底,形成了在所有传统技术工具上的卖出信号。实际上,如果在 4 浪和 a 浪的底部连出一根直线,那么它所描画的有时就是我们熟悉的头肩形。

波浪的延长

理想的上升趋势具有五浪结构。但是,其中某个主浪延长的情况并不罕见。换句话说,1 浪、3 浪和 5 浪都可能再添上额外的五小浪结构,形成其延长的形式。图 13.4 表示了在各种情况下的延长形态。第一种情况最不常见,属于 1 浪延长;第二种情况是 3 浪延长,在股市中最常见;第三种情况是 5 浪延长,在商品市场最常见;在最后一种情况下,我们很难弄清哪一浪是延长浪,因为其中 5 个主浪的长度相等。碰上这种局面时,我们只需牢记一点,问题便迎刃而解:在九浪结构中,其中每个主浪都占据了相等的长度,它同完整的五浪结构具有同样的意义。

波浪延长现象具有一定的预测意义。首先,其中只能有一个浪延长。并且,另外两个未延长的浪倾向于在时间和幅度上大小相等。因此,如果 3 浪延长了,5 浪就不再延长,并且它将与 1 浪相像。如果 1 浪和 3 浪都是正常的波浪,那么 5 浪就是最可能延长的一浪。最后,我们这里再交代一点,是关于 5 浪延长的"双回撤现象"。就是说,在 5 浪延长完成后,开初市场将以三浪结构向下运动到延长部分的起点。随后,市场再度上冲,回试延长部分的顶部。这里是个分水岭,从此,市场要么恢复上升趋势,要么形成顶部,因其在更大尺度的周期中的地位而定。图 13.5 显示了牛市中的双回撤现象。

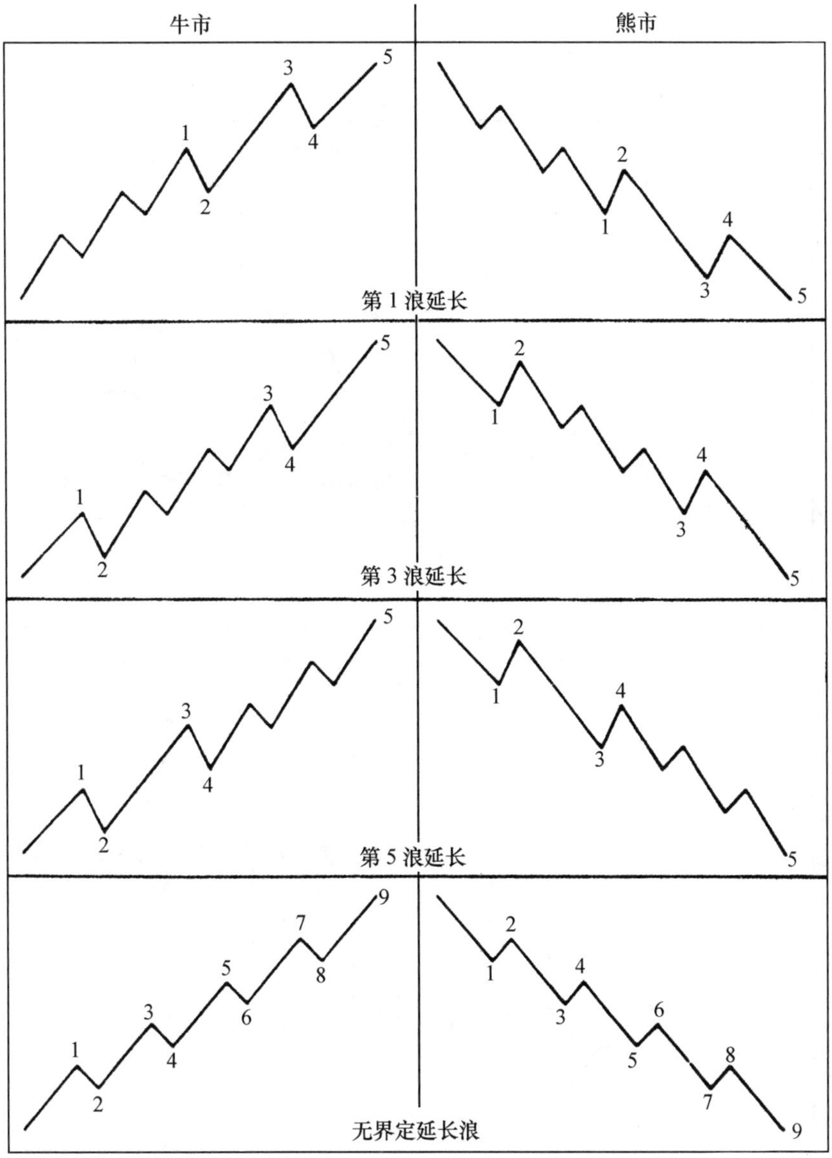

图 13.4　各种延长形态(Frost and Prechter, p.26. Copyright 1978 by Frost and Prechter.)。

斜三角形和衰竭形态

在主浪中,还有另外两种变化——斜三角形和衰竭形态。图 13.6 和 13.7 是斜三角形的两个例子。斜三角形通常出现在第 5 浪(最后一浪)中。就其效果来看,它是一个楔形。在第六章介绍图表形态时,我

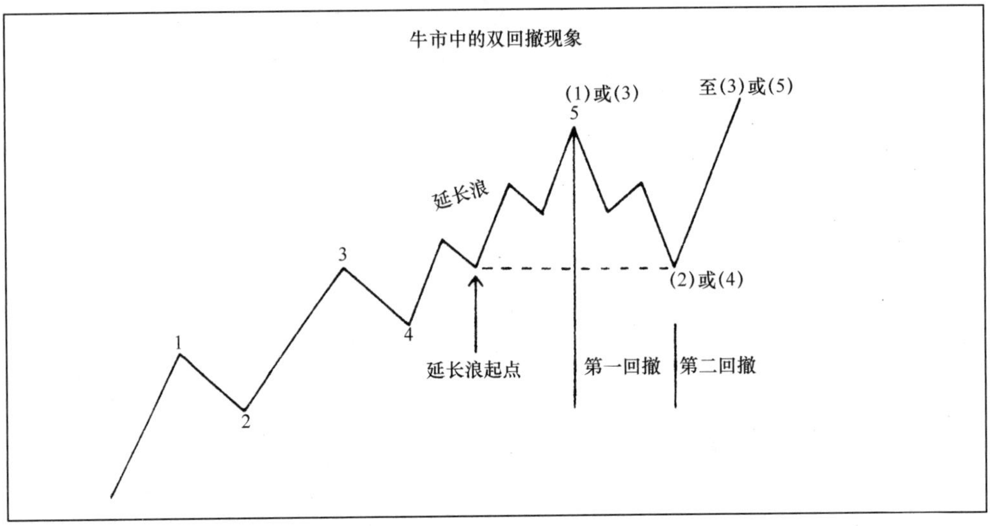

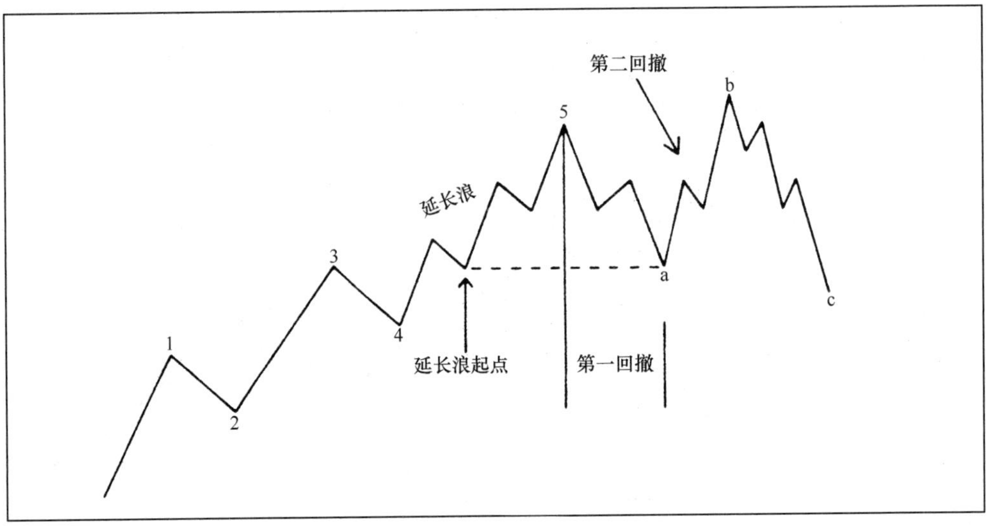

图 13.5　牛市中的双回撤现象(Frost and Prechter, p.29. Copyright 1978 by Frost and Prechter.)。

们讲过,上升楔形总是看跌的,而下降楔形则是看涨的。在这种形态中,也具有五浪结构,其中每一浪都细分成三浪结构。如果陡峭的趋势线被跌破了,那么这种形态通常标志着市场发生了重要转折。

图 13.8 和 13.9 表示衰竭形态。衰竭形态出现在第 5 浪(最后一

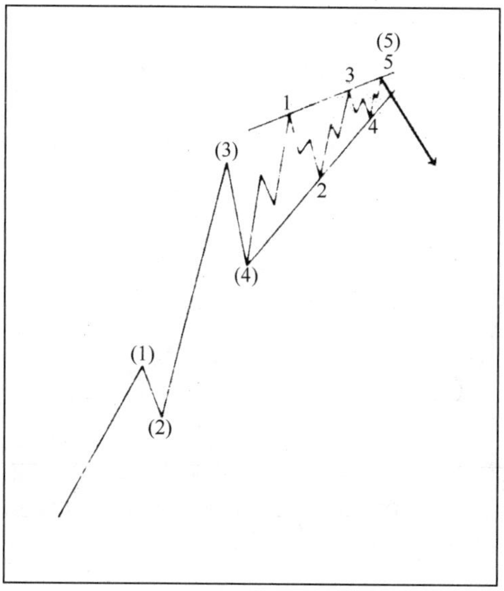

图 13.6　斜三角形(上升楔形)(Frost and Prechter, p. 31. Copyright 1978 by Frost and Prechter.)。

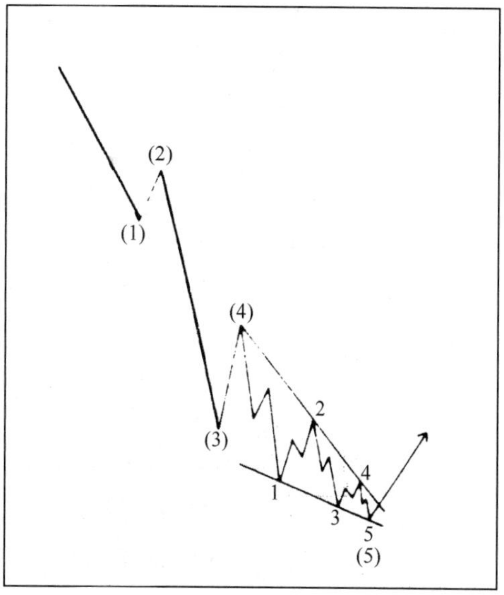

图 13.7　斜三角形(下降楔形)(Frost and Prechter, p. 31. Copyright 1978 by Frost and Prechter.)。

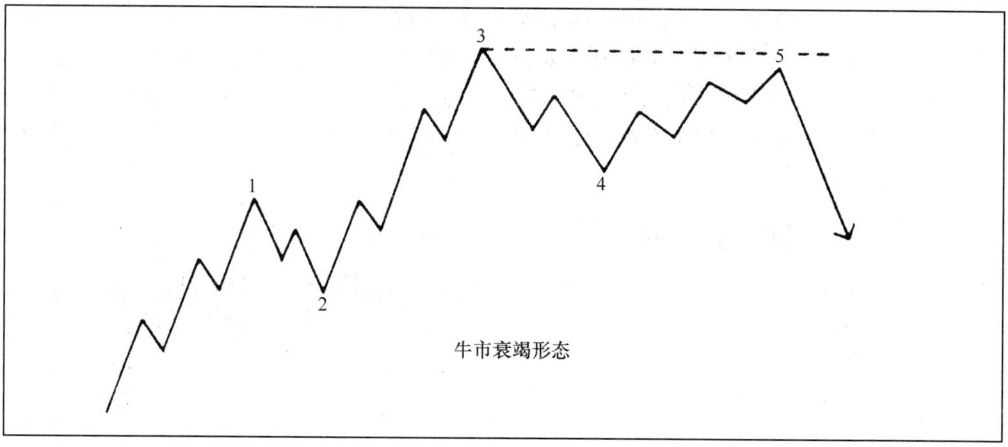

图 13.8　牛市衰竭形态(Frost and Prechter, p.33. Copyright 1978 by Frost and Prechter.)。

浪)。以牛市为例,它的情形是,5 浪自身已具备所需的五浪结构,但无力向上超越 3 浪的高点。在熊市上,5 浪不能够跌破 3 浪的低点。注意,按照我们的最通常的说法,艾略特的衰竭形态就是双重顶或双重底。

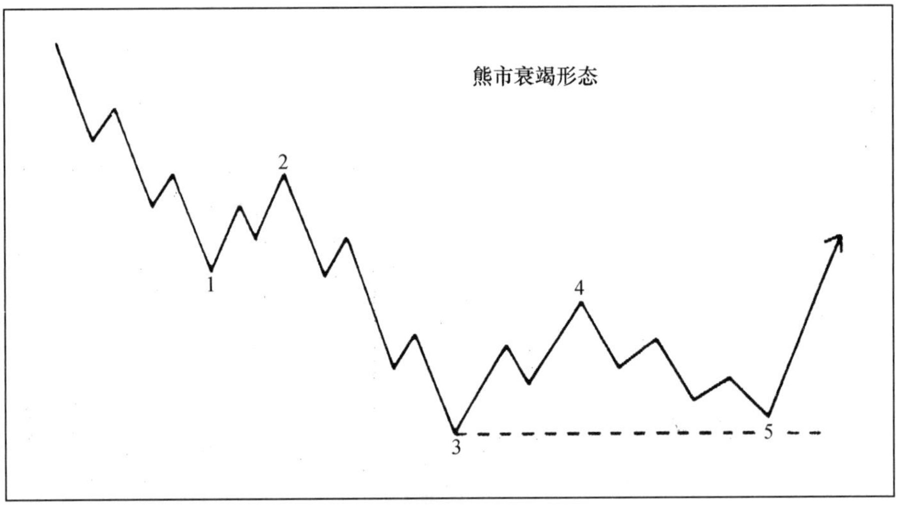

图 13.9　熊市衰竭形态(Frost and Prechter, p.33. Copyright 1978 by Frost and Prechter.)。

调　整　浪

以上,我们讨论的主要是与趋势方向一致的主浪,现在就来看看调整浪。一般地说,调整浪的界定较不明确,因此较难辨识和预料。然而,有一点却是明确的,调整浪绝不会以五浪结构出现。调整浪属于三浪结构,而不是五浪结构(惟一的例外是在三角形形态中)。调整浪有四个类型——锯齿形,平台形,三角形以及双三浪结构和三三浪结构。

锯　齿　形

锯齿形属于三浪结构的调整浪形态,其方向与主要趋势相反,可以进一步细分为 5—3—5 的波浪序列。图 13.10 和 13.11 显示了牛市中的锯齿形调整的情况,而图 13.12 和 13.13 则显示了熊市中的对应情况。注意,中间浪 B 的下跌远远未及 A 浪的起点,而 C 浪的动作远远高出 A 浪的高点。

锯齿形有一种较少见的变体,如图 13.14 所示,我们称之为双锯齿形。这种变体有时会出现在较大规模的调整形态中。实际上它是由两个 5—3—5 序列的锯齿形通过中间的 a—b—c 形态连接而成的。

平　台　形

平台形调整与锯齿形调整的区别在于,前者是 3—3—5 序列的形

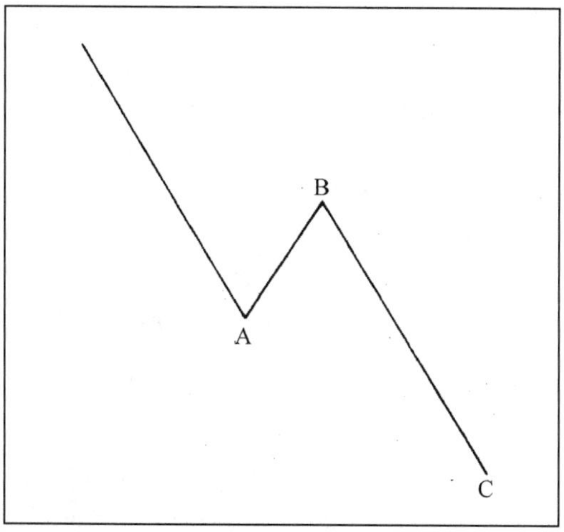

图 13.10　牛市锯齿形(5—3—5)(Frost and Prechter, p.36. Copyright 1978 by Frost and Prechter.)。

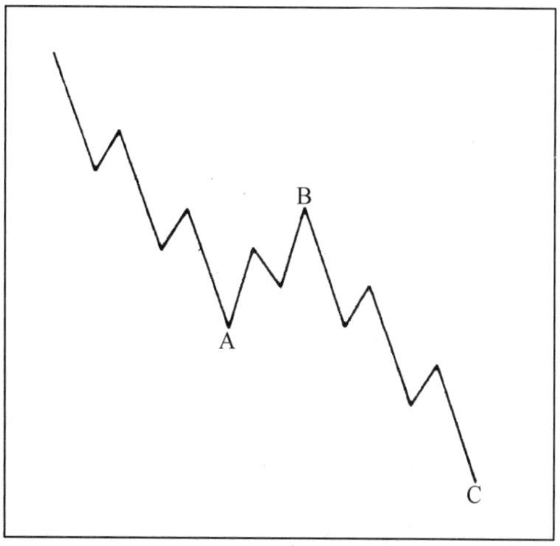

图 13.11　牛市锯齿形(5—3—5)(Frost and Prechter, p.36.Copyright 1978 by Frost and Prechter.)。

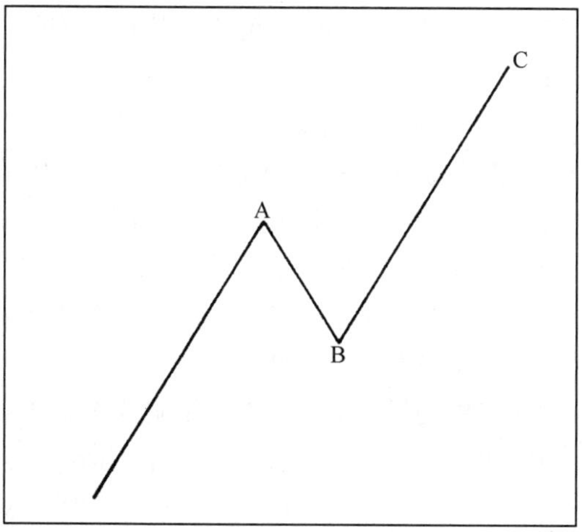

图 13.12　熊市锯齿形(5—3—5)(Frost and Prechter, p.36. Copyright 1978 by Frost and Prechter.)。

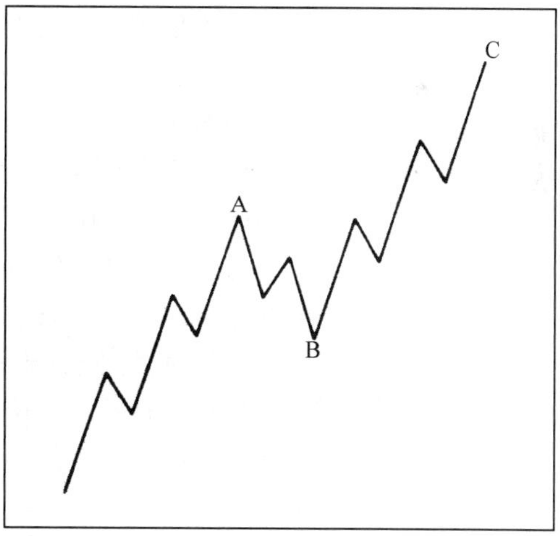

图 13.13　熊市锯齿形(5—3—5)(Frost and Prechter, p.36. Copyright 1978 by Frost and Prechter.)。

态。注意,在图 13.16 和 13.18 中,A 浪是三浪结构,而不是五浪结构。一般地,平台形在更大程度上属于巩固形态,而不是调整形态,因此在牛市中被理解成市场坚挺的体现。从图 13.15 到图 13.18,都是常规的平台形的例子。例如,在牛市中,B 浪一直上冲到了 A 浪的最高点,

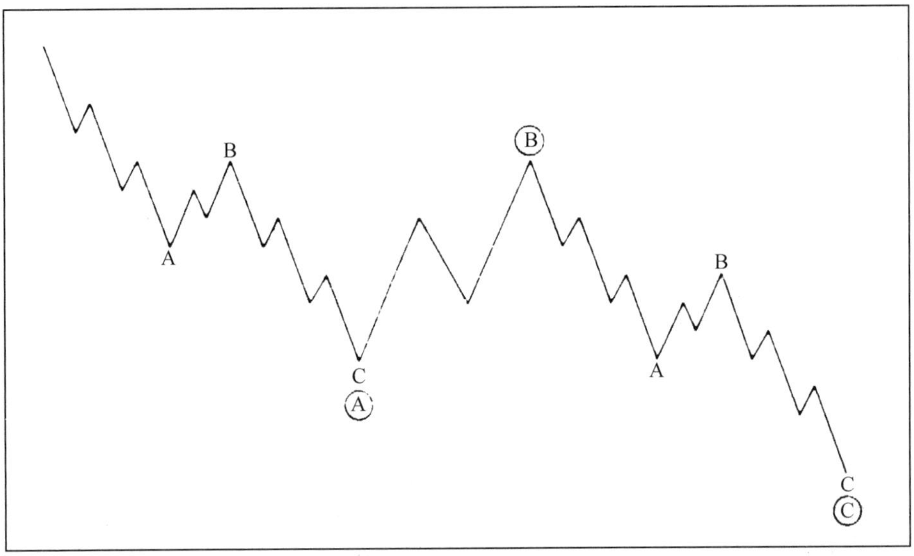

图 13.14　双锯齿形(Frost and Prechter, p.37. Copyright 1978 by Frost and Prechter.)。

表现出市场的力度较强。最后的 C 浪在 A 浪的底部或其稍下方便告结束,这同锯齿形的情况正相反,在那里,C 浪的终点要低得多。

相对于常规的平台形,也有两种"不规则的"变体。从图 13.19 到 13.22 显示了第一类变体。请注意其中的牛市的例子(图 13.19 和 13.20),B 浪的顶超越了 A 浪的高点,而 C 浪跌过了 A 浪的底。

另一种变体的情形是,B 浪达到了 A 浪的高点,但 C 浪无力抵达 A 浪的底。自然,后面这种变体表示牛市的力度较强。本变体在牛市和熊市下的例子,分别显示在从图 13.23 到图 13.26 中。

最后一种平台形调整的变体称为顺势调整,体现了更为坚挺的市场动力。图 13.27 表示牛市中的顺势调整。注意,其中 b 浪明显高于 a 浪之顶,并且 c 浪也高过主浪 1 浪的高点。这种调整形态相对少见,它代表市场过于强劲,以至于不能正常地形成调整形态。

三　角　形

三角形通常出现在第 4 浪中,先于主要趋势的最后一轮动作(它也可能在 a—b—c 序列调整的 b 浪中出现)。因此,在上升趋势中,我们可以说三角形既可能是看涨的,也可能是看跌的。讲它看涨,是就它意味着趋势将恢复这层意义而言的。而说它看跌,则是因为它表明在完成剩下的一个上涨浪之后,市场可能也就到顶了(图 13.28)。

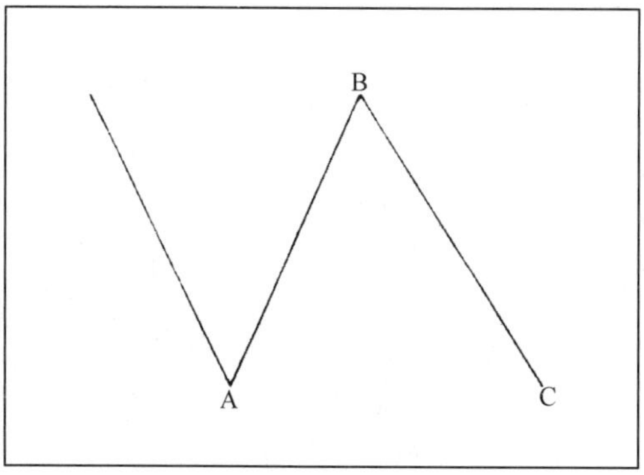

图 13.15　牛市平台形(3—3—5),正常调整形态(Frost and Prechter, p.38. Copyright 1978 by Frost and Prechter.)。

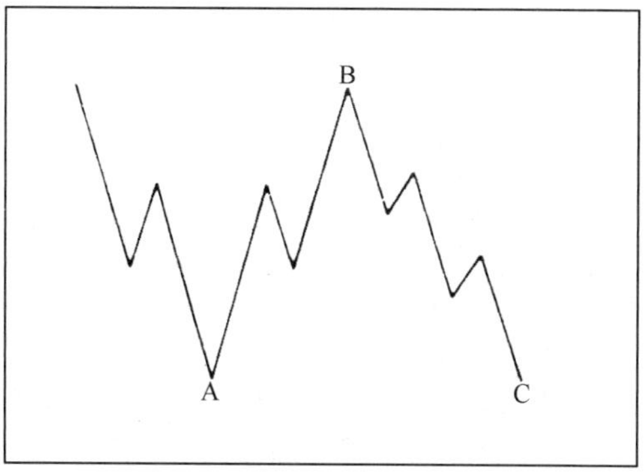

图 13.16　牛市平台形(3—3—5),正常调整形态(Frost and Prechter, p.38. Copyright 1978 by Frost and Prechter.)。

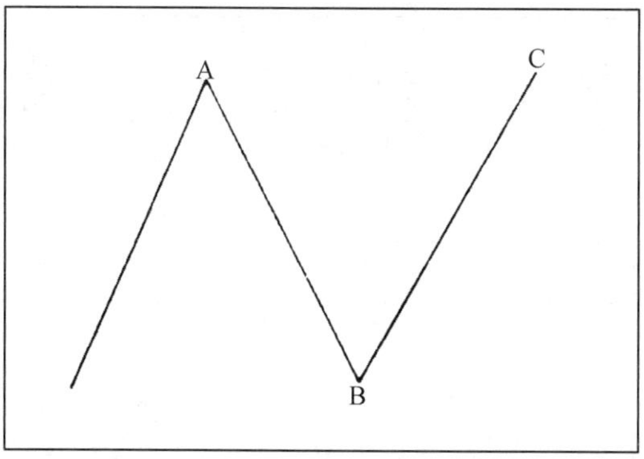

图 13.17　熊市平台形(3—3—5),正常调整形态(Frost and Prechter, p.38. Copyright 1978 by Frost and Prechter.)。

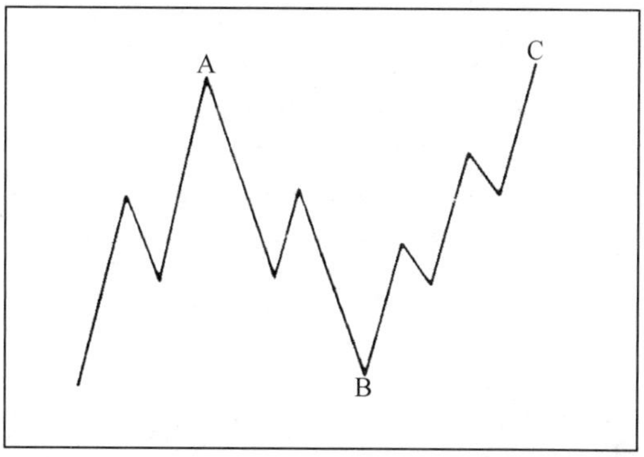

图 13.18　熊市平台形(3—3—5),正常调整形态(Frost and Prechter, p.38. Copyright 1978 by Frost and Prechter.)。

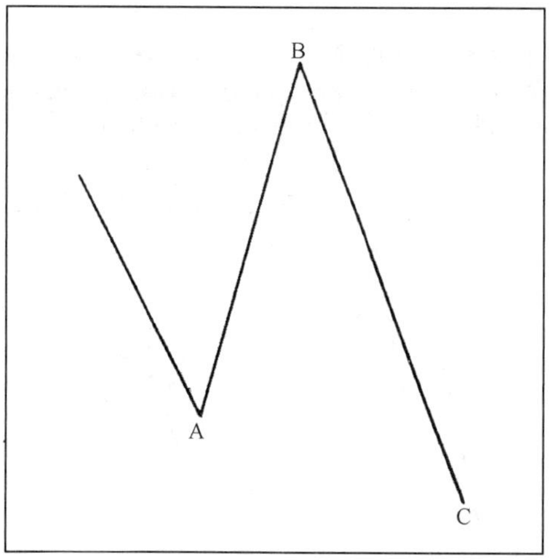

图 13.19　牛市平台形(3—3—5),不规则调整形态(Frost and Prechter, p. 39. Copyright 1978 by Frost and Prechter.)。

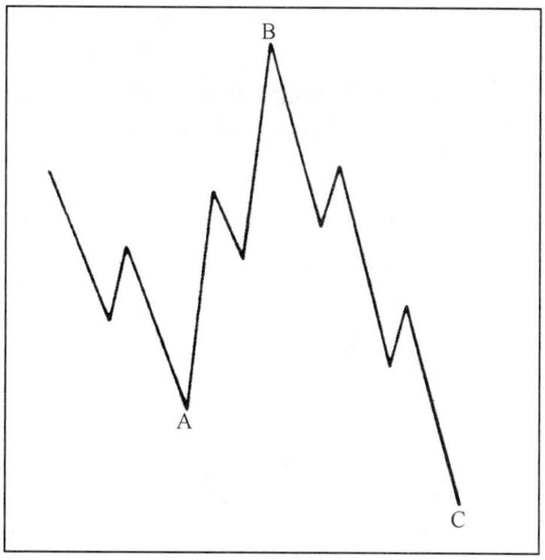

图 13.20　牛市平台形(3—3—5),不规则调整形态(Frost and Prechter, p. 39. Copyright 1978 by Frost and Prechter.)。

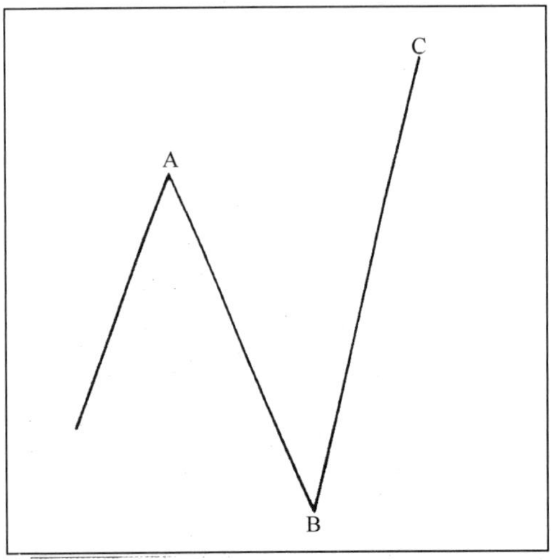

图 13.21 熊市平台形(3—3—5),不规则调整形态(Frost and Prechter, p.39. Copyright 1978 by Frost and Prechter.)。

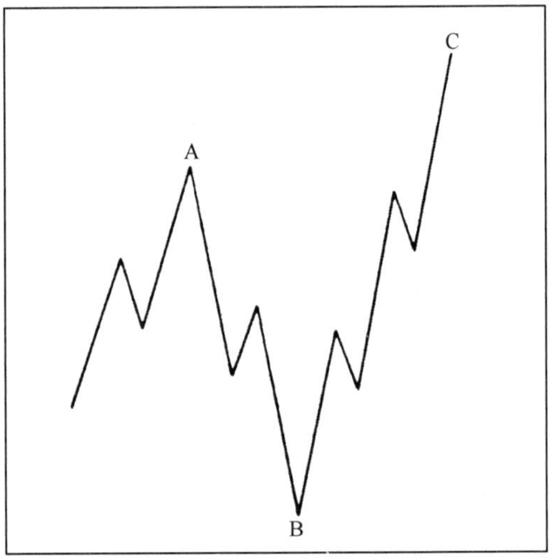

图 13.22 熊市平台形(3—3—5),不规则调整形态(Frost and Prechter, p. 39. Copyright 1978 by Frost and Prechter.)。

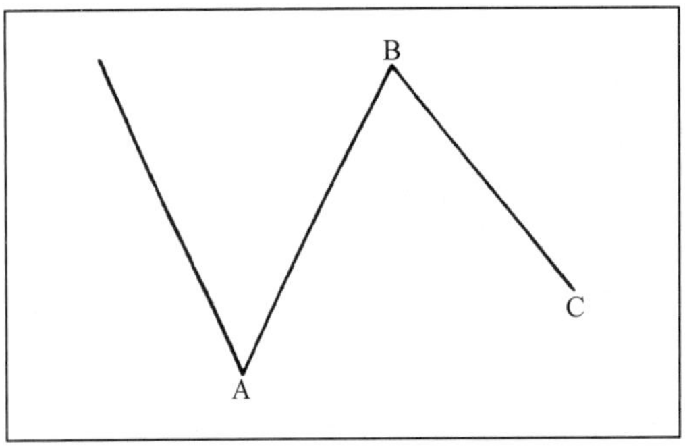

图 13.23 牛市平台形(3—3—5),反向不规则调整形态(Frost and Prechter, p. 40. Copyright 1978 by Frost and Prechter.)。

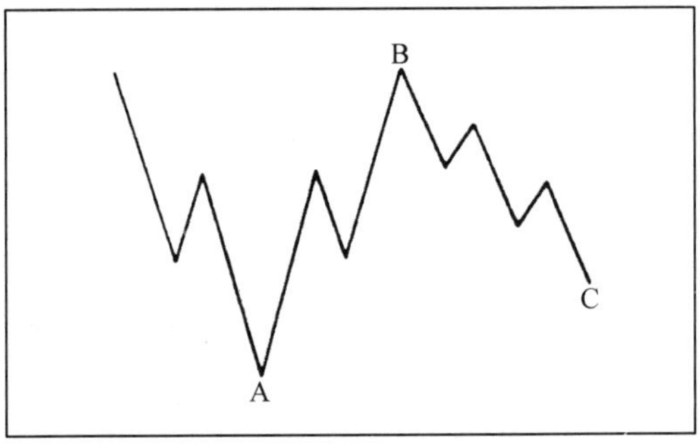

图 13.24 牛市平台形(3—3—5),反向不规则调整形态(Frost and Prechter, p. 40. Copyright 1978 by Frost and Prechter.)。

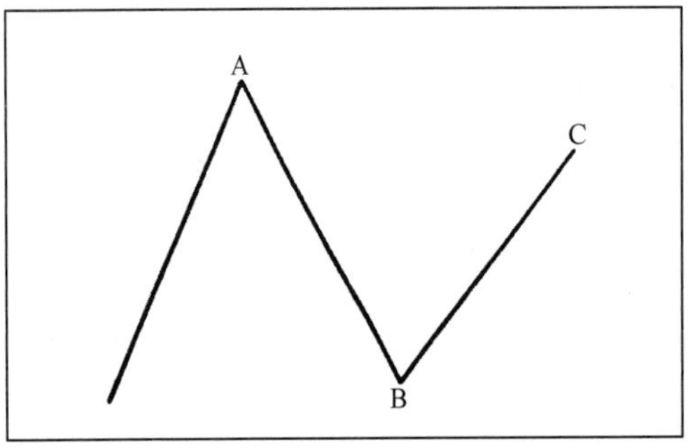

图 13.25 熊市平台形(3—3—5),反向不规则调整形态(Frost and Prechter, p. 40. Copyright 1978 by Frost and Prechter.)。

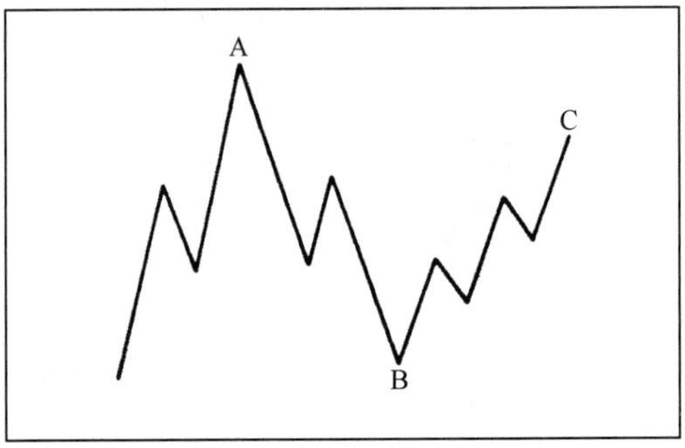

图 13.26 熊市平台形(3—3—5),反向不规则调整形态(Frost and Prechter, p. 40. Copyright 1978 by Frost and Prechter.)。

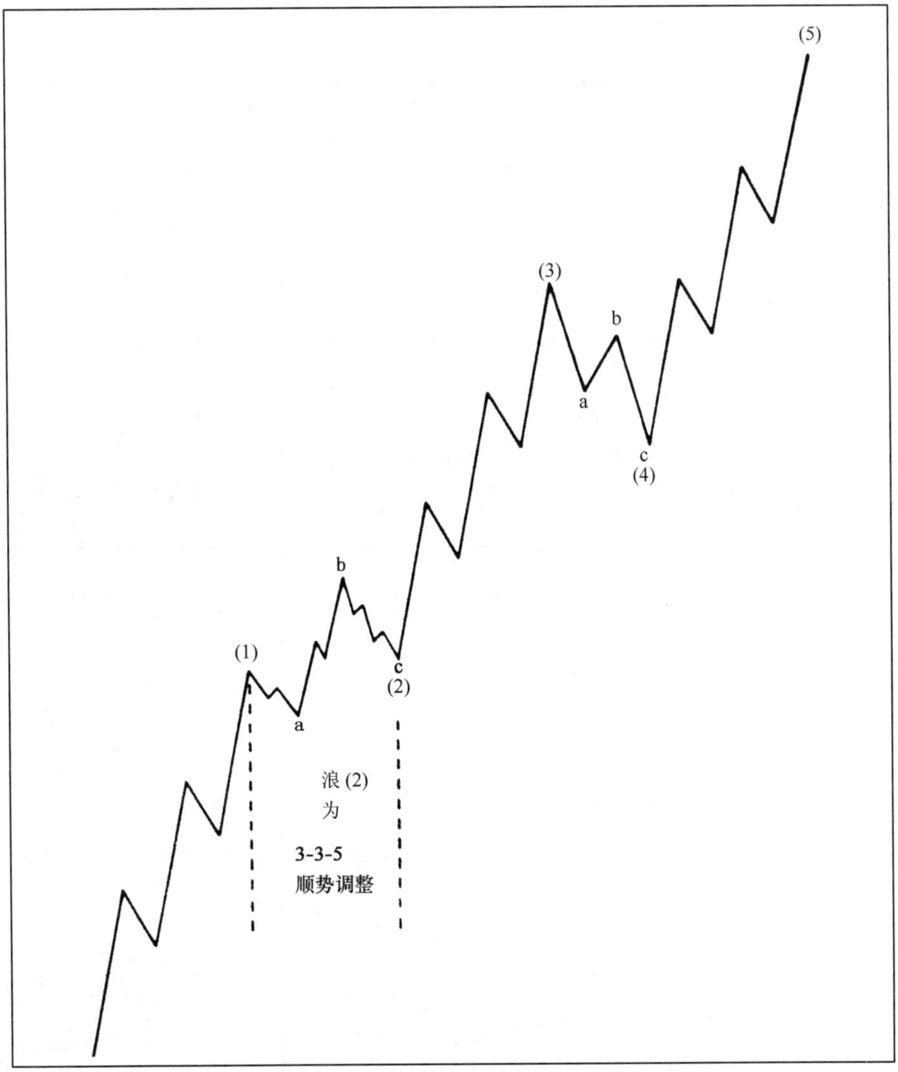

图 13.27　平台形(3—3—5)顺势调整形态(Frost and Prechter, p.42. Copyright 1978 by Frost and Prechter.)。

艾略特对三角形的解释与经典的价格形态分析如出一辙,但是照例,他又为这种分析增添了一定程度的确切性。还记得在第六章我们讲过,三角形形态通常是作为持续形态出现的,这一点与艾略特的想法颇为投合。艾略特的三角形属于横向巩固形态,可以划分为五浪结构,其中每一浪又可以进一步细分为三浪结构。艾略特也把三角形划分成四种类别——上升三角形,下降三角形,对称三角形和扩大三角形——统统是我们以前在第六章中碰到过的。图 13.28 是在上升趋势和下降

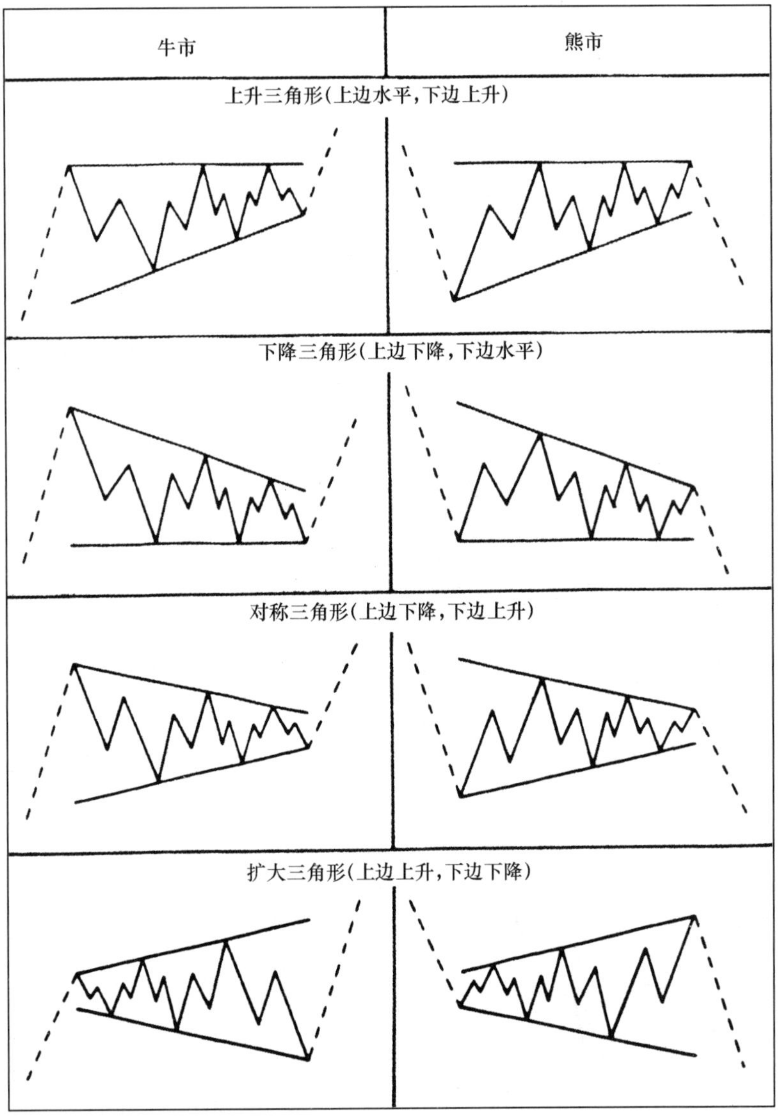

图 13.28　调整浪(横向形态)的三角形形态(Frost and Prechter, p. 43. Copyright 1978 by Frost and Prechter.)。

趋势中四种三角形的例子。

因为在商品期货行业,图表形态有时较为局促,不能像在股市上那样充分发育,所以,在期货市场,三角形只具备三浪结构而不是五浪结构的现象并不罕见(但是我们必须牢记,形成三角形的最低要求依然是四个点——两个高点,两个低点——以作出两条相互聚拢的直线)。

艾略特波浪理论也认为,三角形内的第5浪(最后一浪)有时可能先突破相应的趋势线,发出伪信号,然后才再度“扎回”本来的方向。

艾略特关于三角形完成之后的第5浪(最后一浪)的测算方法,基本上同经典的图表技术一致——即预期市场即将走出的距离,与三角形的底边的高度相等。还有一点要说明的是,最后的顶部或底部出现的时间的问题。根据普里克特的观点,三角形的顶点(两条聚拢的直线的交点)常常标志着最后第5浪的完成时间。

双三浪结构和三三浪结构

调整浪的最后一种类型是两个或三个简单形态的组合,属于较不常见的复杂形态。图13.29和13.30是两个例子。在图13.29中,两组a—b—c形态合并起来,形成了七浪。在图13.30中,三组a—b—c形态合并在一起,形成了十一浪。朋友们请注意,这些形态与经典的交易区间(或者巩固形态)何其相似乃尔。

现在,我们已经介绍了艾略特波浪理论的各种基本的波浪形态。下面我们概要地说一说几个综合性的要领——交替规则和管道技术。

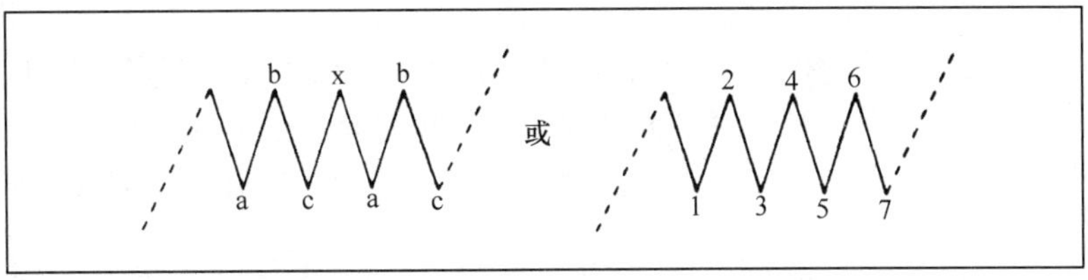

图13.29 双三浪结构(Frost and Prechter, p.45. Copyright 1978 by Frost and Prechter.)。

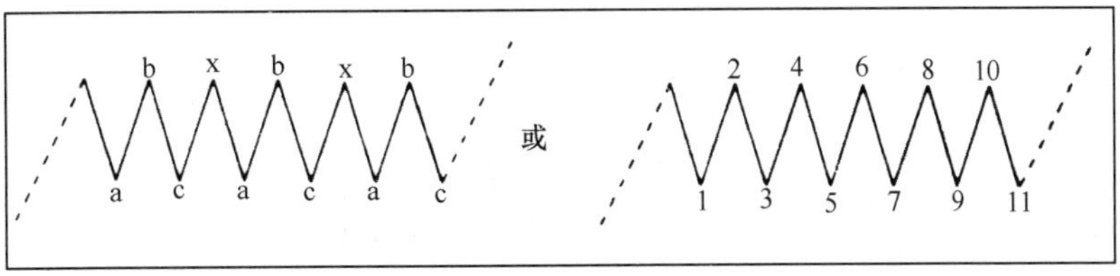

图13.30 三三浪结构(Frost and Prechter, p.45. Copyright 1978 by Frost and Prechter.)。

交替规则

从较为广义的角度来看,交替规则(或原理)认为,市场通常不会接连地以同样的方式演变。如果上一次的顶部或底部是这个样子,那么下一回很可能就是另一个样子了。交替规则并不能确切地说明下面出场的是什么,但它可以说明什么可能是不会出现的。就其更具体的应用来看,在绝大部分情况下,它告诉我们应该预期什么类型的调整形态。调整形态交替出现。换个说法,如果调整浪 2 浪是简单的 a—b—c 结构,那么 4 浪很可能就是复杂的形态,比如三角形。反过来,如果 2 浪是复杂的,那么 4 浪可能就是简单的。在图 13.31 中有几个例子。

价格管道

波浪理论还有一个重要的方面,是关于价格管道用法的。在第四章,我们讲过趋势的管道特点。在艾略特这里,价格管道也是测算价格目标的一个法子,并且也有助于验证波浪序列的完成。一旦上升趋势确立了,我们就可以通过 1 浪和 2 浪的底点连接出基本的上升趋势线。然后,如图 13.32 所示,我们通过 1 浪的高点,引出其平行线,这便是管道线。上升趋势常常完全局限于这两条边界线之间。

图 13.31　交替规则(Frost and Prechter, p.50. Copyright 1978 by Frost and Prechter.)。

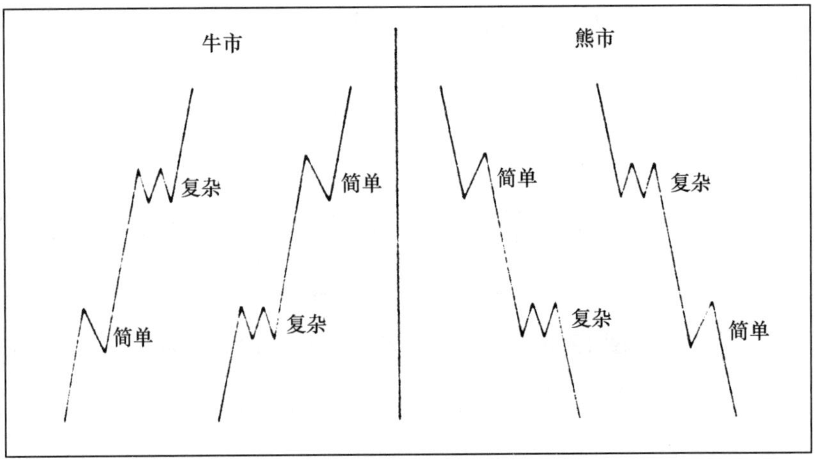

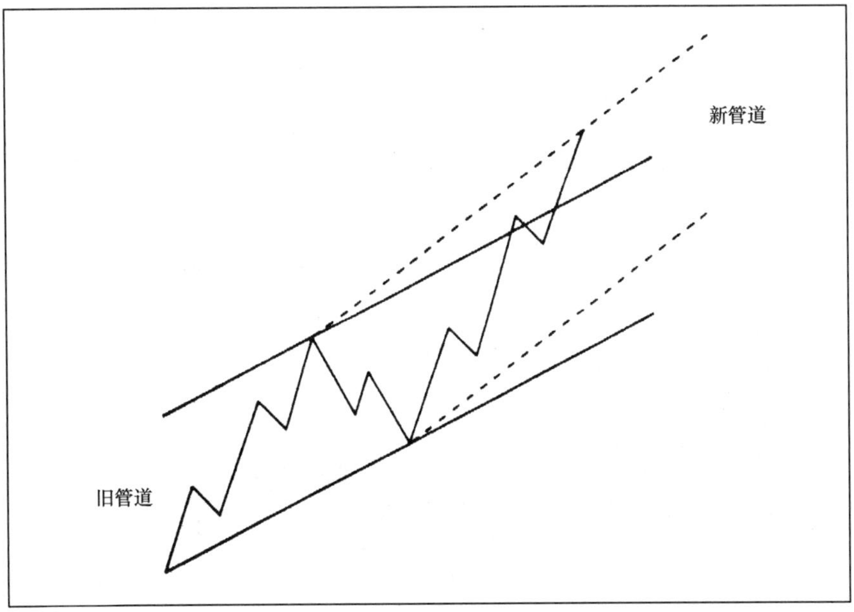

图 13.32　新旧价格管道(Frost and Prechter, p.62. Copyright 1978 by Frost and Prechter.)。

如果3浪开始加速,突破了上方的管道线,那么我们就必须分别从1浪的顶点和2浪的底点出,引出另一组平行线,如图13.32中的虚线所示。最后所得的管道如图13.33所示,下边线沿着二个调整浪——2浪和4浪——的底点,上边线通常经过3浪的顶点。如果3浪极度强劲,或者是延长浪,那么,上边线或许就得从1浪的顶点引出了。第5浪在终结之前,应当向上抵近上侧的管道线。如果朋友们需要对长期趋势作出管道线,那么建议大家也采用半对数刻度图数,以同算术刻度的图表相参照。

4浪作为支撑区

关于波浪的形态及其要领就快介绍完了,不过下面这个要点我们还需要补充一下,那便是4浪在之后的熊市中所起到的显著的支撑作用。当五浪结构的上升阶段完成后,熊市就出台了。通常,这一轮熊市不会跌过比它低一层次的、前面的第4浪(即在此之前的牛市中形成的第4浪)。这是个惯例,虽然也有例外,但是通常看来,第4浪的底还是兜得住这个熊市的。在我们测算价格下跌的最远目标时,这点信息的确非常有用。

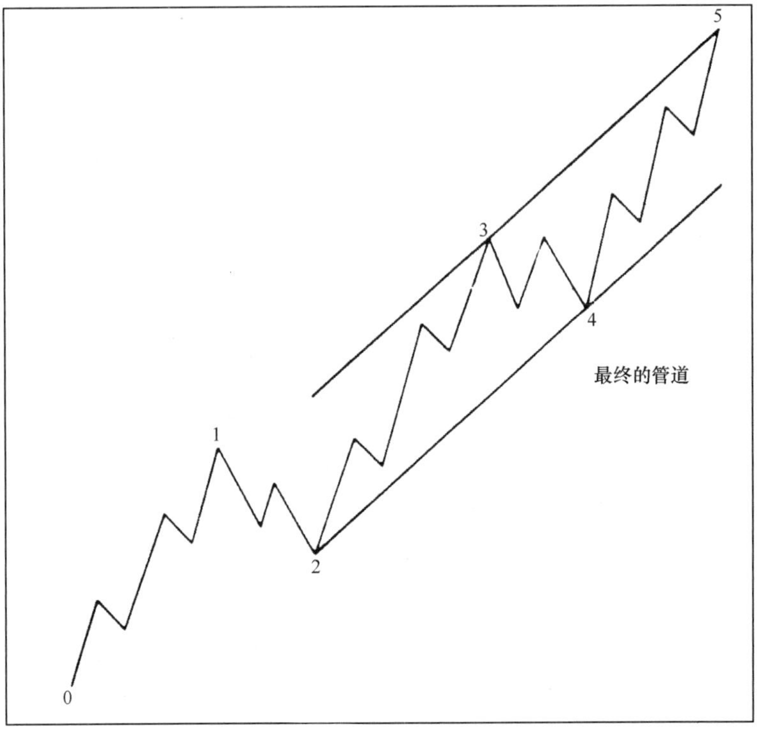

图 13.33　最终的管道(Frost and Prechter, p.63. Copyright 1978 by Frost and Prechter.)。

菲波纳奇数列是波浪理论的基础

到过意大利比萨城的人,绝大多数都见过那座著名的斜塔。对于它的建筑师波那纳来说,塔虽然斜了点儿,却不失为一块好纪念碑。波那纳、比萨斜塔和股市、艾略特理论挨得上吗?有点牛头不对马嘴。但是,许多人都不知道,离塔不远,就树立着一个小塑像,他就是13世纪的数学家——里昂纳多·菲波纳奇。那么,菲波纳奇同研究股市行为的艾略特波浪理论又有什么牵连呢?千丝万缕!艾略特在他的《自然法则》中交代,波浪理论的数学基础,就是菲波纳奇在13世纪发现的(更准确地说,是重新发现)一组数列。该数列后来以其发现者命名,一般称为菲波纳奇数列(或菲波纳奇数字)。

菲波纳奇发表了三部主要著作,其中最著名的是 *Liber Abaci*(称为《计算的书》)。这本书把阿拉伯数字引入欧洲,使之逐步取代了古老的罗马数字。他的著作对后来的数学、物理学、天文学、工程学的发展也作出了贡献。在《计算的书》中,菲波纳奇数列第一次出现,是作为兔子繁殖的数学问题的解答写出来的。这组数列是 1,1,2,3,5,8,13,21,34,55,89,144,等等,以至无穷。

这个数列有许多有趣的性质,并不只是在它的数字之间存在连续性关系这一点。

1.任意两个相邻的数字之和,等于两者之后的那个数字。例如,3 和 5 之和为 8,5 和 8 之和为 13,往下依此类推。

2.除了开始的四个数字外,任意一个数字与相邻的后一个数字之比,均趋向于 0.618。例如,1/1 = 1.00, 1/2 = 0.50, 2/3 = 0.67, 3/5 = 0.60, 5/8 = 0.625, 8/12 = 0.615, 13/21 = 0.619, 往下依此类推。注意,上述比值围绕着 0.618 上下波动,越往后,波动幅度越小。另外,还请注意 1.00, 0.50, 0.67 这几个数值。等后面谈到比例分析、百分比回撤时,我们再来仔细分说。

3.任意一个数字与相邻的前一个数字的比值约等于 1.618,或者说是 0.618 的倒数。例如,13/18 = 0.72, 21/13 = 1.615, 34/21 = 1.619。数字越大,则相应的两种比数越分别接近 0.618 和 1.618。

4.隔一个数字相邻的两个数字的比值趋向于 2.618, 或者其倒数, 0.382。例如,13/34 = 0.382, 34/13 = 2.615。

还有其他许多有趣的关系,上述几条是最著名的、最重要的。前面我们说过,菲波纳奇只是重新发现了这个数列。这是因为古希腊和埃及的数学家们早已通晓 1.618 和 0.618 这两个比值了。它们就是黄金分割律,或称黄金比数。在音乐、艺术、建筑和生物学中,都有它们的影子。希腊人利用黄金分割律建造了巴特农神殿,埃及人借助黄金比数筑起了大金字塔,毕达哥拉斯、柏拉图、里昂纳多·达·芬奇也都通晓它的性质。

有些研究者对菲波纳奇比数的探究几近走火入魔。有人居然统计了 65 名妇人的肚脐的高度,宣称其平均值是她们身高的 0.618(我们无从知道,他是照肚脐的上边还是下边算起的,当然,更不明白为什么在人身上会出现这个比数)。我们这里的全部目的,是想表明菲波纳奇比值的确在大自然中俯拾皆是,并且实质上也浸透了人类活动。

对 数 螺 线

关于黄金分割、黄金矩形、对数螺线,乃至波浪理论的数学基础——菲波纳奇数列的探讨,其实超出了本章的范围。但是,我们还是应当作以下的说明。一般认为,对数螺线是遍及整个宇宙的一种"生长形态",而它正是以黄金比数为基础构造出来的。再进一步,从大自然的最细微的结构起,直到最宏观的宇宙天象,其中的对数螺线的形态始终保持着一贯性。这里有两个典型的实例。蜗牛壳的轮廓线和银河系的外观,都具有同样的对数螺线形态(人耳也是一例)。最后这一点更切中主题。因为股票市场不仅属于大规模的人类群体活动的范畴,而且也是大自然的"生长现象"的一种体现(所有的人类活动,都毫不例外地以此为特征),所以,一般认为,股票市场必然服从同样的生长螺线规律。

菲波纳奇比数和价格回撤

前面我们曾经交代,波浪理论由三个方面构成——波浪形态、比数、时间。上面我们已经讨论了波浪形态。这是三者之中最重要的方面。那么,现在就来谈谈菲波纳奇比数和百分比回撤在其中的应用。这些比例既适用于价格,也适用于时间,只是在前面一方面的应用可能更为可靠。稍后我们再讲时间这个方面。

首先,让我们回头看看图 13.1 和 13.3,其中所表示的基本的波浪结构,都是按照菲波纳奇数列组织起来的。一个完整的周期包含 8 浪,其中 5 浪上升,3 浪下降——这些统统是菲波纳奇数字。再往以下两个层次细分,分别得到 34 浪和 144 浪——它们也是菲波纳奇数字。然而,菲波纳奇数列在波浪理论中的应用,并不只在数浪这一点上。在各浪之间,还有个比例的关系问题。下面列举了一些最常用的菲波纳奇比数:

1. 三个主浪中只有一个浪延长,另外两者的时间和幅度相等。如果 5 浪延长,那么,1 浪和 3 浪大致相等。如果 3 浪延长,那么 1 浪和 5 浪趋于一致。

2. 把 1 浪乘以 1.618,然后,加到 2 浪的底点上,可以得出 3 浪起码目标。

3.把 1 浪乘以 3.236(=2×1.618),然后分别加到 1 浪的顶点和底点上,大致就是 5 浪的最大和最小目标。

4.如果 1 浪和 3 浪大致相等,我们就预期 5 浪延长。其价格目标的估算方法是,先量出从 1 浪底点到 3 浪顶点的距离,再乘以 1.618, 最后把结果加到 4 浪的底点上。

5.在调整浪中,如果它是通常的 5—3—5 锯形调整,那么 c 浪常常与 a 浪长度相等。

6.c 浪长度的另一种估算方法是,把 a 浪的长度乘以 0.618,然后从 a 浪的底点减去所得的积。

7.在 3—3—5 平台形调整的情况下,b 浪可能达到乃至超过 a 浪的顶点,那么,c 浪长度约等于 a 浪长度的 1.618 倍。

8.在对称三角形中,每个后续浪都约等于前一浪的 0.618 倍。

菲波纳奇百分比回撤

除了上列的比数外,还有其他一些,不过上述是最常用的。这些比数有助于确定主浪和调整浪的价格目标。另外,通过百分比回撤,我们也可以估算出价格目标。在回撤分析中,最常用的百分比数是 61.8%(通常近似为 62%),38%,和 50%。在第四章我们就已经指出,市场通常按照一定的可预知的百分比例回撤——最熟悉的是 33%,50%,以及 67%。菲波纳奇数列对上述数字稍有调整。在强劲的趋势下,最小回撤通常在 38%上下。而在脆弱的趋势下,最大回撤百分比通常为 62%。

前面我们说过,在菲波纳奇数列里,除了头四个数字外,菲波纳奇比数趋向于 0.618。头三个比数分别是 1/1(100%), 1/2(50%),以及 2/3(67%)。很多人在学习艾略特理论时都不清楚,自己所熟知的 50%回撤,其实也是一个菲波纳奇比数。三分之二回撤也一样(三分之一回撤作为一个间隔菲波纳奇比数,也是艾略特理论中的一部分)。对先前牛市或熊市的完全回撤(100%)位置,也标志着重要的支撑或阻挡区。

菲波纳奇时间目标

我们还没怎么讲波浪理论的时间方面。毫无疑问,菲波纳奇时间关系是存在的,只不过预测这方面关系是较为困难的,并且有些艾略特特理论家觉得它在三个方面中是最不重要的。菲波纳奇时间目标是从显著的顶和底的位置向未来数算而得出来的。在日线图上,分析者从重要的转折点出发,向后数算到第13、第21、第34、第55、或者第89个交易日,预期未来的顶或底就出现在这些"菲波纳奇日"上。在周线图、月线图、甚至年线图上,我们都可以应用本技术。在周线图上,分析者按照菲波纳奇数列,向后逐周探求时间目标。

综合波浪理论的三个方面

理想的情形是波浪形态、比数分析、时间目标三个方面不谋而合。比如说,波浪分析表明第5浪已经完成;并且5浪已经走满了从1浪底点到3浪顶点的距离的1.618倍;同时,从本趋势起点(前一个低谷)至今,正好13周,从前一高峰到现在正好34周。再进一步,倘若第5浪已经持续了21天。那么,我们就很有把握了:市场重要的顶部即将出现。

对股票和期货市场图表的研究结果表明,其中存在很多种菲波纳奇时间关系。然而,问题首先就在于我们有太多的选择余地。我们可以按照由顶到顶、由顶到底、由底到底、由底到顶等多种方式,来数算菲波纳奇时间目标。可惜,我们总是事后才能肯定这些关系。在很多时候,我们不清楚究竟哪种关系适合当前的形势。

菲波纳奇数字与周期分析

下一章我们专门讲周期,关于时间因素在市场预测中的意义,实在一言难尽。这里我们要说的是,到处都有菲波纳奇数字,甚至在周期分析中,我们也会与之不期而遇。举个例子。为期54年的康德拉蒂耶夫周期是个很著名的长期经济周期,对大多数商品市场都有很强的影响,而54明显地近似菲波纳奇数字,55。最后顺便说说,这组奇妙的数字在其他分析领域中也有用处。例如,在移动平均线分析中,我们就常常采用菲波纳奇数字。这并不奇怪,因为大多数成功的移动平均线同各种市场上的主流周期都颇有渊源。

艾略特波浪理论
在股市与商品市场上应用的比较

关于波浪理论在股市与商品市场上应用的区别,其实前面我们已经提过一些了。比方说,在股市上,往往是3浪延长;而在商品市场,常常是5浪延长。在股市,4浪不可以与1浪有重叠,这是个铁律;而在期货市场这一点却要打折扣,不那么严格(在期货图表上可能出现日内穿越现象)。有时候,商品的现货市场图表上的艾略特形态比其期货市场清晰得多。另外,由于我们在商品期货市场采用了连续图表,引致了扭曲现象,这或许影响到长期的艾略特形态。

在两个领域中,最显著的区别可能在于,商品市场能够“容得下”主要牛市,即新牛市的高点往往不能超越旧牛市的高点。在商品市场上,很可能后一轮五浪结构的牛市无力达到前一个牛市的最高点。许多商品市场在1980年到1981年期间的主要顶部,都超不过七八年前形成的主要顶部。我们知道,长期性的螺线生长形态对于股市分析理论是至关紧要的基础。然而,上述这个“不能生长”的区别就为螺线生长理论蒙上了一层阴影,所以,我们就不可等闲视之了。对两个领域的最后的比较研究说明,在商品市场上,最佳的艾略特形态似乎出现在长期延长形态之后当市场发生突破的时候。

重要的是我们要记住,波浪理论的本意是应用于股市平均指数的。对单个的普通股票来说,其表现并不尽如人意。而在某些期货市场上,交易活动更清淡,那么,它的效果当然可能更糟。要知道,群体心理是艾氏理论的重要依据之一。有例为证,正因为黄金市场具有广泛的“群众基础”,波浪分析在这个市场上大有作为。

归 纳 总 结

现在让我们来归纳一下波浪理论的要点,并把它们恰当地组织起来。

1.完整的牛市周期由8浪构成,其中先是5浪上涨,后是3浪下跌。

2.如果当前趋势与比它更高一层次的趋势方向一致,则划分成五浪结构。

3.调整浪始终以三浪结构出现。

4.有两种简单的调整形态:锯齿形(5—3—5)和平台形(3—3—5)。

5.三角形通常出现在第4浪,并且总是发生在最后一浪之前。也可以出现在调整浪b浪中。

6.既可以把波浪组合成更长的波浪,也可以把波浪细分成更短的波浪。

7.有时某一主浪会延长,那么,另二个主浪则在时间和幅度两方面相当。

8.菲波纳奇数列是艾略特波浪理论的数学基础。

9.波浪的浪数序列服从菲波纳奇数列。

10.菲波纳奇比数和回撤可以用来确定价格目标。最常用的回撤比例是62%,50%和38%。

11.交替规则警示我们,不要指望同一类形态连续地出现。

12.熊市不应当跌破前一轮牛市的第四浪的底部。

13.4浪不可与1浪有重叠(在期货市场不严格如此)。

14.艾略特波浪理论由波浪形态、比数、以及时间三个方面组成,其重要程度依序降低。

15.该理论原本应用于股市平均价,在个股市场并不同样有效。

16.该理论在具有广泛参与的期货市场上,如黄金市场,表现最好。

17.该理论应用于商品市场的主要不同点是,这里的新牛市往往容纳于旧牛市的价格范围之内。

就股市和期货市场分析而言,艾略特波浪理论很可能是最兼包并蓄的技术方法了。它是建筑在更经典的技术,如道氏理论和传统的图表分析方法之上的。绝大部分价格形态都可以用艾略特波浪结构加以解释。通过菲波纳奇比数的"投射"和百分比回撤,它构造出了"摆动目标"方法。在本章引言中,我们曾指出,对艾略特波浪理论的大多数素材,朋友们都不会感到陌生。它把所有上述因素都考虑进来,并给它们赋予了有机的组织,所以增强了预测能力。

波浪理论应与
其他技术工具协同使用

然而,没有哪个单独的理论包含了所有的答案。许多年来,我成功地运用了艾略特波浪理论和菲波纳奇数字。照我的经验来看,如果说所有的商品市场都可以用精确的艾略特形态来解释,那是不对的。在有些场合,艾略特图形清晰可辨,但也有些场合不行。如果我看出了艾略特形态,那么当然会加以运用。但如果看不出来,就不妨另辟蹊径。如果无视其他技术指标,给不清晰的市场变化勉强加上艾略特形态的话,那就是死搬硬套了,后果好不了。关键仍然是只把艾略特波浪理论看做市场预测之谜解答的一部分。我个人的看法是,该理论与本书中其余技术分析理论相得益彰,如果我们把它们协调起来使用,就大有胜算了。

参 考 资 料

关于艾略特波浪理论和菲波纳奇数列,我们有两本最好的参考书。一是《R·N·艾略特选集》,罗伯特·R·普里克特编;一是《艾略特波浪理论》,作者是弗罗斯特和普里克特,两者均为新经典文库公司出版。从图13.1到13.33,全部引自《艾略特波浪理论》(蒙新经典文库公司准许)。另外还有两种市场通讯,也是新经典文库公司出版的。一份是《艾略特波浪理论家》,主持人为罗伯特·普里克特;另一份是《艾略特理论商品通讯》,主持人是戴维·A·韦斯。

关于菲波纳奇数列,我们有一本入门书,《懂一点菲波纳奇数字》,作者是爱德华·D·多布森。这本书附录了一份精心编制的参考书目,均与菲波纳奇数列的应用有关。

P·J·考夫曼在他的《商品交易系统和方法》(约翰·威利父子公司,1978年,第192—197页)中,收录了他对菲波纳奇数字的独到见解,其中谈到怎样把它们与卢卡斯数字结合起来,以增强其效用。

不过,并非所有的文章都替艾略特波浪理论捧场。如果想了解一点艾略特思想的反面意见,不妨看看"R·N·艾略特其人及其编造波浪其事",作者是弗雷德·格姆,发表在《金融分析家杂志》1983年1月/2月号上。

艾略特波浪理论应用实例

从图 13.34 到 13.41,是艾略特波浪理论在商品期货市场的一些实例,其中演示了该理论的要点。

在图 13.42 和 13.49 中,我们采用了一些菲波纳奇数列的较复杂的应用,这里需要做点解说。

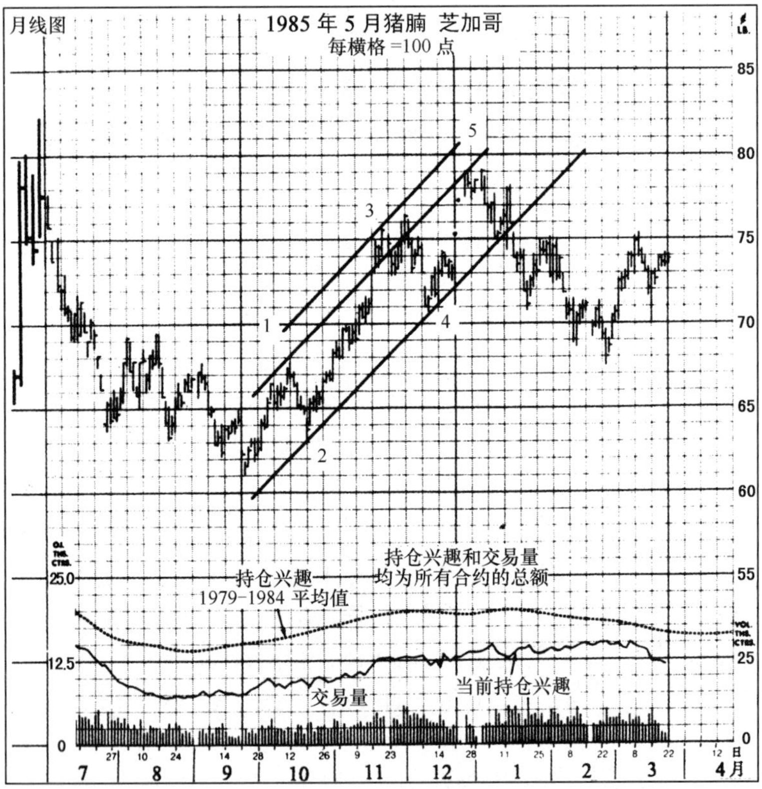

图 13.34　五浪结构的牛市的例子。请注意,5 浪的顶部正好发生在第一条管道线上(Courtesy of Commodity Research Bureau, a Knight-Ridder Business Information Service.)。

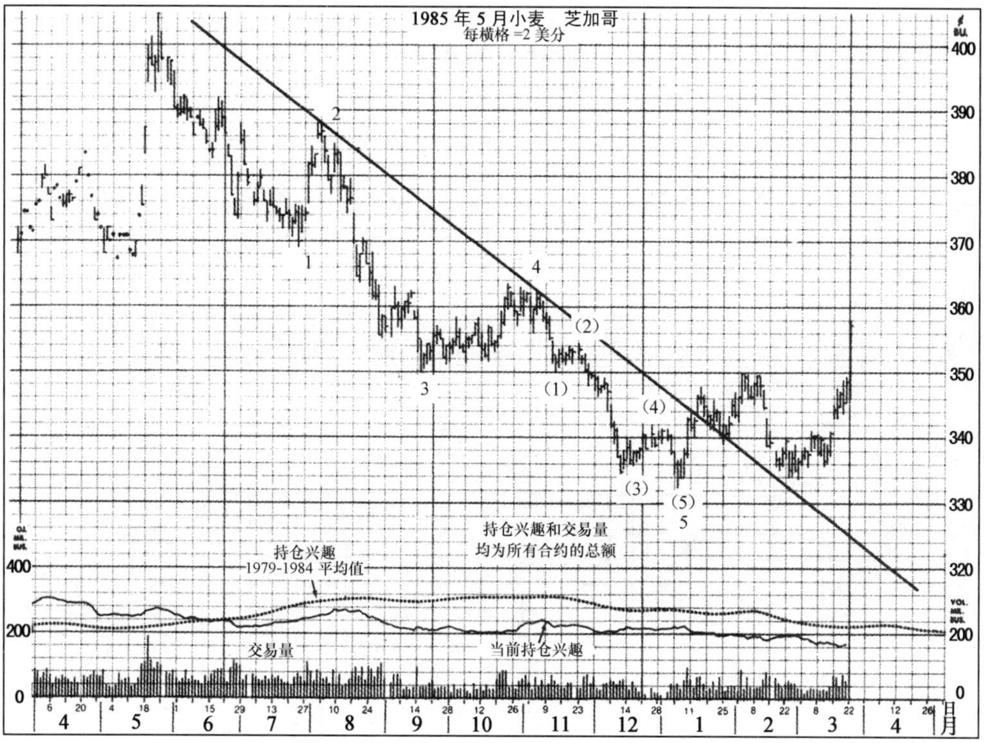

图 13.35　五浪结构的下跌的例子。4 浪的顶不应重叠到 1 浪的底。如果朋友们更仔细地观察的话，那么，5 浪本身也可以细分成 5 个小浪。最佳的趋势线常常是连接 2 浪和 4 浪而成的（Courtesy of Commodity Research Bureau, a Knight－Ridder Business Information Service.）。

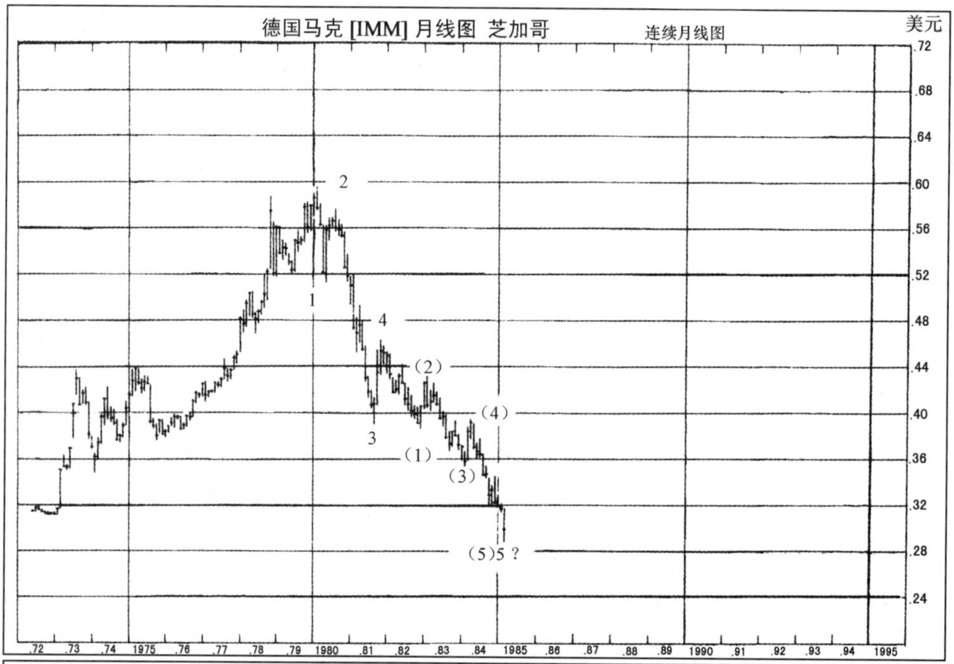
德国马克 [IMM] 月线图 芝加哥
连续月线图
美元
.72
.68
.64
.60
.56
.52
.48
.44
.40
.36
.32
.28
.24
2
1
4
3
(2)
(4)
(1)
(3)
(5)5 ?
.72
.73
.74
1975
.76
.77
.78
.79
1980
.81
.82
.83
.84
1985
.86
.87
.88
.89
1990
.91
.92
.93
.94
1995

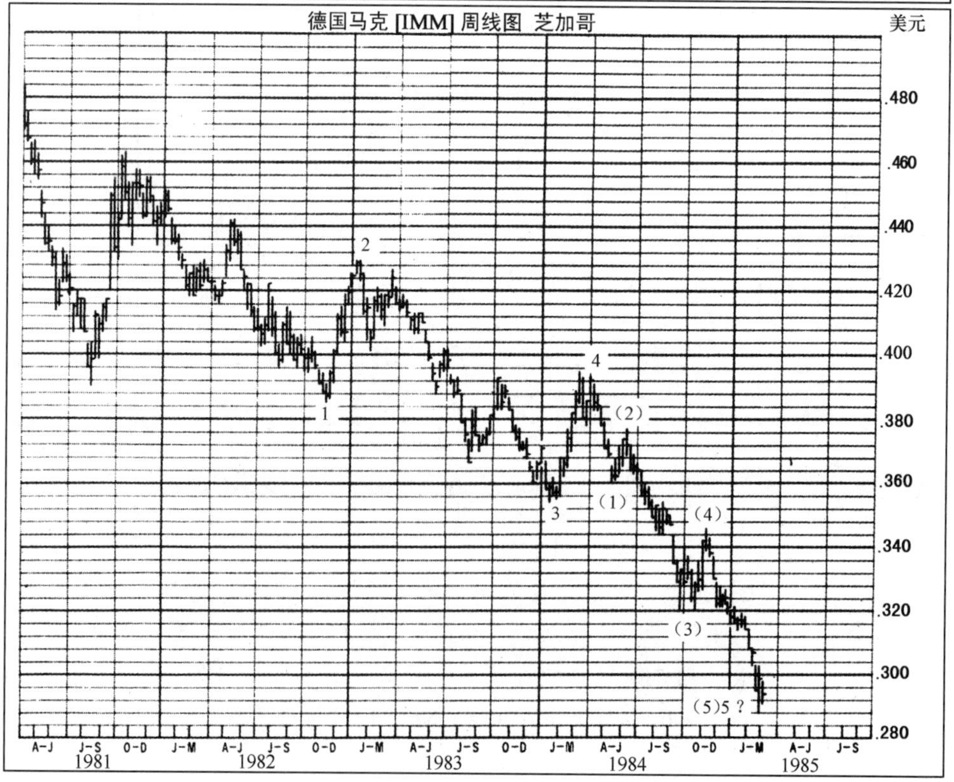
德国马克 [IMM] 周线图 芝加哥
美元
.480
.460
.440
.420
.400
.380
.360
.340
.320
.300
.280
2
1
4
3
(2)
(1)
(4)
(3)
(5)5 ?
A-J
J-S
O-D
J-M
1981
1982
1983
1984
1985

图 13.36 （前一页）上图为月线图，其中展示了 5 个向下的主要浪，且最后一浪也可细分为 5 个小浪。下图为周线图，是上图的更详细的情况。请注意其中所有的五浪结构的下跌。自 1984 年早期开始的最后一轮下跌也可细分为 5 小浪，这意味着市场底部可能为时不远了（Courtesy of Commodity Research Bureau，a Knight-Ridder Business Information Service.）。

图 13.37 五浪结构上升的另一例。请注意管道线。还请注意，其中每个主浪（上升浪）均细分为 5 个小浪。4 浪为三角形巩固形态，其中也可细分成 5 个小浪。三角形通常在 4 浪出现（Courtesy of Commodity Research Bureau，a Knight-Ridder Business Information Service.）。

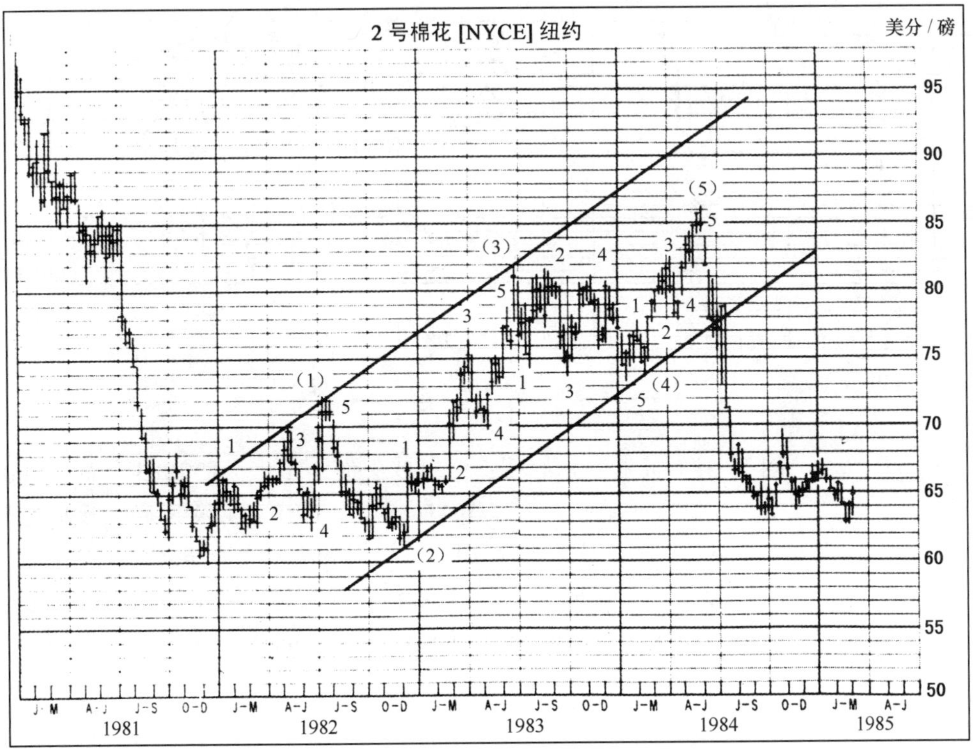

图 13.38　五浪下跌的另一例。目前价格正处于自 1983 年的 14.00 以上的高点开始的下跌过程的第 5 浪。请注意主浪 3 是如何分成 5 个小浪的。第 5 主浪始于 10.00 附近，看起来也可细分为 5 个小浪。注意最后这一浪的 4 浪的三角形(Courtesy of Commodity Research Bureau, a Knight-Ridder Business Information Service.)。

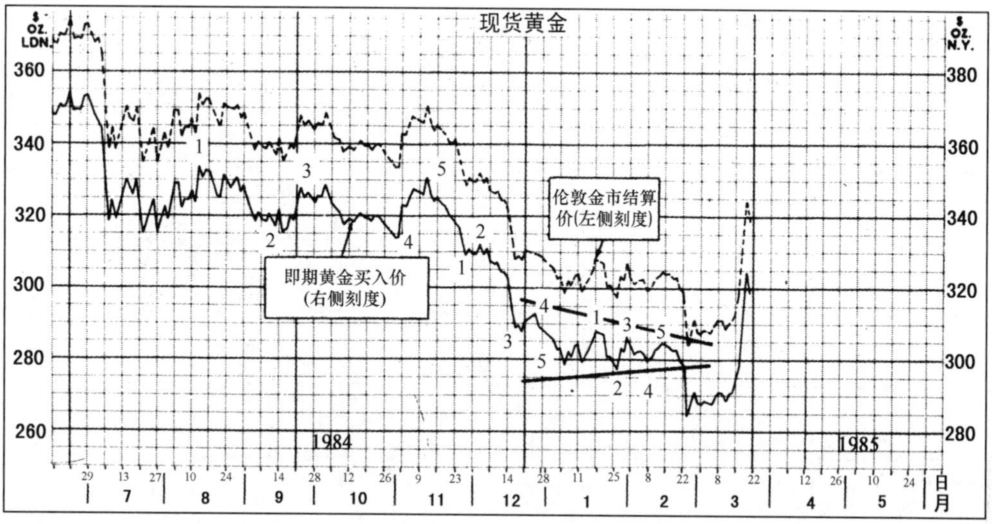

图 13.39　请特别注意本例中的巩固形态是如何细分成 5 个小浪的。本图中底部附近(1 月/2 月)的对称三角形具有 5 个小浪。三角形通常先于最后一浪出现(Courtesy of Commodity Research Bureau, a Knight-Ridder Business Information Service.)。

图 13.40　在这张周线图上,为期 13 个月(这是个菲波纳奇数字)的调整只不过是 38% 回撤,之后市场再度上升。请注意其中典型的 A—B—C 调整形态,并且 C 浪可细分为 5 个小浪(Courtesy of Commodity Research Bureau)。

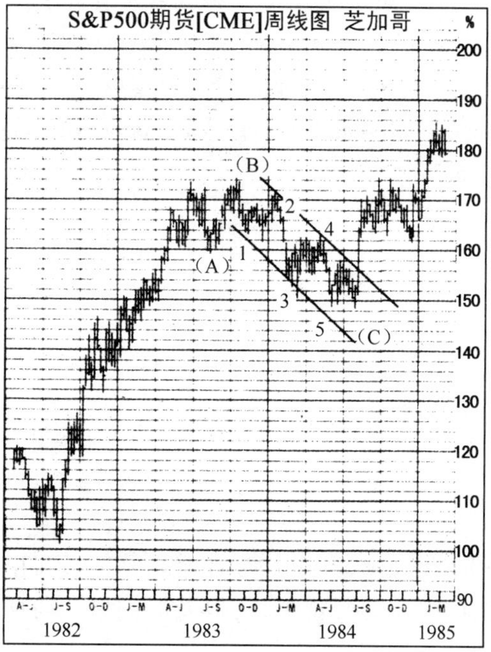

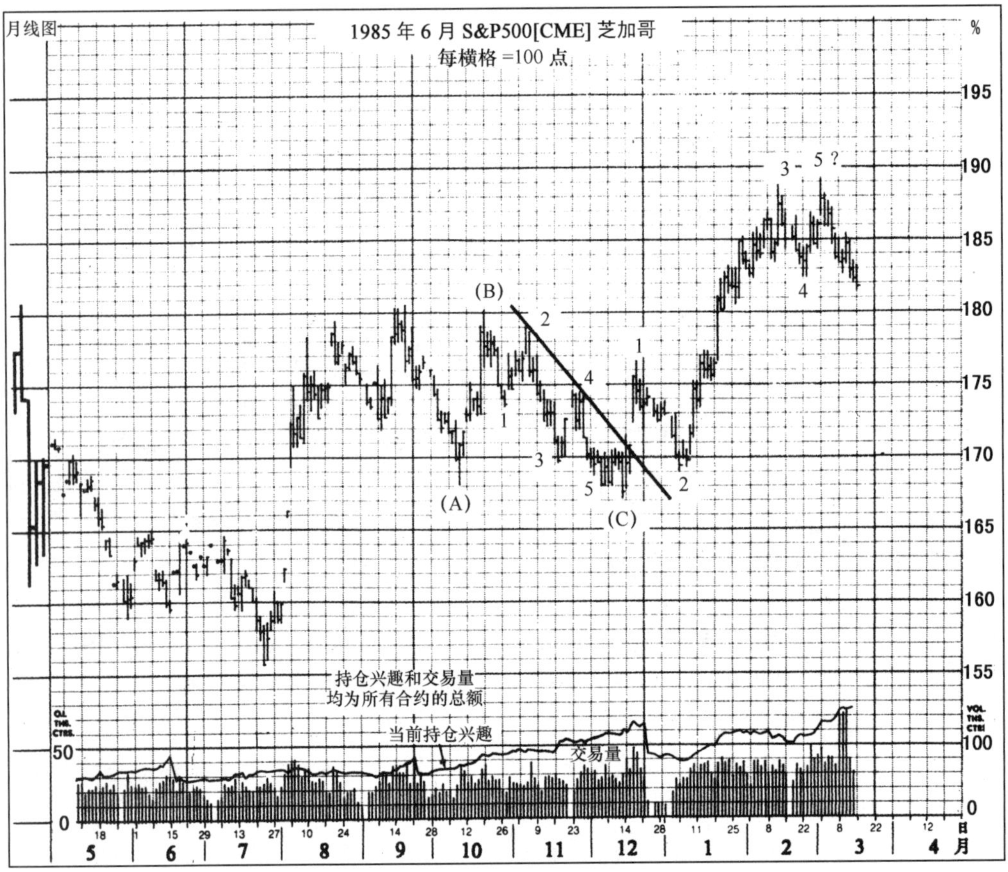

图 13.41　从 9 月到 12 月的调整也具有典型的 A—B—C 调整浪结构。其中 C 浪细分为 5 个小浪。这一向下的调整属于 50% 回撤。注意，之后的上涨可能已经完成了 5 个小浪（Courtesy of Commodity Research Bureau, a Knight-Ridder Business Information Service.）。

菲波纳奇扇形线、弧线及时间区

借助于 Compu Trac 的技术分析软件，我们能够应用以下三种菲波纳奇概念——扇形线，弧线，以及时间区。前面我们对时间区已有介绍。图中的竖直线标志着菲波纳奇时间区。具体做法是,从显著的顶或底起,向后数算一定的菲波纳奇时间间隔。于是,从起点出发,这些竖直直线依次向右出现在与数字5,13,21,34,55,89,144,233等等相对应的位置上。其中,我们跳过了菲波纳奇数字1,2,3。如此做法的目的在于标识出可能出现趋势性变化,或者当前趋势恢复的菲波纳奇时间目标。

菲波纳奇扇形线的构造方法与速度线的颇近似(关于后者第四章有介绍)。首先,我们在图上标出上下两个极端的点(通常是市场的重要顶点和底点)。然后,我们从第二个点起,向第一个点引出一条垂直的线段。接着,按照38%,50%和62%的比例,划分垂直线段。再从第一点出发,分别通过这三个分点,连成三条直线。在以后的市场反弹中,这三条直线分别标志着38%,50%以及62%菲波纳奇回撤位置,将起到支撑和阻挡的作用。

图13.42 菲波纳奇扇形线的例子。这些直线的作法与速度线类似。但它们所标志的是38%、50%、62%回撤。我们可以用它们来确定支撑区和阻挡区,并且,价格对它们的穿越也构成了买卖信号。这些直线均引自市场的重要顶点或底点。

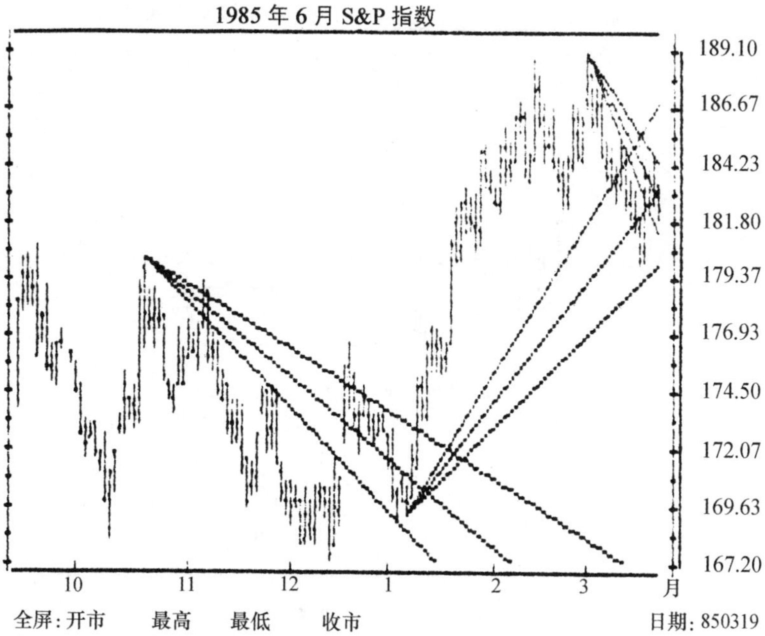

菲波纳奇弧线体现了时间因素。这也是一种回撤测算技术,其构造方法与扇形线的类似。先找出一个顶点和一个底点,然后以其中一点为圆心,按照菲波纳奇参数,38%,50%,62%,从两点之间的垂直线段上截得三个半径,分别画出三条弧线。这三条弧线从时间和价格两方面标识了可能出现支撑或阻挡的位置。通常我们要把弧线和扇形线结合使用,另外,还可以协同地使用时间区。因为三种工具都是测算重要支撑和阻挡区的,所以,如果其中两种或三种线条重合在同一位置上,那么其趋势信号就会较强。如果朋友们仔细考察一下这里所附的图表,就能对这些概念有较好的理解了。显然,大家必须进行相当多的尝试,才能学会如何把这几种稍显复杂的菲波纳奇工具融会到自己的市场分析中去。计算机加上 Compu Trac 软件使这项工作相对便当了些。图 13.42 到 13.49 就是用 Compu Trac 软件制作出来的。

图 13.43　菲波纳奇弧线的例子。其中的测算思路与其扇形线的类似,以 38%、50%、62%回撤为基础。这些弧线有助于判定支撑和阻挡所作用的时间目标。它们是从 12 月的底部引出的。请注意价格是如何暂停于上面两条弧线的下方的。

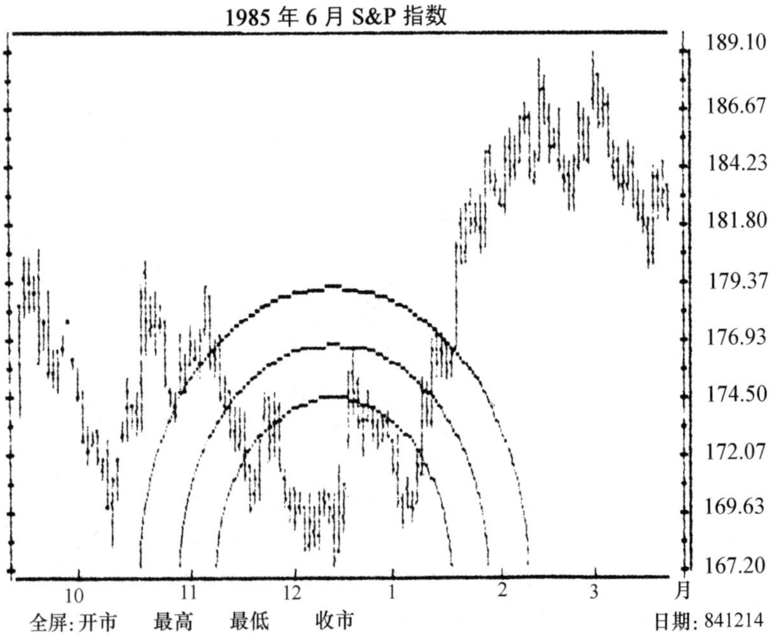

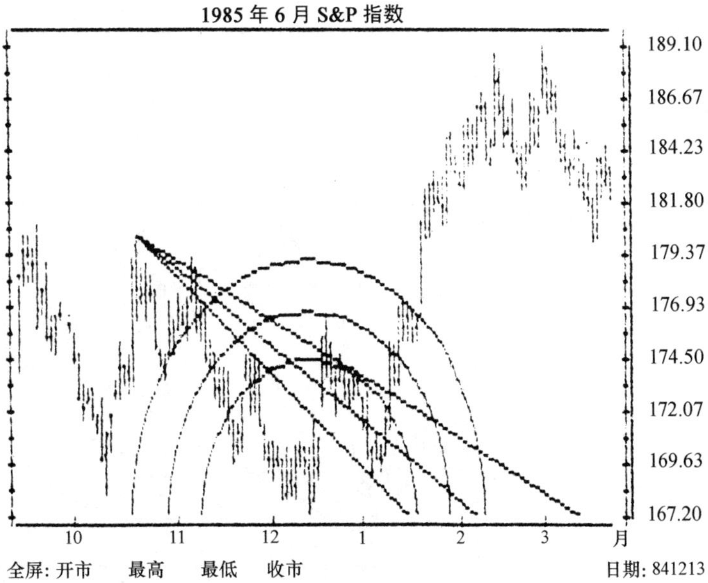

图 13.44　可以结合使用菲波纳奇扇形线和弧线。本图例示了这种情形。只要是扇形线和弧线相吻合的位置,就标志着较强劲的支撑或阻挡区。

图 13.45　从重要的市场顶部或底部起向未来数算,可得出菲波纳奇时间目标。在本例中,菲波纳奇时间目标是自10月的峰起测出的。图中的垂直线分别标志着未来第5、第8、第13、第21、第34、第55、及第89个交易日的位置。这些日子可能意味着市场的重要转折点。

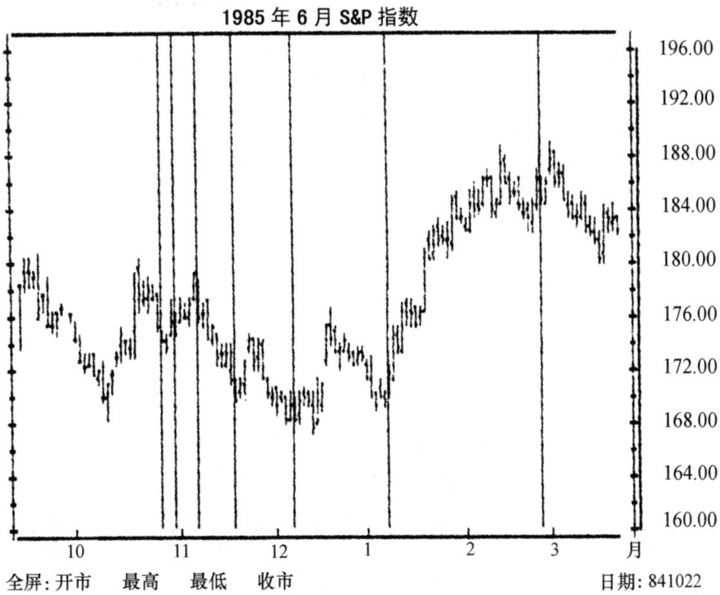

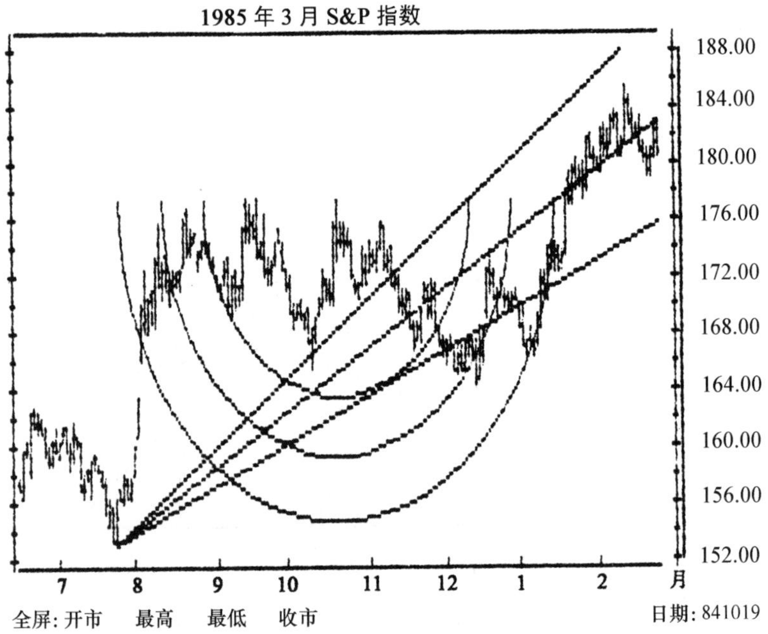

图 13.46 在本例中，菲波纳奇扇形线和弧线均来自1984年7月的低点和10月的高点。请注意，其中的弧线提供了市场下方的支撑区，有助于揭示市场转折的时间。

图 13.47 菲波纳奇时间目标在上图中的应用。请注意，这些时间目标中有一部分很好地揭示了一些市场转折点。这些菲波纳奇时间目标是自8月的底部推来的。请注意，2月的顶部距8月的底约有144天。

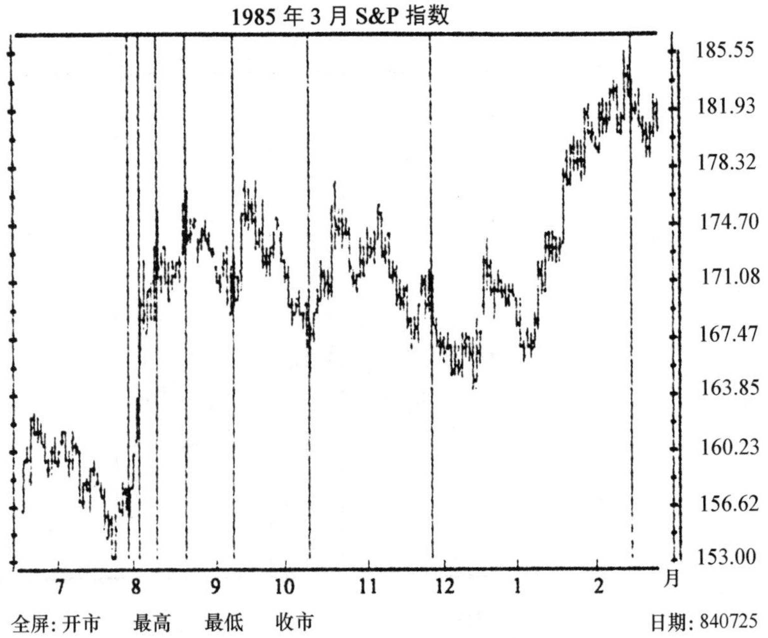

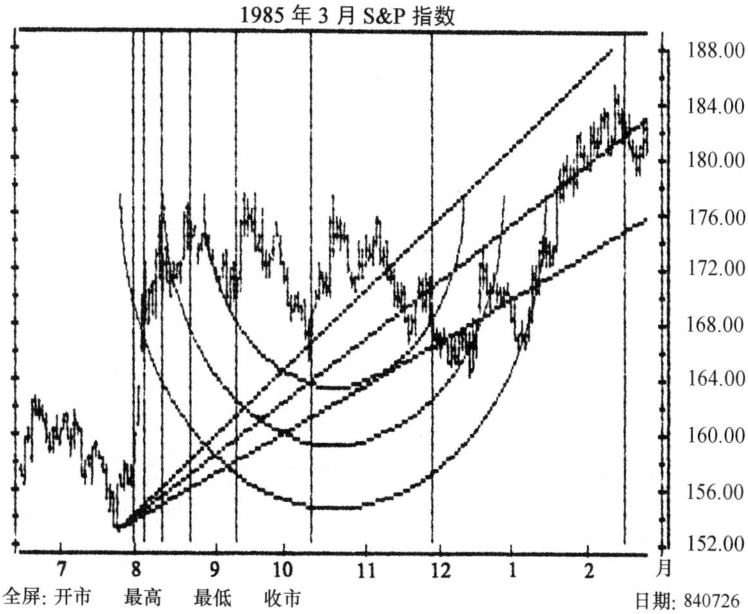

图 13.48　把菲波纳奇扇形线、弧线、以及时间目标线同时应用于上两例中的价格图表的情形。无论何处，只要有一条以上的线条相遇，则构成较强的信号。

图 13.49　把菲波纳奇时间目标应用于相同的期货合约的周线图的情形。实质上，每个垂直的菲波纳奇时间目标线都代表了市场的转折点，它们是从夏季的底部得来的。请特别注意，12月的底距夏日的底21周。

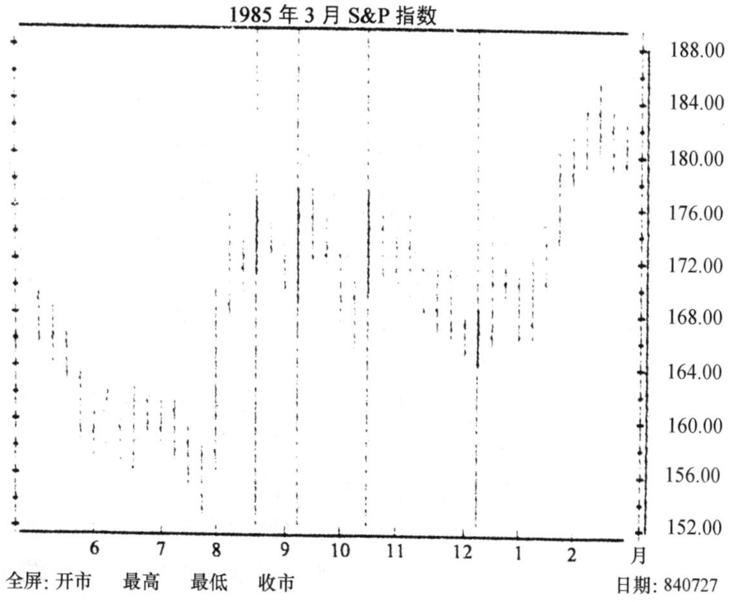

第十四章　时间周期

引　　言

以前，我们的讨论主要集中在价格运动上，很少谈及时间因素对解决市场之谜的重要意义。贯穿本书所有关于技术分析的内容，我们或多或少都要暗示到时间问题，但以前一般是把它作为次要的方面来考虑的。本章，我们要介绍时间周期。在周期分析者眼中，这个问题是理解市场涨落现象的最关键之处。我们就来看看他们是如何考虑市场预测问题的。同时，打算给我们越来越丰富的分析工具包中，再添上时间这个重要的方面。这里我们所要解决的，不再是市场要向哪个方向运动、目标有多远的问题，而是要探究何时市场将达到那里，甚至是何时市场将开始转折的问题。

我们以标准的日线图为例。其中垂直轴表示价格，但这仅是有关资料的一个方面。水平轴表示时间。因此，线图其实是时间——价格图。可是，很多人单单执迷于价格资料，而忽视了时间因素。在研究价格形态的时候，我们获悉，形态形成时所经历的时间长短，与随后的市场变化的余地之间，存在着一定的关系。趋势线、支撑水平和阻挡水平保持有效的时间越长，则其影响力越强。移动平均线需要输入适当的时间参数。即便是摆动指数，我们也需要对其时间参数作出选择。在前一章中，我们也曾列举了菲波纳奇时间目标的用处。

很显然，在各种技术分析方法中，都必须在一定程度上考虑时间因素。不过，这些考虑方式各行其是、各有一套，因此不太可靠。而时间周期正好对症下药。周期分析者认为，时间周期是决定牛市和熊市的决定性因素，而不是次要的或辅助性的角色。一方面，时间因素在市场上占据统治地位，另一方面，所有的技术工具再加上时间周期后，便如虎添翼。例如，移动平均线和摆动指数就可以通过主流周期而得到优化。在趋势线分析中，我们可以借助周期分析对趋势线进行甄别，以确认有效的趋势线。在价格形态分析中，如果结合考虑周期的峰和谷的分布，也能提高其效能。另外，我们还可以通过“时间窗”方法，对价格行为进行过滤，略去无关紧要的变化，突出重要的周期性顶和底附近的变化。

周　　期

每次讲到周期，我都要先向大家提问，有没有人能够预见未来。问完后，课堂上通常是一阵不自在的沉默。这时，我就拿出当天的当地报纸，做一点“预测”示范。比如，我告诉大家，明天早晨 6：47 太阳升起，下午 4：35 太阳落山。明天蒙托克角的高潮位出现在凌晨 4：36 和下午 5：03。下一次晦月在 11 月 22 日，满月在 12 月 8 日，等等。大家越听，越是交头接耳，但我不作理会，只问大家，有没人对它们有怀疑。这时候大家的反应总是很滑稽。虽然没有人怀疑上述事件一定会应验，但是从大家的表情上看，好像我愚弄了大家。说到底，好像我并未真正预见未来。不，且慢，到底我有没有呢？

这番造作的目的是要说明以下几点。首先，每天我们的确是以惊人的准确程度预料未来的，至少对大自然或天文事件是这样的。其次，因为存在着可以明确定义的重现周期，所以我们的预期可能达到高水平的准确度。而这些周期已经成为我们生活的重要组成部分，以致于利用它们做的预测已经毫无出奇之处。如果我们设想它们将持续下去，那么，只要把过去简单地投射到未来，就能预知未来。

那么，如果我们在人类活动中也找出了类似的重现周期，情况如何呢？如果我们确实证明大多数人类行为具有一定重现周期，情况又如何？把这些周期推衍到未来，我们是不是就能够预测未来呢？如果我们能够证明商业周期、股市周期、以及商品期货市场的周期确实存在，那该怎么办呢？利用这些周期来预测未来的市场趋势，难道不是合情合理的事吗？

关于周期理论，我读过的最吸引人的书要数《周期：触发事件的神秘力量》（马诺尔书社，1973），是爱德华·R·杜威与奥格·曼迪诺合著的。前者是一位周期分析的先驱。在这本书中，他们得出了成千上万个乍看上去风马牛不相及的周期，其时间跨度有的达数百年，有些甚至上千年。他们的研究包罗万象，既有标志大西洋鲑鱼丰收年份的9.6年的周期，也有从1415年到1930年期间的国际战争爆发的周期，22.20年。从1527年以来，太阳黑子活动年的平均周期为11.11年。另外，书中还介绍了几种经济周期，包括地产业的18.33年周期，股市的9.2年周期等（图14.1和14.2）。

杜威揭示了两个惊人的结论。其一，许多周期所描述的对象虽然看起来毫不相干，它们本身却密集地分布在相近的长度附近。在上面提到的那本书的第188页，杜威列举了各种周期长度均为9.6年的事例，其中包括新泽西州毛虫爆发的周期、加拿大土狼头数周期、美国小麦播种面积周期、美国棉花价格周期等。为什么那么多的毫无联系的事物具有相同的周期呢？

其二，上述相似周期是同步的，即它们的转折点相互吻合。在图14.3中，是同样都具有18.2年周期的12种事例，其中包括结婚对数、移民人数、美国的股票价格等。杜威对这种现象的解释也可谓骇人听闻。他认为在宇宙中必定存在着某种神秘的力量，控制着这些周期；就是说，宇宙具备某种脉动的特点，从而引发了遍布人类世界的许多领域中的上述周期。

1940年，杜威在匹兹堡成立了周期研究基金会。这是最早从事周期研究的组织，被公认为执该领域的牛耳。基金会办有《周期》杂志，发表了涉及许多领域的有关研究报告，其中也有经济和商业两个方面，包括对股市和商品市场这方面的研究。

基本的周期概念

1970年，J·M·赫斯特发表了《股票交易审时度势的获利秘诀》（普伦蒂斯—霍尔公司），本书主要研究股市周期，但是它对周期理论的解释也极精彩，是一本难得的佳作，很值得一读。三年之后，周期技术咨询公司出版了一本关于周期理论的教程。该书以赫斯特的著作为基础，并将其应用范围扩展到了其他的投资媒介，如商品期货等。以下是我们关于周期理论的简要介绍，其中大部分引自这两本书。

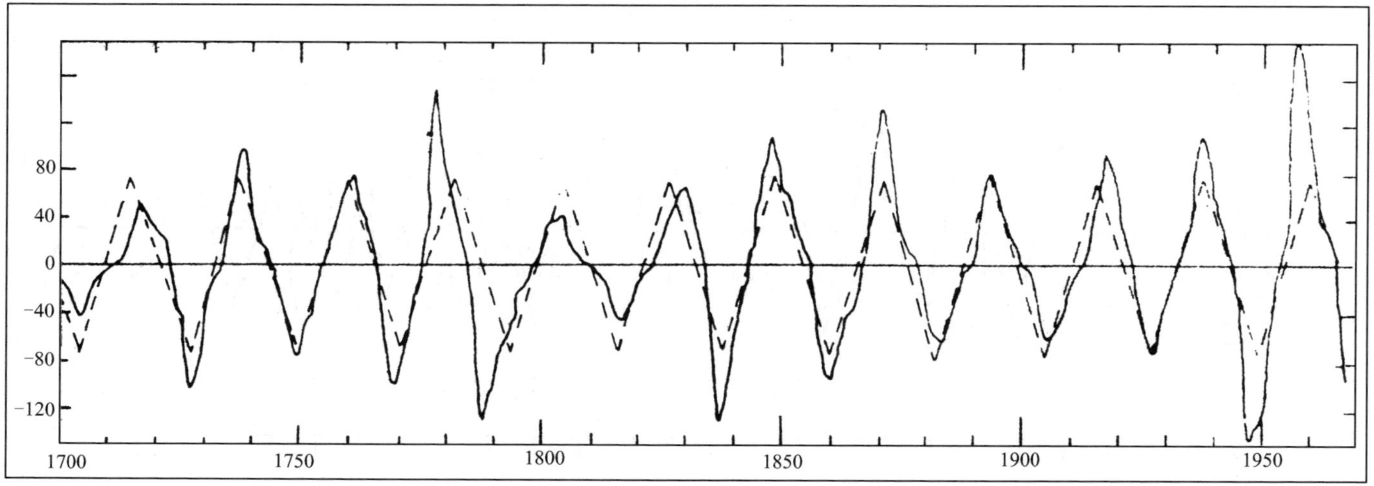

图 14.1　太阳黑子活动的 22.2 年周期。在太阳黑子活动的低谷的 2 年之后，常常出现大旱年。最近一次旱年发生于 70 年代早期，而 90 年代中期则将发生另一次大旱。在本图中，虚线表示“理想”周期，实线代表解析后得出的实际数据（Courtesy of the Foundation for the Study of Cycles，Pittsburgh，PA.）。

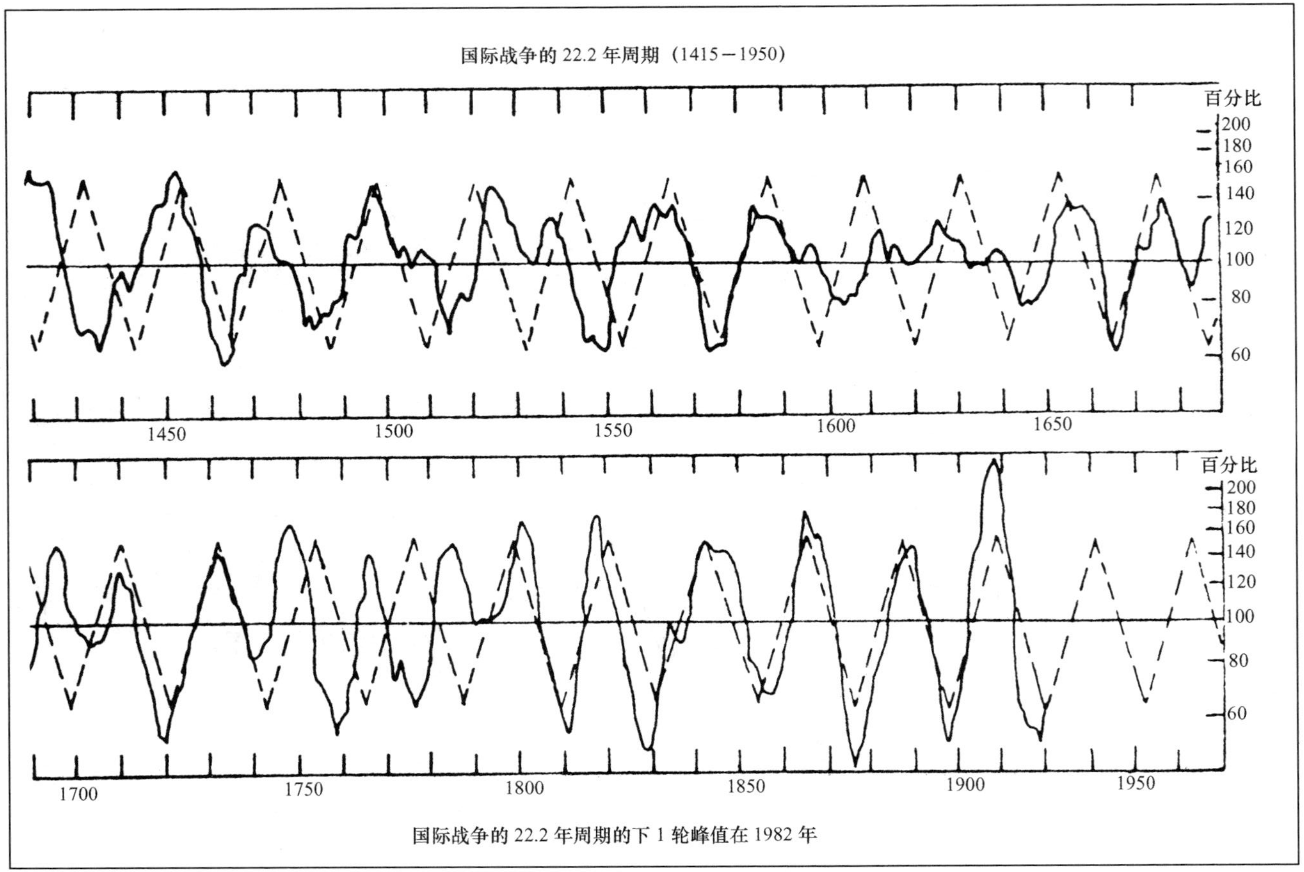

图 14.2　国际战争的 22.2 年周期。1982 年轮到下一个峰值。在本图中，虚线表示“理想”周期，实线为解析所得的实际数据（Courtesy of the Foundation for the Study of Cycles，Pittsburgh，PA.）。

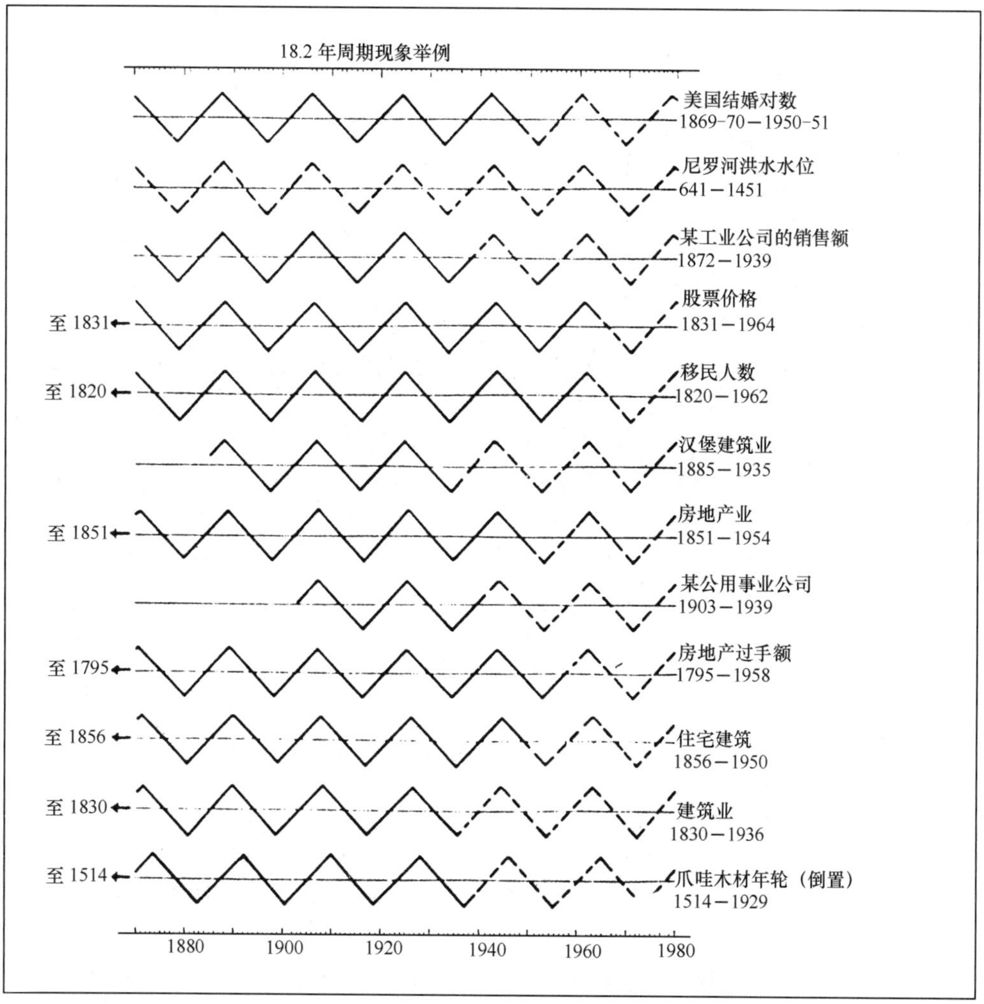

图 14.3　图中均为 18.2 年周期(Source：Dewey，Edward R.，Cycles：The Mysterious Forces That Trigger Events. New York：Manor Books，1973.)。

首先，让我们来看一看周期的形状，然后，再讨论一下它的三个方面的主要特征。图 14.4 显示了重复出现的一种价格周期。周期的底部称为波谷，顶部为波峰。注意，图中两个周期长度的测量是从谷到谷地进行的。周期分析者偏好从谷到谷地测量周期长度。当然，我们也可以从峰到峰地测量，但是一般认为，峰不如谷那样稳定、可靠。因此，通常的做法如本例所示，是沿着周期波动的低点来测量周期长度的。

周期具有三方面特征：波幅、周期长度和相位。如图 14.5 所示，波

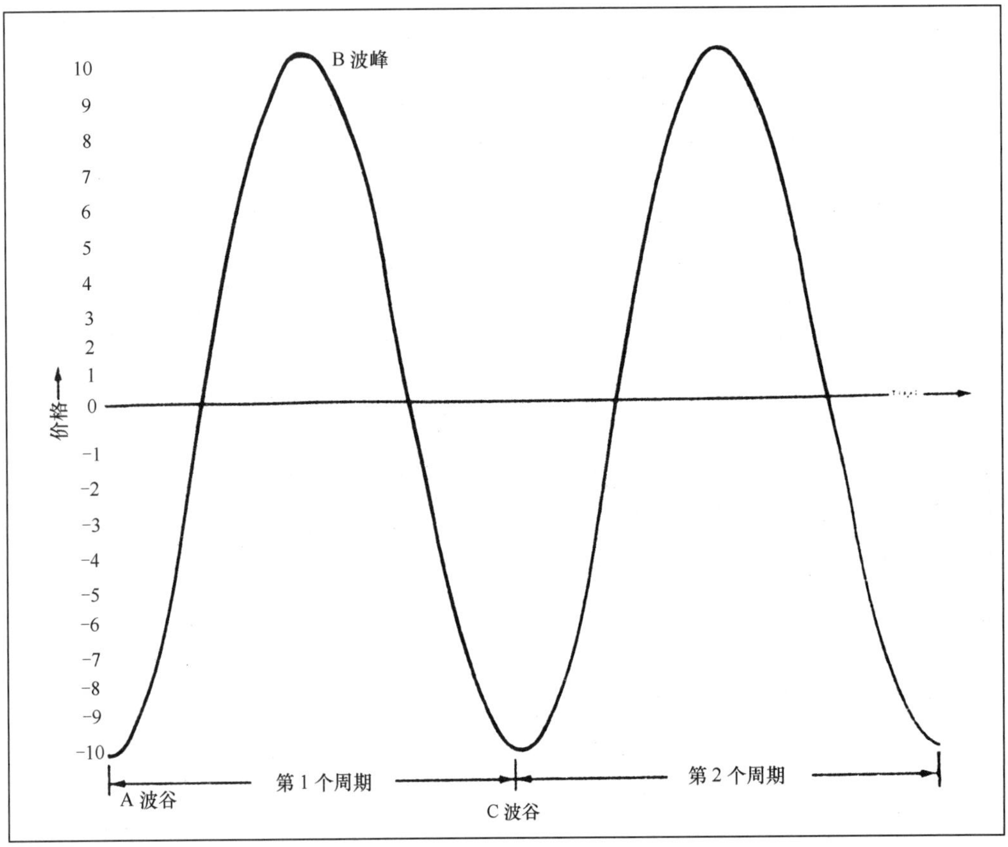

图 14.4　图示为价格波的两个周期。股票和商品的价格变化就是由这种简单的价格波叠加而成的。图中只是这种价格波的两个周期,但这个波本身则向左方和右方无限延伸。在这类波中,一个周期接一个周期地重复出现。于是,一旦我们把它鉴别出来,则可以确定在任何过去或未来时刻它的数值。正是波的这一特性为股票价格的变化提供了一定程度的可预测性(Source:Cyclitec Services, a division of Decision Models, Inc., Marshalltown, IA.)。

幅是波的高度,其单位是美元、美分或点数。周期长度如图 14.6 所示,是两谷之间的时间差。在这个例子中,周期(长度)都为 20 天。相位是波谷的时间位置。在图 14.7 中,显示了两个波的相位差。因为在市场上往往有好几种周期在同一时间出现,所以相位分析有助于分析者比较不同周期长度之间的关系。相位分析也有助于我们认定下一个波谷出现的日期。例如,如果 20 天的周期在 10 天前出现了波谷,那个下一个波谷的日期就可以确定了。一旦我们了解了某周期的波幅、周期长度和相位,从理论上说,就能够把它推延到未来。假定周期具有相当

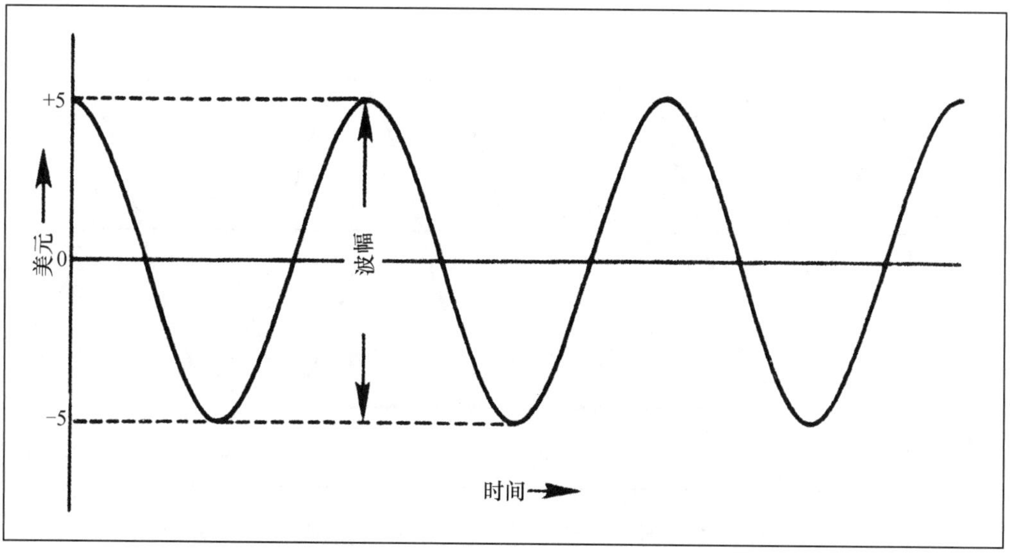

图 14.5　波的幅度。在本图中,波幅始终是由波谷和波峰测得的(Source: Cyclitec Services, a division of Decision Models, Inc., Marshalltown, IA.)。

图 14.6　波的周期(长度)。在本图中,周期为 20 天。这是从两个相邻的波谷测得的,从两个相邻的波峰测量也是一样。但是在价格波中,通常波谷界定得更为分明,其原因稍后讨论。因此,价格波的周期常常是从谷到谷地测算的(Source: Cyclitec Services, a division of Decision Models, Inc., Marshalltown, IA.)。

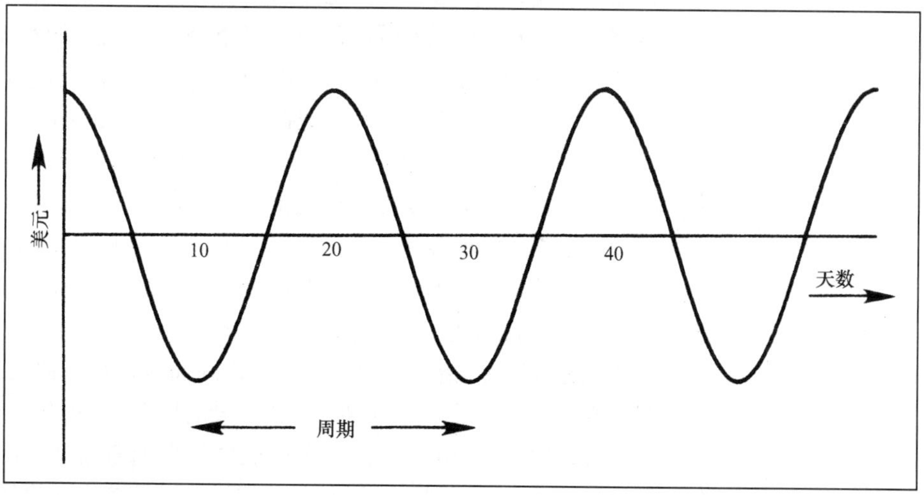

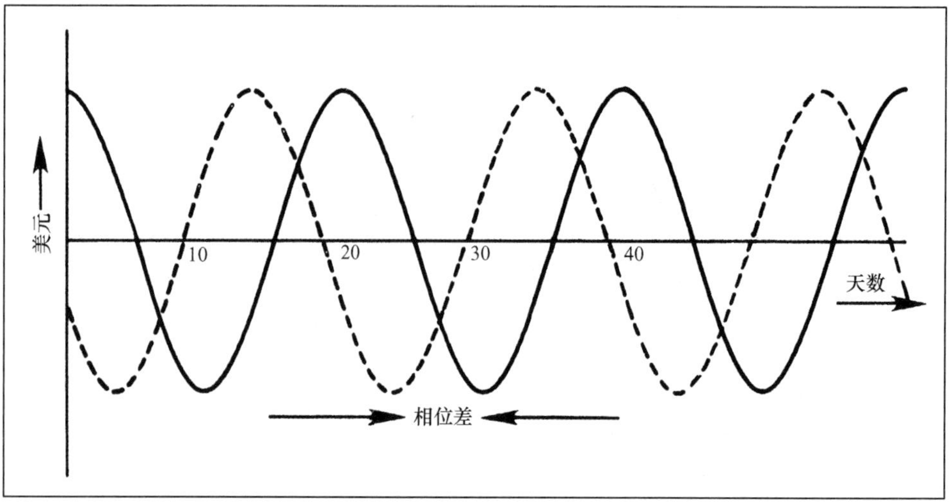

图 14.7　两波之间的相位差。图中所示的两波的相位差为 6 天。相位差是由两波的波谷测出的。其原因与上例一样，也是因为价格波的波谷易于界定（Source：Cyclitec Services，a division of Decision Models，Inc.，Marshalltown，IA.）。

的连续性，我们就可以依之估计未来的峰和谷的情况。这一点正是周期技术的基础。不过，这还是其应用的最简单的形式。

周期理论

现在我们来讨论周期理论的几条基本原理。其中最重要的四条分别是：叠加原理、谐波原理、同步原理、比例原理。

叠加原理是，所有的价格变化均为一切有效周期简单相加的结果。在图 14.8 中，最上方的价格形态，是通过下面两个周期简单地叠加得来的。请特别注意在叠加波 C 波上出现的双重头的形状。周期理论认为，所有的价格形态都是由两个或两个以上不同的周期叠加而成的。后面我们还要再讲到这一点。叠加原理对周期理论的理论基础提出了重要的注解。由之我们假定，所有的价格变化都只是不同周期之和；更进一步地，假定我们能够从价格变化中分解出每个周期成分，那么，只要把每个周期都简单地向后推延，然后再合成起来，结果就应当是未来的价格趋势了。换言之，这就是周期理论的要诀。

谐波原理较简单，指相邻的周期长度之间通常存在倍数关系。一般为 2 倍或者 1/2 的关系。例如，对一个 20 天的周期来说，下一个较短的周期通常是它的一半，10 天。上一个较大的周期通常就是 40 天。在第九章中我们讲过四周规则，如果朋友们还记得，我们曾经在那里利用谐

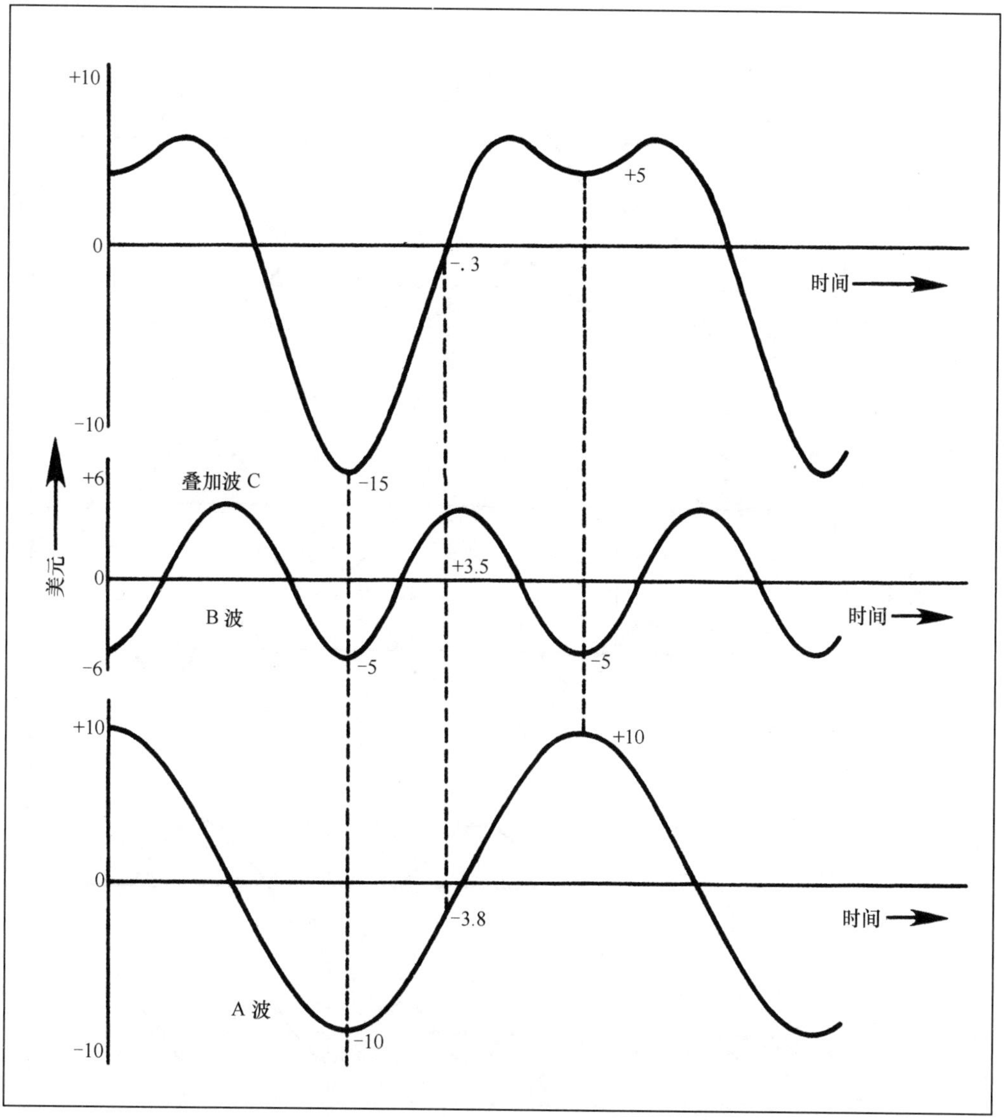

图 14.8 两波的叠加。图中的虚线表示,在每一时刻,叠加波 C 的数值均是由 A 波和 B 波的相应的数值相加而来的(Source: Cyclitec Services, a division of Decision Models , Inc ., Marshalltown , IA.)。

波原理来解释更短的两周规则,以及更长的八周规则。

同步原理是指一种强烈的倾向性,即不同长度的周期常常在同一时刻达到谷低。图 14.9 试图显示谐波原理和同步原理的情形。图中下面的 B 波长度为 A 波的一半。A 波中包含了两个 B 波周期,表现出了 A、B 两波的谐波关系。请注意,当 A 波到底时,B 波也每每处于波谷,显

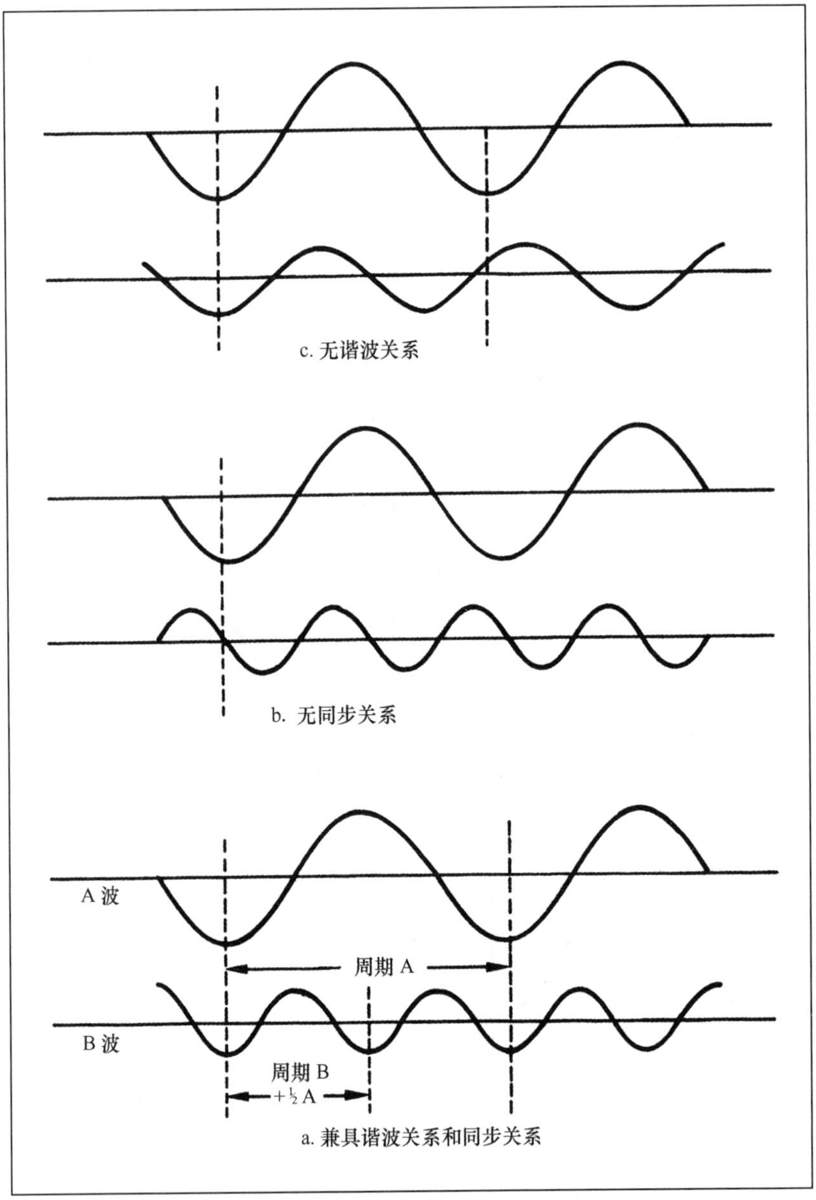

图 14.9　谐波关系和同步关系（Source：Cyclitec Services，a division of Decision Models，Inc.，Marshalltown，IA.）。

示了两波之间同步关系。另外，根据同步原理，不同市场、但长度相近的周期往往也是同时进退的。

比例原理描述的是，在周期长度与波幅之间具备一定的比例关系。周期越长，那么其波幅也应当成比例地较大。比如，40 天周期的波幅，应当差不多是 20 天周期波幅的 2 倍。

变通原理和基准原理

另外还有两个从更一般意义上描绘周期行为的原理——变通原理和基准原理。

变通原理恰如名称所示，指上述原理——叠加原理、谐波原理、同步原理、比例原理——都只是市场的强烈的倾向性，而不是严格不变的规则。对于这一事实，其实我们在上面介绍它们时都已经打过招呼了。在实际应用时，情况通常会有所变化。

基准原理认为，尽管各种市场之间均存在一定的差异，并且在我们应用上述周期原理的时候也都容许我们有所变通，但是仍然存在一系列基准的谐波周期，适用于所有市场。这种基准的谐波模型是研究任何市场的起点。图 14.10b 表示了一个简化的基准模型。其中从 18 年周期开始，逐渐向较短的周期排列，每一次都减短一半。这当中惟一的例外是在从 54 个月到 18 个月的地方，我们选用了前一周期的三分之一，而不是它的一半。

等我们讨论各个具体期货市场的各种周期的时候，朋友们会看到，这个基准模型包容了绝大部分周期。这里我们且看“天数”那一列。注意其中的 40 天、20 天、10 天和 5 天。朋友们马上会发现，这些就是最流行的移动平均线的时间跨度。即便是出名的 4 天、9 天和 18 天移动平均技术，也只不过是 5 天、10 天和 20 天的变通形式。许多摆动指数的时间跨度为 5 天、10 天或 20 天。周期规则采用的也是同样的数字，但对应地转换成 2 周、4 周和 8 周了。

如何利用周期概念来理解图表技术

赫斯特的著作的第三章，详尽地解释了如何利用周期理论更好地理解标准的图表技术——趋势线和管道线、图表形态和移动平均线等问题，进而说明了如何将它们与周期理论协调起来，以取得更高的效力。图 14.11 表示周期理论有助于我们理解趋势线和管道线。图表下方的波动，在叠加到长期的上升趋势（用一条上升直线表示）之上以后，演变为上升的价格管道。请注意，下方沿图底部横向伸展的波动与摆动指数何其相似。

年数	月数	周数	天数
18			
9			
	54		
	18	77.94	
	9	38.97	
		19.48	
		9.74	68.2
		4.97	34.1
			17.0
			8.5
			4.3

图 14.10a　基准周期模型。

图 14.10b　简化的基准周期模型（Source：Cyclitec Services，a division of Decision Models，Inc.，Marshalltown，IA.）。

年数	月数	周数	天数
18			
9			
	54		
	18		
		40	
		20	
			80
			40
			20
			10
			5

图 14.12 引自这本书的同一章，表示如何把两个周期与一条上升直线组合起来，构成头肩形顶部形态。其中的上升直线代表所有长期的周期成分之和。往下，赫斯特还利用周期理论解释了双重顶、三角形、旗形、三角旗形等价格形态。例如，V 型顶或底出现在短周期的转折点恰巧与其上一级长周期、再上一级长周期的转折点吻合的时候。

另外，赫斯特还研究了如何把移动平均线与主流周期同步化以改

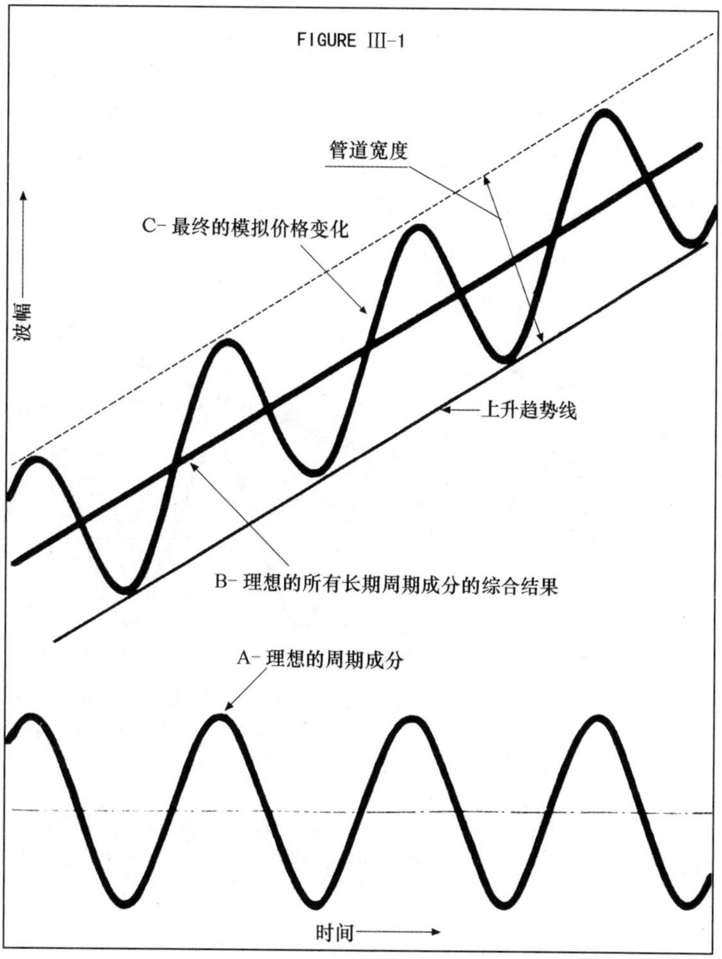

图 14.11　管道的形态（Source：Hurst, J.M., The Profit Magic of Stock Transaction Timing [Englewood Cliffs, N.J.: Prentice-Hall, Inc.,1970].）。

进其效果的问题。朋友们通过学习赫斯特书中的“图表形态追根究底”一章，可以对传统的图表技术加深理解，了解其由来及其之所以起作用的根本原因。

主流周期

影响商品期货市场的周期很多，但其中主要的几个最具有预测价值，

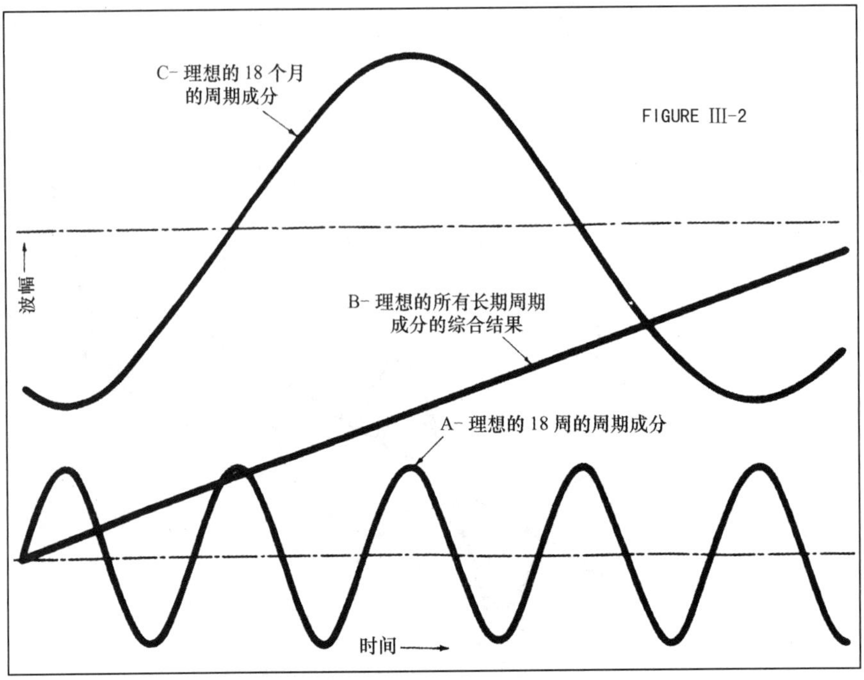

图 14.12a 在上例中再叠加上另一种周期成分（Source: Hurst, J. M., The Profit Magic of Stock Transaction Timing [Englewood Cliffs, N.J.: Prentice-Hall, Inc.,1970].）。

图 14.12b 上例的叠加结果(叠加原理)（Source: Hurst, J.M., The Profit Magic of Stock Transaction Timing [Englewood Cliffs, N. J.: Prentice-Hall, Inc.,1970].）。

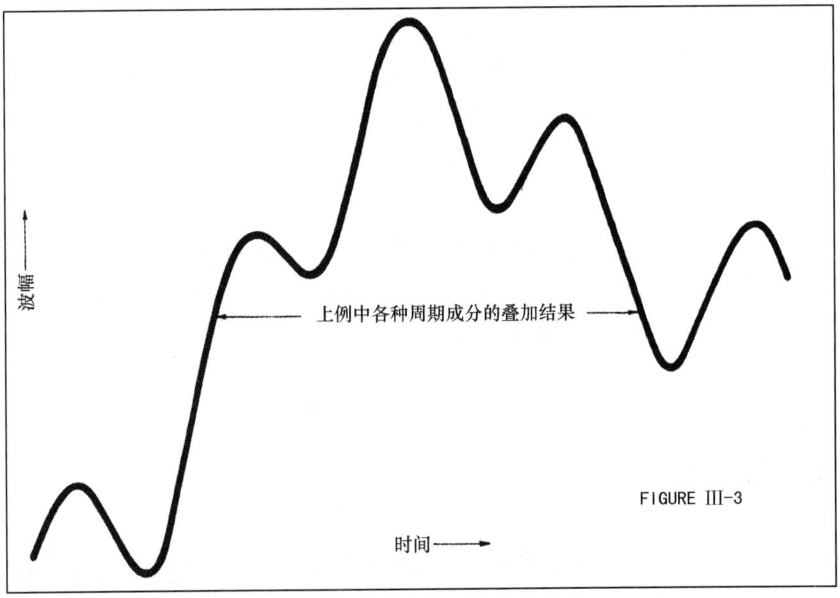

我们称之为主流周期。主流周期对期货价格具有持久的影响力,它们的存在在图表上清晰可辨。在大多数期货市场上,至少存在5种主流周期。在前面关于长期图表的一章中,我们强调过,无论进行什么样的技术分析,都应当从长期图表开始,逐步过渡到短期图表。这一原则在周期分析中当然也同样地成立。这里恰当的分析程序是,先从长期的主流周期开始,其时间跨度可能为数年;其次是中等周期,时间跨度为数周到数月;最后,轮到极短期的周期,其长度从几小时到数天不等。这种分析方法可用来解决入市和出市点问题,并有助于我们验证较长期周期的转折点的位置。

周期分类

周期分析者连对某周期的长度如何都颇有争议,更不用说按周期长度对周期进行分类了(图14.13)。考虑到这种含糊之处,我们这里只打算尝试一下主要周期的分类。一般的分类是:长期周期(长度为2年或2年以上),季节性周期(1年),基本周期、或中等周期(9周到26周),以及交易周期(4周)。上述均为主要周期,当然还有其他周期。在有些市场上,有一种1/2基本周期,介于基本周期同交易周期之间。交易周期也可以进一步细分为更短的阿尔法(α)周期和贝塔(β)周期,它们的平均长度均为2周(基本周期、交易周期、阿尔法周期和贝塔周期等说法,第一次是出现在沃尔特·布雷塞特写的《霍尔市场周期》中,这篇文章描述了各种周期长度)。

康德拉蒂耶夫波

在市场上起作用的甚至还有更长的周期。其中最著名的或许是为期达54年的康德拉蒂耶夫周期。关于这个长期的经济活动周期目前还有争议。它是在本世纪20年代,由俄国经济学家尼古拉·康德拉蒂耶夫首先发现的。看来,这个周期实质上对所有的股票和商品的价格都具有重要影响。特别值得一提的是,我们在利率、铜、棉花、小麦、股票、以及批发商品价格等市场中,都已经鉴别出了54年周期。康德拉蒂耶夫从1789年考察起,对商品价格、铸铁产量、英格兰的农业工人工资进行了这种"长波"的追踪研究(图14.14)。近年来,康德拉蒂耶夫周期成了热门话题,主要原因是,它的上一个波峰出现在20年代,那么下一个主要波峰就应该在80年代。康德拉蒂耶夫本人为他的"资本主义经济学的"周期观付出了沉痛的代价。据信,他死在西伯利亚的劳改营中。有关进一步的资料请见《长波周期》,尼古拉·康德拉蒂耶夫原著,盖伊·丹尼尔斯译(理查森和斯奈德版,1984年)。

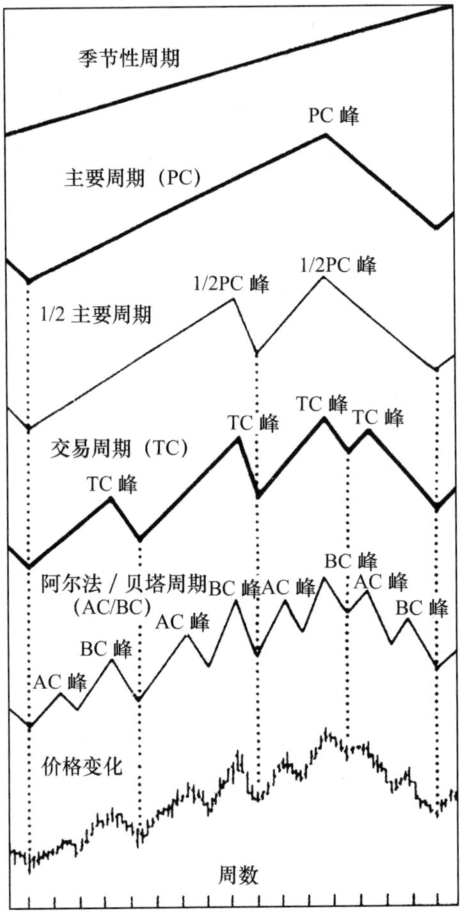

图 14.13　周期分类(Source：HAL Cyclic Analyst´s Kit，p.1—2.)。

这是第一个从俄文原著直接翻译的译本。

综合各种周期

一般地，长期周期和季节性周期决定了市场的主要趋势。显然，如果 2 年周期已经从低谷抬头了，那么我们至少可以预料，从这个谷到下个峰，市场将在之后的一年中呈上升态势。因此，长期周期对市场趋势具有主要的影响。另外，市场上还有以年为度的季节性形态，往往在一年内的一定时候出现峰和谷。例如，谷物市场通常在收割的时候达到低谷，随后再开始上涨。季节性变化通常延续数月。

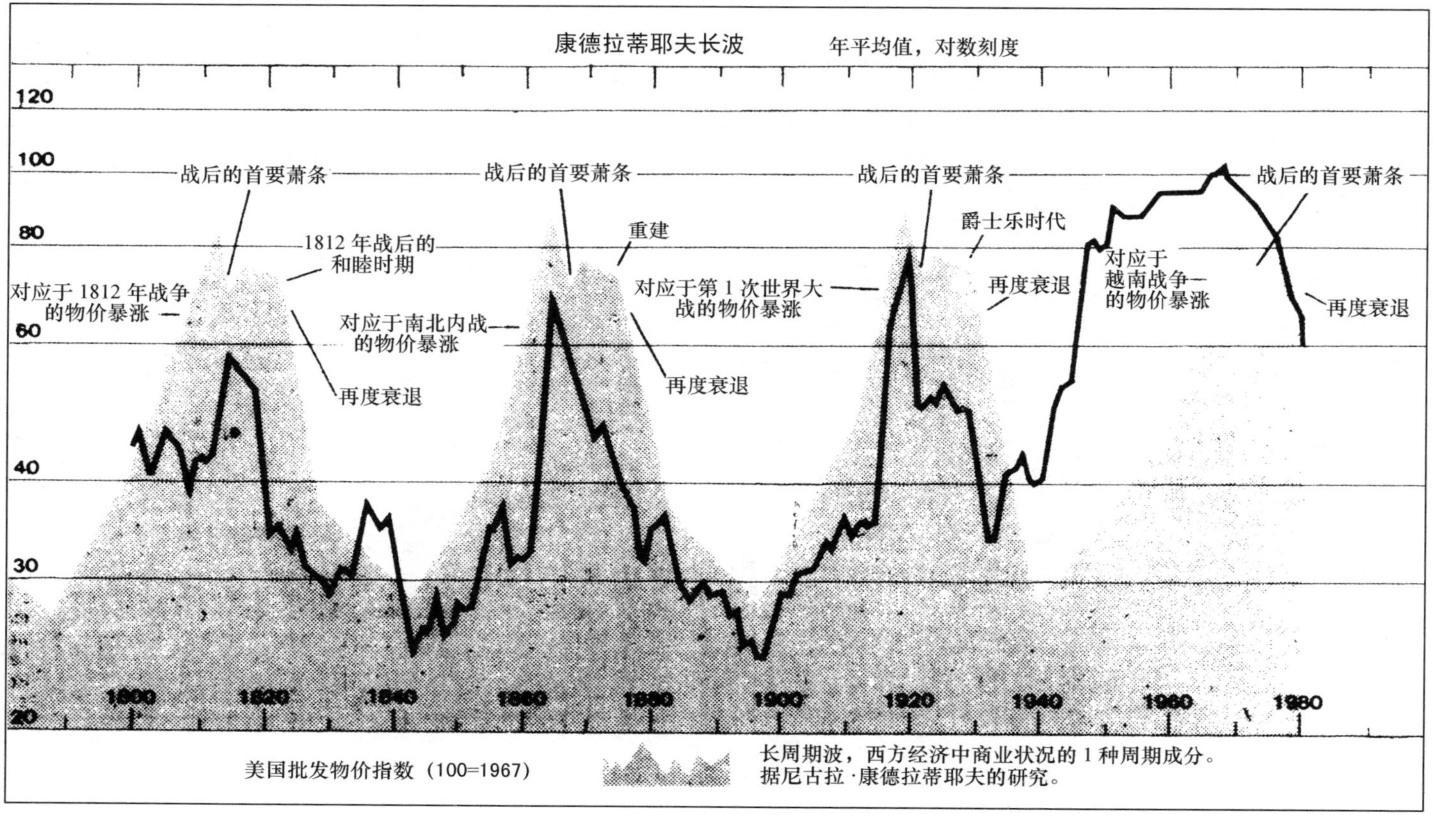

图 14.14 康德拉蒂耶夫长期波。进一步的资料请参见《长波周期》，尼古拉 康德拉蒂耶夫著，盖·丹尼尔译（里查森和斯尼德版，1984 年）。这是第一种从俄文直接翻译的译本（Copyright 1984 by The New York Times Company. Reprinted by permission[May 27，1984，p.F11.]）。

从实际交易着眼，基本周期最有用。3 个月到 6 个月的基本周期相当于中等趋势，一般决定了我们的交易方向。下一个更短的周期是 4 周交易周期，可以用来确定顺着基本趋势（中趋势）方向的入市点和出市点。如果基本趋势向上，我们就利用交易周期的谷来达成买进的目的。如果基本趋势向下，我们则利用交易周期的峰来卖出。而为期 10 天的阿尔法和贝塔周期可以用来作进一步的细致调整（图 14.13）。

趋势的重要性

在讲解技术分析理论的过程中，我们处处都要强调顺应趋势交易的意义。前面我们曾指出，如果中等趋势向上，则应在市场的短暂回落中买入；如果中等趋势向下，就应在短暂的上涨中卖出。在“艾略特波浪理论”一章中，我们曾交代，只有在与上一层次的趋势方向一致的条件下，才会出现五浪结构的市场运动。因此，当我们利用短暂趋势来选择时机时，必须首先确定其上一层次的趋势方向，顺着这个方向交易。在周期理论中，这一点也同样成立。对于每一周期来说，其趋势方向是由它上一层次的周期方向所决定的。换句话说，一旦我们确定了趋势方向，那么，下一层次的较短周期的方向就明确了。

CRB 期货价格指数的 9 个月到 12 个月的周期

每个期货市场都有自己独特的周期长度的组合。但是，也可能存在一定的通用周期，作用于总体的商品市场。广泛性的商品价格指数，如商品研究局期货价格指数等，最便于揭示这些周期（图 14.15）。前面已经提到了 54 年周期，5.5 年和 11 年是另外两个稍短的周期。然而，从实际交易的角度看，在 CRB 期货价格指数上最有价值的是从 9 个月到 12 个月的周期。其平均长度为 10.5 个月（是从谷到谷地度量的）。

在第八章，我们讨论了追踪 CRB 期货价格指数，以把握总体商品价格的重要意义。在我们对任何具体的商品市场进行分析之前，首先必须确定总体商品价格的方向。如果总体商品价格正在上涨，那么判断个别市场为上升趋势就有较大的把握。因此，在制订交易策略时，借助 CRB 指数的 10.5 个月的周期，我们可以获得极大的优势。因为商品市场的确倾向于进退与共，所以，CRB 期货指数何时出现下一轮重要波峰或波谷，

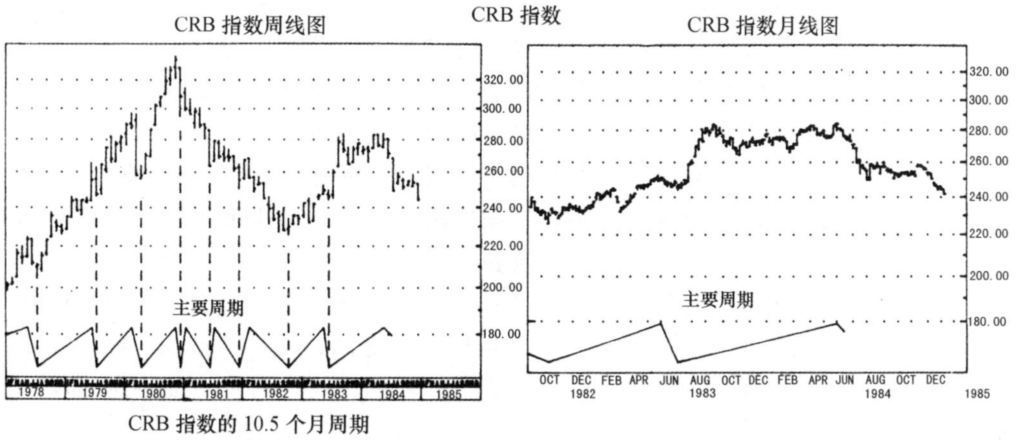

图 14.15 CRB 期货价格指数的 10.5 个月周期的例子(Source:HAL Market Cycles, Tucson, AZ.)。

将应当影响到我们对个别市场、或某个商品群类的评估。

我们把 CRB 指数的 10.5 个月的周期一直追溯到了 50 年代。但是,这个周期是不对称的,就是说,如果我们不是从谷到谷地,而是从峰到峰地度量周期长度的话,结果就不会这样可靠了。这正是周期的普遍性的特点。关于周期峰值的位置,这里还有一点需要说明。如果商品价格的趋势向上,那么其周期峰值往往比预料出现得晚一些。在主要趋势向下的情况下,峰值往往提早出现。这也是周期分析的一个重要方面,我们在“波峰右移和左移”一节再详谈。

28 天交易周期

28 天交易周期是一个重要的短期周期,往往影响到绝大多数商品市场。换言之,绝大部分市场都倾向于每四周出现一个属于交易周期的低点。月亮的周期也许解释了这种遍布所有商品市场的强烈的周期性倾向。伯顿·皮尤研究了 30 年代小麦市场的 28 天周期(《小麦交易中的科学与神秘主义》,兰伯特—江恩版,1978 年),结果表明,月亮周期对市场的转折点的分布有一定影响。按照他的理论,我们应当在满月时买进小麦,在晦月时卖出。不过皮尤也承认,月亮的效应是温和的,长期周期以及重要的新闻事件能够淹没其效果。

不论月亮与 28 天周期有无联系,这总是一个客观存在,何况它能够解释许多短期技术指标和交易系统的时间参数问题呢。说到底,28 天周期是按照日历计算的。如果把它转换成实际交易日,则为 20 天。

我们曾介绍过，很多流行的移动平均线、摆动指数、周规则等，都是以20天、及其谐波周期10天和5天为基准的。5天、10天和20天移动平均线及其变通形式，4天、9天和18天移动平均线的应用均极广泛。CRB期货图表系统采用的就是10天和40天移动平均线，其中40天周期2倍于20天周期，是后者的上一层次的谐波周期。

在第九章，我们讲解了理查德·唐迁首创的四周规则。如果市场涨出了四周内的新高位，则构成买入信号；如果市场跌出了四周内的新低位，则是卖出信号。现在我们已经掌握了28天的交易周期，就能对四周规则之所以采取四周这一时间参数，以及它之所以效力不凡等问题，有更深的理解了。根据周期理论，如果市场突破了前四周内的高位，那么至少说明，上一层次的周期（八周周期）已经从底部转折向上了。

波峰左移和右移

多年以前，当我致力于期货市场周期的研究时，偶然碰上了波峰左移和右移的概念。直到现在，我始终觉得，这个位移的概念也许是周期分析中最重要的方面。所谓波峰左移和右移，是指实际的周期峰值向左或向右偏离了理论的峰值位置。例如，20天的交易周期是从谷到谷地测算出来的。那么从理论上说，波峰应当出现在离谷10天处，或者说是在两谷的中点上。这样一来，市场就先是10天上涨，然后是10天下跌。然而，很少发生这种理想的情形。朋友们请记住，绝大多数周期的变异出现在其波峰上，而不是波谷上。这就是一般认为波谷更为可靠的原因，也正因此，我们从谷到谷地测算周期长度。

波峰的变化取决于本周期的上一层次周期的趋势方向。如果其趋势向上，那么波峰向理想中点的右侧偏移，产生右移现象。如果上一层次的较长周期处于下降阶段，则波峰向理想中点的左侧偏移，称为左移现象。因此，右移现象是看涨性的，而左移现象是看跌性的。让我们思考一下。上面我们实质就是说，在牛市中，价格将在较长时间内处于上升阶段，而下跌所占的时间较短。而在熊市中，价格将在较长时间内处于下跌阶段，而上涨所占的时间较短。这不正是趋势的定义吗？只不过这里我们的研究对象是时间，而非价格。

要知道，我们把上升趋势定义为一系列相继递升的峰和谷。而下降趋势则是一系列相继递降的峰和谷。我们可以将这些峰和谷标识为周期的波峰和波谷。现在我们来把趋势的定义和偏移现象两个概念结合起来（图14.16和14.17）。只要峰和谷依次上升（就是说，价格处于

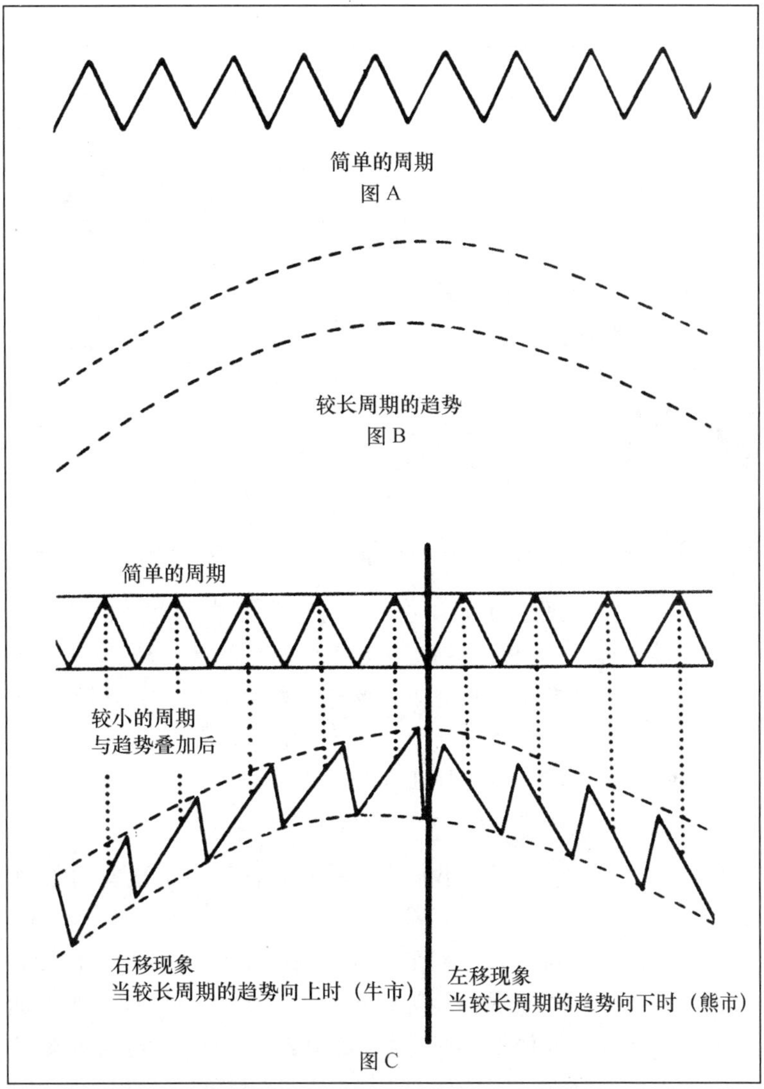

图 14.16　波峰左移和右移现象的例子。图 A 为一种简单的周期。图 B 展示了较长周期的趋势。图 C 表示综合的结果。当较长周期的趋势上升时，波峰向右侧偏移。当较长周期的趋势下降时，波峰向左侧偏移。右移现象是看涨的，而左移现象是看跌的（Source: HAL Cyclic Analyst′s Kit, p.1—5.）。

上升趋势），那么周期的波峰就会朝理想的周期中点右侧偏移（推迟出现）。而当峰和谷依次降低时（即价格为下降趋势），那么周期的波峰就会向理想周期中点的左侧偏移（提前出现）。惟有在市场上不存在明显趋势的时候，即当买方和卖方的力量对比相对平衡，从而价格处于横向延伸的交易区间时，周期的波峰才能恰巧出现在周期中点上。

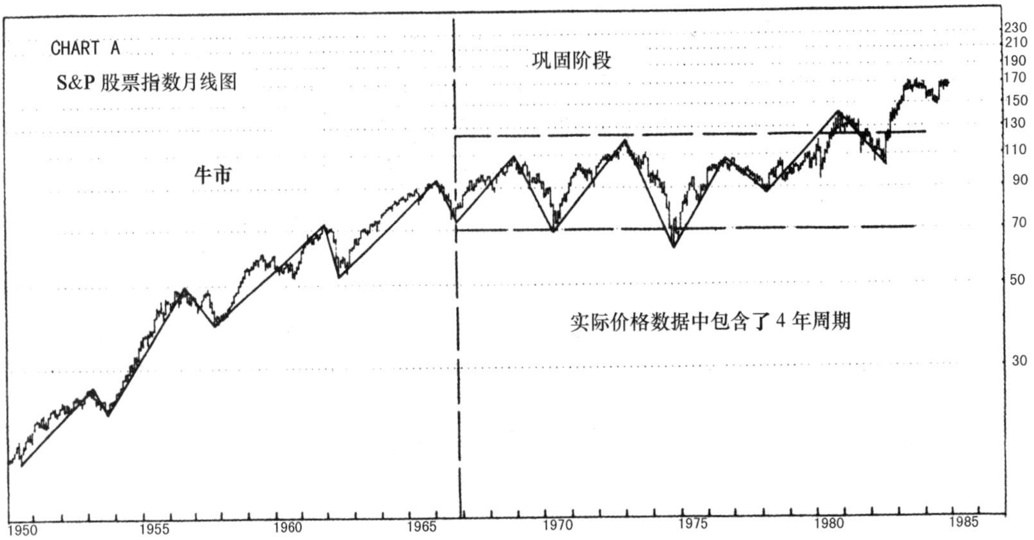

图 14.17　4 年的“大选年”周期。这是由谷到谷地测得的。请注意，从 1950 年到 1968 年为波峰右移现象，而从 1968 年到 1975 年，在横向延伸形态中为波峰对称的情况。在 1975 年的底部之后，当主要牛市恢复后，仍为右移现象。股价指数也具备 20 周的主要周期（Source：HAL Market Cycles，Tucson，AZ.）。

下面我们不妨看看右移和左移现象的预测意义。最起码，我们可以通过观察周期中点处的具体情况，更深入地了解趋势的方向。只要价格峰出现在中点右侧（即，市场的上升阶段将比随后的下降阶段更长），我们就可以预期上升趋势会持续下去。而当价格峰向周期中点左侧偏移时，通常就构成了警告讯号，意味着当前趋势可能发生变化。在日间价格图上，我们只要简单地比较一下，在最近一轮周期中上升的天数同下降的天数孰多孰寡，就能得出波峰左移或右移的结论。在周线图和月线图上，时间单位虽异，道理相同（图 14.18a～d）。

举例来讲，如果在下降趋势中，上一轮下跌期共延续了 12 天，那么，接下来的上冲期（熊市中的反弹）就不应当多过 12 天。这其实说明了两方面的要点。首先，如果下降趋势依然有效，而上冲期已经快要达到 12 天了，那么，我们常常可以预料这轮上冲结束的确切日期。其次，如果这轮上冲期持续到 12 天以上的话，那么就意味着趋势反转了。

在周线图上，我们也可以照章办理。不妨以上升趋势为例。如果最近一轮上升期从底到顶共花了 7 周，那么就意味着市场向下调整期或横向巩固的时间，不应当超过 7 周。我们可以把这种时间界限与一定的价格比例结合起来。通常，价格最大的向下回撤百分比为 50%到 66%。同

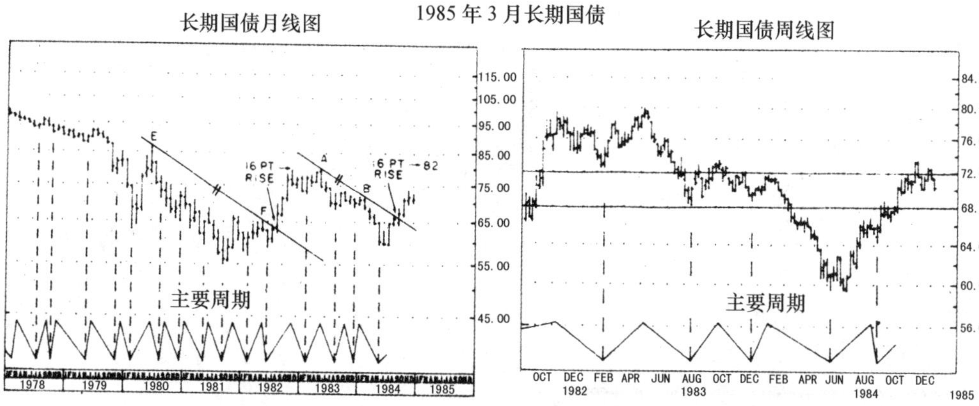

图 14.18a 主要周期右移和左移现象的例子。请注意,在月线图上,1982 年年中,当价格见底回升后,出现了右移现象。在周线图上,1984 年 6 月/8 月也有类似的情况。右移和左移现象在相当程度上说明了趋势是上升还是下降的(Source: HAL Market Cycles , Tucson, AZ.)。

图 14.18b 波峰偏移的例子。本例中利用方框来表示时间和价格窗(Source: HAL Marker Cycles, Tucson, AZ.)。

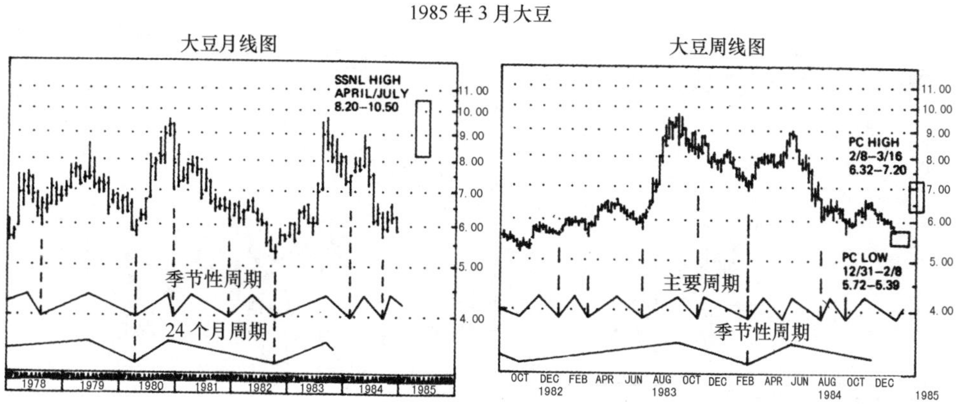

时,最大的回撤时间是 7 周。那么等到调整发生后,我们既可以在图上标出最大的价格回撤位置,也可以标明最大的回撤时间范围——7 周。

如果调整果真一直持续到了第 7 周,那么这个 7 周的时间界限就极派用场了。这一点恰恰与在主要的上升趋势线上买进的策略不谋而合。在这种情况下,报偿—风险比对交易者极为有利。因为交易者清楚,如果趋势持续,那么在第 7 周内价格必然回升;如果市场没有如愿以偿地回升,则他可以断定趋势反转,从而扭转头寸方向。所以,第 7 周的入市点风险较低。

1985 年 4 月 COMEX 黄金

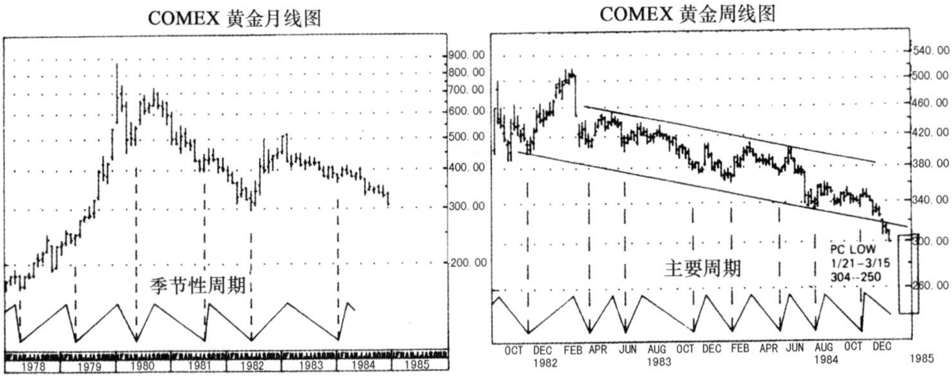

图 14.18c 请注意,在左侧的月线图上,在牛市于 1980 年早期达到顶峰之前,为右移现象。随后的熊市以左移现象为特征(Source: HAL Market Cycles, Tucson, AZ.)。

图 14.18d 请注意,在月线图上,顶部为右移,而在之后的下降趋势中为左移。周期中峰的偏移警示了趋势的变化(Source: HAL Market Cycles, Tucson, AZ.)。

1985 年 3 月德国马克

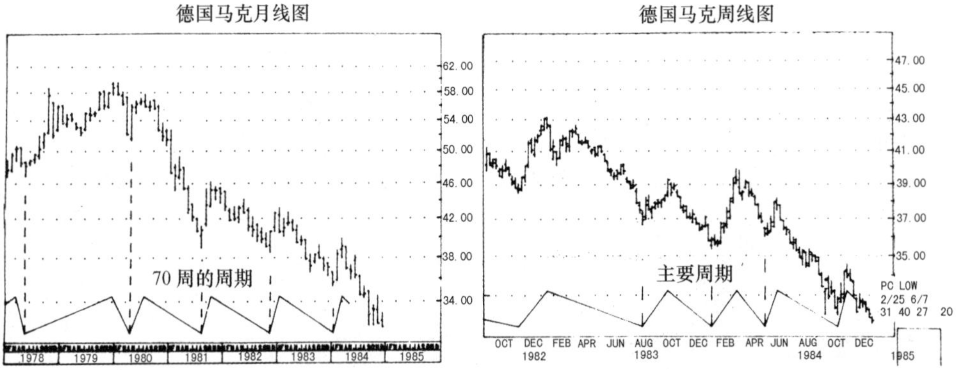

前面说过,4 周的交易周期可以再分为两个更短的周期,称为阿尔法和贝塔周期。其长度都是 2 周。阿尔法周期的波峰出现在 4 周交易周期的前半周,或者说是其左侧。贝塔周期出现在它的后半周,即其右侧。因此,在 4 周交易周期的左移现象中,其波峰通常与阿尔法波峰重合,而在其右移现象中,其波峰通常与贝塔波峰吻合。我们也交代过,阿尔法和贝塔周期是沃尔特 · 布雷塞特首创的,是周期理论的霍尔方法的一个组成部分。

多年的经验证明,右移现象和左移现象是极有价值的辅助工具。实质上,它们适用于任何趋势或任意长度的周期。不过话说回来,同其他技术工具一样，我们往往也需要进行大量的练习，积累相当的经验，才能得心应手，把它们融会贯通。如果朋友们只打算从这一章中找一条妙计，那就请你在波峰偏移现象这儿下功夫吧。

如何分离各种周期——趋势解析

为了研究在某市场起作用的各种周期，我们首先必须把它们分离出来。具体的做法各种各样。最简便的是凭眼睛观察。例如，在我们研读日线图时，有可能辨识出其中明显的顶和底。把这些顶和底之间的时间间隔平均一下，就能得出一定的平均周期长度。

也可以借助辅助工具来进行这项工作。其中之一，称为"埃利希周期尺"，是斯坦·埃利希发明的。这种尺同手风琴有几分相像，我们可以把它直接放在图上手工操作，其工作原理实际上是把两点之间的距离分作多等分。它伸缩自如，可以适应各种周期长度。只要我们先找出任意两个明显低点之间的距离，就能很快地搜索是不是还有其他与之长度一致的周期性低点存在。

还有些计算机软件可以配合人眼来查找周期（图 14.19a 到 d）。Compu Trac 就有一套周期尺的程序，能帮助我们分离各种周期。用户先要把价格图表显示在屏幕上，然后从图上选择一个显著低点作起点。完成这一步后，屏幕上就会出现一系列竖直直线，其间隔为 10 天（这是缺省值）。我们只要通过很少的几个按键，就可以对之进行调整，如拉长周期、缩短周期、把标志周期的直线向左平移或向右平移等，以找到最适合本图的周期。

数学基础较好的朋友，还可以选择一些较复杂的统计学手段，如博克斯—詹金斯技术、傅里叶波谱分析等。Compu Trac 也提供了一套傅里叶分析软件。最近，其中还加入了杰克·赫特森和安东尼·W·沃伦博士制作的快速傅里叶变换（FFT）的程序。前一位是《股票和期货技术分析》杂志的编辑。在这本杂志上，发表过相当多关于周期分析的文章，其中包括傅里叶变换和赫特森和沃伦的"熵最大方法"（在辨明主流周期后，我们可以采用傅里叶分析，便捷地找出优化的移动平均线和摆动指数的时间参数）。

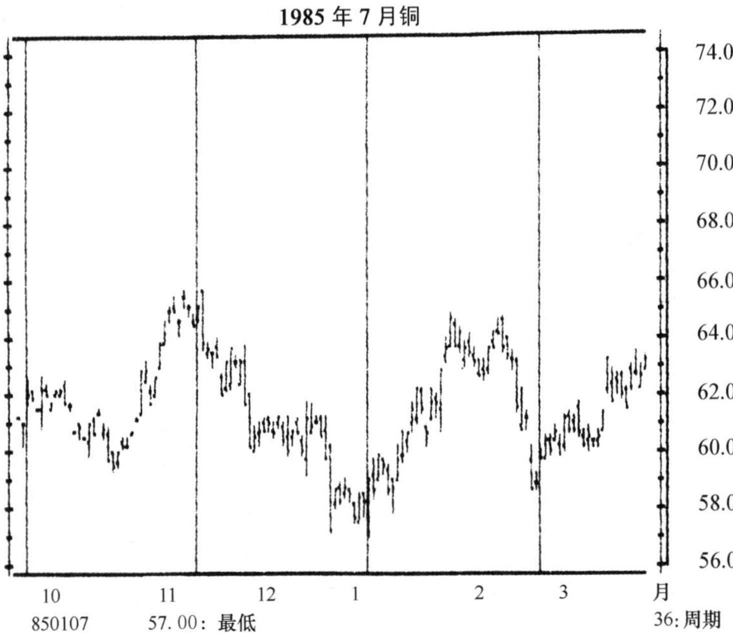

图 14.19a 在这张铜日线图上，借助 Compu Trac 周期尺可以鉴别出其中的明显的 36 天周期。图中垂直的标志线之间的距离可收可放，也可以左右平移。这一工具大大方便了人工查找周期性波谷的工作。

图 14.19b 在上例的图表上，还可以发现较短的 18 天周期。请注意，图示的三个主要的低点，与间隔 10 天的周期标志线正好吻合。还请注意，18 天是 36 天的一半，表明这两种周期具有谐波关系。

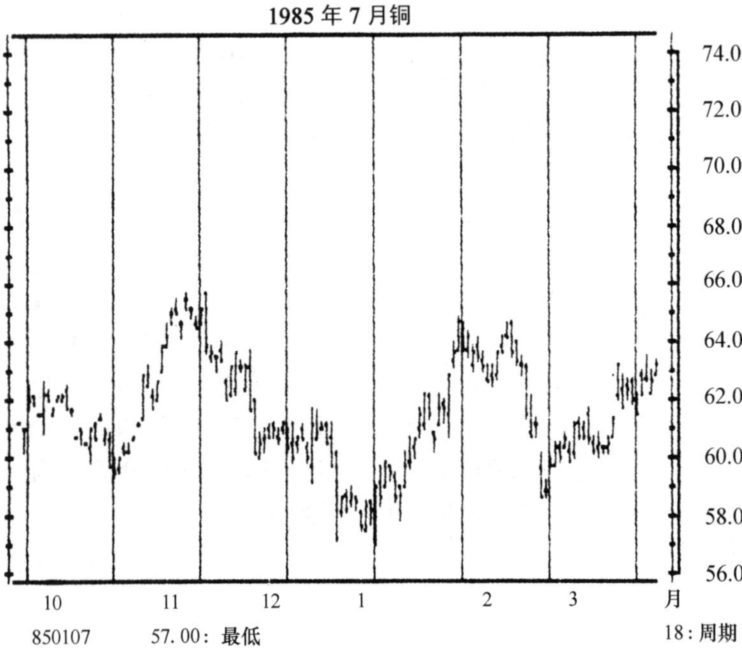

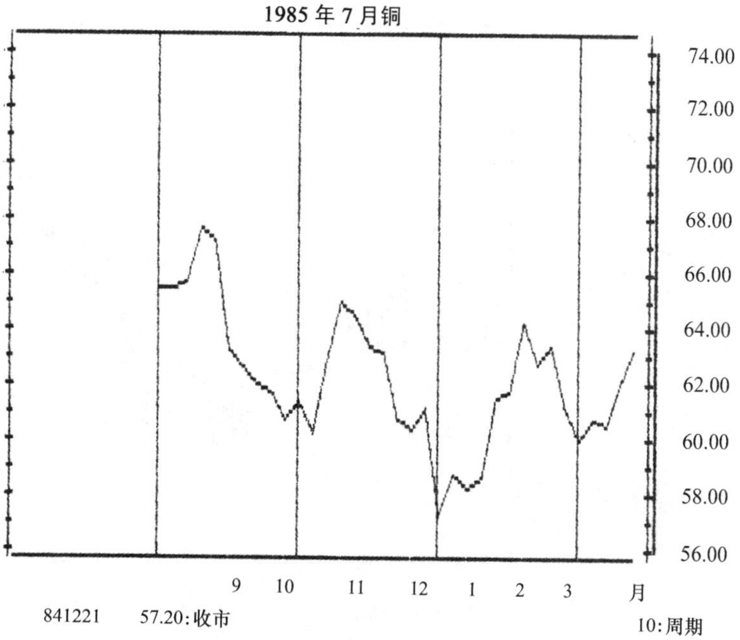

图 14.19c 把 Compu Trac 的周期尺应用到上两例的铜合约的逐周价格图上,可以相当清楚地得出 18 周周期。请注意,在这个明显的头肩形底中,三个低谷之间相距为 10 周。

图 14.19d 与上例相同,但这里把周期长度放大了一倍,两肩之间的距离为 18 周。如果我们试图在右肩的形成过程中入市,那么这一信息在预计时间目标时就很有帮助。

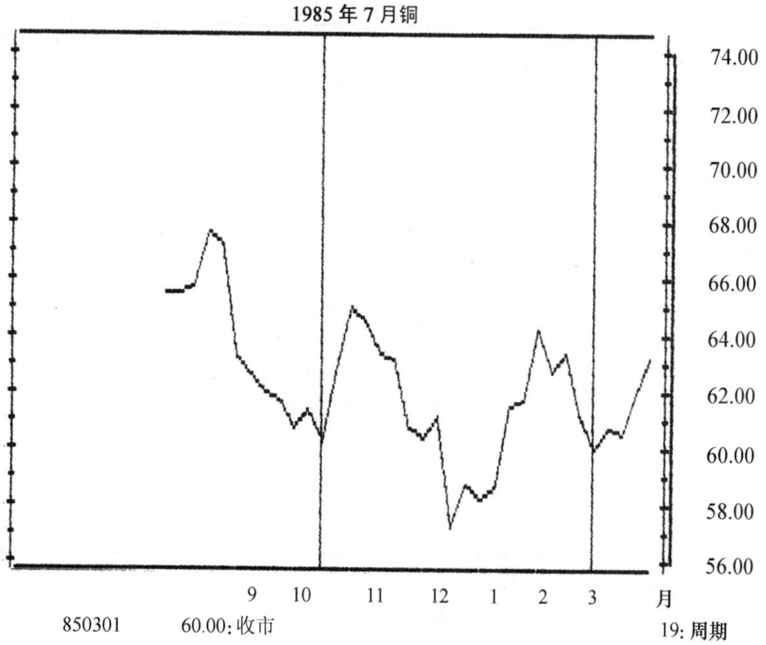

1985 年 6 月 S&P 指数

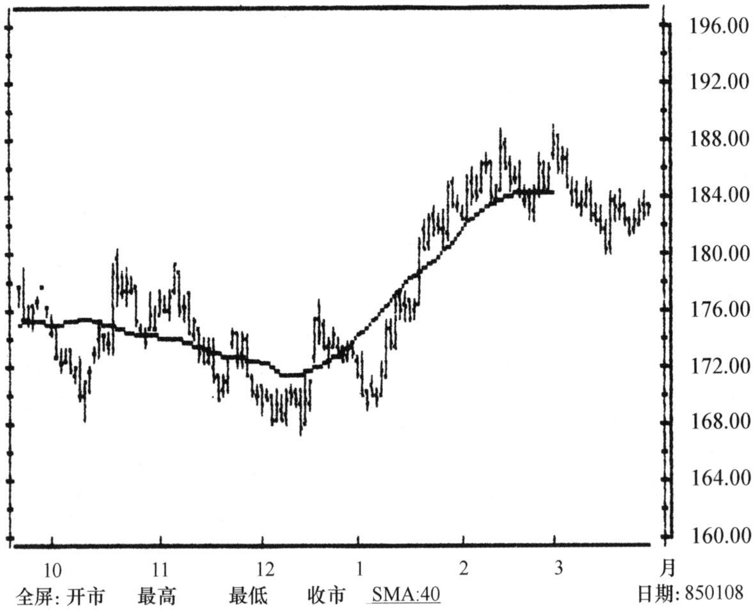

图 14.20a 本例为 40 天移动平均线以取中方式应用于标准普尔指数的情形。

图 14.20b 上例的图表经过趋势解析后的情形。其中以 40 天移动平均线为零线(取中方式),把价格标在它的上下。一旦剔除了长于平均线天数的周期之后,较短的周期便明晰了。

1985 年 6 月 S&P 指数

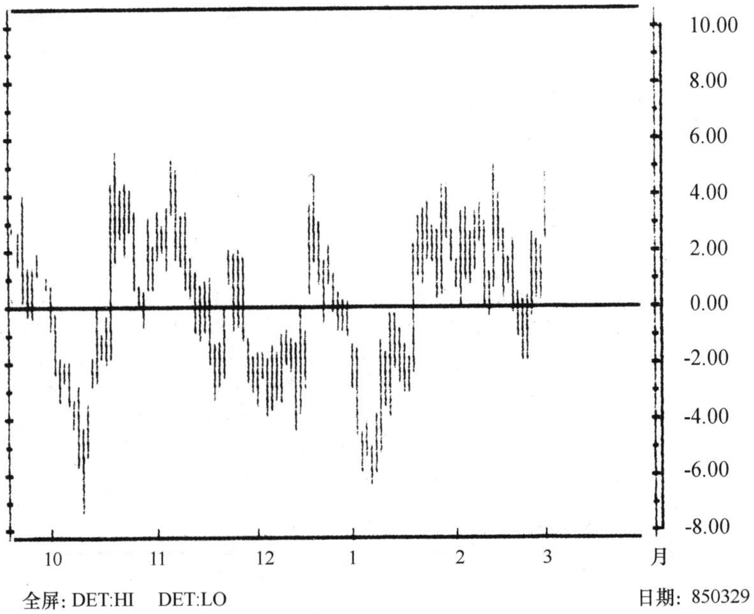

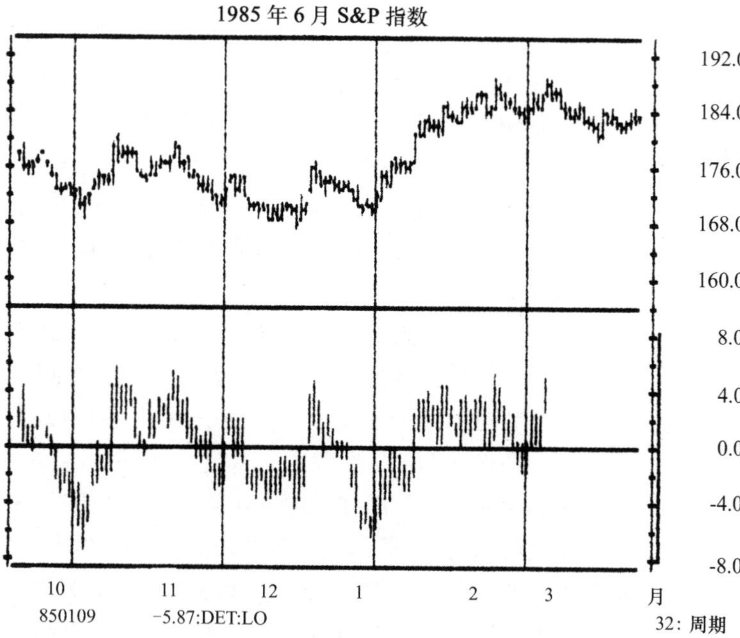

图 14.20c　在这张标准普尔指数日线图上，我们通过40天移动平均线的趋势解析过程，使32天的周期突出出来了。请注意，在下方的解析后的图表上，该周期何其清晰。Compu Trac 周期尺也可应用于趋势解析后的图表。

图 14.20d　经过20天移动平均线的趋势解析后，16天的周期就水落石出了。平均线的时间参数越小，则解析后的图表越灵敏。由此可以揭示平均线时间跨度附近的周期。

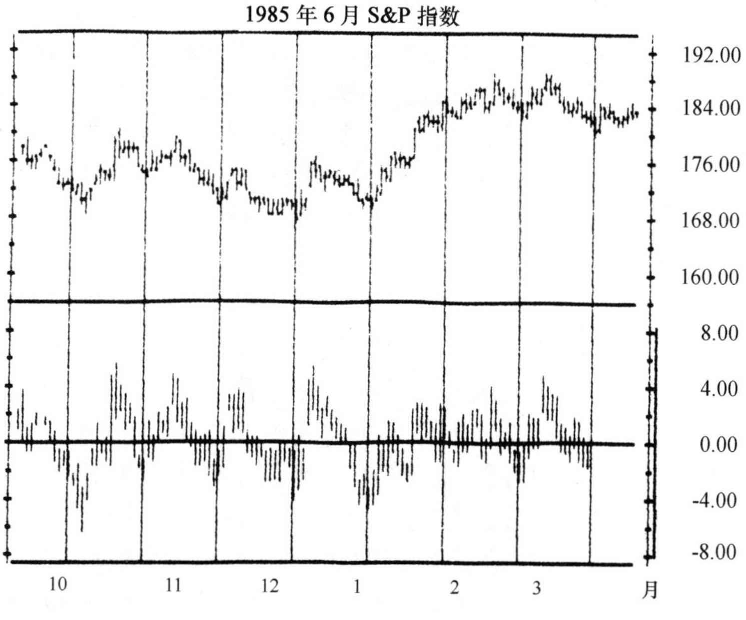

另外,我们还有一种介于人工观察和上述复杂统计技术之间的方法——趋势解析法。当我们鉴别较短的周期时,趋势的影响是个问题。趋势是由长期周期引起的,它的影响占据统治地位,因而从图上我们很难(如果不是不可能的话)找出短期周期。

我们早就利用移动平均线作为平滑工具了。其平滑效果滤除了短期周期,从而突出了较长周期。趋势解析的过程正与之相反,我们通过消除比移动平均时间更长的周期的效果,使短期周期更明显了。究其实质,就是排除趋势的影响。

该技术相对简易(图 14.20a 到 d)。我们可以手工操作,更可以借助计算机。首先,我们选定一个移动平均线的时间参数,其长度取决于用户想要分离的周期长度。为了便于说明,我们以 40 天移动平均线为例。第一步是将移动平均线取中。这就是说,把当天的移动平均值画到 21 天之前——或者说是周期长度的中点,而不是照过去那样描在当天的位置上。然后,我们把平均线画在图表下部,作为"零线",把价格重新画在这条零线的上下。结果,短于 40 天的周期就被突出出来,很便于观察。我们还可以把上述程序继续下去,搜寻更短的周期,直到发现了所有的主流周期为止。在 Compu Trac 软件中也有趋势解析程序。

季节性周期

所有的商品期货市场都在一定程度上受到长度为 1 年的季节性周期的影响。所谓季节性周期或形态,是指市场在每年中的一定时候朝一定方向运动的倾向。谷物市场的季节性周期最明显。每年收获的时候,新谷物大量涌入市场,常常造成季节性的低价格。举例来说,在大豆市场上,70%的季节性波峰出现在 4 月到 7 月间,而 75%的季节性低谷发生在 8 月到 11 月。一旦市场完成了季节性的顶部或底部形态后,通常在随后的几个月中,价格将持续下降或上升。因此,了解一点季节性倾向,对于我们应用其他各种交易方法来说,都是极有意义的。

就原因来看,在农产品市场上发生季节性变化是显而易见的。但是,实际上所有的市场都存在季节性形态。在所有的市场上,如果 1 月份的高点被向上穿越了,则是看涨信号。这是一个普遍性的季节性形态。在金属市场上,我们还可以看到其他一些季节性形态。在 1 月到 2 月间,铜市具有强烈的季节性上升趋势,往往到 3 月或 4 月才会见顶。从 1 月起,金市也具有季节性的上升力。它的下一个底部往往在 8 月出现。银市往往在 1 月见低,3 月份走高。

我们可以通过过去数年的季节性变化的频度资料,来构造出季节

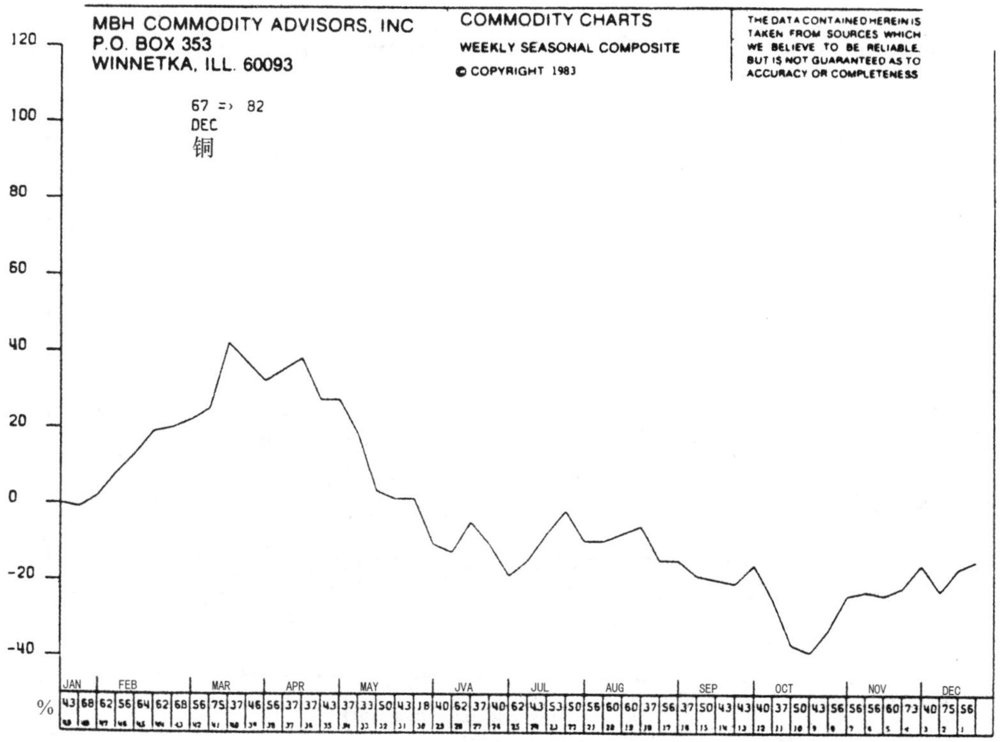

图 14.21a　铜市的季节性变化图。请注意 3 月/4 月的高点，以及 10 月/11 月的低点(Source: MBH Commodity Advisors, Inc., P.O. Box 353, Winnetka, ILL 60093)。

性变化的图表(图 14.21a 和 b)。根据在过去数年的同一月或同一星期内出现季节性变化的次数，我们可以算得本月或本星期出现季节性变化的可能性(用百分数表示)。如果其值达到了 80%，则属于强烈的季节性形态。而低于 65%，就值得推敲了。

在进行季节性周期的研究时，应当注意以下几个问题。其一，绝大多数现货市场的季节性变化的研究，是以各个月的数年的平均价格为基础进行的，有时候，其季节性形态与其期货市场的情况不尽相同。其二，有时候期货市场可能表现出两种不同的季节性形态。而交易者对两种情况均需了然于胸。我们必须考虑到存在两种相反的季节性形态的情况。在某些年份，价格是不服从我们所预期的季节性倾向的。交易者必须留心，注意发现其中不寻常的蛛丝马迹。如果我们能够尽快地判明某个与季节性变化相反的动作，那是很有利的。这是极有价值的信息。一般来说，如果市场不能实现正常的季节性形态，那就表明价格将朝相反的方向发生显著的运动。要是把这一点说得更具体，那么，能够让你尽早地认识到自己的错误，正是季节性周期分析的重要特色。

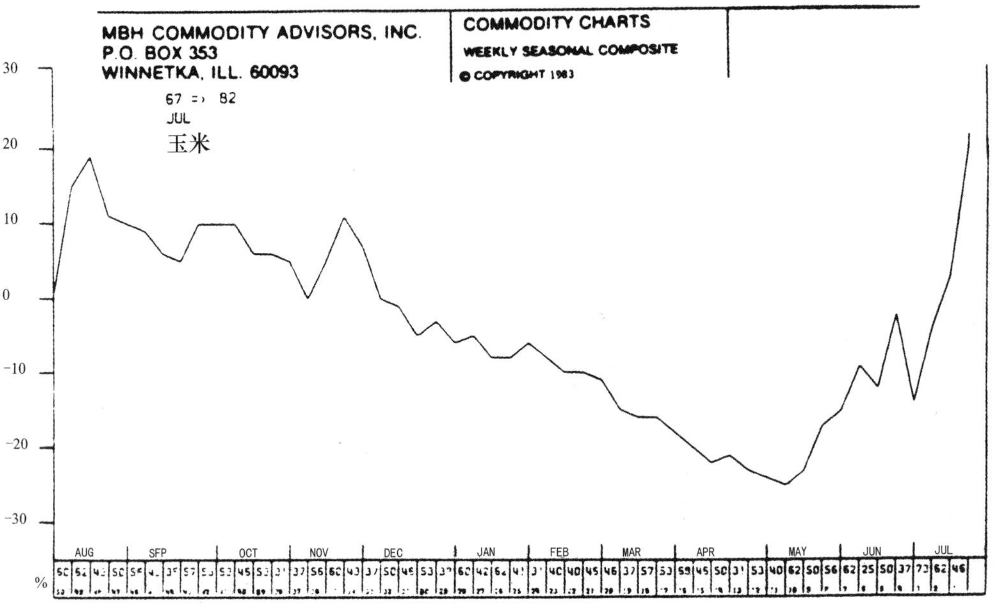

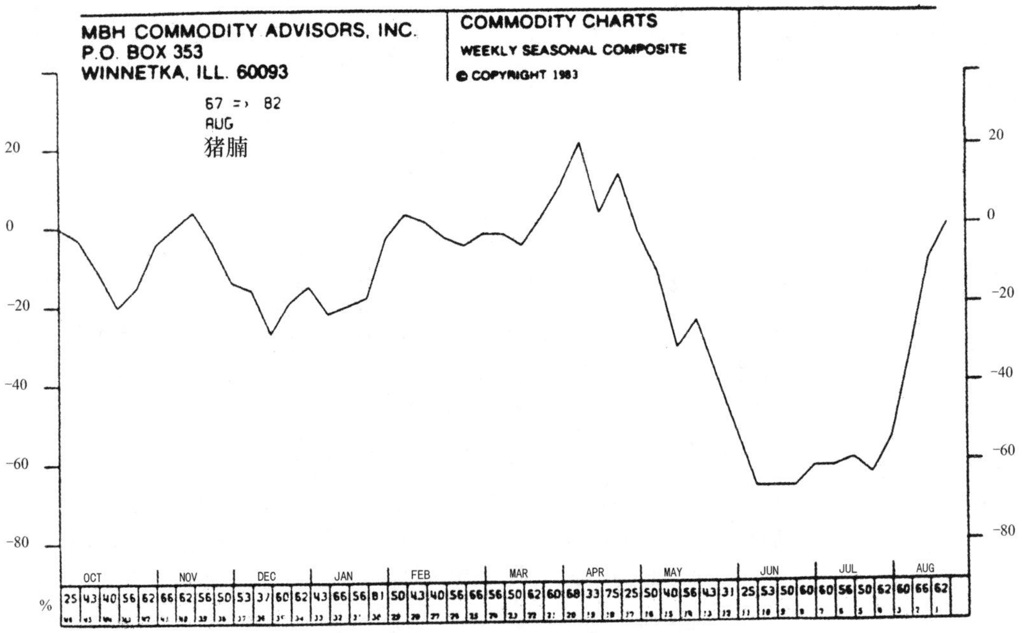

图 14.21b 季节性变化图(Source: MBH Commodity Advisors, Inc., P.O.Box 353, Winnetka, ILL 60093)。

从广义上说,这也正是技术分析的重要特色。

把周期与其他技术工具结合起来

周期分析者强调,必须把其他各种选择时机的工具与周期分析相结合,才能保证入市点的合理性。我们利用“时间窗”或“时间区”来提示周期的转折点的位置。从这一点上看,对时间因素的考虑为价格变化充当了过滤器。不过,一旦市场进入了时间窗,交易者还是必须依靠传统的技术工具,来验证转折点的出现,得出买卖信号。不同的分析者各有自己的一套时机选择工具。

在商品期货市场的周期分析领域,雅各布·伯恩斯坦和沃尔特·J·布雷塞特是两位佼佼者。他们两家的市场通讯主要是基于周期理论的,备受读者推崇。两人的时机选择方法有所不同。比如说,布雷塞特按照日历日期来选择短线的交易时机,而伯恩斯坦则采用交易日来计算。他们具体使用的时机选择工具也有差别。

伯恩斯坦有一本《商品周期手册:时间窗》(约翰·威利父子公司版,1982 年),很受欢迎。他在书中强调,时间窗如果不与其他各种技术信号相结合,就毫无意义。在各种技术信号中,他偏重收市价图的趋势线的突破、关键反转日、向上或向下突破前三个时间单位内的收市价格区间等信号。例如,在日线图周期的底部,价格必须收市于前三天内的最高收市价之上,方构成买入信号。而在周线图上,对应的信号则是收市于三周内的最高收市价之上。

布雷塞特在其市场通讯《霍尔市场周期》中,引入了时间和价格窗的概念(在价格图上用方格子做标记)。他认为,周期性的转折应当在其周期长度的 70%以内出现。据此,他以 70%时间区作为时间目标。为了帮助用户确定这些时间区的位置,他给用户们准备了一种小巧的“霍尔周期尺”。《霍尔周期分析者智囊》对这种方法有详细的介绍。

布雷塞特用来综合价格和时间目标的工具有,“周期中点暂停法价格目标”(与第四章中所谓摆动目标技术类似)、60%—40%回撤(显然是对菲波纳奇 38%—62%回撤的近似,这在前一章有介绍)、支撑和阻挡水平、以及趋势线等。布雷塞特强调指出,这些工具都必须与周期理论结合起来。举例来说,只有在当前周期的上一层次的趋势能够持续下去的条件下,周期中点暂停法和 60%—40%回撤才能适用于当前周期。

当趋势线是通过具有相同周期长度的各个波峰或波谷连接而成

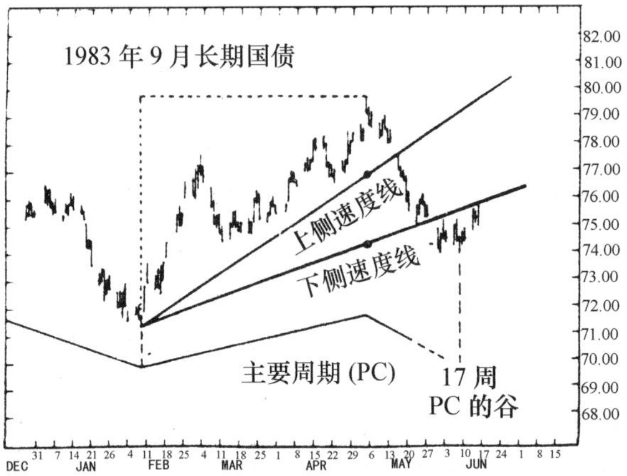

图 14.22　利用速度线来捕捉主要周期的顶部的例子。趋势线与周期概念结合起来后如虎添翼(Cource: HAL Cyclic Analyst´s Kit, p. 4—6.)。

时,它特别有效。例如,趋势线应当通过两个交易周期的峰或谷;或者连接阿尔法和贝塔周期的峰和谷(它们的周期长度也相等)。这样的趋势线连接了两个长度相同的周期,如果它被跌破了,则意味着其上一层次的周期开始转折了。例如,如果连接阿尔法和贝塔周期的波峰的下降趋势线被涨破了,就表示上一层次的较长周期已经见底回升。我们也把速度线(第四章)与每个具体的周期结合起来,以验证周期的转折(图14.22)。

把周期与摆动指数结合起来

在传统的技术指标中,同周期分析相似点最多的,数摆动指数。这里很有味道。在前面关于摆动指数的一章中,我们交代了如何用它们来揭示市场的超买或超卖状态及其相互背离现象。一般认为,如果把摆动指数的时间跨度同当前周期相匹配,就可以大大提高其效能。

在沃尔特·J·布雷塞特和詹姆斯·H·琼斯合著的《霍尔蓝皮书》(《霍尔市场周期》,1981年)中,他们讨论了把周期与超买/超卖指数和动力指数结合起来的办法。这两种摆动指数都出自拉里·威廉斯1973年的著作《去年我如何从商品市场挣了一百万美元》(概念管理版)。其中超买/超卖指数是威廉斯的%R摆动指数的一种变化,而后者则属于简单的动力指数,是由一段时间两端的价格之差构成的(第十章)。

为了便于说明,我们这里集中讨论较简单的动力指数。其计算公式与过去介绍的一致。关键在于这里我们把它的时间跨度同周期长度联系起来了。我们把它的计算天数取为交易周期的实际交易日数。假定平均交易周期按照日历算为28天,就相当于20个交易日。为了使摆动指数能够揭示某个周期的转折点,我们必须在其计算公式中采用这个周期长度的一半。在上例中,我们就应采用10天。那么,在动力指数的计算中,我们从每天的收市价中减去10天前的收市价,就得到了当天的动力指数,其正负号分别表示相应的数值应标在零线的上方或下方。

在霍尔方法中,我们要根据交易周期的长度(20天)、阿尔法和贝塔周期的长度(10天)和一个长周期(通常2倍于交易周期,即40天),分别构造三个摆动指数。当然,这些都是平均天数,在具体研究个别市场时,容许我们进行一定的变通。在构造三种摆动指数时,均采用相应的周期长度的一半。于是,三个时间参数分别为20天、10天和5天。我们既可以把这三个摆动指数绘在一张图上,也可以分开制图。三个不同时间尺度的摆动指数相互作用,给我们提供了极有用的信息(图14.23a和b)。

利用"时间区"作过滤器,是把摆动指数与周期相结合的另一种方法。当价格进入时间区内后,就意味着周期性的峰或谷即将出现,因此我们应当特别留意摆动指数上的顶部或底部信号。

上述将摆动指数同周期相联系的办法,实质上适用于任何的摆动指数。上面提到的两种摆动指数,霍尔动力指数和威廉斯的%R指数,在Compu Trac软件中都有,借助这个软件,我们很容易尝试各种周期长度。在Compu Trac中,还有其他的摆动指数,如西贝特的需求指数,王尔德的相对力度指数,以及莱恩的随机指数等。

归纳总结

本章中,我们研究了时间周期,为我们的市场预测添加了时间维。朋友们并不一定需要先成为周期分析的专家,然后才能把时间因素纳入自己的工作中,从中获益。实际上,有些传统的技术工具只要与周期结合起来,就能增色不少。周期分析者相信,市场运动之谜的最后线索就在周期上。无论这种看法是对还是错,反正没人能够否认,在周期理论中的确包含了一部分线索。

在我们谈起各种技术的得与失时,曾多次指出,凡事有所长则有所短。周期分析似乎在牛市中表现最佳,反之,在熊市中,周期分析就有麻烦。我总是猜想,这个区别可能来自周期理论的本性,以及我们的从

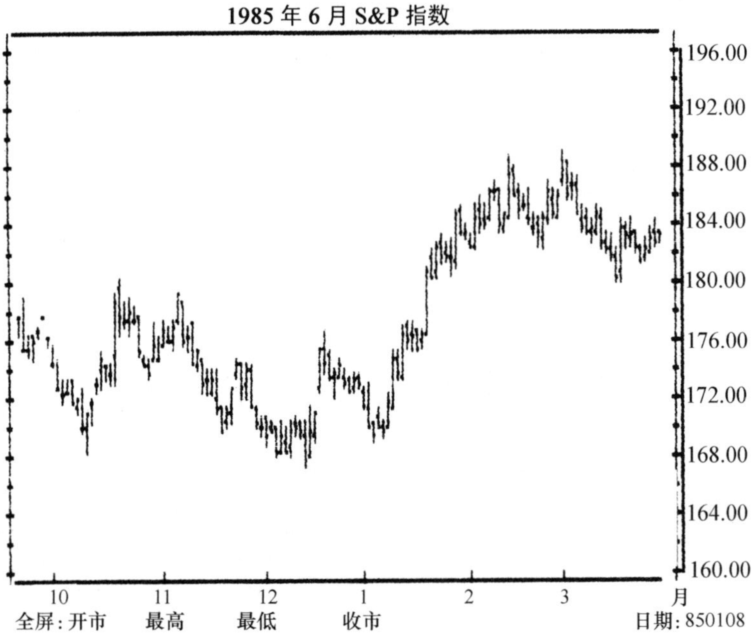

图 14.23a　S&P500 期货合约日线图。

图 14.23b　霍尔动力指数在一张摆动指数图上同时追踪阿尔法/贝塔周期、交易周期、以及长期周期。一般它所跟踪的周期长度分别为 5 天、10 天和 20 天。

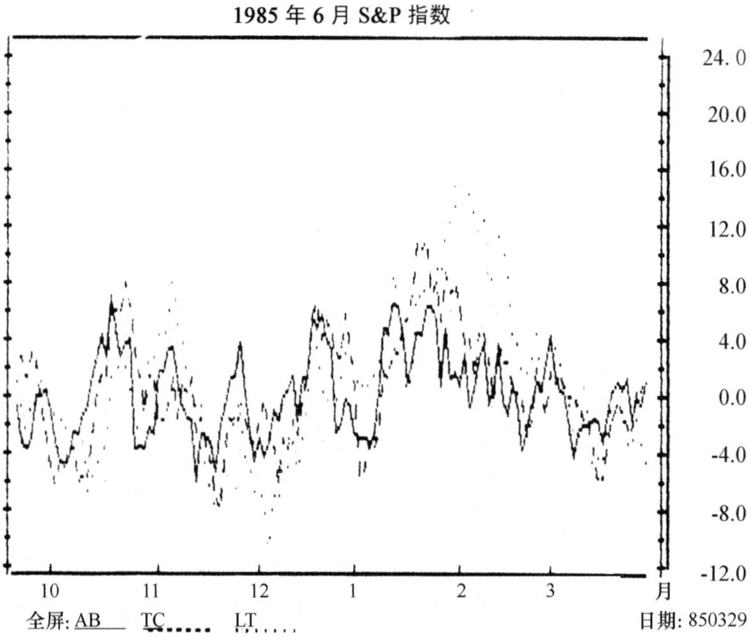

谷到谷地、而不是从峰到峰地的测算方法上。因为周期分析者认为波谷比波峰可靠，所以周期长度是从谷到谷地度量的，他们把注意力集中于周期的低点上。从上述令人遗憾的实际效果来看，周期理论似乎有一种强烈的倾向：力求抄底，而不是随低就低，顺应下降趋势。我们看清了这一点后，在熊市中，就应当少来一点周期分析，而在牛市被证实后，就应当密切地关注它的周期分析，这样才不失为明智之举。

周期理论很复杂、渊深，我们的介绍相对简单了些。希望能够达到抛砖引玉的目的，激发朋友们深入学习的兴趣。前面我们曾推荐过好几种名家名著，包括杜威和赫斯特等人的著作。其中有些书与商品期货的联系更直接些，如沃尔特·J·布雷塞特及杰克·伯恩斯坦的作品。除了《商品周期手册》外，伯恩斯坦还有几种著作，包括《如何从商品的季节性差价中获利》（威利父子版，1983年）。

我们也已经介绍了周期研究基金会，以及它的月刊，《周期》杂志。另外，重现事件调查研究学会（SIRE）在纽约每月召开一次例会，宣读各方面的周期研究报告。

关于商品市场的周期分析有两份最权威的市场通讯，它们分别是杰克·伯恩斯坦和沃尔特·布雷塞特主持的。有兴趣进一步研究周期的朋友也不妨看看这两位专家的意见。在我准备本章的内容时，曾大量参考了这两份材料，这里谨向伯恩斯坦和布雷塞特致谢。

第十五章　计算机和交易系统

引　　言

在技术分析和商品期货交易中,计算机日益担负起越来越重要的角色。在本章中,我们要说说它的优越性。计算机为分析者准备了各种技术工具,使用起来极为便捷。而数年之前,这些工作需要花费大量的人力。当然,也得用户知道如何使用这么多的工具才行,这一点倒是计算机的不利之处。

如果用户对各种指标的理论基础没有适当的理解,不熟悉各种指标的研读方法,那么这一大堆计算机软件非叫他晕头转向不可。更糟糕的是,有的朋友因为手头上有大量的各种技术信息,有时会产生一种错觉,以为这样一来自己就占了上风。看着面前一大堆令人炫目的终端、键盘,难免飘飘然,俨然自己已成了技术分析大师。

我这里要强调的是,如果用户已经掌握了技术分析的基本概念,那么计算机就会使他如虎添翼。事实上,如果考察一下各种计算机程序,我们就会看出,其中许多的工具和指标都相当地基本,都是我们前面各章中所介绍的内容。当然,也有一些复杂的工具,非得借助计算机不可。

我曾听到一些计算机交易者说,没有计算机,就没法做交易。我不敢苟同。早在计算机还是孕育于科学家脑子里的一点点灵感之前,交易商就在市场上沉浮了。实事求是地说,如果没有计算机掺和的话,在技术分析和实际交易中有很多事情可以做得更好。有的工作我们只需要用到一张图、一把尺,比计算机方便得多。有些长期性分析根本用不着计算机。就事实而言,如果我们要分析市场,那么在打开计算机之前,就应该已经完成了大量的技术分析工作了。计算机尽管有用,却只是工具而已。它可以帮助优秀的技术分析者百尺竿头、更进一步。然而,它却不能使蹩脚的分析者脱胎换骨。

Compu Trac 软件

在前几章, 我们曾经提到几种 Compu Trac 的软件。目前这个软件最负盛名,是现有的最周详的技术分析系统。因此,我们将主要以此为例,来看看计算机的工作情况。首先,我们先谈一谈该系统的计算机硬件的配置。然后,我们再检讨一下其中现有的各种工具和指标。接下来,我们再介绍一下它的附属特点,比如其中可供用户选择的各种自动功能。计算机不但提供了各种技术研究途径,而且也便于我们对它们进行获利能力的检测。这一点正是计算机的优化能力之所在,从而,也构成了它的最有价值的特征。如果用户懂得编制程序的方法,那么还可以不囿于已有的软件,创造自己的指标和系统。

韦尔斯・王尔德
的方向性运动系统和抛物线系统

我们还要仔细考察一下韦尔斯・王尔德的较为流行的“方向性运动系统”和“抛物线系统”。在我们的讨论中,将以这两个系统为例,来评价自动交易系统的优缺点。我们将看到,自动的趋势顺应系统惟有在特定的市场环境中才能表现良好 。另外,我们还要说明,也可以把自动系统简单地用作验证性的技术指标,纳入我们的市场分析中。

人工智能形态识别

在我们给出的每张菜单上,都有如此之多的指标可供选择,朋友们或许会吃惊不已。计算机不是让我们活得更便当,而是摆出了这许多花样,其中每一样都要好好去研究,这不是把事情弄更麻烦了吗?例如,Compu Trac 大约提供了40种研究。如果我们指望这么多资料都相互验证之后,才下结论(以及寻求交易时机)的话,行得通吗?人工智能形态识别或许可以解决这个问题。它是利用计算机的逻辑能力开发出来的复杂系统,能够从许多指标中选取最佳的组合,并加以利用。对这个方面,我们也要稍作介绍。

一点计算机常识

我们可以把 Compu Trac 应用于各种金融工具,包括股票、期权、以及期货。我们这里主要意在期货。可以把它配置在 IBM 个人微机 PC、XT、AT 等机型、它们的兼容机、以及苹果机上。我们以 IBM-PC 机型为例。本系统采用菜单指令方式,易于操作。就是说,我们可以不断地通过选择菜单上开列的功能,进行各种操作。PC 机有两个软盘驱动器,因此,我们需要两张软盘才能工作。在 A 驱动器中,装 Compu Trac 软件包。在 B 驱动器中,装数据文件。

Compu Trac 并不提供即市数据。用户需要从别的途径搜集数据。我们既可以把数据人工地输入到数据盘上,也可以通过电话线从资讯服务中自动读取数据(需要加装电话转换器)。建议朋友们采用自动的数据服务方式。Compu Trac 对各家数据服务系统都作了介绍。它们也提供为了传输数据、建立文件所需的软件和设备。

刚开始的时候,用户至少应该搜集过去数月的价格资料,以免无米可炊。以后,新的资料逐日地加入。如果把计算机与报价系统联网,那么它也能够"在线"地分析市场的即时价格。不过,在我们的例子中,只谈逐日搜集的数据。这些数据要在闭市后才能得到。最后,我们还需要一台打印机,要能打印出屏幕上的各种内容。如果我们接上绘图仪,则可以画出彩色图表来。

分 析 工 具

下面我们来简要地介绍一下它所包含的各种工具及其各种选择。这个软件可以分别按照日内的、逐日的、逐周的、逐月的、逐季节的、以及逐年的形式来显示资料。日间图表共有三种格式。例如标准的江恩格式,其中每根价格线段相继排列,不给节假日和周末留出空白。也有每周七天的格式,主要用于周期分析,在这种形式里,节假日和周末都在图表上空了出来。在周间图表上没有空白问题,但用户也可以人为地以选择一天作为每周的起始日。

让我们浏览一下各种菜单。菜单 1 是主菜单(图 15.1)。最左列的那串数字(从 F1 到 F8)是 IBM 键盘上左侧的键(记住,我们现在说的是 Compu Trac/pc 软件)。其中每个按键都对应着一定的功能,敲击一下即可把它激发出来。下面是每项的概要介绍。

图 15.1　菜单 1 (Courtesy of Compu Trac.)。

提　示　页

键　功能	注解
F1—研究	分析计算
F2—窗口	改换当前显示区
F3—文件	修改或添加内存数据
F4—线图	画线图
F5—输出	打印图表或表格
F6—工具	解释性提示
F7—屏幕	修改屏幕显示方式
F8—缩放	放大或浓缩屏幕显示内容

←　→	左右箭号移动光标
<shift>	左右箭号每次移动光标 10 天
<ctrl>	左右箭号移动光标至数据的始/终位置
<Home>	删除当前窗
<rtn>	放大或缩小光标
<esc>	退回主菜单
<rtn>	继续

· F1—研究:其中包括各种技术分析程序。我们将在菜单 4 中详细讨论。

· F2—分窗:用户有两选择——全屏幕显示或分屏幕显示。在我们进行某些分析时,比如摆动指数分析,需要把屏幕分成两个窗口。

· F3—文件:把数据文件读入内存。

· F4—线图:在“当前窗”显示线图。所谓当前窗,在全屏显示情况下,即整个屏幕,在分屏显示状态则为其中之一,由用户选择。

· F5—输出:从打印机上获得各种硬拷贝。既可以印出屏幕上的图表,也可以打出屏幕下方对应于图表的数据表。

· F6—工具：各种分析工具。我们在菜单 3 中再讲工具子菜单。

· F7—屏幕：各种屏幕显示方式。

· F8—扩缩：放大或浓缩屏幕显示方式。如果"放大"，则可以取得放大的效果，进行局部研究；如果"浓缩"，则屏幕上将增加数据显示，以进行较长范围的考察。

菜单下方是其他的注解，其中包括光标的移动等。我们可以把光标置于屏幕上的任何位置上。在屏幕下方，将显示光标所在日期的各种资料。把光标前后移动，我们就能读出各日的数据。翻动功能能够将光标移动到图表的最左端，从而显示更多的历史资料。在使用某些分析工具时，比如作趋势线等，我们可能也要移动光标。如果用户想在图表下面看到日期而不是价格，那么按 F7 键（屏幕）就行了。

在上述主菜单状态，按 F7 键，则进入菜单 2 状态（图 15.2）。这里也一样，只要我们敲击各个键就可以完成相应的功能选择。例如，通过 F1（图解），用户可以在图表下方选择显示数据或日期。所谓数据，包括当前光标所在日期的价格、交易量、持仓兴趣和技术指标的数值。请注意，用户可以通过 F3（对数）键，把价格轴从算术刻度变换成对数刻度，构成半对数图表。利用对数刻度，我们可以把在算术刻度下挤成一团的价格图线理清楚，以便分析。F7（模式）键是用来切换屏幕显示精度的，我们可以在中、高分辨率之间进行选择。在彩色状态下，我们只能采用中分辨率。

图 15.2　菜单 2（Courtesy of Compu Trac.）。

提示页

键　功能	注解
F1—切换	日期/数据切换
F2—刻度	调整刻度
F3—对数	半对数刻度
F4—人工	惯常方式显示和人工调节
F5—数据	把标定数据列表显示
F6—格子	垂直和水平刻度线
F7—模式	中或高分辨率显示

<esc>　退回命令级

提示页

键　功能	注解
F1—趋势	作趋势线
F2—包络	作管道线
F3—周期	分离潜在的周期
F4—回撤	计算百分比回撤的位置
F5—浓缩	从逐日图表转换成逐周图表
F6—利润	测试交易系统的利润/亏损
F7—杂项	安德鲁斯和菲波纳奇技术
F8—傅氏	傅里叶变换
F9—EV 法	作 EV 法图表

<esc>　退回命令级

图 15.3　菜单 3(Courtesy of Compu Trac.)。

工具菜单

在主菜单状态下按下 F6 键,则进入工具子菜单。本菜单(菜单 3)是我们进行技术分析的要害部分。

· F1—趋势:作趋势线和管道。用户通过光标在图上选择画线的点。

· F2—包络:在价格图线上方或下方作出平移的包络线,比如移动平均线包络线(见第九章)。

· F3—周期:在图上标注周期(见第十四章)。

· F4—%回撤:在选定的高低点之间标注百分比回撤的位置。用户必须先选择好高低点。后面,我们还要详细解说这一点。

· F5—压缩:可以由逐日图表格式而变换成逐周图表格式,进而逐月图表格式。

· F6—利润:进行获利能力的测试(我们事先必须在本程序的另一部分,"获利力测试部分"做好预置工作)。

· F7—杂项:其中包含各种复杂的技术工具,如菲波纳奇弧线、区域、时间区(见第十三章)、以及安德鲁长叉等。

· F8—傅氏:进行傅里叶分析。这是一种复杂的统计学工具,主要用于鉴别周期(见第十四章)。

· F9—EV 图:绘制交易量加权日线图。把日线图中的竖直线段变换成长方形小框,其宽度表示当日的交易量。交易量越重,则当日的价格框越粗。这也是显示交易量信息的一种方法。

以上我们谈到了在屏幕上显示数据的各种方式,以及适用于这些方式的一些研究工具。朋友们已经看到,其中许多工具,像趋势线和百分比回撤,我们都相当熟悉。还有的呢,如安德鲁长叉、傅里叶分析、EV 图等,或许有些陌生(图 15.13a 和 b 到 15.14a 和 b 是这些新工具的几个图例)。计算机的好处就在于能够便当、快捷地完成上述功能。然而,效果如何,依然完全取决于用户能否把这些工具糅合到自己的分析中。另外,我们也没有必要把这些工具使用个遍。朋友们不妨根据自己的交易风格和思路,从中选择最合适的工具。下面我们就来考察一下其中各种研究手段。

"研究"手段的选择

在主菜单(菜单 1)状态下我们敲击 F1,就进入到"研究"子菜单。在这里我们可以进行各种推算和分析。菜单 4 就是进行技术性研究的子菜单。其中共有 29 种选择。只要按一下相应的键,就可以进入各种分析方法的下一个子菜单,进行下一步选择。例如,"交易量"(第 2 页之 A 键)敲完后,我们便看到以下子菜单:

A.简单

B.刷形图

C.OBV 法

D.交易量累积(VA 法)

E.VA 法摆动指数

我们可以分别以实线、刷形图(这是通用的格式)、OBV 法、VA 法、VA 法摆动指数(在第七章中我们均有介绍)等形式,把交易量资料显示出来。

"移动平均"(N 键)敲完后,用户就得到以下选择。

A.简单

B.加权

C.指数加权

图 15.4　菜单 4(Courtesy of Compu Trac.)。

研 究 选 择

<esc>退出

Pg:2 页之 1

A—涨跌线
B—商品管道指数
C—商品选择指数
D—需求指数
E—趋势解析
F—方向性运动
G—霍尔动力指数
H—豪兰指数
I—线性回归
J—MA 验证/背离
K—麦克莱伦摆动指数
L—中间价格
M—动力指数

N—移动平均
O—持仓兴趣
P—摆动指数
Q—抛物线(SAR)
R—点数图
S—变速指数
T—比价
U—相对力度指数
V—短期交易指数
W—差价
X—随机指数(%K%D)
Y—摇摆指数
Z—波动性

选择:A

PgDn 看下一页

研究选择

<esc>退出

Pg: 2 页之 2

A—交易量
B—加权收市价
C—威廉指数%R

选择:A

PgDn 看下一页

在每种情况下,用户都必须选择计算平均值的对象(比如最高价、最低价或者收市价)。我们还可以把移动平均线应用到任何一组数据或者某种已构造好的技术指标上去,比如 OBV 交易量、各种摆动指数、或者甚至某种差价等。用户也必须定义采用平均线的条数,以及每条平均线的时间跨度的天数。最后,还需要选择一下平均线的位置,“取中”呢,还是依照通常的做法(我们在第九章讨论过移动平均线)。

绝大多数研究手段都要求用户定义计算式中的天数。不过,通常系统也提供缺省值,即软件本身针对各种研究,预备好了一定的数值。例如,在进行随机指数分析时,缺省值为 5 天,而相对力度指数(RSI)的缺省值是 14 天。缺省值在屏幕上有显示,用户简单地按一下回车键,就表示接收缺省值。如果用户对某种研究不熟悉,不会选择最佳的输入数值的话,这一缺省值特点就特别有帮助。用户通过试验,可以调整或优化这些参数,以适应自己的需要。

我们这里不打算讲解所有的菜单。其中有些研究,如涨跌线法、豪兰指数、麦克莱伦摆动指数、短线交易指数(TRIN)等,主要应用于股市分析(采用纽约股票交易所的 NYSE 涨跌数字),我们这里不再作描述。大部分研究在前面各章中均有介绍。商品价格管道等指数(CCI)和需求指数基本上属于摆动指数的范畴(后者采用交易量进行计算)。趋势解析和霍尔动力指数,在关于周期的第十四章中我们讲过。移动平均线相互验证/背离指数(MACD)、动力指数(价格之差)、移动平均线摆动指数(两条平均线之距离)、变速指数(ROC)、相对力度指数(RSI)、随机指数(%K%D)、以及威廉斯指数(%R),在第十章“摆动指数”中,我们也都讨论过。另外,关于移动平均线、持仓兴趣、交易量、点数图、比价、以及差价等就更不用说了。最近,这个软件包中又添置了商品选择指数、线性回归、中间价格、摇摆指数、以及波动性指数等研究手段。

韦尔斯·王尔德的抛物线和方向性运动系统

在这里,时间和篇幅都不允许我们对上述 29 种研究逐一地仔细分说。不过,其中还是有两种研究值得我们进一步地探究一下。它们都是 J·韦尔斯·王尔德创立的,在他的《技术型交易系统的新思路》(趋势研究版,1978 年)中有介绍。在这本书中,还包括了王尔德对另外三种研究的见解。这三者也被包括在 Compu Trac 的菜单中——商品选择指数、相对力度指数、摇摆指数。

抛物线系统(SAR)

王尔德的抛物线系统属于时间、价格反转系统,始终“在市”。

"SAR"这串字母表示"止损并反做"(Stop And Reverse),意思是我们在执行保护性止损指令的同时,也顺着原头寸的反方向再开新头寸。这也是一种趋势顺应系统。它的名称来自它的外观,当它跟踪市场的时候,其止损点的轨迹与抛物线类似(图 15.5 到 15.8)。注意,当价格上涨的时候,抛物线系统的点子(即止损并反做点)居于价格下方,也呈升势,但它开头往往步调较慢,然后才跟上趋势的变化。在下降趋势中,道理也一样,而方向相反(点子在价格上方)。系统也可以为用户提供下一天的 SAR 价位。

王尔德为本系统设置了一种加速因子。他把每天的止损点都顺着趋势方向有所升降。在趋势刚萌发的时候,止损点位置的变化相对较慢,从而为新趋势的巩固留出了时间。之后,随着加速因子的增长,SAR 点位变化的步调也相应地加快,直至赶上价格变化的速度为止。如果趋势出了问题,那么结果通常是出现止损并反做的信号。正如这些图例所示,在趋势环境下,抛物线系统的工作效果奇佳。在图 15.5 和 15.6 中,请注意,在德国马克和原油市场上,该系统跟踪趋势的效果何其漂亮。但是,在图 15.7 和图 15.8 分别所示的 S&P500 指数和美国政府债券市场的例子中,情况就有所不同了。在两个市场上,在其趋势良好的部分,该系统效果优良,而在横向伸展的无趋势阶段,却接连地发生拉锯现象。

在 S&P500 市场(如图 15.7 所示)上,请注意,从 12 月到下年 1 月,属于横向延伸阶段,该系统频频"拉锯"。随后,在 1 月上旬,它给出了绝好的买入信号;但 2 月以后,该系统却变本加厉,出现了更多的拉锯现象。这张图很典型,充分显示了大多数趋势顺应系统的长处和短处。这些系统在市场处于强烈的趋势状态时,表现颇佳。但是据王尔德本人的估计,这样的市场阶段大约只占到市场总时间的 30%。如果他的判断合乎实际的话,那么就等于说,趋势顺应系统在 70% 的时间内效果不如人意。到底我们如何处理这个进退两难的困局呢?

方向性运动指数(DMI)

如果我们能够选用某种过滤器或者某种措施,预先确定市场是否处于趋势状态的话,问题可能就解决了。这一点正是王尔德设计方向性运动指数的动机(图 15.9)。方向性运动指数标志着每个市场方向性运动(趋势)的多寡,借助它我们可以比较各个市场的趋势性程度。王尔德利用 ADXR 线,按照从 0 到 100 的读数刻度,把各个市场的方向性运动情况加以评级。ADXR 线越高,就表示该市场的趋势性越强,因而就能充当趋势顺应系统更好的用武之地。在图 15.9 中,上下两条 ADXR 线分别对应于前面所讲的 S&P500 指数和德国马克市场。

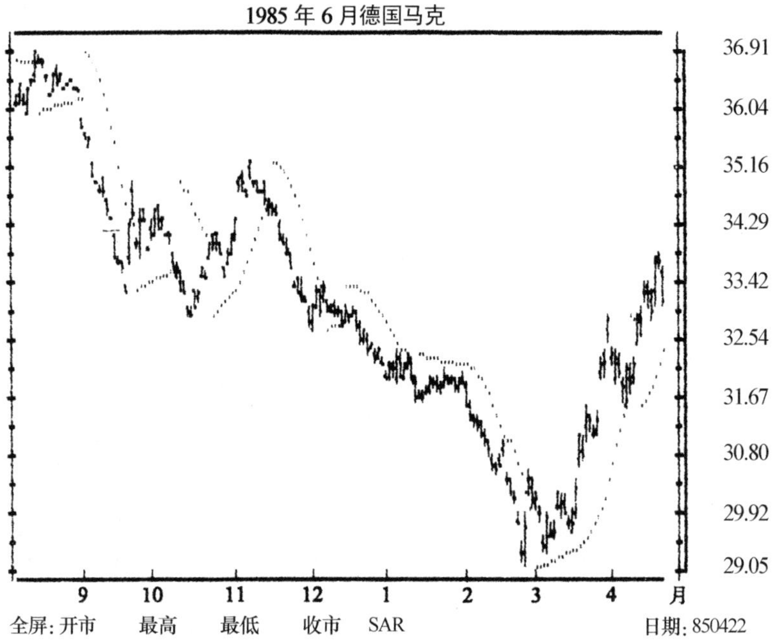

图 15.5 韦尔斯·王尔德的抛物线系统应用于德国马克合约的情形。虚线在价格之下,则意味着多头;位于价格之上,则为空头。虚线的点代表 SAR(止损并反做点)。本系统连续在市。与所有的趋势顺应系统一样,本系统在趋势市场中工作状况最佳。

图 15.6 抛物线系统应用于原油合约的情况。请看它捕获了大部分的趋势性变化。

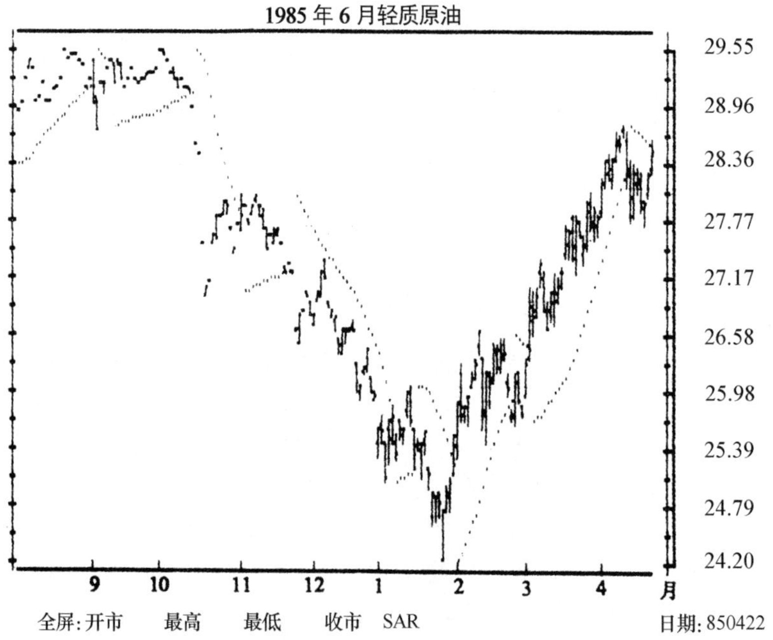

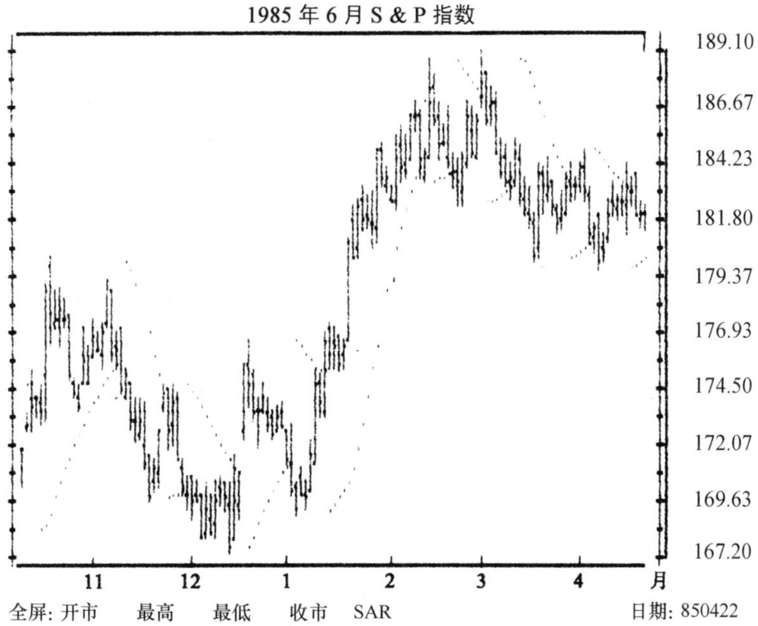

图 15.7 抛物线系统应用于 S&P500 合约的情况。注意大部分趋势性变化都被成功地捕获了。但是,在市场横向伸展阶段(从 12 月到 1 月以及从 3 月到 4 月),该系统出现了相当多的拉锯现象。在没有趋势的市场状况下,趋势顺应系统效果不理想。

图 15.8 请注意,从 12 月到 1 月,当市场处于横向延伸阶段时,抛物线系统效果不佳。抛物线系统灵敏度较高,能够对相对微弱的市场动作做出反应。

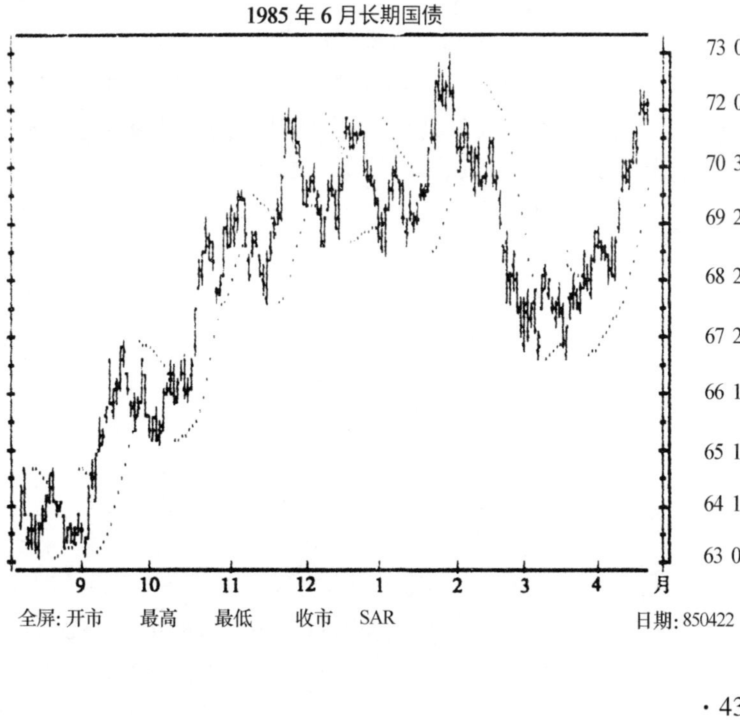

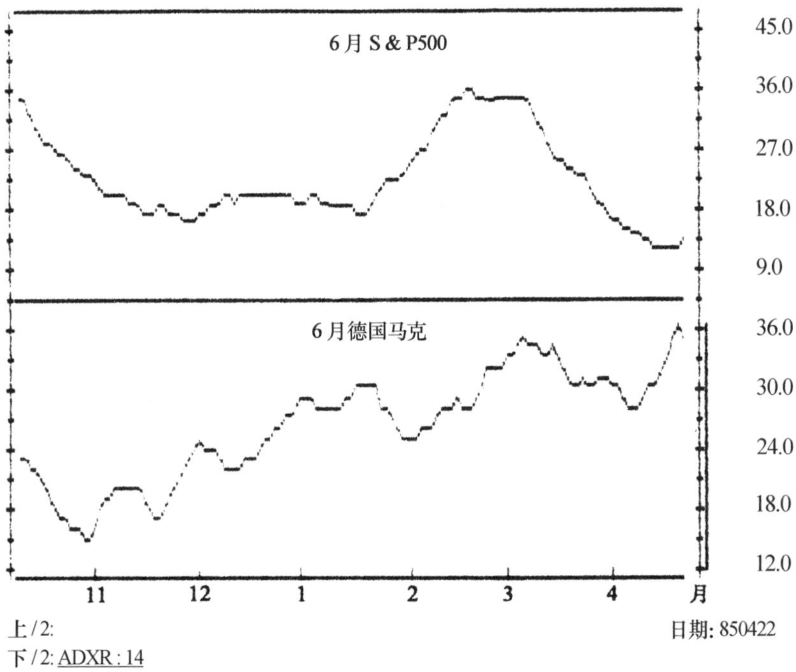

图 15.9　方向性运动系统在两种合约上的应用。当 ADXR 线方向向下,且低于 20 时(如 S&P 合约的情况),表明市场不适合趋势型系统的操作。而当 ADXR 线向上时(如德国马克的情况),则表明市场具有强烈的趋势特性,非常适合趋势顺应系统的应用。

从上年的 11 月起,德国马克(下方的图线)表现出很强的趋势特点。如果 ADXR 线很低(在 20 之下),则意味着市场处于无趋势状态,就不适合采用趋势顺应系统。S&P500 指数合约正好做了这种情况的实例。此时此地,我们还是收起趋势顺应系统为好。

回头考察一下图 15.5 和 15.7,我们看到,抛物线系统在德国马克市场上成绩不坏,但在 S&P500 市场的后面部分却很差劲。本来,如果事先有方向性运动指数的话,趋势型交易商就可以及时地从股票指数市场全身而退,转而投入外汇市场。因为 ADXR 线的读数刻度是从 0 到 100 分布,所以,趋势型交易商只要径直地选择趋势性程度最高的市场就行了。而对于方向性运动水平较低的市场,我们不妨采用非趋势系统(如摆动指数等)。

我们既可以把方向性运动指数用作一个独立的系统,也可以把它用作抛物线或其余趋势顺应系统的过滤器。在 DMI 分析中,出现有两条线,一条是+DI,另一条是-DI。前一根线为正,度量市场向上的运动,后一根线为负,表示向下的运动。图 15.10 显示了这样两条线。其中实线表示+DI,虚线即-DI。当+DI 线(实线)向上穿越-DI 线

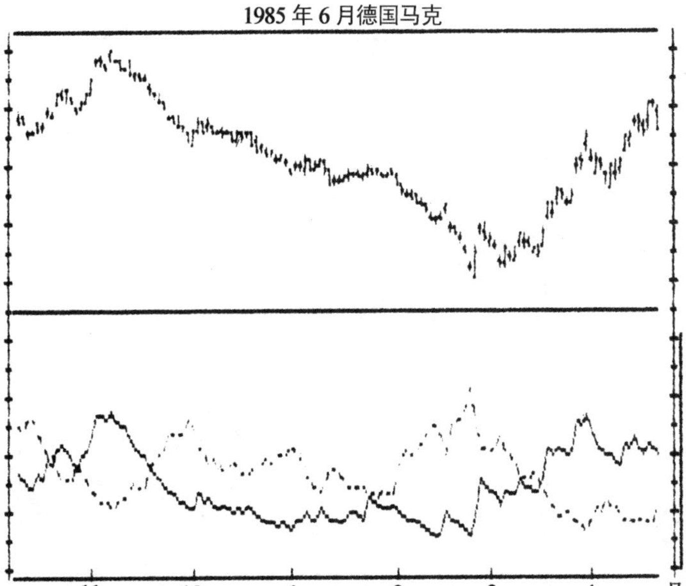

图 15.10 下半图表示了组成 DMI 系统的+DI 线(实线)和-DI 线(虚线)。当+DI 线向上穿越-DI 线时,为买入信号。当+DI 线向下穿越-DI 线时,构成卖出信号。目前,本系统指示"多头"。

(虚线)时,构成买入信号,而当它向下穿过-DI 线时,构成卖出信号。

图 15.11a 和 b 表示抛物线和方向性运动系统在黄金市场上的应用。请注意上图的抛物线,从上年 11 月以来,它共发出了 8 个买卖信号,其中不少属于拉锯现象。下图为同一时期的方向性运动指数,从 11 月来,是做空头的指示,而从 3 月中开始是做多头的指示,总共只有两笔交易。显然,抛物线系统更为灵敏,即其信号出现得既及时又频繁。无论如何,如果我们采用方向性运动指数作为过滤器,只在抛物线信号与方向性运动线的方向一致的情况下,才实施其信号,那么其中好些伪信号就可以避开了。由此看来,我们还是把抛物线同方向性运动系统综合起来使用为好。两者截长补短,相得益彰。

请注意图 15.11b 的下半部分。这是 ADXR 图表,其图线显示,从 11 月到 2 月,市场具有强烈的方向性运动的特征(曲线上升);从 2 月上旬到 3 月上旬,趋势较弱(曲线下降);之后,市场上重新出现了较强的趋势。趋势性系统的最佳工作时机是在 ADXR 线上升的时候。正如前面的图例所示,方向性运动系统和 ADXR 线并不怎么灵敏,因此,较适合于稍长线的趋势型交易商。王尔德还设计了另一种对市场趋势性程度的评价方法,使之与短期的市场变化更合拍,这就是下面要介绍

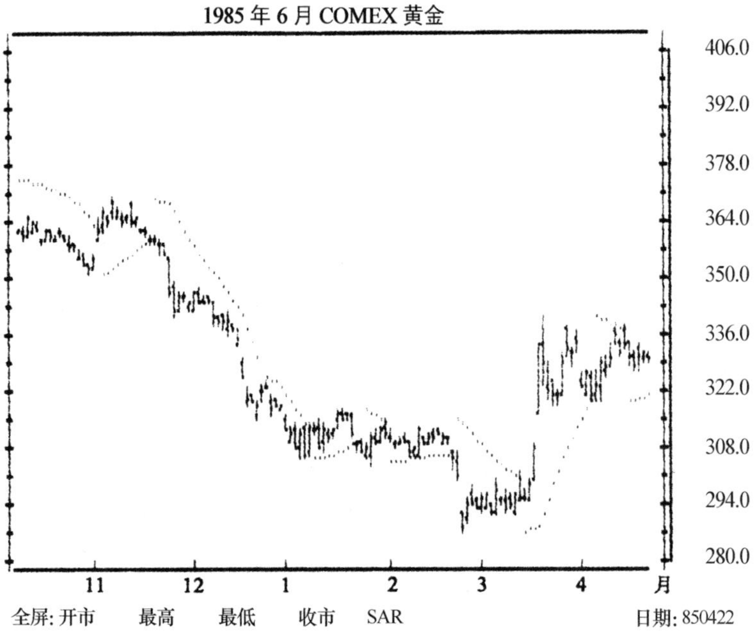

图 15.11a　王尔德的抛物线系统在黄金合约上的应用。尽管它在主要市场运动中大为成功,但在趋势的短暂调整中,或当市场横向伸展时,也出现了数次拉锯现象。

图 15.11b　上半图显示 DMI 在上例图表上的应用。以 DMI 系统作为过滤器,可以改进抛物线系统的工作成绩。下半图的 ADXR 线表明,近来黄金市场的趋势性较强。

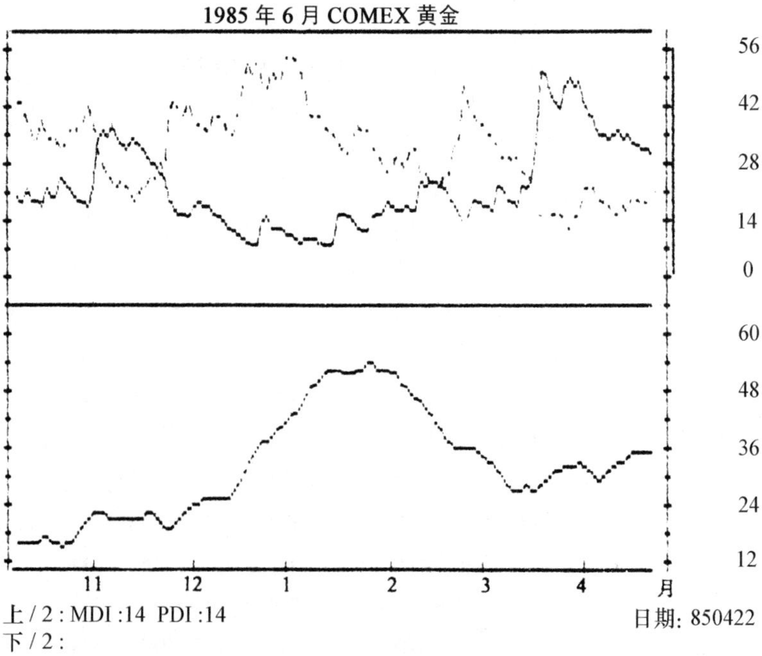

的商品选择指数(CSI)。

商品选择指数(CSI)

王尔德在CSI的设计中,不但把方向性运动系统和ADXR线的算法移植过来,而且又增加了对波动性因子(所谓平均实际区间,ATR)、保证金要求、以及交易费用等因素的考虑。DMI意在为较长期的趋势型交易商服务,而CSI则企图为短线交易者揭示波动性较强的市场。从CSI可以鉴别"双高"市场:既有高的方向性运动特点,又有(相对于保证金要求和交易成本来说)高波动性特点。一般认为,无论从趋势性强弱的角度看,还是从波动性大小的方面来看,CSI水平高的市场都是很好的交易媒介。

以上介绍了王尔德的几种较出名的系统,给朋友们提供了一点基本的框架。如果有兴趣深入学习他的各种系统及其构造方法的话,不妨阅读王尔德的原著,相信朋友们一定不会失望的。

各种工具和指标的分类

可想而知,面对花样如此繁多的研究手段,朋友们多少会有点无所适从。那么,下面我们就来整理整理,给它们分一分类:

- 基本的图表格式:线图、点数图、差价图、比价图
- 图表刻度:算术刻度和半对数刻度
- 线图:价格、交易量、以及持仓兴趣
- 交易量:简单形式、刷形图、OBV法、VA法、需求指数、EV法等表示形式
- 基本的工具:趋势线和管道,百分比回撤,移动平均线,以及摆动指数
- 移动平均线:参考包络线
- 摆动指数:商品管道指数(CCI)、动力指数、移动平均线摆动指数、变速指数、MACD、随机指数、威廉斯指数、RSI、VA法、需求指数、霍尔动力指数
- 周期:霍尔动力指数、趋势解析、周期尺、傅氏分析

· 艾略特波浪:菲波纳奇扇形线、弧线和时间区

· 杂录:安德鲁斯长叉、线性回归、加权收市价、中间价格、波动性

· 王尔德:RSI、商品选择指数、方向性运动系统、抛物线系统、摇摆指数。

各种工具和指标的利用

这么多内容可谓千头万绪。如果我们满箩里挑瓜,那怎么下手呢?所以我们首先采用基本的工具,如价格、交易量和持仓兴趣、趋势线、百分比回撤、移动平均线、以及摆动指数等。点数图、差价图和比价图固然有用,但它们居于次要地位。请注意,摆动指数有很多种类。我认为,眉毛胡子一把抓,是不恰当的。我们不妨从中选定一两种最适合自己的,从一而终。如果朋友们对周期理论、菲波纳奇工具等领域有特别的兴趣,那么也不妨将它们看做第二位的信息。在我们从事周期分析的过程中,傅里叶分析极有助益。我们也可以将得出的周期用来调整移动平均线和摆动指数的时间跨度。不过要清楚,这是个复杂的概念,有待朋友们深入学习和反复实践。对于采用自动交易系统的交易商来说,王尔德的抛物线和 DMI 系统值得特别留心。剩下的那些工具和各种选择项,不妨由大家自己去揣摸体味。我个人建议,朋友们先找出对自己来说最行之有效的工具,然后集中地使用它们。本章后面还将回头谈起如何处理众多技术指标的问题(图 15.12~15.14)。

自动化、优选化及获利力试验

用户为每个市场选定了一组研究手段之后,就可以把工作流程自动化。这就是说,我们把一定的分析程序或手段搭配起来,分别与各种数据文件相对应。然后,用户就用不着再操心了,计算机会自动地完成所指定的各项任务。通过获利力测试程序,我们可以采用历史资料,对预先设计的交易规则进行检验。事实证明,这样的性能是计算机分析最有价值的特征。借助它,我们能够对任何交易系统或者技术指标进行历史资料的检测。同时,通过优化程序,我们能够分别为它们选出各自的最佳计算参数。最后,在这个技术分析软件包中,还有一个供用户自己设计研究的部分,称为用户研究。如果用户掌握计算机程序设计的知识,又喜欢独出心裁的话,大可以自己动手编制分析软件。

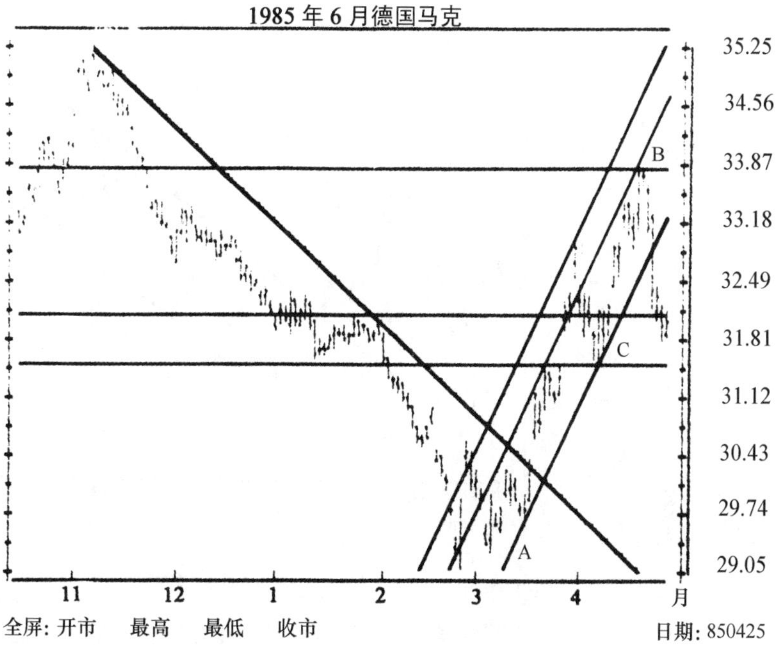

图 15.12a 计算机作出的趋势线和管道的例子。水平线标志着支撑和阻挡水平。

图 15.12b 本程序可以标识上图中的百分比回撤的位置。自 B 到 C 的下跌回撤到了从 A 到 B 的上涨的 40%位置。注意,计算机也给出了 33%、40%、50%、60%、以及 66%回撤的水平。

% Retracement for Close − <esc> to Exit

Base: .01

Base Start:	29.31
Base End:	33.79
Retrace to:	31.99
% Retrace:	40.79
33—1/3%:	32.30
40%:	32.00
50%:	31.55
60%:	31.10
66—2/3%:	30.80

<rtn> to Continue:

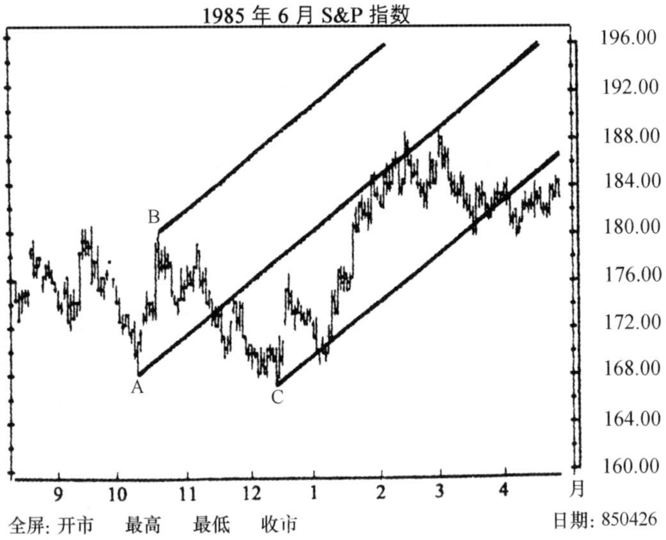

图 15.13a 安德鲁斯长叉的例子。本方法又被称为中线法(ML)、安德鲁斯直线、阻挡中线(M.L.R.线)等。我们需要三点方可作出这一系列直线。其中稍后的两点(B 和 C)通过一直线(未画出)相连。然后,我们由第一点 A 点出发,通过 BC 的中点,作出其中分线。这条中分线即"中线"。这种方法也属于管道技术,是由艾伦·安德鲁斯博士首创的。这些直线常常形成支撑或阻挡区。

图 15.13b 安德鲁斯直线应用于铜市场的情况。注意在 4 月的上冲过程中,中线是如何起到阻挡作用的。

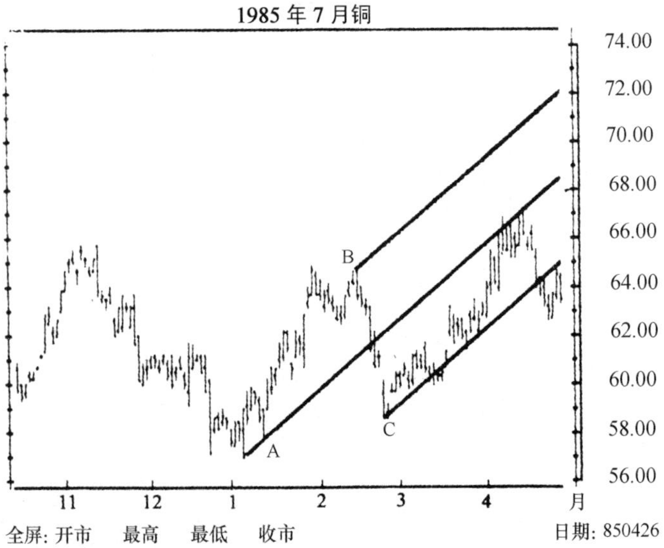

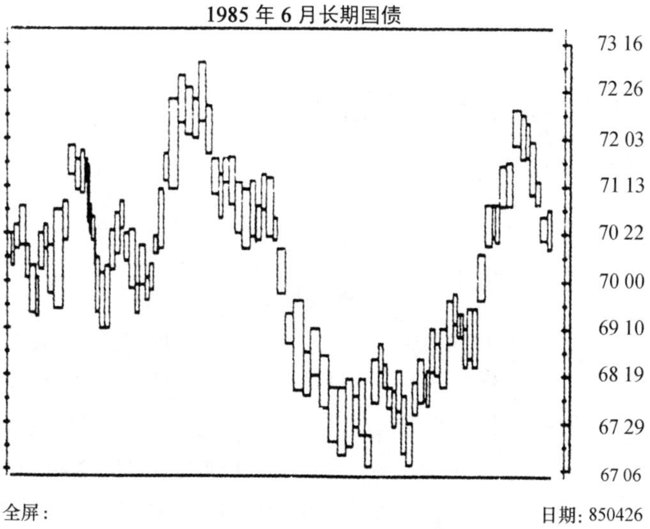

图 15.14a 黄金EV图的例子。图中的方框越粗,则表示当日交易量越重。注意在向上突破时的较粗的方框(较重的交易量)。在最近的巩固阶段中,方框日益窄小(表明交易量渐轻)。请注意本图把交易活动表现得何其直观、形象。

图 15.14b EV图表的另一个例子。这种方法是基于理查德·W·阿姆斯爵士的首创而来的。他在他的《股市的交易量周期:由EV图技术抉择时机》(道·琼斯—爱尔文版,1983年)中有详细介绍。

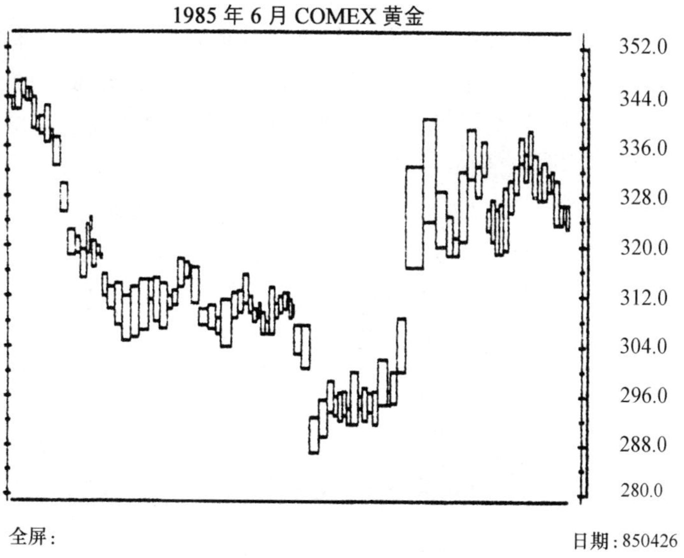

关于计算机自动交易系统的正反两方面意见

70 年代的经济环境具有强烈的通货膨胀特点，在各个商品市场均发生了主要的看涨趋势，并持续数年之久。正是在这种强劲、持久的看涨趋势的大潮中，自动化的趋势型交易系统应运而生。从此，各种技术性交易系统如雨后春笋，大量地涌现出来。就其中的大部分来说，都有骄人的获利记录。也正是在这个时期，公众和私人的商品市场基金日益流行。这些基金大体上与股市中的互助基金相当。它们把持了动辄上百万、上千万的庞大的美元资金，并且在其运作过程中，严重依赖技术性的趋势顺应系统。只要牛市上涨不止，那就万事大吉。各种系统都财源广进，新基金也纷纷开张，所有人皆大欢喜。就在这个时候，变故发生了。80 年代后期，通货膨胀的气泡终于胀破，市场踏上了历时五年的持续下跌的风雨里程。

80 年代，自动化趋势顺应系统流年不利。虽然大部分采用这类系统的大基金仍然获利，但是其结果远不能与 70 年代的奇迹般的成绩相匹敌。对于这个退步，有好些说法。其一，这些系统从未在看跌市场下进行过检测。其二，80 年代市场上的趋势不持久、不广泛。发生在熊市中的中等的上冲和巩固形态，打乱了交易商们的熊市部署，常常引发拉锯现象。尽管其中的趋势确实有据可查，但是它们主要集中于一小部分市场上。结果，从一二个趋势市场上取得的利润，被其他非趋势市场的损失冲抵殆尽。

根据这些系统在过去几年的表现，下面这一点已经很清楚了：仰仗计算机自动产生交易信号的趋势顺应系统，并不是取之不竭的聚宝盆。当然，这也不是说它们毫无价值，应当把它们统统扔到垃圾堆中去。关键在于，我们对之应有正确的认识。以下列举了这些系统的长处和短处。

自动交易系统的长处

1.排除了人类主观情绪的影响。

2.具有更严格的自律。

3.能达到更高程度的协调一致性。

4.顺着趋势方向交易。

5.确保不错过每个顺着重要趋势的方向入市的机会。

6.允许利润充分增长。

7.把损失限制在一定范围。

自动交易系统的短处

1.绝大多数自动交易系统是顺应趋势的。

2.从获利角度看,趋势顺应系统主要依赖于主要趋势。

3.当市场无趋势可循时,趋势顺应系统一般是不盈利的。

4.市场在相当长的时间内没有趋势,而在这种阶段不适合采用趋势型方法。

依我个人的经验看,利用自动交易系统有时候是很成功的。不过在有些情况下,它们的表现有些令人失望。主要的麻烦是,这些系统不能判断市场何时已经无趋势可言,因而不能使我们及时地抽身退出。衡量某个系统好坏的标准有两方面,我们不但应该考察它在趋势市场下的获利能力,而且更重要的是,应该检验它在无趋势市场下保存资金实力的能力。这类系统无力为自己设置警戒,这一点是它们的最大的弱点之所在。事实表明,也正是在这一点上,那些著名的过滤器,例如韦尔斯·王尔德的方向性运动指数或商品选择指数大有用武之地。这些过滤器能够帮助交易商确定哪些市场最适合趋势型系统。

自动交易系统一般不能预期市场的反转,这也是它的短处。趋势顺应系统对趋势一跟到底,一直到趋势反转为止。它们不能判断市场何时处于长期的支撑或阻挡水平,何时出现摆动指数的背离现象,或者何时艾略特波浪形态的第 5 浪已经清楚可辨。在这些关键时刻,大部分交易商都会有所警觉,并着手部分地平仓实现利润。然而这些系统此时却仍然保留原来的头寸,直至市场方向完全转变以后才能反应过来。因此,如何利用这些系统以取得最大效益,完全取决于用户。就是说,我们必须抉择一下,到底是完全听由系统牵着鼻子走呢,还是把它们与其他各种技术因素结合起来,形成综合的交易方针。这样,我们就进行到下一部分,谈谈如何把自动化系统用作一般的技术指标,糅合到我们的预测和交易过程中去。

把自动化系统的信号综合到分析中

为了便于说明问题,我们这里打算以商品研究局推出的“电脑期货趋势分析”(EFTA)为例。这是一种自动化的趋势顺应系统,能够自动产生买入和卖出信号。该系统把数种技术因素结合在一起,其中包括三种移动平均线(10天、20天和40天的)、价格波动性、动力指数、以及时间周期等。它是通过计算机联网来逐日地获得上述数据的。在《CRB期货图表服务》的第2页,刊登有逐周安排的上述数据的表格,逢周五出版。我们就集中研究这些数据。

图15.15摘自《CRB图表服务》,是其中的“计算机趋势分析”的一个实例。头两列是商品名称和交割月份。第三列(“计算机趋势”)给出趋势方向,这是本表中最重要的内容。其中有三种方向:上升、下降、或者横向伸展。第四列和第五列表示当前趋势的起始时间和起始时的价格水平。本表发表于1985年1月25日。请注意其中各个趋势已经持续的时间。例如,英镑、德国马克、日元和瑞士法郎自从上年11月以来,就处在下降趋势之中了。这就意味着,如果交易商按本系统行事的话,那么他已经做空头2个月之久了。还请注意,短期政府债券市场自从上年7月以来,就一直显示“多头”信号,这是持续了6个月的趋势。像这样的市场,正是交易商所梦寐以求的。稍后我们再回头谈短期政府债券的行市。

第六列和第七列(“支撑和阻挡”)也包含着极有价值的信息。这些就是当前趋势改变方向的价格水平。如果趋势向上,如可可市场的情况,则其中给出支撑水平。如果趋势向下,如英镑市场的情况,则给出阻挡水平。倘若市场收市于或超过了阻挡水平,那么趋势就从下降转为横向伸展。如果趋势为横向伸展,如玉米市场的情况,则同时给出支撑和阻挡水平。倘若市场收市于或超过了阻挡水平,那么趋势将转而向上,而倘若收市于或跌破了支撑水平,那么趋势将转而向下。趋势绝不会在同一天内180°地反转,由升而降或者由降而升。它首先必须“横向伸展”地过渡一下,然后从这里开始,再恢复原来的方向或者掉头反向。因此,在本系统中也考虑到了没有趋势的情况。

计 算 机 趋 势 分 析								
商品	交割期	计算机趋势	趋势始于		当前计算机的		收市价格	周际变化
			日期	价格	支撑水平	阻挡水平	01/25/85	
大麦(Wpg)	85.3	下降	01/08/85	135.10		137.20	136.80	+$.90
英镑	85.3	下降	11/26/84	1.1985		1.1360	1.1015	-$.0195
活牛	85.4	下降	01/09/85	66.02		68.00	67.37	-.08c
可可	85.3	上升	01/17/85	2186	2079		2215	+$25
C号咖啡	85.3	上升	11/07/84	137.98	146.90		151.11	+2.86c
铜	85.3	上升	01/17/85	60.15	57.35		61.10	-.10c
玉米	85.3	自下降而横向	01/21/85	273 3/4	267 1/2	274	271 1/2	-1 1/4c
2号美棉	85.3	自上升而下降	01/25/85	65.19		66.90	65.19	+.78c
原油(NY)	85.3	下降	01/15/85	25.91		26.55	25.25	-$.50
德国马克	85.3	下降	11/26/84	.3299		.3205	.3168	-$.0004
欧洲美元	85.3	上升	09/10/84	87.68	91.01		91.28	+.15%
黄金(Comex)	85.4	下降	11/23/84	350.50		314.00	303.90	-$7.10
2号取暖油	85.3	下降	01/16/85	70.99		74.05	69.65	-3.03c
生猪	85.6	上升	12/24/84	54.12	52.80		53.62	-.43c
日元	85.3	下降	11/23/84	.4093		.3985	.3946	-$.0003
无铅汽油	85.3	下降	10/12/84	75.40		66.05	65.31	-.18c
木材	85.3	自横向而下降	01/21/85	154.30		166.30	159.90	+$3.40
NYSE (NYFE)	85.3	上升	12/19/84	99.20	99.05		103.60	+3.20%
橙汁	85.3	自横向而上升	01/21/85	169.55	161.80		179.25	+14.70c
铂	85.4	下降	11/27/84	325.50		287.00	272.30	-$4.30
猪腩	85.5	横向	01/16/85	73.87	70.10	80.05	73.10	-.82c
油菜籽(Wpg)	85.3	自下降而横向	01/25/85	394.70	381.60	395.00	394.70	+$2.20
白银(N.Y.)	85.3	下降	11/27/84	728.40		641.30	604.00	-29.00c
大豆	85.3	横向	01/17/85	599 3/4	574	621	597	-9c
豆粕	85.3	下降	11/15/84	159.70		146.60	143.30	-$4.00
豆油	85.3	上升	01/17/85	25.80	25.05		26.69	+.26c
S&P 500	85.3	上升	01/14/85	173.35	169.70		178.75	+5.35%
11号原糖	85.3	下降	01/17/85	4.23		4.70	4.54	+.45c
瑞士法郎	85.3	下降	11/23/84	.4034		.3825	.3769	-$.0015
短期国债(IMM)	85.3	上升	07/13/84	88.21	91.97		92.15	+.11%
长期国债(CBoT)	85.3	自横向而上升	01/22/85	72—07	70—11		73—11	+1 30/32
中期国债(CBoT)	85.3	自横向而上升	01/22/85	81—23	79—24		82.15	+1 15/32
小麦(CHI)	85.3	上升	01/15/85	353 3/4	344		346 3/4	-4c
小麦(K.C.)	85.3	下降	11/13/84	370 1/4		354	348 3/4	-6c
小麦(Mpls)	85.3	下降	11/14/84	381 1/4		366	364 1/2	UNCH

图 15.15 计算机趋势分析(Source:Commodity Research Bureau, a Knight-Ridder Business Information Service.)。

使系统连续在市

显然,如果交易商实施本系统的指令的话,当趋势上升时则持有多头;当趋势下降时则持有空头;而当趋势为横向延伸时,则退出市场旁观。如果交易商乐意,也可以对本系统加以调整,使之连续化,即始终在市。我们有很多办法。对于长线的交易商来说,可以一直持有多头头寸,直至趋势反转向下为止。反过来,也可以一直持有空头头寸,直至趋势反转向上为止。这样一来,即使趋势已经转入了横向阶段,交易商依然保留着在原趋势下开立的头寸。当然,这种策略有可能招致大规模的损失。

我们还有个使之连续化的办法,其交易风格较为积极大胆。当趋势由上升转为横向伸展时,我们不仅平回原来的多头头寸,同时还要反做,开立空头头寸。倘若后来趋势转而向下,则我们再给空头加码。相反地,如果趋势从下降转为横向延伸,那我们就不仅平回所有的空头头寸,同时还要开立多头头寸。倘若后来趋势转而向上,则我们再给多头加码。由此看来,我们对所有的系统,包括本系统在内,都可以加以调整,以适应交易者的具体需要和个人偏好。

利用系统的信号来约束自己

我们也可以简单地把系统的信号用作其他技术因素的自动化的验证信息。即使我们不打算采用自动交易系统,而是使用其他各种技术因素的话,我们依然可以借助它的信号来作为一种自律的手段,以保证自己在重要趋势中站在正确的一边。只要计算机趋势显示为上升,我们就不应开立空头头寸;只要计算机趋势显示为下降,我们就不应开立多头头寸(基本分析型交易商也不妨采用某种技术系统作为自己的交易意向的过滤器或者触发器。而上述正是个简易的法子)。通常,所谓趋势方向其实是个判断问题,那么,计算机的信号就可以在一定程度上,把交易商从犹疑不定之中解脱出来。它们可以阻止他踏入所谓“顶部套牢或底部套牢”的陷阱。

我很乐于在我的价格图表上,标明计算机给出的支撑和阻挡水平。如此一来,我就能提前知道这些关键的水平居于何处,趋势的变化可能在何处发生。我也会考察其他许多技术因素,例如趋势线、图上的支撑和阻挡水平等等,这些计算机资料都可用作额外的信息,来验证趋势的变化。让我们回头看看短期政府债券市场,以此作为这种做法的例子。到 1 月 25 日,该市场的上升趋势已经持续 6 个月之久了。在接下来的一周,价格有所下跌,穿破了紧随价格变化的上升趋势线。2月1日,星期五,在《CRB图表服务》的“技术性评论”部分,我这样写道:

> 本周从长期阻挡区起,发生了剧烈抛售的情况……,从而打破了上升趋势。关于3月份短期国债,我们的计算机趋势在周五转而“向下”(自7月13日以来,一直是“上升”的)。3月份欧洲美元自从9月10月以来的上升趋势,也已经转为“横向伸展”。我们采纳了计算机的趋势改变信号,认为牛市已去,中性市场降临。

这里所要强调的是,如果我们把计算机趋势信号仅仅看做一般的技术指标,那么它也极具价值。在前面的例子中,两个短期利率市场在随后的将近两个月中,都剧烈地下滑了。

以系统信号作警报

我们还可以把计算机趋势分析用作绝好的审查工具,提醒自己警惕当前的趋势变化。请注意图15.15所示的趋势变化。在其中的第三列,至少有7个市场的趋势方向有变化。星期一早晨,当交易商揣摸各种图表的时候,只要扫一眼这张表格,马上就能挑出7种交易对象。通过研究所有的图表,我们当然也可能获得同样的结论。但是,计算机使这项工作快速、简易,并且更具权威性。

以系统作为广泛性市场指标

在结束本节之前,我们再介绍一下在EFTA每日研究中包含的一组有趣的数字——市场指标。其中包括每日价格上涨的合约数目与每日价格下跌的合约数目之比(合约总数在200种以上),每日涨达新高价的合约数目与每日跌出新低价的合约数目之比,以及计算机趋势为上升的合约数目占合约总数的百分比等。头两个指标是股市中类似的指标在期货市场的翻版。尽管这两个数字,涨/跌数字和新高/新低数字,从传统上看,在商品市场并不常见,但是这个领域也颇有意思,有待我们进一步调查研究,以确定它们的预测性价值。

计算机上升趋势合约比数　我特别喜欢这个指标。它的百分比值从0到100分布。其作用如同摆动指数,可以确定商品市场作为一个整体是处于超买、还是超卖状态。从历史资料看,当这个数字超过70%时,商品市场处于超买状态,即将有所回撤。而当该数字低于20%时,通常意味着超卖状态,市场即将见底回升。这个数字是对市场总体气氛的评估,用来跟踪 CRB 期货指数的变化,是非常有效的。

人工智能形态识别

一方面,计算机给我们提供了一大套快速、简便的技术工具和指标,大大地简化了分析工作。另一方面,分析者的工作难度却同时有所提高。从前,技术分析者们只要掌握数种分析工具便能胜任自如,现在却必须同时面对多达 40 种的技术指标。根据认知心理学的研究,一般认为,人类意识在同时研究三种以上的变数之间的联系时,就会感到困难。如果要求分析者同时消化四种乃至更多的技术指标,也许他就会感到困扰。那么,如果我们决定只跟踪三种指标的话,哪三种最合适呢?

在我们进行市场分析时,计算机几乎完全被当成计算器了。其主要功能表现在计算数据、显示资料等方面,这节省了我们的时间。但是,如果计算机也能够对它计算的所有结果进行诠释的话,或许它就会更加有所作为了。这就是说,我们应当既充分利用计算机的计算能力,又充分开发它的逻辑功能。这就是所谓人工智能(AI)和形态识别(PR)的内容了 。

人工智能是指计算机模仿人类的思维,借助具有"自学"能力的程序,来解决疑难。这时候,计算机实际上表现得活像具备了一定的"智能"那样。它能够判断形势,作出决定,并且能从错误中汲取教训。形态识别是指,计算机以对各项指标或因素的分类为基础,学会如何预测市场,作出决策的过程。"形态"这个词用在这里,与早先我们描述的各种图表"形态",意思是不一样的。形态识别的目的是,把所有的技术指标组合在一起,以产生"协同"的效果,而不是孤立地处理各项因素。

形态识别的第一步,是要从所有的技术指标中,选出表现最佳的个别指标。下一步,是挑出成绩最好的一对指标的搭档。第三步,找出结果最理想的三种指标的组合。往下,将重复上述步骤,不断添入新指标,直到所增加的新指标不能再改善组合的总成绩为止。在测试过程中,我们要使用两组不同的数据,一组是学习数据,一组是测试数据。从学习数据中获得的结果,必须从测试数据中得到验证。这种采用两组不同的数据进行测试的技术,避免了所谓"曲线自适"现象。这种现象经常成为人们批评各种技术指标的测试方法的理由,特别是针对我们为优化而进行的试验。

利用人工智能和形态识别,我们或许能够对症下药,解决把如此花样百出的各种技术信息熔于一炉的问题。在处理相抵触的技术信息的问题上,我们首先利用计算机计算出所有的技术指标,然后针对各个特定的环境要求,从中选出最佳的组合。这样的解决方案是显而易见的,那么为什么在这个方面迄今并无太多建树呢?实际上到目前为止,这类研究主要还停留在纯理论性的实验室阶段,从未经受过实践检验。其费用昂贵,对计算机的性能要求太高。另外,即使我们识别出了市场的形态,它们往往也是不稳定的,需要不断地进行再检验。在这一领域,拉登研究组是走在前沿的研究集体。该小组的主要发言人是其主席,戴维·阿伦森。

归纳总结

以上,我们讨论了计算机在期货技术分析领域的作用。我们首先概要地介绍了Compu Trac软件(目前,它是这个行业的领先者),介绍了现有的多种计算机技术工具及其使用方法。我们讨论了关于自动交易系统的正反两方面意见,以及使用计算机信号的利弊。自动交易系统代表了期货交易的一种"黑箱"模式,用户根本无需了解决策的过程,实际上,用户甚至可以根本不清楚系统中到底包含些什么。也有些计算机用户宁愿自己主持决策过程,他们把计算机信号和各种指标纳入自己的分析过程中,由他们自己做出最后的交易决定。而这正是Compu Trac的出发点。

毫无疑问,交易商们越来越依赖计算机交易系统了,集聚了大量资金的私人和公众基金尤其如此。这一现象对期货交易正日益发生着巨大的影响。期货交易所的场内交易商们正在想方设法,以战胜计算机化的基金会。这些巨额基金影响、乃至扭曲短期市场行为的能力越来越强大。随着微型计算机的推广,各种技术分析软件的普及,包括资料传输的"在线"化,大大提高了普通交易商交易手段的复杂水平,导致了更多的短线交易。因为计算机终端的普及,交易商极容易取得日内资料,所以,当日交易也越来越盛行了。

我们还不能肯定,这个潮流最终会走向哪里。但是有一点很清楚,计算机带来了一场商品期货交易的革命。这并不是说计算机简化了交易过程。正相反,从某种意义上说,计算机使我们的工作困难得多了,其原因本章已有论述。从这一切事实中,我们得出一个重要结论。如果哪位商品期货交易商无缘拥有上述计算机技术的话,那么他就处在极为不利的地位上。因为所有的市场参与者都同时使用相同的信息,所以要战胜他人,从市场中获利是非常艰难的。在这种情况下,如果我们没有计算机的帮助,就等于把刀把子递给了其他竞争者,使自己大大地处于下风。计算机既来之,则安之。将来,它们的性能会更好,操作更简便,并且价钱更便宜。不过,我们现在也不能坐等呀。

参考资料

目前最周详的计算机技术分析软件是 Compu Trac。该公司除了提供先进的支撑网络外,每年还在全国各地举办讲座,培训用户,以及讲解其软件的最新发展。

当然我们也有其他的信息服务机构。《股票及商品技术分析》(技术分析公司出版)是目前最好的一本杂志,它是以计算机分析为导向的,致力于提供有关领域的一日千里的最新动态。该杂志除了刊登计算机技术分析方面的文章外,还摘要地介绍最新涌现的计算机软件和硬件服务。《期货》杂志也可供参考,但它不偏重计算机技术。

对系统型交易商来说,韦尔斯·王尔德的著作是必读书。另一本《商品和股票的技术性交易系统》可能也不错,其作者为查尔斯·帕特尔(交易系统研究版,1980 年)。帕特尔在书中列举了 82 种交易方法,其中 65 种是完全自动化的。

第十六章　资金管理和交易策略

引　　言

前面各章讲的，是我们在进行商品期货市场的预测和交易时，所采用的各种主要的技术方法。现在是最后一章了，为了完成对交易过程的研究，我们要在市场预测的基础上，添上交易策略（或时机抉择）这个关键因素，以及另一个常常为人忽略的方面——资金管理。三个要素，缺一不可，否则，交易就做不成。

我们把各种技术方法都集中起来，开列了一份清单，以备朋友们一睹全豹。相信在朋友们学习综合使用所有技术信息的初期，这张单子会有所帮助。我们还要讨论一下，到底应该不应该把技术分析与基本分析协调起来。如果这一点能够做到的话，当然对技术分析者和基本分析者都有好处，那么我们要看看应当怎样着手。最后，我们将就职业技术分析工作的地位和它的前途，谈一点泛泛的体会。

成功的商品期货交易具有三个要素

在任何成功的期货交易模式中，我们都必须考虑以下三个方面的重要因素：价格预测、时机抉择和资金管理。

1.价格预测指我们所预期的未来市场的趋势方向。在市场决策过程中，这是极关键的第一个步骤。通过预测，交易者决定到底是看涨，还是看跌，从而回答了我们的基本问题：我们应该以多头一边入市，还是以空头一边入市。如果价格预测是错误的，那么以下的一切工作均不能奏效。

2.交易策略，或者说时机抉择，确定具体的入市和出市点。在期货交易中，时机抉择也是极为关键的。因为这个行业具有较低的保证金要求（高杠杆率）的特点，所以我们没有多大的回旋余地来挽回错误。尽管我们已经正确地判断出了市场的方向，但是如果把入市时机选择错了，那么依然可能蒙受损失。就其本质来看，时机抉择问题几乎完全是技术性的。因此，即使交易者是基础分析型的，在确定具体的入市、出市点这一时刻，他仍然必须借助于技术工具。

3.资金管理是指资金的配置问题。其中包括投资组合的设计，多样化的安排，在各个市场上应分配多少资金去投资或冒险，止损指令的用法，报偿—风险比的权衡，在经历了成功阶段或挫折阶段之后分别采取何种措施，以及选择保守稳健的交易方式还是大胆积极的方式等等方面。

可以用最简洁的语言把上述三要素归纳为：价格预测告诉交易者怎么做（买进还是卖出），时机抉择帮助他决定何时做，而资金管理则确定用多少钱做这笔交易。关于价格预测的问题，前面各章已有论述了。我们这里主要处理后两个方面。我们首先谈资金管理，因为在我们制定恰当的交易策略时，也必须把这个问题考虑进去。

资 金 管 理

我曾在一家大型经纪公司的研究部门供职多年。离开它以后,我不可避免地转向了资金管理这一行。马上我就发现,在替别人谋划交易对策与亲自实践这些方案之间,存在着巨大的差别。令我意外的是,在这场工作转换中,最困难之处并不在于市场策略这一方面。我分析市场以及确定入市、出市点的方式前后并没有太大不同。真正的变化是我对资金管理的重要性的体验。我很惊诧,像资金账户的大小、投资组合的搭配、以及在每笔交易中的金额配置等等诸如此类的问题,竟然都能影响到最终的交易成绩。

毋庸讳言,我坚定地信奉资金管理的重要意义。在我们这个行当,到处都是顾问公司、咨询服务,喋喋不休地指点客户买卖什么对象、何时去买卖等等,但是几乎没人告诉我们,在每笔交易中,应当注入多少资本。

有的交易者认为,在交易模式中,资金管理是最重要的部分,甚至比交易方法本身还要关键。我想,我可能还没有走得那么远,但是我相信,如果要长久地立于不败之地,就少不得它。资金管理所解决的问题,事关我们在期货市场的生死存亡。它告诉交易者如何掌握好自己的钱财。作为成功的交易者,谁笑到最后,谁就笑得最好。资金管理恰恰增加了交易者生存下去的机会,而这也就是赢在最后的机会。

一些普遍性的资金管理要领

我们必须承认,关于投资组合的管理问题可以弄得极为复杂,乃至于必须借助复杂的统计学方法才能说得清楚。我们这里只打算在相对简单的水平上讨论这个问题。以下我们罗列了一些普遍性的要领,对朋友们进行资金分配,以及决定每笔交易应注入的资金量等工作可能有所帮助。

1.总投资额必须限制在全部资本的50%以内。余额可以投入短期政府债券。这就是说,在任何时候,交易者投入市场的资金都不应该超过其总资本的一半。剩下的一半是储备,用来保证在交易不顺手的时候或临时支用时有备而无患。比如说,如果账户的总金额是100000美元,那么其中只有50000可以动用,投入交易中。

2.在任何单个的市场上所投入的总资金必须限制在总资本的10%到15%以内。因此,对于一个100000美元的账户来说,在任何单独的市场上,最多只能投入10000到15000美元作为保证金存款。这一措施可以防止交易商在一个市场上注入过多的本金,从而避免在"一棵树上吊死"的危险。

3.在任何单个市场上的最大总亏损金额必须限制在总资本的5%以内。这个5%是指交易商在交易失败的情况下,将承受的最大亏损。在我们决定应该做多少张合约的交易,以及应该把止损指令设置在多远以外时,这一点是我们极为重要的出发点。因此,对于100000美元的账户来说,可以在单个市场上冒险的资金不超过5000美元。

4.在任何一个市场群类上所投入的保证金总额必须限制在总资本的20%—25%以内。这一条禁忌的目的,是防止交易商在某一类市场中陷入过多的本金。同一群类的市场,往往步调一致。例如,金市和银市是贵金属市场群类中的两个成员,它们通常处于一致的趋势下。如果我们把全部资金头寸注入同一群类的各个市场,就违背了多样化的风险分散原则。因此,我们应当控制投入同一商品群类的资金总额。

上述要领在期货行业中是相当通行的,不过我们也可以对之加以修正,以适应各个交易商的具体需要。有些交易商更大胆进取,往往持有较大的头寸。也有的交易商较为保守稳健。这里的重要用心就在于,我们必须采取适当的多样化的投资形式,未雨绸缪,防备亏损阶段的降临,以保护宝贵的资本。

决定头寸的大小

一旦交易者打定主意在某市场开立头寸,并且选准了入市时机,下面就该决定买卖多少张合约了。我们这里采用10%的规定,即把总资本(如100000美元)乘以10%,就得出在每笔交易中可以注入的金额。在上例中,100000美元的10%是10000美元。我们假定每张黄金合约的保证金要求为2500美元。那么10000美元除以2500美元得4,即交易商可以持有四张黄金合约的头寸。如果每张长期国债合约的保证金是5000美元,那么我们只能持有2张长期国债合约。如果每张S&P500合约的保证金是6000美元,那么我们只能持有一张合约。在这种情况下,或者我们必须权衡一下,看看该不该持有2张合约(那就占到总资本的12%了)。请朋友们记住,上述几条不过是些要领,在有些情况下,我们需要做一定程度的变通。这里也一样,最重要之处是,不要在哪个单独的市场或市场群类中卷入太深,以免接二连三地吃亏赔本,招致灭顶之灾。

分散投资与集中投资

虽然分散投资是限制风险的一个办法,但也可能分散得过了头。如果交易商在同一时刻把交易资金散布于太多市场的话,那么其中为数不多的几笔盈利,就会被大量的亏损交易冲抵掉。这里头也有个一半对一半的机会问题,因此我们必须找到一个合适的平衡点。有些成功的交易者把他们的资金集中于少数几个市场上。只要这些市场在当时处于趋势良好的状态,那就大功告成。在过分分散和过分集中这两个极端之间,我们两头为难,偏偏又没有绝对牢靠的解决办法。依我的经验来看,同时在四到六个不相干的市场上持有头寸,或许是一条中庸之道。关键的一点是"不相干"。我们所选择的市场之间的相关性越小,则越能取得分散投资的功效。如果我们只是同时在四种外汇市场上持有多头头寸,那么,算不得是优越的分散投资。

设置保护性止损指令

我向朋友们强烈地呼吁,一定要采取保护性止损措施。不过止损指令的设置着实是一门艺术。交易者必须把价格图表上的技术性因素,与资金管理方面的要求进行综合的研究。这一点,在本章后面的"交易策略"部分,我们再细谈。交易者应当考虑市场的波动性。市场的波动性越大,那么,止损指令就应当比较远。无独有偶,这里也有个机会问题。一方面,交易者希望止损指令充分地接近,这样,即使交易失败,亏损也会尽可能地少。然而另一方面,如果止损指令过于接近,那么很可能当市场发生短暂的摇摆(或称"噪音")时,引发不必要的平仓止损的行为。总之,止损指令过远,虽然能够避开噪音干扰,但最终损失较大。关键还是要走中庸之道。

报偿—风险比

最成功的交易商也只能在40%的交易中获利。事实就是如此。大多数交易以亏损而告终。那么,既然交易者在多数情况下都赔钱,他们最终又怎么能盈利呢？因为期货交易只要求如此小额的保证金，所以，哪怕市场朝不利的方向只变化一点点，我们也不得不忍痛平仓止损。于是，在交易者真正捕捉到他心目中的市场运动之前，或许不得不先进行几番尝试。

假定某交易者预期黄金价格即将从 300 美元涨到 500 美元，于是他在 300 美元的价位买入了一张合约，并把冒险金额限定为 10 美元。随后市场跌到了 290 美元，这笔交易就被止损平仓了。然后在 295 美元的时候，他又买入一张合约，接着又一次地蒙受了 10 美元的小额损失。最后，他在 305 美元第三次买进，这一回终于如愿以偿，价格涨到了 500 美元，结果获利 195 美元。他总共做了三笔交易。头两笔有小额亏损，总共为 20 美元。第三笔盈利 195 美元。尽管在三笔中只有一笔有利润，但是最终结果仍然是赢余 175 美元(195-20)。这就相当于 17500 美元的实际利润(175 美元×100 美元)。

这样我们就涉及报偿—风险比的问题。因为大多数的交易是赤字，所以我们惟一的希望就是，确保获利交易的盈利额大于亏损交易的损失额。为了达到这个目的，大部分交易者都要考虑报偿—风险比。对每笔计划中的交易，我们都要确定其利润目标(报偿)，以及在万一失败的情况下的可能亏损的金额(风险)。然后，我们把利润目标与潜在亏损加以权衡，得出报偿—风险比。报偿—风险比有一个通用的标准，3 比 1。在考虑一笔交易时，其获利的潜力必须至少 3 倍于可能的亏损，我们才能够付诸实施。在前面的黄金交易的例子里，假定其预测风险为 10 美元，那么其利润潜力至少达到 30 美元才行。

有些人在报偿—风险比的计算中，加入了一个可能性因子。他们认为，仅仅预估利润和亏损的目标是不够的。因此，在潜在的利润和亏损额上，必须分别乘以上述利润和亏损出现的可能性(以百分数表示)。从统计学角度来看，这种做法是颇有道理的，但是麻烦之处是，我们必须假定各个交易商能够事前定量化地评估获利或亏损的可能性。

“让利润充分增长，把亏损限于小额。”在期货交易中，这是老生常谈了，我们刚刚讨论的问题与之很有关系。在商品期货中，如果我们咬定长期趋势，就可以实现巨额的利润。因为就每年来说，我们仅有少数的交易可致巨利，所以机会难得，必须尽量扩大战果。“让利润充分增长”，一语道破天机。而“把亏损限于小额”就像同一块硬币的另一面。不过，如果朋友们知道很多交易者的所作所为与这句话恰恰相反，怕会惊愕不已吧。

复合头寸交易：跟势头寸与交易头寸

说起来，“让利润充分增长”似乎颇容易。只要我们有慧眼捕捉到某市场趋势的开端，就能在相对短的时间内，获取巨额利润。然而，迟早有一天，趋势突然地停滞不前了。此时，在摆动指数上显示出超买状态，在价格图上也面临着一些重要的阻挡水平。怎么办？虽然我们相信市场尚有很大的上涨余地，但是又担心价格下跌，丧失账面利润。现在，是平仓获利呢？还是安之若素，准备忍过可能出现的调整呢？

有一个办法可以解决这个问题：我们始终采用复合头寸来进行交易。所谓复合头寸，是指我们把交易的单位分成交易头寸和跟势头寸两部分。跟势头寸部分图谋长期的有利之处。对于它们，我们设置较远的止损指令，为市场的巩固或调整留有充分的余地。从长期角度看，这些头寸能够带来最大的利润。

在我们的投资组合中，特地留出交易头寸部分来从事频繁地出市入市的短线交易。如果市场已经达到第一个目标，接近了某个阻挡区，同时摆动指数也显示出超买状态，那么，我们就可以针对交易头寸部分地平仓获利，或者安排较接近的止损指令。其目的是要锁定或确保利润。如果之后趋势又恢复了，那么我们就把已平仓的头寸重新补回来。因此，我们最好在开始交易时，避免只做一张合约或一个单位头寸的情况。通过多单位头寸的交易，我们就拥有了更大的灵活性，从而可能提高总的交易成绩。

资金管理：保守型与大胆型交易方式

《商品期货游戏》对资金管理这个问题有一番精彩的议论，其作者是塔韦尔斯、哈洛和斯通。在这本书的“资金管理”一章中，有一段语重心长的陈述，把保守的交易风格推崇为最终取胜之道。

> ……甲交易者成功的把握较大，但是其交易作风较为大胆；而乙交易者成功的把握较小，但是他能奉行保守的交易原则。那么，从长

期看,实际上乙交易者取胜的机会可能比甲更大(《商品期货游戏》,理查德·J·塔韦尔斯,查尔斯·V·哈洛,赫伯特·L·斯通,麦格劳—希尔版,1977年,第263页)。

根据我个人的体验,上面的引文是有道理的,从长期来看,保守的交易作风最可取。急于发财的交易者往往采取大胆积极的交易方式。那么,只要市场运动的方向不出岔子,其利润的确是可观的。但是,一旦事情不再一帆风顺,其后果通常就是毁灭性的了。我宁愿成绩平稳,不要有大起大落。每个交易者都得在保守与大胆两个极端之间选择自己的风格。不过朋友们在下决心之前,应该好好地读一读我们上面提到的那一章。

在成功或失败阶段之后做什么

关于资金管理,这里有几个棘手的问题,我们得费费脑筋。交易者在经历了一连串失败或成功之后,应该做什么?假定你的交易本金赔掉了50%,你应当改变交易风格吗?如果你已经损失了一半本钱,那么为了挣回原来的资金金额,首先你就不得不从剩下的一半中挣出它的一倍来。你是更加细致地选择交易机会呢,还是选择保证金要求较低的市场呢,还是保持一贯、采取一如既往的交易方式呢?如果这时你才变得保守起来的话,就将很难把损失的资金再赢回来了。

另一方面,如果交易者刚刚连获丰收,虽然感觉挺滋润,却也有个两难问题。假定你已经赚足了原有本金的一倍,那么如何利用这些盈利呢?看起来,似乎显而易见,为了从资金运用中取得最大的收益,我们应该利用盈利来把交易头寸扩大一倍。然而,将来免不了会发生亏损的阶段,如果我们这么办了,结果可能不只是贴掉刚挣回的那一半利润,而是要连本带利地全部搭进去。所以上面两个问题的答案并不像乍看起来那么简单明白。

每个交易商的交易成绩记录都是由一系列峰和谷组成的,与价格图倒是极相似。如果从总体上看交易者是盈利的,那么他的资金图线就应当是上升的。在连串获利之后马上就扩大注入市场的本金,这种时机是最糟糕的。这一点恰恰就像在上升趋势中,当市场处于超买状态时买入一样。更明智的做法(这与人类的本性有点不符)是,在资本金稍有亏损的时候,便开始增加投入。这么做,增大了重头投入处在资本金的低谷而不是在资本金的顶峰的机会。

资金管理的问题
虽然棘手却很关键

以上,我们只是在期货交易的资金管理这个重要的方面沾了一点边。我这里的主要意图,是想告诉朋友们在制订交易计划时资金管理的重要性,建议几点普遍性的要领,提出一些容易被忽略的问题。好在只要我们能够提出这些问题,也就有希望随之获得其答案。我打算再从前面提到的那本书中引用一段话,来结束我们相对简要的讨论。

> 要是朋友们现在终于认识到,在资金管理的问题上,充满了令人进退两难和矛盾重重的困境,因而值得我们仔细地推敲的话,那么你已经算是初窥门径了。……这些关乎生存的基本法则,大部分寓含在资金管理的领域里。但是,很少有交易者对这个方面特别有兴致。大家的注意力往往集中于选择交易机会这一方面,这反而成了大多数人的基本兴趣之所在(塔韦尔斯,哈洛和斯通著,第 271—272 页)。

基金管理行业

在期货行业,“资金管理”这个术语另外还指职业化的客户资金管理。从广义上说,“资金管理”(或基金管理)系私人或公众基金的职业交易人员(商品交易顾问和商品基金经理)管理其集聚资金的行为。由于越来越多的私人投资者接受了与共同基金行业类似的集聚资金的方式,把他们的资金托付给上述人员经营,因此,十多年来,在期货业中这类基金一直在稳步增长。我们这里之所以要交代“资金管理”的这一层意思,意在防止混淆。不过,这方面的问题,并不是我们的主要兴趣。

参考资料

尽管在各种期货研究资料中,关于资金管理的方面均未受到足够的重视,但也还有几本书对此有所论述。《商品市场资金管理》(弗雷德·格姆著,威利版,1983 年)一书,采用统计学方法,对资金管理的各项原则进行了透彻的研究。关于账户管理行业的资金管理问题,在《投资者期货资金管理指南》中有精妙的深入介绍。作者是莫顿·S·巴拉兹(期货出版集团版,1984年)。他是《管理账户报告》的编者。这份市场通讯主要跟踪各家基金的经理的业绩,定期报告他们公开发表的业绩资料。

交易策略

交易商在完成了市场分析之后,就应当清楚到底是该买进,还是该卖出。下一步,我们根据资金管理方面的考虑,确定注入资金的规模。最后,我们进入市场,实际购进或抛出期货合约。在期货交易中,由于入市点和出市点的时机抉择必须极为精确,因此,最后这一步在上述过程中可能是最困难的。关于如何入市、在什么点位入市的问题,我们必须在通盘考虑各项技术性因素、资金管理的要求、以及我们所采用的交易指令的类型的基础上,才能作出最后决定。下面,我们依次对各个方面加以探讨。

利用技术分析抉择时机

谈起利用技术分析来选择交易机会,其实并不新鲜,这是我们前面各章中的老话题了。惟一的区别是,出、入市时机抉择问题是针对很短暂的时期而言的。我们这里所关心的时间范围,是以天、小时、乃至分钟来计算的,这与逐周、逐月的筹划正好相对立。但是我们所采用的技术方法依然是一致的。在此,我们不打算再逐一地介绍各种技术方法了。我们的讨论仅限于一些一般性的概念。

1.关于突破信号的策略

2.趋势线的突破

3.支撑和阻挡水平的利用

4.百分比回撤的利用

5.价格跳空的利用

关于突破信号的策略:预先还是伺后

关于突破信号,交易者永远都得面对一个左右为难的问题:究竟在突破发生之前预先入市呢?还是正当突破发生的时候当场入市呢?或者还是等突破发生后市场反扑或反弹时伺后入市呢？三种做法各有各的门道，而且我们也有综合采用三种方式的办法。如果交易者可以买卖数张合约，那么不妨每样各做一个单位。假定我们预期市场将发生向上突破。采取预先方式的好处就在于，如果突破果真如愿发生了，那么我们的头寸就具备有利的（较低的）价位。但是在另一方面，交易失败的风险也相应地较大。如果我们正当突破发生时才入市，则成功的把握较大，但是代价是，入市的价位也不利（即价位较高）。如果我们等市场在突破后出现反扑时，再伺后入市，那么只要果真能够发生反扑，这就不失为合理的折衷方案。可惜的是，许多势头凶猛的市场（通常也是最有利可图的），并不给那些耐心的交易商第二个机会。因此，采取伺后方式的风险小，但是错过重要的入市机会的可能性较大。

这也是一个很好的例子，说明使用复合头寸的办法大大地化减了我们左右为难的程度。在突破前“预先”入市时，交易者不妨开立一点小头寸；然后，在突破时，再添一点头寸；最后，等突破后市场调整性地跌回时，再追加一点头寸。但是，如果交易者只有一点小头寸，那么他将难于摆布。在很大程度上，他的决定取决于他愿意在这笔交易上冒多少风险，以及他愿意采取什么样交易风格。最保守的方式可能是在市场突破后出现反扑时“伺后买进”。碰上这种情况，完全要看交易者本人如何决策了。

趋势线的突破

这是一种最有价值的早期入市或出市的信号。如果交易商正在寻求趋势变化的技术信号，以开立新头寸，或者正找机会平仓了结原有头寸的话，那么，紧凑趋势线的突破常常构成绝妙的下手信号。当然，我们始终也必须考虑其他技术信号。另外，在趋势线起支撑或阻挡作用的时候，也可以用作入市点。在主要的上升趋势线的上侧买入，或者在主要的下降趋势线的下侧卖出，均不失为有效的时机抉择的对策。

支撑和阻挡水平的利用

在选择出、入市点这一方面，支撑和阻挡水平是最行之有效的图表工具。当阻挡被击破时，可能构成开立新的多头的信号。而这个新头寸的保护性止损指令就可以设置在最近的支撑点的下方。我们甚至还可以更接近地设置止损指令，把它安排在实际的突破点之下，因为这个水平现在应该起到支撑作用了。如果在下降趋势中市场上冲至阻挡水平，或者在上升趋势中价格下跌到支撑水平，那么我们均可以据此开立新头寸，或者把已有账面利润的原有头寸加以扩大。另外，在我们设置止损指令的时候,支撑和阻挡水平也是最有参考价值的。

百分比回撤的利用

在上升趋势中,向下的调整常常回撤到前面的上涨进程的40%到60%的位置。我们可以利用这一点来开立新的多头头寸或扩大原有的多头头寸。因为我们现在主要谈的是时机抉择问题,所以我们把百分比回撤也应用于非常短期的变化。比如说,在牛市突破之后的40%回撤,或许正是绝妙的买入点。而在下降趋势中,40%到60%的向上反弹通常提供了优越的抛空机会。同时,在日内价格图上,我们也可以应用百分比回撤的概念。

价格跳空的利用

我们还可以利用线图上出现的价格跳空来有效地抉择买卖时机。例如,在上升运动之后,其下方的价格跳空通常起到支撑作用。当价格跌回价格跳空的上边缘、或者回到价格跳空之内的时候,我们买入。然后,我们把止损指令放置在跳空之下。在下跌运作之后,当市场反弹到上面价格跳空的下边缘、或进入到跳空之内的时候,我们卖出。然后,再把其止损指令安排在跳空的上方。

综合各项技术概念

利用各项技术概念的最有效的办法,是把它们综合起来。请记住,我们正在讨论的是时机抉择问题,关于买或者卖的基本决定早已经确定了。此处我们所做的一切,就是要对入市和出市点进行细致的调整。如果我们采纳了买入信号,那么,就会力求以最低的价格入市。假定价格跌回了40%—60%的买进区域,此处又存在一个显著的支撑水平,或者一个潜在的支撑性价格跳空,那就妙不可言。进一步,如果附近就有一条重要的上升趋势线,那就更好。

那么,所有这一切因素综合在一起,就能增加交易时机抉择的有效性。我们的主意是,在上升趋势中,在支撑区附近买进,但是如果该支撑被击溃,就尽快平仓出市。而在下降趋势中,我们尽可能在接近阻挡区之处卖出,但是如果该阻挡被冲破,也尽快平仓出市。在上升趋势的向下调整中,如果沿着调整阶段中的高点所连成的紧凑下降趋势线被向上突破了,也可用作买入信号。而在下降趋势的向上调整中,如果调整阶段的紧凑趋势线被向下突破了,也可能是做空头的机会。

把各项技术因素与资金管理结合起来

在我们考虑设置止损指令的时候,除了利用图表的点位外,还应该适当地兼顾资金管理的几条要领。让我们回过头再看看先前的黄金市场的例子。假定交易者决定在300美元附近买进黄金,他的账户金额为100000美元,我们采取其中的10%作为每笔交易的最大注入限额。那么在这笔交易中,他只可动用10000美元。因为保证金要求为2500美元,所以他只能买进4张合约。而最大的风险限额为5%,即5000美元。因此,他所设置的止损指令的价位必须满足如下条件:万一交易失手、止损指令被执行了,其亏损总额不能超过5000美元。

在我们具体设置止损价位时,必须结合考虑资金管理的各项限额,以及图表上的支撑或阻挡水平的位置。假定买入点是301美元。而图表上显示的最接近的可靠支撑水平在以下11美元处,即290美元。如果我们把止损指令设置在289美元(290美元支撑价位的下方),那么每张合约的最终的风险金额为1200美元(\$12×\$100)。4张合约的总的风险额为4800美元(4×\$1200),刚好处于5000美元的限额以内,符合资金管理的要领。

如果最接近的支撑水平在15美元以下,那么每张合约的风险额将达到1600美元。为了保证处于5000元的限额以内,现在只可以买进3张合约(3×\$1600),而不是原先的4张了。所以,如果能够找出较接近的支撑水平,那么选择起来就轻松得多了。倘若止损指令只需要放置在5美元以下(每张合约只要冒500美元的风险),那么即使我们买入多达10张合约,也不会超过5000美元的风险限额。当然,买进10张合约是不符合10%的规定的,但这里就有机会做一点变通。

止损指令较接近的话,就允许我们持有较大的头寸。而止损指令较远,则可能限制我们的头寸规模。有些交易者在决定止损指令的时候,完全是从资金管理的因素出发的。但是,有一点极端重要。对于空头头寸,其止损保护指令应当设置于有效的阻挡点位的上侧;而对于多头头寸,其止损保护指令应当设置于有效的支撑点位的下侧。在我们探求具有一定有效性的、较接近的支撑或阻挡水平的时候,日内图表颇擅胜场。

交易指令的类型

正确地选择交易指令的类型,是交易策略中的必要组成部分。不过,这里要讨论的,只限于一些较为常见的指令类型:

1.市价指令,指示经纪人径直按照当前的市场价格买入或卖出期货合约。在市场急速动作的情况下,或者在交易商要求确保能够开立头寸的情况下,通常最好采用此类指令,以免贻失良机,错过潜力大的市场运动。

2.限价指令,明确地指出交易者愿意接收的交易价格。买入限价指令一般设置在当前市场价格之下,表示交易者在买进时愿意支付的最高价格。而卖出限价指令一般放置在当前市场价格之上,表示交易者在卖出时愿意接受的最低价格。本指令属于伺机成交的指令类型。举例来说,如果买方在看涨突破发生后,试图乘市场随后向下反扑到支撑水平附近时再入市,则可以采用此类指令。

3.止损指令,既可以用来开立新头寸,也可以用来限制已有头寸的亏损,或者保护已有头寸的账面利润。止损指令指明了有关交易指令的执行价格。买入止损指令一般置于市场的上方,而卖出止损指令则设在市场的下方(这一点与限价指令正好相反)。只要市场触及止损指令的水平,该指令就转化为市价指令,经纪人必须立即以能够到手的最好价格执行。在多头头寸的情况下,其卖出保护指令设置在市场下方,以限制亏损。如果后来价格上涨了,我们也可以水涨船高,提高止损指令的水平以保护账面利润(这就是所谓跟踪止损)。我们也可以预先在阻挡水平上方安排好止损指令,从而当向上突破发生的时候,就能够及时地开立多头头寸了。同样道理,卖出止损指令也可以设立在支撑水平之下,等向下突破发生时,开立新的空头头寸。因为止损指令后来转化为市价指令了,所以其实际的执行价格或许比止损指令的原定水平要差一些,特别是当市场激烈变化时尤其如此。

4.止损限价指令是止损指令和限价指令的复合形式。本类指令同时明确了止损价格和限价价格两个水平。一旦市场触及止损价格,则本指令转化为限价指令。当交易者既打算在突破发生时入市买卖，又力图控制交易价格的时候，可以采用这一类指令。

5.触市指令(M.I.T.)，与限价指令类似，但区别在于，一旦市场触及本指令的价格水平，它就转化为市价指令了。买入触市指令也像买入限价指令那样，把水平设置在市场下方。当所限制的水平被市场触及后，经纪人必须立即入市交易。同限价指令比较，本类指令具有明显的优越性。虽然买入限价指令也位于市场下方，但是即使市场触及了它的水平，也不能确保该指令被执行。这里正是M.I.T.指令最有价值的地方。如果交易商既希望乘跌低价买入，又不想在万一市场只是对指令水平一触即返的情况下丧失入市良机的话，就可以选用本类指令。在下降趋势中，我们把M.I.T.指令设置在市场上方。

上述各种指令分别适用于不同的场合。每一类都是既有长处，也有短处。市价指令能够确保头寸的建立，但其代价是往往"尾追"市场。限价指令能够提供易于控制的好价格，但是我们冒着贻误良机的风险。对于止损限价指令，当市场在指令水平处发生价格跳空时，也有同样的风险。另外，如果我们采用买入或卖出止损指令来开立新头寸的话，也免不了发生执行价格恶劣的情况。触市指令虽然出奇地有效用，但是在有些交易所是不允许使用的。我们应当通晓上面各种指令，并明了其优缺点。在我们的交易方案中，每种指令均应拥有一席之地。我们还必须明了各间期货交易所允许交易者采用的指令类型。

从日间图表到日内图表

因为时机抉择问题关心的是短期的市场行为，所以日内价格图表特别有用处。在我们从事当日交易时，日内价格图表也是不可或缺的。不过，这一点不是这里的中心话题。我们这里主要是要讲清楚，在我们作出了是不是应当入市或出市的基本决定后，如何利用日内价格图表来帮助我们抉择具体的买入或卖出时机。

有一点值得我们反复地说明。在整个交易过程中，我们必须从长期的研究着手，然后逐步过渡到较短的时间范围。我们的分析是以对连续月线图和周线图的长期透视开始的。接下来，我们考察日间图表，这是做出实际交易决定的基础。最后，我们研究日内价格图表，以获得进一步的精确度。长期图表是对市场的鸟瞰。而日内价格图表是对市场活动的显微观察。朋友们将看到,我们过去所讨论的各项技术原理,在这类极灵敏的图表中均有清晰的体现。

下面我们以研究S&P500期货合约的过程为例。图16.1是一张日线图,其中共展示了90天的价格变化(这些图表均引自ADP康川视觉系统)。在图表上方,罗列了6种图表形式,分别对应着各种灵敏度级别,可供用户选择。我们就从日线图开头,然后逐步向较短的时域聚焦。

假定交易者已经研究过月线图和周线图,并且已从技术分析角度得出结论:价格将上涨。图16.1所示的日线图也显示价格趋势向上。那么,该交易者就对这个市场看涨,并打算建立多头头寸。从日线图

线图　模式36—41

AP—6　显示=4

每根竖直线段均表示给定时间区间内的最高价、最低价及最后价。如果时间区间为1天,则上述价格分别对应于当日的最高、最低和收市价。模式36—38刷新图表。

模式36—　1天的图表。时间区间为5分钟。
模式37—　5天的图表。时间区间为15分钟。
模式38—20天的图表。时间区间为1小时。
模式39—90天的图表。时间区间为1天。
模式40—120天的图表。时间区间为1天。
模式41—180天的图表。时间区间为1天。

显示=3
模式39
线图90天
CME 500股指
1983年6月
起自12/31/82
终至5/9/83

时　间:10:48
前收市14185
开市价14250
最高价16835
最低价13910
最新价16750
前一价16485
总交易量89

刻度
400点/格

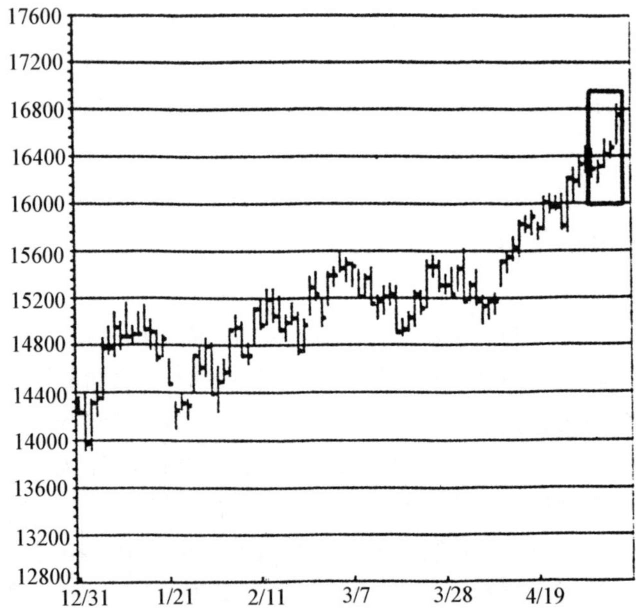

图16.1

线图　模式 36—41

AP—6　显示=4

每根竖直线段均表示给定时间区间内的最高价、最低价及最后价。如果时间区间为 1 天,则上述价格分别对应于当日的最高、最低和收市价。模式 36—38 刷新图表。

模式 36—1 天的图表。时间区间为 5 分钟。
模式 37—5 天的图表。时间区间为 15 分钟。
模式 38—20 天的图表。时间区间为 1 小时。
模式 39—90 天的图表。时间区间为 1 天。
模式 40—120 天的图表。时间区间为 1 天。
模式 41—180 天的图表。时间区间为 1 天。

显示=3
模式 37
线图 5 天
CME 500 股指
1983 年 6 月
起自 5/2/83
终至 5/6/83

时　间:4:15
前收市 16425
开市价 16445
最高价 16835
最低价 16180
最新价 16750
前一价 16755
总交易量 120

刻度
100 点/格

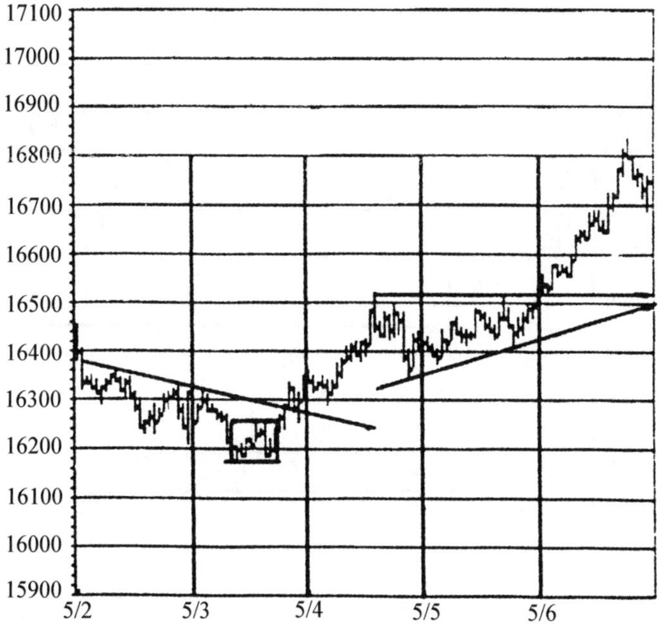

图 16.2

上,我们可以识别潜在的支撑区域,从而计划买入点位。但是,如果我们希望得到更精确的结论,日线图就不够用了(在日线图上,我们也可以采用“突刺”方法,乘向下反弹的机会买入。我们稍后介绍)。请注意最后 5 天(一个星期)的价格变化(在图 16.1 中,我们给它们周围加了一个框子)。从图中可以看出,周一和周二价格稍有回撤,然后在周五涨出新高,不过这还不足以显示其中的变化细节。下面让我们再看看更灵敏的图 16.2,它所显示的正是图 16.1 中框子里的 5 天的价格变化。在这张较灵敏的图上,每根价格线段各代表 15 分钟内的价格变化(15 分钟线图)。

请注意,这里的情况详细得多了。在本图中,那 5 天价格变化具备了全新的面目。过去我们看不到的支撑和阻挡水平现在原形毕露,价格形态也像模像样,趋势线也能加得上了。从中我们可以看清周一和周

线图　模式 36—41

AP—6　显示=4

每根竖直线段均表示给定时间区间内的最高价、最低价、及最后价。如果时间区间为 1 天，则上述价格分别对应于当日的最高、最低、和收市价。模式 36—38 刷新图表。

模式 36—　1 天的图表。时间区间为 5 分钟。
模式 37—　5 天的图表。时间区间为 15 分钟。
模式 38— 20 天的图表。时间区间为 1 小时。
模式 39— 90 天的图表。时间区间为 1 天。
模式 40—120 天的图表。时间区间为 1 天。
模式 41—180 天的图表。时间区间为 1 天。

显示=4
模式 36
线图 1 天
CME 500 股指
1983 年 6 月
起自 5/3/83
终至 5/3/83

时　间：10:48
前收市 16305
开市价 16285
最高价 16350
最低价 16180
最新价 16315
前一价 16320
总交易量 1572

刻度
20 点/格

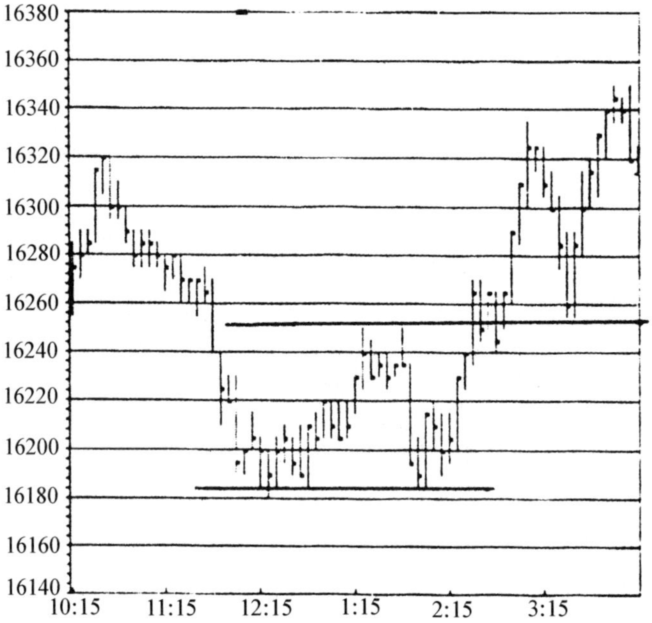

图 16.3

二的抛售，周二的双重底，周四的看涨上升三角形，以及周五的新高点。由此看来，我们的买入既可以安排在周二向上突破的时候，也可以在周四的巩固形态中，或者在周五的第二个向上突破的时候。我们不妨再细致地探究探究。周二是调整结束的日子，所以它是本周最关键的一天，它本可以构成开立新多头的最好时机。下面我们就来好好看看这一天。

在图 16.3 中，我们只表示了周二的价格变化。其中每根价格线段均代表 5 分钟内的价格变化（五分钟线图）。请看图表下面所标出的时间。请朋友们特别注意，在本图上，标准的图表分析原则体现得何等完美。双重底的完成，在下午 2:15 左右，是以市场向上突破 162.50 的价位为标志的。请注意，3:15 左右的价格回撤大致是先前上冲的 50%，而且刚好在突破点 162.50 上方打住——统统符合规范的图表分析理论。爱好艾略特波浪理论的朋友也可以看到，大约从 12:15 起到这一天收市为止，图上极清楚地显示出五浪结构的上涨形态。所有这一切信息本来均可以为交易者所用。当突破 162.20 的时候、当突破 162.50 的时候、或者当市场发生 50%回撤再次跌回 162.50 支撑水平的时候，统统是买入的好机会。在当日交易结束时，我们本可以在 162.50 下方设置紧凑的止损保护指令的。

头一回见到这些日内图表的朋友，常常感到很惊讶，图表分析在如此短期的图表上竟有这样出色的表现。实际上，如果朋友们事先并不知道图 16.2 和 16.3 是日内价格图表的话，单纯从这些价格图线上是不会产生任何疑虑的。它们的外观与 6 个月的日线图或者 6 年的月线图比起来，毫无例外之处。而这一点对于我们的时机抉择问题来说，恰恰是个要害。在我们力图使入市点和出市点精确化的过程中，我们所使用的技术工具是完全一致的。其间惟一的特别之处在于，后来我们把这些工具应用于非常短期的价格变化了。

从图 16.4 到图 16.7 表示的都是与上图同样的价格内容，但是图线形式不同。图 16.4 所示的是周二价格变化的“价点图”。图 16.5 和 16.6 所示为“趋势线图”，是价点图中的各点的指数平滑曲线。图 16.7 是周二的日内点数图。由于日内点数图长于揭示潜藏的支撑和阻挡水平（见第十一章），在我们进行短期的时机抉择时，它们是极为有用的图表工具。在场内交易商中间，日内点数图备受青睐。

在上述图例中，我们的研究仅限于标准的图表分析理论。实质上，本书中所讨论的每一种技术分析方法，包括移动平均线和各种摆动指数，均可以应用于日内图表。在应用移动平均线时，其时间跨度可以选定为价点数，或者是日内时间单位的倍数。比如，在后一种情况下，我们可选择每个 5 分钟时段的最后价格进行平均。有些较流行的摆动指数，如相对力度指数和随机指数，已经有了在日内图表下的翻版了。在第十五章详细介绍的 Compu Trac 软件中，也有各种日内形式的研究。这些更灵敏的技术分析程序称为日内分析（IDA）。

邓尼根的突刺技术

所谓“突刺”技术，是威廉·邓尼根在 50 年代早期创立的，这是一种利用日线图来寻求既存趋势发生小幅折返的入市时机的方法。其意图是乘市场发生反趋势方向的小规模反弹的机会买入。它最低要求，

价点图　模式 21—25

AP—5　显示＝4

每个价点均表示在给定时间区间内的平均价格。时间区间从 1 分钟到 1 天不等。模式 21—24 刷新图表。

模式 21—　1 天的图表。时间区间为 1 分钟。
模式 22—　5 天的图表。时间区间为 5 分钟。
模式 23— 20 天的图表。时间区间为 20 分钟。
模式 24— 60 天的图表。时间区间为 1 小时。
模式 25—360 天的图表。价点代表每日收市价。

显示＝3
模式 21
价点图 1 天
CME 500 股指
1983 年 6 月
起自 5/3/83
终至 5/3/83

时　间 4:15
前收市 16305
开市价 16285
最高价 16350
最低价 16180
最新价 16315
前一价 16320
总交易量 1572

刻度
　20 点/格

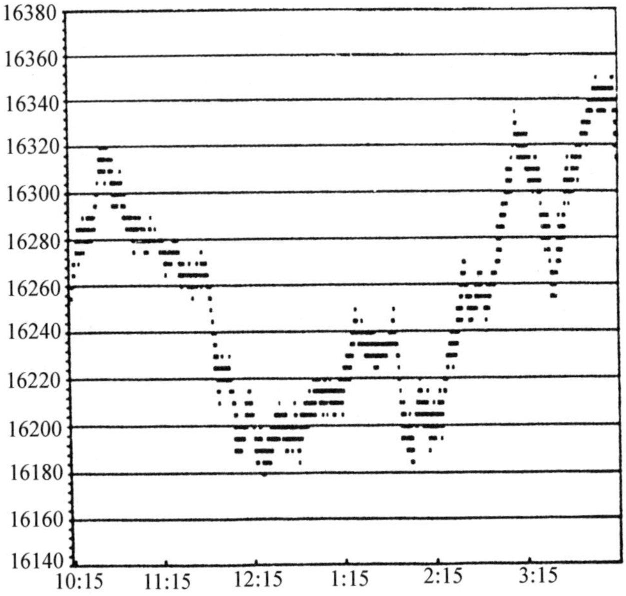

图 16.4

在上升过程中至少有一个价格下跌的交易日。较理想的情况是有三个下跌日。所谓下跌日，意思是当日的最高价和最低价均分别低于前一天的对应价格。扩张日和收缩日都不算下跌日。假设在上升趋势中至少出现了一个下跌日，那么，如果次日的最高价至少高过下跌日的最高价一个基本价格单位，就构成了“突刺”买入信号。在这个多头头寸开立之后，其止损保护指令可以设置在入市当日最低价的下方。

上述是“突刺”技术最简单的形式。有些交易商对其中构成实际买、卖信号所需要的价格穿越幅度作了修改。在图 16.1 中，已经出现了一个强劲的上升趋势。最后这个星期的周一和周二均为下跌日（其中各日的最高价和最低价分别都低于前一日的对应价格）。“突刺”买入信号发

趋势线图　模式 31—35

AP—4　　显示=4

趋势线图是在价点图基础上通过对各个价点进行指数加权平滑而得的曲线图。模式 31—34 刷新图表。

模式 31—　1 天的图表。时间区间为 1 分钟。
模式 32—　5 天的图表。时间区间为 5 分钟。
模式 33— 20 天的图表。时间区间为 20 分钟。
模式 34— 60 天的图表。时间区间为 1 小时。
模式 35—360 天的图表。价点为每天的收市价。

显示=4
模式 32
趋势线图 5 天
CME 500 股指
1983 年 6 月
起自 5/2/83
终至 5/6/83

时　间 4:15
前收市 16425
开市价 16445
最高价 16835
最低价 16180
最新价 16750
前一价 16755
总交易量 360

刻度
　10 点/格

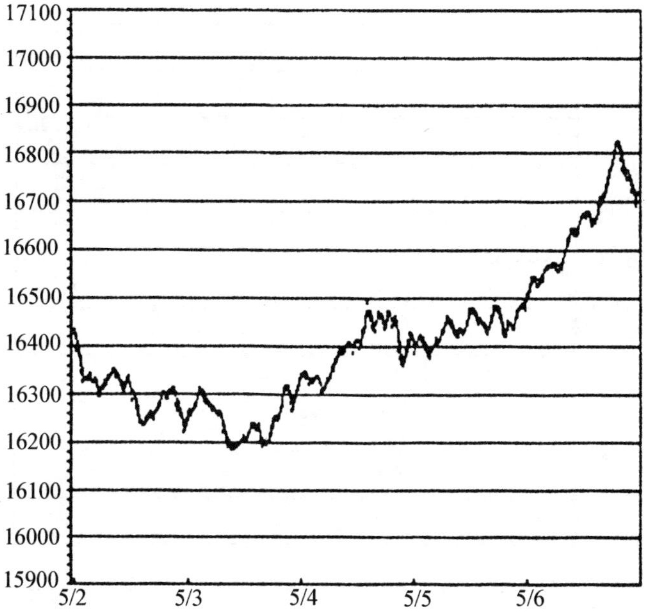

图 16.5

生在周三,当价格向上穿越周二的最高价的时候。这种技术相对来说是简便的,我们可以依据它来进入具有强烈趋势的市场。在下降趋势中,道理一样,但方向相反。其中上涨日的最高价和最低价都必须分别高于前一日的对应数值。而卖出"突刺"信号发生在当市场向下跌破了前一日的最低价的时候。我们可以把相应的止损保护指令,设置在入市当日最高价的上方。

日内轴心价格点的利用

为了更早地入市,并且使止损保护指令的水平与入市水平更紧凑,有些交易商设法通过轴心价格点的方法来预期市场的收市价位。在这

趋势线图　模式 31—35

AP—4　显示=4

趋势线图是在价点图基础上通过对各个价点进行指数加权平滑而得的曲线图。模式 31—34 刷新图表。

模式 31—　1 天的图表。时间区间为 1 分钟。
模式 32—　5 天的图表。时间区间为 5 分钟。
模式 33— 20 天的图表。时间区间为 20 分钟。
模式 34— 60 天的图表。时间区间为 1 小时。
模式 35—360 天的图表。价点为每天的收市价。

显示=4
模式 31
趋势线图 1 天
CME 500 股指
1983 年 6 月
起自 5/3/83
终至 5/3/83

时　间 4:15
前收市 16305
开市价 16285
最高价 16350
最低价 16180
最新价 16315
前一价 16320
总交易量 1572

刻度
　20 点/格

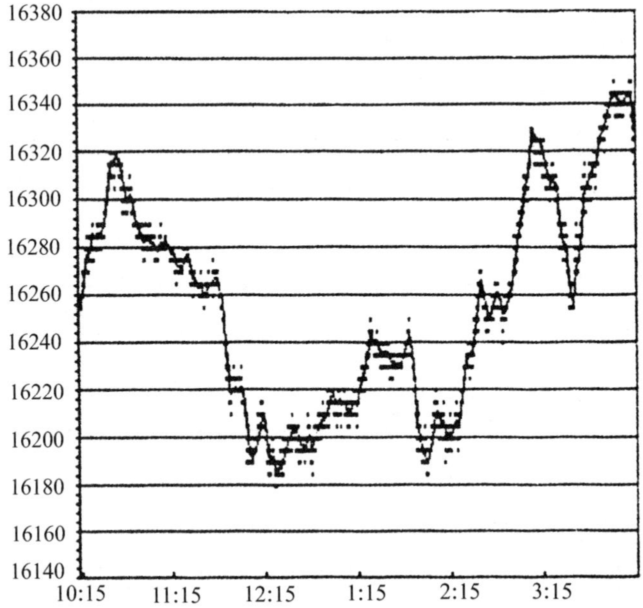

图 16.6

种技术中，包含了 7 种关键的价格水平和 4 个时间参数。这 7 个价格轴心点分别是，前一日的最高价、最低价和收市价，当日的开市价、最高价、最低价和收市价。4 个时间参数都是当前交易日的。它们是，开市，开市后 30 分钟，正午(纽约时间 12:30)，以及收市前 35 分钟。

这些都是平均的时间概念。我们可以针对具体的市场进行调整。这种方法的意图是，当交易者觉得市场已经处于强弩之末或处于摇摇欲坠的顶部或底部状态时，可以采用上述轴心点作为时机抉择的工具。其中的买、卖信号，是以当日价格突破各个轴心点为标志的。当日，信号出现得越迟，则越强。下面举个买入信号的例子。如果当日的开市价高于前一天的收市价，但是低于前一天的最高价，则可以把买入止损指令设置在前一天最高价的上方。如果这个买入止损指令得以执行，我

点数图　　模式 42,43,45

AP—5　显示=4

每张点数图均由用户选定每点取值和转向规定。图表显示状态最大允许 120 次转向,列表显示最大允许 200 次转向。

模式 42—自当前日回溯的点数图。数据自后向前描入图表,直至图表已满或没有更多数据为止。

模式 43—自某日起始的点数图。数据自前向后描入图表,图表填满后显示"填满"字样。

模式 45—自某日起始的点数图数据列表。列表显示相应的数据。最后的价格即市场价,可能一直有变动,直到达到转向要求为止。如果不能添入新数据,则显示"填满"字样。

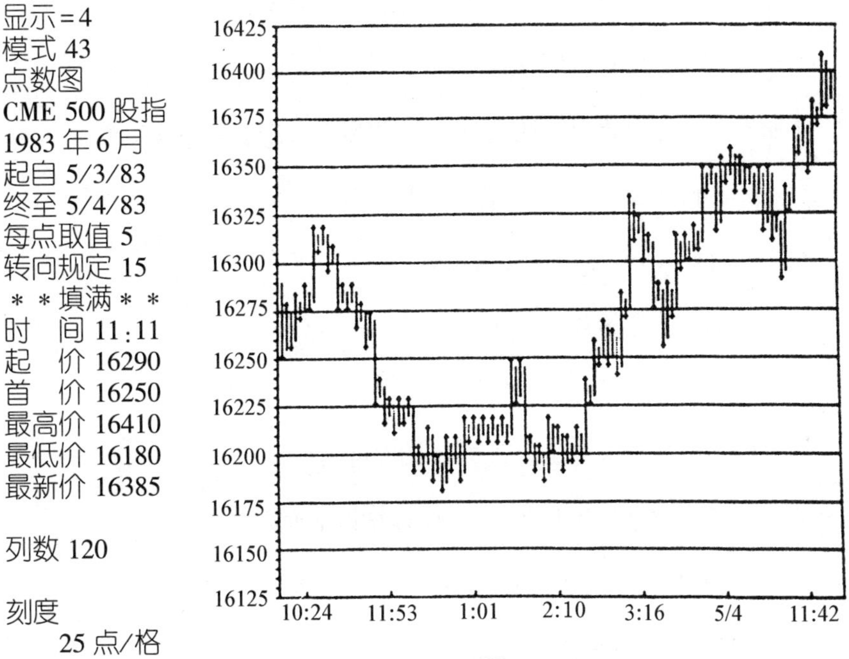

图 16.7

们就把它的保护性卖出止损指令设立在当日最低价的下方。在收市前 35 分钟的时候,如果我们当日还未开立任何头寸,则在当日最高价上方设置买入止损指令,其保护性止损指令放在当日开市价下方。一般地,在开市后的头 30 分钟内,我们不采取行动。随着当日交易活动的进行,轴心价格点之间的距离会逐渐减小,而保护性止损指令的距离也就相应地缩短。作为买入信号,最后还有一个条件:当日的收市价格必须既高于前一日的收市价,又高过当日的开市价格。

关于轴心点方法的进一步的资料,朋友们可以从沃尔特·J·布雷塞特的一本 40 页的小册子中找到。书名是《入市和出市:如何与职业对手交易》(商品周期版,1976 年),在《霍尔周期分析者智囊》中,对此也有简要的介绍(霍尔市场周期版,1984 年)。

资金管理要领和交易策略举要

以下，我们开出了一张清单，其中列举了资金管理的要领和交易策略较重要的方面。

1.顺应中等趋势的方向交易。

2.在上升趋势中，乘跌买入；在下降趋势中，逢涨卖出。

3.让利润充分增长，把亏损限于小额。

4.始终为头寸设置保护性止损指令，以限制亏损。

5.不要心血来潮地做交易，打有计划之战。

6.先制订好计划，然后贯彻到底。

7.奉行资金管理的各项要领。

8.分散投资，但须注意，“过犹不及”。

9.报偿—风险比至少要达到 3 比 1，方可动作。

10.当采取金字塔法增加头寸时，应遵循以下原则：

a.后来的每一层头寸必须小于前一层。

b.只能在盈利的头寸上加码。

c.不可以在亏损头寸上再增加头寸。

d.把保护性止损指令设置在盈亏平衡点。

11.绝不要追加保证金，别把活钱扔进死头寸里去。

12.为了防止出现追加保证金的要求，应确保至少拥有总的保证金要求的 75%的净资金。

13.在平回盈利头寸前，优先平仓了结亏损的头寸。

14.除非是从事极短线的交易，否则总应当在市场之外，最好是在市场闭市期间，做好决策。

15.研究工作应由长期逐步过渡到短期。

16.利用日内图表找准入市、出市点。

17.在从事当日交易之前,先掌握隔日交易的技巧。

18.尽量别理会常识;不要对传播媒介的任何说法过于信以为真。

19.学会踏踏实实地当少数派。如果你对市场的判断正确,那么,大多数人的意见会与你相左。

20.技术分析这门技巧靠日积月累的学习和实践才能提高。永远保持谦逊的态度,不断地学习探索。

21.力求简明。复杂的并不一定是优越的。

全书大会串
——一张清单

正如本书所证明,技术分析是由各个方面汇集而成的,其中每种方法都能为分析者增添一些对市场的新认识。技术分析就像是我们在七巧板游戏中拼出的精巧图案。每种技术工具都是大图案的一个小块。我自己的办法是,把各种各样的技术综合起来进行分析,多多益善。每种方法各有其擅长的一定的市场环境。关键是我们要弄清楚,针对当前的市场情况,什么样的工具最合适。这一点只能靠学问和经验了。

所有这些方面都在一定程度上相互重叠,相互补充。如果有哪一天朋友们能够看出它们的相互关系,并且能够从这些部分之中提炼出技术分析的整体,那么,这一天就是你配得上技术分析师这顶头衔的好日子。在下文中,我们开列了一张清单,目的是在朋友们学习初期,至少帮助大家触及技术分析各方面的基础知识。假以时日,你对这张清单便习惯成自然了。这张清单算不上无所不包,但是其中的确搜罗了那些最值得我们了然于胸的重要方面。严谨的市场分析很少有轻而易举的时候。分析师必须不断地为未来的市场变化探求各种蛛丝马迹。而使得分析者下决心选择此方向或者彼方向的最后线索,常常是早已被大家抛诸脑后的不起眼的因素。分析者所考虑的因素越多,那么他获得正确结论的机会就越大。

技术分析清单

1.CRB 期货价格指数的方向如何?

2.本市场所属的期货市场群类的方向如何?

3.在其连续的周线图和月线图上,情况如何?

4.主要趋势、中等趋势、以及小趋势的方向,分别是上升、下降、还是横向伸展?

5.重要的支撑和阻挡水平在何处?

6.重要趋势线或管道线在何处?

7.交易量和持仓兴趣验证了价格变化吗?

8.33%、50%、66%价格回撤位置在何处?

9.图上有无价格跳空?它们属于何种类型?

10.图上有无任何主要反转形态的迹向?

11.图上有无任何持续形态的迹向?

12.上述形态的价格目标在何处?

13.移动平均线指向什么方向?

14.摆动指数正处在超买或超卖状态吗?

15.在摆动指数图上有无相互背离现象?

16.相反意见数字是否显示市场处于极端状态?

17.艾略特波浪的形态如何?

18.有无明显的三浪结构或五浪结构?

19.菲波纳奇回撤位置及其价格目标的位置在何处?

20.当前有无可能出现任何周期性的波峰或波谷？

21.市场是否显示出峰值右移或左移现象？

22.计算机趋势的方向如何：上升、下降、还是横向延伸？

23.点数图上的情况如何？

当朋友们得出了市场看涨或看跌的结论后，再搞清楚下列问题。

1.在今后一到三个月内，当前市场趋势会怎样演变？

2.我决定在本市场买入还是卖出？

3.交易合约的数量是多少？

4.在判断错误的情况下，我打算承受多大的风险？

5.我的利润目标在何处？

6.在何点入市？

7.采用何种指令类型？

8.我应当把保护性止损指令设置于何处？

即使你照着以上清单一一地执行，也并不能保证获得正确的结论。这份清单的目的仅仅是帮助朋友们正确地提出问题。而提出正确的问题是寻求正确答案的最可靠的方法。期货交易成功的诀窍是，知识、自律和忍耐。倘若你已经掌握了适当的知识，那么把自律和忍耐修炼成功的最佳途径就是勤学苦练，并制定好行动计划，最后，把计划付诸实践。虽然这样做也未必担保成功，但是能够极大地增加朋友们在期货市场取胜的机会。

如何协调进行技术分析和基础分析

虽然技术派和基础派常常各执一词，公说公有理，婆说婆有理，但是也存在对双方都有利的协调办法。技术派常常工作在真空之中。许多技术分析者不愿意接受多余的信息，因为它们有可能影响或干扰他们研读图表的工作。而从另一方面看来，基础分析师在进行他们的市场研究时，也几乎不考虑各种技术性因素。

在两条道路中，任何一条都可以用来进行市场分析。我既认为技术性方面确实领先于已知的基础性方面，同时也相信，任何重大的市场运动都必定是由潜在的基础性因素所引发的。因此，道理很明白，技术派应当对市场的基础性状况有所了解。如果图上的重大价格运动别无解释的话，技术分析师不妨向他的基础派同事请教，看看从基础性方面怎么看待这个变化。另外，考察市场对各种基础性新闻的反应，也是寻求技术性指示的绝好的办法。

基础派分析师也可以利用技术性因素来验证自己的判断，或者提醒自己市场上可能将要发生什么样的重大变故。基础派通过研究价格图表，或者借助于计算机趋势跟踪系统作为过滤措施，可以避免开立与当前趋势相反的头寸。价格图上一些不寻常的变化可以充当基础分析师的警告信号，提醒他更仔细、更深入地研究基础性环境。我在那间大经纪公司的技术分析部门任职的数年里，常常提醒基础分析部门，从价格图上看，可能马上会出现如此这般的市场变化。他们总是回答，“绝不会这样”、“不可能”等等。直到现在，只要一想到竟会这么经常地出现这种情况，我就忍不住惊讶。因为，常常的是，在一两个星期之后，市场上果然突然地起了变化，再看，往往正是做上述答复的那位仁兄，这时候忙成一团，四处拼凑基础性的解释。就市场研究的领域来讲，显然双方是有很大的协调和合作的余地的。

技术分析师到底是个什么角色

“市场技术分析师协会”已经为这个问题缠夹不清了好几年。很多人采用技术分析。但是我们到底必须具备什么样的素质，才有资格号称职业技术分析师呢？是不是在这行干过一定的年头，或者创立过什么有据可查的新技术，还是通过了某种书面的考试就行了呢？技术分析师是不是也应该登记注册或者领取证书呢？是不是我们也应当仿照注册金融分析师协会（CFAs）那样，来一些甄别程序呢？无论争论的结局如何，有一点是很清楚的。技术分析这种职业已经达到了全新的成熟水平和社会承认的程度。这一点不仅符合美国的情况，而且也符合国际上的情况。

市场技术分析师协会(MTA)

市场技术分析师协会(MTA)是世界上年代最久、也最著名的技术分析业者协会。它成立于1972年,目的是鼓励有关人员进行技术资料的交流,对大众投资者以及投资界从业人员进行技术分析知识的普及教育,并为技术分析者制定道德规范和职业标准。其会员包括全职的技术分析师以及技术分析方法的爱好者。协会每月于纽约聚会一次,同时每年在各地举办年度讨论会。协会还出版每月通讯和一份杂志(每年三份)。我认为值得把MTA这个组织推荐给对技术分析有真正兴趣的朋友们,不论他是从事股票业,还是期货业。MTA的邮政地址是70 Pine Street,New York,N.Y. 10270。

技术分析行业的全球性进展

目前,国际技术分析家联盟正在积极的筹备之中。1985年秋,几个国家的代表在东京召开会议,起草了联盟的章程。1985年,加拿大和新加坡也新成立了自己的组织。在其他国家,包括英国,都有技术派的组织(每年9月,英国剑桥的投资研究所都要召集一次国际技术分析年会)。

这场国际运动在1984年异军突起。当时,日本技术分析师协会(成立于1978年)派代表参加了在加州蒙特雷召开的第九届MTA年度讨论会。在会上,来自日本的发言人提醒听众,日本米商早在17世纪,就已经率先采用了技术分析方法,比我们提早了2个世纪。关于日本的技术分析方法的第一份书面资料,是一本1755年出版的短诗形式的格言集,叫《三猿金钱录》(本书名由寺泽英光提供——译者)。1985年的MTA年度奖授予了一名在日本最受尊敬的技术分析师。这也是该奖第一次颁发给外国人。美日在技术分析方面的这个新瓜葛来得倒正是时候。最近,芝加哥商业交易所获准进行两种主要的日本股市平均价格的期货和期权交易,它们分别是日经225种股票指数和日经500种股票指数。

技术分析：
股票与期货之间的纽带

技术分析不仅呈现出全球蔓延之势，而且作为一种通用语言已经成为联结不同投资领域的纽带。过去，股票市场的技术分析者与商品期货市场的技术分析者井水不犯河水。随着股票指数期货以及其他各种金融期货的盛行，这两个群体之间的分界线正在逐步消失。股市分析者已经擦亮了他们的技术工具，冲向股票指数期货和利率期货。人们也日益密切地关注外汇期货的动向。在股票技术分析者进行市场研究的时候，石油期货的方向以及总体商品价格水平已经成为重要的考虑因素了。

各个股票群类，比如铜业股、金业股，都受到上述商品市场的极大影响，因此其研究者必须密切关注有关期货的行情。反过来，期货分析师也可以从上述股票群类的动作中得到有益的信息，以验证他对期货市场的分析，或揭示两种市场的相互背离现象。分析者双方都从广泛合作、分享研究成果中获益匪浅。传统上，期货技术分析者主要处理的是商品市场，那么现在不妨向股市上的同行学习，也掌握一点股市分析的技巧。而后者如果想踏入期货这个瞬息万变的领域的话，也必须向前者学习技术分析在期货市场的应用。

因为期货市场具有高杠杆率的特性，这个行业的技术分析师非得把他们的时机抉择工具磨砺得极为锋锐不可。在我个人看来，绝大多数关于交易时机领域的开创性研究工作，是由期货行业的研究者完成的，而不是在股票行业。股市技术分析者们无疑已经注意到这个问题了。过去他们曾经把期货分析者鄙视为二等公民，现在的情况正可谓前倨而后恭了。在同股市技术分析者接触的过程中，我感觉到，他们对期货技术分析者的工作怀有日益增长的兴趣和敬意。

我这里希望朋友们对广泛应用于期货市场的技术分析能留下几分好印象。实质上，技术分析的各项原理适用于任何交易媒介，无论是股票还是期货，而且在任何时间尺度之下，情况都是如此。股市图表分析者只要选好适当的工具，拥有更大的灵活性，自然就能顺水推舟地研究期货交易。其次，因为期货交易的时机抉择问题越来越受到广泛的重视，而这一方面又纯粹属于技术性的范畴，所以，技术分析在期货业比在股票业更重要。

结　　语

在我国,技术分析的应用已历经一个世纪了(在日本是300年以上),它经受住了历史的考验,取得了长足的进步。这个课题已经在全世界范围内激起了人们日益浓厚的兴趣。这一事实为这门学问以及操此行业的人作了绝好的注解。还有一个有趣的现象是,在市场上,似乎一切都是瞬息万变、朝三暮四的,但是技术分析却反而比以往任何时候都更受欢迎。在过去数年间,随着新工具的不断涌现,有人开始怀疑传统的技术工具是否依然适用。关于这个问题,我的观点是“万变不离其宗”。事物的变化越多,它们的本质越是保持一贯。我相信,假如查尔斯·道面对的是今天的市场,他依然会应付裕如。各种新事物乃至于整个技术分析领域从未走出其各项基本原则的范围。退一步说,即使将来这场游戏规则的确有什么变化的话,依我推想,也必定是技术分析本行当的人首先发现这一点,所谓“春江水暖鸭先知”啊。

附录一　差价交易和相对力度的概念

本书主要是研究商品期货合约的直接交易方法的。不过，差价交易（或称多空套做，或套头交易）也是参与期货市场角逐的另一种盛行的方式。所谓直接交易，指交易商预期市场价格本身即将上涨或下跌，因而相应地持有多头或者空头头寸。交易商的目的是从价格的绝对变化中获益。而所谓差价交易，指同时进行两种不同的期货合约的交易，买入一种，则卖出另一种。这两种合约既可以属于同一商品（品内差价，或称套交割期差价），也可以选自不同的、但相互有关联的商品种类（品间差价，或称套品种差价），或者还可以选自在不同交易所上市的商品（所间差价）。

当交易商进行差价交易（又称多空套做，或套头交易）的时候，他指望从两种合约之间的差价的变化中渔利。交易者所依靠的是上述差价的扩大或缩小。因为差价交易者所关心的是差价的变化（两种合约价格的相对变化），所以两种合约的绝对价格升也罢、跌也罢，他并不十分在意。一般认为，在期货行业中，差价交易方式的风险较小、代价较低。因为我们同时开立了多头和空头头寸，所以风险小些。而正因为风险不大,其获利的潜力也就有限了。

差价交易比直接交易复杂得多,需要更高的熟练程度。关于这种交易,如果朋友们有兴趣深入了解的话,也有其他一些材料可资参考。我们这里主要是想指出技术分析在差价交易中的应用。其次呢,附带地讨论一下如何利用相对力度的概念,通过不同合约(或不同市场)之间的差价或比价关系,来帮助我们预测市场方向。

技术分析在差价图上的应用

无论交易商是在跟踪同一商品的两种合约之间的差价关系(如大豆的7月合约与11月合约,或者短期国债的9月合约与12月合约),还是在研究不同的商品合约之间的差价关系(如12月玉米合约与12月小麦合约,或者9月价值线合约与9月S&P500指数合约),都必须把其差价用图表表示出来。我们可以看出,差价通常也呈现出上升趋势或下降趋势的情形。由此可见,许多适用于直接的期货图表的技术工具,也同样可以用来研究差价图上的趋势。在差价图上,我们也可以看到支撑和阻挡水平,也可以作出趋势线。对有效趋势线的突破也可以揭示差价的趋势的变化。我们还能对之进行移动平均线和摆动指数的分析。也可以构造相应的点数图,进行点数图的研究。在我们所附的图表中,展示了部分技术工具应用于差价分析的实例(图附录1.1到图附录1.7)。

同一市场两种
月份合约的相对力度

我们跟踪研究品内的或品间的两种合约的差价关系,不仅可以进行差价交易,也可以为研究市场本身的方向提供有益的线索。品内的两种合约当然是一个月份近,一个月份远。它们之间的价格关系常常包含着关于这个商品市场的看涨或看跌的一些信息。在一定类型的牛市下,由于供求关系的紧张,月份近的合约通常上涨得比月份远的快速。所谓牛市差价交易,在这种情况下,就是买入月份近的合约,同时卖出月份远的合约。而在熊市中,由于供求关系的相对宽裕,月份近的合约通常比月份远的合约疲软。所谓熊市差价交易,在这种情形中,就是卖出月份近的合约,同时买入月份远的合约(在传统的商品市场中间,上述规律有明显的例外的情况,如贵金属商品群类。在黄金、银、铂的市场上,无论是牛市还是熊市,都是以月份远的合约打头阵的)。

图附录 1.1　(左图)本图表示,自4月以来,无铅汽油与原油的差价是坚挺的。差价交易者应当买入无铅汽油合约,同时卖出原油合约。从差价图也可看出,如果要以直接方式入市建立多头,则交易对象以无铅汽油为优;而要建立空头,则以原油为优(Chart courtesy of Commodity Research Bureau, a Knight-Ridder Business Information Service.)。

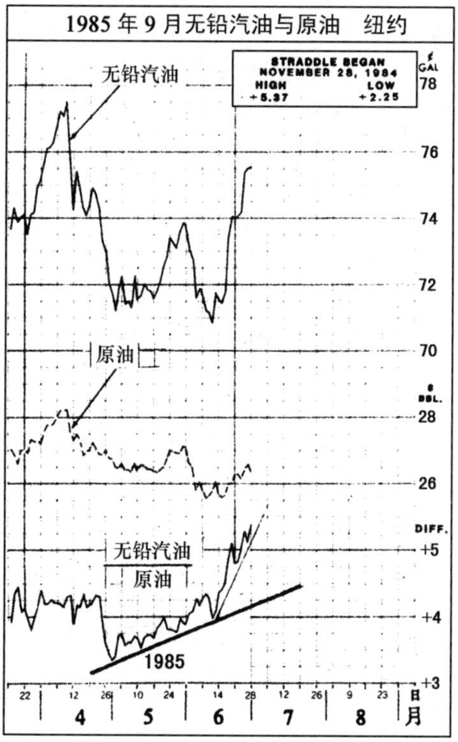

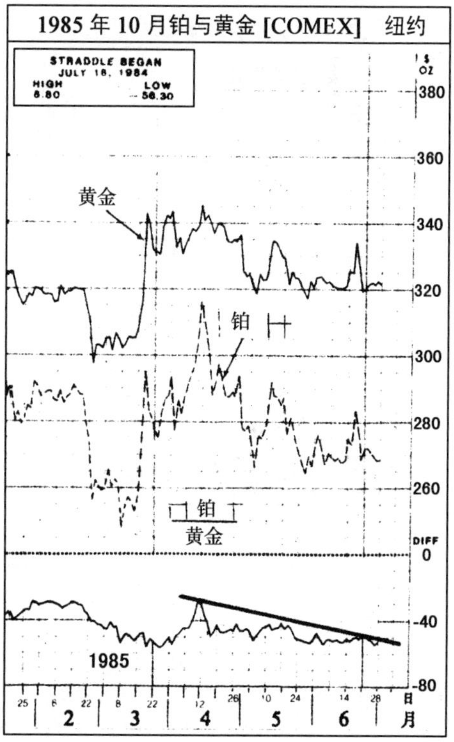

图附录 1.2　(右图)铂与黄金的差价日趋疲弱。交易者应当卖出铂,同时买入黄金。如果交易商对贵金属市场看淡,那么在直接交易方式下,铂空头比黄金空头更有利可图。通常,铂市场领先于贵金属群类的动作。本差价也可以用作贵金属群类的一种总体性技术指标,差价疲弱,则是看跌的;差价坚挺,则是看涨的(Chart courtesy of Commodity Research Bureau, a Knight-Ridder Business Information Service.)。

图附录 1.3 （左图）在利率期货市场的牛市中，短期国债相对于欧洲美元来说较为疲弱。差价交易者应空头短期国债，同时多头欧洲美元。而只要差价低于下降趋势线，那么直接交易者最好多头欧洲美元，避开短期国债。在信用危机期间，政府债券，如短期国债，比银行的票据，如大额存单（CDs）及欧洲美元存款等，表现要好些。欧洲美元是存放在非美国银行的美元存款。当市场对银行体系的信心发生危机时，往往发生“资金逃逸”的现象。此时，交易商买入短期国债，抛出 CDs 和欧洲美元（Chart courtesy of Commodity Research Bureau，a Knight-Ridder Business Information Service）。

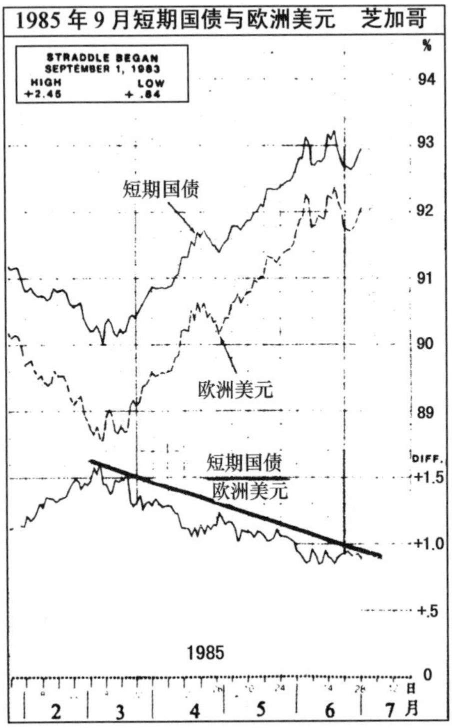

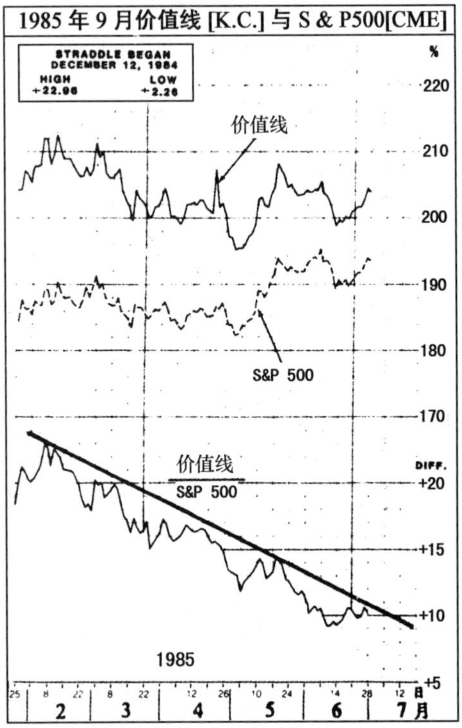

图附录 1.4 （右图）在本例中，差价交易者应当空头价值线期货指数，同时多头 S&P500。如果差价图上的下降趋势线被向上突破了，则构成“差价平仓”的信号，甚至可能需要反做。本差价也是其市场群类方向的技术指标，历来为人所重视。差价下跌，则看跌；差价上升，则看涨（Chart courtesy of Commodity Research Bureau，a Knight-Ridder Business Information Service.）。

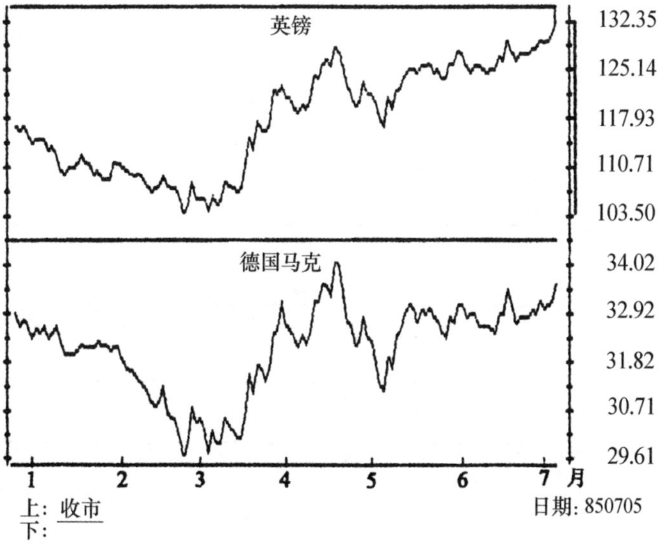

图附录 1.5　这是两张外汇图线的对比。上半图为英镑,下半图为德国马克。两者的趋势均向上。但是英镑市场比马克市场更坚挺。请注意,英镑已经走出了 1985 年的新高。

图附录 1.6　本例表示趋势线和移动平均线应用于英镑与德国马克差价图的情形。差价的趋势向上,表明英镑较坚挺。差价交易者应当多头英镑而同时空头马克。对直接交易者而言,若要建立多头头寸,则由此可以选择英镑而非马克作为买入对象。注意上半图中的趋势线,以及下半图的 10 天和 40 天移动平均线。在差价图上,大部分工具均有很好的应用。

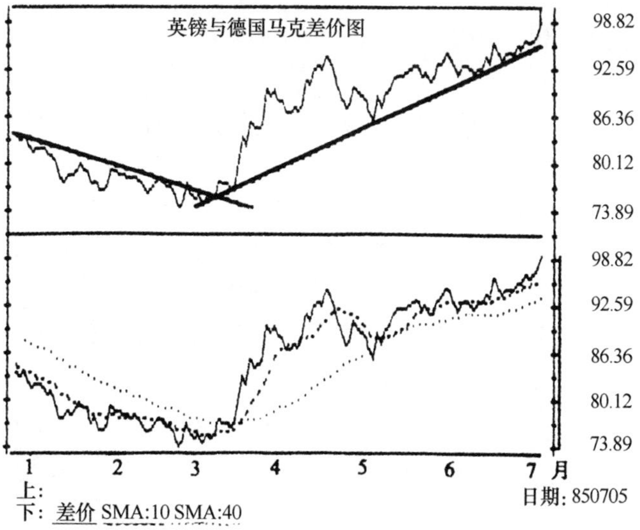

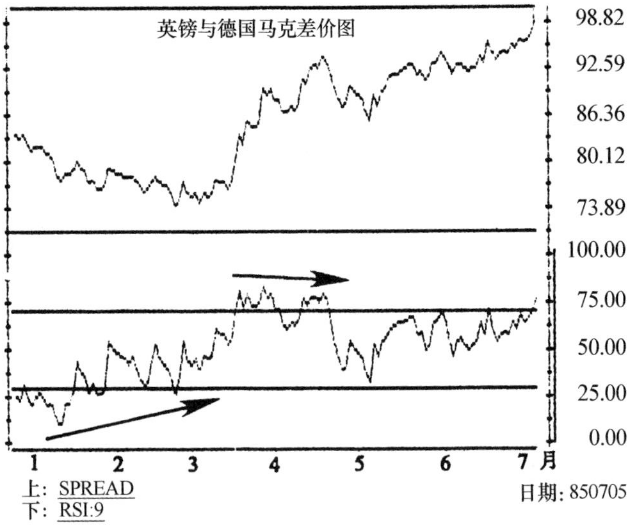

图附录 1.7 下半图为 9 天相对力度指数(RSI)在上例差价图上的应用。这样,摆动指数分析也可应用于差价图。请注意 2 月的看涨背离,以及 4 月的看跌背离。RSI 刚超过上方界线,显示出一定程度的超买状态。各种摆动指数均可应用于差价图。

通过研究月份近的和月份远的合约的价格关系,技术分析者经常能够得到关于该市场即将上涨或下跌的及早的线索。无论分析者是否实际从事差价交易,上述关系都是极有价值的,可以用作显示市场坚挺或疲软程度的一种技术指标。

市场之间的相对力度

跟踪不同市场的差价关系,也能够为我们提供关于两个市场的相对的坚挺或疲弱程度的线索。假定交易者对外汇市场看好,那么,通过考察各种外汇市场之间的差价关系,就可以选出最坚挺的市场来开立多头头寸。而在下降趋势中,我们也可以选择最疲软的市场来建立空头头寸。因此,相对力度的概念的内涵比差价交易本身广泛得多。在选择适当的交易市场时,通过差价关系来评测一下各个市场之间的相对力度,对我们是极有帮助的(图附录 1.8)。

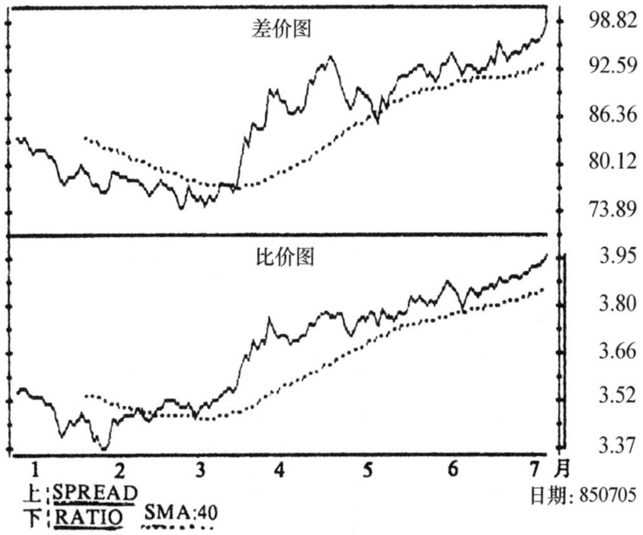

图附录 1.8 差价与比价图的比较。上半图为上两例中的英镑与德国马克差价图。下半图为这两种外汇的比价图。比价分析也是确定合约之间的相对力度的一种方法。在本例中,比价图甚至比差价图还坚挺。请注意两图中的 40 天移动平均线。各种技术工具均可应用于比价分析。

比 价 分 析

在我们测算各种相对力度的时候,比价分析也具有其特别的优越之处。差价,是两种合约价格的实际的差。而比价,则是一种价格除以另一种价格所得的商。不管是在我们比较品内两种月份的合约的时候,还是在对照品间同月份的合约的时候,均可以采用比价的概念。在同一个市场的两种月份的合约之间构造比价,可以鉴别出其中最坚挺或最疲弱的月份。在牛市中,自然应该把多头头寸开立在最坚挺的月份的合约上。而在熊市中,空头头寸则应建立在最疲软的月份的合约上。在我们分析各种市场群类的时候,可以利用比价分析鉴别每个群类中最坚挺或最疲软的市场。如果我们想买进,最坚挺的市场当然是最好的对象。而要卖出,则应当选择最疲弱者。

商品指数之间的相对力度

以上,我们讨论了如何利用相对力度概念在某市场内鉴别其最佳月份的交易合约,或者从给定的商品群类中挑选出最佳的个别市场。现在我们再推广一步,看看如何鉴别最佳的市场群类。我们一直遵循的原则是,最坚挺的合约或市场是开立多头头寸的最好对象,而最疲弱的合约或市场是建立空头头寸的最好对象。交易者也可以利用比价分析,把各个市场群类的指数与广泛性指数(如 CRB 期货价格指数)比较。由此,我们可以挑出最坚挺的市场群类开立多头头寸,最疲软的市场群类开立空头头寸。

假设交易者认为,CRB 期货指数即将上升,那么,研究的结果就是买入方案。通过对 CRB 指数和各种市场群类的指数进行比价分析,我们可以鉴别出最坚挺的市场群类。那么,在我们的买入计划中,这个市场群类就是最合适的选择对象。然后,我们再在最坚挺的市场群类中的各个具体市场之间,如法炮制,也进行同样的比价分析,得出其中最坚挺的具体市场。最后,我们在这个最坚挺的市场内,比较各个交割月份的合约,以发现其中最坚挺的月份的合约。我们的最终目标就是,在最坚挺的市场群类中找出最坚挺的具体市场,再从这个最坚挺的具体市场中找出最坚挺的月份的合约,把它买进来。而在熊市中,我们的目标就是,在最疲软的市场群类中找出最疲软的具体市场,再从这个最疲软的具体市场中找出最疲软的月份的合约。

股票指数期货与实物股票指数:短期市场气氛的标志

所谓套利,指同时买进和卖出两个实质上相同的对象的交易方式。它与差价交易有些类似,但也有一个重要区别。当上述两个对象出现短暂的价格失调的情形时,套利者会敏捷地捕捉这种机会。他立即买入这个对象,同时卖出另一对象,然后等两者的价格恢复到协调一致的状况时(这正是套利者的合理预期),就可以获利。在股票指数期货市场上,此类交易方式正日益流行。这些期货合约比它所对应的实际股票指数更具有波动性,两者之间时常发生失调的情形。在股票市场处于上涨阶段时，其期货合约的上升进程通常明显地超出它所对应的实物对象。在这种情况下，我们可以采用职业化的套利程序来谋取期货升水的好处。我们卖出其期货合约，开立空头头寸，同时搭配买入具有代表性的一揽子股票（股票组合），建立相应的多头头寸。而当股票市场处于下降趋势时，其期货合约经常处于贴水的状态。此时，职业套利者就会买入期货合约，同时卖出一揽子股票。

期货合约与其对应的实物指数的差价关系，构成了市场的看涨气氛或看跌气氛的短期技术标志，为人们所密切关注。当期货合约的变化在其实物指数的上方过分超前的时候，表明市场处于短暂的超买状态，可能即将有所回撤。而当期货合约的变化在其实物指数的下方过于偏低时，表明市场处于超卖状态，可能出现技术性的上弹。

参考资料

大部分图表服务系统中包含一些差价图和比价图，其中有一家公司专门提供差价图表，这便是差价纵览公司。关于这个主题，我们也有些参考书。其一是考特尼·史密斯著的《商品差价：金融、谷物、金属以及其他商品差价交易的技巧和方法》（约翰·威利父子版，1982年）。其二，《如何从商品的季节性差价中获利：一本大全》，作者是雅各布·伯恩斯坦（约翰·威利父子版，1983年），在第十四章我们已经提到过这本书。另外，在大部分关于商品期货的书籍中，都包含有关于差价交易的部分。

如果朋友们想从事差价交易的话，那么技术分析的知识必定是很有价值的。即使无意从事差价本身的交易，如朋友们对品内各月份的合约的差价关系有所了解，也能对该市场的力度拥有更深刻的洞察力，所以我们应当对之进行跟踪研究。另外，关于此市场与彼市场之间相对力度的情况，在我们进行商品期货市场的直接交易时，也是极有价值的信息。

附录二　期 权 交 易

什么是期权

期权交易也是我们参与期货市场的一种方式。在最近几年中,这种方式越来越风行于世了。所谓商品期权是一种权力,持有者拥有权力,而没有义务,在指定的时间期限内,以指定的价格买入(购入期权,简称买权)或卖出(售出期权,简称卖权)指定的期货合约。期权有两类,卖权和买权。就期权的最基本的应用来说,如果交易商看好某商品市场,则可以径直地买进相应的期货合约的买权,而不开立该合约的多头头寸。反过来,如果交易商看淡,则可径直地买进相应的期货合约的卖权,而不开立该合约的空头头寸。

为什么不直接买卖期货合约而是买入期权

买入期货合约的期权与直接买卖期货合约相比,基本的优势在于其有限风险特点。当交易商在期货市场上持有头寸时,需要注入初始保证金。这项保证金通常是他所交易的期货合约价值的 5%,数额相当小。然而,如果后来市场的变化不利于交易商的头寸,那么为了保持这个头寸,他或许需要追加更多的保证金。在市场剧烈运动的情况下,交易商的损失可能超过初始保证金的存款额。但是,在期权交易中,交易商只需要支付期权的价格。期权价格由交易所内的交易现场决定。在市场变化出乎交易者意料的不利情况下,他所蒙受的损失的最大值就是期权的价格。而如果交易者如愿以偿的话,他就拥有获取无限利润的潜力(扣除买入期权的价格成本)。

期货合约的头寸与期权头寸的比较

假定交易者看好黄金市场,企图借助期货市场的高杠杆率取得丰厚的利润,那么,他有两种选择——买入其期货合约,或者买入该期货合约的期权。假设他买进了期货合约,在 300 美元的价格开立了多头头寸。初始保证金需求为 2000 美元。如果市场涨到 400 美元,则该交易商有 10000 美元的利润($100×100 盎司)。为了便于比较,我们再假定他当初买入的是买入期权(买权),而非合约本身。他在 COMEX 场内买入了一张 12 月份黄金期货的买权,敲定价格(执行价格)是 300 美元,所付的期权价格是 3000 美元($30×100 盎司)。当市场上涨到 400 美元的时候,他的利润是 10000 美元减去 3000 美元(期权成本),净值为 7000 美元,而不是前一例中的 10000 美元。在这里的情况下,直接的期货交易比期权交易赚取了更多的利润,因为后者必须支付期权的价格。

有限风险的益处

但是,如果金价没有上涨,而是跌到了 250 美元,情况如何呢? 在直接的期货交易中,他在 300 美元买入,那么,亏损为 5000 美元($50×100 盎司)。对于大部分交易者来说,或许在亏损达到如此之巨以前已经平仓了结上述多头头寸。不过,这样一来,如果价格后来再度上涨的话,他就没有获利机会了(因为他的多头头寸已经止损平仓了)。从这里可以看出,期权交易具有两大优越性:有限风险和忍峙能力。如果价格确乎下跌,且跌幅持续加深,那么买入期权的持有者可以放弃执行该项买权,他的最大亏损额就是原先的期权价格,3000 美元($30×100 盎司)。对期权的持有者来说,没有追加保证金的问题(正因为买入期权后我们无须顾虑追加保证金,所以以这种方式进行保值交易独具魅力)。

忍峙能力的优越性

期权交易的另一个优势是其忍峙能力。如果我们持有期货合约的多头头寸,有可能中途被迫止损平仓。而持有期权就等于购买了时间。一直到期权到期之前,我们都有机会从价格上涨中获利。如果从现在到期权的到期日还有 6 个月,那么,只要是在这一期限内,我们均能从价格上涨中得益。持有期权者可以安然地度过价格不利于自己的时候。从而,他就无须始终关注其头寸。这就大大减轻了期货交易的紧张程度。综合起来,持有期权者不但具备事先预知风险和较大的忍峙能力这两个优越性,而且同期货交易者一样,也拥有无限地获利的潜力,以及高杠杆率。

如何把期权交易与直接的期货交易结合起来

大部分商品期权最终都没有被执行。如果由于期权所对应的期货合约的价格变化使之具有了账面利润,那么我们一般在交易所内把相应的买权或卖权对冲掉,结算净利润。这样一来,期权交易者甚至无须在期货市场上持有头寸。但是,也有的做法是把期货和期权交易结合起来进行的。

1.可以用期权来限制期货头寸的亏损。如果交易者在期货市场上持有多头头寸,则可以同时买入卖权,作为保护性卖出止损措施。

2.可以用期权来作为期货头寸的跟踪止损措施。如果市场的变化正如所愿,从而期货合约获得了账面利润,我们就可以买入与之反向的期权,作为跟踪止损措施。对于盈利的期货多头头寸,可以买入相应的卖权;而对于盈利的期货空头头寸,则可以买入相应的买权。

3.可以在加码时买入期权,作为扩大盈利的期货头寸的手段。假定我们在期货市场上已经持有了多头头寸,并希望以低风险的方法扩大这笔多头头寸,那么,我们不妨买入相应的买权。如果市场继续上涨,那么除了期权的买入成本之外,我们可以充分地享有每一点利润。如果市场转而向下,那么这笔期权交易的最大亏损也就是它的价格。为了扩大期货市场上盈利的空头头寸,我们可以买入相应的卖权。

什么因素决定期权价格

期权交易问题是一个极复杂的课题。朋友们在尝试之前,必须充分地学习和准备。在这里的讨论中,我们仅涉及它的基本概念。交易者应当了解期权交易策略的各种术语,以及决定期权价格的各项因素。期权价格有两个基本的决定因素,内在价值和时间价值。

所谓内在价值,指期权的已有账面利润的金额。对买权来说,如果相应的合约的当前价格已经超过了该期权的执行价格,那么它已经含有内生利润了。当然,该期权的买方至少必须支付相当于内生利润的金额。

所谓时间价值与期权的有效期(自买入时起到到期日止)的长短有关。6个月期权的时间价值高于3个月的期权的时间价值。随着到期日的逐渐临近,它的时间价值也相应减少(因此,它又被为"耗散性资产")。决定期权价格的,还有其他因素,如市场的波动性、利率、以及对期权本身的需求等。对期权本身的需求取决于市场对价格方向的判断。在期货价格上涨期间,买权的价格较高,而卖权价格较低(因为对买权的需求较多)。而在期货价格下跌的时候,卖权价格较贵,而买权价格较低。

技术分析与期权交易

我们这里关心的是技术分析在期货合约的期权交易中的应用这个主题。请朋友们记住,买权或卖权一般被视为期货头寸的替代品。买权与多头头寸相对应,而卖权与空头头寸相当。因此,对于期权交易者来说,也不妨通读本书中的各项技术原理,只要把其中的"多头期货头寸"统统换成"买权"、"空头期货头寸"统统换成"卖权"就大功告成了。在我们稍作上述字句的调整之后,技术分析大抵就能适合期权交易者的口味了。

在我们制定期权交易的策略时,一般也需要对市场有所判断。买入买权的人对市场看涨,买入卖权的人对行情看跌。即使是写期权者(即期权卖方、或期权授予者),其期权策略也是基于他对相应市场的看法之上的。通常,写期权者在横向延伸的或者稍显疲软的市场上卖出买权。而在中性的或者稍显坚挺的市场上卖出卖权。写期权者向购买期权者收取期权价格。作为报偿,写期权者替买方承担了他的有关风险,拿人钱财,与人消灾。当我们判断市场处于没有明显趋势状态时,或者预期尚不会出现趋势的横向延伸阶段时,卖出期权不失为牟利的一个办法。写期权是个危险的行当,最好还是让那些市场老手去干。

把技术分析应用于相应的期货市场

期权商在制定期权策略的时候,并不是对期权本身进行各种市场分析。他必须先把技术分析应用于相应的期货市场上。然后,由之形成对市场的判断,并相应地制定和实施看涨的、看跌的或中性的期权交易策略。请记住,期权交易仅仅属于期货市场交易或投资的一种方式。决定期权价值,也即决定对应的期权交易策略的主要因素,还是相应的期货市场的情况。所以,制定期权交易策略的第一个步骤,同时也是最重要的步骤,是对期货市场本身的研究。在这项重大工程中,技术分析是我们首选的武器。而这正是本书的全部内容。

推 荐 读 物

如果朋友们有志于期货市场的期权交易的话,应当研读关于这一课题的参考书。我们推荐《商品期权:投机和保值方法指南》(塔里·S·迈耶著,纽约金融学院版,1983 年),以及《商品期权市场揭秘》(约翰·W·莱伯兹乌斯基和珍妮·凯恩斯·辛克菲尔德著,约翰·威利父子版,1985 年)。

卖权/买权比数作为市场气氛的标志

当期权交易商对市场持看涨态度时,买入买权,而当他看淡市场的时候,买入卖权。如果绝大多数买期权者都看好市场,那么这种倾向就会反映在较高水平的买权交易上。相应地,市场上较大程度地一致看跌的情况,也会反映在较高水平的卖权交易上。在各家金融报纸上,每天都公布卖权和买权的交易量的数字。因此,通过分别追踪卖权和买权交易量的水平,我们就有可能确定期权的购买者们主要是看涨的还是看跌的,及其相对的倾向性正在加强还是在减弱。

技术分析者们开发出了各种卖权/买权比,用来作为市场气氛的指标。最常见的比数是通过交易量构造的。做法是,把卖权的交易数量除以买权的交易数量。如果比数增长,则意味着市场采取看跌的态度(卖权的购买者比买权的多)。如果比数下降,则表明市场采取看涨态度(买权的买主多于卖权的)。卖权/买权的比数的最有价值之处,是指示市场的极端状态,这与超买/超卖摆动指数的功用类似。因此,它也是一种相反指标。如果其数值极高,则通常构成市场处于底部的信号。而如果其数值极低,则是市场即将出现顶部的警讯。我们也可以从该比数的曲线上揭示它与价格的相互背离现象,用来作为价格趋势即将转折的警示信号(图附录 2.1)。

70 年代初以来,股票市场的技术分析者就一直在进行芝加哥期权交易所(CBOE)的期权交易。他们根据期权交易的情况,构造出了许多新的技术指标。目前,各间期货交易所也纷纷推出各类期权新品种,这已经成了 80 年代的一大景观。期货市场的技术分析者对这一领域拥有丰富的经验,毫无疑问,他们也将发现,在期权交易的各类统计数字这块沃土上,也能够绽放出新一代技术分析指标的奇葩。

图附录 2.1 长期国债期货市场的卖权/买权比数的例子。通常,较高的读数(5 天移动平均线)表明卖权活动多于买权活动。这被看成是看涨信号,即较高的卖权/买权比数是看涨的。而较低的比数则是看跌的(Chart courtesy of Marketrend, Butcher & Singer, Inc., Manhasser, NY.)。

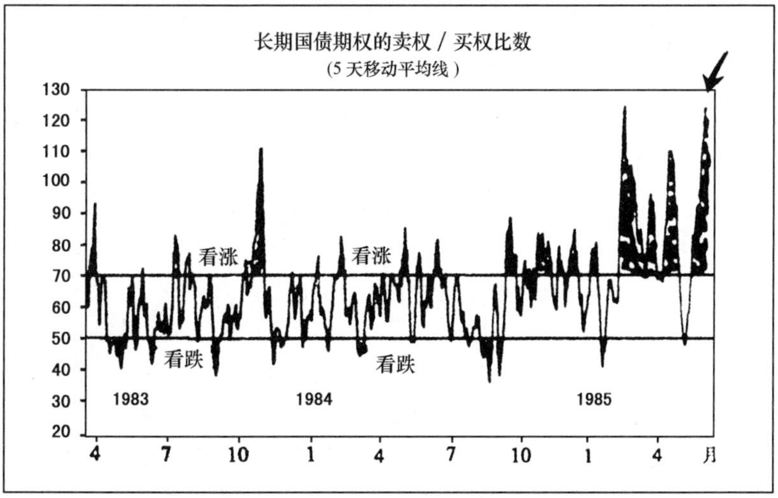

附录三　W·D·江恩：几何角度和百分比例

引　言

在本世纪上半叶，威廉·D·（W·D·）江恩（1878—1955）是位传奇式的股票和商品交易巨匠。在50年的职业生涯中，他创立了一套独特的理论，其中把精确的数学理论和几何原理糅合在一起。他利用这一套方法，在交易中取得了很大的成功。在这50年的后一半时间中，他开始为自己的理论著书立说，并四处宣扬。在50年代和60年代，江恩的大部分书均告脱销，而且没有重印，所以当时大家对其理论了解很少。1976年，比利·琼斯，一位小麦农场主和养牛人，从过去江恩的搭档爱德华·兰伯特手中，买下了兰伯特—江恩出版公司。琼斯重印了江恩的大部分原著。在过去的10年中，人们之所以对江恩的理论重新燃起了兴趣，在很大程度上应该归功于琼斯。

江恩的理论极端复杂,且晦涩难懂。江恩理论的分析者们已经花了数年的时间,来潜心研究他在25年里所使用的图表及各类文字,力图破译他的各种思路。江恩的大部分著作是以传统的图表分析概念写成的。他极力强调把历史的高点和低点作为未来阻挡区和支撑区的重要意义。他强调,阻挡水平被突破后,就演化成支撑水平;反之,支撑水平被突破后就演化为阻挡水平。他也是50%回撤的坚定的信奉者。在他首创的各种概念中,有方阵中心价格和时间均衡法,以及几何角度等。

所谓方阵中心法,是从商品的历史最低价开始,向后数算,推出未来的支撑或阻挡价位的一种方法。起算价格放在方阵的中央,然后依照顺时针方向,在其四周逐步增大。在方阵中,落在中心十字上的数字(通过中心作出的水平直线和垂直线)最有可能成为将来的支撑和阻挡水平(图附录3.1)。

图附录3.1 江恩的矩阵中心十字法的示例。其中中心计算值为400,每步增量为5,共有12个循环(Source: Compu Trac)。

F1							C2							F2
	1060	1065	1070	1075	1080	1085	1090	1095	1100	1105	1110	1115	1120	
	1055	850	855	860	865	870	875	880	885	890	895	900	1125	
	1050	845	680	685	690	695	700	705	710	715	720	905	1130	
	1045	840	675	550	555	560	565	570	575	580	725	910	1135	
	1040	835	670	545	460	465	470	475	480	585	730	915	1140	
	1035	830	665	540	455	410	415	420	485	590	735	920	1145	
C1	1030	825	660	535	450	405	400	425	490	595	740	925	1150	C3
	1025	820	655	530	445	440	435	430	495	600	745	930	1155	
	1020	815	650	525	520	515	510	505	500	605	750	935	1160	
	1015	810	645	640	635	630	625	620	615	610	755	940	1165	
	1010	805	800	795	790	785	780	775	770	765	760	945	1170	
	1005	1000	995	990	985	980	975	970	965	960	955	950	1175	
	1240	1235	1230	1225	1220	1215	1210	1205	1200	1195	1190	1185	1180	
F4							C4							F3

所谓几何形态，是由圆形、三角形和正方形所组成的。这些形态对他的影响最显著。360°的圆周是他的研究方法的显著特点。江恩利用360的和谐因子，来推算未来市场转折点的时间目标。他是按照日历来推算未来市场的转折点的，具体的做法是，从明显的峰和谷出发，向后数出30天、90天、120天、180天、以及360天。这些日历日期分别标志着市场未来可能发生转折的时间。显要的顶或底一周年后的日期，构成特别重要的时间目标。江恩对与数字7合拍的时间区间也特别推崇。

把时间和价格相结合，是他的理论的主要基础。江恩认为，两者之间存在一定的比例关系。在他的推测市场顶和底的方法中，有一种是以价格和时间的均衡为基础的——这就是一单位的价格变化，恰巧对应于一单位的时间过程的情况。举例来说，江恩在图上先选择一个显要的高点，再把其价格的美元数值转换成日历时间单位（天数、周数、月数、或年数），最后，以该时间单位向未来投射，得出与此高点的距离等于上述时间单位的点。于是在这一点上，时间和价格将处于均衡状态，应当出现市场的转折点。下面我们用数字作一个具体的说明。如果市场的显著高点为100美元，那么江恩就从此点开始，向未来数算100天、100星期、100月、100年。在这些日期上，可能出现市场转折点。江恩的时间和价格的比例关系，是他的几何角度理论的基础。而后者是我们这里要讨论的主题。

几何角度和百分比例

我们的目的是要介绍江恩理论中较简单的几何角度方法。在一些出色的江恩理论家看来，这是其中最有价值的一种技术。另外，我们还打算谈谈他的另一个相对简单的概念——百分比回撤，而这又可以有效地与几何角度线协同起来使用。

我们先从江恩的百分比例入手。在第四章讲述百分比回撤的时候，曾提到江恩把价格运动划分为八等份：1/8，2/8，3/8，4/8，5/8，6/8，7/8，8/8。他也把价格运动分成三等份：1/3和2/3。在下表中，我们把上述分数换算成百分数。请注意，1/3和2/3已经被安插在八等份数列中的适当位置上了。

1/8 = 12.5%	2/8 = 25%
1/3 = 33%	3/8 = 37.5%
4/8 = 50%	5/8 = 62.5%

2/3 = 67%	6/8 = 75%
7/8 = 87.5%	8/8 = 100%

朋友们马上会注意到,中间的五个数字——33%、37.5%、50%、62.5%和67%——非常面熟。对江恩来说,其中50%是最重要的。而这个数字在各种百分比回撤中,也是最赫赫有名的。从50%向外扩展,以下的两个数字是37.5%和62.5%,其重要性仅次于50%,这与我们在第十三章中讨论的菲波纳奇回撤如出一辙。由此,我们就把江恩理论与艾略特波浪理论合二而一了。等而下之,是33%和67%,这是我们在第四章所讲的道氏理论的最小和最大回撤的位置。

江恩认为,其他百分比数字在市场变化中也有所体现,但都不太重要。在江恩扇形中,也以75%和87.5%作为市场转折点的警示点。而对于较小幅度的回撤来说,12.5%和25%也许也起到一定的作用。无论如何,虽然后头这四个数字超出了33%和67%的界限,但一般仍为大部分市场技术分析者所用。

江恩的几何角度是从市场的显要的顶或底出发、按照一定的角度引出的一组趋势线。这些角度由价格与时间的相互关系所决定。其中最重要的角度是45°。在上升趋势中,江恩从市场的底部向右上方引出45°倾角的直线。而在下降趋势中,从市场顶部向右下方引出45°倾角的直线(与我们在第十二章中讲过的变通点数图的45°直线类似)。作这条直线的根据是,沿着这条直线,时间变化和价格变化的关系正好处于1比1的均衡状态。换言之,在每个时间单位内(在日线图上通常为一周),价格上涨或下跌的幅度亦为一单位(或者是图上的一格)。其作法是,在日线图上,先找出底点,然后,沿时间轴向右移一格(一周),再沿价格轴向上移一格,得到第二个点,最后把两点联结起来并向右上方延长,就是45°直线了。我们也可以借助量角器来画线。

45°线的重要性

45°线代表江恩的主要的上升或下降趋势线。在牛市中,只要价格维持于上升45°线的上侧,则牛市持续有效。而在熊市中,只要价格维持在下降45°线的下侧,则熊市持续有效。市场对45°线的突破,通常构成主要的趋势反转信号。我们可以看出,在45°线上,价格与时间正好处于完美的均衡状态中。在上升趋势中,当价格跌回上升45°线时,时间和价格的关系恢复均衡状态。因此,如果这条趋势线被跌破了,就表明上述关系被打破了,趋势可能发生变故。我们也可以照45°画出其管道线。它从显著高点或低点出发,平行于基本的趋势线。

我们通过因子 2 来组合时间和价格的比例关系,可以作出更陡峭的或更平缓的几何趋势线。1×1 线就是 45°线。1×2 线则是下一个更陡峭的线,居于 45°线的上方,表示在每一时间单位内,价格增长 2 个单位。这就意味着价格上升的速度是时间变化速度的 2 倍。再下一个更陡峭的直线是 1×4 线,表示在一个时间单位内,价格上升 4 个单位。这一组陡峭直线可以依次类推,直到 1×8 线,不过后面这种陡峭直线已不常用(图附录 3.2)。

在 45°线的下方,下一个更平缓的直线是 2×1 线,表示在两个时间单位内,价格上升一个单位(或者说每周上升 1/2 价格单位)。再下一个更平缓的直线为 4×1 线,表示在四个时间单位内,价格上升一个单位(或者说每周上升 1/4 价格单位)。下表按照由陡而平的顺序,列出了各种几何角度线以及与之对应的角度值。前一个数字代表时间,后一个数字代表价格,念作时间×价格:

1×8 = 82.5°	1×4 = 75°
1×3 = 71.25°	1×2 = 63.75°
1×1 = 45°	2×1 = 26.25°
3×1 = 18.75°	4×1 = 15°
8×1 = 7.5°	

请注意,在上表中也包括进了 1×3 和 3×1 两条直线。江恩显然已经意识到,这两条特别的直线把价格运动三等分,因此在周线图和月线图上更有用途。江恩的几何直线的使用方式,与速度线和菲波纳奇扇形线颇为相似。在上升趋势中,它们是支撑线;而在下降趋势中,它们是阻挡线。在上升趋势中,价格跌破其中一条直线,就意味着将跌向下一条直线。相应地,在下降趋势中,涨破其中一条直线,就意味着将涨向上一条直线。

把几何角度线与百分比回撤结合起来

这两种技术相辅相成、相得益彰。一旦市场发生重要运动后,我们就可以把价格变化的幅度划成八等份,再沿着相应的八等份回撤点,标

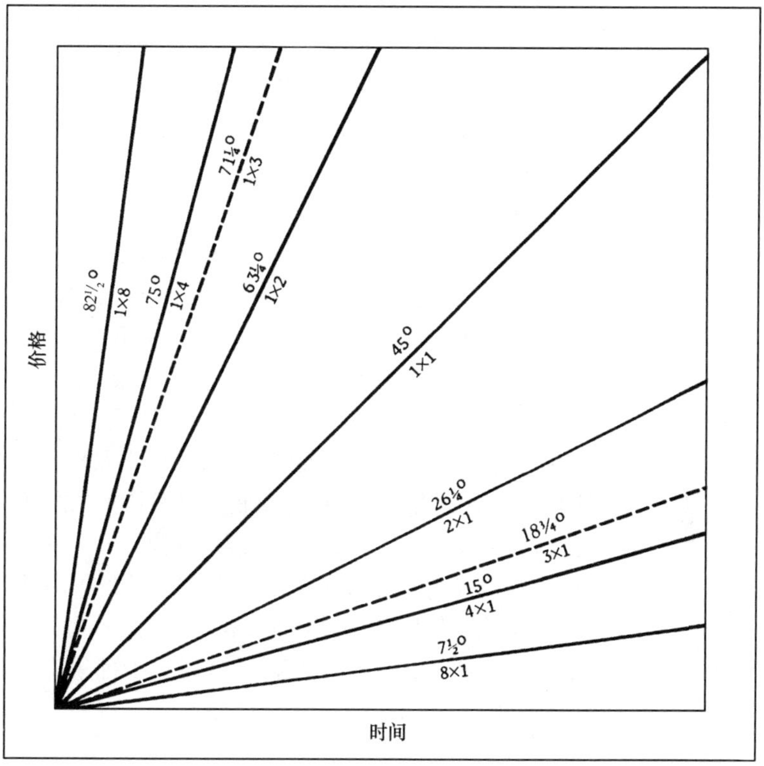

图附录 3.2　江恩的时间×价格几何角度。其中45°直线是最重要的趋势线，表明时间和价格的进程恰好处于均衡之中。当45°线达到了右上角后，时间和价格"相等"，故称为"均衡"状态。这里常常标志着趋势的变化。这些趋势线是用来显示支撑和阻挡水平的。当一条线被突破后（以全天的价格区间），价格便将走向下一条直线。这些直线都是自市场的底部出发的。也可以自市场的顶部来引出几何角度趋势线。在重要的市场顶部和底部，江恩也以与零线成45°角的方向向右上方引出45°线。

出各条水平直线。在上升趋势中，这些直线在价格回落时起支撑作用。而在下降趋势中，它们起阻挡作用。通过这些标志线，我们预先就可以知道何处为重要的百分比回撤的位置。虽然江恩总共采用了八个数字，但其中最重要的位置仅仅在3/8、4/8、5/8三者上下。它们包含了50%回撤和2个菲波纳奇数字。其余参数的重要性稍为逊色一些，但我们至少也应当了解它们的位置。

下一步，我们从显要的高点、或低点，或者同时从两者出发，作出江恩的几何角度线。其中最重要的三条角度线是45°线（1×1），63.75°线（1×2），以及26.25°线（2×1）。这三条线与中间的三条回撤线（37.5%、50%和62.5%）一起，界定了图表上的重点区域。我们也可以作出其他的角度线(更陡的也好,更平的也罢),但其重要性不大。

然后,我们寻找两种技术的相互吻合或验证之处。最好的例子是,上升趋势的50%回撤正好达到了45°线上。这里是绝好的支撑区。另一个例子是,上升趋势的37.5%的菲波纳奇回撤正好抵达63.75°线(1×2)。这里的情况是,价格同时达到了显要的几何角度线和重要的百分比回撤点。

江恩的几何角度线必须从显要的峰和谷出发。因此,在一张图上,可能同时出现上升和下降两组直线。这两组直线也可以结合起来使用。当下降的角度线(画自顶点)与上升的角度线(画自底点)成90°相交时,其交点具有更重要的份量。如果这个交点还与水平的百分比回撤线吻合的话,那么其意义甚至更重要。江恩除了自显著的顶点和底点出发作几何角度线外,也热衷于从坐标原点O出发作45°线。换句话说,在他的图表上,不仅从显著的顶点或底点出发作45°线,而且也从对应于原点的价格点出发作45°线。江恩认为,自原点作出的直线在未来也有意义。他还有很多作直线的方式,不过我们的讨论仅限于上述范围。

这里我们附了一些图例,展示了这些几何直线和角度的实际应用的情形。不过,为了简明起见,这些例子都集中在较重要的直线和角度上(图附录3.3到3.7)。

参考资料

我们这里主要介绍了江恩的几种较简单也较有用的技巧。朋友们可以从其他资料中一窥江恩思想的全貌。其中最好的读物来自兰伯特—江恩出版公司。它出版了好几本江恩的著作,其中包括最著名的《如何在商品市场获利》(初稿于1942年,重订于1951年,1976年重印)。它还推出了两门课程“W·D·江恩股票市场教程”,和“W·D·江恩商品市场教程”。另外,兰伯特—江恩出版公司还发表一份市场通讯,《W·D·江恩技术评论》;偶尔举办一些关于江恩技术的讲座;甚至还出售最适合这类分析的图表纸。

有些市场通讯专门从事江恩分析,其中最著名的是《江恩的角度》,作者为菲利斯·卡恩。另一份是《精确的时机抉择》,作者是唐纳德·R·沃都皮克。后者以其独到的方式把江恩分析与艾略特波浪理论结合起来加以应用。沃都皮克先生在其《利用精确的时机抉择法获利》(精确时机公司版,1984年)中,介绍了他的这门技术。其主要方法是,把艾略特波浪分析与江恩的角度线,特别是主要的几个江恩角度线——1×1、1×2和2×1,结合起来。

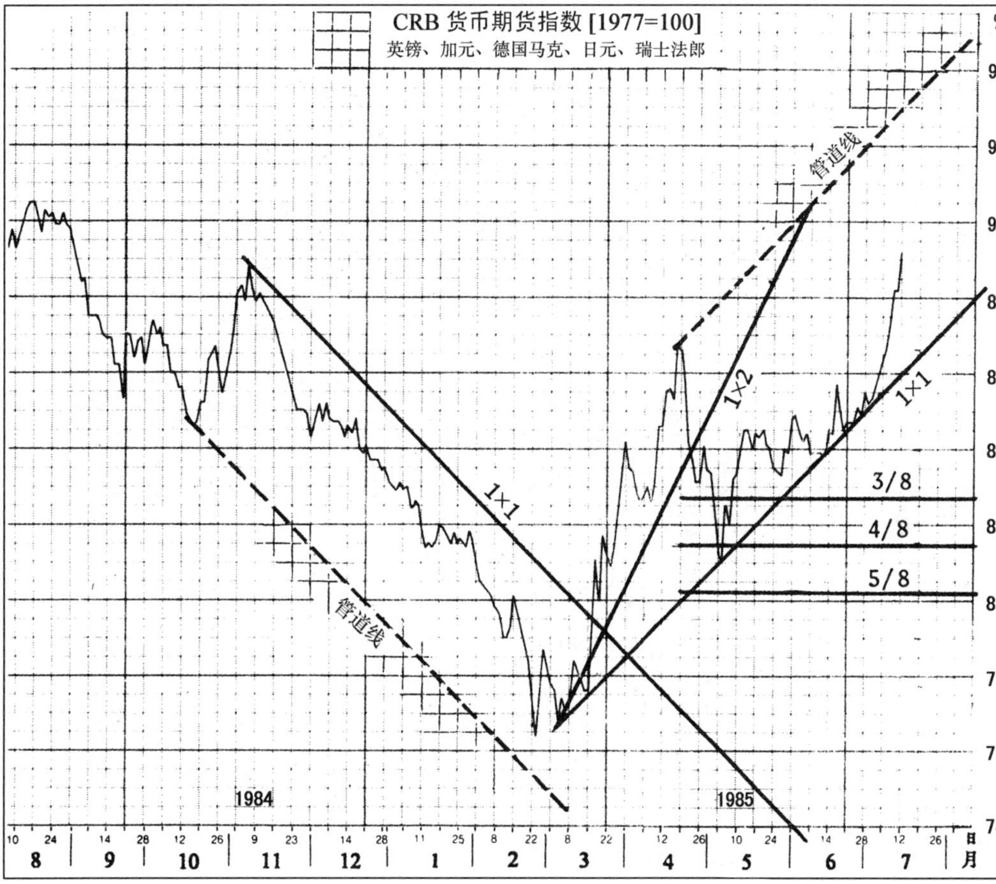

图附录3.3　从本图来看,1×1 的基本趋势线及 1×1 的管道线完美地界定了趋势的变化过程。在 3 月/4 月上冲期间,较陡的 1×2 直线效果更好。请注意,4 月到 5 月的回撤达到了 45°线(1×1 上升趋势线)上,其回撤位置约为 2 月/4 月上涨的 50%(4/8)。把几何角度趋势线同百分比回撤结合起来,可以改进其总体效果。在作上述直线时,先向右数格子,再向上数,然后把起点与终点连线。1×1 直线是 1 格向右,再 1 格向上。2×1 直线是 2 格向右,再 1 格向上。而较陡的 1×2 直线,则是 1 格向右,再 2 格向上(Chart courtesy of Commodity Research Bureau, a Knight-Ridder Business Information Service.)。

江恩信奉者也有计算机软件作辅助工具。兰伯特—江恩出版公司推出了“江恩交易者 1 号”(1983 年,版权为皮特·皮克所有),是最有雄心的程序,其中包含了江恩的一些较深奥的技术,如“专业时间和价格计算器”。帕多公司推出了“高级图表师”技术分析软件,能够在图

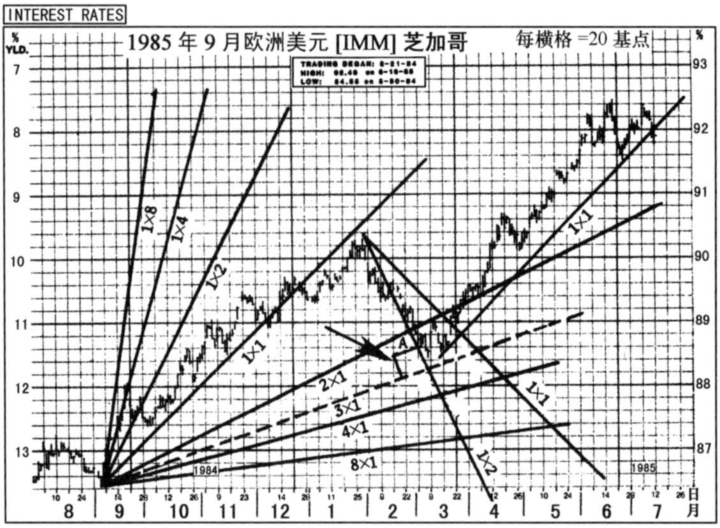

图附录 3.4　本例显示江恩直线在欧洲美元的 9 月/2 月的上涨中的应用实例。基本的 1×1 直线描述了上升趋势的大部分。但请注意,3×1 上升趋势线容纳了 3 月的抛售。在 A 角处,上升的 3×1 线与下降的 1×2 线成 90°相交。这里通常意味着重要的支撑区域。在 2 月/3 月的下跌中,以及 3 月/6 月的上涨中,1×1 趋势线效果颇佳(Chart courtesy of Commodity Research Bureau, a Knight- Ridder Business Information Service)。

图附录 3.5　江恩直线在铜市场的应用。请注意各条直线是如何在 4 月/7 月的抛售中起支撑作用的。1×1(45°)直线以及从 5 月底部出发的 45°管道线很好地容纳了下降趋势(Chart courtesy of Commodity Research Bureau, a Knight - Ridder Business Information Service)。

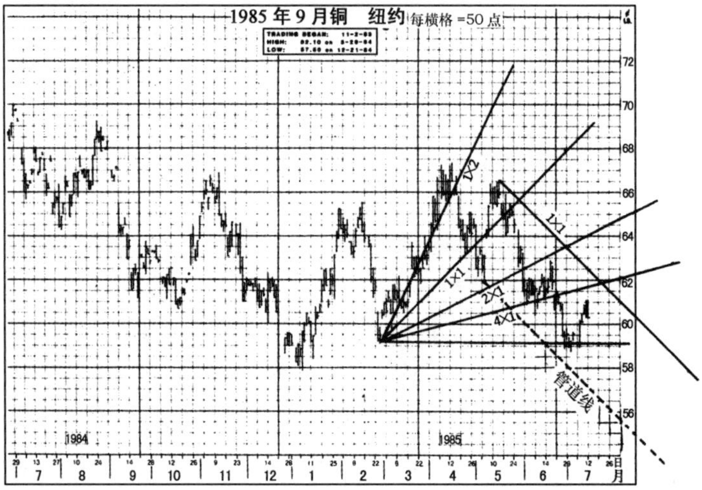

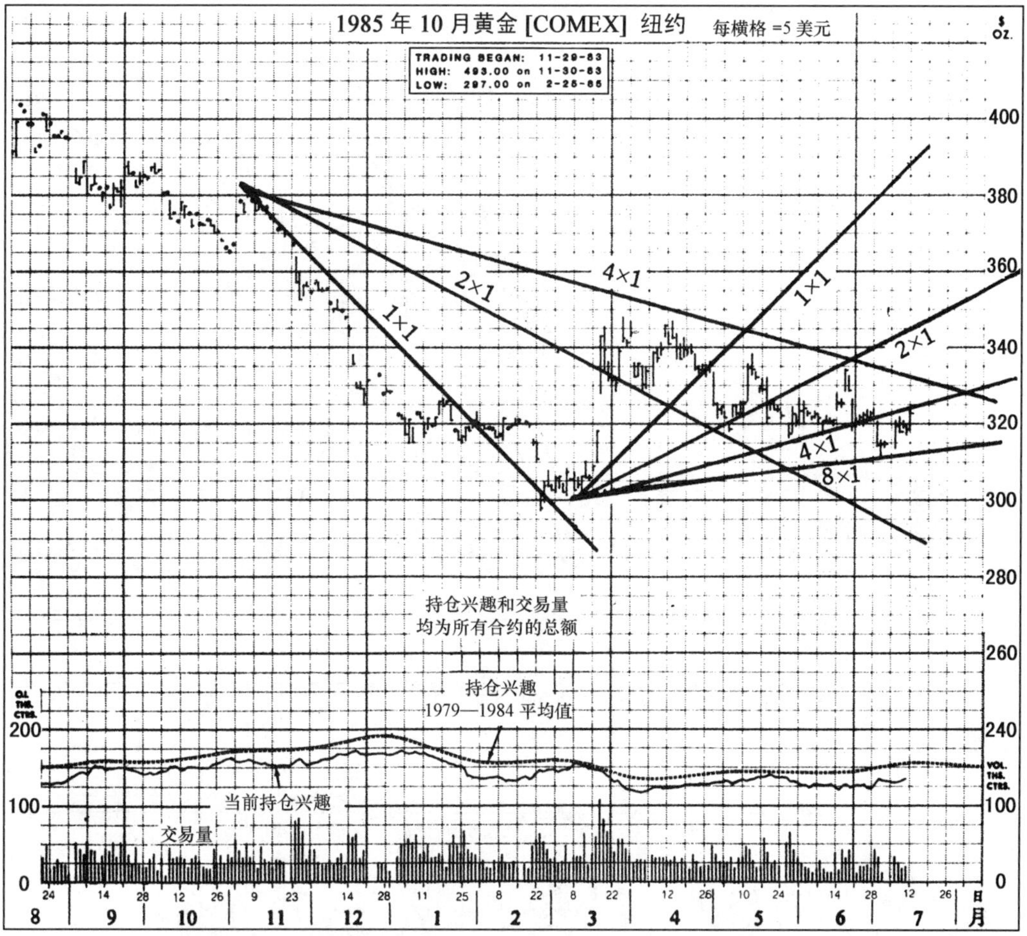

图附录 3.6 从 11 月的峰出发的 4×1 下降趋势线容纳了 2 月/3 月间的上冲。请注意 4×1 和 8×1 上升江恩直线是如何在 5 月/6 月的下跌中起支撑作用的(Chart courtesy of Commodity Research Bureau, a Knight-Ridder Business Information Service)。

表上做出江恩角度线和江恩回撤线。Compu Trac 提供江恩的方阵中心十字的计算程序(图附录 3.1),并给出了作出几何角度线所需的各种数字。

堪萨斯市期货交易所为喜欢自己动手的朋友提供了一种透明的塑料手工用具,称为"机会角度",可用来描画江恩角度线。

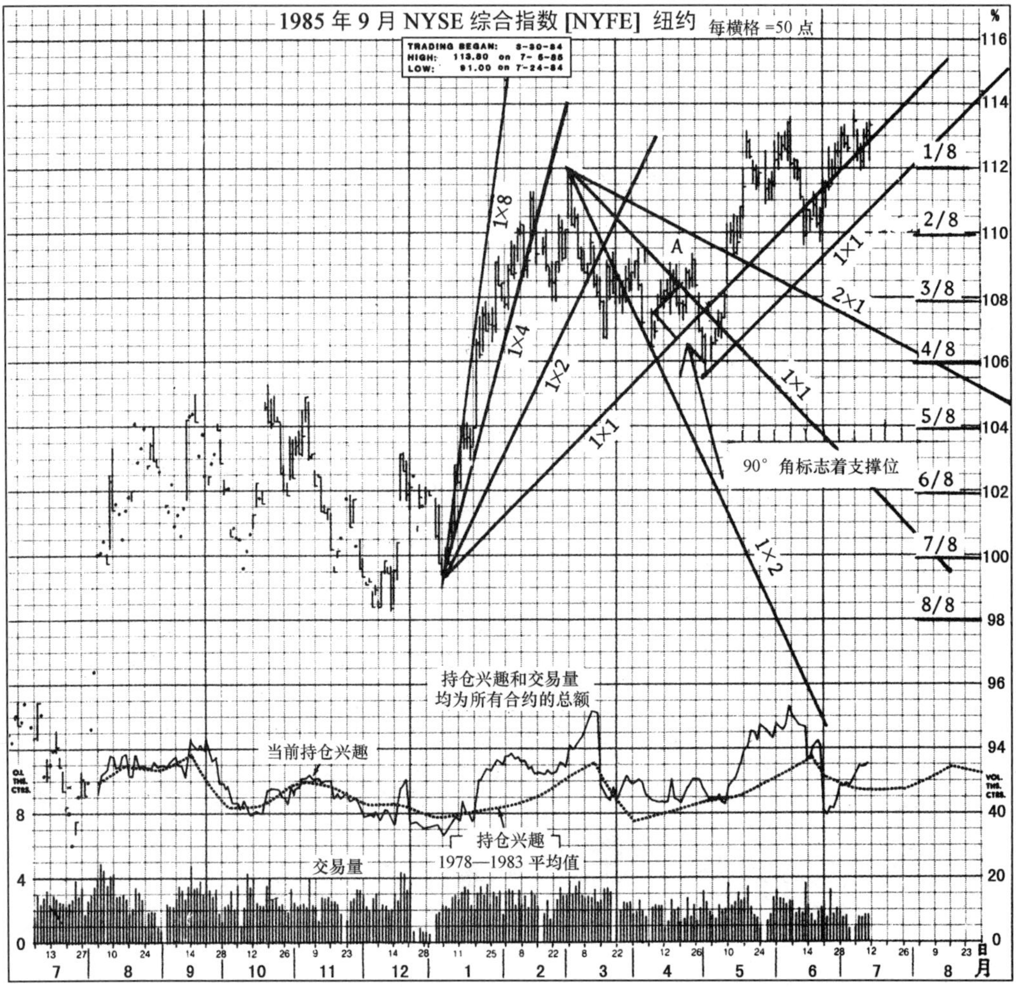

图附录 3.7　请注意,在1月/3月的急速的上涨中,1×4上升趋势线把这个趋势界定得很好。这类陡峭的趋势一般难以持久。通常价格将回撤到更为可靠的45°的上升速度上。请注意沿着图的右侧,从12月的低点到3月的高点的价格区间被分成了八等份。本图的重心在45°(1×1)线附近的3/8到5/8区域。在本例中,价格大约回撤了一半。由上升的1×1直线与下降的1×1直线所相交成的90°角处也标志着重要的支撑区(点A)(Chart courtesy of Commodity Research Bureau, a Knight-Ridder Business Information Service)。

参 考 资 料

技术分析参考书

Allen, R.C. *How to Use the 4 Day, 9 Day and 18 Day Moving Averages to Earn Larger Profits from Commodities.* Chicago: Best Books, 1974.

Arms, Richard W. *Volume Cycles in the Stock Market: Market Timing Through Equivolume Charting.* Homewood, IL: Dow Jones-Irwin, 1983.

Belveal, L. Dee *Charting Commodity Market Price Behavior*, 2nd edition. Homewood, IL: Dow Jones-Irwin, 1985

Bernstein, Jacob *The Handbook of Commodity Cycles: a Window on Time.* New York: Wiley, 1982.

Bolton, A. Hamilton *The Elliott Wave Principle: a Critical Appraisal.* Hamilton, Bermuda: Monetary Research, 1960.

Blumenthal, Earl *Chart for Profit Point & Figure Trading.* Larchmont, NY: Investors Intelligence, 1975.

Bressert, Walter J. and James Hardie Jones *The HAL Blue Book: How to Use Cycles With an Overbought/Oversold and Momentum Index For More Consistent Profits.* Tucson, AZ: HAL Market Cycles, 1984.

Cohen, A. W. *How to Use the Three-Point Reversal Method of Point & Figure Stock Market Trading*, 8th revised edition. Larchmont, NY: Chartcraft, 1982.

Cootner, Paul H. (editior) *The Random Character of Stock Market Prices.* Cambridge, MA: MIT Press, 1964.

de Villiers, Victor *The Point and Figure Method of Anticipating Stock Price Movements: Complete Theory and Practice*: Brightwaters, NY: Windsor Books, orig 1933, reprinted in 1975.

Dewey, Edward R. with Og Mandino *Cycles, the Mysterious Forces That Trigger Events.* New York: Manor Books, 1973.

Dunn & Hargitt *Point and Figure Commodity Trading: a Computer Evaluation.* Lafayette, IN; Dunn & Hargitt, 1971.

Dunn & Hargitt *Trader's Notebook: Trading Methods Checked by Computer.* Lafayette, IN: Dunn & Hargitt, 1970.

Edwards, Robert D. and John Magee *Technical Analysis of Stock Trends.* 5th edition, Boston, MA: John Magee, 1966.

Elliott, Ralph N. (edited by Robert Prechter) *The Major Works of R.N. Elliott.* Chappaqua, NY: New Classics Library, 1980.

Emery, Walter L. (editor) *Commodity Year Book* (published annually). Jersey City, NJ: Commodity Research Bureau.

Frost, Alfred J. and Robert R Prechter *Elliott Wave Principle, Key to Stock Market Profits.* Chappaqau, NY: New Classics Library, 1978.

Gann, W.D. *How to Make Profits in Commodities*, revised edition. Pomeroy, WA: Lambert-Gann Publishing, orig. 1942, reprinted in 1976.

Hadady, R. Earl *Contrary Opinion: How to Use it For Profit in Trading Commodity Futures.* Pasadena, CA: Hadady Publications, 1983.

Hurst, J.M. *The Profit Magic of Stock Transaction Timing*, Englewood Cliffs, NJ: Prentice-Hall, 1970.

Jiler, Harry (editor) *Guide to Commodity Price Forecasting.* New York, NY: Commodity Research Bureau, 1971.

Jiler, William L. *How Charts Can Help You in the Stock Market.* New York: Trendline, 1962.

Kaufman, Perry J. *Commodity Trading Systems and Methods.* New York: Wiley, 1978.

Kaufman, Perry J. *Technical Analysis in Commodities.* New York: Wiley, 1980.

Patel, Charles *Technical Trading Systems for Commodities and Stocks.* Walnut Creek, CA: Trading Systems Research, 1980.

Pring, Martin *Technical Analysis Explained*, 2nd edition. New York: McGraw-Hill, 1985.

Schultz, John W. *The Intelligent Chartist.* New York: WRSM Financial Services, 1962.

Schwager, Jack D. *A Complete Guide to the Futures Markets: Fundamental Analysis, Technical Analysis, Trading, Spreads, and Options.* New York: Wiley, 1984.

SKlarew, Arthur *Techniques of a Professinal Commodity Chart Analyst.* New York: Commodity Research Bureau, 1980.

Teweles, Richard J, Charles V. Harlow and Herbert L. Stone *The Commodity Futures Game-Who Wins? -Who Loses? -Why?* 2nd edtion. New York: McGraw-Hill, 1974.

Vodopich, Donald R. *Trading For Profit*

With Precision Timing. Atlanta, GA: Precision Timing, 1984.

Wheelan, Alexander H. *Study Helps in Point and Figure Techniques*. Morgan Rogers, 1966.

Wilder, J. Welles *New Concepts in Technical Trading Systems*. Greensboro, NC: Trend Research, 1978.

Williams, Larry R. *How I Made $1,000,000 Trading Commodities Last Year*, 3rd edition. Monterey, CA: Conceptual Management, 1979.

Zieg, Kermit C, Jr. and Perry J. Kaufman *Point and Figure Commodity Trading Techniques*. Larchmont, NY: Investors Intelligence, 1975.

期货图表服务

Chart Analysis Ltd, 7 Swallow St., London W1R7HD.

Chartcraft Commodity Service, 1 West Avenue, Larchmont, NY 10538.

Commodity Perspective, 30 S. Wacker Dr,. Chicago, IL, 60606.

Commodity Price Charts, 219 Parkade, Cedar Falls, IA 50613.

Commodity Trend Service, 1224 U.S. Hwy, 1, N. Palm Beach, FLA 33408.

CRB Futures Chart Service, Commodity Research Bureau, 75 Montgomery St., Jersey City, NJ 07302.

Dunn & Hargitt, Inc., 22N. Second St., Lafayette, IN 47902.

Financial Futures, 200 W. Monroe St., Chicago, IL 60606.

Quotron Futures Charts, P.O. Box 1424, Racine, WISC 53401.

The Professional Chart Serverce, 61 S. Lake Ave., Pasadena, CA 91109.

Security Market Research Inc., P.O. Box 14088, Denver, CO 80214.

Spread Scope Inc., P.O. Box 5841, Mission Hills, CA 91345.

期货期刊

Consensus, P. O. Box 19086, Kansas City, MO 64141.

Cycles, Foundation for the Study of Cycles, 124 S. Highland Ave., Pittsburgh, PA 15206.

Futures, the Magazine of Commodities and Options, 219 Parkade, Cedar Falls, IA 50613.

Intermarket Magazine, 175 W. Jackson Blvd., Chicago, IL 60604.

Journal of Commerce, 110 Wall St., New York, NY 10005.

Technical Analysis of Stocks and Commodities, P. O. Box 46518, Seattle, WA 98146.

The Journal of Futures Markets, John Wiley & Sons, 605 Third Ave, New York, NY 10158 (in affiliation with the Center for the Study of Futures Markets, Columbia University Business School).

技术分析组织

COMPU-TRAC (The Technical Analysis Group - TAG) 1021 9th St., New Orleans, LA 70115.

Foundation for the Study of Cycles, 124 S. Highland Ave., Pittsburgh, PA 15206.

Market Technicians Association, 70 Pine St., New York, NY 10270.

Society for the Investigation of Recurring Events (S.I.R.E.), Drawer W, Downington, PA 19335.

索　引

四画

五画

六画

七画

八画

九画

十画

十一画

十二画

十三画

十四画

十五画

十六画

十七画

十八画

英文字母及数字

关于本书

本书系美国市场技术分析家 John J.Murphy(约翰 · 墨菲)的技术分析名著“Technical Analysis of the Futures Markets”(纽约金融学院,1986年)的中文译本。原书自1986年问世以来,在美国等西方各个主要国家和地区,备受期、现货(能源、农林牧产品、金属、贵金属等各大类)、股票、外汇、利率(债券)等行业的管理人员、操作人员和研究人员的青睐(因为期货市场对技术分析的要求最高,而技术分析本身在各行各业并无实质差别),被誉为当代市场技术分析的圣经。本书集各种市场技术分析理论和方法之大成,一身兼有优秀教材、权威工具书、实用操作指南三大特色。

本书自始至终从实际操作出发,很少繁复的理论,总是一针见血地指出各种方法在实际应用中的长处、短处以及在各种环境条件下把它们取长补短地配合使用的具体做法。本书图文并茂,其中的图例典型、生动,覆盖了金融、股票、能源、农林牧产品、金属、贵金属等各个市场,并在全书中占有相当篇幅,从而大大地便于学习和体会。

作者约翰·墨菲是美国顶尖的几位著名市场技术分析家之一,有三十多年的分析经验。曾任美林证券公司分析研究主任;商品研究局的高级技术分析编辑;市场技术分析家协会的理事;纽约金融学院的教授。《华尔街日报》、《期货》杂志等经常引述和发表他的观点。目前他与人搭档,主持"华尔街一周"电视专栏, 并且作为 CNBC 电视台的特邀技术分析专家,主持每日的金融市场分析节目, 纽约时间 1:10、3:10、5:20 均有播出。

他本人也有一家咨询公司,定期发表《期货市场趋势及市场交叉分析》,提供关于金融期货、金属、石油、股票指数期货以及 CRB 期货价格指数的技术分析报告。

因为他的《期货市场技术分析》等对全球市场技术分析事业的杰出贡献,1992 年 10 月,在世界市场技术分析家联盟的第五届大会上,约翰·墨菲荣获了该联盟的首届年度大奖。2002 年,还是因为《期货市场技术分析》,他再次获得美国市场技术分析师协会的年度大奖。

译者丁圣元,1990 年从北京大学硕士毕业。先后从事外汇交易、国内 A、B 股、国债、企业债、香港市场 H 股的投资工作;曾长期在《经济日报》国际版撰写"外汇走势参考"每周专栏,分析国际汇市行情;先后翻译了《期货市场技术分析》、《日本蜡烛图技术》、《逆向思考的艺术》等经典著作,著作了《投资正途》、《国债投资指要》。他在投资市场实务和研究方面都很活跃。

本书的中文翻译语言平易、流畅、准确。

原著的版权人曾对本译稿以及其他几份译稿的前几章(要求翻译该书的人较多,他们分别来自大陆,香港和台湾等地)进行了比较,结果本译稿中选。原版权人将同时在台湾出版本译稿的繁体字版本。

如果朋友们购书有困难,或者对本书有任何批评建议,或者有任何疑问等,欢迎与译者丁圣元联系,我们将尽力给予满意的答复。通信地址是:北京市朝阳区惠新南里 1 号院北楼 3 门 403 丁圣元,邮政编码:100029。E-mail:dingshengyuan@263.net